地図で
読み解く 日本の地域変貌

平岡昭利 編

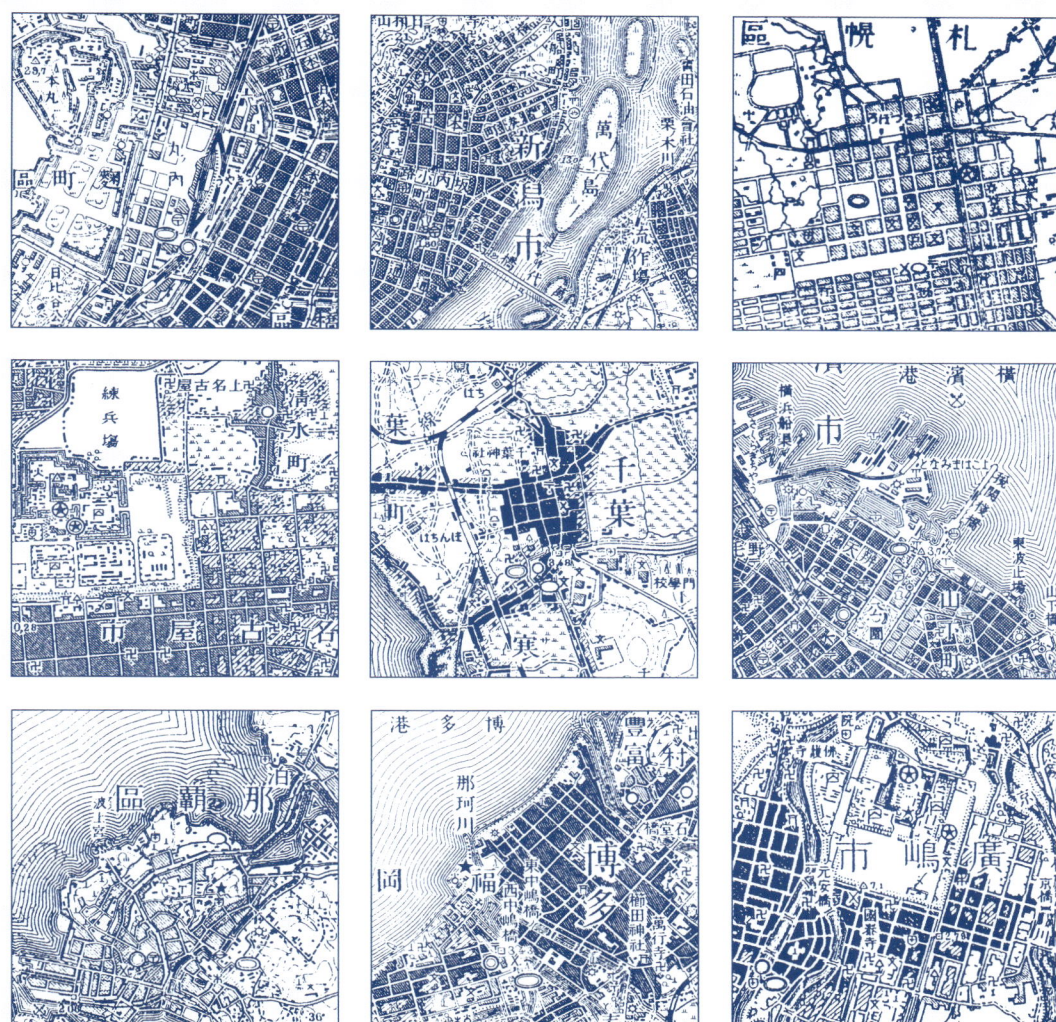

海青社

編者・執筆者一覧

編 者

平岡昭利　下関市立大学・経済学部

執筆者（50音順）

浅見良露	久留米大学・経済学部	堂前亮平	久留米大学・文学部
天野宏司	駿河台大学・現代文化学部	戸所　隆	高崎経済大学名誉教授
荒木一視	山口大学・教育学部	戸祭由美夫	奈良女子大学名誉教授
有薗正一郎	愛知大学・文学部	友澤和夫	広島大学・文学研究科
五十嵐勉	佐賀大学・農学部	豊田哲也	徳島大学・ソシオ・アーツ・サイエンス研究部
石黒正紀	福岡教育大学・教育学部（非常勤）	中西僚太郎	筑波大学・人文社会科学研究科
泉　貴久	専修大学・松戸高等学校	中俣　均	法政大学・文学部
岩動志乃夫	東北学院大学・教養学部	中村周作	宮崎大学・教育文化学部
出田和久	奈良女子大学・文学部	西岡尚也	大阪商業大学・総合経営学部
伊東　理	関西大学・文学部	西原　純	静岡大学・情報学研究科
岩間信之	茨城キリスト教大学・文学部	額田雅裕	和歌山市立博物館
岩間英夫	茨城キリスト教学園・資料センター	初澤敏生	福島大学・人間発達文化学類
浦山佳恵	長野県環境保全研究所	日野正輝	東北大学・理学研究科
岡橋秀典	広島大学・文学研究科	平井松午	徳島大学・ソシオ・アーツ・サイエンス研究部
奥平　理	函館工業高等専門学校	藤井　正	鳥取大学・地域学部
小口千明	筑波大学・人文社会科学研究科	藤塚吉浩	大阪市立大学・創造都市研究科
小野田一幸	神戸市立博物館	藤永　豪	佐賀大学・文化教育学部
小野寺淳	茨城大学・大学院教育学研究科	藤目節夫	愛媛大学名誉教授
遠城明雄	九州大学・人文科学研究院	正木久仁	大阪教育大学名誉教授
門井直哉	福井大学・教育地域科学部	丸山浩明	立教大学・文学部
河原典史	立命館大学・文学部	三木理史	奈良大学・文学部
北川博史	岡山大学・社会文化科学研究科	水野　勲	お茶の水女子大学・人間文化創成科学研究科
北村修二	久留米大学・比較文化研究所		
酒井多加志	北海道教育大学釧路校	溝口常俊	名古屋大学名誉教授
作野広和	島根大学・教育学部	宮内久光	琉球大学・法文学部
佐野静代	同志社大学・文学部	三好唯義	神戸市立博物館
篠原秀一	秋田大学・教育文化学部	元木　靖	立正大学名誉教授
末吉健治	福島大学・経済経営学類	矢ヶ﨑典隆	日本大学・文理学部
助重雄久	富山国際大学・現代社会学部	安田　守	大垣南高等学校
鈴木陽一	下関市立大学・経済学部	矢野正浩	志学館中・高等部
須山　聡	駒澤大学・文学部	山下克彦	北海道教育大学名誉教授
関戸明子	群馬大学・教育学部	山下清海	筑波大学・生命環境科学研究科
平　篤志	香川大学・教育学部	山下宗利	佐賀大学・文化教育学部
髙木　亨	福島大学・うつくしまふくしま未来支援センター	山田　誠	龍谷大学・文学部
		山田浩久	山形大学・人文学部
高橋誠一	前関西大学名誉教授	山近博義	大阪教育大学・教育学部
高橋　誠	名古屋大学・情報文化学部	山近久美子	防衛大学校・人間文化学科
竹内裕一	千葉大学・教育学部	山中　進	熊本学園大学・社会福祉学部
田林　明	筑波大学名誉教授	山根　拓	富山大学・人間発達科学部
千葉昭彦	東北学院大学・経済学部	山元貴継	中部大学・人文学部
堤　純	筑波大学・生命環境科学研究科	横尾　実	北海道教育大学名誉教授
椿　真智子	東京学芸大学・教育学部	吉津直樹	下関市立大学・経済学部
寺阪昭信	流通経済大学名誉教授	若本啓子	宇都宮大学・教育学部
土居晴洋	大分大学・教育福祉科学部		

はじめに

　地図は表象された空間の事実を縮尺し記号化したもので、実際の空間とは異なるものの、1枚の地図でトータルな空間の把握が可能になることから、その利用価値は高い。とくに国土基本図としての地形図は、1880年(明治13)の迅速図、それに続く仮製図の作成以降、国の事業として今日まで継続して発行され、国土全域をカバーしている。かつて寺田寅彦は、世の中で安いものを列挙すれば、その筆頭に挙げられるものの1つは5万分の1地形図とし、「その1枚から学び得らるる有用な知識は到底金銭に換算することができないほど貴重なものである」と述べている。実際、その時代、時代で発行された地形図は、作成当時の時代を反映し、地域の姿や情報を伝えている。それゆえ古い地形図は、現在の風景の謎を解く鍵でもあり、風景の歴史を探る楽しみを与えてくれ、じっくり見れば見るほど味がある。

　この古い地形図と現在の地形図の「時の断面」を比較することにより、我々が住んでいる地域は、どのように変貌してきたのかを視覚的にとらえようとするのが、本書の狙いである。

　さらに、比較をベースにして、例えば都市の中心地の移動や衰退、住宅地の拡大など空間上に表れた変化の理由を読み解く「考える地理」への基本的な書物として、本書が広く活用されることを願っている。また、比較という視点を通して、読者がいくらかでも地形図に興味を覚えられたならば、編者にとって望外の喜びである。

　なお、取り上げた地域は、大きく変貌した地域を中心に全国で111カ所を選定し、それぞれの地域に深くかかわってきた研究者の方々に、その解説をお願いした。

　出版は、かつて『地域変貌誌』を刊行された海青社に快く引き受けていただいた。図版が非常に多いにもかかわらず、短期間で編集された宮内久社長と編集部の福井将人氏に心より御礼申しあげる。

　　2008年10月6日

　　　　　　　　　　　　　　　　　平岡昭利

●目　次 ── 地図で読み解く 日本の地域変貌

はじめに	1
図式記号	4
索　引	5

北海道　13
1. 札　幌 …… 14
2. 函　館 …… 20
3. 苫小牧 …… 22
4. 室　蘭 …… 24
5. 余　市 …… 26
6. 旭　川 …… 28
7. 富良野 …… 34
8. 稚　内 …… 36
9. 帯　広 …… 38
10. 釧　路 …… 42
11. 標　茶 …… 44

東　北　47
12. 仙　台 …… 48
13. 盛　岡 …… 54
14. 青　森 …… 56
15. 八　戸 …… 58
16. 秋　田 …… 60
17. 八郎潟干拓地 …… 62
18. 山　形 …… 66
19. 酒　田 …… 68
20. 福　島 …… 70
21. 郡　山 …… 72
22. いわき（小名浜） …… 74

関　東　77
23. 東　京 …… 78
24. 八王子 …… 86
25. 多摩ニュータウン …… 88
26. 横　浜 …… 90
27. 川　崎 …… 96
28. 相模原 …… 100
29. 横須賀 …… 102
30. 三宅島 …… 104
31. 千　葉 …… 106
32. 浦　安 …… 110
33. 松　戸 …… 112
34. 九十九里浜 …… 114
35. さいたま …… 116
36. 川　口 …… 120
37. 水　戸 …… 122
38. つくば …… 124
39. 石　岡 …… 126
40. 日　立 …… 128
41. 鹿島臨海工業地域 …… 130
42. 宇都宮 …… 132
43. 前　橋 …… 134
44. 高　崎 …… 136

中　部　139
45. 名古屋 …… 140
46. 一　宮 …… 146
47. 豊　田 …… 148
48. 豊　橋 …… 150
49. 岐　阜 …… 152
50. 浜　松 …… 154
51. 静　岡 …… 158
52. 甲　府 …… 160
53. 長　野 …… 162
54. 岡　谷 …… 164
55. 軽井沢 …… 166
56. 新　潟 …… 168
57. 長　岡 …… 170
58. 富　山 …… 172
59. 高　岡 …… 174
60. 黒部川扇状地 …… 176
61. 砺波平野 …… 180
62. 金　沢 …… 182
63. 福　井 …… 184

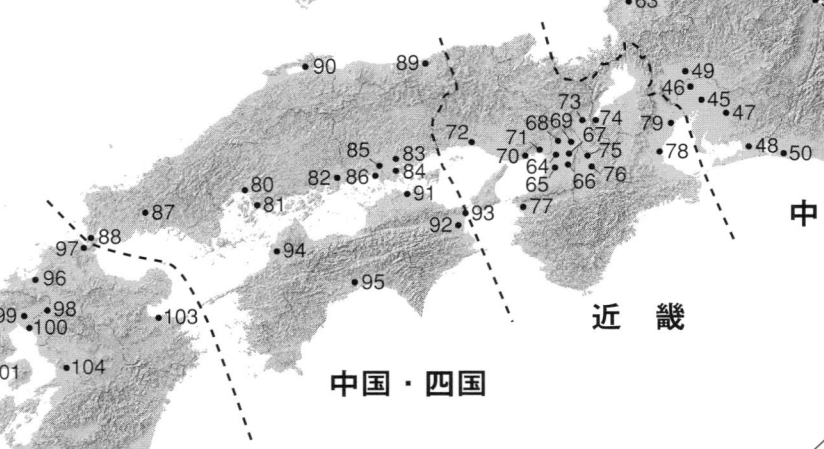

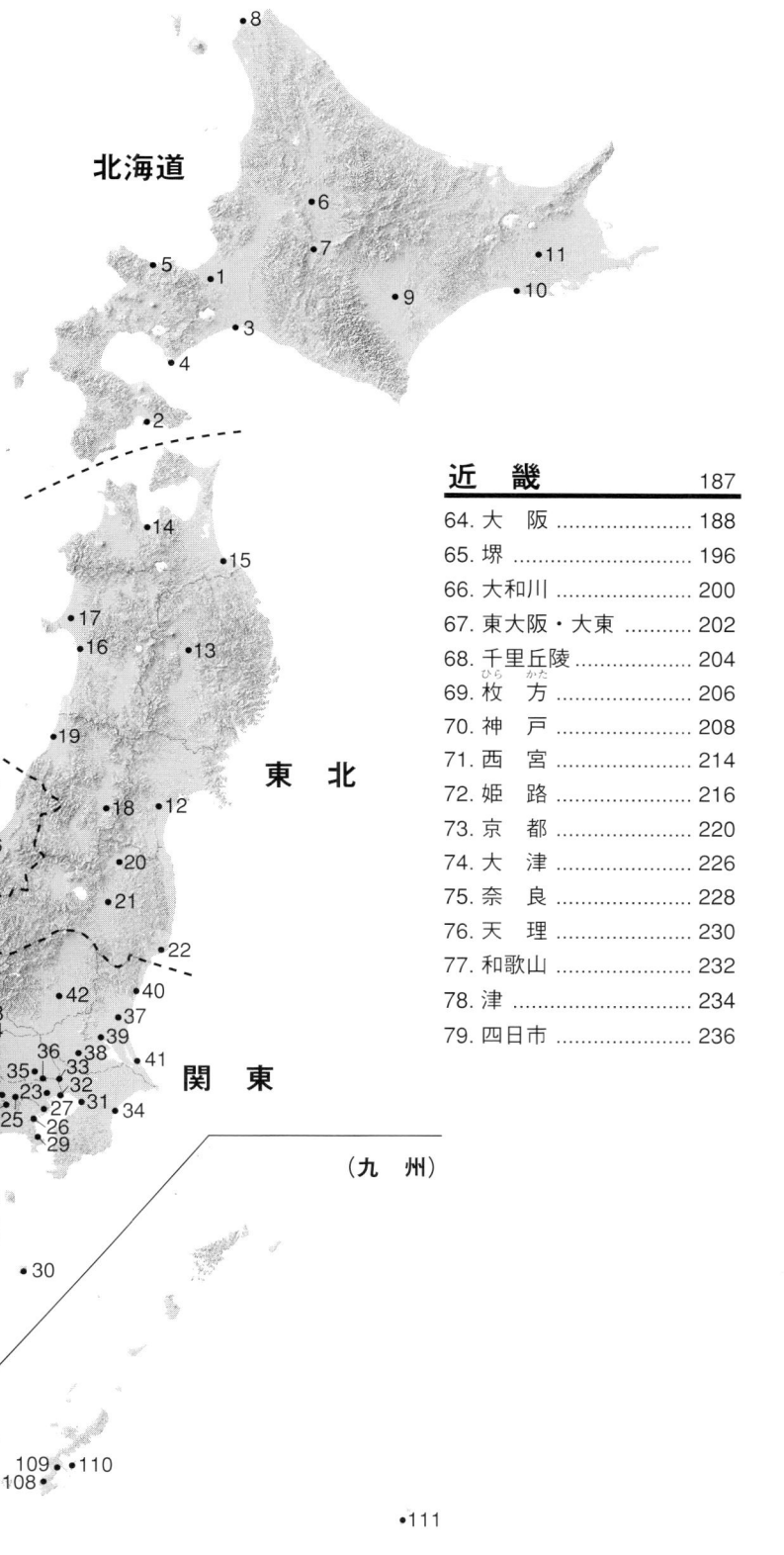

近　畿	187
64. 大　阪	188
65. 堺	196
66. 大和川	200
67. 東大阪・大東	202
68. 千里丘陵	204
69. 枚　方(ひらかた)	206
70. 神　戸	208
71. 西　宮	214
72. 姫　路	216
73. 京　都	220
74. 大　津	226
75. 奈　良	228
76. 天　理	230
77. 和歌山	232
78. 津	234
79. 四日市	236

中国・四国	239
80. 広　島	240
81. 呉(くれ)	246
82. 福　山	248
83. 岡　山	250
84. 児島湾干拓地	254
85. 倉　敷	260
86. 水島工業地帯	262
87. 山　口	266
88. 下　関	268
89. 鳥　取	270
90. 松　江	272
91. 高　松	274
92. 徳　島	276
93. 鳴　門	278
94. 松　山	280
95. 高　知	282

九　州	285
96. 福　岡	286
97. 北九州	292
98. 久留米	298
99. 佐　賀	300
100. 有明海	302
101. 長　崎	304
102. 佐世保	308
103. 大　分	310
104. 熊　本	314
105. 宮　崎	318
106. 鹿児島	320
107. 桜　島	322
108. 那　覇	326
109. 沖　縄	328
110. 与勝諸島(よかつ)	330
111. 南大東島	332

4 　図式記号

明治33年式5万分の1図式　　　　　　　平成元年式5万分の1図式

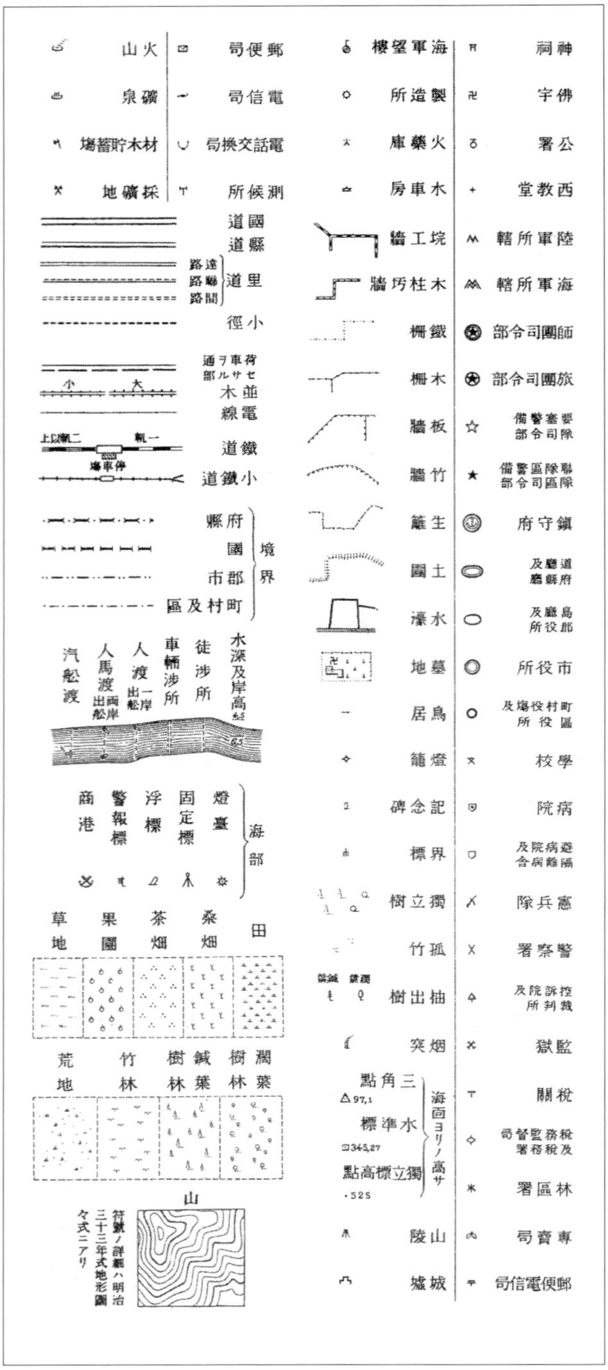

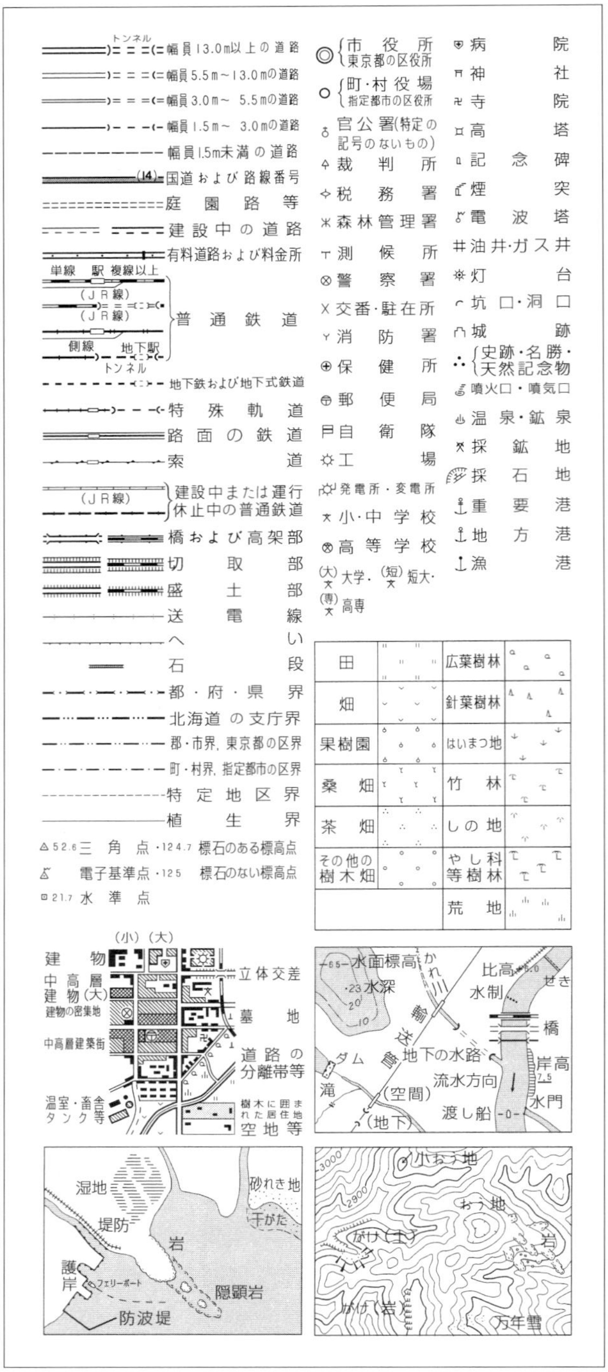

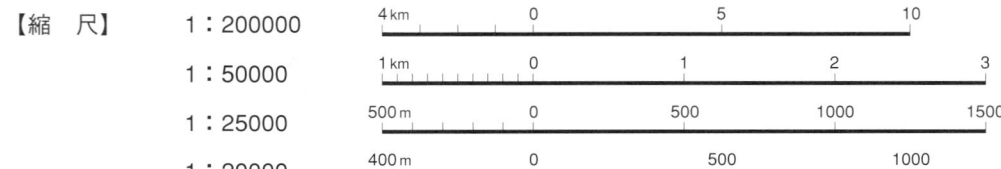

【縮　尺】　　1：200000
　　　　　　　1：50000
　　　　　　　1：25000
　　　　　　　1：20000

索　引
(＊は見出しの頁を示す)

ア

アーケード 267, 317
アーバンリゾート 111
アイヌ語地名 14, 34, 37, 38
アイヌ人 24, 28, 42
青葉通 52, 53
青森(市) 20, 36, 42, 56*
明石海峡大橋 277
阿賀野川 168
秋田(市) 36, 60*, 65
秋田港 61
秋田新幹線 61
飽の浦 306
安積原野 72
安積疏水 72
旭川(市) 23, 28*, 60, 250, 254
旭川空港 33
旭山動物園 33
アジア太平洋博覧会 291
足軽屋敷 182, 272, 276
安治川 190
芦屋 215
小豆 39, 65
アズマダチ 180
熱田神宮 140
跡佐登鉄道 45
安濃津 234
アパレル産業 147, 153, 249
安倍川 158
アホウドリ 332
網干区 219
アメニティ 317
荒川 78, 81, 120
荒川放水路 81
有明海 301, 302*
アルミニウム工業 173, 175
阿波藍 276

イ

飯坂電車 70
意宇平野 272
イエズス会 304
硫黄採掘事業 42, 45
硫黄精錬所 45
伊賀街道 234
藺草 257, 263
生田川 208
イグネ 53
生駒山地 202
石岡(市) 126*
石岡のお祭り 127
石狩川 22, 28
石山 226

石山本願寺 188
泉パークタウン 52
出雲国庁跡 272
出雲国分寺跡 272
伊勢街道 236
伊勢鉄道 235
伊勢詣 230, 236
伊勢湾 236
イタンキ工業団地 25
一宮(市) 146*
櫟本 230
市場町 86, 134, 230
稲佐山 306
稲葉山城 152
茨城大学 123
移民 14, 27, 328
鋳物 120, 175
伊予鉄道 280
いわき(市) 72, 74*
イワシ漁 24, 43, 115
インターチェンジ(IC) 55, 67, 69,
    71, 118, 127, 179, 181, 205, 245, 253

ウ

上野(駅) 80, 112, 123, 127, 134
上町 122, 141
上町台地 188, 202
ウォーターフロント43, 85, 211, 269, 321
宇品港 242
羽州街道 60, 66
碓氷峠 166
内町 60, 232, 276
宇都宮(市) 132*
宇野 252, 274
厩橋城 134
埋立事業 97, 110, 240
埋立地 24, 78, 91, 93, 97, 102,
    108, 111, 226, 235, 269, 291, 294,
    306, 312
浦安(市) 110
浦和 116
運上所 91

エ

衛星都市 112, 117, 205, 235
エコタウン 297
エゾ地 28
蝦夷地航路 56
江戸川 110, 112
江戸城 78
エネルギー革命 43
LRT 133, 199
沿岸流 114
遠州織物 155

遠州鉄道 156
塩田 217, 278, 295, 328

オ

追分 236
奥羽本線 68, 70
王子製紙 22, 43
奥州街道 48, 54, 72, 79, 116, 132
鴨東運河 224
近江大津京 226
近江八景 227
大分(市) 310*, 313
大分川 311
大分空港 312
大内氏 266
大浦天主堂 307
大型商業施設 89, 123, 157, 291, 321
大型ショッピングセンター 41, 157,
    175, 219, 261, 271, 277, 299
大型農業機械 65
大潟村 62, 63, 65
大川 303
大阪(市) 188, 193
大阪環状線 193
大阪空港 205
大阪市営地下鉄 199
大阪鉄道 191
大阪電気軌道 192, 202
大阪モノレール 205
大阪遊覧 194
大隅半島 322
太田川 240
大津(市) 221, 226*
オートバイ 156, 167
大通公園 15, 19
大宮 116, 132
大谷石 132
大淀川 318
岡崎公園 224
岡集落 115
岡谷(市) 51, 164*
岡山(市) 213, 250*, 272
岡山城 250
沖縄(市) 326, 328*, 333
沖縄戦 327, 329
沖縄都市モノレール 327
沖縄本島 328, 330
沖大東島 332
起 146
お台場 83
小田急線 81, 101
小樽市 17, 27, 36
小名浜 74*
帯広(市) 32, 38, 41

索引

オフィス街 159, 289
表町商店街 253
雄物川 60, 62
雄山 104
オランダ商館 304
折尾 294
織物業 86, 146, 156
オリンピック 17, 81
卸売団地 123, 321
尾張藩 140, 152

カ

海運ネットワーク 330
海軍航空廠 311
海軍工廠 102, 246, 309
海軍省 308
開港場 90, 208
外国人居留地 91, 94, 190, 208, 306
外国人別荘 166
外国貿易港 208
海上自衛隊 103, 309
海水浴 115, 197
海跡湖 62
開拓村落 33, 332
海中道路 331
カイニョ 180
海浜リゾート 115, 197
海面埋立 110, 262
偕楽園 123
加越鉄道 180
化学工業 73, 75, 99, 142, 173, 175, 215, 223
化学繊維 164
加賀藩 176, 182
鏡川 282
架橋 19, 33, 42, 61, 85, 96, 135, 191, 207, 331
学園都市 87, 124, 294, 319
家具工業 303
学術研究都市 294
鹿児島（市）................... 317, 320, 332
鹿児島本線 292
火山活動 322
火山島 104, 322
鹿島アントラーズ 131
鹿嶋市 130
鹿島神宮 130
鹿島臨海工業地域 130
果樹園 19, 27, 61, 200, 204
果樹栽培 26, 96, 127, 161
春日神社 228
霞ヶ浦 126
かすみがうら市 126
霞ヶ関 80
過疎化 330
片倉製糸 51, 73, 217
堅田 226
片町線 203, 207
ガチャ万 146
楽器産業 157
嘉手納飛行場 329
加藤清正 314

門真市 203, 205
神奈川 90, 103
金沢（市）...................................... 182*
金沢大学 183
加納城 152
鎌倉街道 88, 126
上川支庁 31
上川盆地 28, 32
神栖市 130
上ツ道 230
亀ヶ崎城 68
鴨川 222
樺太 36
搦 302
軽井沢（町）.................................... 166*
川口（市）.. 120*
川崎（市）.................................. 93, 96*
川崎大師 96
河内平野 202
関越自動車道 137, 171
関外 91
環境問題 259, 331
観光業 306
観光都市 21, 228, 261, 306, 329
環濠都市 196, 199
観光ぶどう園 200
干拓地 62, 240, 249, 254, 262, 302
官庁街 80, 152, 199, 226
関東大震災 79, 81, 94, 103, 112, 117
関内 91
鉄穴流し 255
関釜連絡船 268
上町（鹿児島）................................... 320
上町地区 320
関門トンネル 197, 269
歓楽街 16, 209

キ

生糸 86, 92, 100, 153, 160, 164
生糸王国 164
祇園社 266
機械化農村 258
機械産業 156
企業城下町 23, 25
汽水湖 62
紀勢線 235
寄生地主 256
木曽川 141, 146
キタ 191
北アルプス 176
北上川 54, 55
北九州（市）............................. 288, 292*
北九州工業地帯 295
北大東島 332
北の国から 34
北庄 184
北防波堤 36
北前船 26, 189
基地の街 309, 329
木津川 190
吉備の穴海 255
岐阜（市）...................................... 152*

岐阜城 152
キャナルシティ博多 291
ギャンブル空間 99
旧河道 96, 172, 200, 209, 261
旧軽井沢 166
旧軍港市転換法 247
九州新幹線 291, 299, 317, 321
九州鉄道 288, 293, 300, 308, 316
旧武家地 49, 66
キューポラのある街 120
京街道 206
清洲越し 140
京都（市）........ 146, 190, 206, 220*, 223, 227, 268, 270
京都御所 222
京都帝国大学 223, 287
京都府庁 225
業務地区 275
漁港 43, 58, 115, 269
漁村 37, 90, 110, 177, 246, 292, 330
キリスト教 304
近世城下町 276, 310
近代都市 81, 185, 287, 316

ク

空洞化 57, 71, 75, 171, 173, 175, 183, 270, 273, 279, 317
区画整理事業 19, 40, 52, 135, 157, 183, 198, 218, 279, 283, 290, 312
洞海（くきのうみ）........................... 295
九十九里浜 114*
釧路（市）........................ 32, 39, 42*, 44
釧路集治監 44
くにびき国体 273
熊本（市）................................ 314*, 316
熊本城 314*
倉敷（市）........................ 254, 260*, 264
倉敷チボリ公園 261
倉敷紡績所 206, 260
グラバー邸 307
クリーク 301, 302
グリーンドーム前橋 135
クリ産地 127
久留米（市）............................... 72, 298*
呉（市）.................................. 308, 246
呉港 246
黒崎（徳島県）................................... 278
黒崎（福岡県）................................... 293
黒田藩 286
黒部川 176
黒部川扇状地 176*
桑畑 19, 60, 66, 86, 100, 127, 150
軍港 246, 308
軍事施設 54, 101, 142, 150, 158, 183, 207, 242, 247, 308, 311
軍事都市 207, 247
軍都 51, 100, 107, 136, 156, 183, 217, 241, 297, 299, 315
軍馬補充部 45
群馬県庁 134

ケ

蹴上発電所 222
計画都市 14
景観保全 227
軽工業 142, 217
京成千葉線 108
京阪電気鉄道 192, 194, 206, 224
京浜運河 98
京浜工業地帯 92
京浜東北線 116
刑務所 33, 40, 44, 135
京葉線 111
毛織物業 92, 146
結節点 90, 116, 150, 181, 206, 251, 331
玄関口 20, 105, 127, 274, 275, 289, 297, 321
研究学園都市 124
兼業化 127, 179
減反政策 65
県庁所在地 106, 116, 158, 162, 172, 196, 234, 297, 310
原爆 297, 306
原爆ドーム 243

コ

広域中心都市 244, 290
公害 75, 98, 128, 237, 258, 265
高級住宅街 215
皇居 78
工業化 59, 72, 108, 142, 175, 193, 224, 258, 264, 270, 312
公共施設 29, 63, 134, 179, 184, 198, 233
工業団地 40, 53, 71, 75, 87, 108, 113, 127, 137, 151, 259, 271, 277
工業地帯 22, 25, 51, 61, 70, 92, 131, 142, 164, 196, 219, 262, 295
工業都市 22, 59, 73, 75, 97, 108, 120, 129, 144, 148, 169, 170, 235, 244, 246, 261, 297, 298
工作機械産業 156
甲子園球場 215
甲州街道 86, 116, 160
工場記号 165
興除村 257
洪積台地 154
公設市場 185, 327
高知(市) 282*
交通センター 317
交通都市 281
交通の要衝 73, 88, 112, 136, 162, 214, 242, 251
甲突川 320
甲府(市) 160*
興福寺 228
神戸(市) 93, 186, 208*, 215, 216, 305
神戸空港 213
公用地化 217
後楽園(岡山) 250
香林坊 182
鴻臚館 286
港湾都市 94, 214, 287, 296
郡山(市) 72*, 75
五街道 79, 116
国営事業 62
国際通り 327
国際博覧会 145
国際貿易港 69, 92
国標 332
国府 126, 158, 298
小倉 297
コザ市 329
御三家 232
コシヒカリ 171
児島湖 254, 257
児島湾干拓地 254
湖西線 227
小立野台 182
国会議事堂 80
琴似 14
碁盤目状の街路 33
小松島港 277
コミュニティー 331
ゴム工業 298
米の生産調整 65, 303
篭(こもり) 302
五稜郭 20
挙母町 148
コンパクトシティ 57, 173, 185
コンビナート 98, 129, 198, 237, 265
金比羅往来 252

サ

再開発事業 40, 157, 211, 245, 269, 271, 275, 277, 313
犀川 182
西国街道 214, 217
さいたま(市) 116*, 121
さいたま新都心駅 118
埼玉スタジアム 119
彩都線 205
佐賀(市) 288*, 300
堺(市) 188, 196, 236
堺・泉北臨海工業地帯 196
堺東 199
栄 144
酒田(市) 66*, 68
酒田街道 60
酒田三十六人衆 68
肴町 54
佐賀平野 301
相模原(市) 100*
相模原台地 100*
相模湾 102
坂本 226
桜木町駅 91
桜島 322*
佐倉藩 106
笹が瀬川 254
佐世保(市) 308
佐世保湾 308
サッカー 116, 131, 313
札幌(市) 14*, 19, 21, 23, 27, 28, 30, 32, 48, 244, 245
札幌時計台 18
札幌農学校 15
サトウキビ 263, 328, 332
讃岐平野 274
サハリン 36
侍町 60, 314
侍屋敷 .... 234, 250, 272, ,274, 276
山陰道 267
山陰本線 224, 270, 273
三角州 209, 240
産業遺産 173
散居制 255
散居村 180
参宮街道 234
蚕糸業 136
散村 177, 180, 328, 332
産炭地域振興臨時措置法 75
三ノ宮(三宮) 213
山陽自動車道 245, 252, 258
山陽新幹線 213, 250, 252, 297
山陽鉄道 213, 217, 242, 248, 252, 260, 268
山陽電鉄 217
山陽道 214, 250

シ

シーガイア 319
CBD 123, 172
自衛隊 30, 51, 61, 103, 156, 219, 309
JRセントラルタワーズ 145
JFEスチール 249, 265
汐留 80
市街地活性化 71
市街地再開発 53, 235, 245, 271
地下足袋 298
飾磨津 217
四国霊場八十八ヵ所 278
寺社 68, 140, 228, 272
静岡(市) 38, 104, 157, 158
施設園芸 258, 303
自然堤防 19, 96, 146, 150, 160
士族授産事業 256
下町 78, 122, 141, 320
師団通り(平和通り) 31
自治都市 196
支店経済 53, 275, 290
自動車産業 149, 244
寺内町 188
信濃川 168, 170
地盤沈下 110, 121, 194, 259
地引網 115
標茶(町) 44*
島津氏 320
島之内 188
清水市 159
下関(市) 268*, 296
下関漁港 269
社会階層 333
斜面都市 268, 305, 309
重化学工業 75, 173, 215, 217

宗教都市 231	新交通システム 85, 133, 213, 245	世界三大夜景 21
重工業都市 247	新神戸駅 213	石州街道 267
集散地 32, 39, 86, 112, 155, 230, 237, 260	人口密度 33, 121, 253	石炭産業 42, 296
集治監(監獄) 39, 44	新産業都市 53, 59, 73, 75, 175, 258, 265, 277, 311, 313	関 一 192
集成館 320	宍道湖 273	石油開発 37
集村 177, 332	新庄市 68	石油コンビナート 98, 237
集村形態 256, 328	親水空間 173, 199	石油備蓄基地 331
住宅団地 32, 71, 87, 88, 95, 108, 183, 202, 245, 259, 307, 313, 317, 321	迅速測図 86	膳所 226
住宅地開発 40, 87, 192, 215	新地中華街 305	瀬戸大橋 252, 275
集団移民 30	神通川 172	セメント工業 58
重要港湾 25, 59, 69, 74, 265	新田 90, 92, 100, 115, 142, 189, 197, 200, 202, 214, 240, 249, 255, 257, 260, 262	繊維産業 153, 155, 237
収容所 327		せんい団地 147
集落形態 328, 332		繊維問屋街 153
十里の渡し 236	新田開発 .. 115, 189, 197, 200, 202, 214, 240, 260, 262	尖閣諸島 332
ジュエリー出荷額 161	新都心 109, 119, 327	善光寺 162
宿場町 .... 72, 86, 96, ,99106, 112, 116, 120, 150, 152, 154, 160, 206, 226, 230, 293	新日本製鐵 218, 292	戦国城下町 158
	新橋 80, 91	扇状地 14, 66, 146, 158, 161, 162, 164, 176
酒造業 214	新町 314	仙台(市) 48*, 67, 137, 214
首都防衛 113	陣屋 106	仙台空港鉄道 53
首里 326	新淀川 190	扇端 14, 66, 176
ショートカット 298		扇頂 18, 67, 158, 176
上越新幹線 117, 136, 169, 171	**ス**	船場 188, 205
上越線 169, 170	水郷地帯 130	千波湖 123
城郭 106, 158, 162, 242, 248, 272	水産加工 58, 296	前方後円墳 126, 197
城下町 ...... 48, 54, 58, 60, 66, 69, 70, , 78, 106, 122, 134, 136, 140, 150, 152, 154, 158, 160, 170, 172, 174, 182, 184, 188, 197, 208, 216, 226, 232, 234, 240, 250, 270, 272, 274, 276, 280, 282, 286, 297, 298, 300, 310, 314, 320, 326	水産業 21, 237, 269	千里丘陵 204*
	水質汚濁 265	千里ニュータウン 204
	水車動力 164	
	水晶加工 161	**ソ**
	水力発電 173, 177	桑園 86
	スーパーアリーナ 119	雑木林 87, 100, 119, 125, 204
	スキー場 33, 35, 167	造船業 209, 247, 306, 309
	杉沢林 177	総武鉄道 107, 116
	スケートセンター 167	宗谷本線 36
城下町プラン 48	スズキ 156, 181	宗谷岬 36
商業機能 14, 41, 107, 199, 205, 211, 253, 267, 271, 277, 280, 293, 297, 299, 319	薄野 16	疎開工場 165, 270
	ストロー効果 147	
	砂浜海岸 114	**タ**
	スプロール 163, 203, 273, 307	ターミナル 17, 23, 53, 116, 157, 253, 268, 277, 317
商業地域 18, 218, 258, 327	スペースワールド 292	
定山渓鉄道 19	スポーツ振興 131	ターミナルデパート 290
消雪パイプ 171	隅田川 78	大雄院製錬所 128
醸造業 32, 126, 179	諏訪湖 164	代官所 260
常総台地 130	諏訪式製糸器械 164	大気汚染 265
小村 177	駿府 158	太閤町割 286
尚巴志 326		第五高等学校 316
常磐線 74, 112, 126, 128	**セ**	第三高等学校 222
常磐炭田 74	製塩業 97, 278, 328	大豆 39, 263, 303
昭和溶岩 322	税関 91306	台地 17, 79, 91, 100, 106, 113, 117, 118, 122, 125, 126, 130, 133, 149, 151, 154, 182, 188, 202, 214, 235, 312, 314, 317, 320, 330
職人町 160, 174, 314	青函トンネル 21, 57	
食品工業 165, 296	青函連絡船 20, 57	
殖民地区画 34, 38, 40	製糸業 126, 135, 149, 150, 164, 270	
女子工員 164	製紙工業 22, 42	大東(市) 203
ショッピングセンター 147, 253, 259, 299, 313, 317	成層火山 322	大東諸島 332
	製糖工場 39, 296, 333	第7師団 30
シラス台地 320	西南戦争 315, 320	第二高等学校 49
後志 27	精米・製粉用水車 132	太平洋炭礦 43
新青森駅 57	精密工業 165	大名屋敷 78
信越本線 136, 170	製薬業 173, 279	タイヤ 298
新開 100, 240	政令指定都市 17, 52, 109, 119, 121, 159, 196, 245, 252	第四高等学校 182
新開地 14, 209, 262		平 74
人工島 291, 304		高岡(市) 174*

高岡大火 174
高崎（市） 134, 136
高師原台地 150
高梁川 254, 260, 262
高松（市） 251, 274*
高松城 274
宅地化 87, 95, 103, 123, 127, 133, 151, 203, 229, 249, 253, 258, 271, 283, 290, 301, 317
託麻原台地 317
武田信玄 160
蛇行 144, 120, 172, 298
畳表 258
橘通り 319
縦町 141
狸小路 18
玉置商会 333
玉置半右衛門 332
多摩川 82, 86, 88, 96
多摩川梨 97
多摩丘陵 88
多摩都市モノレール 89
多摩ニュータウン 88*
玉繭 150
ため池 119
丹波市 230

チ

地下商店街 18, 144, 317
地下鉄 17, 53, 80, 95, 118, 144, 192,, 203, 213, 225, 291
近文 30
筑後川 98, 298, 302
築港 190, 211, 290, 296
千葉（市） 106*
千葉都市モノレール 109
地方中枢都市 48, 244
茶 92, 160, 189, 237
中央商業地域 123
中央線 86161
中華街 92, 305
中核市 55, 61, 163, 183, 216, 249, 261, 299, 319
中京工業地帯 142
中国船 304
中心市街地 41, 48, 50, 57, 61, 70, 123, 135, 157, 163, 175, 185, 196, 198, 225, 231, 260, 271, 273, 291, 299, 315, 319
中心商店街 18, 33, 41, 54, 159, 231, 250, 253, 275, 277, 281, 283, 301, 319, 327
中心地 15, 27, 31, 53, 54, 63, 86, 105, 107, 112, 146, 149, 157, 163, 169, 177, 206, 208, 226, 252, 253, 260, 272, 297, 319, 321
中枢管理機能 172, 183
中枢都市 48, 244, 275
中世城下町 106
沖積低地 53, 60, 79, 130, 154, 320
沖積平野 78, 81, 154, 250, 254, 330
宙水 100

丁 49
町人請負新田 255
町人町 48, 54, 79, 182, 232, 248, 282
直接販売 65
鎮守府 102, 246, 308
鎮西鎮台 315

ツ

津（市） 234*
ツインタワー 145
通過都市 269
通勤兼業 179
津軽藩 56
月寒丘陵 19
つくば（市） 124*, 129
つくばエクスプレス 125
筑波台地 125
土崎港 60
壷屋 327
鶴丸城 320
鶴見臨港鉄道 97

テ

定期市 146, 236
低湿地 97, 110, 114, 122, 259
テーマパーク 89, 292, 309
出稼ぎ 179, 333
テクノポリス 22, 73, 133, 171
出島 304
鉄鋼 24, 59, 131, 233, 265
鉄鋼業 25, 99, 296
鉄道博物館 116
寺町 50, 60, 197, 234, 251, 270
デルタ 197, 214, 240
テレビ塔 144
田園都市 204
天下の台所 189
テングサ 105
天井川 209, 263
天神 290
天理（市） 230*
天理教 230
天竜川 154, 164
天領 137, 160, 236, 260, 310

ト

道央新産業都市 22, 25
道央テクノポリス 22
東海道 90, 96, 102, 142, 150, 158, 206, 236
東海道新幹線 83, 92, 157, 159, 224
東海道本線 142, 157, 158, 159, 190, 221, 224
冬季五輪 17, 163
東京 78*
東京駅 80
東京拘置所 82
東京ディズニーランド 111
道後温泉 281
唐人屋敷 305
東大寺 228
道頓堀 191

東北横断自動車道 69
東北自動車道 52, 54, 71, 73, 117, 169
東北新幹線 54, 71, 73
東北大学 52
東北鎮台 49
東北本線 50, 56, 70, 73, 116
遠見遮断 206
東洋製糖 333
十勝監獄 40
十勝岳 34
十勝平野 38
徳川家康 140, 152, 154, 236
徳島（市） 276*, 278
特定重要港湾 265
特別史跡 229
土佐電気鉄道 282
都市化 87, 117, 119, 120, 197, 200, 205, 224, 258, 261, 273, 317
都市型観光 194
都市機能 25, 31, 185, 227, 245, 248, 273, 319
都市計画 40, 79, 97, 101, 108, 140, 153, 185, 248, 283, 290, 294, 321
土石流 322
渡船 193, 295
土地基盤整備 177
土地区画整理事業 40, 53, 132, 135, 157, 183, 198, 283, 290, 312
突堤 211
鳥取（市） 42, 270*, 271
鳥取大震災 271
鳥取村 42
砺波平野 180*
利根川 78, 130, 134
戸畑 295
苫小牧（市） 18, 22*
苫小牧港 22
外町 60
富岡製糸場 136
富山（市） 172*, 177, 181
富山平野 176
豊川 150
豊田（市） 148*, 149
トヨタ自動車工業 148
豊臣秀吉 188, 206, 286, 300
豊橋（市） 150*, 151
豊平村 15
取扱貨物量 265
トロール漁業 296
屯田兵村 14, 29

ナ

苗穂 16
長岡（市） 170*
中川運河 144
中城湾 328
長崎（市） 90, 246, 302, 304*
長崎街道 300
中島閘門 173
中島遊郭 32
中山道 116, 136, 152, 166
中通り 70

長野(市) 162*, 163	博多座 291	広島(市) 48, 240*, 272
長与町 307	馬関駅 268	広島市民球場 245
長良川 153	萩往還 266	琵琶湖 226
流 286	白鳥大橋 25	琵琶湖疏水 222
名古屋(市) 140*, 149, 235	博覧会 145, 197, 203, 205, 224, 228,	
ナゴヤ球場 143	287, 291	**フ**
名古屋城 140	函館(市) 20*, 32, 42, 56, 90	ファッションタウン 153
難波京 188	函館本線 18	富岩運河 172
浪速鉄道 202	艀 56	福井(市) 184, 185
那覇(市) 326*	芭蕉辻 48, 49, 53	福井地震 185
那覇新都心 327	八王子(市) 86*, 100	福岡(市) 48, 245, 286*, 287, 302
鍋島氏 300	八丈島 332	福岡港 289
鍋山 322	八戸(市) 58*, 59	福岡ドーム 291
納屋工場 165	八郎潟 62	副業 200
納屋集落 114, 130	八郎潟干拓地 62*	福島(市) 70*, 74
奈良(市) 228*	八家 182	福山(市) 248
奈良公園 228	八百八橋 189, 193	袋川 270
鳴門(市) 278*	波止場 91	武家地 49, 66, 122, 286
鳴門教育大学 279	刎橋 177	武家屋敷 79, 134, 154, 161, 184,
難波 191	歯ブラシ 200	197, 217, 232, 248, 280, 282, 315
南蛮貿易 196	浜松(市) 154*	伏木町 175
南部藩 56	春採炭山 42	富士製紙 42
	ハルピン街 153	双子都市 286
ニ	藩営新田 255	ぶどう栽培 200
荷揚城 310	阪急 192, 205, 213, 224	葡萄酒醸造 161
新潟(市) 168*	万国博覧会 205	府内藩 310
新潟平野 170	播州平野 216	舟塚山古墳 126
苦汁 278	阪神 51, 191, 213, 277, 279	富良野(市) 28, 34*
西鉄大牟田線 299	阪神・淡路大震災 211	プランテーション 333
西宮(市) 214*	阪神港 209	布留街道 230
西宮神社 214	晩成社 38	古町 280, 314, 317
西廻り航路 68, 168, 268	播但鉄道 217	噴火 104
二条離宮(二条城) 224	藩庁 266	文化都市 103, 136, 245, 281, 329
ニシン 26	半農半漁村 330	
ニシン漁業 36	万博記念公園 205	**ヘ**
日米修好通商条約 90	番屋 26	米軍相模補給廠 101
日明貿易 196		米軍施設 101, 103
日豊本線 297, 310, 319	**ヒ**	米軍統治 329
200カイリ規制 37	ビート 39	閉山 43, 129, 290
日本銀行 53	東大阪・大東(市) 202*	平城京 228
日本鋼管 97, 248	東田高炉記念公園 293	平地林 125, 126, 133
日本橋 79	東山油田 170	平和大通り 240
ニュータウン 40, 52, 55, 76, 77,	干潟 274, 291, 302, 328	平和公園 243
88, 89, 171, 196, 204, 227, 307	美観地区 261	別荘地 166
ニュータウン開発 307	微高地 114, 160, 196, 256	ベッドタウン 108, 147, 183, 227
入植地 34, 65	尾張 146	平安座島 330
	避暑地 166	
ネ	日立(市) 128*, 129	**ホ**
燃料工廠 237	日立鉱山 128	貿易港 20, 69, 86, 94, 208, 211, 268
	日立製作所 128	放水路 81, 120, 190, 241, 250
ノ	人持組 182	ポートアイランド 211
農外就業機会 179	日比谷公園 80	北洋漁業 20, 43
農家民宿 167	姫路(市) 216*	北陸街道 177
農場 30, 34, 256	姫路城 216	北陸自動車道 169, 171, 179, 181
海苔養殖業 303	百花園 215	北陸新幹線 137, 163, 175
	百間堀 184	圃場整備 127, 178, 180, 301
ハ	兵庫津 208	戊辰戦争 20, 170
廃藩置県 49, 116, 234, 248, 310, 318,	兵部省 49	北海道開拓使 14
326	枚方(市) 206*	北海道大学 15
ハウステンボス 309	開 302	北海道炭鉱鉄道 24
博多 286	平岸リンゴ 19	北国街道 162
博多祇園山笠 289	平野村 164	北方警備 36

ホマーテ 322
掘り込み港 131
ポルダー 62
ポルトガル人 304
幌内鉄道 15
本陣 145, 166, 206, 214, 234
本田技研工業 156
本田宗一郎 156
本土復帰 327

マ

前海 302
前田藩 174
前橋（市） 134*
幕張新都心地区 109
幕張メッセ 109
町屋 15, 48, 154, 185, 234, 250,
    270, 272, 276, 280, 314
松浦武四郎 28, 38
松江（市） 252, 272
マツダ 245
松戸（市） 112*
松山（市） 280*
摩耶埠頭 211
マリンスタジアム 109
円山公園駅 19
マンション開発 307, 313

ミ

三浦半島 102
三重県 234
三方原 154
水城 274
水島工業地帯 244, 262*, 264, 265, 306
水の都 189
ミッドランドスクエア 145
三菱重工業 264, 306
水戸（市） 122*, 129
湊川 208
港町 68, 150, 226, 236, 278, 318, 326
港崎遊郭 92
みなとみらい 95
ミナミ 191
南大東島 332*
見沼代用水 119
宮城島 330
三宅島 104*
宮崎（市） 318*
宮水 214

ム

武庫平野 214
武蔵国一宮 88
武蔵野台地 78
無人島 332
撫養 278
紫川 297
室蘭（市） 24*, 32

メ

綿作 146, 155, 200, 202, 205

モ

モータリゼーション 67, 123, 163,
    169, 179, 180, 185, 199, 225
毛利氏 266
毛利輝元 241
最上川 68
門司 287, 290, 297
モノレール 83, 89, 109, 111, 205,
    297, 327
木綿 155, 160, 200, 263
盛岡（市） 54*, 55
杜の都 52
門前町 44, 116, 130, 132, 162, 214,
    226, 234

ヤ

八尾空港 201
屋敷林 53, 180
安田財閥 44
谷津 113
谷戸 88
宿取集落 328
矢作川 149
八幡 293
山内氏 282
山形（市） 66*
山形自動車道 67, 69
山口（市） 266*
山手 78
大和川 197, 200, 202
山辺の道 230
ヤマハ 156
山葉寅楠 156
山鼻 14
山原船 328, 330

ユ

遊郭 16, 32, 44, 92, 308
遊水池 16, 259, 282
勇払原野 22
油井 61
輸送用機械器具製造業 23
湯田温泉 267
油田地帯 168
夢の島 83

ヨ

余市（町） 26*, 27
溶岩ドーム 322
溶岩流跡 104
養賢堂 49
養蚕 88, 149, 161
養殖 97, 110, 303, 322
与勝諸島 330*
与勝半島 330
横須賀（市） 102*, 246, 308
横須賀造船所 102
横浜（市） 19, 86, 88, 90*, 98, 100,
    102, 116, 305
横浜スタジアム 92
横浜ベイブリッジ 95

横町 141
予讃線 261, 280
吉井川 254, 257
四日市（市） 235, 236*
四日市宿 236
淀川 190, 202, 207
米代川 62
与野 116, 118
ヨハネス・デ・レーケ 190

ラ

ライトレール 173
酪農地帯 45
ラベンダー 35
ランドマーク 37, 135, 144

リ

リーディング産業 156
陸軍造兵廠 101, 207, 297
陸軍飛行第七連隊 156
陸繋島 62, 254
リゾート法 35
離島 326, 330
隆起環礁 332
琉球王国 326
流刑地 104
流水客土 178
龍造寺氏 300
漁師町 111
両毛線 135
臨海工業地帯 25, 131, 196, 262, 264
臨海副都心地区 85
臨港鉄道 97, 211
リンゴ栽培 27

レ

レインボーブリッジ 85
歴史的都市 196
礼文 36

ロ

ロードサイドショップ 41, 89
六郷橋 96
六甲アイランド 211
六本木 84
路面電車 31, 81, 173, 191, 199, 224,
    281, 288, 293
論地ケ原 148

ワ

YKK 179
若戸大橋 295
若松 290, 296
和歌山（市） 232*
和歌山城 232
脇往還 116
和田岬 209
稚内（市） 36*

北海道

1. 札　幌 14
2. 函　館(はこだて) 20
3. 苫小牧(とまこまい) 22
4. 室　蘭(むろらん) 24
5. 余　市(よいち) 26
6. 旭　川 28
7. 富良野(ふらの) 34
8. 稚　内(わっかない) 36
9. 帯　広(おびひろ) 38
10. 釧　路(くしろ) 42
11. 標　茶(しべちゃ) 44

◉ 標茶

◉ 釧路

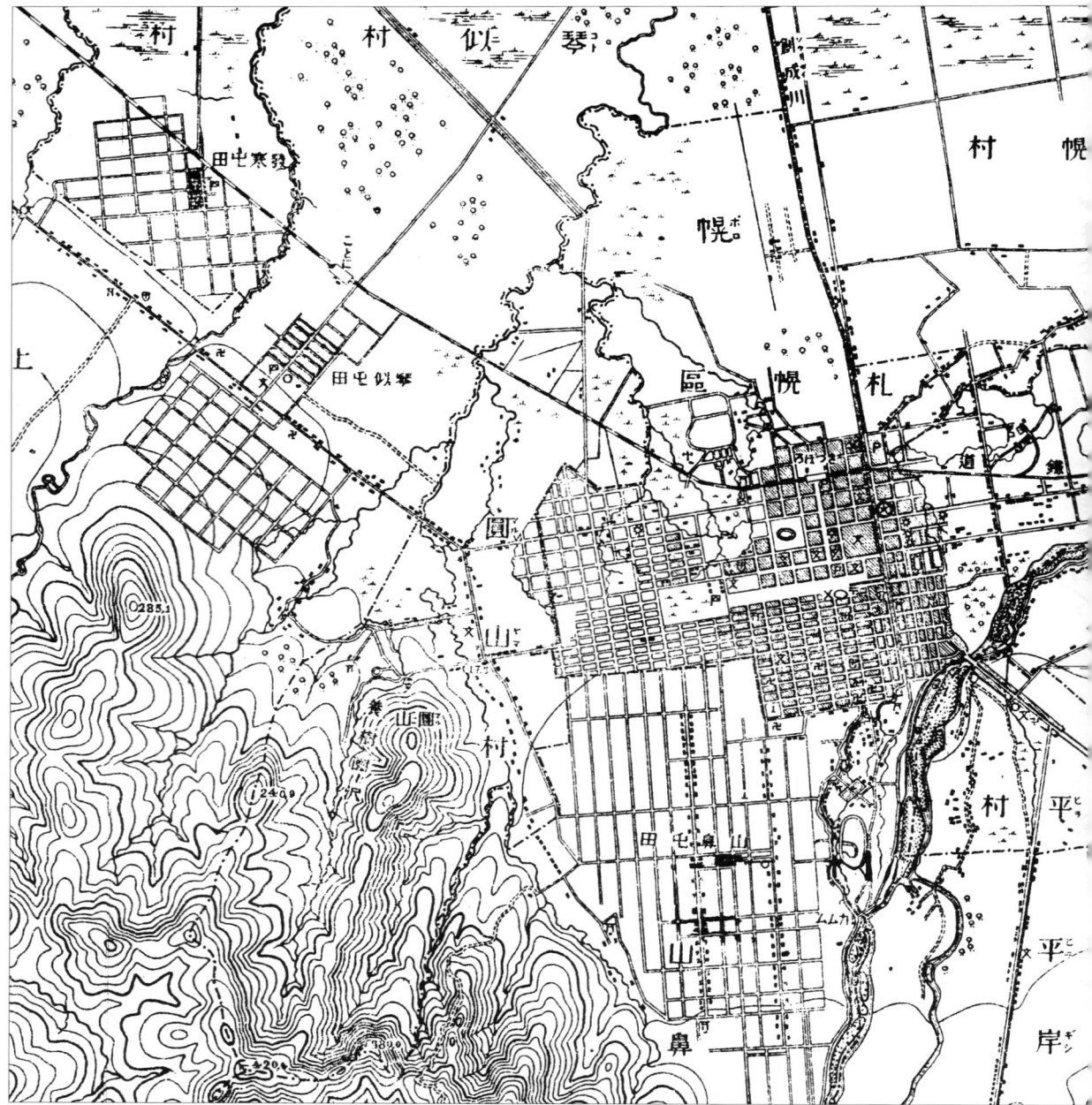

図1-1　1896年（明治29）の札幌　（5万分の1地形図「札幌」明治29年製版、原寸）

1. 札　幌

北の近代的計画都市　1869年（明治2）に北海道開拓使が設置されたのに伴い、札幌では本府の建設が始められた。初期の市街地にはアイヌ語の「サッ・ホロ・ペッ」（乾く・大きい・川の意）が語源とされる豊平川扇状地の扇端部が選定され、銭函通（現南1条通）と用排水路として開削された大友堀（現創成川）との交点が、60間を一区画とする市街地区画の基点となった。周辺には本府防衛の目的で1875年に道内初の屯田兵村202戸が琴似に、翌年には隣接する南の山鼻にも240戸が配置された。図1-1には密居型の西屯田と東屯田の2列の列村からなる屯田兵村がみられ、本府と接する北の境では区画線の方向の相違から街路に食い違いが生じている。本府建設に先立ち、周辺にはすでに幕府経営の御手作場として入植が行われていた札幌村や篠路、発寒などの集落があった。これらは主に東北地方からの移民により本府建設後に成立した上白石や豊平、平岸などと共に衛星村落として本府に編入された。その数は開拓使廃止の1882年には15を数えた。このような都市と農村の機能的結合を前提とした集落の配置はアメリカの新開地とも共通しており、道内の

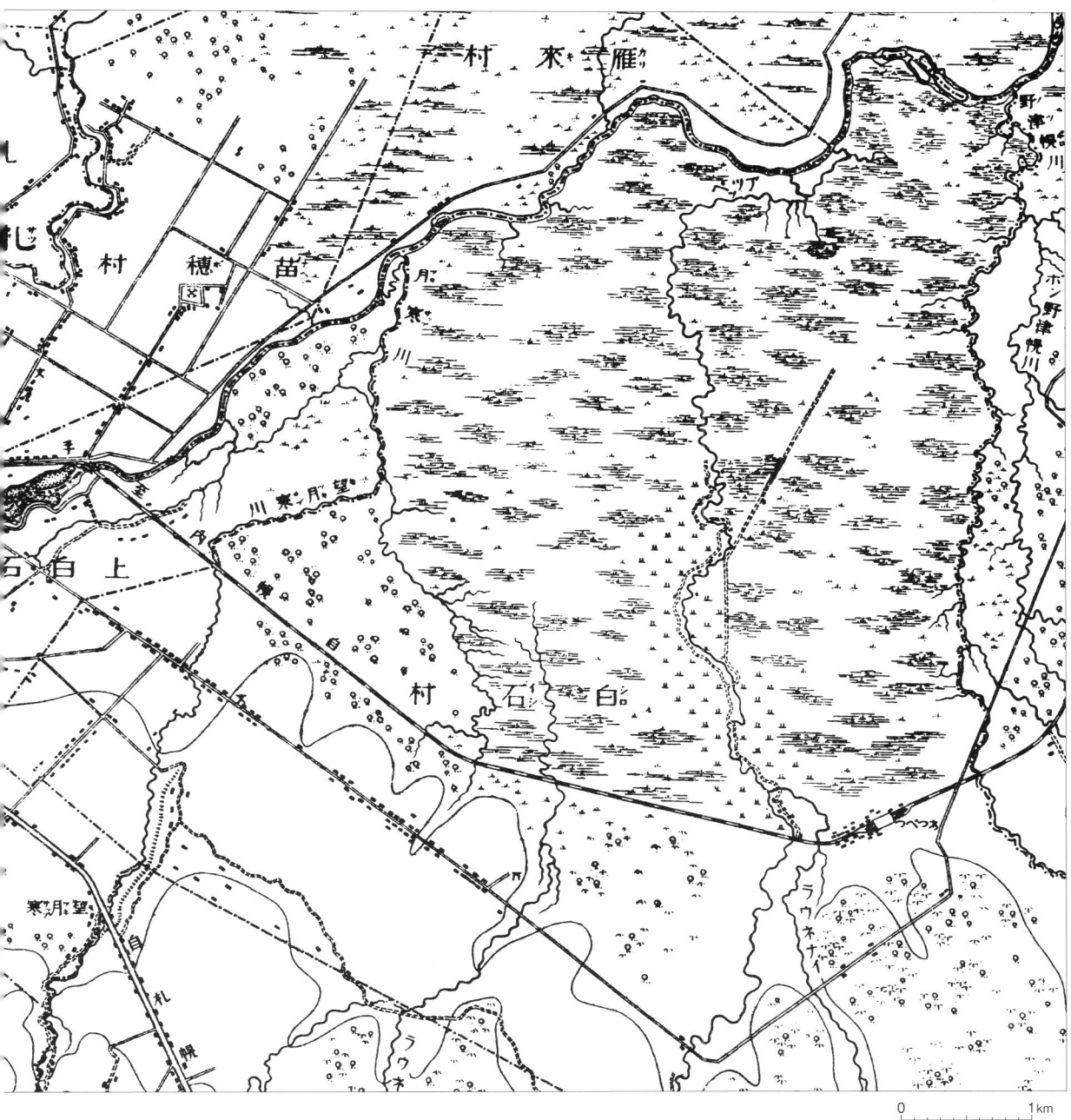

主な内陸都市は周辺農村のサービス中心地として計画的に設定されたものが多い。市街地化は鉄道より北が「メム」とよばれた湧水帯や泥炭地などの湿地のために遅れ、西部の円山や山鼻地区のほか、道南への幹線道路(現国道36号線)沿いにあった対岸の豊平村などへ拡大した。

その後、図1-3では市街地の拡大は北では広大な北海道大学の敷地もあり、北18条付近にとどまっている。これに対して南の地区では、自然条件に恵まれた西部や南西部の旧山鼻屯田を中心に拡大がみられ、鉄道を境に著しく非対称となっている。なお、図中の鉄道は幌内鉄道ともよばれ、空知管内の幌内炭鉱(現三笠市)から小樽港の手宮へ石炭輸送のために1880年(明治13)に敷設され、わが国では3番目のものである。

市街地は開拓使庁舎を中心とする北の区画は官地とよばれ、南の町屋地区は本町といわれた。両者の境には分離帯として防火帯の役割も兼ねて現大通公園が設定されて、今は雪まつりの会場としても知られている。観光名所にもなっている現存する赤レンガの旧道庁本庁舎は開拓使庁舎にかわり、1888年に建設された。この地区では北海道大学の前身である札幌農学校に代表されるように、創建時の文教や司法関係の機関

図 1-2　現在の札幌市　(5万分の1地形図「札幌」平成11年修正、原寸)

が北または西へ立地移動し、その跡地が民間に解放されて、経済や行政の機能が拡充されることになった。一方、町屋地区には「小路（こうじ）」とよばれる中通りが設定されたために、街区は北のパターンとは異なる横長の形態となっている。町屋地区の南には官設の遊郭が設けられ、現在は「薄野（すすきの）」とよばれる全国有数の遊興・歓楽街となっている。その南にある中島公園は建設時には本府を水害から守るため、遊水池の機能をもっていた。創成川右岸の東は水運を考慮して工業地区とされ、かつては官庫や器械場、紡織工場、麦酒（ビール）製造所などの官営工場群が配置された。これらの工場跡地のなかには現在は大規模な商業コンプレックスに転換されているものもある。さらに東の苗穂（なえぼ）地区には鉄道院の車両工場が開設され、現在もJRの車両の製造や改良を行っている。初期の計画による機能の配置は現在もほぼ維持されているが、都市軸は創建当初の東西型から、駅前通りをメインストリートとする南北型に転換されている。市制施行時の1922年（大正11）の人口は12.7万人であった。道内の中心都市として行政機能は卓越していたが、経済機能の地位が高まるのは国内経済の戦時統制が強められた1940年以降である。これにより行政機能と経済機能の結合が生じたこ

とが大きく、日銀支店の開設もこの時期である。とりわけ戦後には、国策としての北海道開発に関連する国の機関とその投資が札幌の成長の大きな要因となったほか、大手の金融機関や卸売機能が、戦前の中心地であった小樽から相次いで移転した。

1961年に豊平町と、67年には手稲町と合併し市域が著しく拡大した。70年には人口は100万を超えたが、市街地の構造と拡大に大きな変化をもたらしたのが、1972年に開催された冬季オリンピックで、これを機に都心の再開発や地下鉄の建設と道路網の整備が一段と進展したほか、政令指定都市への移行がなされた。主要幹線路が都心部を通過するため交通渋滞が生じ、通過交通量を緩和するために図1-2に見られるように複数の外環と放射状道路が建設されることになった。80年代にも新たな地下鉄の開通や延伸により市街地は沿線沿いで引き続き拡大をした。市街地の拡大と都心への機能の集中を抑制するために、東部の厚別地区には鉄道と地下鉄とバスのターミナルが結合し、商業や行政機能をもつ副都心計画が設定されたが、核店舗の撤退により頓挫した。また地下鉄とバスターミナルを併設した白石中央や北24条、琴似でも類似の様相が一時的にみられたが、路線の延伸により通過地点の性格が強まっている。

図 1-3　1960 年（昭和 35）の札幌市　（5 万分の 1 地形図「札幌」昭和 35 年修正、原寸）

都心地区の変化　札幌の都心は、大通を境に南には「狸小路」の中心商店街と 2 つのデパートを核に商業地域が形成されていた。1971 年には全国の都市で 4 番目の地下鉄南北線（北 24 条〜真駒内間）が開通し、その後に東西、東豊の両線も大通地区を経由することになったほか、バスターミナルも配置され、都心への購買客の流入を容易にした。一方、大通より北では駅前通りを中心に、本州企業や金融機関などの支店が立地したほか、道や国の機関と共に業務地区が拡充された。このため近代的なビルに取り囲まれることになった札幌時計台に象徴されるように、明治以降の歴史的建造物が都心から消滅した。しかし、1990 年代以降にはこの都心地域の変容が目立つようになった。地下鉄の開通を機に大通地区には南北の地下商店街が建設されたほか、郊外の屯田や手稲前田、清田地区などに大型店の出店が相次ぎ、狸小路商店街では閉鎖店舗が顕著となった。

札幌駅前には本州から進出したデパートを核に新たな商業ゾーンが形成された。しかも 1986 年には JR 函館本線の高架化が実現し、駅舎も新設されて開発が遅れていた駅北側へ業務地区が拡大した。駅北口は従来の南口にかわるメインとしての整備がなされ、合同庁舎の移転や業務用ビルの新設が見られた。とくに北大に近接していることもあり、IT 関連企業の立地が多く、一時は「札幌バレー」ともよばれて、国内のベンチャー企業の拠点の 1 つにも数えられた。

商業機能に関しても駅前地区は既存の大通地区と並ぶまでになっている。国鉄の民営化を機に全国の主要都市と同様に JR 駅に隣接して大規模商業施設が開設され、2003 年には関西系の大型デパートが立地した。1976 年には百貨店の販売額は駅前地区が 39.7 ％ で、大通地区は 52.6 ％ と優位にあったが、最近では駅前地区の比率は 45 ％ 前後に達し、両地区はほぼ拮抗するまでになっている。これには道央都市圏内のほか、鉄道の高速化や高速道路の拡大により、道内主要都市からの購買客の流入も大きな要因となっている。このため、周辺の小樽や苫小牧などでは、既存の商店街や地元デパートの閉鎖などの影響がみられる。

商業施設やホテル等も創成川を越えて東へと広がっているが、駅前通りでは既存ビルの再開発により高層ビルが相次いで出現している。市電の駅前地区への延伸が課題となっているほか、駅前と大通地区の間には、地下遊歩道が建設中で、完工後の 2010 年には両地区の一体化が促進される。駅前地区の景観は、函館までの開通が確定している新幹線の延伸がなされれば、今後大きな変容をとげることになる。また、1995 年以

降には都心部の人口動態にも変化がみられ、これまでの外延的拡大にかわり人口の都心への再集中が明らかになっている。都心部のある中央区は最近10年間で17.6％と人口増加率が最も高くなっており、2006年の市の増加総数の45％を占めている。これは社会増加によるもので道内と道外からの転入のほか、市内の他の地区からは単身者を中心とした流入がみられる。これには都心へのアクセスが至便なことと良好な居住環境が大きな要因となっており、高層マンションが新たな都市景観になりつつある。地下鉄の円山公園駅から南西の山麓に至るかつての戸建住宅地区にマンション群が建設されるようになったほか、桑園、大通公園や豊水地区、とりわけ創成川より東の東北地区での増加が顕著となっている。この結果、景観や日照権などに関わる係争が既存の住民との間で発生するようになった。

人口と経済活動の一極集中と市街地の拡大　北海道の人口は、1995年以降は減少となったが、札幌市は依然として増加しており、2005年には188万人を超えた。これは道内各地からの人口流入によるもので、周辺の北広島と石狩の両市を除くと道内各市との間では全て転入超過となっている。この結果、全道人口に占める市の人口の割合は33.7％になり、全国主要5都市のなかで所在都道府県の人口比率は横浜市についで高い。経済の高度成長期には、旧産炭地や農漁村からの人口増加がみられたが、現在の増加は雇用のほか、むしろ大学などの教育機関への若年者と医療や福祉などで充実したサービスを求める高齢者の移動が大きな要因となっている。人口の集中と同様に商業活動や製造業のほか、情報サービス業などでも同じ傾向がみられ、札幌圏と道内他地域との間には著しい不均衡が生じ、社会・経済活動の一極集中が顕著である。このように札幌は道内の都市のなかでは突出した存在となっている。

市街地の拡大は、西部は藻岩山や円山および手稲山の山麓のため限界があり、南部も支笏の火砕流の台地が大部分を占め、豊平川の河谷に限られる。このため拡大は、自然条件では必ずしも恵まれてはいない北部の沖積地と東部の丘陵地に展開することになる。東部の豊平地区ではすでに明治期末には市街地が形成されていたが、1918年（大正7）の定山渓鉄道の開通を機に豊平駅周辺に商店街や上流部の木材を原料にした製材工場などが立地していた。豊平の南にある平岸地区は、月寒丘陵にあり、豊平橋以南の上流部での架橋が遅れたこともあり、市街地化は進展しなかった。この地区は「平岸リンゴ」の名で知られた果樹園が多く、開拓使による官業施策が栽培の始まりで、1930年代にはロシアの沿海州にまで輸出されていた。

市街地の整備や拡大は、専ら区画整理事業により推進された。市街化区域面積は当初の2万2,010ha（1970

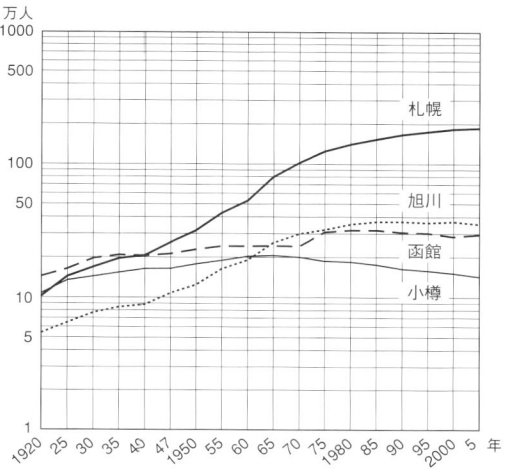

図1-4　全道主要都市の人口推移
（出具：各年国勢調査報告書による）

年）から2002年には2万4,738haと12.4％の増加を示したが、この大部分は北の拓北や屯田地区と東苗穂と北郷、厚別地区での拡大である。厚別地区の北は豊平川の旧流路に当り、大谷地原野とよばれた広大な湿地のため宅地化が遅れていた。市内の大規模団地の造成は公営が主体で、道営の真駒内団地や市営の下野幌、もみじ台団地と公団によるあいの里団地などがある。真駒内は種畜牧場を転用したもので、オリンピック選手村も建設され地下鉄南北線の終点ともなっている。下野幌ともみじ台は、月寒丘陵の先端部にあり、民間団地の造成と併行して都心部の機能分散をめざし、すでにふれた厚別副都心計画の一環として構想された。市外では道営の大麻、北広島の両団地がそれぞれ江別市と北広島市に、さらに恵庭市にはガーデニングで有名となった恵み野の大規模団地が建設された。さらに北の石狩市には花川団地が造成され、隣接して民間の花川南団地も出現した。この結果、東部では大麻と厚別地区の市街地はすでに連担しており、札幌より移転した文化施設や大学を中心に文教地区を形成している。北部でも民間の開発が進んで、花川と屯田地区ではほぼ連担市街地化しており、石狩市の機能も石狩川河口部の既存集落から、この花川と花畔地区の新市街地に移動している。市街地拡大のなかで、北東部の丘珠にはくさび状に農地が残存している。この地区は豊平川の旧流路にあたる伏籠川の自然堤防地帯にあり、開拓使時代よりタマネギ「札幌黄」の生産地として知られ、戦前には海外へも輸出されていた。一帯は農業振興地域に指定され農地の保全がなされているが、最近では潰廃も進んでおり、道内の主産地はこの地区の栽培技術を導入した空知や網走管内の北見地域に移っている。

（山下克彦）

図 2-1　1896 年(明治 29)の函館　(5 万分の 1 地形図「函館」「五稜郭」明治 29 年製版、原寸)

2. 函館

　函館の歴史は、古くは 15 世紀にさかのぼる。この頃津軽の豪商河野政通が函館山の中腹に館を築いたとされる。その後、1855 年(安政 2)の日米和親条約で伊豆下田とともに開港され、貿易港また本州との玄関口として発展した。幕末には北方防備のために五稜郭と弁天台場をおいたが、それらは明治初頭にかけて、戊辰戦争の最後の舞台となった。図 2-1 には内陸部に五稜郭、函館港の入口には弁天台場が描かれている。

　1901 年(明治 34)には弁天台場跡地に函館ドックが設立され、1908 年(明治 41)には国鉄青函連絡船が函館〜青森間を 4 時間で結ぶようになった。函館ドックの設置と日露戦争の戦勝の見返りとしてロシアから得た北洋漁業権は、その後の函館の発展に大きな影響を与えた。1910 年(明治 43)の函館市の人口は約 8.9 万人で 1885 年(明治 18)と比べて 2.3 倍に急増した。また、人口急増によって函館山周辺から北東に向かって市街地の拡大が始まった。函館駅が現在地に建てられたことや青函連絡船桟橋が現駅舎の海側に移設されたことが影響している。そして北洋漁業基地の函館に日露株式会社が設立されて、函館の発展はピークを迎える。

図 2-2　現在の函館市　(5万分の1地形図「函館」平成 19 年修正、「五稜郭」平成 18 年修正、原寸)

　住宅地は函館山麓、陸繋砂州からさらに北東方向へと拡大し、図 2-2 のような扇を広げたような形状の都市を形成した。1922 年 (大正 11) には札幌、小樽など他の道内 5 市とともに市政を施行したが、当時の函館市の人口は札幌市の人口の約 1.5 倍であった。その後も函館市の人口は増加を続け、1935 年 (昭和 10) には 20 万人を突破し、北海道最大の都市となった。

　第二次世界大戦後、函館は一転して冬の時代を迎えた。一時的には北洋さけ・ます漁業の再開や函館ドックの好業績で活況を呈したが、北洋漁業基地としての使命は 1970 年代前半に終わり、後半には石油危機後の造船不況で函館ドックの経営が急激に悪化した。さらに、1988 年 (昭和 63) には青函トンネル・津軽海峡線の開通により、青函連絡船が 80 年の歴史に終止符を打った。函館の人口は減少し、2008 年現在 29 万人である。

　今日、函館は観光都市として世界的にも有名である。図 2-2 の函館山から見る夜景は「世界三大夜景 (函館・香港・ナポリ)」と賞賛されており、2005 年には約 480 万人以上の観光客が訪れている。以前は函館が造船・水産業の町であったというイメージを図 2-2 からは読み取ることはむずかしい。
　　　　　　　　　　　　　　　　　　(奥平　理)

図 3-1 1909 年 (明治 42) 頃の苫小牧 (5 万分の 1 地形図「苫小牧」明治 42 年部分修正、「鵡川」大正 8 年測図、×0.8)

図 3-2 現在の苫小牧 (5 万分の 1 地形図、「苫小牧」平成 5 年修正、「鵡川」平成 10 年要部修正、×0.8)

3. 苫小牧(とまこまい)

1963 年に制定された道央新産業都市、並びに 1989 年に承認された道央テクノポリスの中核をなす苫小牧市は、北海道内でも随一の工業地帯を形成している。しかし、工業化が進展する以前の苫小牧は、イワシ漁を中心とした寒村であった。後背地である勇払(ゆうふつ)原野は自然条件が厳しいために農業不適地であった。今日の工業地帯の源流は、1910 年 (明治 43) 9 月に旧財閥系の旧王子製紙がこの地に製紙工場を建設したことに始まる。1909 年修正の地形図には、苫小牧駅に隣接して旧王子製紙の工場がみえる (図 3-1)。その後、苫小牧の周辺は原材料の原木に恵まれていたため、1943 年には大日本再生製紙 (後の山陽国策パルプ、現 日本製紙) も進出した。これら 2 社の操業により、苫小牧は独特の製紙工業都市としての性格をもつに至った。1948 年 (昭和 23) には市制を施行した。

1951 年に開始された苫小牧港 (現 西港) の内陸掘込事業は 1963 年 (昭和 38) に一部開港をむかえた。図 3-2 の地形図によれば、新規に完成した港湾一帯には、多様な業種の大規模工場が数多く進出した様子がみてとれる。苫小牧港は 1963 年の開港以降、石炭積出港とし

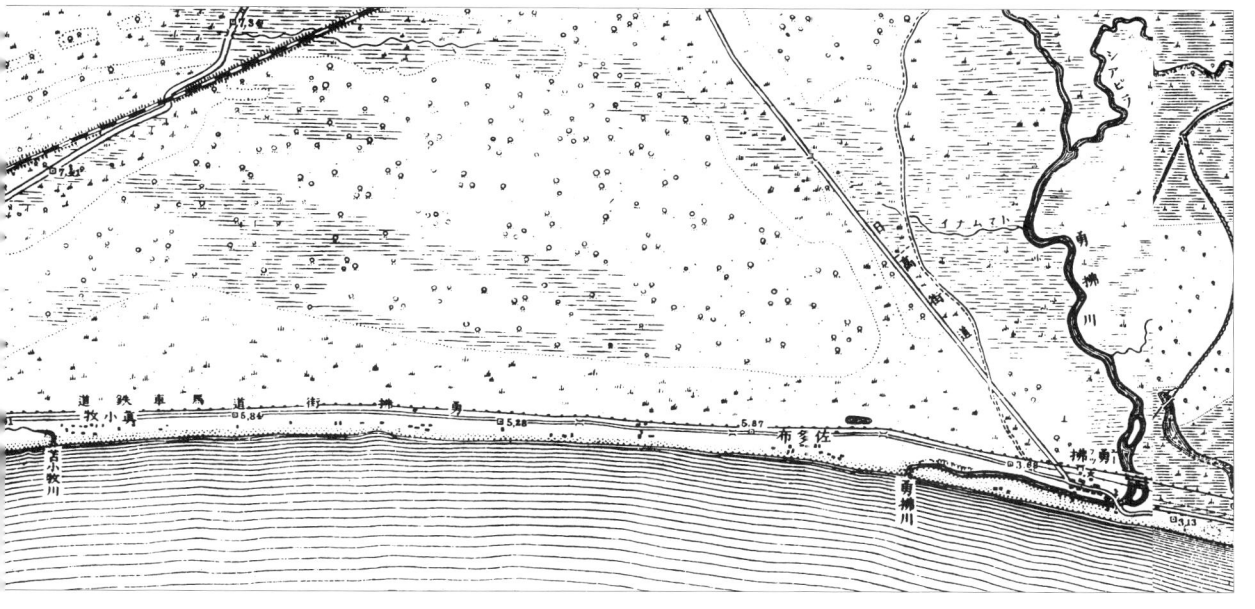

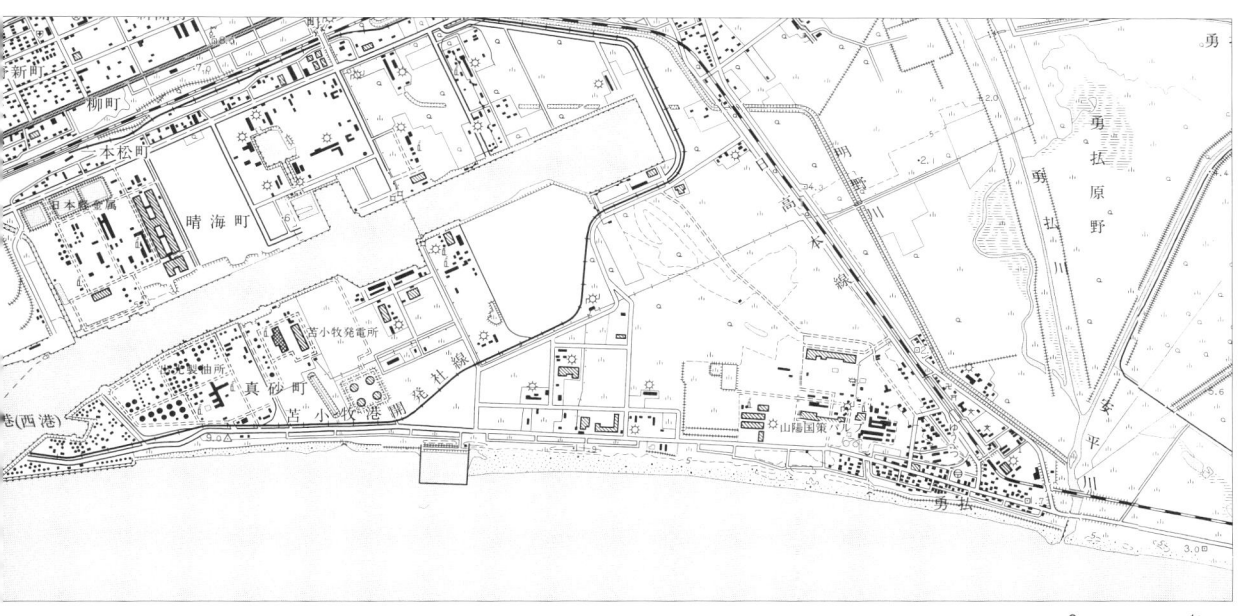

ての役割を主に担い、1970年には石炭積出量で全国一となった。しかし、その後の石油および海外輸入炭におされ、積出量は下降を続け、ついに1993年に石炭積出港としての役割を終えた。

現在は国際コンテナターミナルとして、北米、極東ロシア、そしてアジアの主要港との間に定期航路が開設されている。苫小牧港（西港および東港）は全道の取扱貨物量の過半数を占める北海道最大の港である。

かつて栄華を誇った典型的な企業城下町・苫小牧は、製紙企業の経営合理化の影響を受けて大きく様変わりをとげ、近年の苫小牧は「自動車のまち」に変貌しつつある。1984年のいすゞ、そして1992年のトヨタの工場進出により、苫小牧市における輸送用機械器具製造業の出荷額ならびに従業員数の伸びは著しく、かつての製紙工業の地位と逆転した。現時点では、両社の工場とも完成品の組立工場ではなく、エンジンやトランスミッション等のユニット部品工場である。近年ではとくにトヨタ自動車や関連企業群の相次ぐ設備投資が活発にみられ、東部の沼ノ端地区を中心に人口拡大が続いている。2005年の国勢調査によれば苫小牧市の人口は17万2,758人であり、これは札幌、旭川、函館、釧路に次ぐ北海道内5位の規模である。（堤　純）

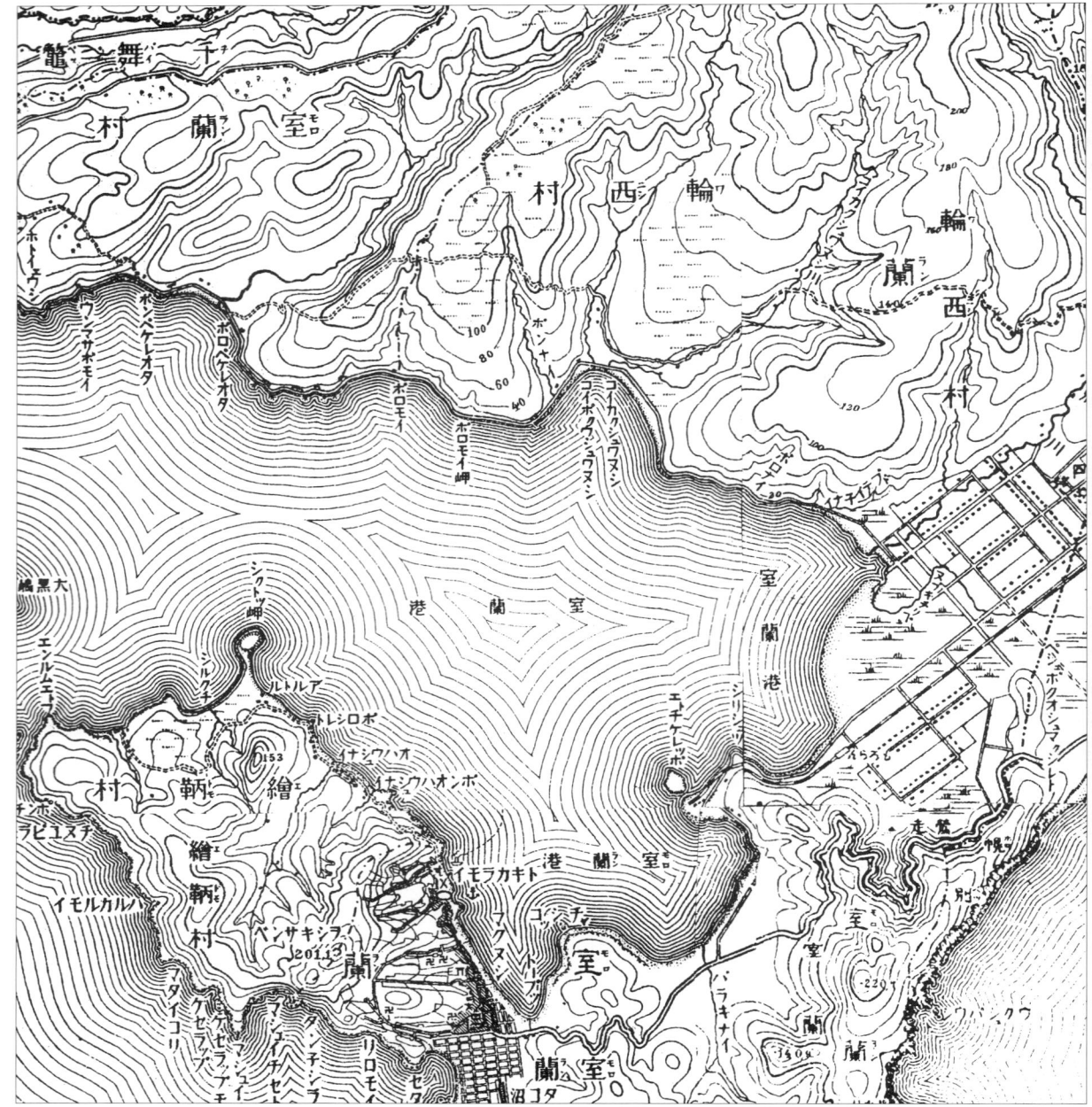

図 4-1　1896 年(明治 29)の室蘭　(5 万分の 1 地形図「室蘭」「紋鼈」「幌別」「ドカリショ岬」明治 29 年製版、原寸)

4. 室蘭
　　むろ　らん

　天然の良港に恵まれた室蘭には、江戸時代、松前藩が絵鞆場所(交易領域)を設置した。幕末には外国船が出没し、1799 年(寛永 11)、幕府は室蘭を直轄地にした。1871 年(明治 4)の人口は、アイヌ人 321 人、和人 271 人にすぎなかった。1887 年、屯田兵が入植して開拓が始められた。

　1892 年(明治 25)に北海道炭礦鉄道が岩見沢〜輪西間に開通し、室蘭は石炭積出港として重要性を増した。1907 年(明治 40)、北海道炭礦鉄道は、国有化されて得た資金で日本製鋼所と輪西製鉄所を設立した。その後、両社は 1919 年に合併したが、世界恐慌の不況下で再び分離した。

　昭和に入り戦時色が強くなると、日本製鋼所は急成長した。輪西製鉄所も日本製鉄の傘下となり、1939 年(昭和 14)、埋立地に鉄鋼一貫工場(仲町工場)を建設した。1944 年の市の人口 12 万 1,122 人のうち、日本製鋼所の従業員数が 3 万 9,642 人、輪西製鉄所が 1 万 1,122 人であった。

　敗戦によって鉄鋼業界は壊滅的な打撃を受けたが、日本製鋼所は、民需用のメーカーに転換した。輪西製

図4-2　現在の室蘭市　(5万分の1地形図「室蘭」平成13年修正、「登別温泉」平成4年修正、「伊達」平成12年修正、原寸)

鉄所は富士製鉄室蘭製鉄所となり、1961年(昭和36)に、日本最大の第4溶鉱炉を完成させ全盛期を迎えた。従業員数は富士製鉄室蘭製鉄所が9,500人、日本製鋼所は3,300人で市内の工業従事者の大半が、この2社にかかわりがあり、室蘭はこの両社の企業城下町であった。この時期、室蘭は道央新産業都市や重要港湾の指定を受け、イタンキ工業団地などを造成、一大臨海工業地域を形成した。

1970年(昭和45)、八幡製鉄と富士製鉄が合併し、新日本製鉄となり、世界的規模の鉄鋼メーカーになった。しかし、同室蘭製鉄所は、貿易の自由化による原料コスト高、鉄鋼業の京浜市場への一極集中、石油危機などによって衰退した。1991年(平成3)に新日本製鉄と三菱製鋼の共同出資の三菱製鋼室蘭特殊鋼が発足し、製鉄の火にかろうじて維持された。だが、市の人口は製鉄会社の合理化などによって減少を続け、2008年現在9.8万人と過去最大時の約半分となっている。

1998年(平成10)には港を南北に横断する巨大なつり橋の白鳥大橋が完成し、地形的な制約を克服した新たな交通体系の整備によって、室蘭は都市機能の変化が生じている。

(岩間英夫)

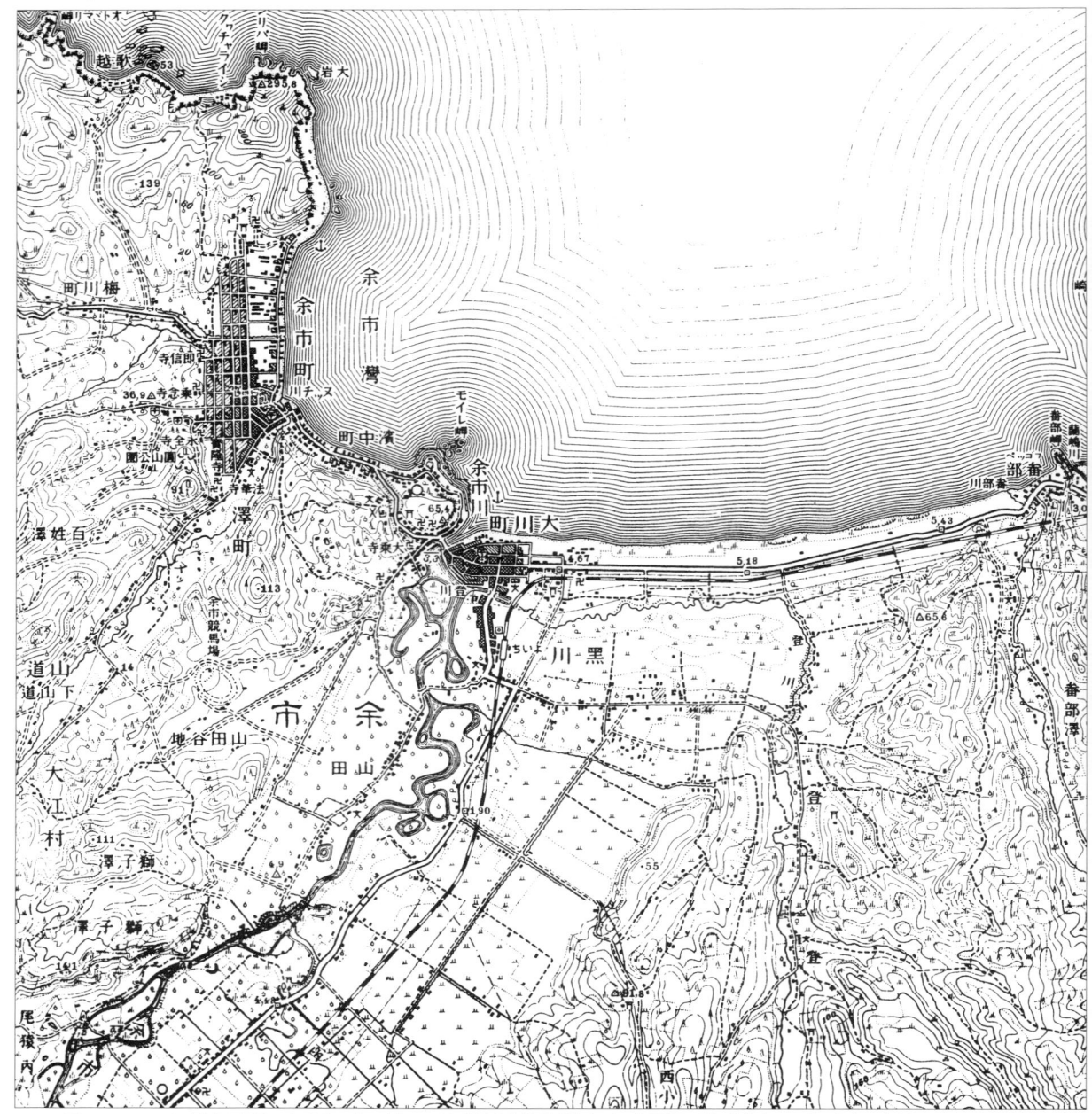

図 5-1　1917 年（大正 6）頃の余市町　（5 万分の 1 地形図「小樽西部」大正 5 年測図、「仁木」大正 6 年測図、原寸）

5. 余市（よいち）

　江戸末期、余市湾岸には、すでに町並みが形成されていた。図 5-1 の地形図には、余市川河口近くのモイレ岬からシリパ岬にかけての海岸一帯が、道路を挟んで長方形の建物で埋められている様子が明瞭に表れている。これらの建物は、漁から加工・製品化までの一連の作業を行うための諸施設が整然と配置されたニシン番屋（ばんや）である。「群来（くき）」といわれるニシンの大群は余市町にとって春の訪れを告げる出来事であった。ニシンは産卵場所として岩場の海藻を好むため、北海道の、とくに日本海沿岸に集中した。最盛期には水揚げされたニシンの約 85% が魚肥用に加工された。

　それらは北前船（弁財船）によって運ばれ、関西方面を中心に活発な交易がみられた。しかし、ニシン漁の最盛期は明治後期から大正期であり、昭和に入ると乱獲により漁獲量は激減した。かつては全盛を誇った漁業関連業者の倒産が相次ぎ、恐慌や魚価の暴落の影響もあって余市のニシン漁は深刻な状況に陥った。

　ニシン漁と並び、余市の代表的な産業である果樹栽培の歴史は古い。暖流の対馬海流の影響から、北海道にしては比較的温暖な気候に恵まれるため、明治以降

図 5-2 現在の余市町 (5万分の1地形図「小樽西部」平成14年修正、「仁木」平成3年修正、原寸)

に入植した移民によってリンゴ栽培が拡大していった。加えて、堅実なニシン網元衆の豊富な資金力を背景に、不漁期に備え、また漁期に当たる春以外の仕事の確保という観点から、余市川流域の丘陵地においてリンゴ栽培を始める漁場経営者もいた。このように、余市を代表する産業であったニシン漁とリンゴ栽培には、一見では無関係ながら、実際には必然的な関係が見てとれる。図 5-2 の地形図には、余市川の右岸を中心に、JR 函館本線の両側沿線から東部の山麓部にかけて果樹園が展開している様子がよく表れている。余市町は、現在でも北海道を代表する果樹生産地域であ

り、札幌近郊からの観光客を顧客とする観光農園(サクランボ、洋なし、プルーン、ブドウ、リンゴ等)も盛況である。

余市町は、ニシン漁の盛況により古くから資本が蓄積された地域であり、現在でも北海信用金庫の本店所在地であるなど、人口規模に比較して商業・金融の機能が高くなっている。余市湾の海岸線に平行する砂丘列に挟まれた平地では、かつての水田跡地が住宅地へと変貌しつつある。余市町の人口は 2005 年の国勢調査では 2 万 2,734 人であり、北海道西部の後志管内では小樽市について第二の中心地である。　　　　(堤　純)

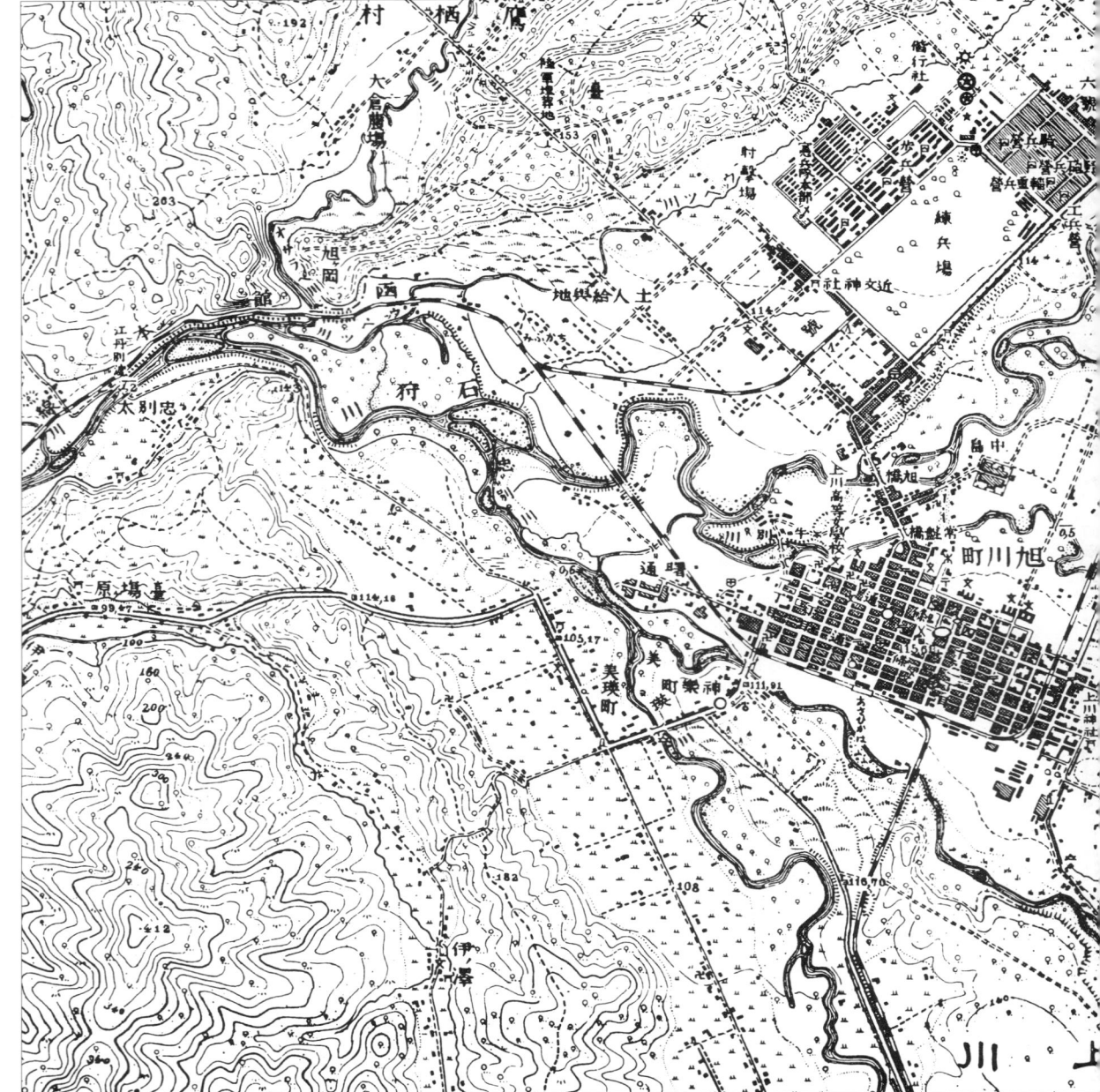

図 6-1　1909 年（明治 42）の旭川町　（5 万分の 1 地形図「旭川」明治 42 年部分修正、原寸）

6. 旭 川

　旭川は北海道中央部にある上川盆地の西端に位置する。ここは石狩川が支流の牛朱別川、忠別川および美瑛川と合流するところで、それらの河川沿いには広く段丘面が発達している（図 6-1 と図 6-3）。現在旭川の市域人口は約 36 万人で、その数字はここ 20 年以上変わらない。旭川を中心とする日常的な関係圏は上川盆地を越え、南北に隣り合う富良野盆地、そして名寄盆地の各縁辺にまで及ぶ。

　旭川の開発が始まったのは札幌より 20 年遅れた 1889 年（明治 22）であった。それより先の江戸時代には上川アイヌと和人の間に交易があり、幕末になると松浦武四郎ら調査探検家は、上川盆地をエゾ地開発に重要な地であると提言している。

　旭川は上川盆地の開拓にさきがけ、その中心として機能すべく建設された。まず北海道庁は、札幌との間に道路を開通させ、牛朱別川と忠別川に挟まれた段丘面に 2 年がかりで東西約 2 km、南北約 1 km に及ぶ市街地区画設定事業を実施した。この市街地区画はアメリカ都市を模倣したものであった。図 6-1 からもうかがえるように、区画地は直線街路で区切られた長方形

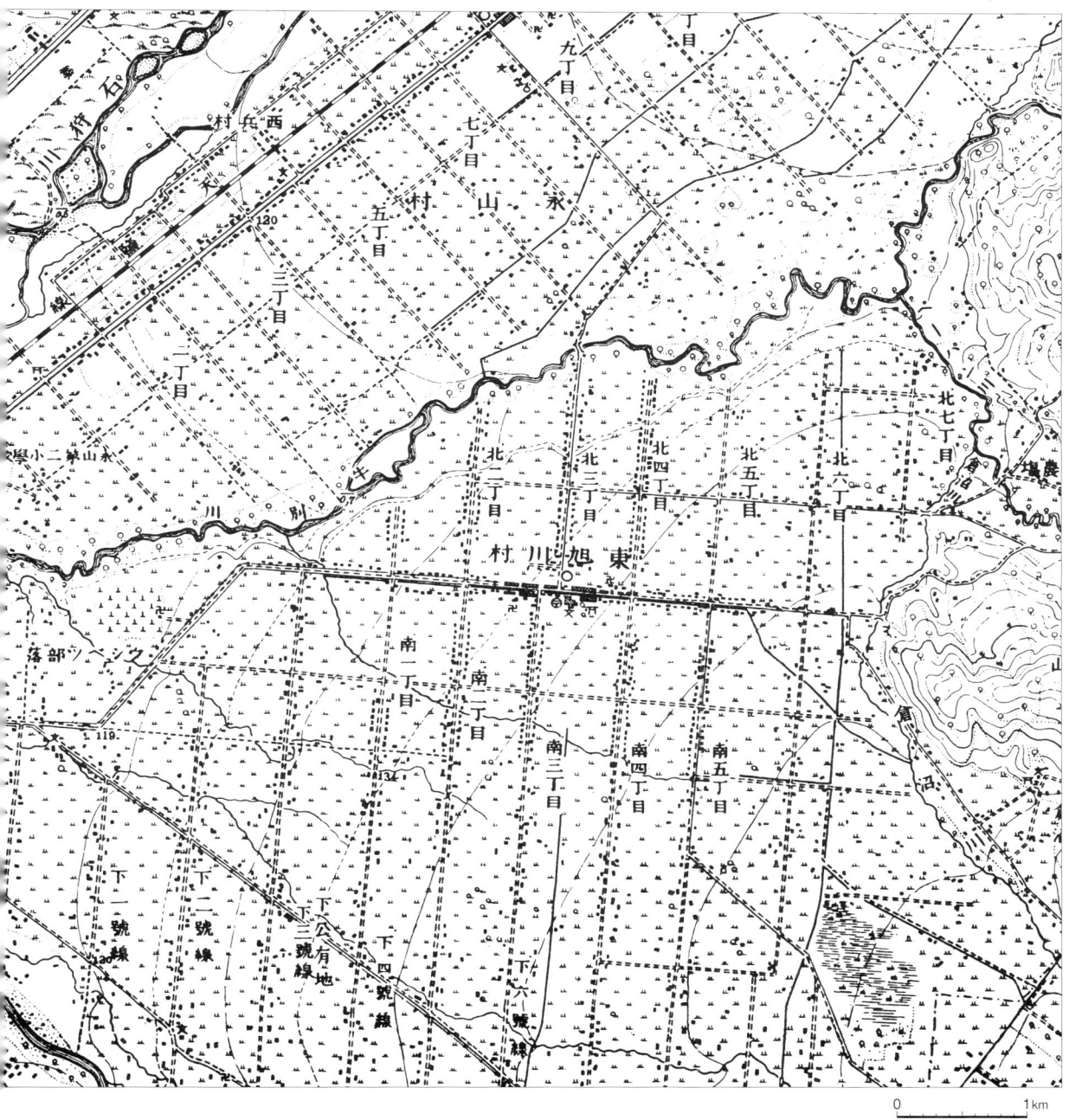

　の街区から構成され、主要道路の幅員は約27m、その他は約20mで、両者とも車道の両側に歩道と並木敷地を備えていた。この市街地区画内には「殖民地撰定及区画施設規程」に基づき、さまざまな公共施設、商店、工場および住宅などの設置予定地が含まれた。しかし、それらの建物は全体として見れば計画的に配置されたわけではない。

　旭川の最初の集落は、この区画事業とは別に、区画市街地のすぐ西側の忠別川と美瑛川が合流する所に自然発生した(図6-1の「曙通」付近)。この集落は無論小規模なもので、旭川周辺の開拓準備が整うとともに来住した土木建設労働者や行商人の住宅、そして製材所などから成るものであった。やがて旭川の区画事業が完了すると、この小集落と連結する区画市街地の南西端が商業中心として台頭した。ここはちょうど札幌からの道路が旭川に入ってくるところにあたり、道路に面して雑貨店、飲食店、旅館などの家並が出現したほか、郵便電蕔局、警察分署、駅遞(えきてい)などの公共施設も加わった。

　市街地の設定事業が行われると同時に、旭川の東郊では屯田兵村の選定と区画事業が実施された。1891年(明治24)、上川地方初の屯田入植として永山に400戸、

図 6-2　現在の旭川　(5 万分の 1 地形図「旭川」平成 12 年修正、原寸)

続いて東旭川と当麻にも各 400 戸が入植した。さらに明治 20 年代後半から 10 年ほどの間に、旭川を取り巻くように鷹栖、東川、神楽と神居でも集団移民と大規模な個人農場などによる開墾が始まった (図 6-3 参照)。

図 6-1 が示すのは草創期の旭川であり、この時すでに現在の旭川の原型が確立した。都市としての編成に大きな刺激となったのが鉄道と師団の開設である。1898 年 (明治 31)、北海道官設鉄道上川線 (現在の函館本線) が開通して旭川は札幌や小樽と結ばれ、2 年後には北海道防衛のために札幌に設置されていた第 7 師団が移駐した。鉄道軌道は先の区画市街地を縁取るように敷設され、駅は市街地南端に設置された。駅付近には鉄道工場と鉄道員宿舎が連なるとともに、倉庫・運送業者も集まり、やがて旭川の商業発展に応じて駅構内も拡張された。一方、師団は市街地から離れた北郊の石狩川対岸に創設され、通常約 1 万人の兵員を擁して北海道全域を管轄した。駐屯地の面積は、1,800 ha という広大なもので、当時の旭川市街地を上回るほどであった。これは第二次世界大戦後に設置された自衛隊の駐屯地面積の約 5 倍に相当する。師団地は師団司令部、3 つの歩兵連隊、陸軍病院、500 戸の官舎、そして練兵場から構成され、そこには函館本線の近文駅

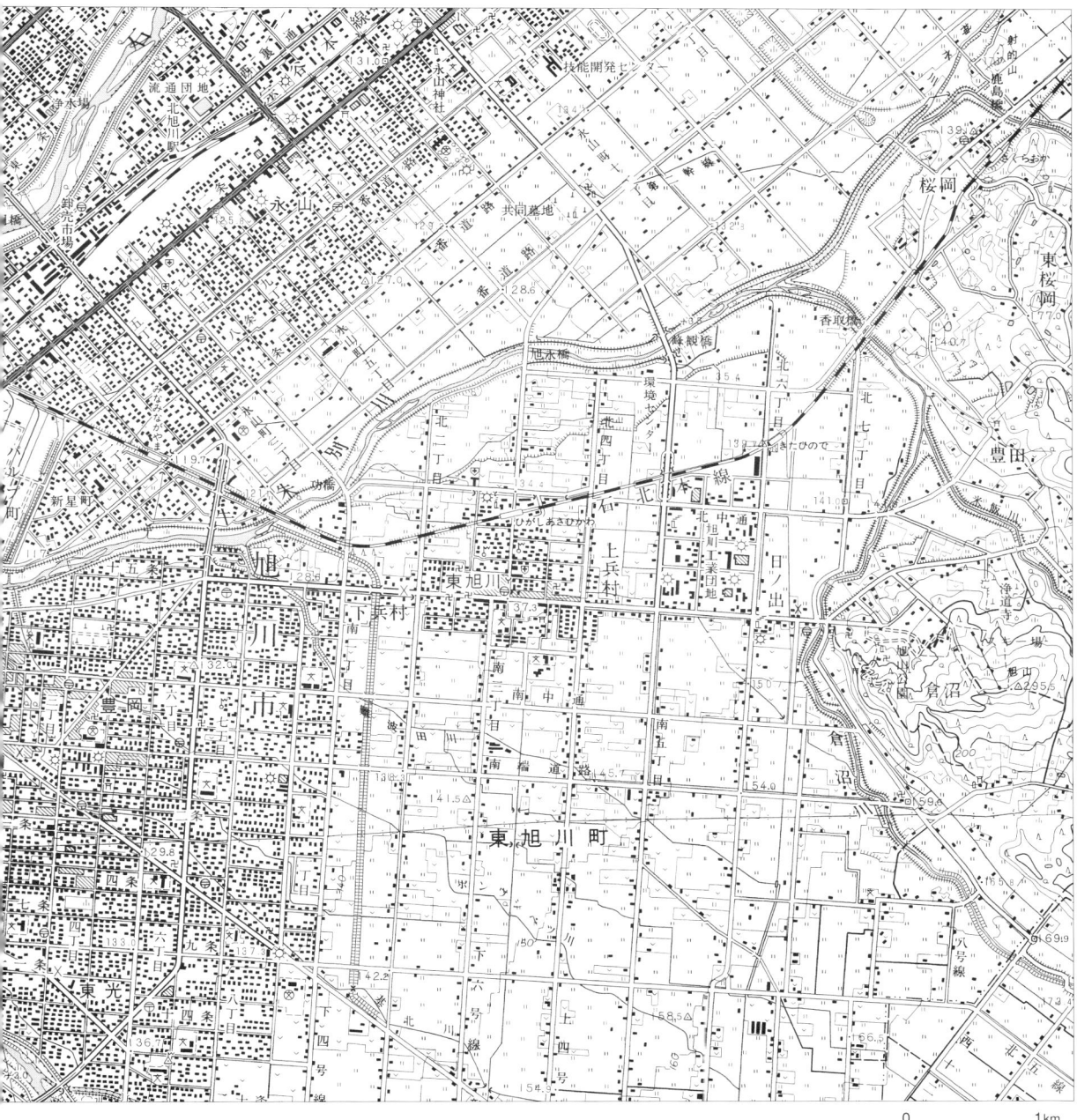

（旭川駅の西隣）から鉄道が通じた。やがて師団周辺では住宅地の開発や小商店街の形成も加わる。

　鉄道と師団の開設はそれぞれの周辺を変化させたことよりも、むしろ旭川市内の機能配置に影響を与えたことにこそ注意が注がれるべきである。市街地の中央部では、駅前から師団駐屯地に向かう南北1kmの「師団通り」が交通量を増し、商店や銀行などの集積によって新しい商業中心地となった。駅と師団地を結ぶ路面電車もここを通って開通し、街路はスズラン灯で装飾された。さらに、この商業中心付近には各種官公署、例えば上川支庁、町役場（のちの市役所）、警察署、裁判所そして税務署なども立地することになって、ここに旭川の都心が成立した。その位置は今日でも変わっていない。また、都心のすぐ東側には繊維や家具の卸売問屋街が成立したほか、周辺農村からの買物客を相手とする日用品店街も出現した。こうして19世紀から20世紀への転換期には、鉄道と師団の創設を契機として、今日の旭川の都市構造の骨格がつくられたのである。それは図6-1と図6-2の比較によってもある程度読み取ることができる。

　都市機能について見るなら、この世紀転換期は地域中心としての旭川の地位が定まった時期でもある。当

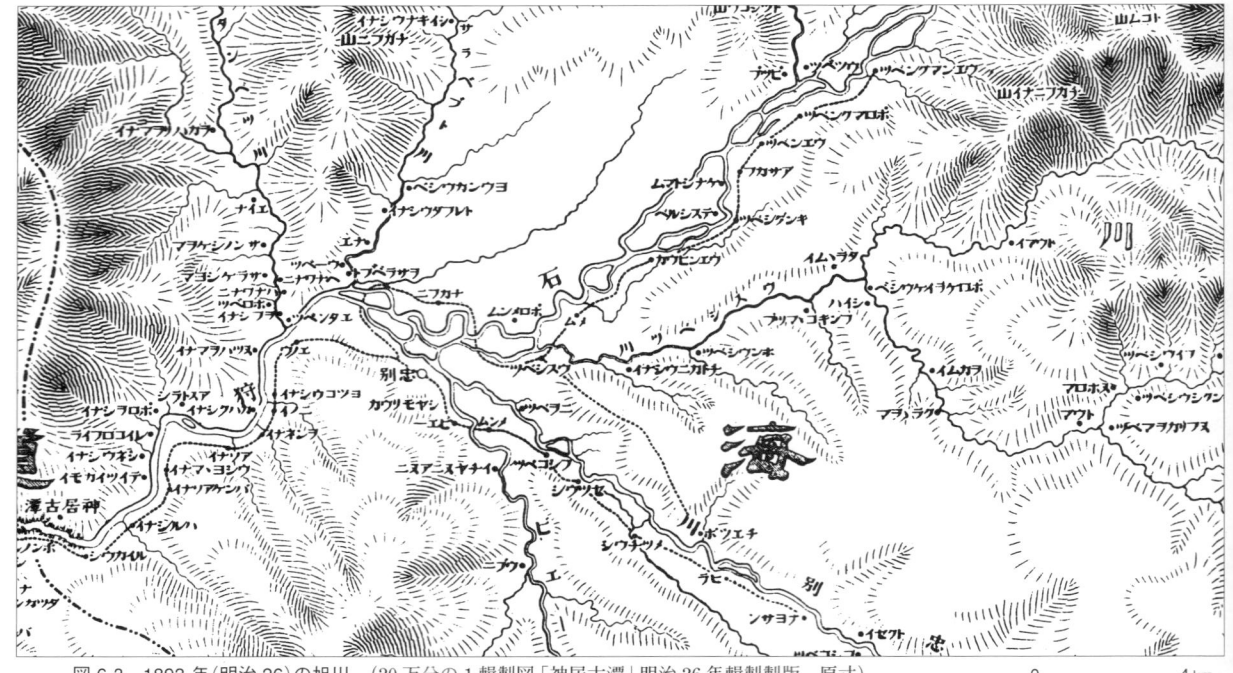

図 6-3　1893 年（明治 26）の旭川　（20 万分の 1 輯製図「神居古潭」明治 26 年輯製版、原寸）

時、上川盆地では水田耕作が試験の域を脱して広く普及し、農村人口は増大していった。鉄道と道路の整備が進んだ結果、旭川と結ばれる範囲は周辺農村ばかりでなく遠く道東の帯広や釧路、そして道北の稚内方面まで達した。開拓の前進と交通の発達を背景に旭川は道北地方の中心となったのである。なかでも商品集散地としての役割は大きく、その卸売商圏は道北のほか道東にも及んだ。さらに、上川支庁や上川中学校などの官公署と教育施設の設置により、公共サービス機能も付け加えられた。対照的に製造業は農林産資源の加工業しか定着せず、酒、みそ醬油の醸造業と製材・木工業が工業生産額の大部分を占める状況に留まった。このうち木工部門は今日の旭川随一の地場産業である家具製造の起源となり、第 7 師団建設のために来住した職人と大工らによって始められたのである。

旭川の機能面での拡大は人口にも現われる。1892 年（明治 25）、市街地貸下げ処分が始まった時の 3,500 人から 10 年後の町制施行時には 2.3 万人に急増し、1922 年（大正 11）には 6.3 万人となって、札幌、函館、小樽、室蘭、釧路とともに市制を施行する。

20 世紀初めには、図 6-1 にも示されるように、草創期の市街区画地は密集市街地化する。昭和に入ると、市街地はさらに石狩川北岸の師団地に向かって拡大した。新しい市街地の縁辺には学校、病院、鉄道工場および酒造工場なども建設された。明治以来の区画市街地と師団駐屯地との中間には中島遊郭と常盤公園が設置され、国道沿いには商店街も細長く伸びていった。この中間地帯では牛朱別川の河道が付け替えられて、石狩川との合流点には旭川市民になじみ深いアーチ型の鉄橋「旭橋」が建造された。その付近では市街整備も加わり、ロータリー交通安全地帯も設置された（図 6-2）。1940 年（昭和 15）になると区画市街地の北東、牛朱別川右岸に旭川初の近代的工場「国策パルプ工業旭川工場」が創設された。戦時経済下の政府の工場分散政策によるものである。工場周辺には多数の従業員住宅地のほか、関連する小工場群も建設されて、旭川市街地と師団地の間の間隙は充填されていった。

第二次世界大戦後の 1960 年代前半までの間、旭川市街地は静止状態にあったと言ってよい。戦災を受けた範囲は狭く、工業地区の一部に限られた。戦後、第 7 師団は解体され、兵舎などの多くの軍用施設が市営住宅、学校や病院に転用され、練兵場もスポーツ公園などに開放された。旧師団地は大きく縮小したものの、1953 年（昭和 28）、その中央部に現在の自衛隊が駐屯することになった。

1955 年（昭和 30）から 1963 年にかけ、旭川市は近郊の神居村、江丹別村、永山町そして東旭川町を合併編入し、人口は 20 万人を突破した。しかし、実質的な市街地の範囲は戦前とあまり変わらない。ただ、市街地周辺では都市拡大の先駆的動きが出現した。高等学校の新設が相次いだほか、木工および住宅団地の造成が始まったのである。他方、市街地内では路面電車の全廃があった。

1965 年、人口が 25 万人に達すると、旭川の都市地域は急速に、しかも、かつてない規模で拡大する。最も目立った変化は住宅地区の膨張であり、それにより

段丘面の田畑が広範囲で潰廃され、南部と北部の高位段丘面も開発されていった。都市拡大の波は神楽、永山や東旭川などかつての開拓村落にも及んで、それらの核心部分は旭川市街に飲み込まれてしまった。図6-2はこのような都市拡大を示している。

現在の旭川主要部の機能配置についてみれば、都心を構成する商業・業務中心は旭川駅前にあって、その範囲は南北1 km、東西500 mである。行政中心はその北東端に隣接するが、近年ここから上川支庁は東郊に移転し、今は市役所と少数の官公署から成っている。都心の中央を南北に縦断する「通り」が中心商店街の「平和通り」(戦後、「師団通り」を改称)で、ここは1972年(昭和47)全国に先駆けて自動車の通行を締め出し、歩行者専用道路となった。その東西両側の「通り」には金融保険機関、卸売商社などのオフィスやホテルなどが並び、さらに飲食店と娯楽施設が集積する部分もある。

2005年の条丁別居住人口密度を算出しその分布形態を見ると、都心はその周囲よりも低く、比較的明瞭な凹部となっている。とくに都心の南半分はデパートや専門店で占められ、1 km²当たり4,000人未満である。一方、様々な都市活動を端的に表現する指標として、同時期の事業所統計調査によって条丁別の事業所所属従業者数をみると、その密度は居住人口とは反対に都心で突出し、1 km²当たり2.5万人以上に達する。従業者密度が突出する範囲は居住人口密度の凹部の範囲とも一致する。これは昼間の活発な都市活動と夜間の居住空白という対照を示すものにほかならない。

都心を取り巻いているのは商・工・住の混在する地区である。その範囲は明治初期の市街地周辺の諸河川を越えている。ここは1950年代までに市街化したところで、居住人口密度を見ると、1 km²当たり8,000人を超え、旭川で最高の人口密集地帯である。反面、従業者の密度は都心より一段と低く、居住人口密度の2～3倍程度でしかない。商工住混合地区は主要交通路に沿ってさらに外側の住宅地区内に放射状に伸びている。1970年代後半からは大型スーパーの進出も目立つようになった。

1998年になると旭川駅付近の鉄道施設跡などを対象に、北海道と旭川市が事業主体となって大規模な整備事業を開始した。旭川駅の東西3.5 km区間の鉄道高架化と、土地区画整理による86 haにおよぶ商業および住宅地区などの造成である。これらのうち出先官庁の合同庁舎、福祉センター、青少年科学館から成る公共地区10 haはほぼ完成した。さらに2010年の完成予定で駅裏開発を目指して忠別川の架橋も着工されている。

商工住混合地区の外側に広がるのは上述の住宅地区である。この新興住宅地区では当然ながら従業者および居住人口密度の双方が商工住混合地区よりも低い。住宅地区の拡大は北東部から南東部に広がる段丘面を指向し、そこでは市街化区域への編入が繰り返されている。反対に、市街西部では急傾斜の丘陵と山地が市街拡張の障壁となっている。

旭川では全体として工業地区が占める面積は小さい。戦前に立地したパルプ工場が目立つだけで、その東側の鉄道沿線において工業団地と流通団地が並ぶにすぎない。

都市周辺には高校と大学など高等教育機関が相次いで新設された。それらは特定地区に集中することなく、住宅地区内に分布する。旧市街からは刑務所、競馬場そして林産試験場などが郊外に移転し、さらに上川盆地縁辺には全国に名高い旭山動物園のほか、市民の憩いの場として野草園、森林公園やスキー場などが設置されている。1966年には旭川空港、1990年には道央自動車道がそれぞれ市街の南東部と北西部に開設された。しかし、それらはまだ周辺の土地利用の変化を引き起こす刺激源となっていない。

もう一度都心に目を転ずるなら、都市の郊外への広がりとは正反対に、その外相は人口30万人を超える旭川の都市規模に相応していない。とくに注目すべきは、中心商店街における商勢の後退である。近年、駅前付近を除けば、地元の老舗の閉店や移転に加え、大手外食チェーン店などの撤退によって空き店舗や空き地が急増し、商店街としての多様性を失う危惧さえ生じている。それを反映し、商店街中の最高地価点における地価の下落は長期間続いている。

中心商店街の停滞状況を説明するには、大型店の郊外進出、自動車の普及、あるいは後背市町村の不況といった一般的な原因をあげるだけでは不十分である。そのほかに以下のような旭川固有の都市形成過程に注意する必要がある。

明治の草創期、短期間で都市建設を実現するために採用されたのが碁盤目状の街路設計である。図6-1でも明らかなように、長方形につくられた街区の長辺は土地の傾斜に合わせ東西方向をとった。石狩川の対岸に師団が設置されると、前述のとおり市街は師団に向かって拡大する。それとともに、この区画市街地のなかで駅前から師団に向かう「通り」が中心商店街化するが、それは長方形の街区の短辺を連ねるものであった。その結果、商店街は交差する街路によって繰り返し分断され、店舗の並びは連続性を欠くことになる。戦後、師団は解体し、この方向への市街拡大が相対的に勢いを失うと、従来中心商店街が持ち合わせていた形態上の欠陥が露呈してしまったのである。

(横尾　実)

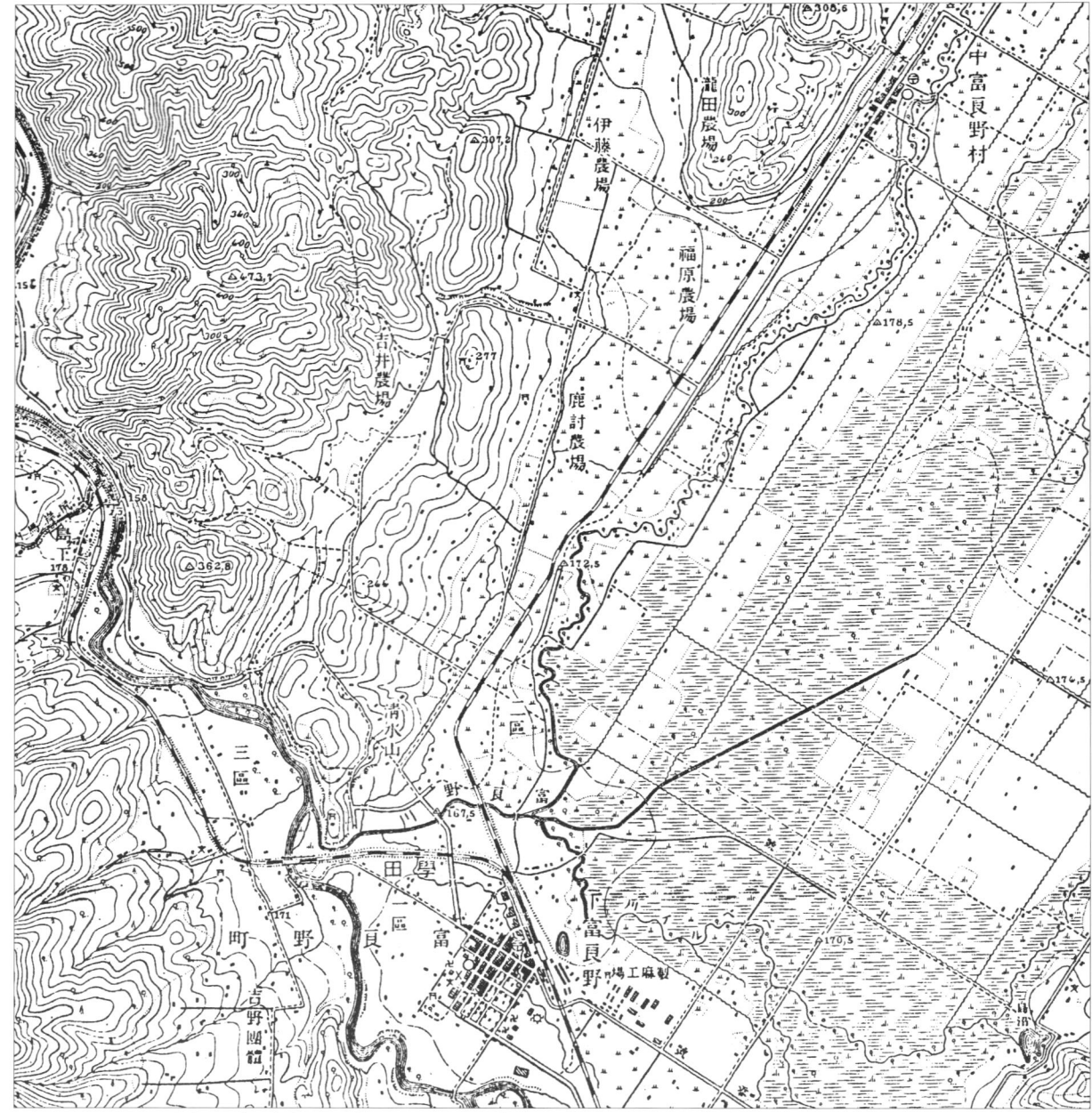

図7-1　1919年(大正8)の富良野町　(5万分の1地形図「下富良野」大正8年測図、原寸)

7. 富良野

　北海道の脊梁山地の西側には幾つかの盆地が南北に連なっており、富良野市はこのうち最も南にある富良野盆地の南部に位置する。盆地の東側は活火山の十勝岳(2,077 m)を中心とする石狩山地で、西は夕張山地となっている。地名の語源はアイヌ語のフラ・ヌ・イ(臭いを・持つ・もの[川])で、十勝岳を源流とする富良野川の硫黄臭に由来するといわれる。盆地の内外には富良野市のほか、上・中・南を冠する3つの富良野町がある。この地域への入植は、盆地の北から南へ拡大して、1897年(明治30)以降に本格化し、殖民地区画の貸下げや鉄道十勝線(現富良野線と根室線の一部)の開通が大きな要因となっている。この時期には3,200 ha 余の北大付属第8農場も設置され、地名の学田にその名残がある。また図外の東には2.5万 ha を超える広大な東大演習林が開設され、林内殖民者の集落として建設された東山や麓郷は、TVドラマ「北の国から」の舞台となり、野外セットが観光名所になった。

　図7-1には貸下げを受けた農場や団体入植地がみられるが、盆地の中央は泥炭地のため入植が遅れ、既存の小市街地は西側の鉄道路線沿いにある。かつて富良

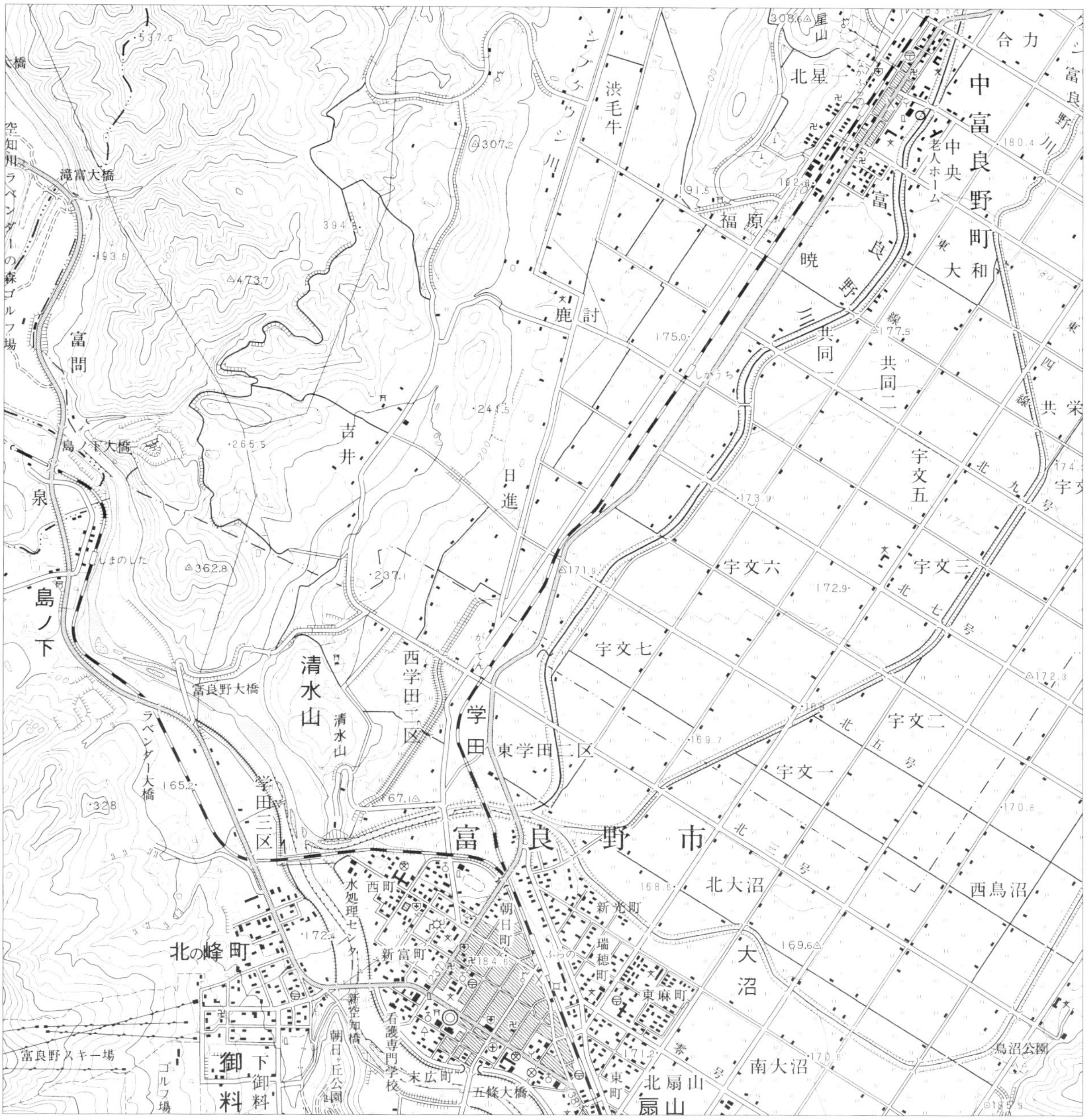

図 7-2　現在の富良野市　（5万分の1地形図「富良野」平成15年要部修正、原寸）

野の北東にあった大きな湿地は、農地に転換されたが大沼や鳥沼の地名として残る。入植の当初は、豆類を中心とした畑作であったが、1920年頃より水田が全面的に展開し、溜池を利用して盆地周辺にも及んだ。

　水田の転作後は、夏季の高温と肥沃な地味を生かした野菜生産が発展しており、富良野市では野菜類は作付面積の34％(2005年)で、農業生産額は米作を上回り67％を占める。なかでもタマネギとニンジンは全国2位(2006年)の作付面積で、その他メロン・カボチャ・スイカ・ホウレンソウ・レタスなど多岐にわたる。

　富良野はニセコと並ぶ道内の代表的スキー場であるが、1989年に富良野・大雪地域としてリゾート法の指定を機に基盤産業である農業を軸にした観光が重視されている。盆地北部の美瑛では、雄大な十勝岳連峰を背景に展開する波状地形の小麦畑の独特の景観が魅力となっており、盆地西部の斜面には7月に開花がピークを迎えるラベンダーガーデンが点在している。ふらのワインをはじめ、地元の食材を活用したレストランも多く、台湾や韓国からの観光客も増加している。スキー場がある市街地西の北の峰地区は演劇工房やホテル・ペンションが多く、若い観光客を対象とした夏の新しい観光スポットになっている。

（山下克彦）

図 8-1　1898年(明治31)の稚内　(5万分の1地形図「稚内」明治31年製版、原寸)

8. 稚内
　稚内は東西を小半島に囲まれた宗谷湾に面して、広い市域をもっている。東の宗谷岬はわが国北端の地(北緯45度31分14秒)として知られており、晴天には40km余の宗谷海峡を挟んで、対岸の樺太(サハリン)を望むことができる。この地への和人の本格的な進出は、北方警備のために幕府の命により秋田、会津藩などが派遣された1779年(安永8)以降とされている。
　その後はニシン漁業を目的に東北の秋田や青森県からの移住者が流入した。南樺太が日本の領土となった1906年(明治39)には人口は8,334人に達した。
　樺太と最短航路の位置にある稚内は連絡港としての重要性が高かったが、港湾施設が不備なため本格的な拠点となったのは、図8-2に利礼岸壁とある北防波堤が建設された1936年(昭和11)以降である。これに前後して鉄道では天北線(1989年廃止)と宗谷本線が開通したほか、利尻・礼文の両島を結ぶ三角航路と稚泊(大泊：コルサコフ)と稚斗(本斗：ネベリスク)などの航路も開設された。これにより稚内は小樽と共に樺太への前進基地となった。なお、70本の円柱が連なる半アーチ型の北防波堤は、土木学会の土木遺産にも指定

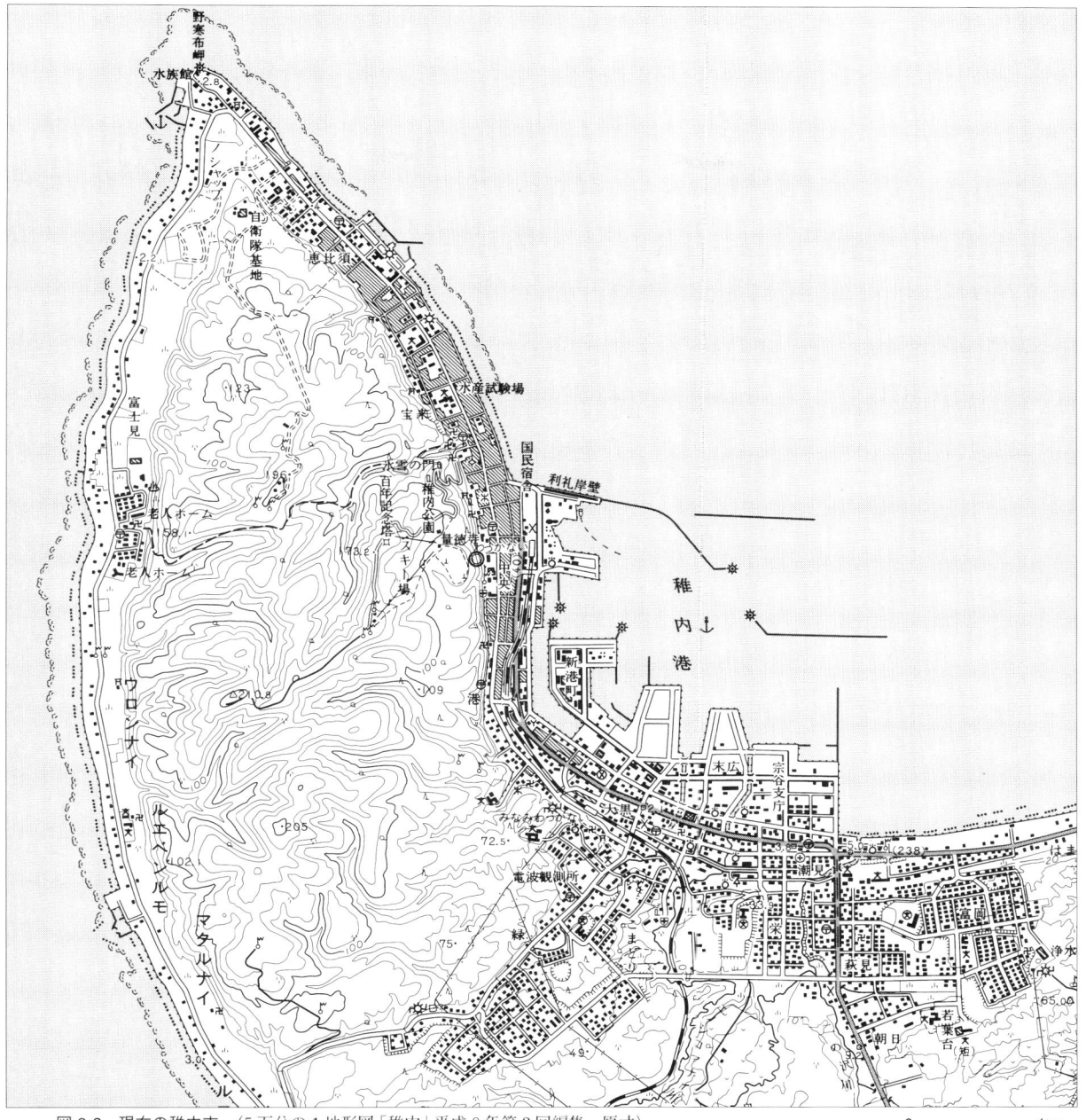

図 8-2　現在の稚内市　（5 万分の 1 地形図「稚内」平成 8 年第 2 回編集、原寸）

され、稚内の観光ランドマークとして有名である。
　図 8-1 の明治期の地形図にはアイヌ語地名が踏襲されており、その一部は最新の地形図にも残存している。冬の季節風を避けるため漁村集落を除き、市街地の大部分は小半島の東側に立地している。この地域の市街地は図 8-2 では宝来や恵比須など北の地区へも拡大したが、これらの地区には、漁業の発達により冷凍工場やすり身加工場などが多く見られた。しかし、1977 年からの 200 カイリ規制で閉鎖が相次いだ。
　1991 年のソビエト連邦の崩壊により、稚内は再び北への拠点として注目されるようになった。1995 年にはコルサコフと稚内の間に 50 年ぶりに定期航路が開設されたほか、水産物の輸入も急増し、輸入総額 159 億円（2004 年）のうち、カニが約 80％を占めている。またサハリン石油・天然ガスの開発が進められ、稚内港がこのための機材の保管、修理組み立ての機能を担うことになり、南の末広地区で港湾機能が新たに拡充されている。しかし、最近はロシア政府による資源保護のためカニの輸入量は大きく減少しており、石油開発もロシアのエネルギー政策の影響を受け、地域経済の拡充には至っていない。2008 年の人口は 4 万人で、1964 年のピーク時に比べ 31％も減少している。
　　　　　　　　　　　　　　　　　　（山下克彦）

図9-1　1896年(明治29)の帯広　(5万分の1地形図「帯広」明治29年製版、原寸)

9. 帯広
　十勝平野の中央部に位置する帯広は、アイヌ語で「川口が幾筋にも裂けているところ」を意味するオペレペレフと呼ばれ、1858年(安政5)の松浦武四郎の調査によれば2戸8人が居住し、「地味頗る肥沃なり」と報告されている。
　帯広の開拓は、1883年(明治16)に静岡県出身の依田勉三が率いる晩成社13戸27人が、帯広川が十勝川に合流する下帯広村オベリベリ(現 依田町)に入植したことに始まる。1891年(明治24)からは、下帯広村(1869年設置)を基点に殖民地区画が旧十勝国内に順次施行された(図9-1、図中の区画は300間四方の中区画)。殖民地区画とは未墾地配分のための土地区画で、入植者には小区画1万5,000坪(5町歩、間口100間×奥行150間)が割り当てられた。また1893年には、下帯広村に1,900戸分の市街地区画(1戸分162坪、間口6間×奥行27間)が設定されている。市街地とは、入植者への商品供給などを目的とした計画的小都市を指し、帯広の市街地区画の特徴は直交道路に加え、火防線である対角線状の斜向道路を併用した点にある。
　下帯広村には、1893年に河西郡外二郡各村戸長役

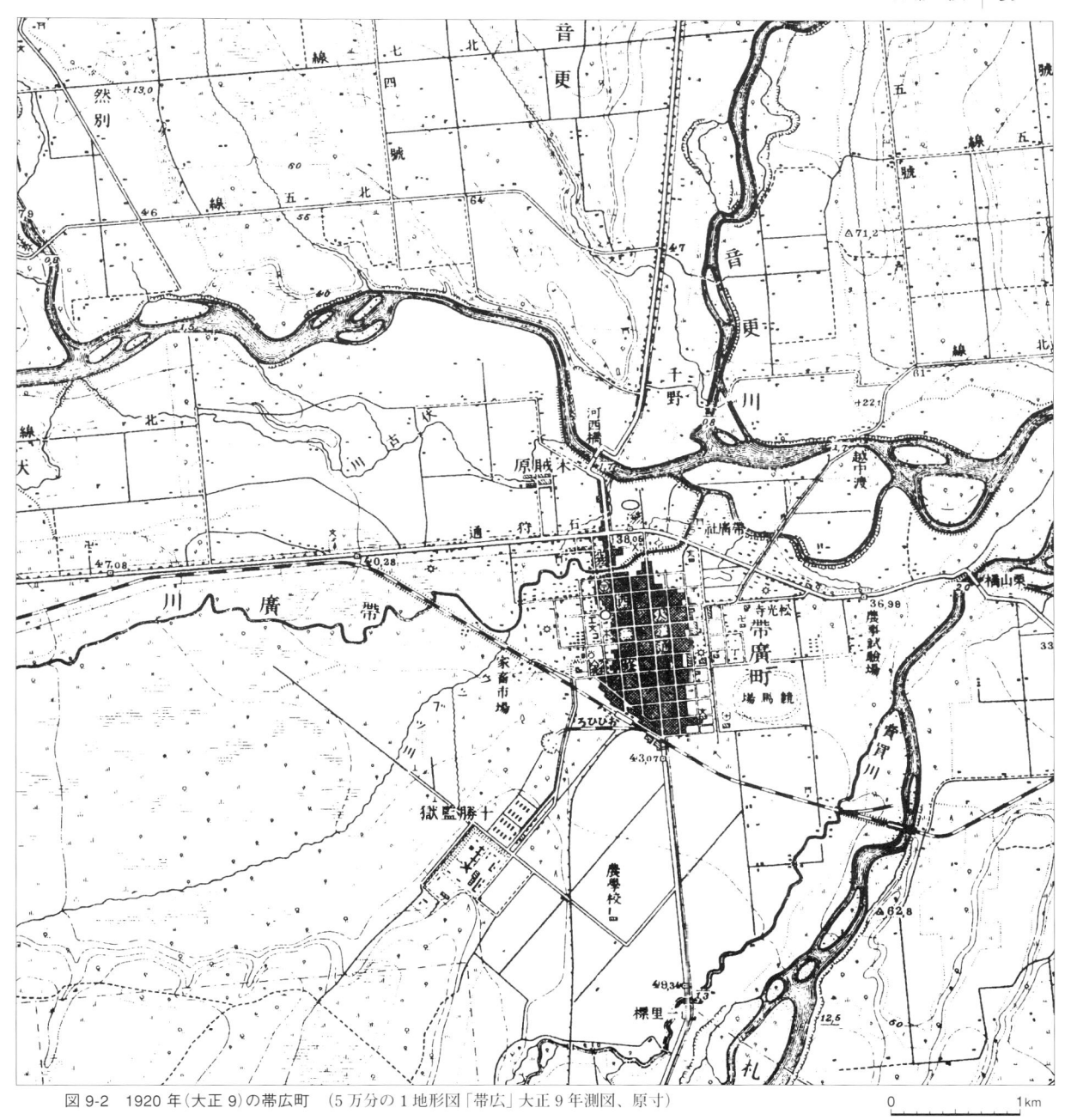

図9-2　1920年(大正9)の帯広町　(5万分の1地形図「帯広」大正9年測図、原寸)

場、1897年に河西支庁(1932年に十勝支庁に改称)が置かれ、警察署・税務署・裁判所(出張所)なども相次いで開設された。1895年には、農業開発を目的とした北海道集治監十勝分監が開庁している(図9-2)。1897年には347戸、907人だった下帯広村は、1901年には722戸、2,759人を数え、1902年の二級町村制の施行にともない帯広町に改称された。

1905年には釧路〜帯広間(根室本線)、1907年には帯広〜旭川間が鉄道で結ばれている。第一次世界大戦時には、大豆・小豆相場の急騰によって十勝地方は空前の好景気に沸き、1920年(大正9)の製糖工場進出に

より、十勝地方は豆類・ビートを中心とした畑作地帯の地位を確立した。図9-2には、市街地周辺に農事試験場や競馬場、家畜市場、農学校などの農業関連施設を確認でき、帯広は農産物集散地として発展した。

帯広の市街地は当初鉄道北側に広がっていたが、1921年には鉄南(てつなん)地区の十勝監獄用地が新たな市街地として開放され、十勝農学校(1920年)、十勝鉄道(1923〜57年)、帯広高等獣医学校(現 帯広畜産大学)などの創設を契機に、鉄道線南側にも市街地が拡大した。帯広町は1933年(昭和8)には人口が3万2,506人に達して道内7番目の市制をしき、1935年には市街地5,071

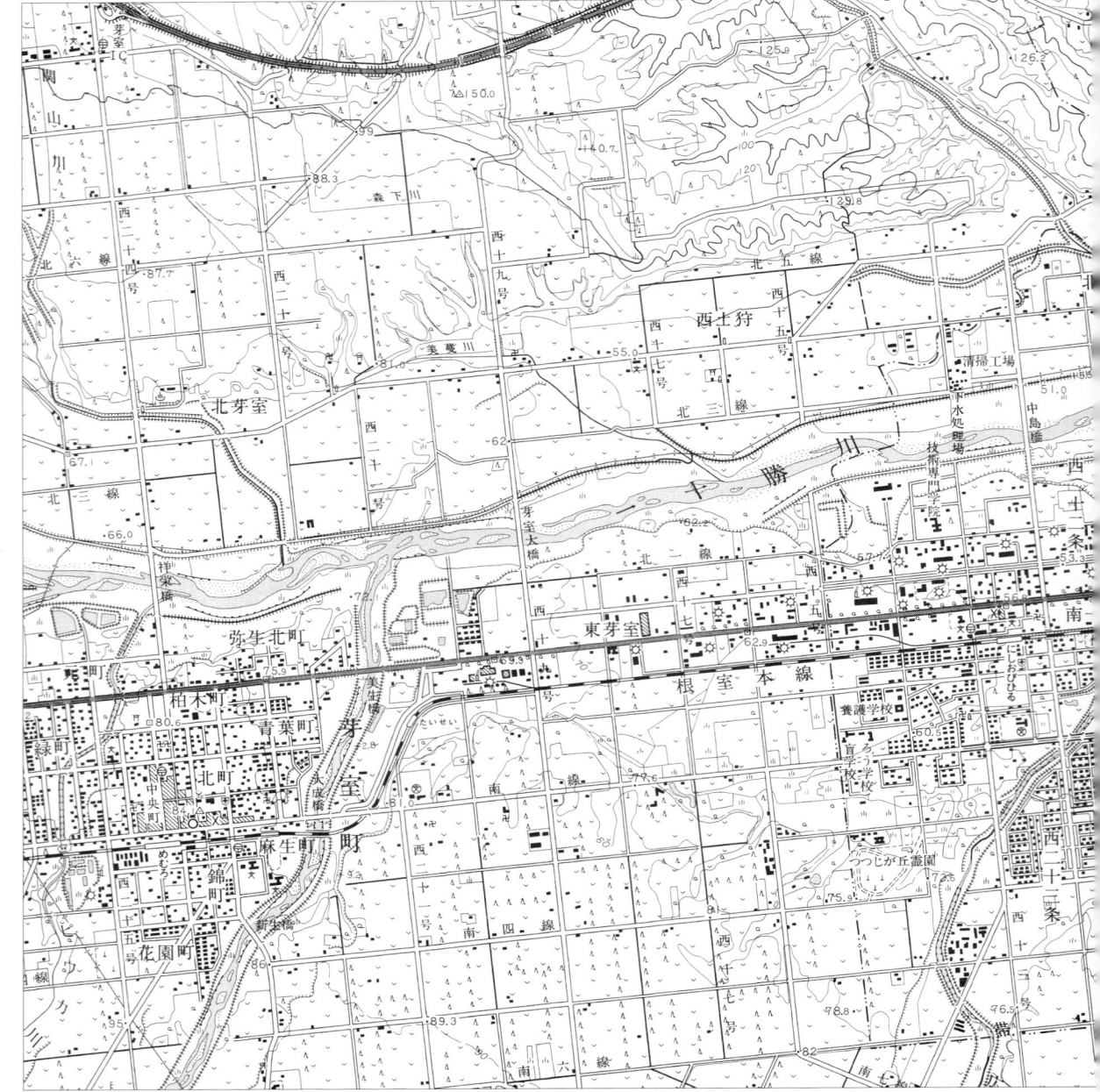

図 9-3　現在の帯広市　（5 万分の 1 地形図「帯広」平成 8 年要部修正、原寸）

ha が都市計画区域に指定された。

　第二次世界大戦後も疎開者や離農者の流入、1957 年（昭和 32）の河西郡川西村・大正村との合併により、帯広市の人口は 1960 年（昭和 35）には 10 万人を突破した。急増する人口に対応すべく、市営柏林台団地（約 44 ha）が造成され、旧農業試験場跡地も住宅地に開放された。1962 年に始まる西帯広地区工業団地の整備、1967 年の大空団地（計画戸数 2,700 戸）の造成、1979 年の市街地再開発事業の決定、1984 年以降の西帯広ニュータウン土地区画整理事業なども進められた。1974 年以後、市街地を幅約 550 m、総面積 406.5 ha の森林ベルトで包み込む壮大な大規模公園「帯広の森」構想は今も継続中である。1976 年（昭和 51）には、十勝監獄の後身である帯広刑務所移転跡地に緑ヶ丘公園が整備され、動物園、開拓百年記念館、道立美術館帯広分館などが順次開館した。

　住宅地開発を目的とした土地区画整理事業の多くは、かつて広大な畑地が広がった根室本線の南側に展開されたものである（図 9-3）。旧市街地区画は本来、緑ヶ丘公園のほぼ南西端を画する西 15 条通および南 26 丁目通付近までである。それより以西・以南の新市街地は、従来の殖民地区画の中区画（300 間×300 間）

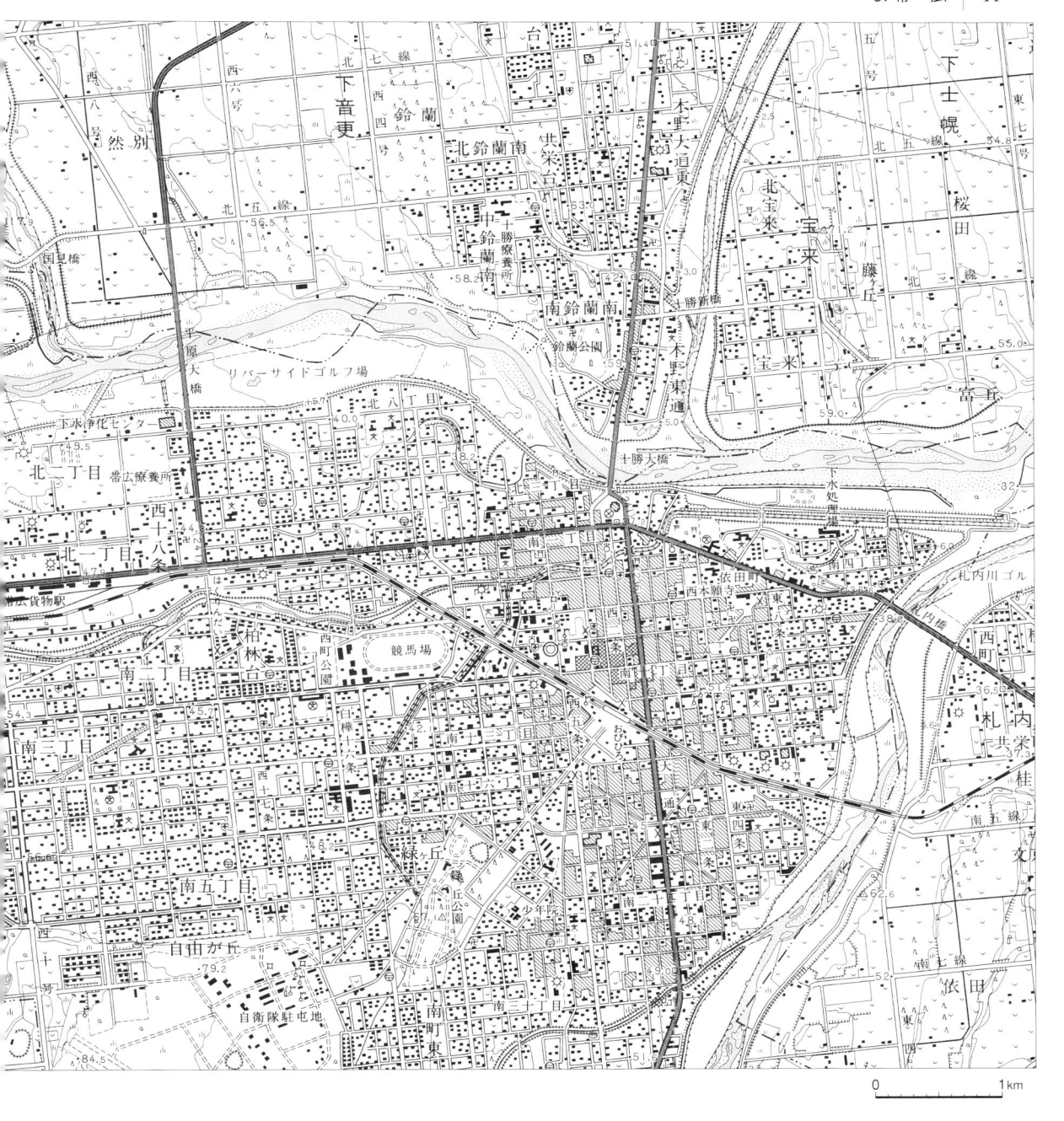

を細分化する形で形成されていて、新市街地の条丁区画は、旧市街地の条丁区画に比して格段に広くなっている。2005年現在、帯広市の人口は17万580人を数え、十勝支庁全人口の48.2％を占める。

帯広市の中心商店街は駅北側にのびる西2条通で、西2条8丁目に位置する地元百貨店（1930年創業）や広小路商店街が、長く帯広経済を支えてきた。しかし、西帯広方面や稲田町方面、さらには帯広市に北接する河東郡音更町木野地区への住宅地の拡大にともない、大型ショッピングセンターやロードサイドショップ型店舗などの郊外進出が相次いだ。この結果、旧市街地は人口減少をきたし、西2条通を中心とした中心商店街の集客力の落ち込みは著しい。帯広市文化センターや大型ショッピングセンターを核とした帯広駅南地区の土地区画整理事業（1984〜92年）も、中心市街地の衰退に拍車をかけた。1996年に完成した鉄道高架事業や、それに付随する駅周辺土地区画整理事業・定住拠点プロムナード工事などの進捗、さらには新名所「北の屋台」や歩行者天国事業などによって、旧市街地中心商店街の再活性化が企図されているが、商圏となる十勝支庁の人口は減少傾向にあり、むしろ商業機能は供給過剰にある。

（平井松午）

図10-1　1922年（大正11）の釧路市　（5万分の1地形図「釧路」「大楽毛」大正11年測図、原寸）
（割図：北海道仮製図5万分の1図「釧路」明治30年製版、×0.7）

10. 釧　路
くしろ

　江戸時代の釧路は「クスリ場所」と呼ばれ、アイヌ人と松前藩との間で昆布などの海産物の交易が行われていた。江戸末期から明治初期にかけて、函館や青森などの漁民がコンブやサケ・マスを求めて釧路に定住するようになり、漁業集落が形成された。さらに1887年（明治20）に安田財閥が川湯硫黄山で硫黄採掘事業を開始したが、付帯事業として春採炭山を開坑した。春採炭山は春採湖の南東に坑口があり、石炭は春採湖の水運と馬車軌道によって港まで運ばれた（図10-1）。漁業と石炭業はその後、釧路発展の牽引役となる。

　1897年（明治30）の釧路は人口5,994人で、市街地は釧路川河口部左岸から知人岬にかけて形成されている。釧路川に架かる愛北橋（現 幣舞橋、1889年架橋）から道路が鳥取村に向けて延びているが、この鳥取村は鳥取県の士族授産を目的に成立したもので、1884年（明治17）に41戸207人が、翌年に64戸306人が入植している。これが縁で釧路市と鳥取市は姉妹都市の関係にある。1920年（大正9）、鳥取村に富士製紙釧路工場ができ、その後富士製紙の街として発展していく。

　戦後の釧路は漁業、石炭業、製紙業が基幹産業とな

図10-2　現在の釧路市　（5万分の1地形図「釧路」平成13年修正、「大楽毛」平成14年要部修正、原寸）

り、ますます発展した。すなわち、1960年に東洋一の規模を有する漁港（副港）が完成し、釧路は北洋漁業の基地としての役割を果たすようになった。1969年からは9年連続漁獲量日本一になっている。1920年（大正9）に成立した太平洋炭礦は1960年代に始まるエネルギー革命以降も石炭生産量を伸ばし、釧路市東部に大規模な炭鉱の街を形成した。また、釧路市西部の大楽毛には1959年に本州製紙（現 王子製紙）釧路工場が操業を開始した。

現在の釧路市は人口19万478人（2005年国勢調査）で、北海道東部最大の人口を有している。しかし、人口減少は止まらず、基幹産業である石炭業、漁業、製紙業は衰退もしくは停滞している。すなわち、日本最後の坑内堀炭鉱である太平洋炭礦は2002年に閉山し、採炭事業は新たに設立された釧路コールマインに引き継がれたものの、出炭量は最盛期の約3分の1にまで減少した。漁業はイワシの漁獲量の激減により、2006年現在、漁獲量全国第5位まで順位を下げている。製紙業も販売量が低迷を続けている。近年のウォーターフロント開発で釧路川河口付近はすっかり見違えるようになったものの、かつての賑わいは見られない。

（酒井多加志）

図 11-1　1897年(明治30)の標茶　(北海道仮製図5万分の1図「標茶」「磯分内」明治30年製版、原寸)

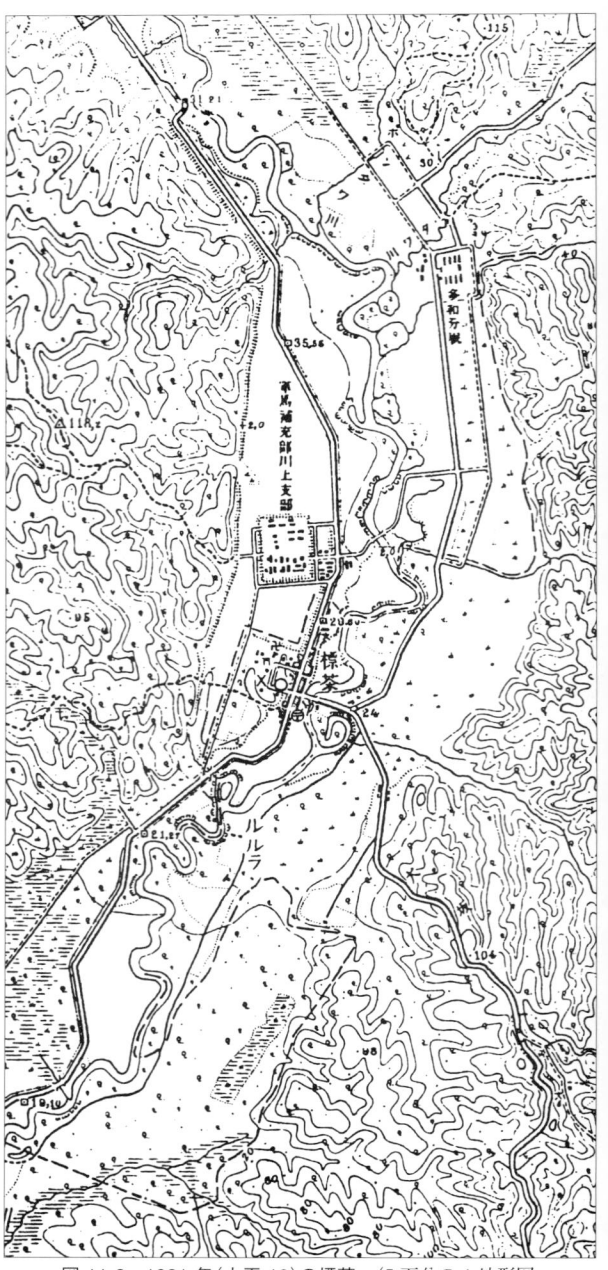

図 11-2　1921年(大正10)の標茶　(5万分の1地形図「標茶」「磯分内」大正10年測図、原寸)

11. 標茶
　明治初期の北海道の開拓は集治監(監獄)の設置、囚人を動員しての交通網の整備、屯田兵および民間人の入植の順で進められることがあった。北海道東部においては、1885年(明治18)に釧路川の中流に位置する標茶に釧路集治監が設立された。1894年(明治27)には囚人2,285人、集治監職員327人に達したが、これは標茶の全人口(5,591人)の46.7%に当たる。図11-1は1897年(明治30)の標茶であるが、図の中央を釧路川が蛇行しながら南流し、右岸に刑務所の記号×が見られる。刑務所の南には碁盤目状の市街地が形成されているが、市街地には店舗や民家の他、料亭や遊郭や劇場も建ち並び、釧路に匹敵する賑わいを見せていたという。このように標茶の市街地は集治監の門前町とでもいうべき性格を有していた。

　釧路集治監の囚人は内陸部の輸送路の建設と維持に貢献したが、代表的なものに標茶〜厚岸、標茶〜釧路、弟子屈〜網走の道路建設、標茶〜アトサヌプリの鉄道建設、標茶〜釧路の釧路川の浚渫がある。このうち標茶〜アトサヌプリの鉄道は安田鉄道と呼ばれ、安田財閥が屈斜路湖の東に位置する硫黄山で採掘した硫

図 11-3 現在の標茶町（5万分の1地形図「標茶」「磯分内」平成6年修正、原寸）

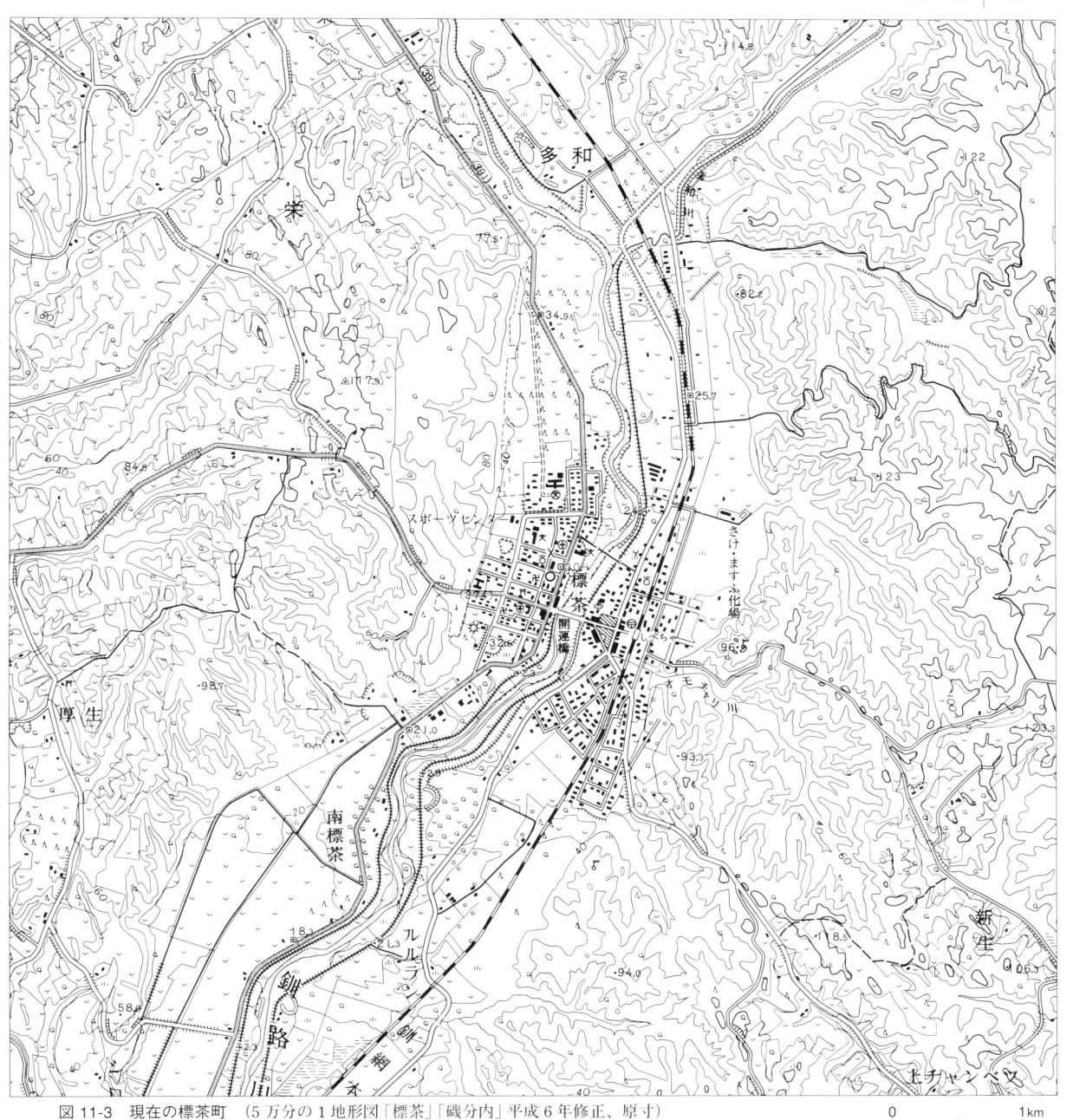

黄を標茶まで搬送するために建設したものである。囚人は硫黄採掘や標茶に設置された硫黄精錬所での作業にも外役として従事した。図 11-1 の釧路川左岸には跡佐登鉄道（安田鉄道）と「しべちゃ」駅が見られる。駅の南西に見られる工場の記号は硫黄精錬場で、ここで精錬された硫黄は釧路川水運によって釧路まで運ばれた。

安田による硫黄の採掘は 1896 年（明治 29）に打ち切られた。硫黄精錬所と鉄道は廃止され、釧路川水運も定期航行を休止した。さらに 1901 年には釧路集治監が廃監となった。その結果、標茶の人口は急減した。それが 1907 年（明治 40）に軍馬育成を目的とした軍馬補充部川上支部が標茶に設置され、さらに 1927 年（昭和 2）に釧網線が開通したことにより、市街地は発展し、集治監最盛期の人口数まで回復した。なお、支部の構内用地は集治監時代のものが引き継がれた。

第二次世界大戦の敗戦により軍馬補充部は解散したが、その施設を利用して 1946 年に標茶農業学校（現 標茶高校）が開校した。軍馬補充部の広大な放牧地は、戦後、開拓の用地となった。1956 年に釧路内陸集約酪農地域に指定されてからは酪農業が盛んになり、現在、標茶町には約 4 万頭の乳牛が飼育され、北海道を代表する酪農地帯となっている。

（酒井多加志）

東北地方

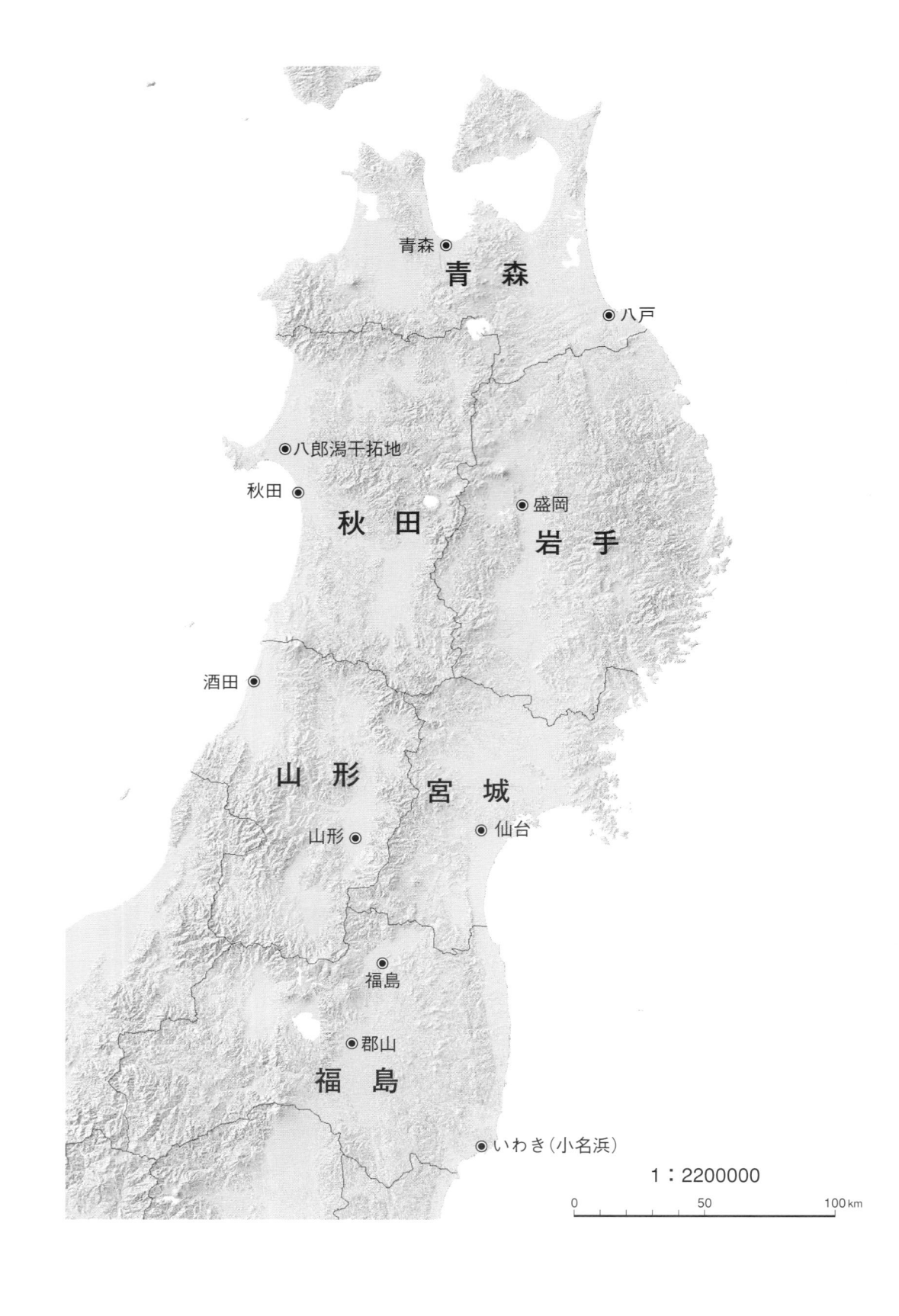

- 青森● 青森
- ● 八戸
- ● 八郎潟干拓地
- 秋田 ●
- ● 盛岡
- 秋田
- 岩手
- 酒田 ●
- 山形
- 宮城
- 山形 ●
- ● 仙台
- ● 福島
- ● 郡山
- 福島
- ● いわき（小名浜）

1：2200000

0　　50　　100km

東　北

12. 仙　台 48
13. 盛　岡 54
14. 青　森 56
15. 八　戸（はちのへ）...................... 58
16. 秋　田 60
17. 八郎潟干拓地 62
18. 山　形 66
19. 酒　田 68
20. 福　島 70
21. 郡　山（こおりやま）...................... 72
22. いわき（小名浜）（おなはま）........ 74

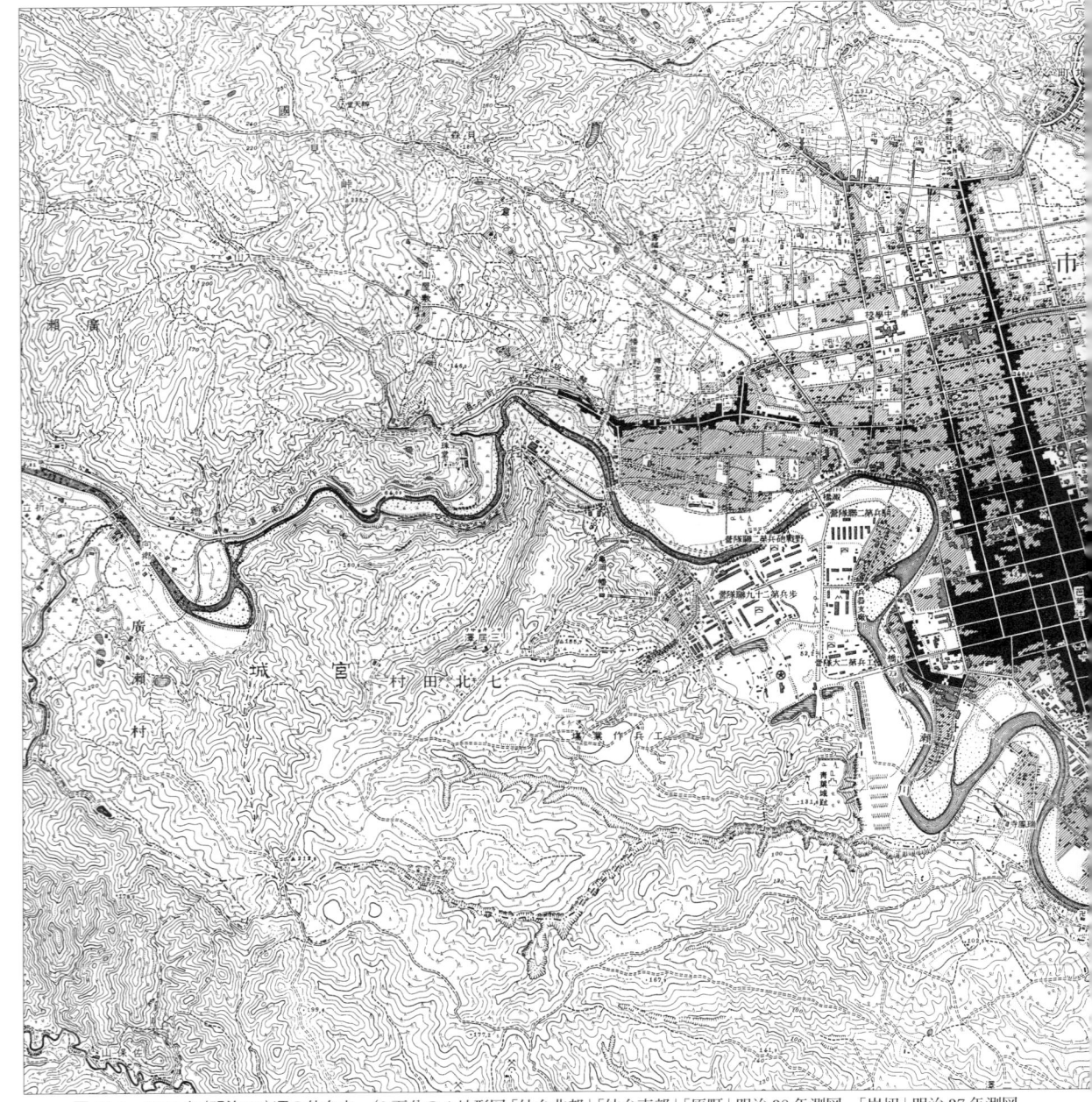

図12-1 1905年(明治38)頃の仙台市　(2万分の1地形図「仙台北部」「仙台南部」「原町」明治38年測図、「岩切」明治37年測図、

12. 仙 台

　仙台市は東北地方の卓越した中心都市である。札幌、広島、福岡とともに地方中枢都市の1つに数えられ、2005年現在の人口は102万人である。都市としての起源は、関ヶ原の合戦があった1600年(慶長5)の暮れに工事を開始し、約10年の歳月を費やして建設された伊達62万石の城下町である。現在の中心市街地の道路パターンおよび街区は、青葉通、東二番丁通などの広幅員の道路に特徴づけられる近代的姿を呈しているが、その基礎は城下町プランにある。

　図12-1は、1905年(明治38)測量の地形図である。仙台駅から西の広瀬川にかけた一帯が建物の密集する街区として黒く塗りつぶされている。そこに「芭蕉辻」と言う地名が唯一表記されている。この辻が、城下町の南北(奥州街道)と東西の幹線道路が交差する地点であった。この街区は町屋(町人町)であったが、城下の中心点であることから辻の四隅に城楼式の建物が立ち、制札場があった。密集街区は中心市街地から四方に延びる主要道路沿いと、城下の北東部に位置する東照宮の門前にも見られる。その多くは城下町時代からの町屋であった。

広瀬川右岸の川内地区と左岸の密集市街地を取り囲むように広がる低密度な街区は旧武家地である。旧武家地のなかで、商業地化したところは芭蕉の辻の東側に広がる東一番丁から六番丁までの街区と、1887年（明治20）に仙台まで開通した東北本線の東側に位置する鉄砲町、二十人町の旧足軽地区である。なお、仙台城下では、街区の呼称にも身分制が表現されていて、士分クラスの住区は丁、足軽および町人の住区は町と表記された。二十人町の先には城下町時代から桜の名所と知られた躑躅が岡公園がある。この地に1875年（明治8）、歩兵第四連隊営所が設けられた。

旧武家地の大半は屋敷森を残した住宅地と、学校および官公署などの公的施設が立地する場所であった。城地は1871年（明治4）の廃藩置県後は兵部省（のちの陸軍省）の管轄となり、同年東北鎮台（第二師団の前身）が駐屯した。藩校養賢堂は県庁用地として利用された。

また、中心市街地の南側に第二高等学校がみられる。そこは大身侍の拝領屋敷があった片平丁である。城下町時代に武家地に次いで広い面積を占めていた寺社地は主に城下の縁辺に位置を占めていた。城下の北東端に位置する東照宮、北西端の大崎八幡神社（国宝）、奥

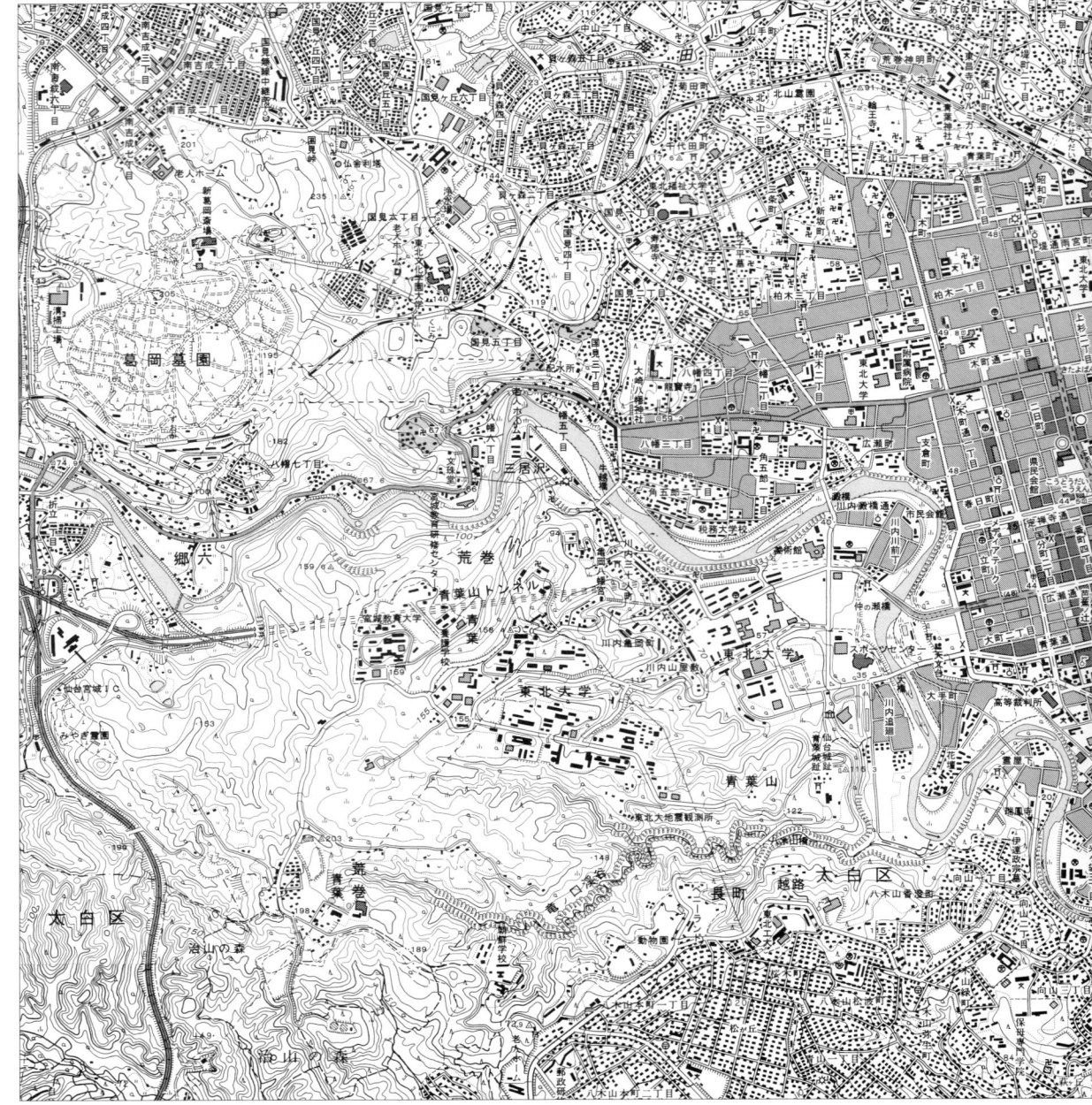

図12-2 現在の仙台市 (2万5,000分の1地形図「仙台東北部」平成13年度修正、「仙台西北部」平成13年修正、「仙台西南部」

州街道が真っすぐ北に延びた後、台原丘陵麓で大きく東に折れるが、その一帯が北の寺町(北山町)である。仙台駅の南東側にも寺町(新寺小路)が見られる。

　仙台城下の街区は短冊状を特徴とするが、道路の向きは場所により異なる。それは1つには、城下町は数次にわたり拡幅されたことを反映している。もう1つは地形の影響を表している。仙台城下町は広瀬川が形成した3段の段丘面上に形成された。県庁が立地する勾当台（こうとうだい）は最も上位の段丘面に立地し、南側の街区に比べて標高が高い。そのため東二番丁、三番丁の道路は勾当台の手前で段丘涯のために直進できず、西に傾いた向きになっている。

　仙台の交通路の形状で目を引くのは東北本線である。仙台駅に近づくにつれて西に大きく突起している。東北本線は、当初、仙台城下の東外れ、宮城原練兵場辺に敷設する予定であった。しかし、それでは駅が中心市街地から余りにも遠すぎるということで、地元側が鉄道用地等などを提供することで、当初の予定地から大きく西に入った東六番丁のところまで路線を引き入れた。そのため、線路の形状は異常に西に突起した形になった。

　1905年(明治38)ごろの日本は産業革命が進行し、京

平成 16 年更新、「仙台東南部」平成 19 年更新、×0.75）

浜、阪神地域に次第に工業地帯が形成されつつあった。しかし、仙台ではまだ大規模工場の姿は認められない。図 12-1 の 1908 年の地形図には仙台駅東側の東八番丁に水田が認められる。そこに 1908 年になって、長野県岡谷の大手製糸資本片倉製糸が工場を建設した。東北地方の原料繭を求めた立地である。それが仙台における最初の近代的大規模工場であった。

仙台の市街地が旧城下町の範囲を越えて拡大を始めるのは昭和 10 年代に入ってである。仙台の人口は 1872 年(明治 5)5.1 万人、1890 年(明治 23)6 万人、1905 年(明治 38)9.9 万人、1920 年(大正 9)11.8 万人、1930 年(昭和 5)19 万人(1928 年長町、原町、南小泉を編入)と推移した。このように仙台の人口は、明治後半期になって顕著な増加を始めた。それに伴って当然住宅地を始め都市施設のための用地需要が増大したが、それらの需要は城下町時代の旧武家地を充填することで賄われ、市街地が外方に大きく拡大することはなかった。戦時体制下の 1941 年(昭和 16)、軍都仙台に大規模な軍需工場および勤労者住宅が建設されることになり、仙台東郊の原町(現在の陸上自衛隊仙台駐屯地)および中江から頁仙台にかけての一帯に用地が求められた。また、大正末から昭和 10 年代にかけて、市電およ

図12-3 1952年(昭和27)の仙台市　(5万分の1地形図「仙台」昭和27年応急修正、×0.8)

び現在の仙石線、仙山線が敷設された。

　1945年7月10日、仙台市は空襲により仙台駅西側の中心市街地の大半を焼失した。被災面積約5 km²、被災戸数1万1,933戸、被災人口5万7,321人であった。被災地の復興は戦災復興土地区画整理事業によって10年の歳月をかけて行われた。現在の都心部の幹線道路である青葉通、広瀬通、定禅寺通、東二番丁通、東五番丁通、晩翠通などはいずれも上記の区画整理事業により新設あるいは拡幅された道路である。また、青葉通、定禅寺通にはケヤキの街路樹が植栽され、「杜の都」仙台を彩る緑に成長し、市民に親しまれている。

　戦後の仙台の成長は著しかった。仙台の人口は1950年34.1万人(1941年 隣接5村編入)、1960年42.5万人(1956年 生出村編入)、1970年54.5万人、1980年66.4万人と急成長を続けた。1987年に宮城町、1988年に泉市、秋保町を編入し、市制百周年の1989年には政令指定都市となり、1999年には百万都市の仲間入りを果たした。都市成長による住宅需要は市街地を抱きかかえる格好で北、西、南の三方に広がっていた丘陵地の開発を促した。1950年代後半から仙台北郊の台原丘陵において旭ケ丘団地および黒松団地などの開発が始まり、南部の大年寺山でも同時期に緑ヶ丘団地が造成された。1960年代後半になると宅地開発は外周部へと拡大し、七北田丘陵の桜ケ丘団地および長命ケ丘ニュータウン、台原丘陵東部の鶴ケ谷団地、八木山丘陵の八木山団地などの造成をみた。さらに1960年代末から70年代に入ると、宅地開発の波は七北川を越えて富谷丘陵に及び、将監団地および向陽台団地が造成され、続いて仙台最大のニュータウンである三菱地所による泉パークタウンの開発が始まった。西部でも団地造成は外周部へと拡大した。新興住宅地から発生する交通需要への対応と、1973～75年に供用を開始した東北自動車道路と都心の連結の必要から仙台西道路が建設され、1983年に暫定使用を開始した。

　こうして図12-2に見るように旧市街地を取り囲む丘陵地は、仙台城跡および東北大学青葉山キャンパスが立地する青葉山を除いて、大半が住宅地と化した。他方、旺盛な住宅需要は、1970年代になると都心周辺部において分譲および賃貸マンションの建設を促した。現在、都心の商業およびオフィスビルを取り囲むように多数の中高層マンションが分布し、市街地の立体化

の一翼を担っている。

　一方、仙台東部は沖積低地からなり、1960年代はじめまでは水田地帯であった。仙台を中心にした仙台湾沿岸地域は第一次全国総合開発計画(1962年閣議決定)において開発の重点地区である新産業都市の1つに指定された。仙台市では七北田川河口の蒲生に掘り込み式の仙台新港が建設された(1971年開港)。また、苦竹の陸上自衛隊仙台駐屯地の東部一帯では流通団地および工業団地が造成された。同時期に仙台バイパス(国道4号)が開通するなど産業基盤の整備も進んだ。さらに、2001年に仙台バイパスの東側に仙台東部道路が開通し、2007年に仙台空港鉄道が開業をみた。しかし、仙台東部道路沿線は農村景観が保たれ、「イグネ」と呼ばれる屋敷林に囲まれた農家が散見できる。

　戦後の仙台の急成長は種々の要因により達成されたと言えるが、牽引役を果たしたのは仙台を拠点にして東北地方全域にわたって事業活動、主に営業活動を展開する機関の集積であった。仙台は、明治のはじめから東北地方を統括する国家機関が配置され、東北の行政・教育の中心地としての性格を有してきた。しかし、経済的中心性に関しては、戦前までは東北の中心都市とみなし得るレベルに達していなかった。そのことは日本銀行仙台支店の開設が1941年(昭和16)と遅かったことからも理解できる。しかも当支店は戦時体制の経済統制の必要から開設されたもので、地元の金融需要に導かれたものではなかった。ちなみに、東北地方における日本銀行の最初の支店は1899年(明治32)開設の福島出張所であった。

　ところが、戦後に新しく設置された中央省庁の東北地方を管轄地域とする地方局のほとんどが仙台市に配置され、仙台は行政上の中心性を高めた。一方、日本経済が高度経済成長をはじめた1955年以降になると、大手企業の支店の進出が相次ぎ、「支店経済のまち」と呼ばれるほどに、支店は仙台の都市経済に大きな役割を果たすようになった。仙台に配置された支店の大半が東北6県をテリトリーとする支店であって、支店の集積が仙台に東北地方の卓越した経済的中心都市としての性格を形成することになった。ちなみに、東北地方における仙台の卸売販売額の占有率は1960年の28%から1982年の38%へと大きく増大した。

　仙台に進出した支店の多くは販売管理機能に特化した支店であり、その立地は都心指向であった。そのため、都心部にオフィス需要をもたらし、都心部でのオフィスビル開発を引き起こした。1970年代に入ると、仙台駅西口から東一番丁に至る青葉通に面して百貨店(丸光、藤崎)、映画館(東宝および日の出劇場)、ホテル(仙台ホテル)などとともに都市銀行および地方銀行が入ったオフィスビルが立地した。銀行が入居するオフィスビルには大手メーカーの支店も多く入居した。なお、仙台の金融機関は戦前までは日銀仙台支店が立地する国分町に集まっていたが、戦後は新設された青葉通に移動した。東北の地銀の最大手である七十七銀行本店は、1958年に芭蕉の辻から広瀬通と東二番丁通の交差点の北東角(現 朝日生命ビル)に移転した後、1977年に現在の青葉通と東二番丁の南東角に移動した。ただし、広瀬通以南の国分町から南町にかけては現在も保険会社(安田生命、第百生命、大同生命)の支社ビルが立地し、その地区がかつて仙台の金融街であったことを物語る。

　オフィスビルの建設は青葉通に限らず、南町通、東二番丁通、東五番丁通においても見られた。仙台の大型のオフィスビルは、大手保険会社により開発されたものである。それを代表するビルは、宮城学院女子大学の跡地に立つ30階建ての住友生命ビル(1988年竣工)である。当ビルがしばらく仙台で最も高いビルであったが、1998年に仙台駅北側に31階建ての再開発ビル「アエル」が竣工し、その座を譲った。アエルの北隣に位置する花京院地区は戦災から免れたため、戦災復興土地区画整理事業から除外された。そのため土地利用は旧態然としていたが、1980年代後半から市街地再開発計画が立てられ、再開発ビルが徐々に建設され、現在では高層化が進んだ街区に変貌してきている。アエルの南隣では現在オフィスビルの再開発工事が進んでいる。2008年には19階建ての複合ビルに生まれ変わる。同様に青葉通と東二番丁の交差点の北西角のみずほ銀行仙台支店が入居する24階建てのオフィスビルは2007年に再建されたものである。

　一方、仙台駅東部は1960年代以降3地区に分けて段階的に土地区画整理事業により整備されてきた。新寺小路の整理事業は最も早く着手され、1984年に完工した。当地区の墓地の多くは仙台西郊の葛岡に造成された墓園に移転した。仙台駅と宮城野運動場を結ぶ宮城野大通一帯は1982年の東北新幹線開通に合わせて整備され、現在業務機能が集積しつつある。その北側の鉄砲町と二十人町の地区は1988年に事業計画を決定したものの、2002年の計画期間を過ぎても事業は進捗しない状況にあったが、近年都市計画道路の敷設およびマンション建設が進んでいる。そのほか、南部の長町駅の貨物ヤード一帯の開発も基盤整備を終えて、これから新しい施設の建設が始まろうとしている。

　さらに地下鉄東西線の建設が2007年に開始された。1987年に開業した南北線は1992年に北部のターミナル駅泉中央駅まで延長し、当駅付近では土地区画整理事業と相まって新しい商業地区を形成した。東西線は西の八木山動物園と東の荒井を結ぶ延長約14kmの路線である。

　　　　　　　　　　　　　　　　　(日野正輝)

図13-1　1912年(大正1)の盛岡市　(5万分の1地形図「盛岡」大正1年測図、原寸)

13. 盛岡

　1900年代初期の盛岡は、主要街道に沿って形成される市街地、その東側が丘陵地、西南側が水田、北西側には林地や荒れ地に加え各種軍事施設が配置されていた(図13-1)。北上川、雫石川、中津川の3河川の合流地に位置する南部氏の旧城下町・盛岡は、藩政期に中津川を境にして、河北が武家町、河南が町人町として整備された。河北となる盛岡城跡の内丸に岩手県庁、盛岡市役所をはじめとする各種行政機関、県立農学校(現 盛岡農業高校)、岩手医学専門学校付属病院(現 岩手医科大学)等が立地している。奥州街道が南から仙北町、明治橋、志家、仁王へと続くルートに沿って市街地が形成されている。当時の商業の中心地は、河南の肴町・中ノ橋通であった。1890年(明治23)に開業した現在の盛岡駅は仙北町付近の住民の反対のため、市街地西端である厨川村平戸に建設された。1908年(明治41)の人口は3.7万人であった。その後、1921年に田沢湖線(盛岡・雫石間)、1923年に山田線(盛岡・上米内間)が開通している。駅前から中ノ橋通りを結ぶ大通りの完成により、同商店街は買回品店の集積する中心商店街へ成長した。1982年の東北新幹線

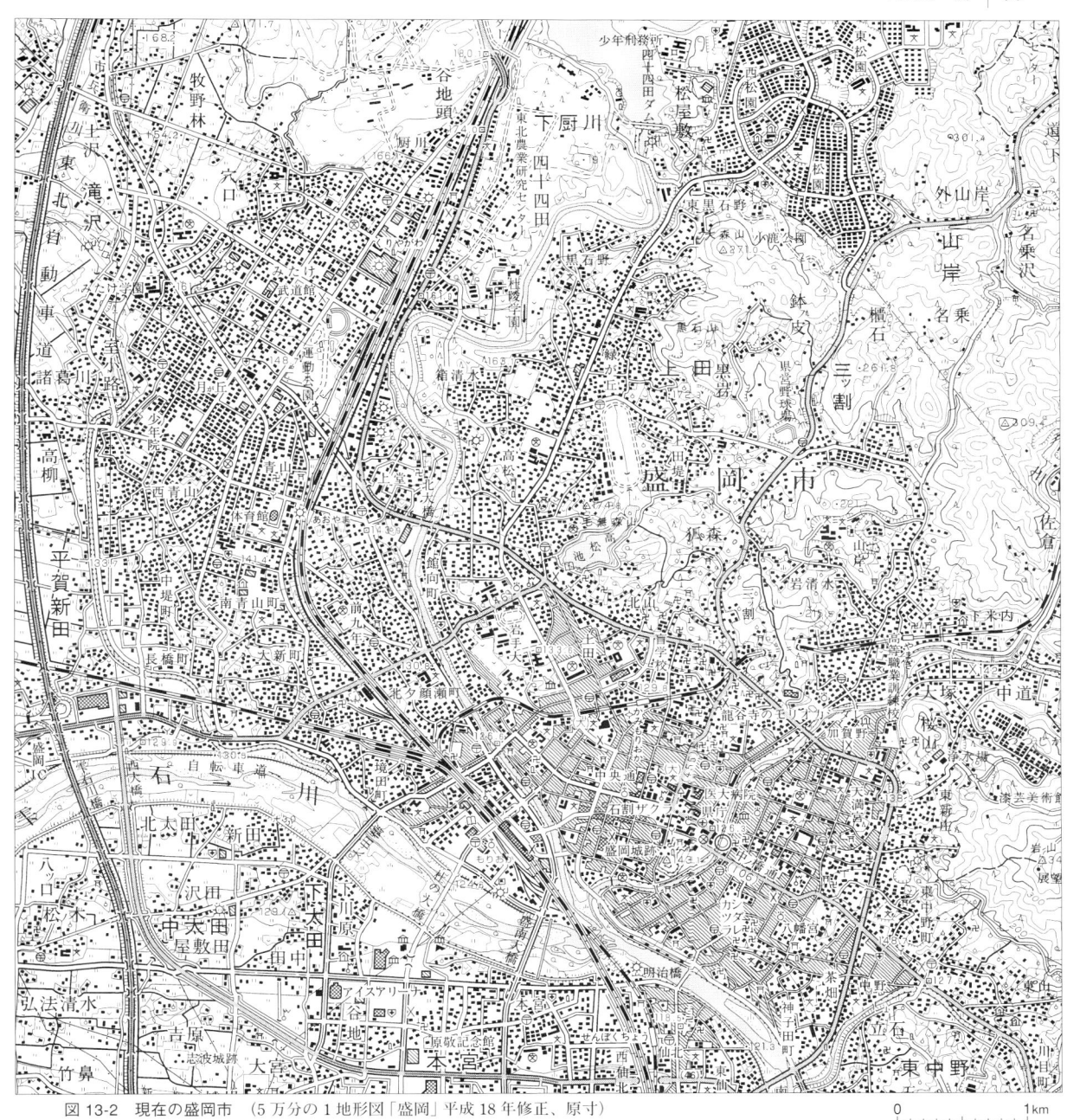

図13-2 現在の盛岡市（5万分の1地形図「盛岡」平成18年修正、原寸）

開業を機に駅前再開発が大規模に実施され、1997年には駅西地区に情報機能を備えた複合ビルが完成している。さらに雫石川を越えた本宮地区へはアイスアリーナ、盛岡市立病院の移転開業と各種施設の西進、南進が相次いでいる。そのため同地区と市中心部を結ぶ盛南大橋や杜の大橋等が雫石川に新設された（図13-2）。

戦後の宅地開発は、観武原（みたけはら）地区の軍事施設跡地に1947年から引揚げ者用の住宅建設を契機とした青山ニュータウンが開設され、市街地北西部へ宅地化が進展した。北上川総合開発計画にもとづき、1962年に北上川上流に四十四田ダムが完成した。その東側に松園ニュータウンが開設されたが、近年高齢化問題が顕著となっている。市街地の拡大に伴い、1969年には旧市街地の東側を迂回する盛岡バイパス、1979年には東北自動車道が市街地西側に開通した。1980年の人口は22.6万人であった。市域南に位置する同自動車道盛岡南IC付近には流通センターが1972年に完成しているが、2000年頃から本宮（もとみや）での道路整備や宅地開発が活発化し、田園地帯が大きく変貌している。2008年4月に中核市の指定を受けた盛岡市は人口30万人を有し、3河川の合流地を中心として反時計回りに市街地が拡大・進展する形で発展している。

（岩動志乃夫）

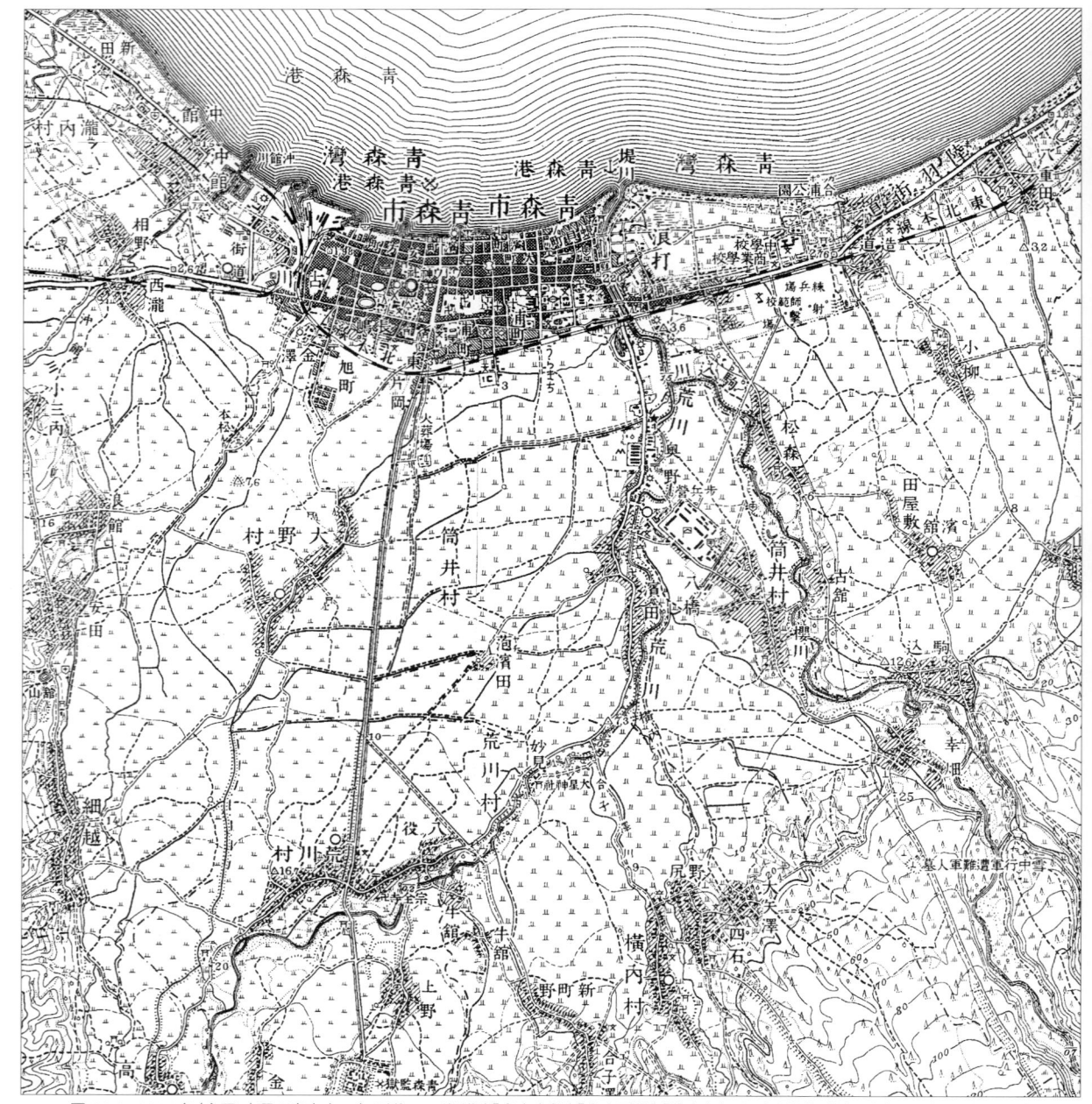

図 14-1　1914 年(大正 3)頃の青森市　(5 万分の 1 地形図「青森東部」「青森西部」「浅虫」大正 1 年測図、「油川」大正 3 年測図、原寸)

14. 青　森

　交通・輸送機能は青森市の重要な成立要因であり、その存続要因でもある。ところが、そのための主要な施設の立地が、時代と共に漸次西に移動し、そのことが市街地の形成に大きな影響を及ぼしている。

　青森市の今日につながる歴史は、1624 年に津軽藩が江戸への廻米回送を主目的に港湾建設を当時の善知鳥村に決定したことにはじまる。当初は南部藩に対する領地防衛拠点も意図して町割がなされたが、後に西東航路に加えて、蝦夷地航路の船も入港するようになる

と、商港としての性格を一層強めた。この頃の港は現在の本町近辺に位置していた。

　1873 年(明治 6)には函館との間に定期航路が開設された。現在の浜町埠頭辺りにあった桟橋から艀に乗り、沖合で連絡船に乗り移っていたため、その界隈に旅館や商店などが立地し、繁華街が形成された。

　1891 年(明治 24)に東北本線が青森まで開通し、駅舎は当時の繁華街から 2 km ほど東に離れた安方に置かれた。そのため、人や荷物は徒歩や車で埠頭まで移動していた。繁華街が次第に駅方面に移りつつあるなか、1898 年に定期航路乗船が駅構内からの直接乗船へ

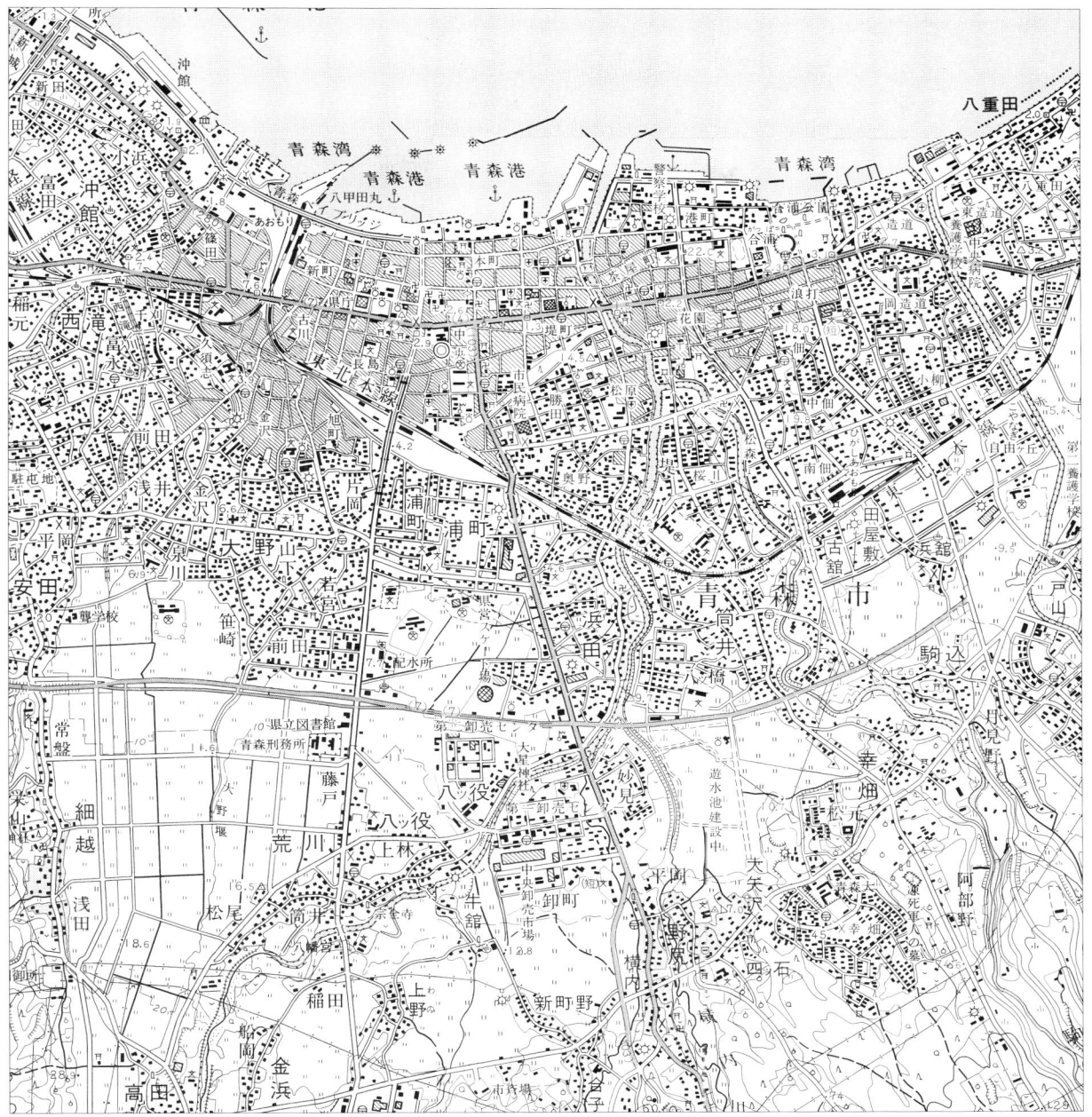

図 14-2 現在の青森市 （5万分の1地形図「青森東部」「青森西部」平成8年修正、「浅虫」平成4年修正、「油川」平成18年要部修正、原寸）

と変更された。そのため乗客の流れが変わり、繁華街は当時の駅東側へと完全に移った。その後、1906年(明治39)に駅舎は改築され、南に移ると繁華街も今日の新町通り方面に移動した。

1908年(明治41)に青函連絡船が開業し、さらに1925年には連絡船への貨車航送が可能になった。このことから取扱貨物量が増加し、その仕分けのために操作場を開設し、線路も堤川付近から南に移転した。その後1968年にも電化・複線化のために現在の位置に再び線路が移った。二度にわたる線路の南への移転は、市街地の南への拡大の誘因となった。

戦後、青森港には工業港、漁港、木材港などの機能が付与され、規模も範囲も拡大した。しかし、1988年に青函トンネル本坑貫通に伴って青函連絡船は廃止され、80年に及ぶ港湾の基幹的機能が終わりを告げた。

青森市は、郊外に拡大し空洞化が顕在化しつつある市街地に対して、1999年にコンパクトシティを基本計画として掲げ、市街地拡大抑止と中心市街地再生を図っている。しかし、他方では青森駅から西へ約4kmの石江に、新幹線の新青森駅が2010年に開設されることになっている。これにより、青森市の市街地のあり方が再び問われてきている。

（千葉昭彦）

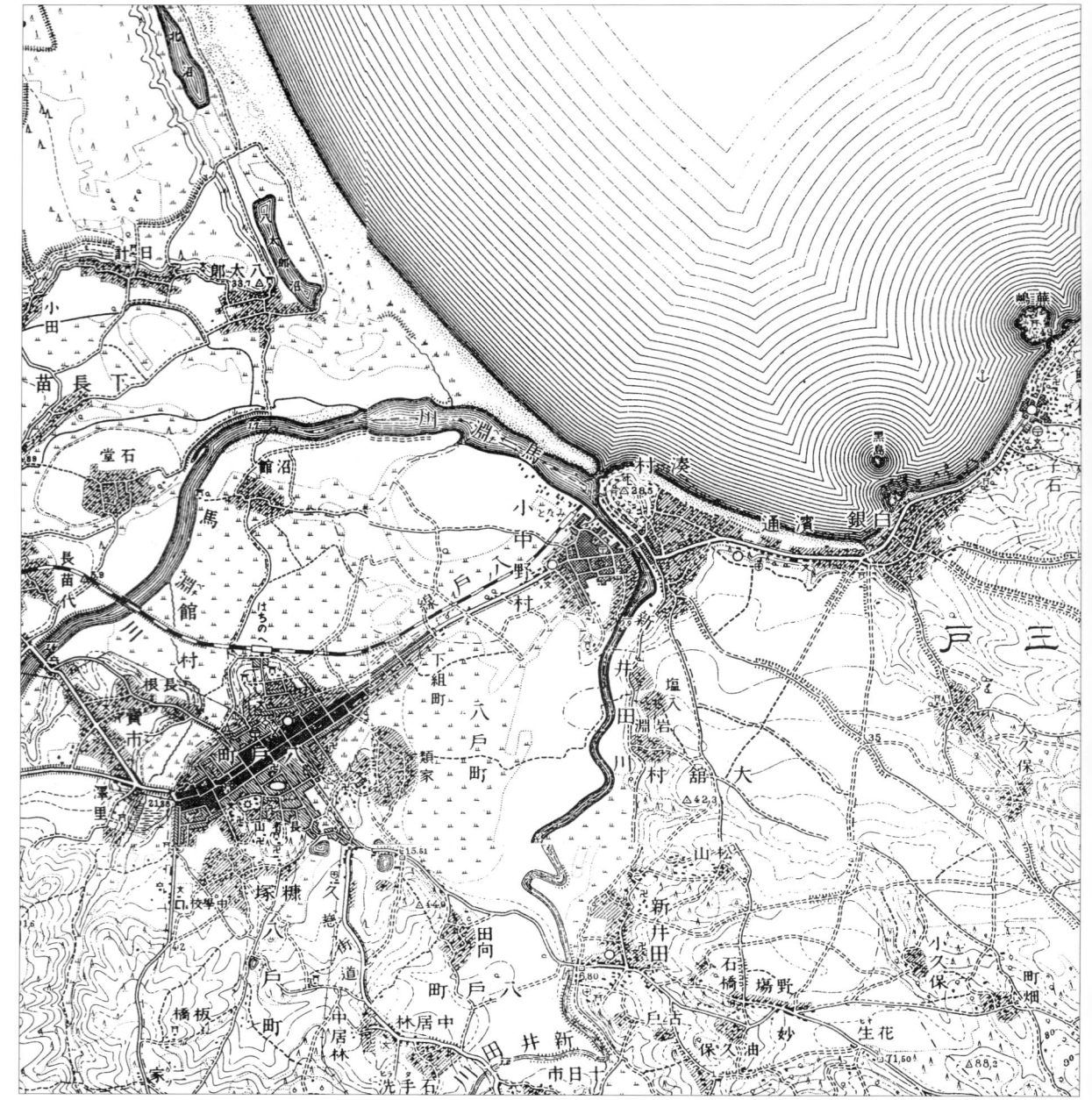

図 15-1　1914 年 (大正 3) の八戸町　(5 万分の 1 地形図「八戸」「鮫」「三戸」「階上岳」大正 3 年測図、原寸)

15. 八戸
(はちのへ)

　丘陵地から太平洋に向かって馬淵川と新井田川が貫流する平野を基盤として、図 15-1 の 1900 年代初期の地図には南部氏の支藩である旧城下町の八戸町、新井田川を挟んで小中野村、湊村、鮫村の 4 つの集落が立地している。段丘崖下の峡溢な海岸低地に位置する鮫村から白銀付近では湧水に恵まれていた。蕪島が天然の防波堤となって築かれた鮫港は、1900 年代前半になると北上山地から産出される木炭を移出するため、白銀から湊にかけて港の増築工事が進んだ。そのため 1894 年 (明治 27) に既に開通していた八戸線湊駅の需要は次第に高まり、鮫から小中野にかけての集落は次第に連担 (コナベーション) していった。1929 年 (昭和 4) に八戸町、小中野町、湊町、鮫村が合併し、市政施行により八戸市となり、人口は 5.1 万人になった。1932 年には湊川市場が開設され、湊川口の河口港は漁港として機能するようになった。2007 年の同市の水揚高は、14 万 6,385 t で全国第 3 位、水揚金額は 244.4 億円で全国第 8 位である。水揚げの約 8 割をイカ、サバが占める。水産加工を中心とした食品加工業も盛んである。
　1935 年に馬淵川と新井田川河口部の切り離し計画が

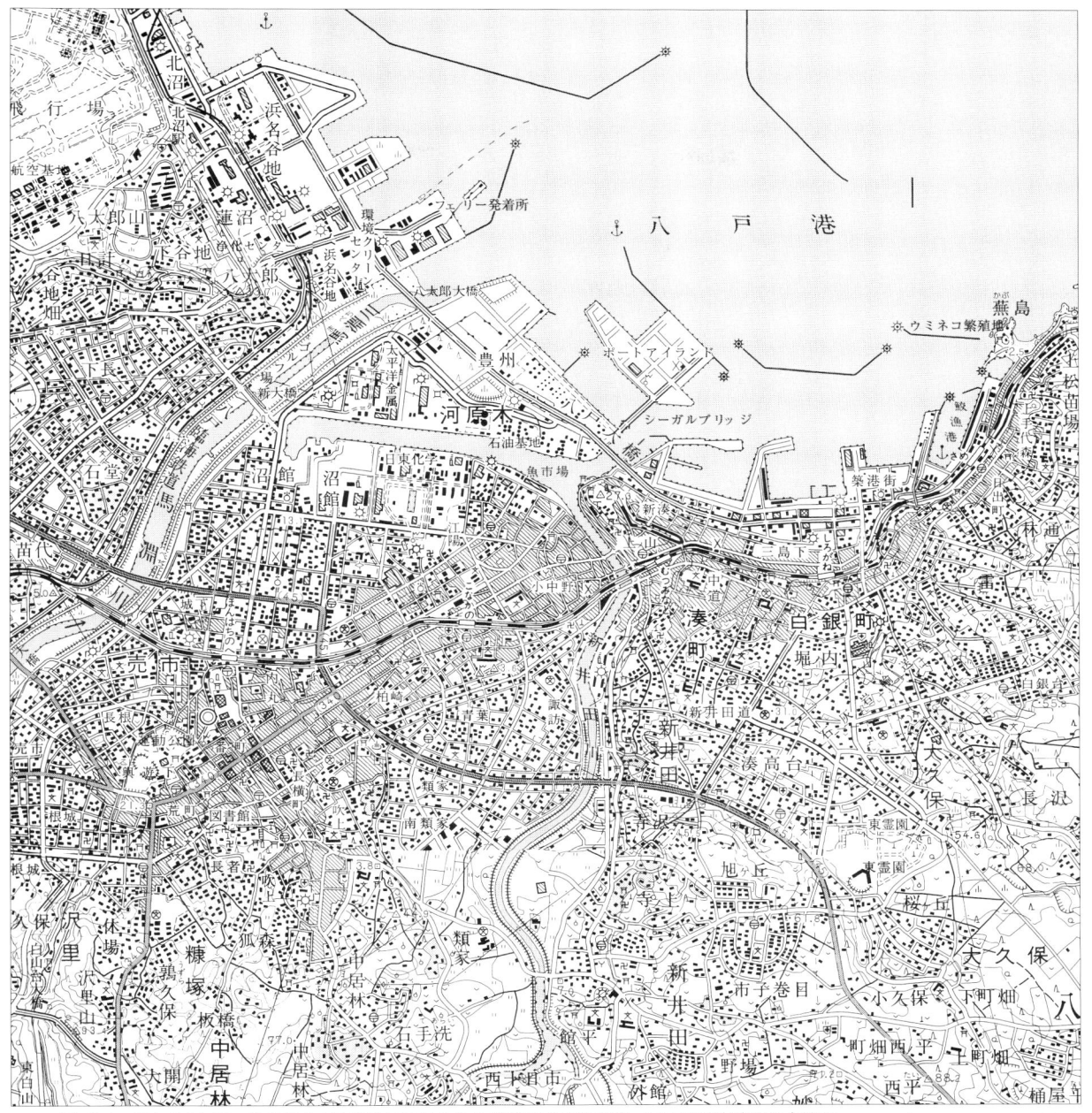

図15-2 現在の八戸市 （5万分の1地形図「八戸」「三戸」平成15年要部修正、「八戸東部」平成12年修正、「階上岳」昭和62年修正、原寸）

決定すると日東化学八戸工場が進出し、1956年の第1工業港完成後には大平洋金属八戸工場、隣接して東北地方初の火力発電所が建設された（図15-2）。1951年に重要港湾の指定を受け、全国総合開発計画によって1964年に新産業都市へ指定されて以降、馬淵川を越えて北西側の工業開発が本格化した。北沼の埋め立てと第2工業港の新設、さらに貨物輸送鉄道、工業用水道が敷設され、1966年には従業員数では同市最大規模を誇る三菱製紙八戸工場の操業が始まった。なお古くから市域南部に位置する松館（図外）は石灰石の産地であり、戦前よりセメント工業がみられたが、現在では南から北へほぼ直進する石灰岩輸送管を利用して、白銀の住友セメントへと輸送されている。現在、工業製造品出荷額上位3位を紙・パルプ、食料品、鉄鋼が占めており、基礎素材型工業が盛んである。相次ぐ誘致企業の進出による工業化によって、1945年（昭和20）の人口が7.9万人だった八戸市は、1975年には22.6万人に増加した。宅地開発は公的機関によって造成された旭が丘団地（1967年完成）、白銀台団地（1971年完成）等の出現により、南部に広がる丘陵地へと進展した。八戸市は人口24.7万人の水産・工業都市として、その機能を強化させながら発展している。 （岩動志乃夫）

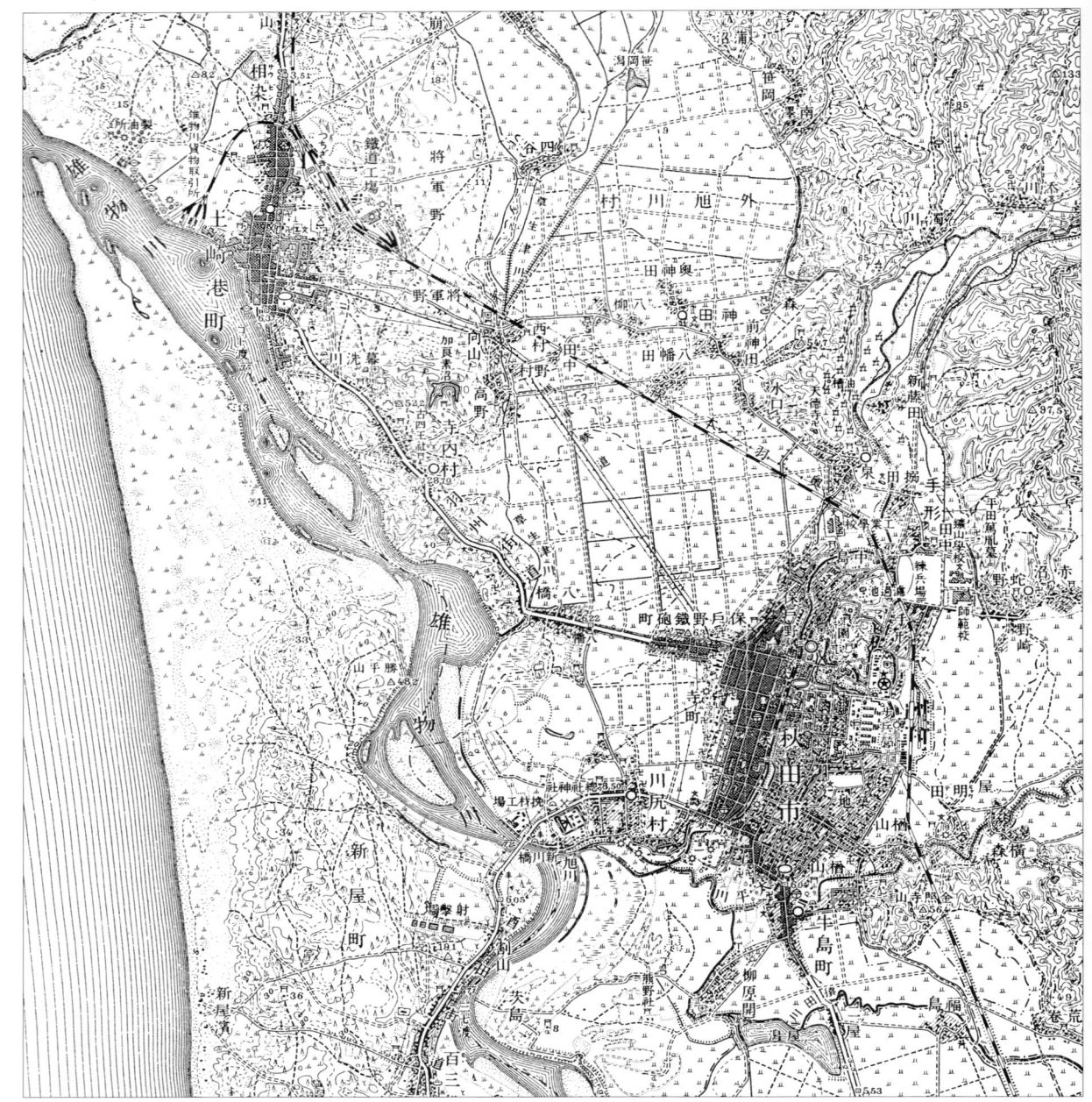

図 16-1　1912 年（大正 1）の秋田市　（5 万分の 1 地形図「秋田」大正 1 年測図、×0.9）

16. 秋　田

　秋田市は人口 32.7 万人（2008 年）、日本海を臨み、対馬暖流の影響で冬季降雪はあるが北東北では温暖の地である。面積約 906 km² の市域は海岸砂丘・沖積低地から山間地までを含む。最高峰の太平山（標高 1170 m）は代表的名山、市の花・木はさつき・けやきで、代表色の若草色は秋田市域の景色が最も鮮烈・美麗な新緑季を連想させる。東京と京阪の影響がともに生活の中に数多く見受けられる。

　図 16-1 は約 100 年前の地表形態で、秋田（久保田）と土崎港と新屋の市街地が見られる。秋田市街地は亀甲状で、天徳寺と太平川が北と南、秋田駅と寺町が東と西を限り、縦貫する旭川の東と西が内町（侍町）と外町（商工人町）という城下町以来の構成は変わらない。その外周には水田が広がり、羽州街道が土崎市街地と、酒田街道が新屋市街地と連絡した。海岸林に守られた土崎と新屋は雄物川の重要な河岸で、特に土崎は海陸結節地として秋田の外港でもある。雄物川沿岸は多くが荒地・林地・桑畑・普通畑で、右岸低地には市街地と小集落と水田が、左岸には街道筋を除けば砂丘上の林地と荒地が目立つ。山間林地に荒地も目立つ。

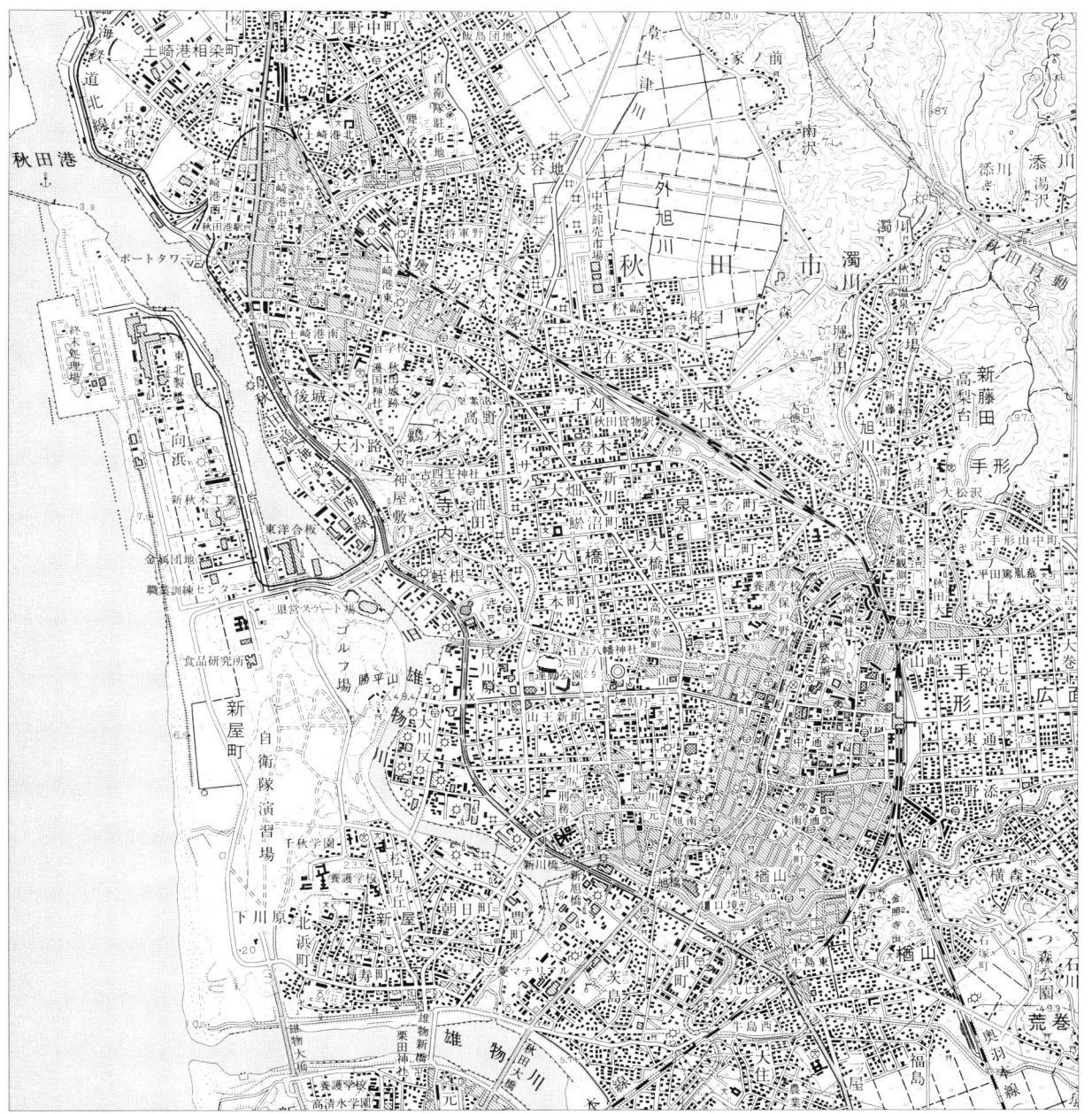

図16-2　現在の秋田市（5万分の1地形図「秋田」平成11年修正、×0.9）

　図16-2は図16-1の約90年後である。この間に、雄物川は1917年以来の砂丘開削で1938年に日本海へ直接流出し、土砂流入が減じて運河化した旧雄物川は沿岸が工業地帯化、その河口部の土崎港は秋田港として修築された。これに加えて市街地の再編成と拡大がある。再編成は、秋田県庁と秋田市役所の移転（1959年と1964年）を契機に行政中心が旧城下町外の山王官庁街へ移動したことが先駆けで、後の市街地多核・広域化につながった。人口稠密な中心市街地は不変だが、軍隊の置かれていた秋田駅周辺を始め、外旭川・仁井田地区以外の水田と丘陵・林地の多くが市街化した。秋田市街地では、外周の変電所が3つから10以上に、雄物川架橋は10本以上に増加した。油井は旭川沿いで多くが墓地と変じ、現在では草生津川沿いに多少見られる。丘陵・山地中の荒地は森林に復され、近郊の桑畑と果樹園は消えた。新屋町の自衛隊演習地に南接する地域には、南の雄和地区へ1981年に移転した秋田空港の跡地が見られる。

　秋田新幹線と秋田自動車道が開通した1997年、秋田市は中核市となり、2005年には河辺町・雄和町と合併した。2008年現在、NHK秋田放送局移転等、秋田駅東側の新市街化が進行中である。　　　（篠原秀一）

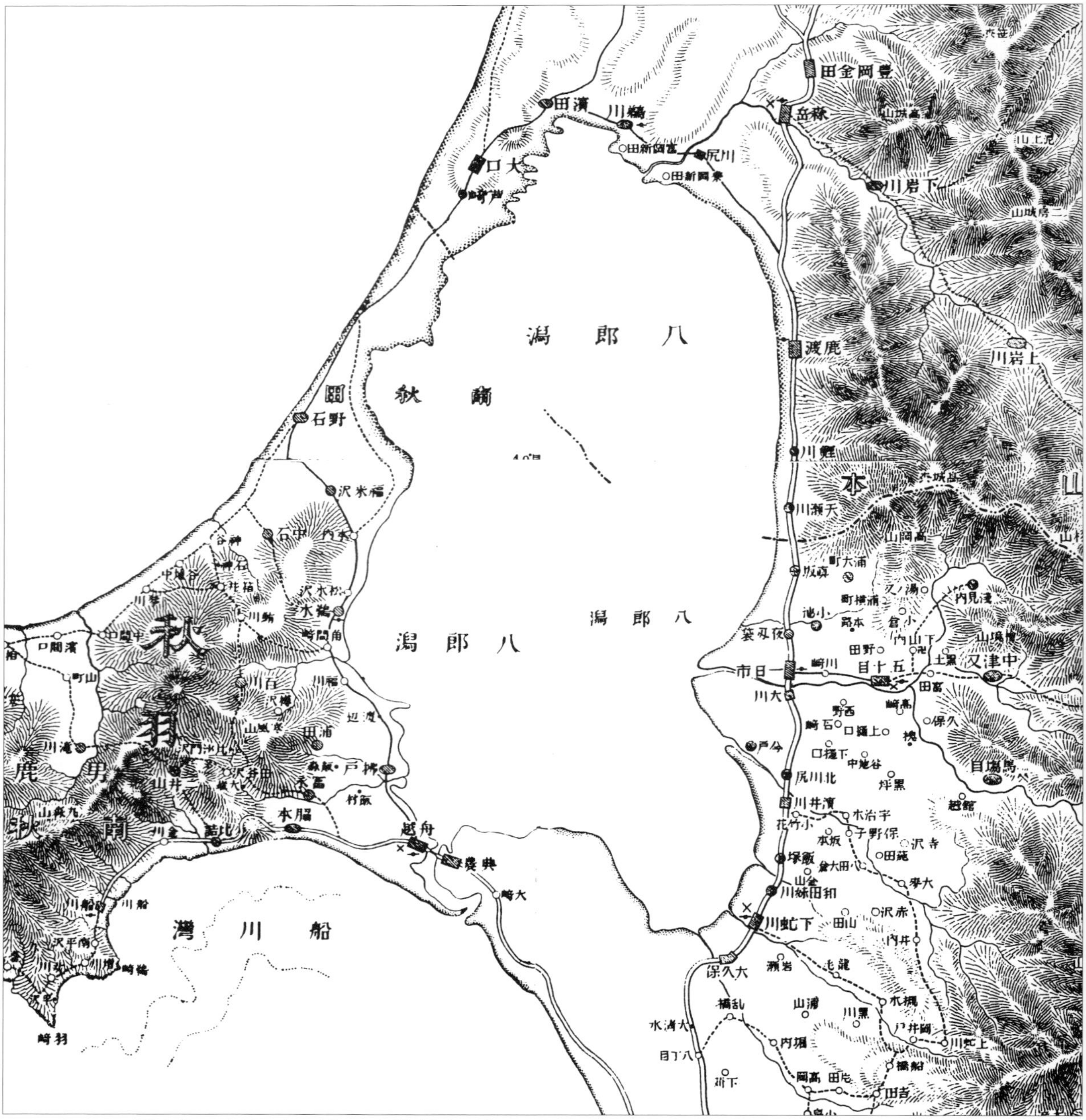

図17-1　明治中期の八郎潟　(20万分の1輯製図「秋田」「弘前」「男鹿島」明治22年輯製製版、原寸)

17. 八郎潟干拓地

　大規模な干拓工事が行われる以前の八郎潟は、東西12 km、南北27 km、琵琶湖に次ぐ日本第2の面積(総面積2万2,024 ha)をほこる湖であった。八郎潟は雄物川と米代川の流出土砂などで、男鹿の島が陸繋島になって形成された海跡湖であり、南部の船越付近で日本海に通じており、淡水と海水が混じり合う汽水湖(半かん湖)であった。

　八郎潟の水深は浅く、最も深い所でも4〜5 mほどであり、しかも湖底は平坦であった。このため、八郎潟は干拓しやすい条件を備えており、古くから幾度となく干拓が計画されてきた。しかし、大規模干拓が実行に移されたのは、食糧事情がひっ迫した第二次世界大戦後のことである。干拓地(ポルダー)が多く、干拓工事の先進技術を有していたオランダの技術協力を得て、1957年(昭和32)から国営事業として、わが国最大の農村計画である八郎潟の大規模干拓事業が始まった。

　1963年(昭和38)に中央干拓堤防が完成し、翌1964年、干拓前は湖底であった中央干拓地に地方自治体として「大潟村」が誕生した。1977年(昭和52)、総事業

17. 八郎潟干拓地 | 63

図17-2 現在の八郎潟干拓地 （20万分の1地勢図「秋田」「男鹿」「弘前」「深浦」平成16年修正、原寸）

費852億円を投入した大規模な干拓工事は、20カ年に及ぶ歳月をかけて完了した。もとの八郎潟の約4分の3が干拓され、残りの湖面が調整池（残存湖）や承水路として残された。日本海と八郎潟とを結んでいた船越水道には、大きな防潮水門がつくられた。これにより、日本海から調整池に海水が入り込むのが阻止され、調整池の水が淡水化され、これを農業用水として使用することが可能となり、大潟村も周辺の農村も水不足の心配から解放された。

大潟村は全域が海抜ゼロメートル以下にある。大潟村を取り囲む堤防は、軟弱なヘドロの上に厚さ十数メートルの砂を置き、その上にさらに数メートルの盛り土をして造成されたものである。大潟村役場や住宅、公共施設などが集中している総合中心地（集落地）の海抜も −1m である。

もともと大潟村がつくられた目的は、「干拓してできた大地に、日本農業のモデルとなるような生産性および所得水準の高い農業経営を確立して、豊かで住みよい近代的な農村社会をつくる」ことであった。この目的に賛同して、大潟村への入植希望者が全国各地から集まり、多数の応募者の中から入植者が選ばれた。

1966年（昭和41）、最初の第1次入植者56名が選ば

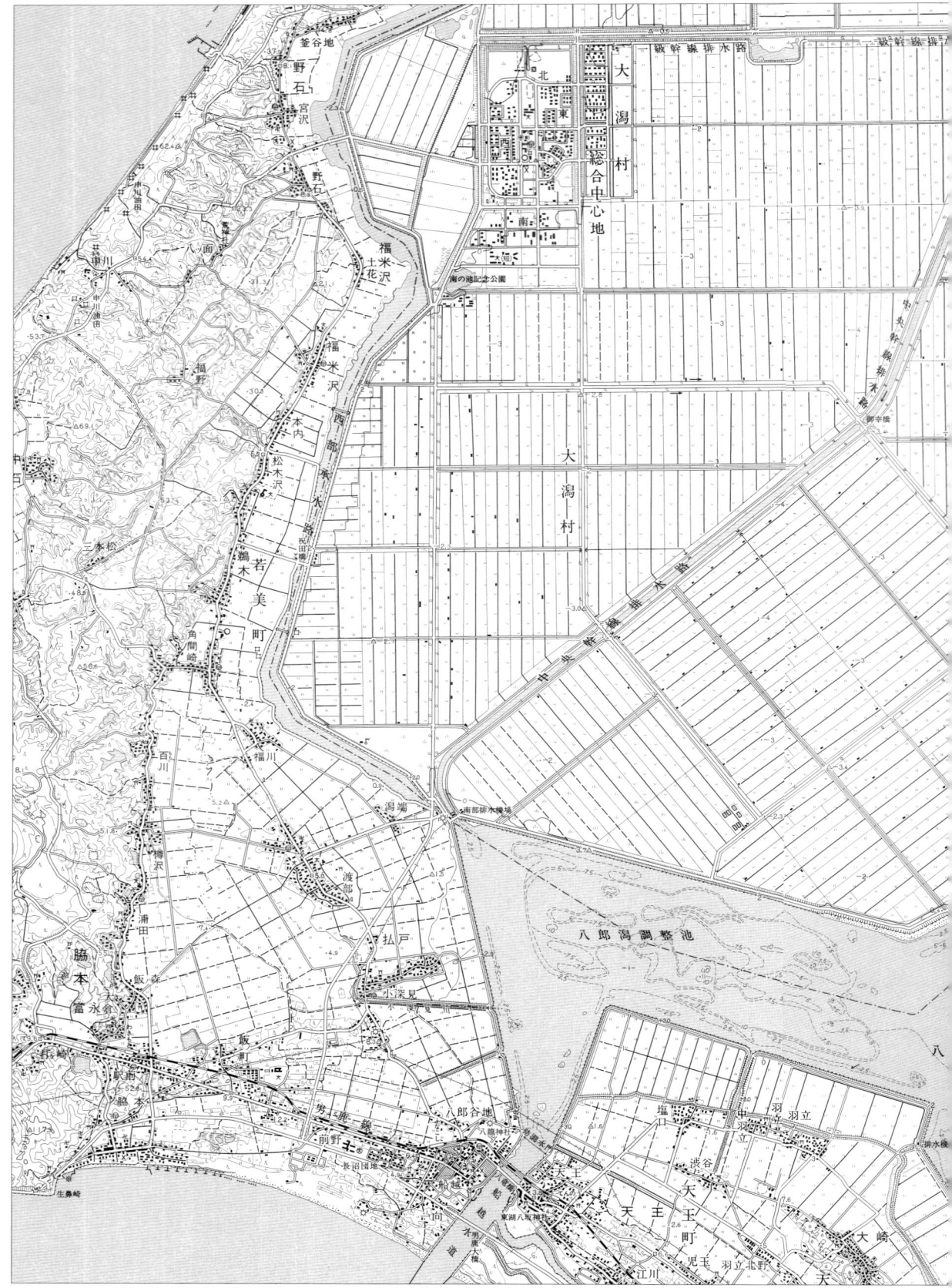

図 17-3　現在の八郎潟干拓地南部　（5万分の1地形図「船川」「森岳」平成4年修正、「五城目」「羽後浜田」平成3年修正、×0.7）

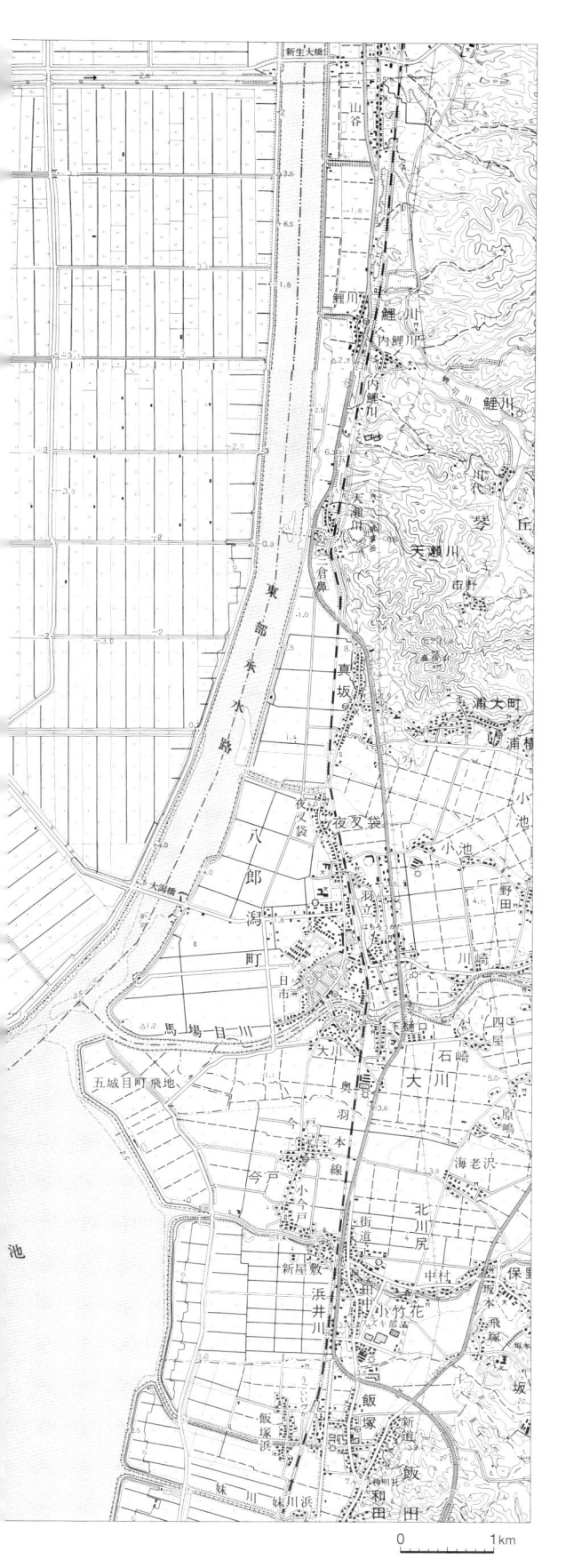

れ、1年間の訓練を受けた後、翌年の11月に家族とともに入村した。そして1968年から、全く新しい広大な農地で、大型農業機械を使った近代的な農業に取り組むことになった。その後、第2次入植者86人、第3次入植者175人、第4次入植者143人が次々に入植した。

しかし、全国的に米の消費が伸び悩むなかで、1970年(昭和45)から米の生産調整(いわゆる減反政策)が始まった。これに伴い、大潟村への入植も一時中断され、1974年に第5次入植者120名が入植したのを最後に、国営事業での入植者は計580名で打ち切られた。入植者の55%は秋田県出身であるが、残りの入植者の出身地は、北は北海道から南は沖縄県まで、1都1道36県に及んだ。

干拓地である大潟村のヘドロは、深いところでは地下40m以上にも達し、大潟村の地盤は非常に軟弱であり、入植者の営農は当初の計画通りには進まなかった。大潟村で使用される農業機械は大型のため、水田の区画も、長辺140m、短辺90m、面積約1.25haという大きなものであった。

入植者は、はじめ1戸あたり10haの農地を配分された。その後、1970年から米の生産調整が始まり、この影響で入植計画も大幅に見直されることになり、1戸あたりの配分農地は15haに増えた。その代わり、米の作付けは8.6haまでに限定され、残りの6.4haは畑作を行うことが義務づけられた。すなわち、入植地では水田単作農業を行うという当初の計画は、日本の米の生産過剰を背景に、田畑複合経営方式に変更された。これに対して、入植者の中には、国の農業政策の大きな変更に反対して、全農地で稲作を実施する者もみられた。そして、大潟村の農民は、国の農業政策に従って転作を行う「転作順守派」と、国によって割り当てられた面積を超えて稲作を行う「自主作付け派」という2つのグループに分かれた。

しかし1990年(平成2)から、国は各入植農家に配分した15haを、すべて水田として扱うようになり、1995年から施行された新食糧法により、米を「作る自由、売る自由」が認められるようになった。これに伴い、無農薬栽培米や低農薬栽培米などのようにより付加価値の高い米の生産に努める農家が増えた。

現在では、15haを田と畑でそれぞれ7.5haとする田畑複合の大規模経営となり、米はもちろん、畑作物としての麦や小豆、カボチャ、メロンなども栽培しブランド化を図っている。また、米などの農産物を宅配便やインターネットを利用して首都圏をはじめとする全国各地の消費者へ直接販売を行う農家や株式会社・有限会社の形態の企業もみられる。　　　　(山下清海)

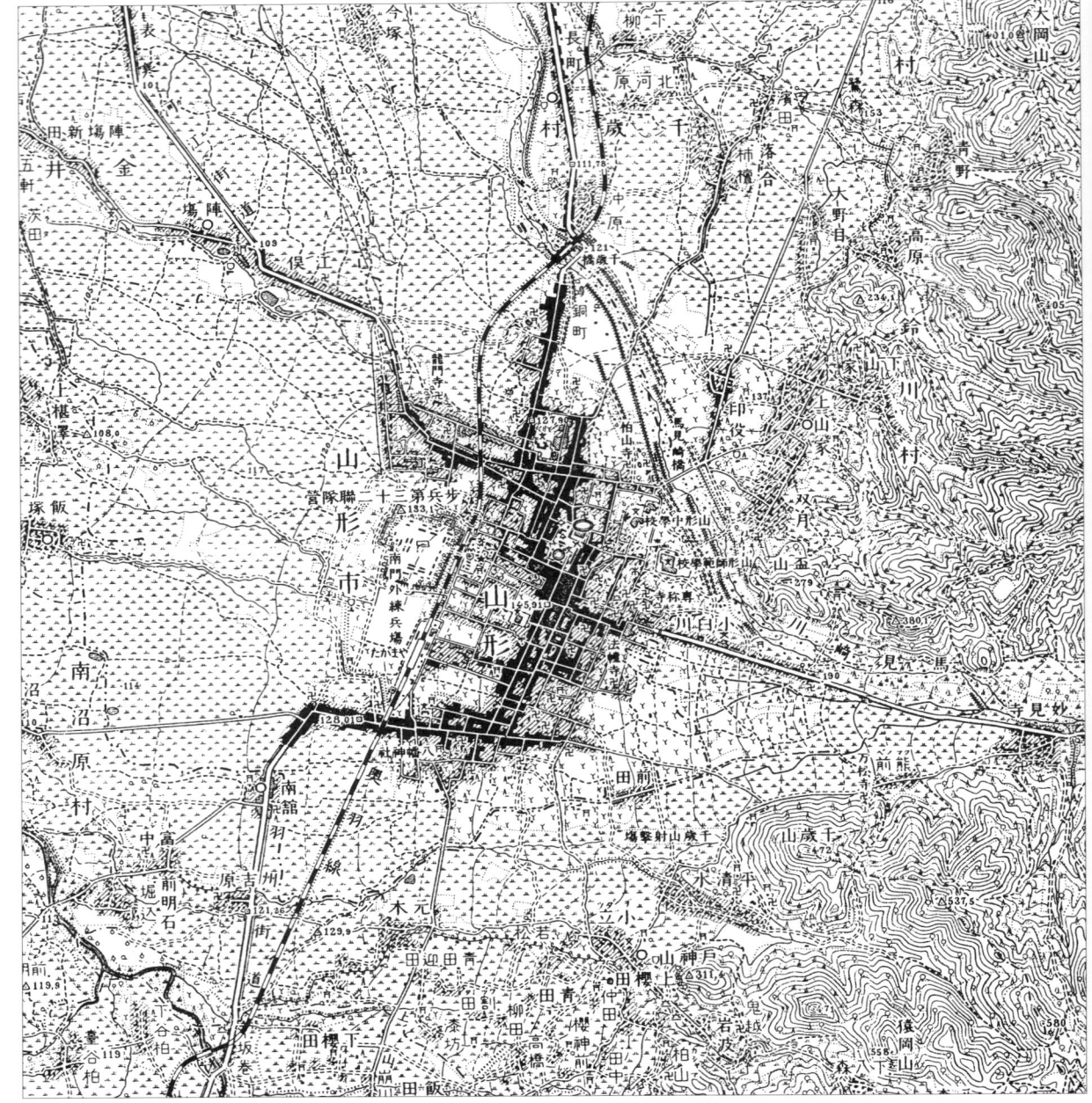

図 18-1　1903 年（明治 36）の山形市　（5 万分の 1 地形図「山形」明治 36 年測図、原寸）

18. 山　形

　山形に市制が施行されたのは 1889 年（明治 22）であるが、県庁所在都市としての歴史は、1876 年（明治 9）に旧山形県、置賜県（前米沢県）、鶴岡県（前酒田県）が統合され、統一山形県の初代県令に就任した三島通庸が旧山形藩の城下町に県庁を置いたことに始まる。市制施行時、2 万 8,400 人であった山形市の人口は、2005 年には 25 万 5,700 人にまで増加し、市域面積は 20.3 km² から 381.6 km²（2007 年時点）に拡大した。

　図 18-1 の 1903 年（明治 36）の地形図を見ると、山形市の市街地は馬見崎川を主要河川とする扇状地の扇端部から扇央部にかけて形成されており、扇央部から扇頂部は桑畑および田として利用されていたことが分かる。密集市街地が山形城を囲むようにして弧状に形成されているのは、それが旧町人地を基礎にしているからである。密集市街地と城との間の地区は旧武家地であり、建築物の集積度は低い。市街地は、最上 57 万石の城下町を空間的基盤としているが、幕末、水野氏所領時における山形藩の石高はおよそ 5 万石であった。一方、町人地は羽州街道の往来が活発になるにつれて繁栄し、山形商人らによる土地利用改変が進行し

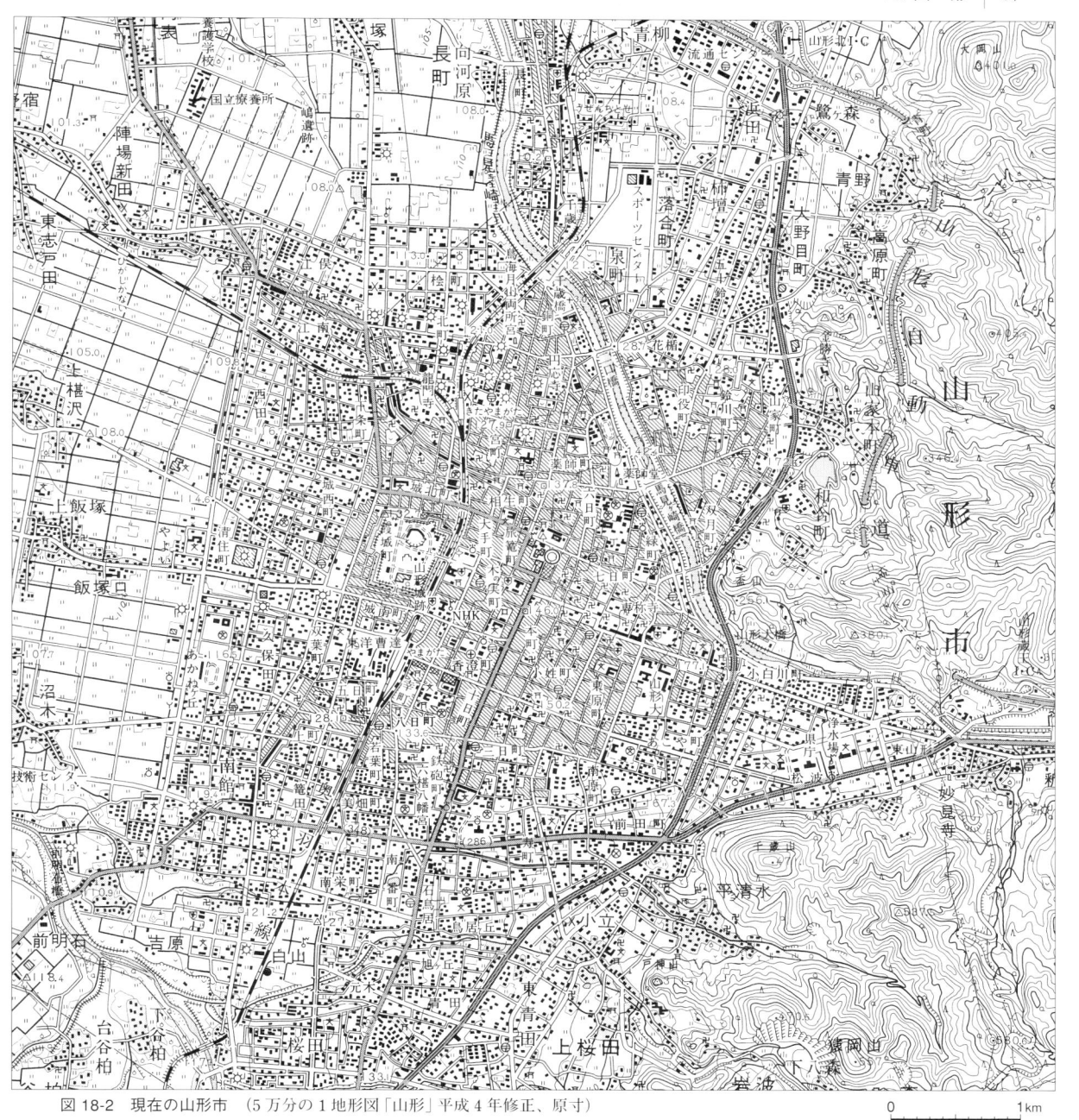

図18-2 現在の山形市 (5万分の1地形図「山形」平成4年修正、原寸)

た。武士社会の衰退と商人社会の隆盛との大きな差異が幕末期における山形城下町の特徴であり、それが明治期の市街地形成にも継承された結果が、外堀を外周するように形成された密集市街地の形状である。

およそ100年経過した図18-2の2002年(平成4)の地形図では、市街地全体の広範な拡大を容易に確認することができる。交通網の整備については、左沢線が1922年(大正11)に開通し、仙山線が1937年(昭和12)に開通した。その後、モータリゼーションの普及によって、1968年(昭和43)には旧国道13号線(現112号線)バイパスとして現13号線が敷かれ、1991年(平成3)には山形自動車道が開通した。扇状地扇頂付近に設置された山形蔵王インターチェンジは、1975年(昭和50)に移転した県庁とともに市街地の東方向への拡大を促進した。なお、旧県庁は、現在、山形県郷土館「文翔館」となり保存されている。

高速道路を利用した高速バスの整備によって、隣接する仙台市との人的流動は飛躍的に増大した。また、市街地南北の郊外には大型量販店が出店し、それぞれに郊外核を形成している。これらによる既存商業地区の低迷が、現在の山形市における大きな問題となっている。
(山田浩久)

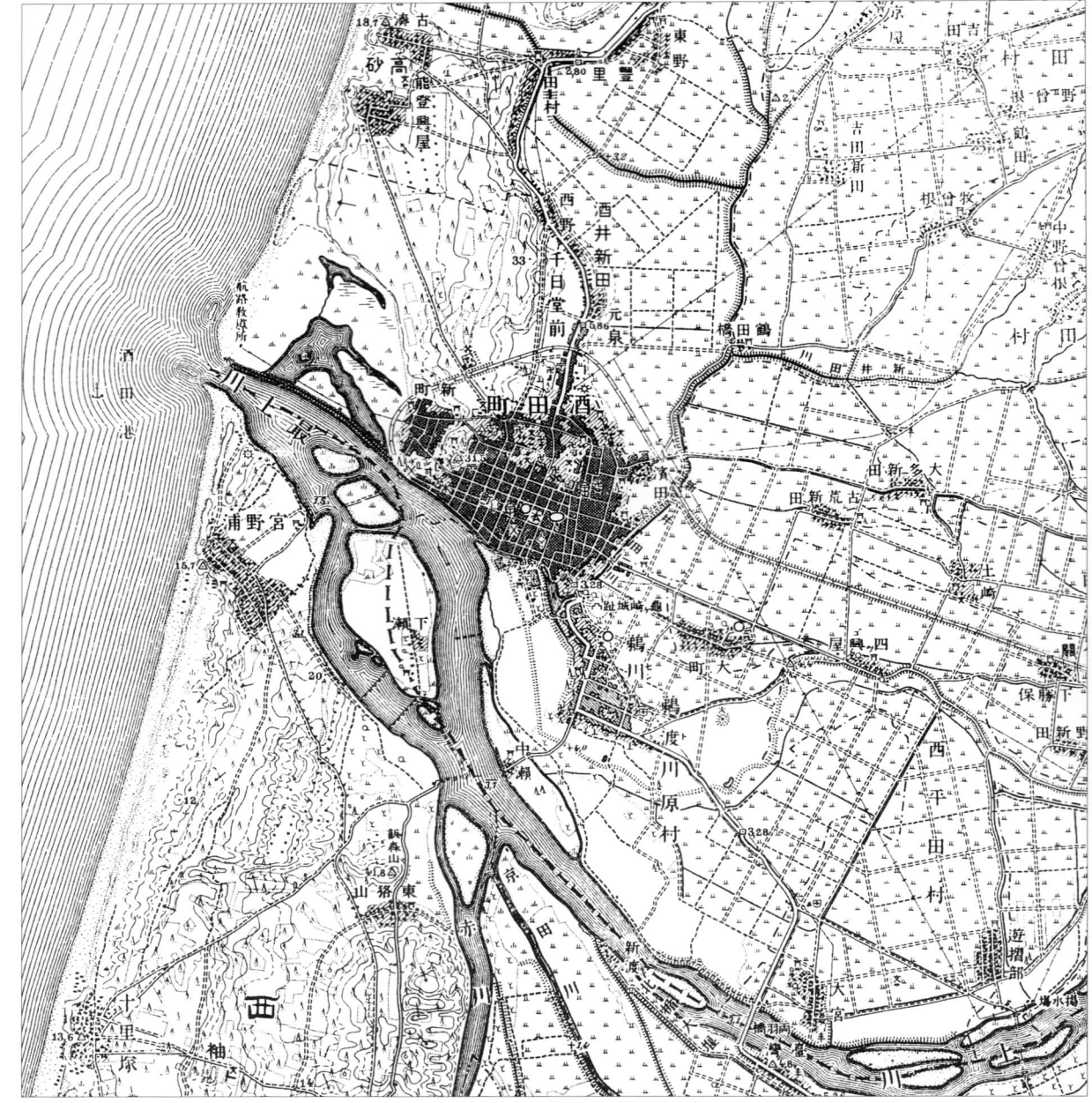

図19-1 1913年(大正2)の酒田町　(5万分の1地形図「酒田」大正2年測図、原寸)

19. 酒田

『義経記』に酒田湊の名が記されていることから、同地は鎌倉末期にはすでに港としての機能を有していたと推測される。当初、酒田湊は、最上川河口左岸の袖の浦(現宮野浦付近)に位置していたが、17世紀初頭には最上川右岸に移転し、河村瑞賢によって開かれた西廻航路の整備とともに、日本海沿岸の商港として栄えた。

図19-1の1913年(大正2)の地形図には、近世期に整備された街の外観が残る。市街地南東の城は東禅寺城と呼ばれていたが、1600年(慶長5)、「長谷堂の戦い」に乗じた最上勢が攻め込み、1604年(慶長9)に最上義光が亀ヶ崎城と改名した。袖の浦にあった旧酒田湊から商人や寺院が移住したのも、亀ヶ崎城下の整備と連動している。しかし、その後は、酒田三十六人衆と呼ばれる問丸問屋が中心になって、港町としての基礎が築かれていった。

市街地の北部を外周するように敷かれた計画中の鉄道路線は、1914年(大正3)に開通する陸羽西線であり、これによって酒田市は内陸の新庄市と鉄道で結ばれることになった。1903年(明治36)には、すでに奥

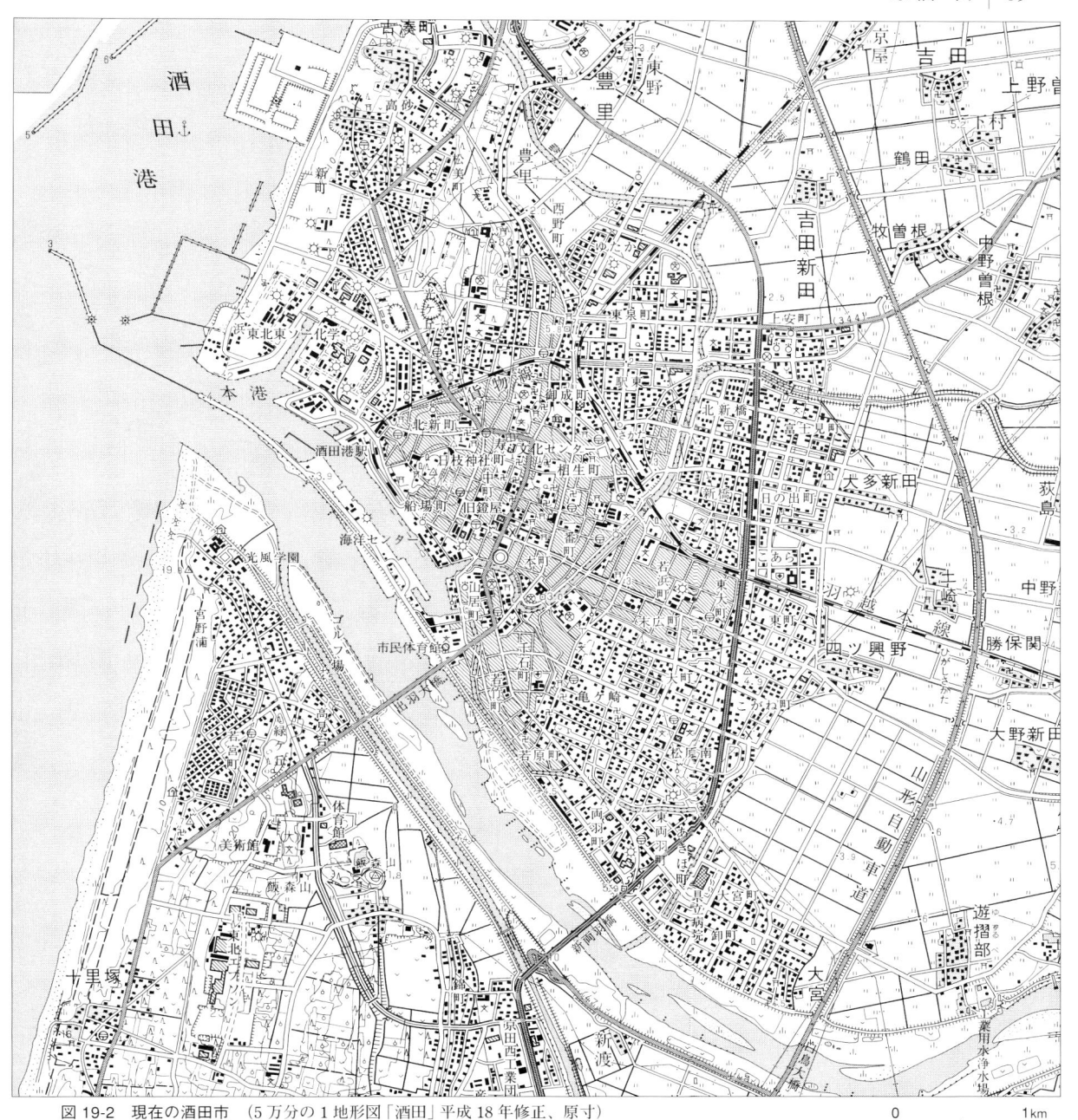

図19-2　現在の酒田市　（5万分の1地形図「酒田」平成18年修正、原寸）

羽本線が新庄まで開通していたため、以後、酒田市は東京を中心とする鉄道体系の末端に位置づけられていく。

　舟運から鉄道への転換によって全国的な位置づけが大きく変わった酒田市であるが、2000年（平成12）の地形図で確認されるように、1932年（昭和7）には最上川の改修工事に伴う港湾整備によって河川と港湾を分離する背割堤が完成し、近代港湾としての再生が期待された。戦後、酒田港は1951年（昭和26）に重要港湾、1958年（昭和33）に国際貿易港に指定された。また、周辺には化学製品を生産する工場が建設され、臨海工業地域としての色彩を帯びるようになった。さらに、1974年には酒田北港が開港し、日本海側の国際化に向けた整備が進められた。内陸交通に関しても、2001年（平成13）には、東北横断自動車道（山形自動車道）の酒田みなとインターチェンジが開設され、高速道路を利用した港湾機能の強化が図られている。

　1976年に生じた大火とその後の復興事業によって、市街地景観は大きく変化したが、その内部には、城下町として発展してきた都市にはない特徴的な区画や地名が残存する。人口減少や中心商業地の低迷に悩む同市であるが、独特な成長過程で育まれた文化の保全を望みたい。
　　　　　　　　　　　　　　　　　　　（山田浩久）

図 20-1　1908 年（明治 41）の福島市　（5 万分の 1 地形図「福島」明治 41 年測図、原寸）

20. 福　島

　福島市は福島県中通り地方北部に位置する、人口約29 万人の福島県の県庁所在都市である。福島市の中心市街地は城下町起源都市の 1 つであるが、これは 1170年頃、平泉藤原氏の家臣であった信夫の庄司、佐藤一族が現在の県庁付近に杉妻の館を築いたことを嚆矢とする。しかし、福島が城下町として整備されたのは1702 年の板倉氏の転封以降のことである。明治維新以降も城跡に県庁が設置されたこともあり、江戸時代の都市構造が基本的に継承された。

　福島の都市構造を変化させたのは、1887 年の東北本線、1899 年の奥羽線の開通である。これにともなって市街地の西側に福島駅が開設され、市街地が西に拡大した。図 20-1 の 1908 年の福島市は、この当時の状況を示したものである。駅の東側はほぼ市街地で充填され、川による制約を受けない北側に市街地が拡大している。1924 年に飯坂電車（現 福島交通飯坂線）が開通すると、住宅地はさらに北へ拡大する。また、福島駅西側には工場が建設されている。これは貨物線を利用して物資を輸送するためで、駅の西側一帯はこの後、工業地帯として整備が進められる。ただし、これらの地

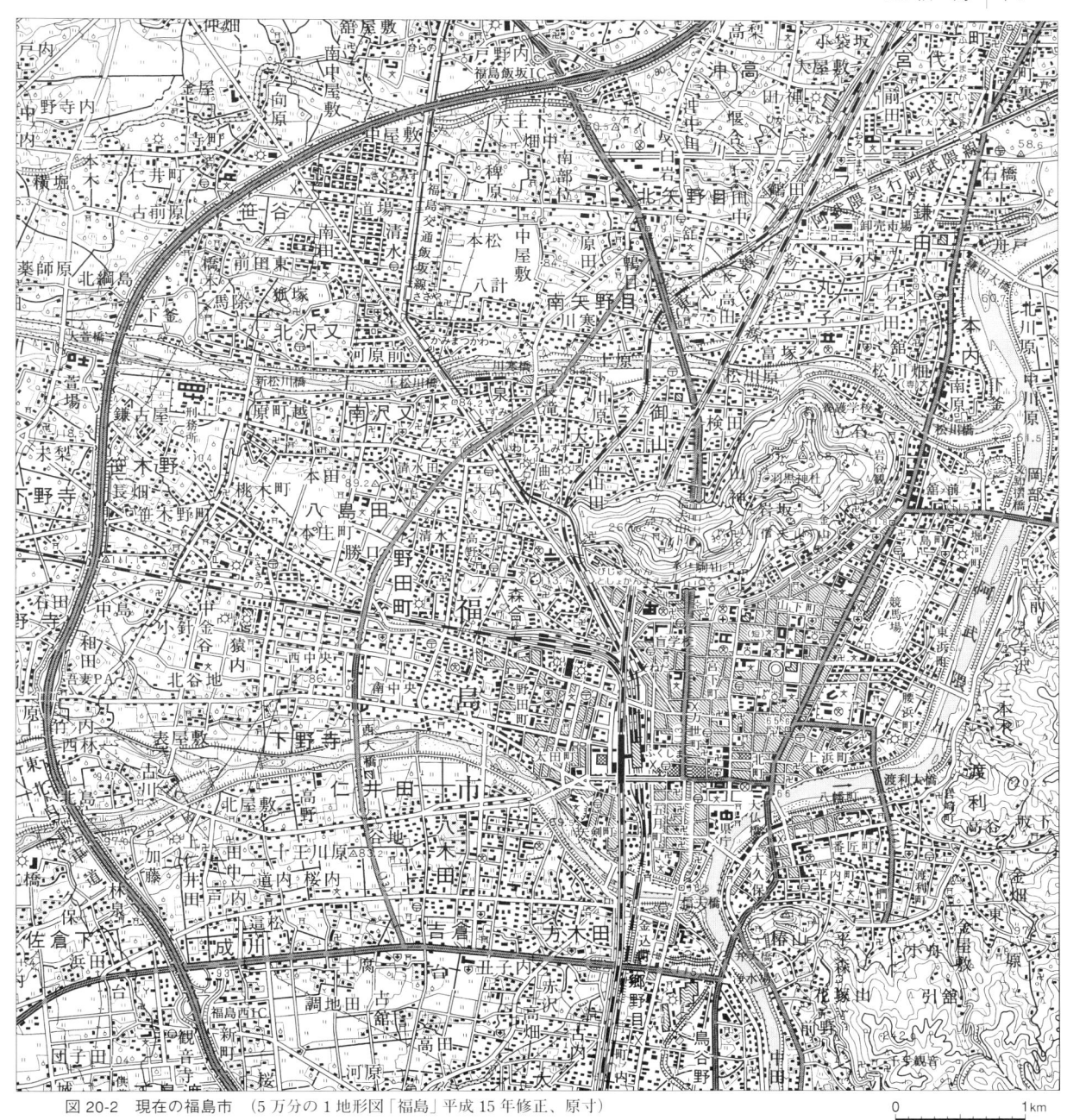

図 20-2 現在の福島市（5万分の1地形図「福島」平成15年修正、原寸）

域を除けば市街地の周辺には水田が広がり、旧街道沿いを中心に集落が分布していることが読み取れる。

　図20-2に示された福島市は、その姿を大きく変えている。1975年に東北縦貫自動車道が開通、福島飯坂、福島西の2つのインターチェンジ（IC）が建設された。福島飯坂ICの東部には流通団地が、福島西IC の西部（図幅外）には工業団地が建設され、産業基盤の整備が急速に進んだ。また、1982年の東北新幹線の開通を契機に福島駅周辺地域の整備も進展、駅西側の工業地帯は郊外に移転し、ホテルや大型店などのサービス業を中心とする地域が形成された。しかし、約1世紀の時間を経たにもかかわらず、市街地の拡大はそれほど広範囲には及んでいない。これは福島市の中心市街地が川と山、そして鉄道沿線に形成された工業地帯によって拡大が遮られたこと、それに福島市が地域バランスを考慮して住宅団地や工業団地などを郊外部に分散的に配置したことなどによる。この結果、福島市では自動車交通に依拠した分散型の都市構造が形成された。しかし、1990年代に環状バイパスが建設されると、その周辺に大型店が多数立地、中心市街地の空洞化が急速に進んだ。現在では中心市街地活性化が大きな課題となっている。

（初澤敏生）

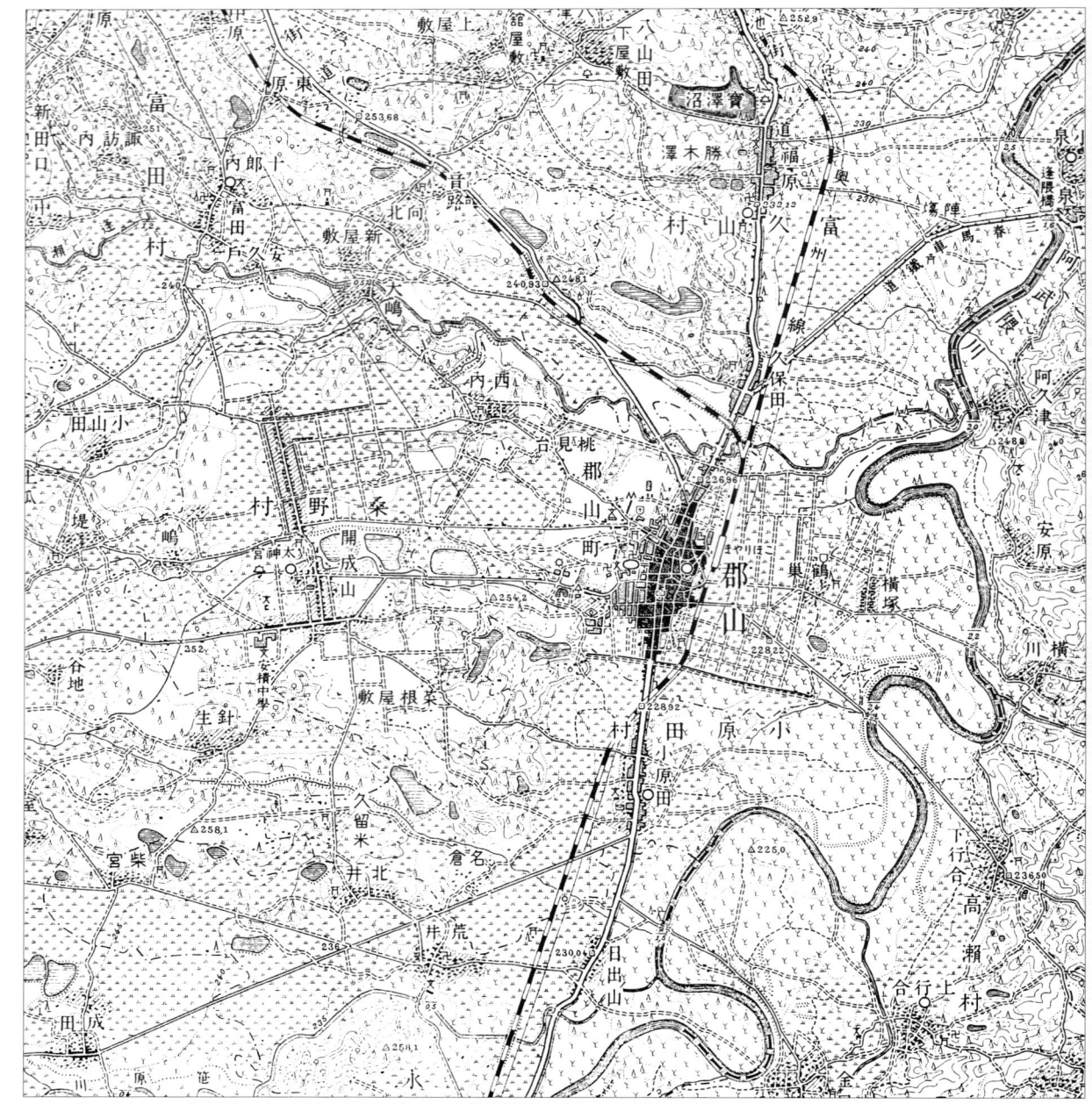

図 21-1　1908年(明治41)の郡山町　(5万分の1地形図「郡山」明治41年測図、原寸)

21. 郡山(こおりやま)

　郡山は、江戸時代には奥州街道の宿場町であり、明治初期の人口も5,000人足らずであった。現在の市域面積は約757 km²、人口は33.9万人(2008年)を数え、いわき市に次いで福島県下第2位となった。発展の契機となったのは、明治期に開始された安積開拓である。安積原野の開発は、1873(明治6)年に旧二本松藩士(19戸)の入植によって開始され、翌年には開成社によって、現在の開成山大神宮周辺が開墾された。これによって、1876(明治9)年には人口700人の桑野村が誕生した。総戸数203戸のうち187戸が入植者であった。1879(明治12)年には国営の安積疏水事業が着手されて、士族の入植が本格化する。入植総戸数約500戸、最大の旧久留米藩士は約140戸が入植した。旧久留米藩士が入植した地域には、現在でも「久留米」という地名が残っている。人口も1889(明治22)年には8,000人を超え、町制を施行した。

　安積疏水は、農業用水だけではなく、1899(明治32)年には沼上発電所が建設されて電力供給が開始されるなど、郡山の近代製糸をはじめとする工業化にも寄与してきた。1916(大正5)年以降には、日本化学郡山工

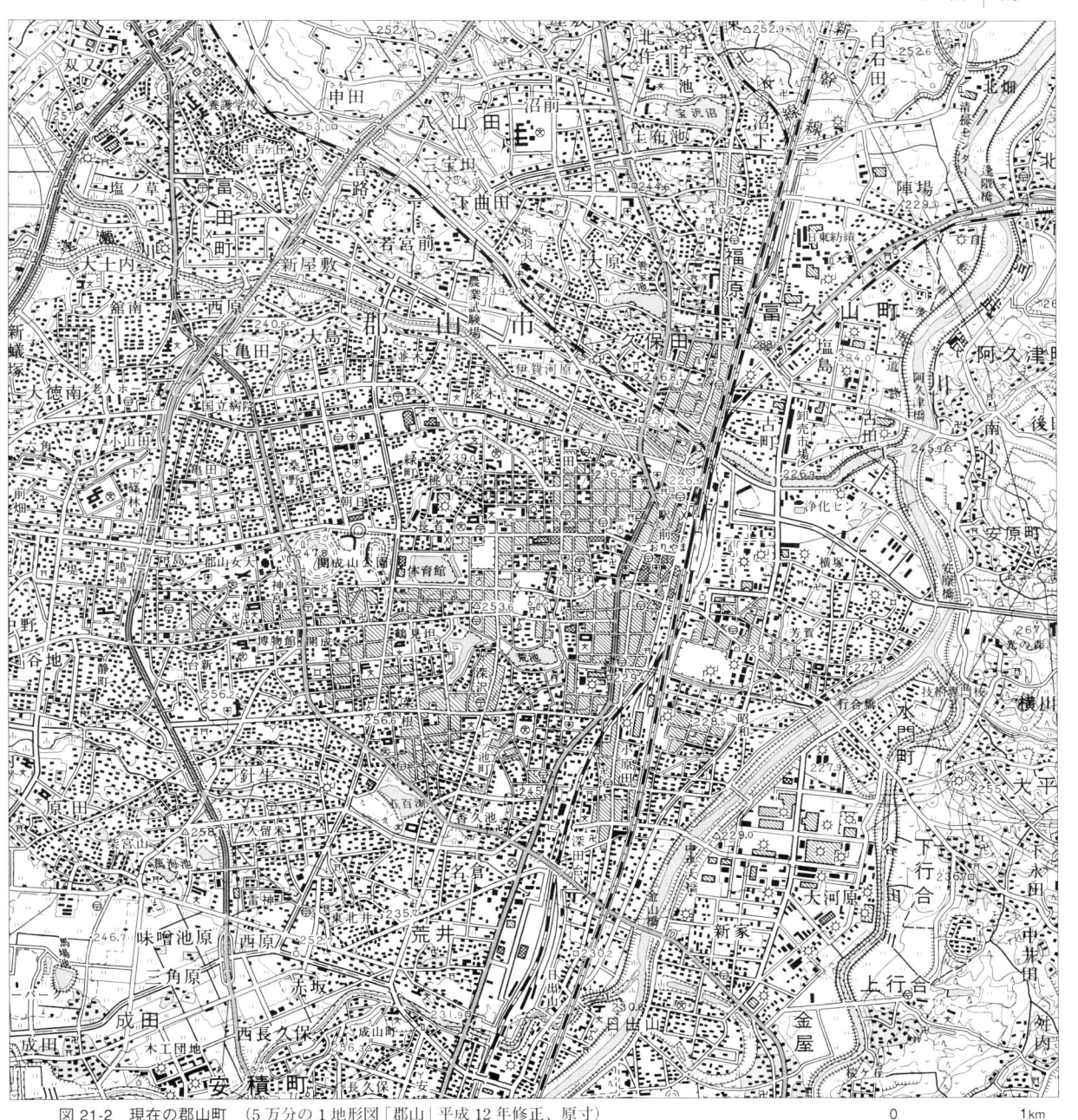

図 21-2　現在の郡山町（5万分の1地形図「郡山」平成12年修正、原寸）

場（大倉組）、東洋曹達（保土谷化学）、後に日東紡績となる片倉絹糸紡績所などが設立された。郡山はこうして工業都市としての色彩をおびはじめ、1924（大正13）年には小原田村を合併して市制に移行すると、翌年には桑野村を合併して人口も4.3万人を数えるようになる。交通網も鉄道を中心に整備され、1887（明治20）年の東北本線の開通をはじめ、1898年に岩越鉄道（磐越西線）、1917（大正6）年に平郡線（磐越東線）、1931年に水郡線が次々に開通した。

　第二次世界大戦後、郡山市の人口増加を加速させたのは、1964年（昭和39）の新産業都市指定にともなう周辺町村の合併であった。郡山市の人口は、1965年に旧安積郡と田村郡の一部を合併して、一挙に20.3万人となる。1986年には「郡山地域テクノポリス」の地域指定を受けた。

　安積開拓以降、郡山市では製糸から化学工業、敗戦後はそれらを基軸としながらも、新産業都市、テクノポリス指定を経て、工業化が進展してきた。また、東北新幹線（1982年）、高速道路網の整備（東北自動車道：1973年、磐越自動車道：1995年）によって、県内における交通の要衝として発展している。

（末吉健治）

図22-1　1908年(明治41)の小名浜　(5万分の1地形図「小名濱」明治41年測図、原寸)

22. いわき(小名浜)

　いわき市は、福島県の浜通り南部に位置する人口35.4万人、福島県第1位の都市である。市域は1,231 km²で、阿武隈高地から太平洋にまでおよび、平、小名浜、勿来、常磐などの人口集中地区が分散する。
　いわき市南東部に位置する小名浜港は、遠浅のため良港ではないものの、江戸時代には東廻り航路の中継港にも指定された重要港湾である。また、明治維新後は常磐炭田で産出される石炭の積出港として栄えた。図22-1は、1908年当時の小名浜港周辺を示す。この図から、小名浜港を中心とした市街地が確認できる。1887年(明治20)には小野田炭田～小名浜間、湯本～小名浜間を結ぶ馬車鉄道(軽便鉄道)も開設され、小名浜港における石炭の輸送体制は強化されていった。
　1897年の常磐線開通は、石炭積出港として栄えた小名浜に大きな影響を与えた。常磐線は地形の制約から泉で進路を転換し、小名浜を回避して平へと達する。石炭輸送が海上輸送から鉄道輸送に切り替えられたことにより、鉄道路線網から外れた小名浜港の機能は急速に低下した。
　石炭から石油へのエネルギー転換が進んだ1960年代

図 22-2　現在の小名浜　（5万分の1地形図「小名浜」平成9年修正、原寸）

以降、いわき市の鉱工業は大きく変化した。石炭需要の急速な低下のなかで、常磐炭田は1971年(昭和46)に閉鎖され、いわき市は鉱業から工業への転換を推進する。1962年には、産炭地域振興臨時措置法により、市内に岩ヶ岡など4つの工業団地が造成された。また1964年には福島県中南部が「常磐郡山新産業都市」に指定され、小名浜には重化学工業を中心とした臨海型工業団地が形成された。

今日、いわき市は東北地方第一の工業都市に成長している。2007年における製造品出荷額は1兆640億円に達する。小名浜地区は、いわき市における工業の中核に位置付けられる。図22-2からも、沿岸部を中心に重化学工業の集積が確認できる。しかし問題も存在する。重化学工業の集積は、深刻な公害問題を引き起こしている。また、1990年代以降の経済不況と産業空洞化は、基礎素材型産業を主体とした小名浜の工業に多大なダメージを与えており、小名浜はいま、新たな転換期を迎えている。

一方、いわき市には「いわき湯本温泉」や常磐炭田の温水を利用した「スパリゾートハワイアンズ」などの著名な観光施設が多い。観光客は年間1,070万人(2007年)に達し、市の重要な産業となっている。（岩間信之）

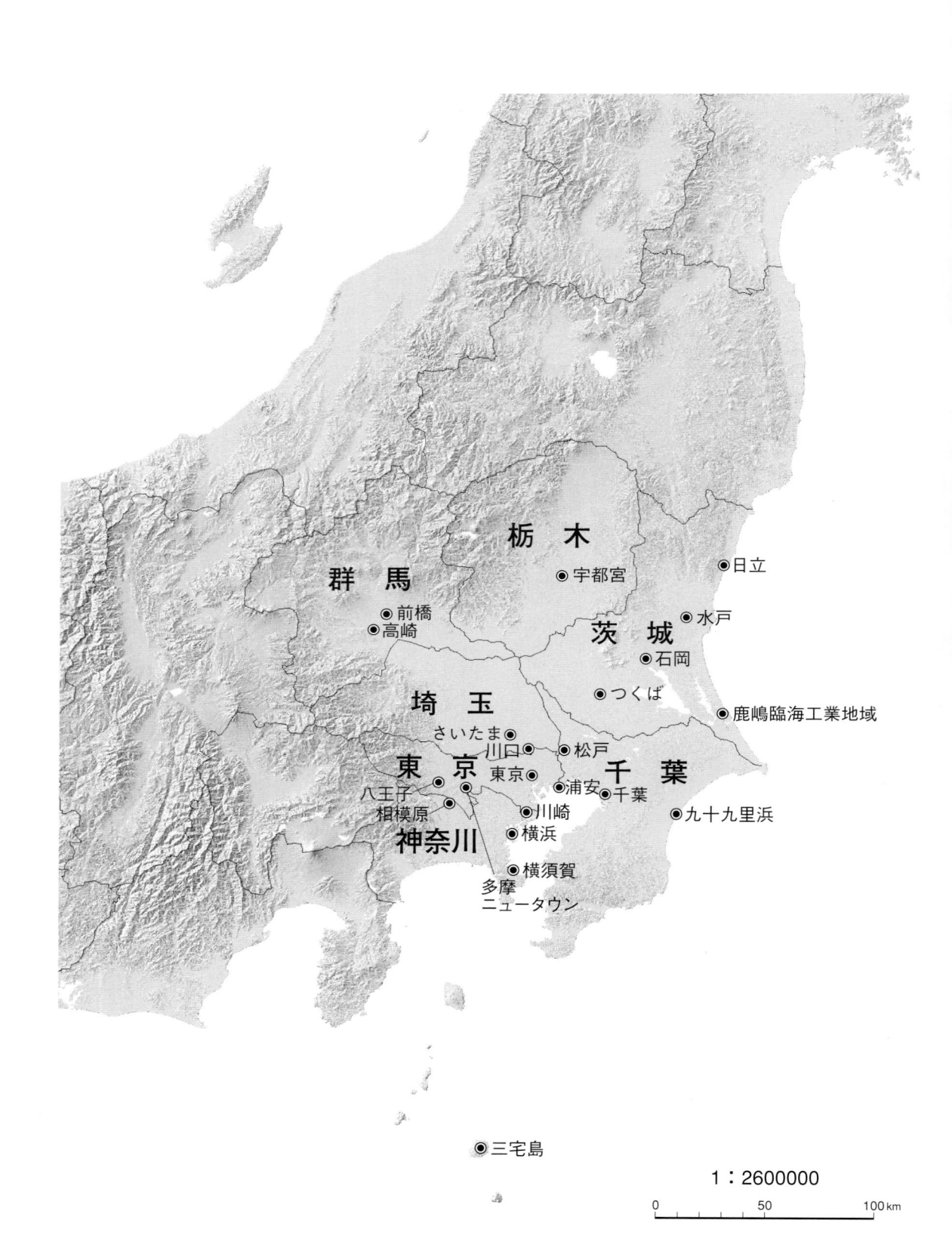

栃木
○宇都宮
○日立
群馬
○前橋
○高崎
茨城
○水戸
○石岡
埼玉
○つくば
○鹿嶋臨海工業地域
さいたま○
○川口 ○松戸
東京 東京○ 千葉
○八王子 ○浦安 ○千葉
○相模原 ○川崎
神奈川 ○横浜 ○九十九里浜
○横須賀
多摩
ニュータウン

○三宅島

1：2600000
0　50　100km

関　東

23. 東　京 78
24. 八王子 86
25. 多摩ニュータウン 88
26. 横　浜 90
27. 川　崎 96
28. 相模原 100
29. 横須賀 102
30. 三宅島 104
31. 千　葉 106
32. 浦　安 110
33. 松　戸 112
34. 九十九里浜 114
35. さいたま 116
36. 川　口 120
37. 水　戸 122
38. つくば 124
39. 石　岡 126
40. 日　立 128
41. 鹿島臨海工業地域 .. 130
42. 宇都宮 132
43. 前　橋 134
44. 高　崎 136

図 23-1　1880年(明治13)頃の東京　(2万分の1地形図「下谷区」「市川駅」「逆井村」明治13年測図、「麹町区」「内藤新宿」明治30

23. 東　京

自然的基盤と江戸時代の名残　東京の地形は、武蔵野台地の東端と旧利根川・荒川の沖積平野にまたがっているので地形的な変化に富み、坂の多い町として知られる。東京を下町と山手に大別する隅田川の存在は大きく、図23-1の明治期の地図にその姿が刻まれている。とくに密にあった水路網(堀)と木場の貯木場・問屋が良くわかる。江戸時代以降、現在も続く埋め立てにより用途が拡大されてきた。年次別の地図では海岸線の変化(埋立地の拡張)に注目されたい。

江戸城は天守閣を焼失して以後再建されなかったが、大坂をはるかにしのぐ日本最大の城下町であった。図23-1の地図にはその残存(街道、下町の市街地、未利用の武家屋敷跡)および近代化の萌芽(鉄道路線の建設、未完の山手線)が刻まれている。今日高層ビル群に囲まれた中で、皇居として利用されて緑の多い広大な空間が残されていることの意義は大きい。東京は明治になってから徳川幕府時代の大名屋敷を改変し続けながら時代に対応してきた。そのおかげで、少なくなったとはいえ巨大都市の割には緑地が比較的多く残されている。主要な寺社地である上野寛永寺(大部分

年修正、「板橋駅」明治14年測図、×0.4)

は霊園)、芝増上寺、音羽護国寺などは敷地の規模は縮小しているが(戦災等によって建物は新しくなっても)過去の雰囲気を伝えているところが多い。江戸時代の交通体系としては、日本橋を基点として五街道が整備され、最初の宿場が品川、板橋、千住(北千住)、内藤新宿(新宿)であることからしてもその規模が分かる。中仙道の志村と奥州街道の西ヶ原の2ヵ所(図外)に一里塚が残っている。

土地利用は、江戸時代の江戸城を中心に低地の町人町、台地の武家屋敷という地域構造で武士が約3分の2を占めていた。明治時代に首都となり大きく変わる。武家屋敷の跡地利用は赤坂御用地、迎賓館をはじめ新宿御苑、小石川植物園、六義園などの公園や青山墓地、染井霊園、明治神宮、東京大学に代表される大学等の教育施設、官公庁・大使館などの土地利用となっている。町人町の多くは沖積低地にあたり、商工住混在地区となっている。浅草雷門(仲見世通)、麻布十番、神楽坂、中仙道筋の巣鴨地蔵通(刺抜き地蔵、図外)、谷中銀座などの商店街が、かつての町人町の香りをわずかに感じさせる。

明治の都市計画と関東大震災・復興計画　明治政府はまず東京を新興近代国家の首都としての体裁に整

図 23-2　1922 年(大正 11)頃の東京市　(5 万分の 1 地形図「東京西北部」大正 10 年修正、「東京東北部」大正 6 年修正、「東京西南部」

えなければならなかった。官庁街の形成である。1886年(明治 19)、ドイツ人のエンデとベックマンに依頼してバロック風の官庁集中計画をたてた。それは東京の改造に及ぶ大規模な計画(現 有楽町駅付近を中央駅として日枝神社まで)であったが、政治的な理由により実施できなかった。しかし、のちに霞ヶ関に官庁街を作るきっかけになり、最初の西洋式庭園である日比谷公園が実現し、銀座のレンガ街、丸の内の一丁ロンドンが出来ていった。国会議事堂、中央官庁、裁判所等が都心に集中しているのは新興首都の特徴である。この時期の地図に皇居以外に白地の部分は軍用地と皇室関係の土地利用である。皇居を取巻き膨大な軍関係の施設(工場も含む)が市域に存在していたことになる。これが第二次世界大戦前の東京の姿である。

1872 年(明治 5)、汐留(現 新橋)横浜間の鉄道の敷設以降、鉄道網の建設が始まる。東京を基点とした放射状幹線の形成と中央駅の建設が重要になる。現在の東京駅は 1914 年(大正 3)、北の上野駅と新橋を結ぶ高架線とともに完成した。都市交通としては環状線をなす 1925 年の山手線全通が重要である。これを軸とした鉄道網(私鉄を含む)と後の地下鉄が整備されて東京での移動を容易にした。大正期の地図では市街地の拡大が

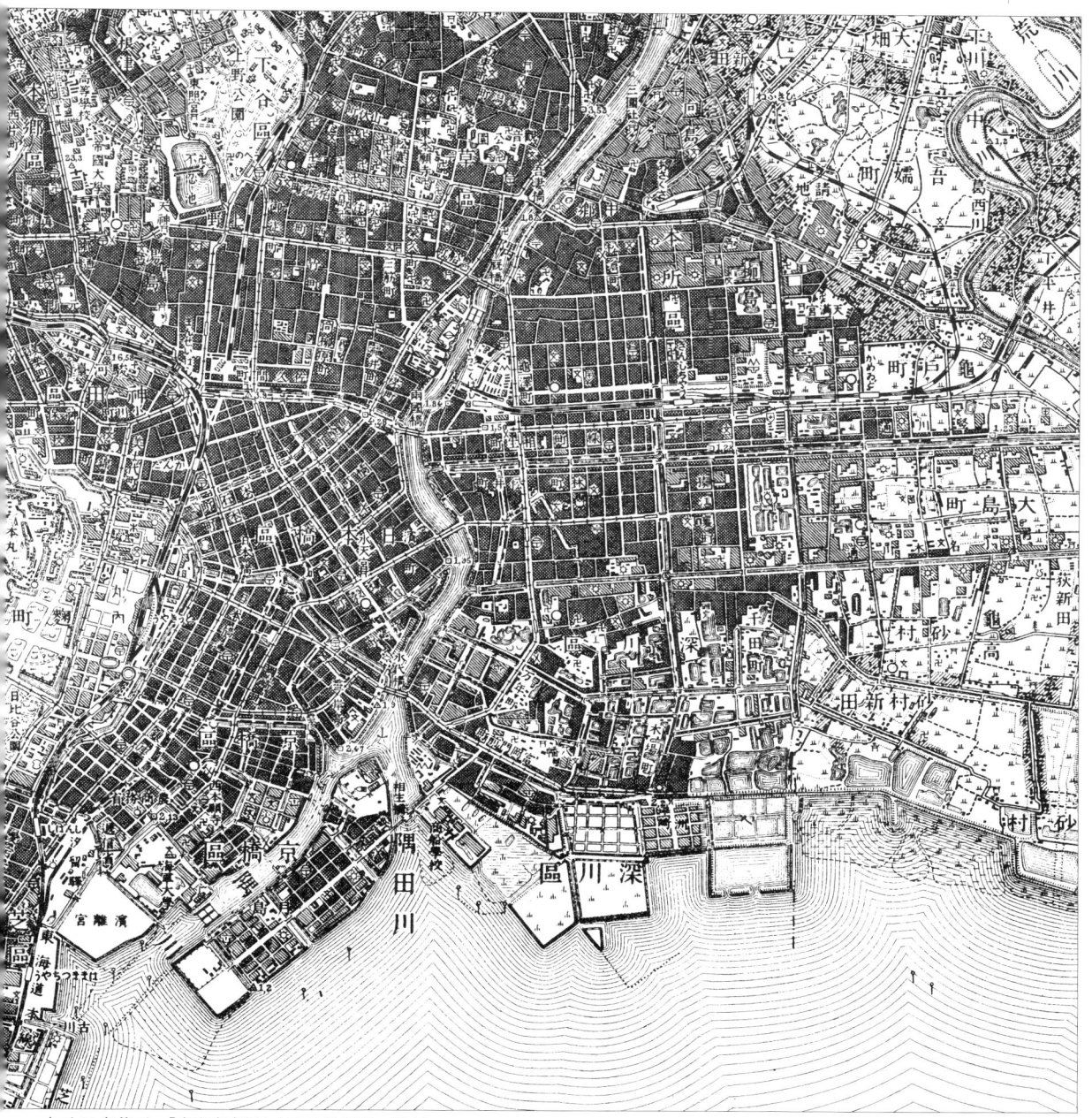

大正11年修正、「東京東南部」大正5年修正、原寸)

環状線を越え始めているのがわかる。市内の移動手段としての路面電車の登場は1903年(明治36)からで、地図に路線が記入されている。最盛期の1950年代末には41系統あった(図23-4では84頁上、早大の北に見られる早稲田～三ノ輪間1系統のみ)。

1923年(大正12)9月1日の関東大震災(M7.9)により死者約10万人以上、44.7万戸の家屋焼失と25.4万戸の倒壊という大規模な災害が起こった。明治以来、近代都市にむかって建設されてきた東京の市街地の半分弱が破壊され、特に下町の沖積平野部での被害が大きかった。後藤新平による復興計画は、議会の反対を受けて規模を縮小して実施された。隅田川に様々なタイプの橋が架けられ、今日の水辺景観美に果たしている役割は大きい。下町地区の直線状の幹線街路網と大小の公園、一部地区のスラムクリアランス、荒川放水路(1924年完成、現 荒川、図の右上隅)の建設等にその成果が残されている。また、それを機に住宅、学校、寺院等が郊外に移転して市街地の拡大が進んだ。

戦後の復興とオリンピック開催　1945年(昭和20)の数次にわたる大空襲による焼失面積は関東大震災以上に広く、大きな打撃を受け、人口は戦前から半減して300万人まで落ち込んだ。1952年まで米軍の占領下

図 23-3　1964年(昭和39)頃の東京中心部　(5万分の1地形図「東京東北部」「東京西北部」昭和36年修正、「東京東南部」「東京

におかれた東京では、土地区画整理計画はほとんど実施できずに無秩序なまま急速に人口が増加し(1960年には約800万人)市街地が拡大していった。1958年、ロンドンに倣って首都圏整備法が制定されるが、計画は実施できなかった。そのような流れを変えたのが、1964年(昭和39)10月の東京オリンピック開催である。1940年開催が予定されていたのが戦争の激化により中止となったので、4半世紀後に願いがかなったことになる。これにともなう個別の都市改造が展開する。その直前の姿が図23-3の地図(昭和29年をもとに36年資料修正)に戦後の姿が記録されている。都心部にも空地が見られるし、戸山の旧射撃場、図外であるが池袋の東京拘置所(現サンシャインシティ)も残っていた。今日の東京の主要インフラストラクチャーである道路、競技施設等はこれを契機に整備された。

オリンピック関連事業として地図枠外の重要な施設に上下水道の整備がある。上水を多摩川水系(小河内ダム、山口・狭山貯水池)から利根川水系(武蔵水路—荒川—朝霞浄水場)に切り替えて、東京の夏場の慢性的な渇水を逃れることができるようになった(図23-3には淀橋浄水場の文字が残る)。下水道の整備とトイレの水洗化も23区内はほぼ完成する。道路の整備(環状線

「西南部」昭和39年修正、原寸)

と放射線)、拡幅と高速道路の建設が行われる。後者は新たな道路を既存の道路上に立体化して建設した(その後路線も増加し、図23-4に現状が示されている)。そのために日本の道路元標がある日本橋の景観が破壊されたことが後々問題とされるが、新たな用地を求めることが困難な状況への対応としては世界に先駆けた方式といえる。東海道新幹線の開通、羽田空港と都心(浜松町)を結ぶモノレールの開通がそれに合わせられ、さらに地下鉄網を整備して異なった鉄道会社間の相互乗入れと路面電車の廃止が進んだのもオリンピックが契機となっている。

東京港の規模はまだ小さく、品川埠頭も未完成、大井埠頭が造成されておらず、お台場の姿が残っている。夢の島がごみ処理場として広がりつつある姿が読みとれる。また、図23-3の時代には残っている下町海岸部の木場地区の貯木場は、1959年(昭和34)の伊勢湾台風の教訓から沖合移転が進められて図23-4(地図の範囲外)にはなくなり、工場の移転とともにマンションなど住宅地、防災拠点等になっている。

バブル期以降の変容　1980年代後半のバブル期以降、経済社会文化活動の東京一極集中および世界経済のグローバル化の影響を受け、日本および東京が変化

図 23-4　現在の東京中心部　（5万分の1地形図「東京西北部」平成15年修正、「東京東北部」平成17年修正、「東京西南部」平成7年

し始め、再開発により新高層ビルが増加している。オフィスビル需要は大企業の本社、東京支所、また情報産業などの新規企業の進出とともに、海外からの進出企業が加わり需要が増加している。高層ビル化のさきがけとなったのは1968年完成の霞ヶ関ビル（147m）である。その後、東京の建物の高層化が進展する。70年代以降、新宿西口（旧淀橋浄水場）再開発による高層ビル群の成立（1971年京王プラザホテル以来）と丸の内からの都庁の移転（1991年）および都庁跡地が国際フォーラム（1996年）へ再開発した事等により東京の都市景観は大きく変わった。六本木地区ではアークヒルズ（1986年、ホテル、事務所、住居などの複合施設）、六本木ヒルズ（2003年、オフィスビル・美術館）、東京ミッドタウン（2007年、防衛庁跡地再開発）などが建設され、東大生産技術研究所跡が新国立美術館（2007年）になった。原宿同潤会青山アパートは再開発により表参道ヒルズ（2006年）に、恵比寿ガーデンプレイス（1994年、図外）はビール工場跡地の再開発により複合施設となった。東京駅付近では丸の内側の丸ビル（2002年）、新丸ビル（2007年）の建替え高層化、旧JR本社跡の建替え（2004年、丸の内オアゾ）と八重洲口側も2007年から2008年にかけて再開発が次々に進んでいる。

修正、「東京東南部」平成18年修正、原寸）

　東京湾岸では、臨海副都心地区（図外）の建設が行われた。副都心としての機能はともかく、港湾機能以外にも国際展示場をはじめ商業・ホテル・サービス業、住宅等も含めた諸施設が増えつつあり、レインボーブリッジの架橋（1993年）と新交通システム、ゆりかもめにより都心と臨海地域が結ばれている。と同時に水辺空間が見直され、汐留シオサイト、品川グランドコモンズ、天王洲アイルにおいてウォーターフロントの再開発が行われて大ビル群（ホテルを含む複合施設）が作られてきた。それらの建物には日本人はもとより現代の世界を代表する建築家たちが参加している。

　かつて銀座は東京を代表する商業中心であった。その地位は揺らいできたが、海外著名ブランド店の進出により変化している。小売業を見ると新宿、渋谷、青山・原宿、赤坂・六本木などの地区が流行の最先端である。秋葉原の電気製品店街（アキバと称されるサブカルチャーの先端地区）、神田神保町の古本店街、若者向けの原宿、とくに竹下通といった特殊な分野は全国区となっている。東京の魅力は、東京一極集中による絶えざる都市改変により、新規の最先端を行く建物と新たな商業集積により魅力ある場が次々に生み出されることにある。
　　　　　　　　　　　　　　　　　　（寺阪昭信）

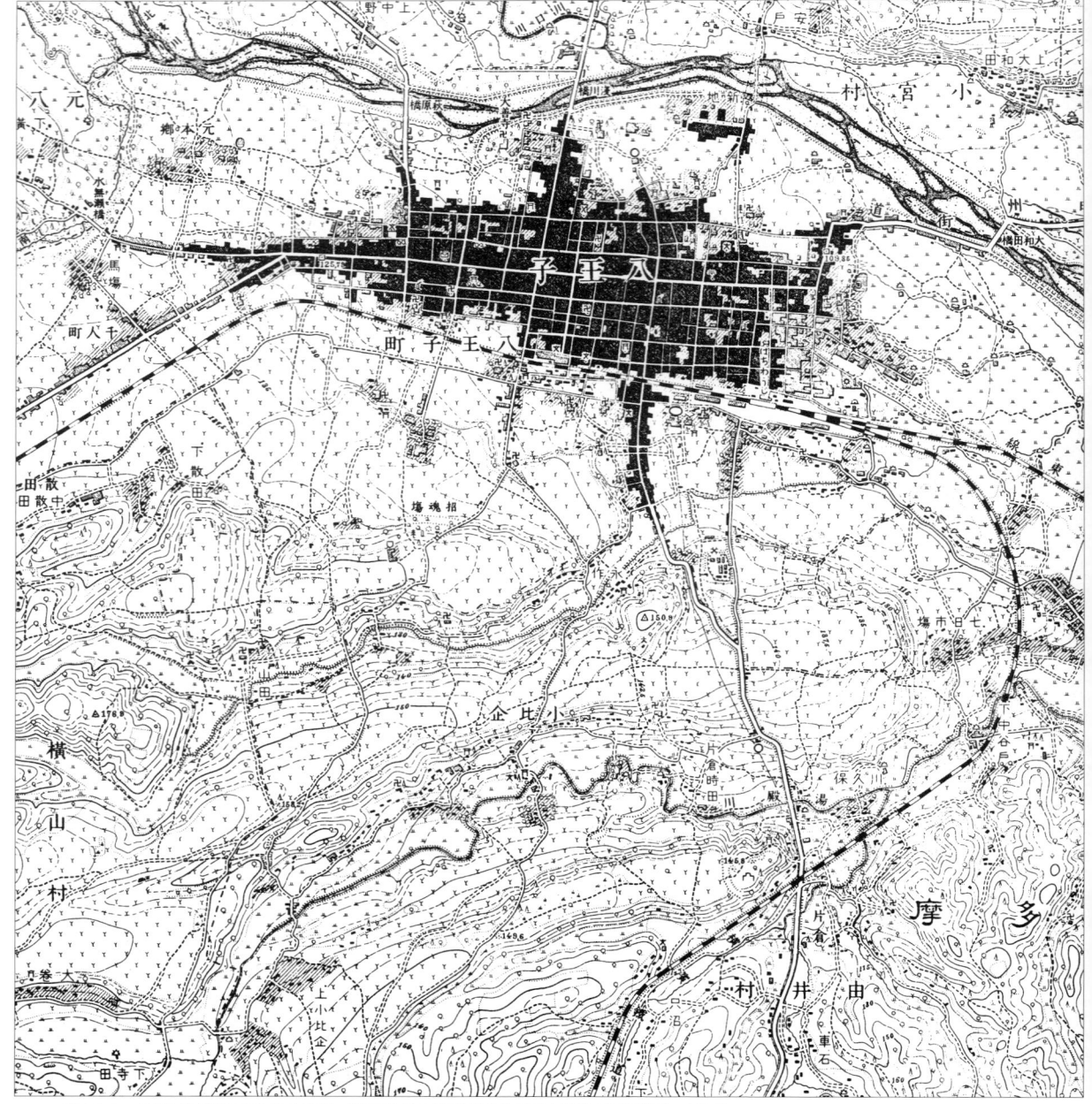

図 24-1　1906年(明治39)の八王子（2万分の1地形図「八王子」明治39年測図、×0.8）

24. 八王子
はち　おう　じ

　丘陵に囲まれた盆地状の地域を多摩川の支流である浅川が東流し、その右岸の河岸段丘に八王子の市街地が形成された。江戸時代には、八王子は甲州街道の宿場町であるとともに、市場町として繁栄し、八王子織物として知られる織物業の中心地でもあった。

　明治末期の地図(図24-1)には近代化が始まった八王子の姿が描かれている。ほぼ東西に走る甲州街道に沿って市街地が発達しており、碁盤の目状の地割に宿場町の名残を見ることができる。市街地の東や北に隣接する浅川沿いの地区は主に水田に利用された。南側と西側の平坦地では乏水性のためもともと畑作が行われたが、この図では桑園が卓越する。一方、盆地を取り囲む丘陵地は雑木林で覆われていた。明治時代に入って活発化した生糸の輸出に伴って、八王子は生糸の集散地となった。市街地から南東にのびる街道は貿易港の横浜まで達し、「絹の道」と呼ばれた。1889年開通の現JR中央線、1908年開通の現JR横浜線は、生糸・織物産業の発展を促進した。図24-1を、明治15年の迅速測図（桑園も鉄道も描かれていない）と比較すると、「桑の都」としての発展を土地利用から理解できる。

図 24-2　現在の八王子市（2万 5,000 分の1地形図「八王子」平成 19 年更新、原寸）

　八王子の人口は、市制を施行した 1917 年には 4.2 万人であったが、今日では 56.7 万人（2008 年 2 月）を数える。著しい都市化が進行した八王子の姿は現在の地図（図 24-2）に示されている。八王子の市街地の大部分は 1945 年 8 月の空襲によって破壊されたが、戦後、織物業の好況によって経済の復興が進んだ。JR 八王子駅から甲州街道には放射状の道路が計画され、この地区が商業活動の中心地となった。かつて水田や畑地・桑園だった平坦地は完全に市街地に姿を変えた。

　高度経済成長期には工業団地が造成され、特に機械工業が発達した。1970 年代からは、民間資本や公団によって住宅団地が相次いで建設され、住宅都市としての発展がみられた。これらの住宅団地は雑木林で覆われた丘陵地に造成された。例えば、図の南西部では、京王電鉄高尾線（旧玉南鉄道、1925 年開通）の目白台駅を中心として、計画的な住宅地開発が行われた様子がわかる。図の南東部でも丘陵地の住宅地化が進行した。公団による最も新しい大規模住宅地開発は、図の南部の小比企丘陵で現在も進行中である。こうした住宅地化と並行して、東京都心部から大学が移転し、学園都市としての発展も見られる。現在、市内には 22 の大学・短大があり、10 万人あまりの学生が学ぶ。（矢ヶ﨑典隆）

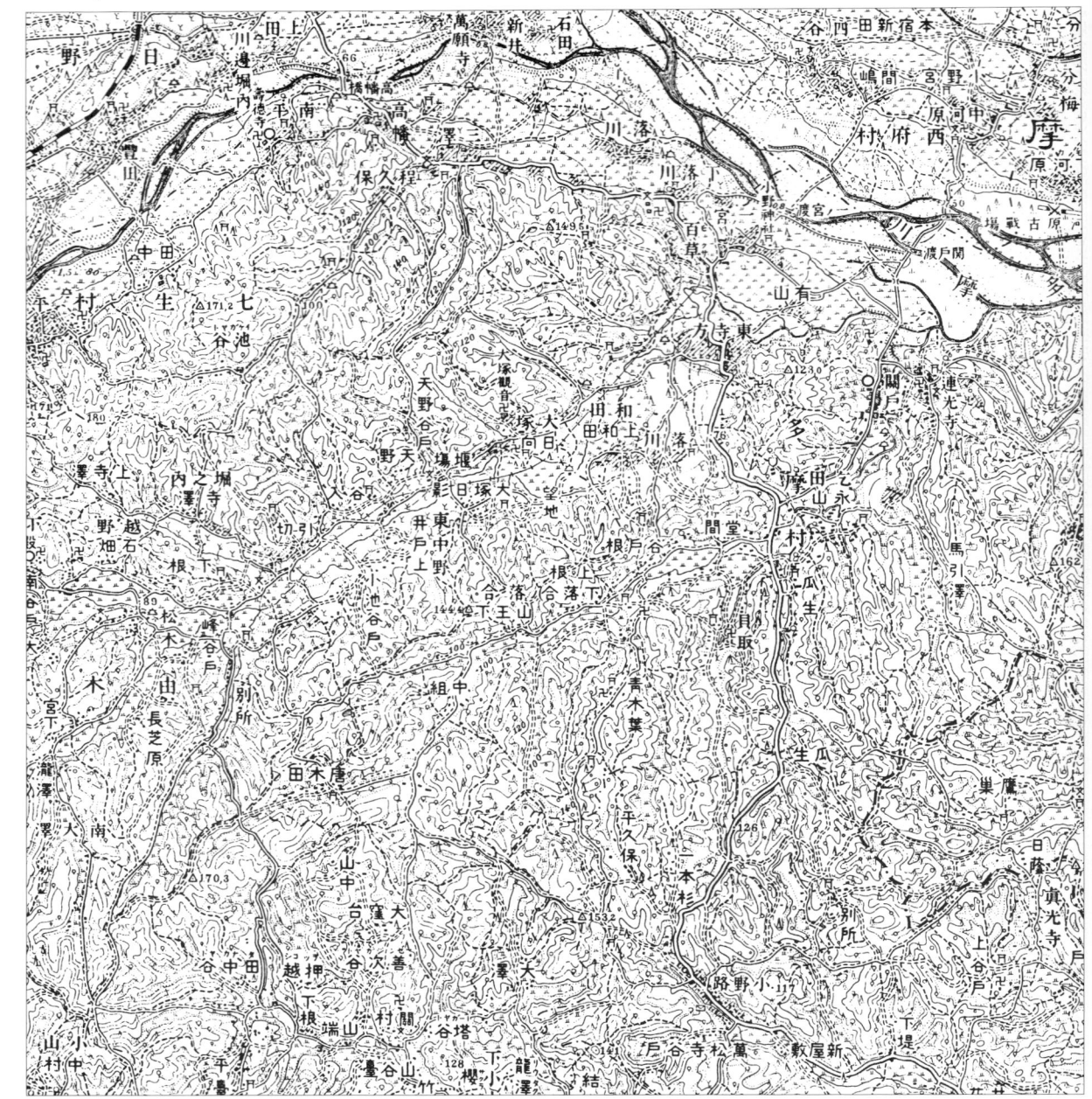

図25-1　1912年(明治45)の多摩丘陵（5万分の1地形図「八王子」明治45年部分修正、原寸）

25. 多摩ニュータウン

　現在の八王子市から日野・多摩市を経て横浜市まで続く多摩丘陵には（図25-1）、明治期、ナラ・クヌギ・カシなどの広葉樹林が広がり、河川によって浸食され起伏に富んだ地形がみられる。北側を流れる多摩川の沖積地と、乞田川・大栗川や「谷戸」地名が多くみられる谷沿いには水田が開かれていた。集落や寺社の多くは丘陵地の縁に立地し、水田と畑地・山林とが一体となった里山景観が広がっていた。縄文時代や古墳時代の遺跡も多数発見されており、古代には多摩川右岸に武蔵国一宮とされる小野神社が創建された。多摩川の関戸渡から乞田・貝取を経て現在の町田市へ続く道はかつての鎌倉街道であり、関戸周辺に関所が設けられるなど、古代以来この付近は交通の要衝でもあった。

　1950年代まで、米と陸稲・麦・野菜生産、養蚕などが中心であった本地域において、1960年代にはゴルフ場や住宅団地の造成が開始された。さらに高度経済成長期の都市の住宅難や地価高騰を背景に、1965年には多摩ニュータウン開発計画が決定された。その規模は、面積約2,884 ha、計画人口約34万人と国内最大であった。1970年（昭和45）に2万9,061人であった

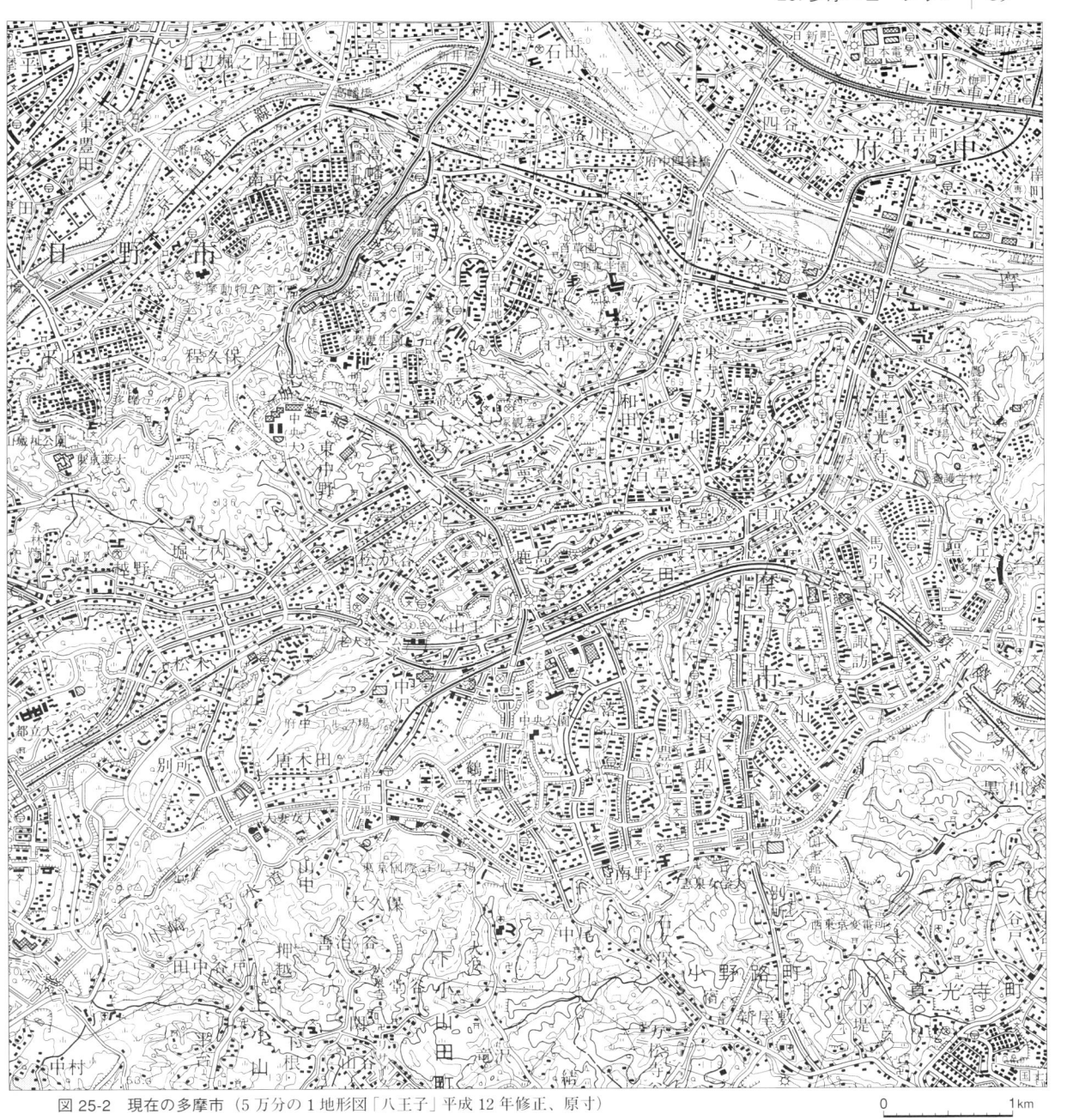

25. 多摩ニュータウン　89

図 25-2　現在の多摩市（5万分の1地形図「八王子」平成12年修正、原寸）

人口は、第1次入居が開始された1971年以降急激に増加し、80年代初めには10万人を超えた。ニュータウン周辺では都心部からの大学移転も進行した。

　丘陵地に造成されたニュータウン地区（図25-2）は、幹線道路を境に中学校区を基本とする21住区に分かれる。1住区は面積約100 ha、住宅3～5,000戸、人口約1.2～2万人で計画され、原則として中学校1校、小学校2校、食料品・日用品中心の商店、郵便局、交番、診療所等が立地する「近隣センター」が配置された。京王電鉄相模原線（1974年）と小田急電鉄多摩線（1975年）、多摩都市モノレール（2000年）の結節する「多摩センター駅」周辺はニュータウンの核となる「都市センター」であり、行政・文化複合施設、大型商業施設の開設に加え、屋内型テーマパーク等の開業もみられた。計画通りには進まなかったものの複数の企業も進出している。幹線道路沿いには郊外型商業施設やロードサイドショップ、民間マンションの増加が著しい。

　一方、ニュータウン地区の急速な少子高齢化により、多摩市の人口は1993年の約14万6,000人をピークに減少に転じた。高齢世帯の増加や建物の老朽化・バリアフリー化の遅れ、学校統廃合、商店街の衰退など多くの問題が浮上している。

（椿真智子）

図26-1 1906年(明治39)の横浜市（2万分の1地形図「横浜」「保土谷」明治39年測図、「神奈川」「小机」明治39年測図明治41年鉄道補入、×0.4)

26. 横浜

開港とヨコハマ 1854年(安政1)、ペリーとの間で結んだ日米和親条約の締結の場所として、人口100人ほどの漁村である横浜村が選ばれる。1858年に日米修好通商条約が成立し、翌年、長崎、函館、神奈川の3港が開かれた。神奈川には中世からの良港があり、東海道の宿場も設定され、海陸の道の結節点としてにぎわっていた。図26-1では横浜の北方に市街地化された神奈川の様子が読み取れる。この神奈川に対して、幕府は日本人と外国人とのトラブルを避けるため、諸外国の反対にもかかわらず横浜村を開港場とする。東海道は、神奈川を過ぎると海岸を離れ西北へ進み、帷子川を越えて保土ヶ谷宿へ向かうため、横浜村は東海道をはずれていたが、港湾として立地に優れていた。現在の横浜市街地が含まれる大岡川、中村川に囲まれた釣鐘状の範囲は、江戸時代には入江で砂州が発達していた。入江は1667年(寛文7)の吉田新田の開発を皮切りに、横浜新田、太田屋新田など埋め立てが進められていった。

開港に当たって幕府は、1859年(安政6)に神奈川奉行所を設け、現在の神奈川県庁の場所に関税、貿易を

図26-3 1964年(昭和39)の横浜市（5万分の1地形図「横浜」、昭和39年修正測量、南半)

記し、運車輌を走らせていた。1921年にはこの会社を買収し市営電車となる。

図26-3からは同区内経済長順の横浜の様子が見下ろせる。北西部には東海道新幹線があり、東海道線の北側には横浜市街の横浜の地磁が整備されている。横浜公園の北側には横浜公園延長が開園している。京浜急行一帯を核として、1866年(慶応2)に開園以来、代表作は山下公園の一帯の港湾地帯であり、1876年(明治9)の開園の横浜公園の種苗場が開園し、公園南には国立国会図書館の新館建設が検討されており、公園東の山下公園一帯の地磁が整備される。

商業と京浜工業地帯

大都市横浜の江戸にも近く、東京のベッドタウンであり、港湾としての面も兼ねて、図26-3でも区内らされているが、商業地区が多い。1866年(慶応2)に港湾地帯として、根岸森林公園として開園した。1943年(昭和18)に廃手により廃止され、1977年に根岸森林公園として開園した。京浜地区のすぐ後ろに機能していた。主要な輸出品目は生糸と茶であり、輸入品は毛織物、綿織物、綿糸であった。長崎、函館に

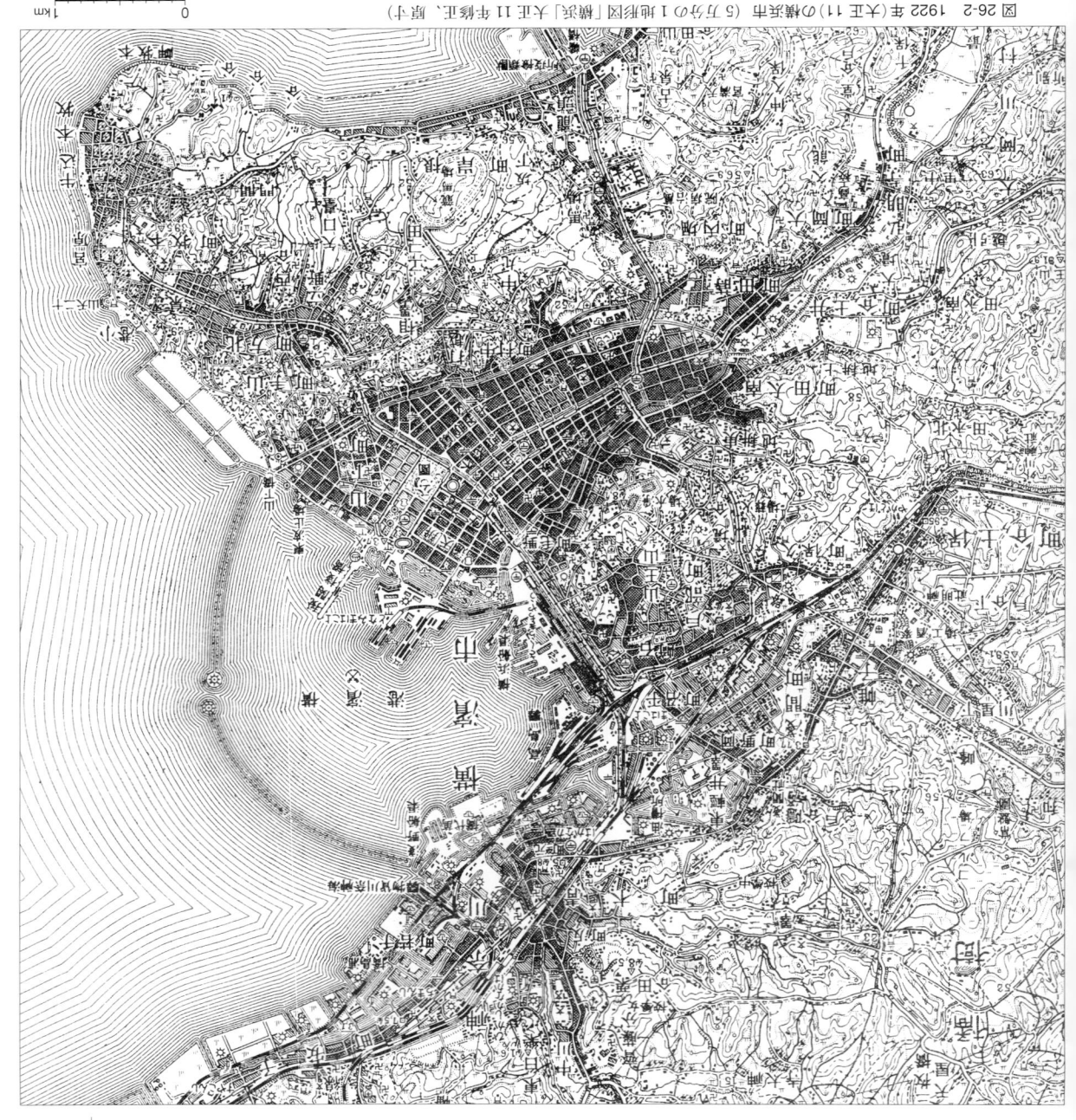

横浜の開港は1871年(明治4)に関門が閉鎖され、関門の外側は関内、外側は関外とよばれた。関門の4カ所には関門が置かれ、吉田橋、谷戸橋、居留地へ出入りする吉田橋、西の橋、前田橋、山田橋、居留地と本村の間には1860年(万延1)に前川に架けられた。図26-2は、松影橋のち石橋が建造されていたようす、東波止場の北端側の本村(現在のふもと町)に移住させられた図26-1・26-2にみるように、上町の浜の住人たちが山手の方面の横浜村は、以降から海側は居留地、北西側は横浜新田とよばれ、運上所の東側は国際、運上所の西側は横浜弁天社を囲む、現在でも関内、関外の名称は残る。

明治期の横浜は文明開化の窓口として、欧米の技術を吸収した。1872年には日本で最初の鉄道が横浜～新橋間に開業し、1887年には横浜～国府津間が開通した。図26-1では東海道線が開通しており、横浜駅は今の桜木町に、神奈川駅～程ヶ谷駅の横浜駅の位置にした。1914年(大正3)に横浜本駅が現駅に移築され、旧横浜駅の桜木町、東神奈川間に京浜線が敷設された。東海道線の南側に私鉄の湘南電気鉄道が、横浜の出市街には市内電車が走っていた。1900年(明治33)に横浜電気鉄道株式会社が設立

図26-2 1922年(大正11)の横浜市（5万分の1地形図「横浜」、大正11年修正、部分）

比較して貿易額は大きく、1885年（明治18）頃には、輸出入の全国シェアは6割を超えていた。東京、神戸、大阪に対する競争力を確保するため、横浜の官民が力を合わせて1917年に鉄道、新港橋、鉄道橋、赤レンガ倉庫、発電所などを建設し、新港埠頭が完成した。やがて横浜港の貿易額は、第一次世界大戦による日本経済の発展も手伝って大幅に伸びていった。輸出品の中で生糸の重要性は変わらなかったが、銅や機械類などが増加した。

横浜、東京の埋立地の重化学工場群を中心とする地域は京浜工業地帯と名付けられ、第二次世界大戦直前にわが国最大の工業地帯となった。図26-3には鶴見区から川崎市にかけての広大な埋立地に製油所、ビール工場など多くの工場が確認できる。横浜港を大きく取り巻く防波堤の一部にも埋め立てが行われ、中区には貯木場が読み取れる。南部の根岸町、磯子区周辺には大規模な埋立地が建設中である。また、鶴見線、根岸線、私鉄では京浜急行線、東京急行東横線、相模鉄道などが開通している。埋立地の拡大とともに専用引込線の建設も進み、各工場などに枝分かれした線路網ができていった。京浜工業地帯の骨格は埋立地、鉄道網、電力会社の3つであった。2006年の主要貿易港の

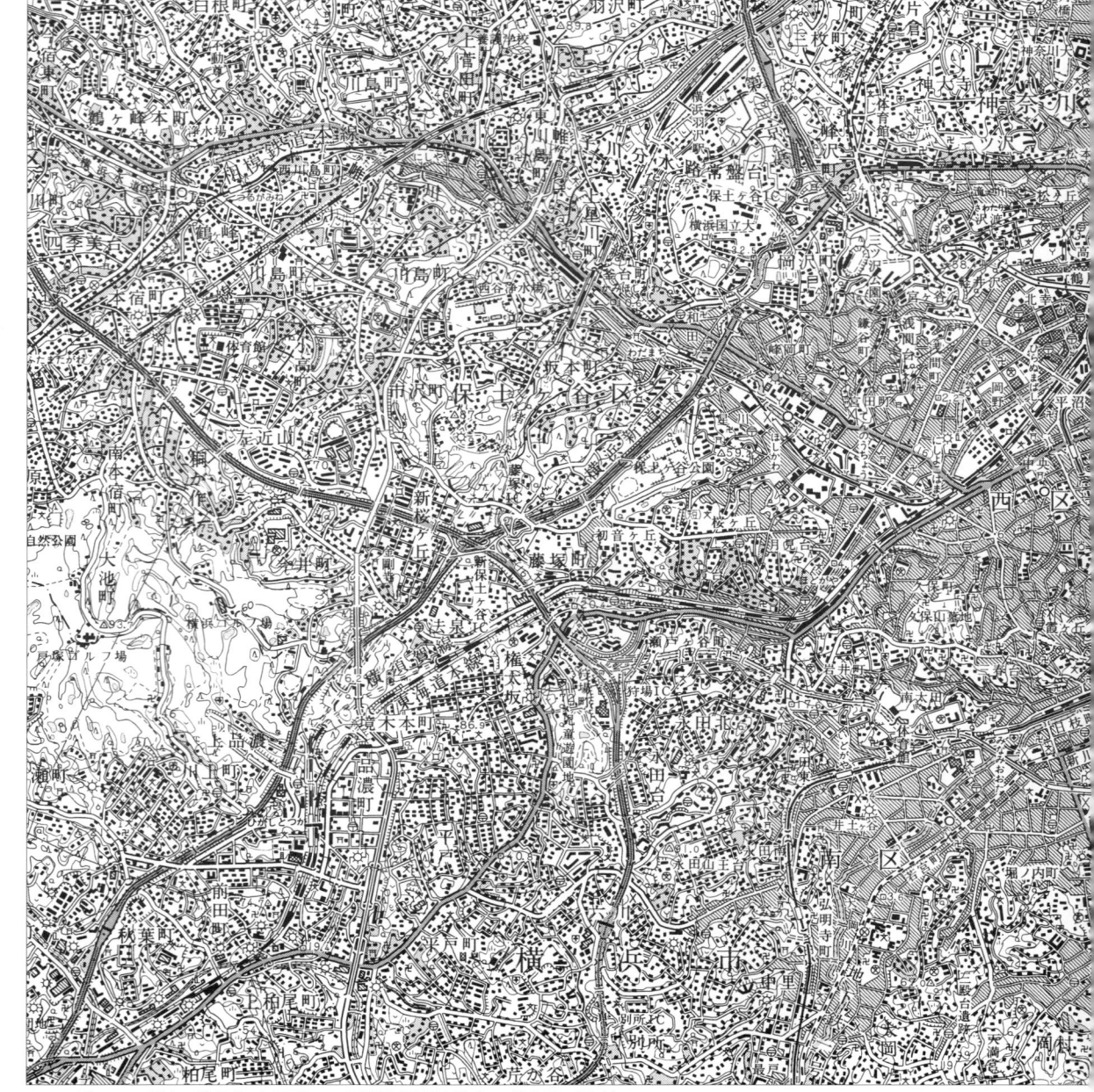

図 26-4　現在の横浜市（5 万分の 1 地形図「横浜」平成 12 年修正、原寸）

輸出額では横浜港は名古屋港に続いて国内 2 位、貿易額では名古屋港、東京港に次いで 3 位の位置を占めている。

港湾都市横浜の発展　横浜は 1889 年(明治 22)に市制を施行、神奈川県で最初の市になる。人口は約 12 万人、市域の面積は 5.4 km² であった。その後周辺地域を編入して拡大、1901 年には人口約 44.4 万人で市域の面積は 36.7 km² であった。1923 年(大正 12)の関東大震災により壊滅し、市の全世帯の半数以上が焼失するなど、人々の被害は甚大であったが、道路整備網と土地区画整理を中心とする復興事業を経て再び発展する。1927 年の周辺町村との合併では大横浜市が誕生し、図 26-3 の北西にある西谷浄水場などを取り込み、近郊農村が市内に取り込まれていくことになる。

しかし、第二次世界大戦終戦までの 30 数回の空襲によって、市街地は壊滅状態となった。罹災面積は全体の 5.7 ％、罹災人口が約 40 万人、1 万人に近い市民が猛火の中で死亡した。戦後は港湾施設のほとんどが占領軍によって接収され、経済基盤に大きな影響を与えた。しかし 1950 年、国際港都建設法が制定され、貿易港都が経済復興の基本方針となった。接収解除が進むにつれて貿易を中心に都市の復興が進むが、接収地の

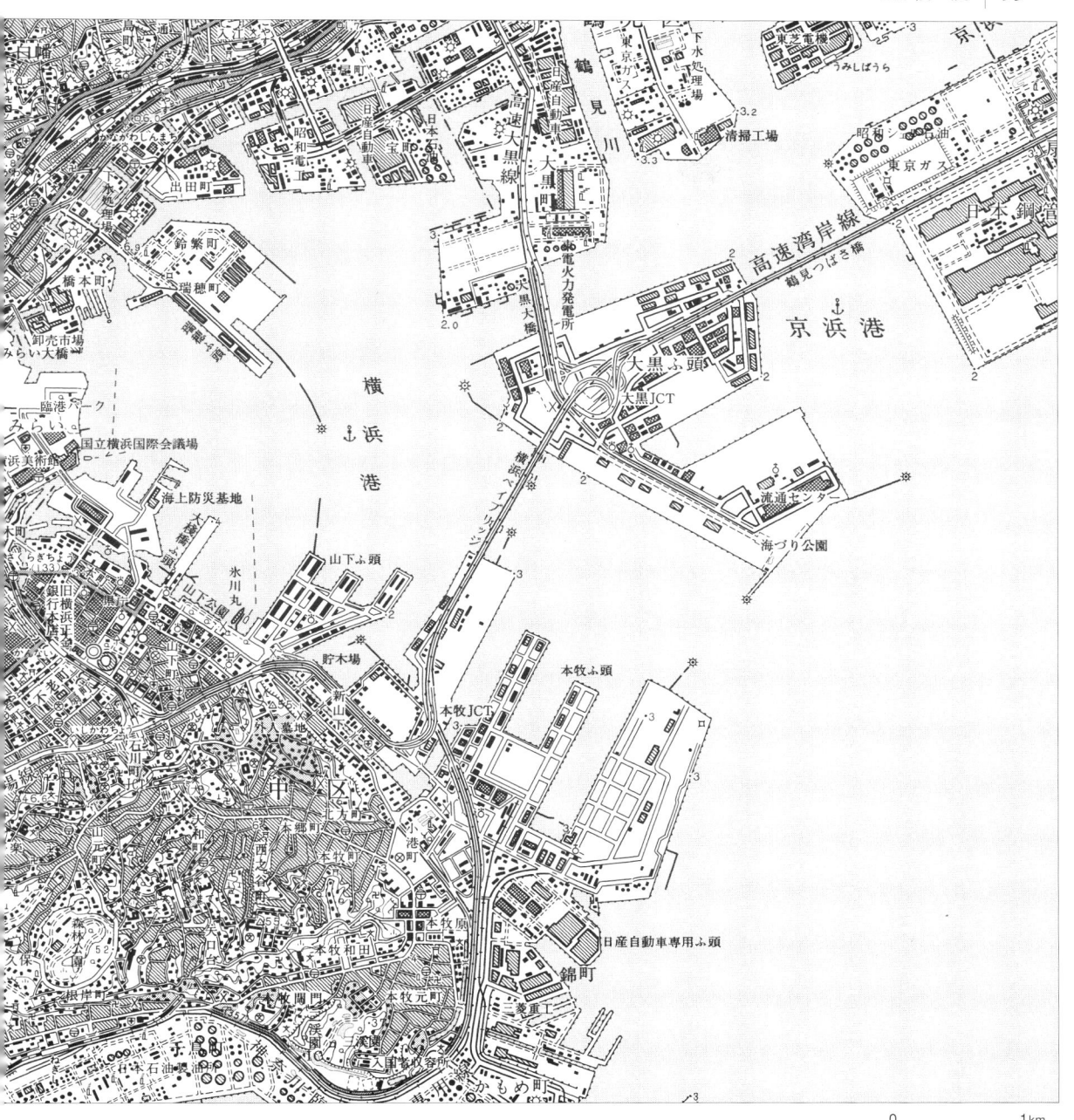

問題は現在でも、まだ課題として残されている。

　1951年には市の人口が100万人を突破し、1985年には300万人、2008年で市は18区、人口は約364万人になっている。それに伴い住宅地化が著しい。

　図26-4では大小の住宅団地が造成され、ゴルフ場や大学を除く丘陵地のほとんどが住宅地となっている。第二京浜・第三京浜道路、保土ヶ谷バイパス、横浜新道、横浜横須賀道路が開通し、大黒埠頭が整備された。ほかに高速湾岸線と横浜ベイブリッジ、高速狩場線、市営地下鉄が開通している。2004年には地下鉄みなとみらい線も開通し、みなとみらい21地区では施設や公園の整備が進む。変貌著しい地域であるが、図の南端付近には縄文弥生古墳時代の集落跡(国史跡)の三殿台遺跡や、生糸貿易の実業家 原富太郎邸の日本庭園であった三渓園などもあり、歴史的遺跡の保護も求められる。明治期以来、横浜は国際社会への窓口であり、異国情緒あふれる観光地であった。近年は「横浜市リバイバルプラン」が掲げられ、横浜らしさと再発展、安全な暮らしが探求されている。2009年には横浜開港150周年を迎えるため、港を中心とした地域の歴史への理解も深まることが期待される。

（山近久美子）

図27-1　1917年（大正6）頃の川崎町（5万分の1地形図「東京東南部」大正5年修正、「東京西南部」大正6年修正、「横浜」明治

27. 川　崎

　日本橋を出立し、品川に続く東海道二番目の宿場町が川崎であった。六郷橋（ろくごう）のたもと、堀之内界隈がそのあたりである。巷間では、江戸幕府は江戸の守りを固めるために主要河川に橋を架けなかったとされるが、実際には、江戸に直近の多摩川には1600年（慶長5）に六郷大橋が架けられた。しかし、1688年（貞享5）の洪水による流失後は、橋の再築がされず、六郷の渡しで往来していた。図27-1に見られる六郷橋は、六郷架橋組合によって1883年（明治16）に架橋された六郷橋が洪水による流失と再架橋を繰り返した三代目である。架橋組合は、当初通行料の徴収を行っていたが、そこまでして橋を架ける理由の1つは、川崎大師（平間寺）（へいげん）への参詣客による交通需要が存在していたからである。

　このように橋が流失するような洪水を頻繁に発生させていた多摩川は、その痕跡を旧河道や自然堤防に残している。土地利用を見ると、一面に湿田が広がっている中、両岸の所々で果樹栽培が行われ、砂入した微高地が存在していることが判読できる。大師河原（だいしがわら）近辺の果樹栽培は、寛政年間から盛んに栽培されるように

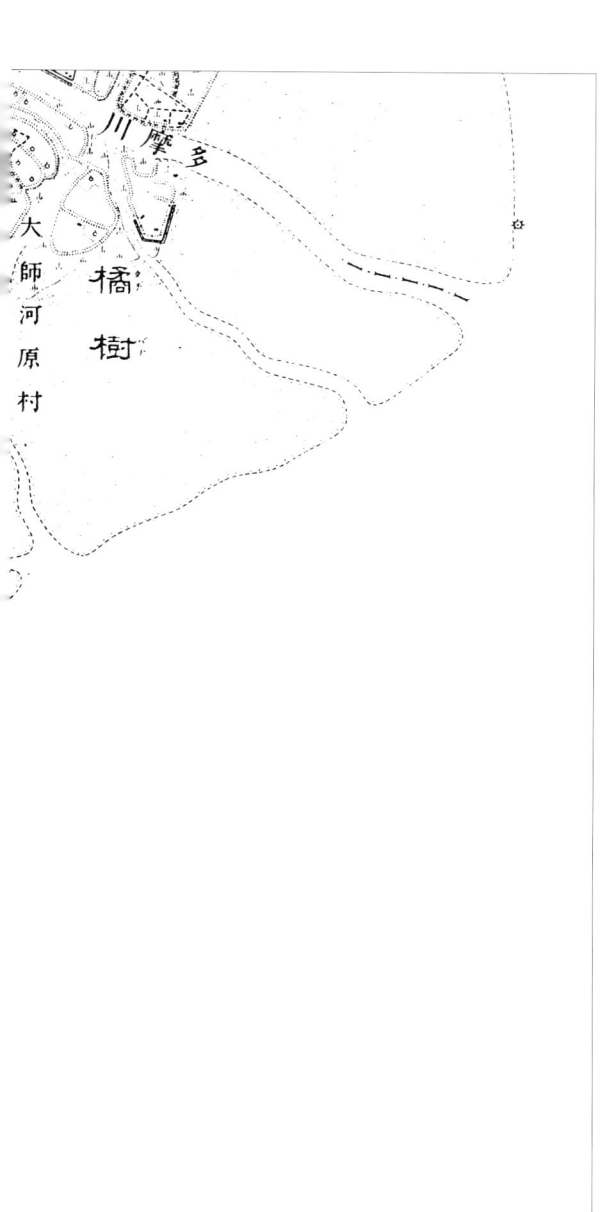

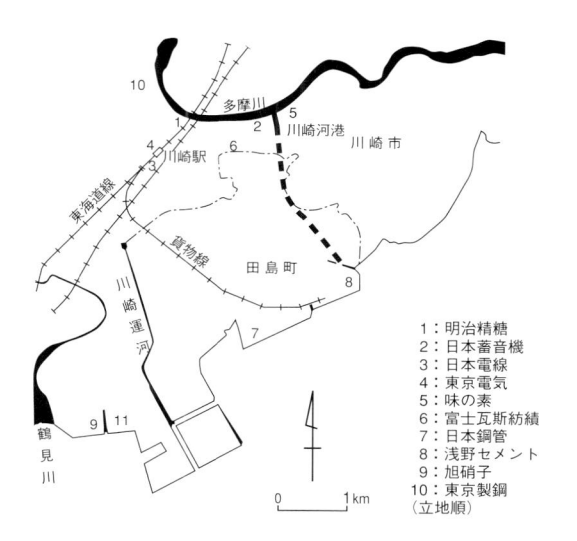

図 27-2 川崎における主要工場の立地と運河計画（1925 年頃）
岡島建：都市計画における運河事業の展開（山根・中西編著『近代日本の地域形成』海青社、2007 所収）より引用

1：明治製糖
2：日本蓄音機
3：日本電線
4：東京電気
5：味の素
6：富士瓦斯紡績
7：日本鋼管
8：浅野セメント
9：旭硝子
10：東京製鋼
（立地順）

45 年修正、原寸）

なった「多摩川梨」で、この頃は、1897 年の黒星病の流行による壊滅を乗り越え、耐病性の強い長十郎種による復興のピークを迎えていた。

　川崎大師への旅客需要を見越し、大師電気鉄道（のちに京浜電気鉄道・現 京浜急行電鉄）が1899 年（明治32）に開業し、1900 年には六郷橋を買収している。図27-1の地形図に描写されたこの頃には、六郷橋は国に譲渡され、京浜電気鉄道の路線も品川〜神奈川を結ぶものへと拡大していた。多摩川の水運、東京・横浜の中間点に位置する利便性、京浜電気鉄道川崎発電所の建設による工業用動力の確保などを背景として、1906 年

(明治 39)に横浜精糖(のちの明治精糖)が操業を開始し、次いで 1908 年には、東京電気工場(同 東芝)が進出し、川崎町の積極的な誘致政策により、日本蓄音機(同 日本コロムビア)、富士紡績をはじめ、多くの工場群が久根崎・堀之内・砂子など、川崎駅前や多摩川の河岸場を中心に成立していった(図 27-2)。

　河口付近の円弧状三角州や、多くの澪筋で表される遠浅の海岸部では、塩浜での製塩、魚介養殖のほか、海苔の栽培などが行われていたが、1908 年に浅野総一郎・渋沢栄一・安田善次郎が中心となり、田島村地先に 150 万坪の埋立事業が計画された。図27-1をみると、造成された新しい工業地域には、浅野セメント、日本鋼管などが立地し、錯綜する送電線網など、近代工業都市として成長するための土台が形成されつつある様子が良く表現されている。さらに京浜電気鉄道は、沿線開発の一環として、八丁畷駅で鉄道とはしけ輸送との結節をはかるため、1919 年（大正 8）に川崎運河の建設に着工した。川崎運河は小田、菅沢の地先の低湿地に建設され、開削によって生じた土砂を上積みしながら、周辺に 25 万坪の工場用地・住宅用地の造成を行い、現在の京町、平安町の町並みの基となった。

　1908 年に計画され、1913 年から始まった浅野総一郎・安田善次郎らによる埋立事業は、1928 年(昭和3)に竣工した。これと軌を一にして1926 年開業の鶴見臨港鉄道（現 JR 鶴見線）が、臨海部への港湾鉄道として敷設された。このため、埋立地内の地名・駅名には、「あさの」駅(浅野造船所所在地)、安善町(安田善次郎)、白石町(白石元治郎日本鋼管初代社長)、「おおかわ」駅(大川平三郎日本鋼管2代社長)、扇町(浅野総一

図27-3 現在の川崎市（5万分の1地形図「東京東南部」平成18年修正、「東京西南部」平成7年修正、「横浜」平成12年修正、

郎家の家紋の扇）、「しょうわ」駅（昭和電工所在地）など、埋立事業の幹部や進出した企業名に由来するものが多い。臨海部の開発は、1937年（昭和12）に着工の京浜運河の開削と、その土砂による埋め立てなどにより引き続き進められ、新工業地域の拡大と港湾機能の強化は、1930年代から軍需関連として、金属、機械器具、化学工業の集積に寄与した。

　第二次世界大戦中の空襲被害と、その後の復興計画により埋め立てが更に進み、面的拡大が図られると共に、各企業・工場の合理化・大型化や、石油化学コンビナートの形成による質的向上も図られていった。現在でも、随所にオイルタンクを示す円形の「独立建物（大）」の地図記号が見られる（図27-3）。

　工業地域としての拡大に伴い、工場労働者および東京・横浜への通勤者の居住地として、急速な住宅地化が進むとともに、公害の問題が浮上してきた。結果として、地価の上昇や公害抑制策などにより工業環境が悪化したことに加え、臨川部・市街部の工業地区は、臨海部の開発により内陸に封じられた形になった。また、川崎河港から臨海部への運河建設が頓挫したことにより、港湾機能の恩恵を受けにくくなったため、工場の移転・撤退が見られるようになる。この傾向は早

表27-1 2006年における川崎市の工業動態

	事業所数（増加率）	生産額(億円)（増加率）
総　数	1,700　（−30.2%）	44,853　（−16.3%）
川崎区	516　（−28.2）	34,041　（　13.1）
幸　区	182　（−41.9）	1,425　（−73.8）
中原区	282　（−35.0）	6,377　（−52.8）
高津区	403　（−28.0）	1,941　（−41.7）
宮前区	129　（−26.7）	344　（−23.1）
多摩区	123　（−26.8）	355　（−39.2）
麻生区	65　（−3.0）	371　（127.5）

増加率は1996〜2006年
各年「工業統計調査結果」より作成

表27-2 2006年における生産額と川崎区占有率

	事業所数	生産額(億円)	占有率(%)
	全市	全市	川崎区
総数	1,700	44,853	75.9
化学工業	43	10,789	99.4
鉄鋼業	44	5,982	99.8
輸送機械器具製造業	46	5,610	—
食料品製造業	92	2,236	69.4
一般機械器具製造業	372	1,999	43.1
情報通信機械器具製造業	66	1,041	
電気機械器具製造業	202	994	
金属製品製造業	296	786	64.9
プラスチック製品製造業	122	629	55.6
窯業・土石製品製造業	40	412	53.9

2006年「工業統計調査結果」より作成

「木更津」平成19年修正、原寸　　0　　1km

くも1940年代には現れていて、川崎運河は1941年(昭和16)から埋め戻され、富士紡績工場跡地には、1949年に川崎競馬場・川崎競輪場が作られギャンブル空間が形成された。公害に加え、近世期から続く旧宿場町の風俗街とギャンブル空間の相乗効果により、地域イメージが一層低下したこともあり、工場の移転が相次いだ。

2006年に川崎駅西口に接する東芝川崎事業所跡地(11万km²)が、LAZONA(ラゾーナ)川崎として再開発され、工業用地が住宅地や商業地へと転用された。実際、1996年から2006年の間に、川崎市全域で工場数が30.2%減り、臨海部の川崎区でも28.2%減となっている。しかし、2006年には全市域の30.4%の工場が川崎区内に集中し、生産額は、市全体の75.0%を占め、上記の期間中に川崎市全域が16.3%の減少を示すのに対し、川崎区では13.1%の増加をした。なかでも、生産額の多い化学工業(10,789億円)の99.4%、鉄鋼業(5,982億円)の99.8%とほとんどが、川崎区内で生産され、第1位、2位を占め、ついで食料品製造業、一般機械器具製造業、金属製品製造業の順になっており、依然、工業地域としての性格は強い。

（天野宏司）

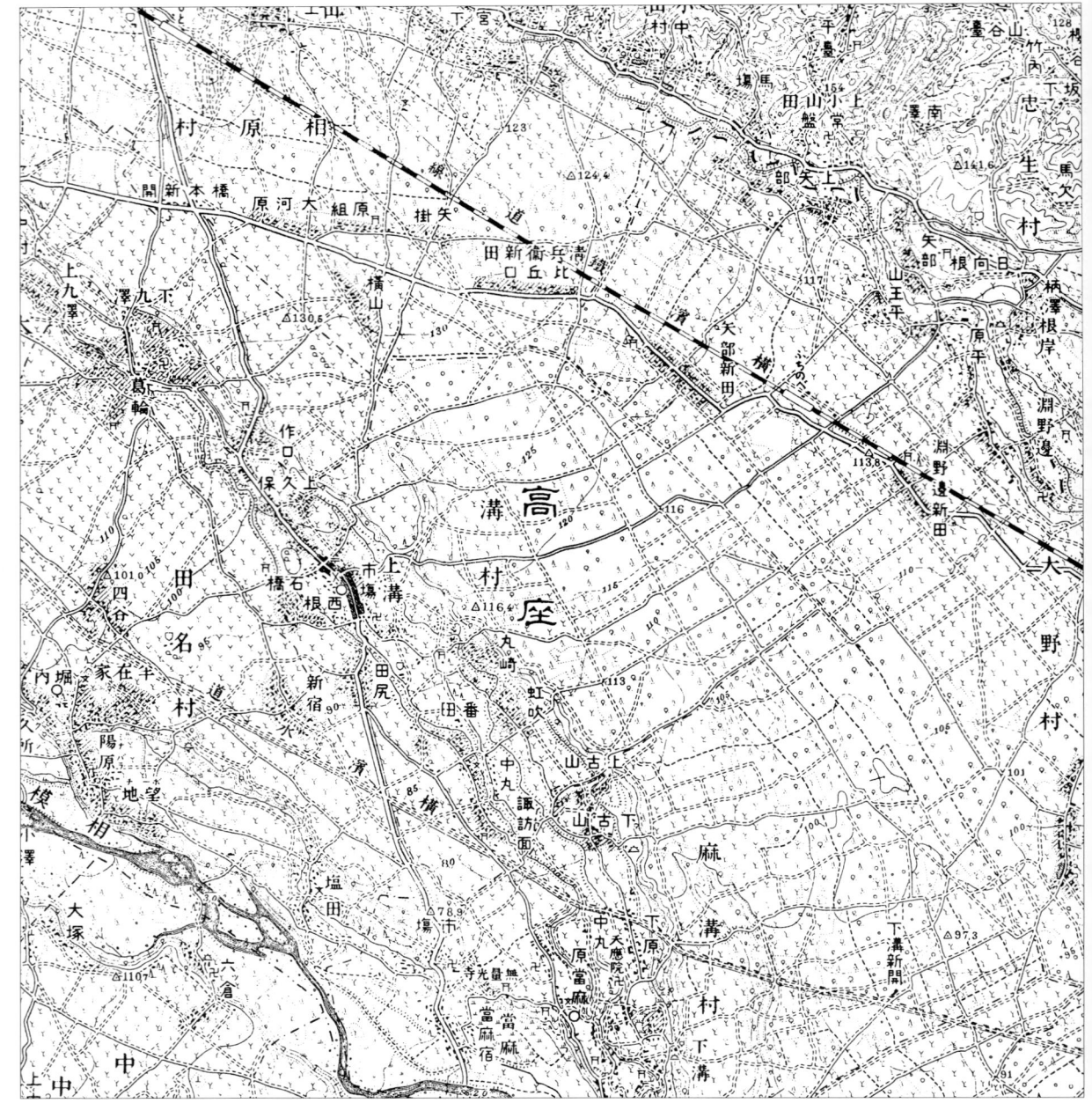

図28-1 1912年(明治45)の相模原（5万分の1地形図「八王子」明治45年部分修正、原寸）

28. 相模原
　　さがみはら

　相模原は都市人口が20位以内にランクされる大都市であるが、この都市を象徴する場所は、相模大野、JR相模原、橋本、上溝など人によってその答えが違う。このことは、1941年(昭和16)に相模原台地が軍都の舞台に選ばれ、高座郡の2町6村が合併した相模原町の誕生に遡る。

　1912年(明治45)の地形図には、相模川が形成した3段の河成段丘がみられ、台地一面に桑畑と雑木林が広がり、湧水が出る段丘崖に沿って上溝や原当麻などの古い集落を確認できる。そして、水が得にくかった段丘面上では、たまたま得られた宙水を中心に、江戸時代には大沼新田(1667年)などの新田が、明治以降には橋本新開(1870年)などの新開が作られた。

　ここに、いくつかの直線が目立つ。1つは横浜線、もう1つは横浜水道である。横浜線は1909年(明治42)という早い時期に、東神奈川～八王子間で開通し、当時の主要輸出品であった生糸を、長野や山梨などの内陸地から最短で横浜港に搬出することを目的とした。また、横浜水道は横浜線とほぼ並行しながら、相模川上流の津久井郡三井村から横浜市野毛山に至る全長

図28-2 現在の相模原市（5万分の1地形図「八王子」平成12年修正、原寸）

49.5 kmの水道で、急増していた横浜の人口を支えた。

　水が得にくかった相模原台地は、平坦な未開発の原野が第二次世界大戦前まで広大に残され、しかも東京にあった軍事施設を危険分散するには、ほどよい近郊であった。図28-2の現在の地形図には、軍都時代の都市計画の名残がみられる。米軍相模補給廠の正門（JR相模原駅）から市役所前を通る街路（縦軸）と、国道16号線（横軸）を基線とした、放射状と50 m間隔の碁盤目状街路がそれである。また旧陸軍従業者の住宅地であった星が丘は、陸軍の象徴（星）に由来する。

　軍都時代の施設の多くは、戦後に米軍施設となり、後に返還され関連する施設に引き継がれたものもある。たとえば、陸軍士官学校は米軍座間キャンプ（未返還）へ、陸軍機甲整備学校は米軍淵野辺キャンプから宇宙科学研究所へ、陸軍兵器学校は防衛庁技術研究所へ引き継がれた。工業活動が戦後に橋本～淵野辺間で盛んになったのも、陸軍造兵廠との関連が深い。

　これに対して、現在の相模原の人口は、戦後の高度成長に伴う、東京の近郊としての住宅開発が小田急線を中心に行われた結果であり、住宅地は相模原の台地の残された原野を埋めていった。

(水野　勲)

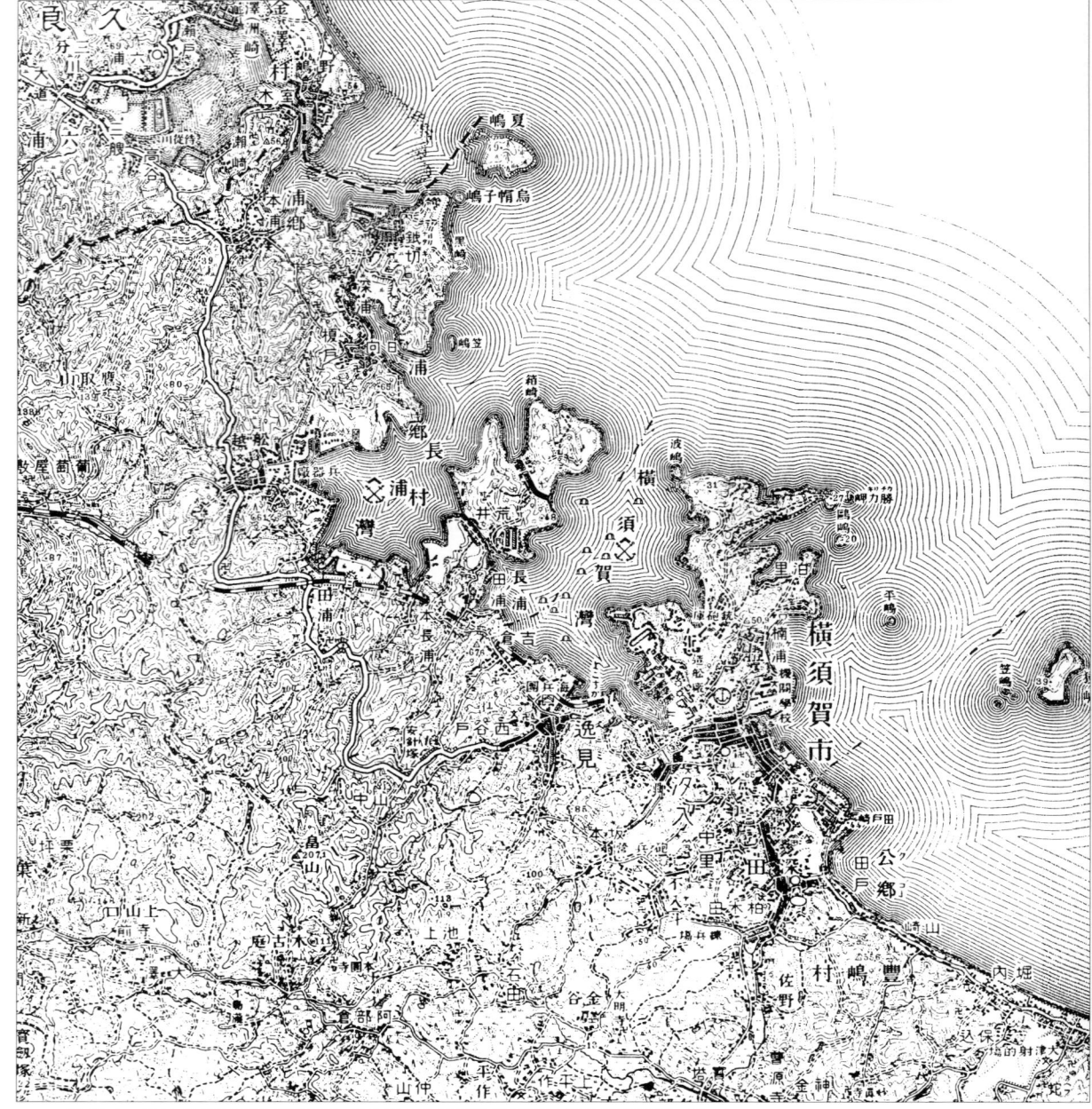

図29-1　1903年（明治36）の横須賀（5万分の1地形図「横須賀」明治36年測図、原寸）

29. 横須賀

　横須賀市は三浦半島に位置し、市域のほぼ中央の大楠山から四方に張り出す丘陵が、東京湾や相模湾に突出している。図29-1北部の夏島は図29-2では埋立地に取り込まれているが、縄文時代早期の土器編年研究に重要な国指定史跡の夏島貝塚がある。公郷町の曹源寺（宗元寺）は古東海道沿いと推定される。
　江戸時代の中心は奉行所の置かれた浦賀にあり、横須賀村はワカメなどが特産の農漁村であった。変貌の転機は江戸時代末の幕府による製鉄所建設である。海防の強化と大型船の建造を目的とし、1864年小栗上野介は東京湾に面した横須賀を適地とした。フランス人技師のヴェルニーの設計指導による横須賀製鉄所は、後に明治政府に引き渡され、1871年（明治4）に横須賀造船所と改称、1903年（明治36）に横須賀海軍工廠となった。1884年に横浜から東海鎮守府が移され横須賀鎮守府となる。図29-1には造舩廠、鎮守府周辺に機関学校、逸見に海兵団、船越に兵器廠などの海軍施設、不入斗には陸軍練兵場や砲兵営が、大津には射的場が描かれている。図の東端の猿島には砲台が築かれた。市役所の南にある文化会館は海軍病院跡地である。

図 29-2　現在の横須賀市（5 万分の 1 地形図「横須賀」平成 12 年修正、原寸）

　横須賀町の人口は 1884 年の約 8,700 人から、5 年後には 1.7 万人に増加した。埋め立てにより町域も拡大し、建造艦の増加に伴い工員も増えた。また海陸軍から鉄道敷設の請願が出され、1889 年に逸見までの横須賀線が開通した。軍備拡張に伴い軍用地、さらに市街地も拡大した。図 29-1 は、1907 年（明治 40）の市制施行以前の測図であるが、発行が 1910 年（明治 43）であるため地形図上には横須賀市として記載されている。関東大震災や第二次世界大戦での大きな被害と復興を経て、市街地は大きく変貌する。

　2008 年現在、市の人口は約 42 万人で、神奈川県で 4 番目に多い。平野が乏しいため住宅地は斜面へと拡大し、高速道路の横浜横須賀道路の東側は、ほとんどの丘陵地が宅地化された。また、海岸も埋め立てられた。夏島周辺は海軍の追浜飛行場を経て自動車、重機の工場地となり、長浦湾と横須賀湾に突き出た広大な土地を米軍施設、海上自衛隊が占める。横須賀新港は 1974 年（昭和 49）に竣工した。平成町は 1984 年から埋め立てられ、職・住・遊・学の融合を目指し、緑地、住宅、県立大学などが建設されている。市は海との関わりを強調した「国際海の手文化都市」を都市像にかかげている。

（山近久美子）

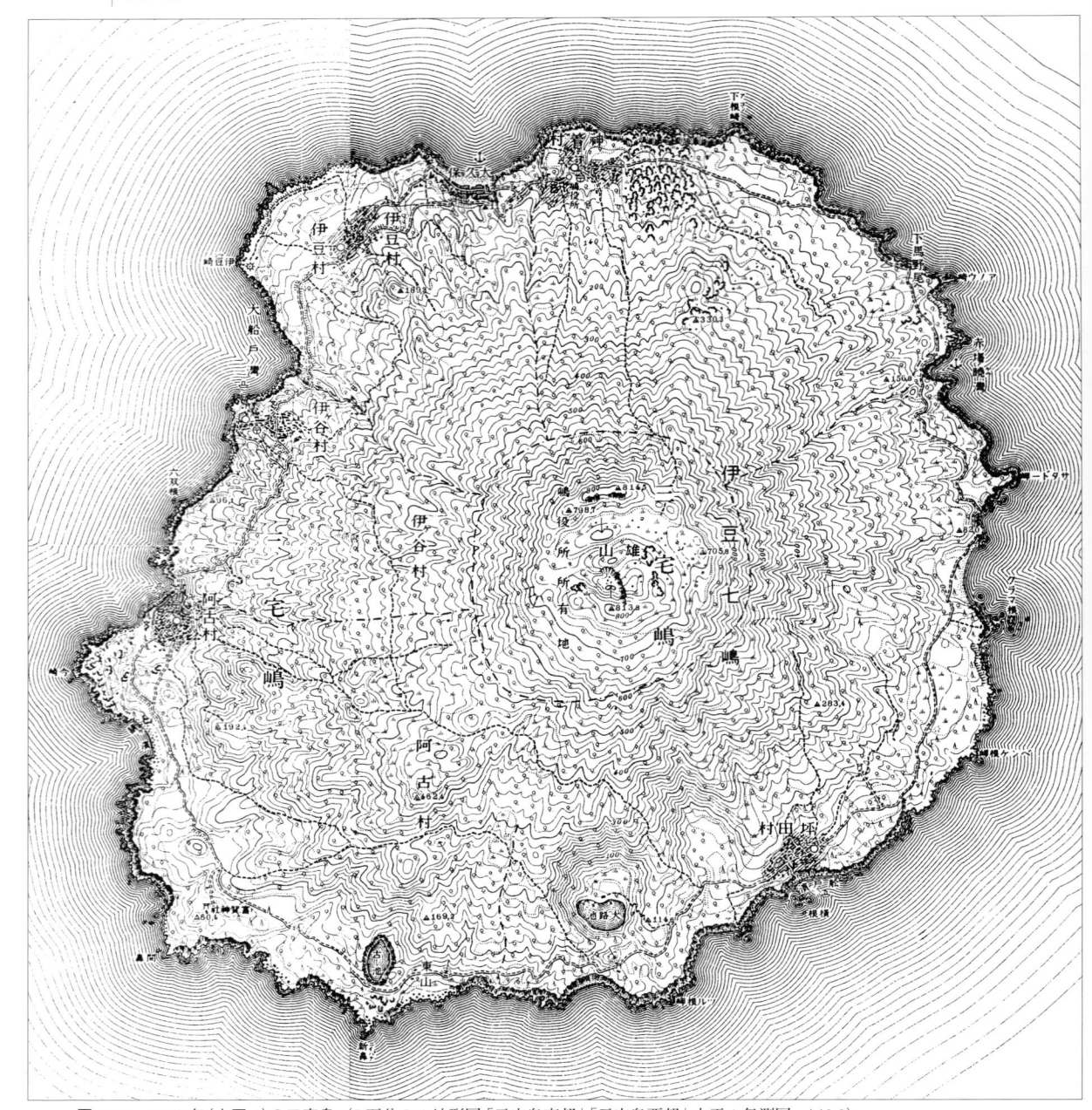

図30-1　1912年（大正1）の三宅島（5万分の1地形図「三宅島東部」「三宅島西部」大正1年測図、×0.8）

30. 三宅島

　東京から南約180km沖にある三宅島は、雄山を中心とする火山島として知られる。有史以来14回の噴火を数え、近年では、1940年、1962年、1983年、2000年と約20年周期で噴火を繰り返してきた。

　図30-1では1847年（明治7）の噴火による溶岩流跡が島の北の神着集落東側に見られる。また、図30-2では、島の東部に1940年の噴火により形成されたひょうたん山と1962年噴火による三七山が見られる。西部の阿古集落は1983年噴火の溶岩流により埋没したため、図30-1よりも南の錆ヶ浜周辺に移転している。またこの噴火により島の南部にある新澪池（図30-1では古池）が破壊された。かつて雄山一帯は広葉樹林で覆われ、緑豊かな島であった（図30-1）。しかし、2000年の噴火による火山灰と火山ガス噴出により多くの木々が枯死したため、図30-2では荒れ地や浸食跡が目立つ。また、治山砂防対策としての堰堤が建設されている。

　歴史的にみると、江戸時代、三宅島は幕府直轄地として代官による支配下にあった。また、流刑地として多くの罪人を受け入れてきた。明治に入ると、韮崎県、足柄県、静岡県と所属が変わり、1878年（明治11）

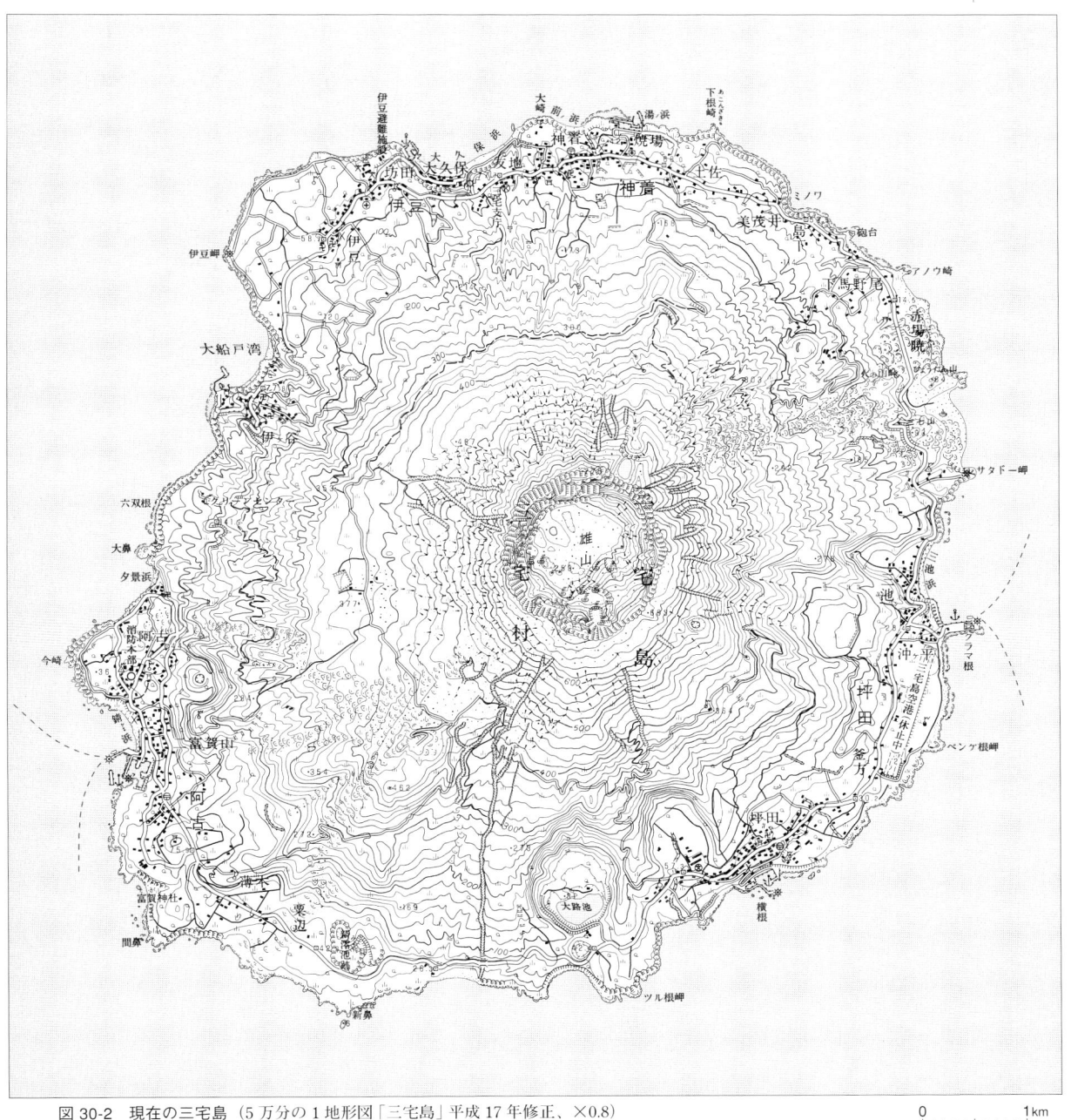

図30-2 現在の三宅島（5万分の1地形図「三宅島」平成17年修正，×0.8）

に東京府の管轄下となった。当時の人口は2,908人であった。1946年（昭和21）に島内5集落のうち伊ヶ谷村、伊豆村、神着村が合併して三宅村となり、その後、1956年に三宅村と阿古村、坪田村が合併し、現在の三宅村となる。合併当初、役場は旧村に1年毎の持ち回りで設置されていた。当時（1955年）は、テングサ採取の最盛期で人口は7,131人と最も多かった。

北部の大久保浜や北西部の大船戸湾は、1960年代半ばに錆ヶ浜港や三池港が整備されるまで、島の表玄関として機能した。港湾整備後は、港がある阿古・三池の両集落がにぎわうようになった。図30-1で荒れ地であった三池は、1960年（昭和35）に役場が置かれ、三池港の整備と三宅島空港の完成（1966年）により、島の玄関口・中心地として発達した。しかし、2000年（平成12）の噴火により、三池は火山ガス高濃度地区内となり、現在も居住・立入が制限されている。このため、役場とともにその機能は阿古へ移されている。

阿古は1983年の噴火で甚大な被害を受けたが、今回の噴火では軽微な被害にとどまった。1995年3,828人だった人口は、長期避難解除後、2,832人（2006年）と回復しておらず、4年半にもおよぶ長期避難の影響が現れている。

（髙木　亨）

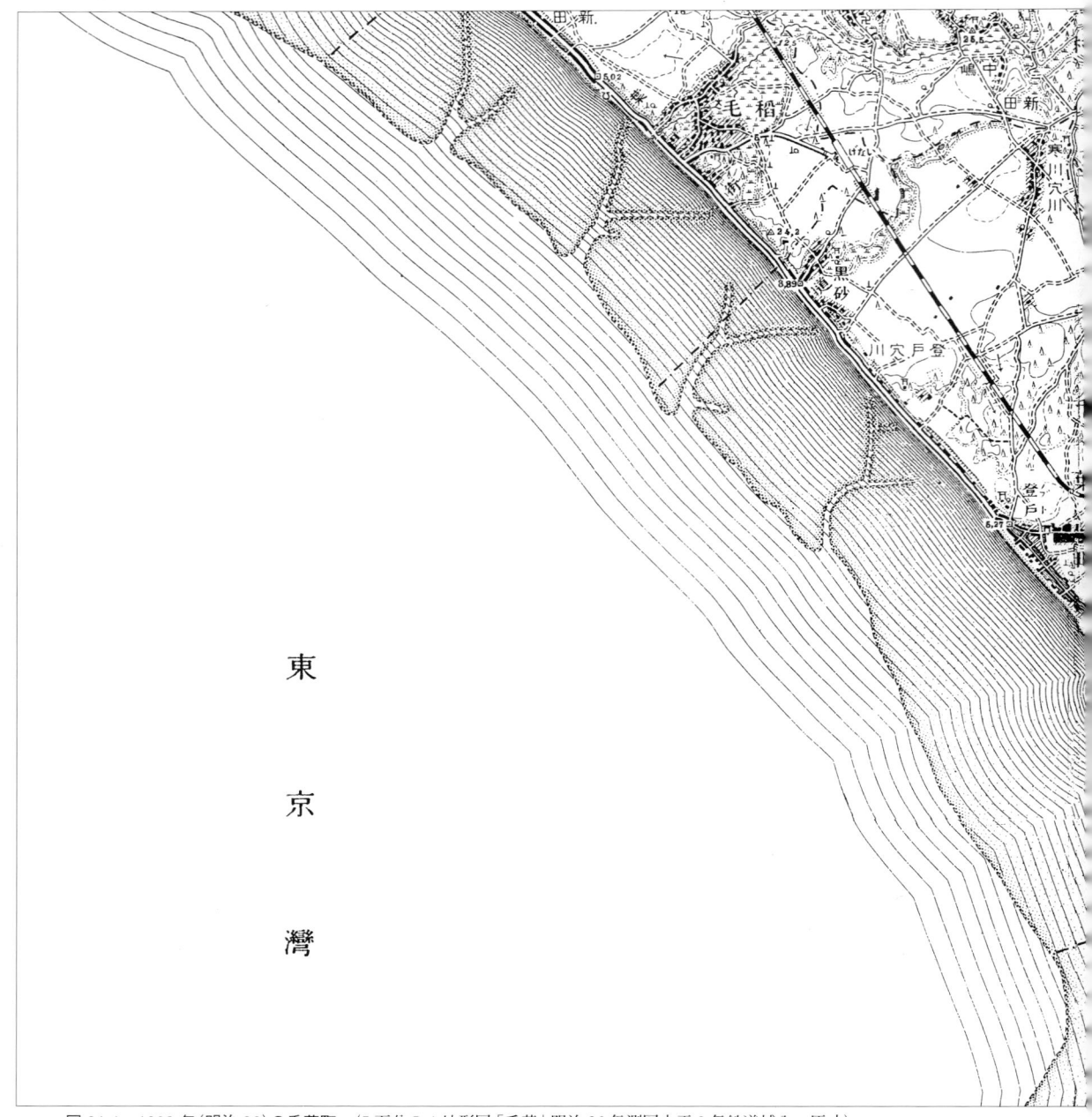

図 31-1　1903年(明治36)の千葉町　(5万分の1地形図「千葉」明治36年測図大正2年鉄道補入、原寸)

31. 千 葉

　千葉市の町としての起源は中世に遡る。千葉氏の居城が亥鼻(猪鼻)台地付近に設けられ、12〜15世紀にかけてその城下町として繁栄した。その後、千葉氏内部の抗争により、千葉氏の本拠は本佐倉城(酒々井町)へ移動し、中世城下町としての繁栄は失われた。

　近世の千葉の町は、佐倉藩領に所属し、城郭や陣屋が設けられることはなく、江戸方面と内房、外房、ならびに佐倉方面を結ぶ脇街道が交差する宿場町としての性格をもつ町であった。また、千葉の町に近接し東京湾に面した寒川や登戸は、佐倉や東金方面からの物資の江戸への積み出し港として機能していた。このように明治以前の千葉の町は、交通の要所として市街の形成がなされていたが、その規模は小さく、明治初年の人口は3,000人程度に過ぎなかった。今日につながる千葉の発展は、1873年(明治6)の千葉県成立に際して、県庁所在地となってからのことである。

　千葉県庁は、当初は町の北部の千葉神社内に置かれたが、その後、新庁舎が町の南部の都川河畔に建設された。近隣には県会議事堂や町役場、裁判所など関連する官公所や、千葉師範学校、医学校、病院なども設

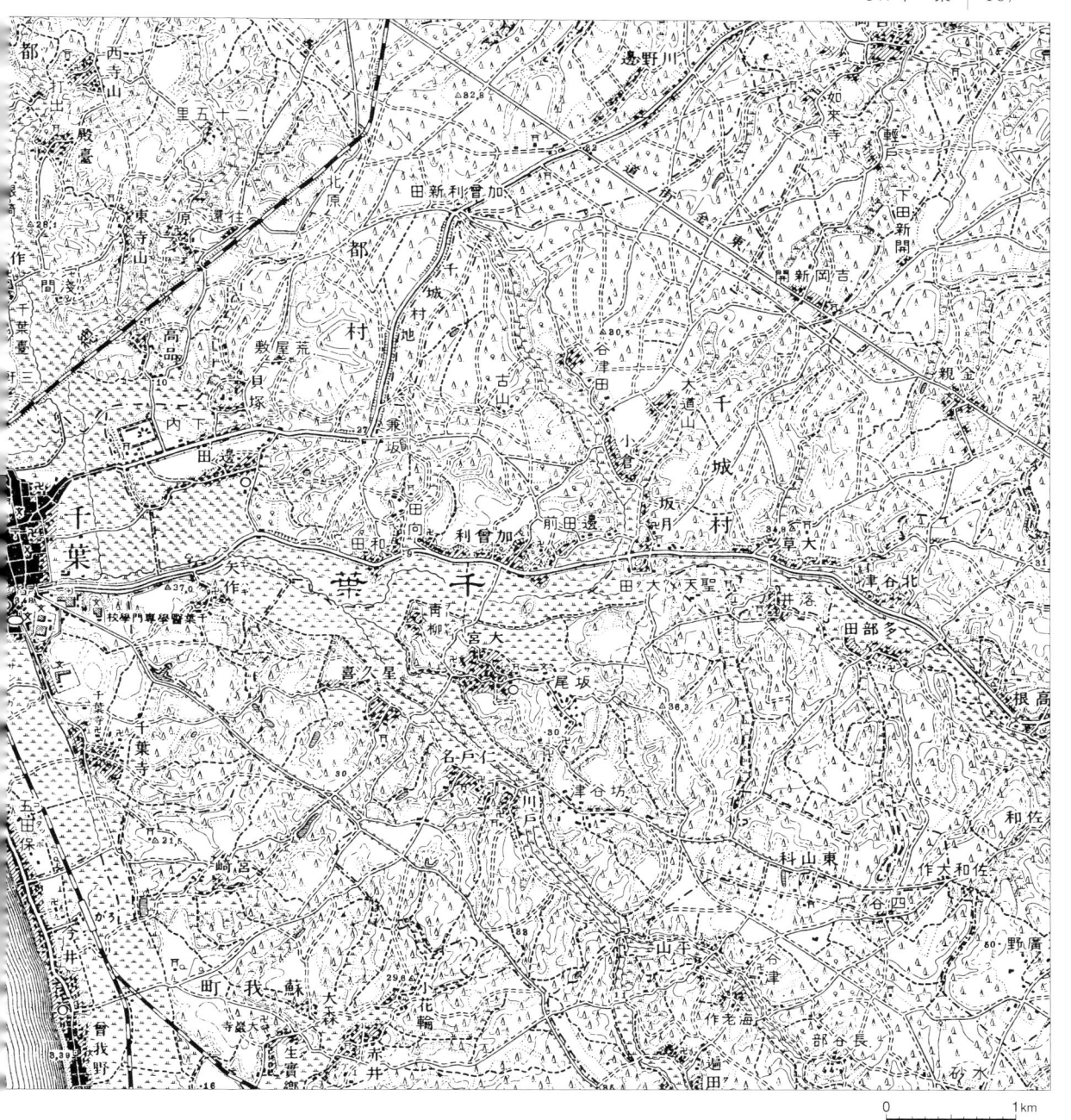

けられ、それに伴って商業機能も集積し始めた。

　交通条件としては、東京方面と佐倉を結ぶ総武鉄道が1894年(明治27)に開通し、町の北部に千葉駅が設けられ、1896年には千葉と大網(おおあみ)方面を結ぶ、房総鉄道が開通し、本千葉駅が設置された。そのため千葉の市街地は、千葉駅と町南部の官庁街を結ぶ南北方向に発達するとともに、本千葉駅方面へ西方にも拡大していった。

　行政的には、1889年(明治22)年の市町村制の施行にともない、関係の深い近隣4か村(寒川村、登戸村、黒砂村、千葉寺村)と合併して千葉町が誕生した。人口は千葉町成立時に約2万人であったが、その後順調に増加し、大正初めには約3万5,000人となり、県下第1位の都市となった。そして、1921年(大正10)には、県下ではじめて市制が施行され千葉市が誕生した。

　県庁所在地として、行政・サービス業の中心地であった千葉が、いわゆる「軍都」として変貌し始めるのは、明治の後半からである。まず1899年(明治32)に、四街道(よつかいどう)駅西方の台地上に、陸軍野戦砲兵学校の演習場として、六方野(ろっぽう)射撃場が設けられた。日露戦争後には、市街地に近接した北部台地上に、鉄道連隊(後の鉄道第一連隊)の駐屯地や同材料廠、同作業場が設けら

図 31-2 現在の千葉市 （5万分の1地形図「千葉」平成12年修正、原寸）

れ、大正・昭和初期にも周辺に陸軍関係の施設が続々と建設された。一方で、東京湾岸に遠浅海岸が広がる千葉は、海浜観光地としての顔も持っており、1921年に国鉄と海岸との間に京成千葉線が設けられ、潮干狩りや海水浴の観光客でにぎわった。

「軍都」であった千葉は、第二次世界大戦において激しい空襲を受け、市街地の約7割が被災した。戦後は新たな都市計画のもと、工業都市ならびに首都圏のベッドタウンとして発展することとなった。

千葉市の工業化の嚆矢となったのは、戦時中に日立航空機のあった千葉港南部の埋立地への川崎製鉄の進出にあり、1953年（昭和28）には大規模な銑鋼一貫工場が操業を開始した。次いでその南部には、東京電力の火力発電所も建設された。また、内陸部においては、かつての六方野の軍用地跡に千葉北部工業団地が設けられ、住友重機や日東紡績などが進出した。

1960～1970年代を通じて、湾岸の遠浅海岸は埋め立てられ、大規模な埋立地が生まれた。同時に千葉港も整備され、埋立地には食品、木材、自動車関係の工場や物流施設、燃料基地が作られた。宅地建設は、埋立地とともに内陸部でも進み、旧市街の周辺部に住宅地が広がっていった。公営による住宅団地としては、埋

立地では幸町団地、内陸部では花見川団地、小倉台団地、大宮団地、千城台団地などが造成され、1960年代後半から戸数2,000戸以上の大規模な団地が次々と建設された。

このような変貌のなかで交通網も整備され、臨海部では1980年代後半には、東京・船橋方面と蘇我を結ぶ京葉線が開通し、埋立地の鉄道交通の便が図られた。また、増加した内陸部住民の足として、1988年(昭和63)には千葉都市モノレールが開業し、1995年には千葉急行電鉄(現 京成千原線)が開通した。

また、1980年代以降、幕張地先の埋立地は、「幕張新都心地区」として、多くの企業の事務所や研究施設が立地する地区を中心に、周辺には高層ホテルが作られ、見本市会場(幕張メッセ)や野球場(マリンスタジアム)も設けられ、新住宅地の建設も進んでいる。

以上のような戦後の発展と合併による市域の拡大によって、1950年には約13万4,000人であった千葉市の人口は急増し、1980年代後半には80万人を超えることとなった。そして1992年には全国で12番目の政令指定都市となり、中央区をはじめとする6つの区からなる区政が施行され今日に至っている。

(中西僚太郎)

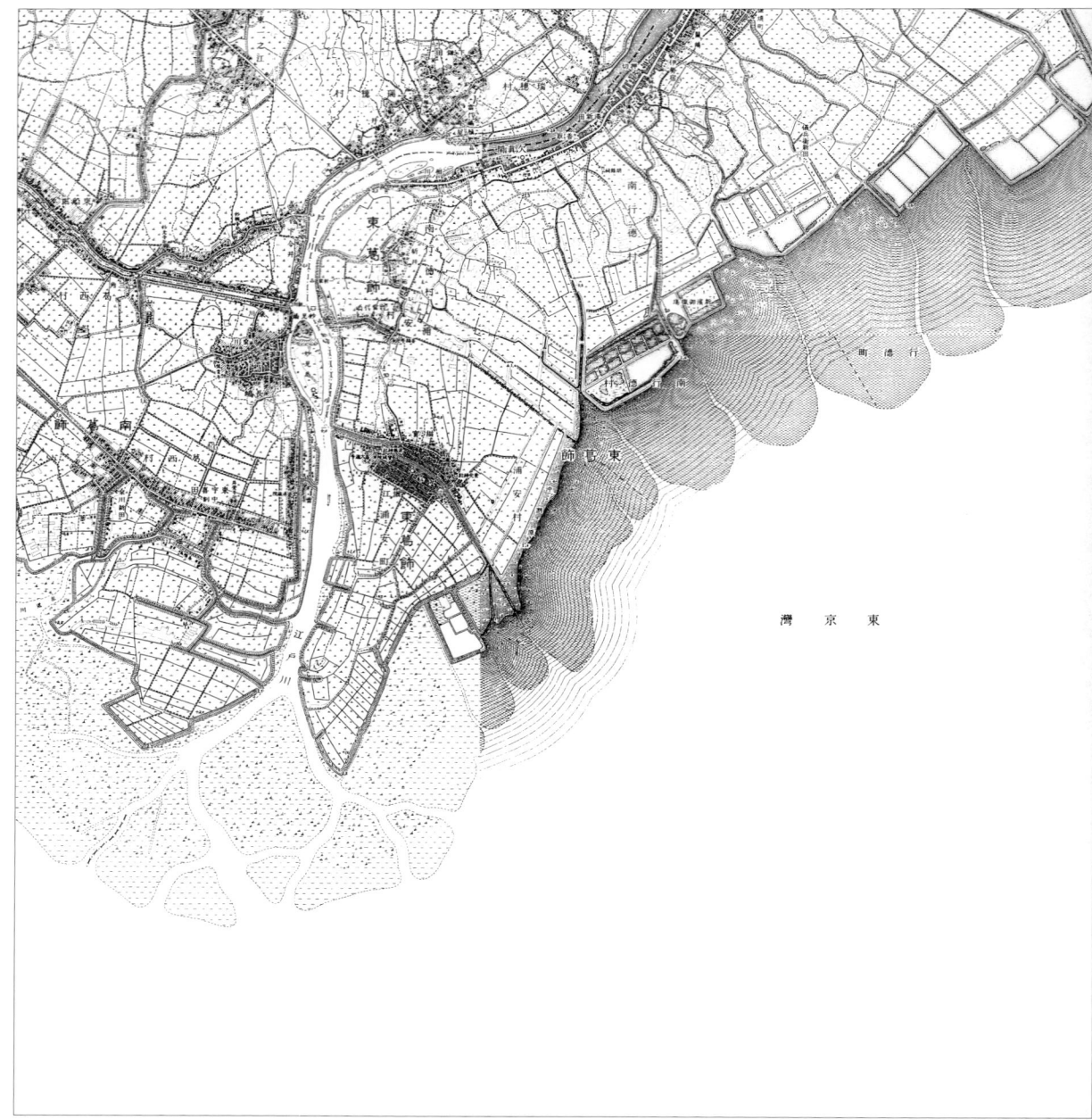

図 32-1　1909 年(明治 42)頃の浦安村 (2 万分の 1 地形図「船橋」「沖割原」明治 36 年測図、「東京東部」「洲崎」明治 42 年測図、× 0.4)

32. 浦　安

　海面埋立事業が実施される以前の浦安市(当時は浦安町)の面積は、わずか 4.43 km² と千葉県下で最も小さな町であった。ところが、1962 年に開始された公有水面埋立事業により、市域は一挙に 16.98 km² と約 4 倍に拡大し、地域は大きく変貌した。

　浦安は長らく東京湾に面した一漁村に過ぎなかった。浦安地先は、淡水と鹹水(かんすい)が混流する江戸川河口にあって沖合 3km にわたり遠浅の海が広がり、漁業を行うには格好の場所であった。主な漁業は採貝、海苔の養殖、魚類捕獲であり、貝むき屋、佃煮屋、焼き蛤屋、貝灰工場などの水産加工業者も多かった。漁師は津波などの災害を避けるため、境川にそった堀江・猫実地区に密集した集落を形成していた。他方、住民は漁業を営む傍ら農業にも従事した。低湿地という土地条件もあり、主な農作物は水稲であった。地図では旧市街地外側に水田が広がっていることが確認できる。しかし、1960 年頃より、東京湾沿岸地域に立地した工場の地下水過剰汲み上げ等により急激な地盤沈下がおき、農地は耕作不能となり農業は急速に衰退していった。

　埋立事業は 2 期に分けて実施された。第 1 期(入船

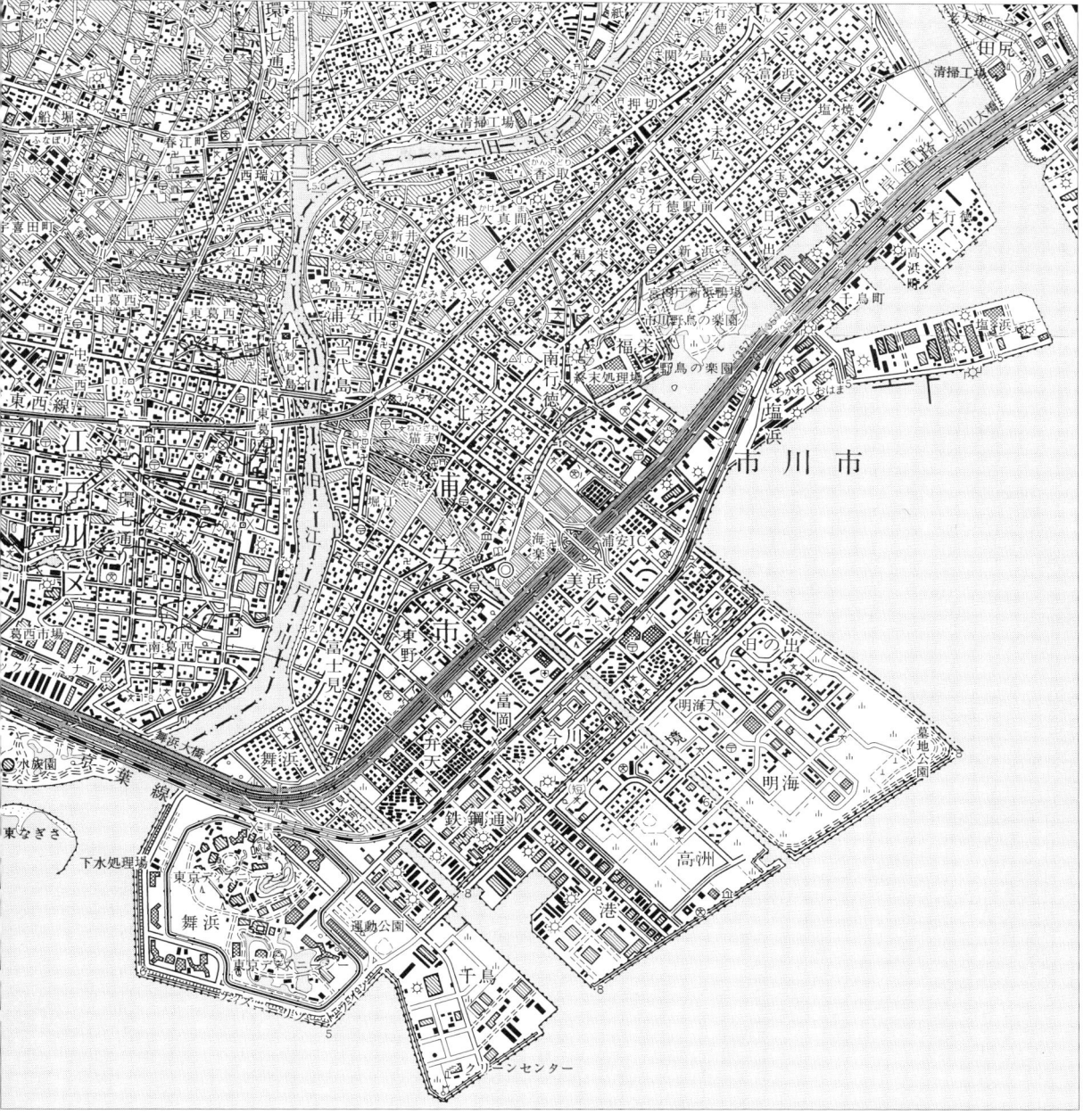

図 32-2　現在の浦安市（5万分の1地形図「東京東北部」平成17年要部修正、「東京東南部」平成18年修正、原寸）

～舞浜以北）は1975年、第2期（日の出～千鳥以南）は1980年にそれぞれ完了した。1977年以降、完成した造成地に大規模な分譲住宅団地が建設され、新市街地が形成された。その後、1980年首都高速湾岸線の浦安～東京都心間の接続、1988年JR京葉線の暫定的開通（新木場～蘇我）、1990年全線開通（東京～蘇我）と交通網の整備が進み、住宅建設はさらに拡大した。バブル経済崩壊後一時ストップ状態にあった住宅建設は、高洲・明海・日の出地区で再び活況を呈している。埋立地に出現した近未来的な住宅景観は、旧市街地の漁師町・浦安とは対照的なイメージを創り上げている。

もうひとつ、浦安に新たなイメージを付加したのが、1983年に開園した東京ディズニーランドである。同時期、周辺に都市型高級ホテルが多数立地したこともあり、浦安は一躍アーバンリゾート地域として注目を集めるところとなった。2000年には複合商業施設イクスピアリ、2001年東京ディズニーシー、環状モノレール・ディズニーリゾートラインが開園・開業し、さらに現在ではシルク・ドゥ・ソレイユなどの新たな関連アトラクションやリゾート内ホテル、パートナーホテルも相次いで開業しており、浦安は従来にもまして充実したアーバンリゾート地域に変貌しつつある。　（竹内裕一）

図 33-1　1917年 (大正6) の松戸町　(5万分の1地形図「東京東北部」大正6年修正、原寸)

33. 松　戸

　松戸は、近世から明治中期にかけて江戸川に臨む河川交通の中継地として、また、水戸街道の宿場町として発展を遂げてきた。図33-1を見ると、河川に沿って集落が、街道に沿って市街地が列状に分布していることから、この町は交通の要衝として都市の骨格が形づくられてきたことがわかる。そうした背景から、松戸は周辺農村からの物資の集散地として繁栄し、都市としての中心性を強めていった。しかし、常磐線の開通(1896年)により輸送手段のスピードアップが実現するとともに、交通の主軸が水運から鉄道にシフトし、東京20km圏という近接性とも相まって、松戸は中心地から通過地点へと転落し衰退の一途をたどっていった。

　松戸の都市としての再生は、関東大震災(1923年)以降になる。東京下町からの避難民がそのまま居を構え、首都の膨張とともに人口は著しく増加した。当時、松戸は、すでに東京への労働力・農産物の供給地として首都の屋台骨を支える存在であったが、常磐線の上野〜松戸間の電化(1936年)を機に東京への通勤者が一層増大し、衛星都市としての性格を次第に強めていった。その後、周辺町村との合併を経て、1943年

図33-2 現在の松戸市 （5万分の1地形図「東京東北部」平成17年要部修正、原寸）

(昭和18)には待望の市制施行を果たしたのである。

　松戸では、低地や谷津での開発は早くから進んでいたが、市域の大半を占める台地上での開発は水に乏しいため遅れていた。一部、近世〜明治初期に形成された集落もあったが、大部分は森林・原野に覆われていた。だが、谷津の入り組む起伏に富んだ地形を生かし、大正〜昭和戦前には陸軍工兵学校や飛行場など軍関連の諸施設が次々と台地上に開設され、騎兵学校や鉄道連隊のある津田沼(現 習志野市)とを結ぶ軍用鉄道(新京成電鉄の前身)の存在とも相まって、首都防衛を目的とした要塞としての性格を強めていったのである。

　戦後の高度成長期以降、松戸は衛星都市としてさらなる発展を遂げた。常盤平団地の完成(1960年)を皮切りに次々と宅地造成が、さらには工業団地の造成が行政主導でなされ、台地の開発が急速に進んでいった。

　その結果として農村の面影は失われ、インフラ未整備などにより生活環境は悪化した。こうした事態を打開するべく迅速なサービスを看板に掲げた「すぐやる課」が市役所に設置された(1969年)ことは画期的であった。松戸は今日、人口47万余人を有する首都圏有数の都市となった。今後は市民生活の質の向上と市民参加の市政の実現が課題となろう。　　　(泉　貴久)

図34-1　1903年(明治36)の九十九里浜　(5万分の1地形図「東金」「茂原」明治36年測図、原寸)

34. 九十九里浜
くじゅうくりはま

　九十九里浜は、全長約56kmに及ぶ日本有数の砂浜海岸であり、北部の屛風ヶ浦と南部の太東崎の削られた砂礫が、沿岸流の作用によって堆積して形成された。そのため平野の幅は、図に示した平野の中央部が最も広く約10kmに及ぶが、南北へ行くにつれ狭くなっている。九十九里浜は歴史的にみると、陸地の隆起と沿岸流の堆積作用によって年々海岸線は前進してきた。しかし、近年は沿岸流の変化もあり、砂礫の堆積作用は衰え、海岸線の前進はみられなくなっている。

　このような九十九里浜には、海岸線に平行していくもの集落列がみられ、集落の間は水田となっている。集落は、もとの沿岸州である砂堆上の微高地に立地し、水田はその間の低湿地に分布している。九十九里浜の農業は、かつては稲作が中心であったが、近年は露地や施設による野菜生産が盛んである。

　集落の名称は、臨海部には粟生納屋、西野納屋、不動堂納屋、真亀納屋など、語尾に「納屋」名をもつ集落が多く分布しており、総称して「納屋集落」と呼ばれる。内陸部には、粟生、西野、不動堂、真亀などの「納屋」地名の語幹名を持つ集落が分布している。これ

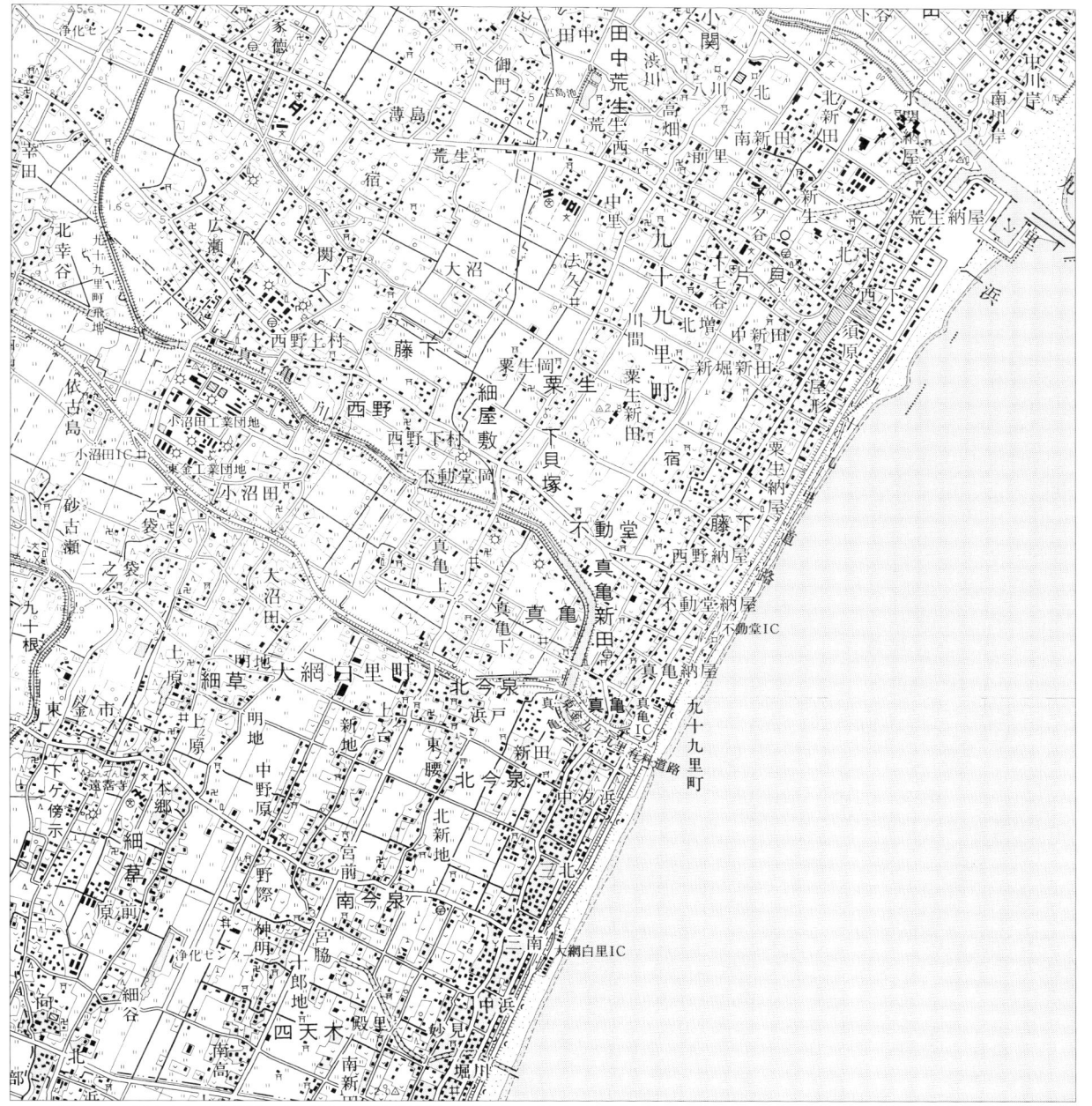

図34-2　現在の九十九里浜（5万分の1地形図「東金」平成12修正、「茂原」平成18年修正、原寸）

らの集落は、粟生岡や不動堂岡のように「岡」地名がつくことがあるため「岡集落」と呼ばれる。さらには、両集落の間には、粟生新田のように「新田」名称をもった集落が分布する例も多い。これらの集落は、近世におけるイワシ漁の豊凶と海岸線の前進とが相まって形成されたものである。

九十九里浜は、近世には地引網によるイワシ漁が非常に盛んで、「納屋集落」は「岡集落」の住民が地曳網漁の基地として形成したものである。「新田集落」は、最初は臨海の「納屋集落」であったが、海岸線の前進により内陸の集落となり、イワシ漁の不漁期に新田開発をして農業集落に変貌したものである。九十九里浜のイワシ漁は、近世の地曳網漁から明治以降はアグリ網漁中心に変化した。現在最も海岸線に近い集落は、アグリ網漁に対応した新しい「納屋集落」である。近世以来盛んであったイワシ漁も1970年代以降衰退し、現在は片貝漁港を中心に小規模に行われている。

また、九十九里浜は海水浴を主とした海浜リゾート地としても知られ、片貝の西ノ下海岸は、九十九里浜の海水浴場発祥の地とされる。ただし、近年は観光客の海水浴離れもあって、海水浴客は減少傾向にあり、新たな対応が求められている。

（中西僚太郎）

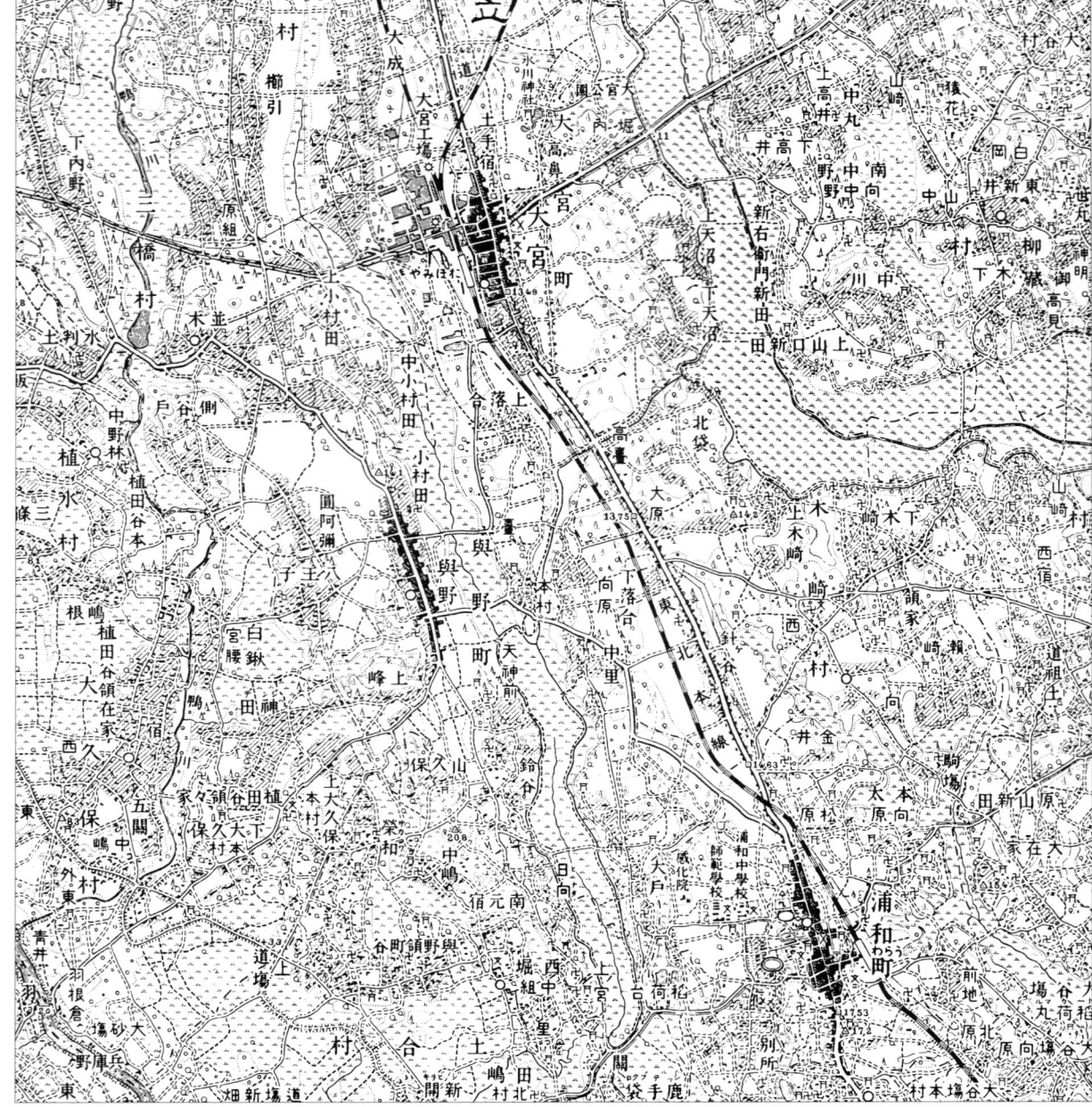

図 35-1　1912 年(明治 45)の浦和町・大宮町・与野町　(5 万分の 1 地形図「大宮」明治 45 年修正、原寸)

35. さいたま

　江戸幕府が五街道を整備したとき、現在のさいたま市の前身となった浦和と大宮は中山道の宿場町で、与野も甲州街道と奥州街道をむすぶ脇往還の宿場町であったが(図 35-1)、明治以降の変貌の過程で、それぞれが個性のある地域に分化していった。
　浦和は廃藩置県(明治 4)後、埼玉県の県庁所在地となり、県立師範学校(1889 年)、旧制浦和高校(1921 年)、埼玉大学(1949 年)等が設立された。サッカーのまち浦和の伝統は師範学校時代以来のものである。大宮は武蔵国一の宮・氷川神社の門前町でもあった。1885 年(明治 18)の東北本線開設に際して、高崎線からの分岐点として大宮駅が開設された。その後大宮駅を起点に総武鉄道(現 東武野田線)や川越線(現 JR 川越線)が開通し、さらに 1932 年には省線電車(現 JR 京浜東北線)が開通すると、大宮は東京通勤者の北のターミナル、「北の横浜」と呼ばれるようになった。後述のように、大宮は戦後の経済成長期には鉄道交通の結節点としての役割をより強めていった。こうした背景から、2007 年、大宮区大成町に旧交通博物館(東京千代田区)に替わる施設として鉄道博物館が設けられた。

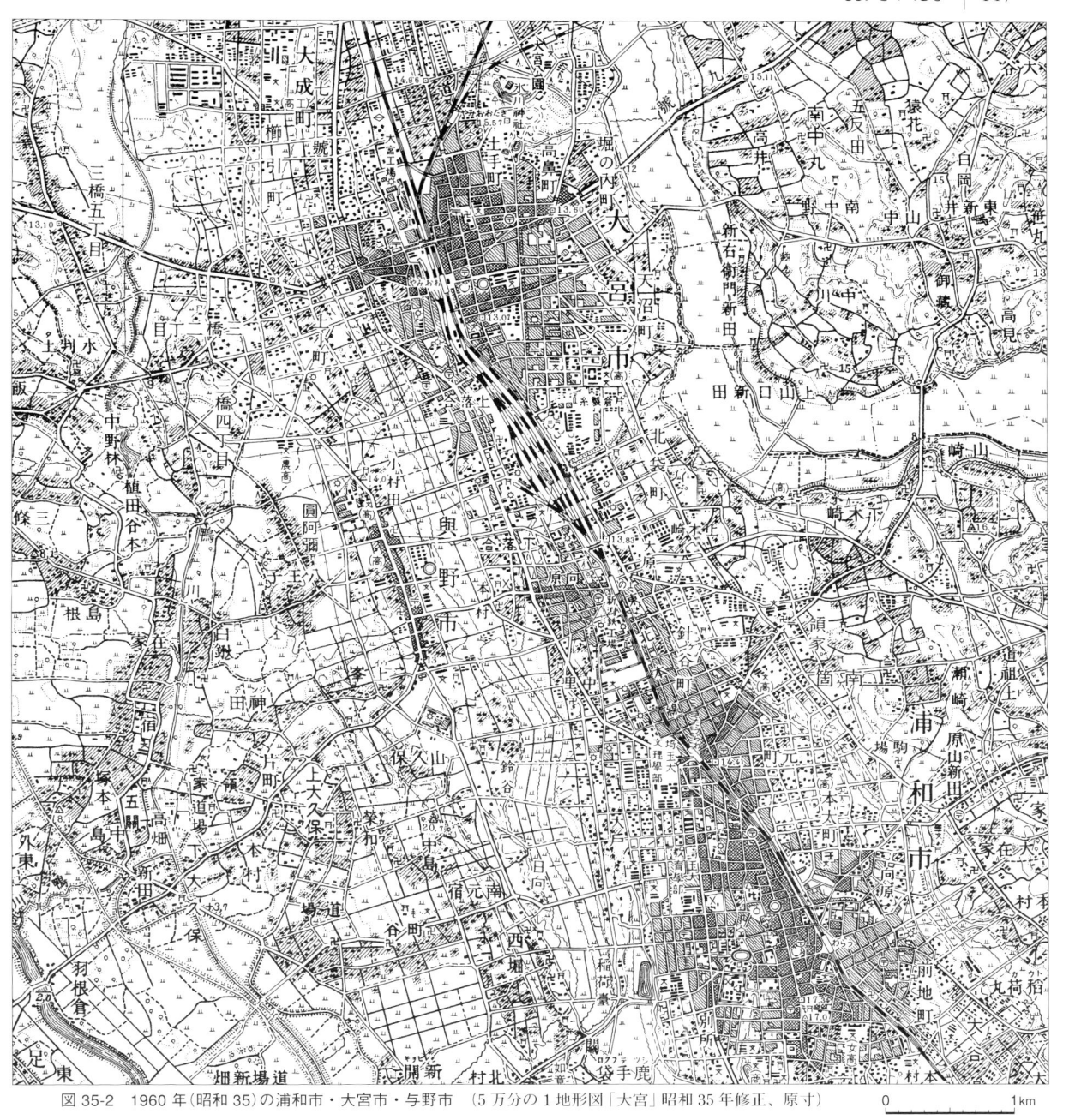

図35-2　1960年（昭和35）の浦和市・大宮市・与野市　（5万分の1地形図「大宮」昭和35年修正、原寸）

　与野では昭和初期の経済不況やその後の軍需工場化により、市域の織物工場が廃業に追い込まれたが、1936年に国産自動車の推進を目指した「自動車製造事業法」の成立を契機として、新しい動きをみせ始める。国内の自動車配給の一本化をめざした日本自動車配給株式会社が上落合に設立され、昭和20年代になると上落合周辺には関連する企業（本社）が集中するようになった。新大宮バイパスの開通（1969年）後は、同バイパス沿いにも自動車関連産業が進出し、国道17号線とともにカーディーラー・ストリートとなっている。

　近代化にともなう変化の第2段階は、東京の衛星都市化の動きである（図35-2）。1923年（大正12）に首都・東京を襲った関東大震災の後、被災者の疎開先として浦和や大宮の台地が注目され、その後の人口流入のさきがけとなった。浦和では市制施行の前年（昭和8年）、町内の一部に初めて都市計画法が適用され、与野では駅周辺の街区が耕地整理事業として整備された。

　戦後の高度成長期に入ると、武蔵野線開通（1973年）、東北新幹線と上越新幹線の開通（1982年）、さらにニューシャトル（埼玉新都市交通伊奈線）や埼京線（大宮～池袋間）などが整備された。大宮では鉄道だけでも9つの路線が通過・分岐するようになり、浦和におい

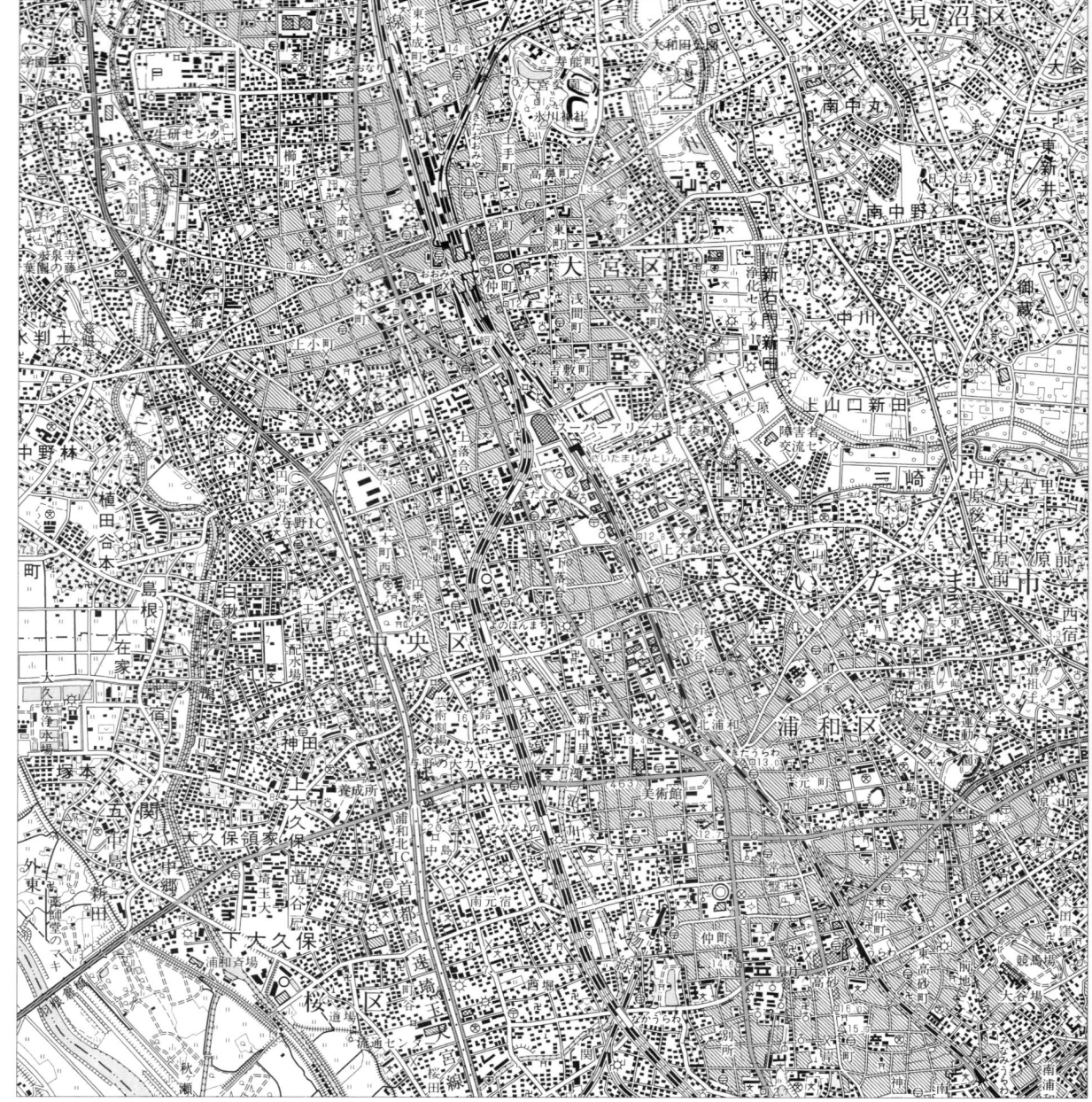

図 35-3　現在のさいたま市（5万分の1地形図「大宮」平成15年修正、原寸）

ても浦和の名を冠した駅が7つも誕生するとともに、2001年には埼玉高速鉄道線（営団地下鉄7号線と接続）の美園駅が開業した。与野においても、JR埼京線の南与野駅、与野本町駅、北与野駅が開設され、2000年にはさいたま新都心駅（JR高崎線）が開業した。一方、道路については、大宮〜川口間の産業道路の完成（1960年）、新大宮バイパスの開通（1971年）、さらに東北自動車道が岩槻から122号線沿いに延長されて（1987年）、浦和インターチェンジができた。

　このような交通条件の整備に誘引されて、台地の全面的な住宅化が進んだ（図35-3）。一方、この過程で都市構造の改変も進められた。例えば、市街地改造方式による浦和駅西口整備、埼玉大学の大久保地区への移転、埼玉国体（1967年）を契機に開設された大宮民衆駅周辺（東口）の都市改造、東北新幹線乗り入れに合わせた31階建てソニックシティ（産業文化センター）の建設、さらに与野では彩の国さいたま芸術文化劇場（1994年）や35階建てのソースピア上落合や29階建てのボルテ29等が建設され、都市構造と都市景観は宿場町時代から一変し近代的になった。

　こうして、さいたま市は2001年5月、旧浦和・旧大宮・旧与野の3市合併により誕生した。近代以来の

変貌史のなかでみると、その第3段階にあたる。合併構想は過去にも繰り返されてきたが、合併は国土政策における「新都心」開発の流れの中で具体化した。合併2年後にさいたま市は全国で13番目の政令指定都市となり、2005年4月1日、旧岩槻市を併合した。現在の総人口は120万4,461人(2008年)である。

図35-4(2万5,000分の1地形図)には、関東甲信越地方を管轄する18の国家行政機関の移転を目的としてつくられた新都心やそのシンボルのスーパーアリーナが見え、接続してけやき広場がある。前者は従来型のコロシアムのようなスポーツ中心の施設に留まらず、コンパクトな空間に多くの人を集め、交流を促進して、新しい文化を創ることをめざして提案された。後者は地上約7mの人工地盤(700平方メートル)上に、武蔵野の雑木林をイメージした220本のケヤキが格子状に植栽されたものである。

図35-5(左側)は、さいたま市のもう1つのシンボル、旧見沼田んぼの一角である。江戸時代には下流のため池であったが、享保年間に見沼代用水を引いて全面的に干拓(水田化)され、以後は高度成長期頃まで水田地帯であった。現在では水田は樹木畑等に転換され、一部は荒地になっている。図幅外になるが、1958年、見沼の悪水堀である芝川下流の都市化地域(川口市)が大水害に見舞われたのを契機に、見沼の遊水機能が注目されて作られた調整池がある。図35-5(右側)の綾瀬川沿いには新設の学校や公園、東北自動車道の浦和ICや埼玉スタジアム等が見える。旧浦和・旧大宮、旧与野などの都市中心部が都市施設の密集地となる半面で、都市化に伴って変貌するもう1つの顔である。

(元木　靖)

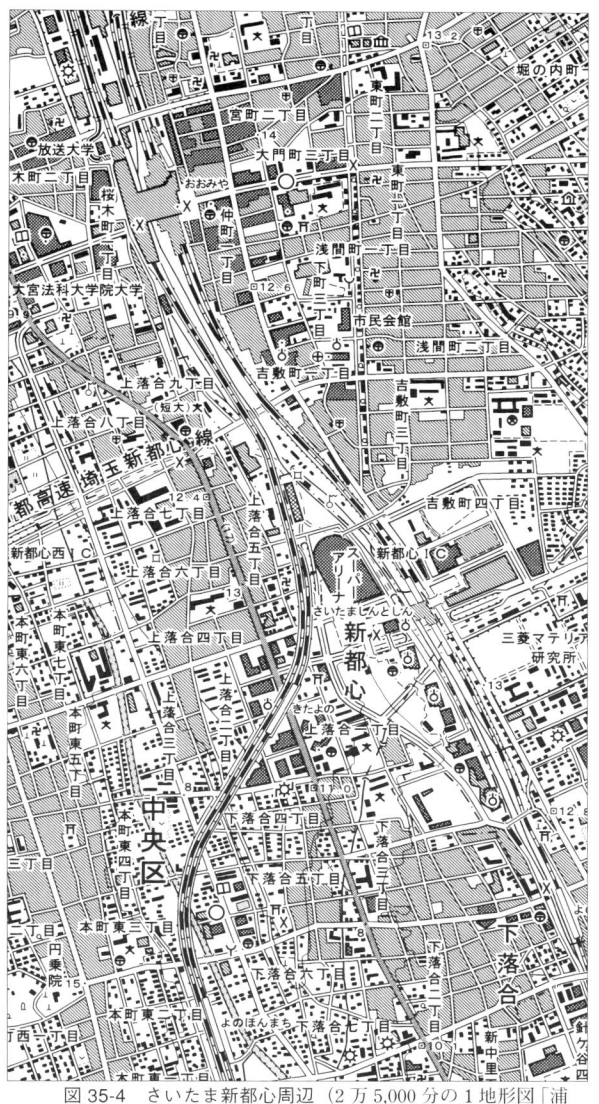

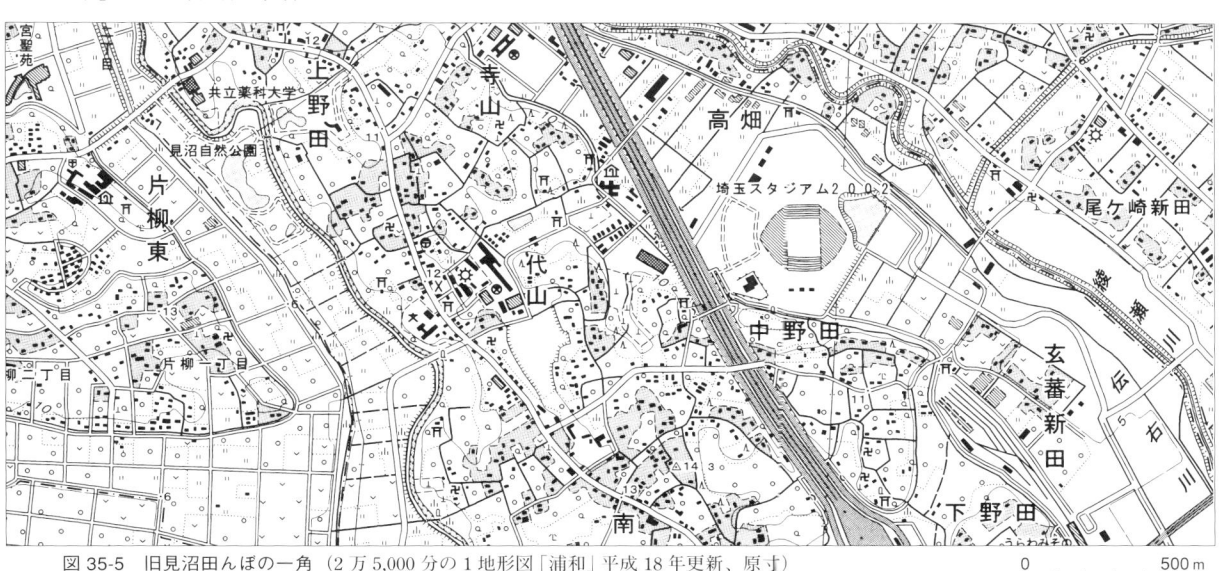

図35-4　さいたま新都心周辺（2万5,000分の1地形図「浦和」平成18年更新、原寸）

図35-5　旧見沼田んぼの一角（2万5,000分の1地形図「浦和」平成18年更新、原寸）

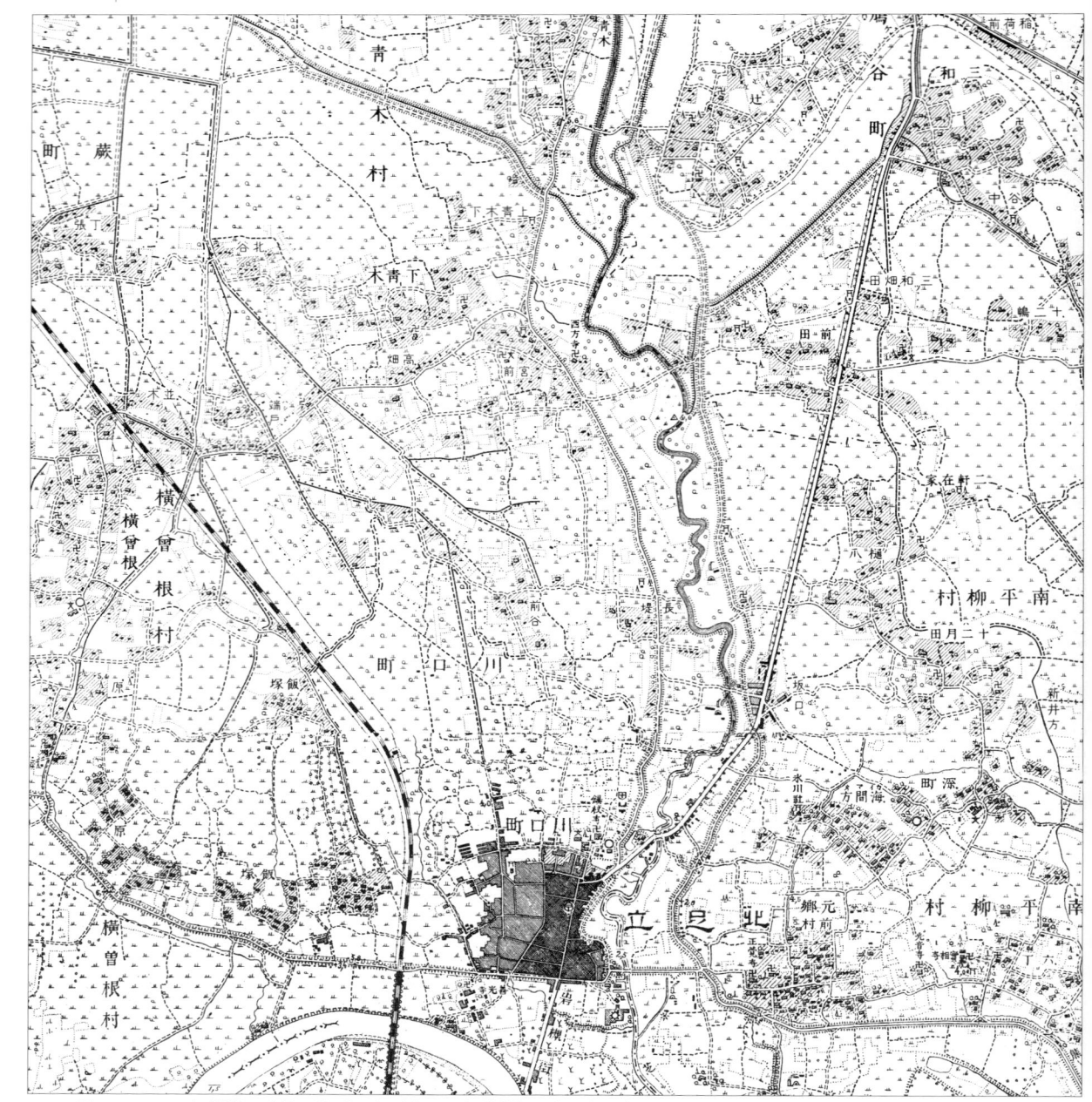

図36-1　1909年(明治42)頃の川口町（2万分の1地形図「王子」明治42年測図、「鳩谷」明治39年測図、×0.8）

36. 川　口

　川口は、近代以降埼玉県内で最も都市化が先行してきた地域である。しかし、明治期には図36-1のように典型的な水田地帯であった。東西に蛇行する荒川と、北から南に流下し合流する芝川に挟まれたところにある、大きな集落が旧川口町で、江戸時代の日光御成街道の宿場町(明治の岩槻街道、現在の国道122号)であった。明治以降の川口は工業都市として変貌を始める。その中心となってきたのは、映画「キューポラのある街」(1962年)で、全国にその名を知られるようになった鋳物工業だが、他に紡績業も盛んであった。その後、市場立地型の近代工場として日本麦酒川口工場が建設された頃から急速な地域改変が進んだ。1935年(昭和10)に青木町に川口市役所が新設され、上青木地区では広大な水田を埋め立てNHK川口放送局が開局した。また、1910年(明治43)の大洪水を契機に荒川河道の直線化と芝川の改修(放水路工事)などにより、川口市街の治水対策が進んだ。

　川口市の人口は、1876年(明治9)当時、旧川口町域で2,505人、現市域の範囲で1万8,246人に過ぎなかった。しかし、1955年から1960年にかけて、人口増加

図36-2　現在の川口市（2万5,000分の1地形図「赤羽」平成13年部分修正、原寸）

が急速に進み、1963年には県下初の20万都市となった。1999年には45万3,700人となり、人口密度は8,138人/km²に達した。こうした人口急増の過程で、鋳物工業は日用品や軍需品から産業機器・機材中心のものに移行し、また一般機械工業が発展して大都市型産業構造へと変わってきた。一方、工業用水のくみ上げによる地盤沈下が深刻化し、1978年に川口駅前の国立資源技術試験所が公害資源研究所と改称された。

都市構造の面では、1980年代から90年代にかけて鋳物工場跡地にマンション建設が急速に進んだ。1988年には政令指定都市以外では初めて、特定住宅市街地総合整備促進事業により川口駅周辺の整備が行われた。90年代に入ってからは、駅西口に川口総合文化センター・リリアやリリアパーク、駅東口には市街地開発ビル（リボンシティ）が竣工するとともに、東西地区の一体化をすすめるためのペストリアンデッキがオープンした。第3次川口総合計画（2000年）は将来像として「新産業文化都市」を掲げ、人口50万を目標（2010年）としていたが、2008年時点で到達した。上青木のNHK川口放送局跡地に誕生した、さいたま新産業拠点（SKIPシティ）は映像、情報、通信の拠点で、川口の新しいシンボルとなっている。
　　　　　　　　　　　　　　　　　　（元木　靖）

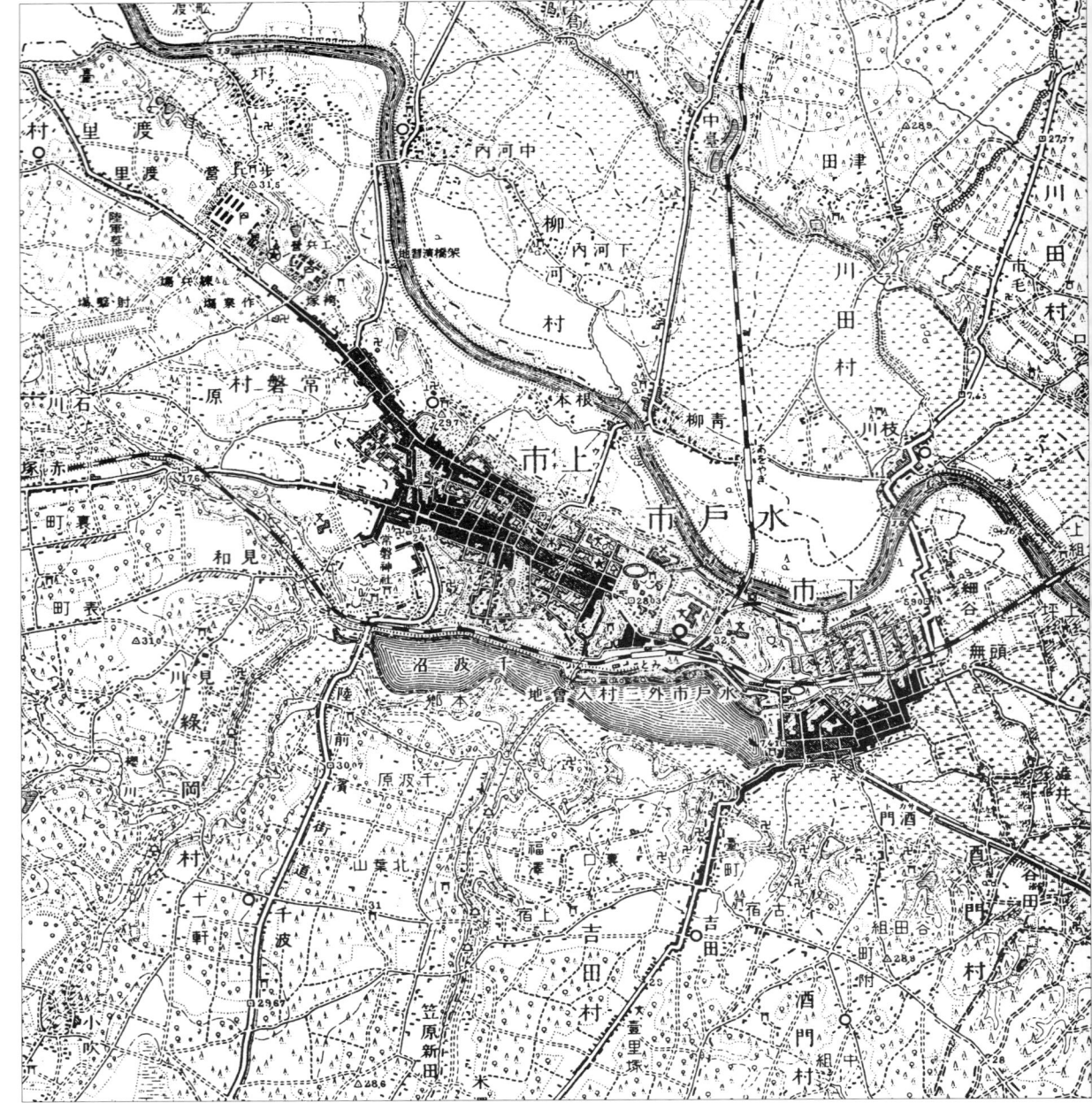

図 37-1　1905 年（明治 38）頃の水戸市（5 万分の 1 地形図「水戸」明治 36 年測図、「湊」明治 38 年測図、原寸）

37. 水　戸

　水戸市は 1889 年（明治 22）に人口 2 万 5,591 人をもって市制施行（面積 6.17 km²）、現在は、2005 年に内原町と合併して、面積 21 万 7.45 km²、人口 26.5 万人の県庁所在都市である。

　平安時代に常陸大掾馬場氏が居館を築き、室町中期から江戸氏、戦国期に佐竹氏が支配、1609 年（慶長14）、徳川家康の 11 子頼房より水戸徳川家の城下町となった。城下町は北を那珂川、南を千波湖で囲まれた舌状台地の先端に位置し、台地東端に本丸、二の丸、三の丸を設けた。旧県庁前の堀のほか、市街地の南北を結ぶ現在の梅香トンネル、末広町から大工町にかけての街路も堀である。武家地と町人地は上町と呼ばれる台地部に加え、下町と呼ばれる低湿地部にも設けられた。また上町からは西北へ御前山に国道 123 号線、西へ笠間街道（国道 50 号線）があった。

　1610 年、幕府代官伊奈備前守忠次は下町の治水と用水確保のため堀（備前堀）を設けた。その後、上町から下町に町人を一部転居させ（田町越え）、下町に本町を形成、江戸（水戸）街道の基点とした。江戸街道は本町から南へ台町、吉田へと続く。9 代藩主斉昭は、「すべ

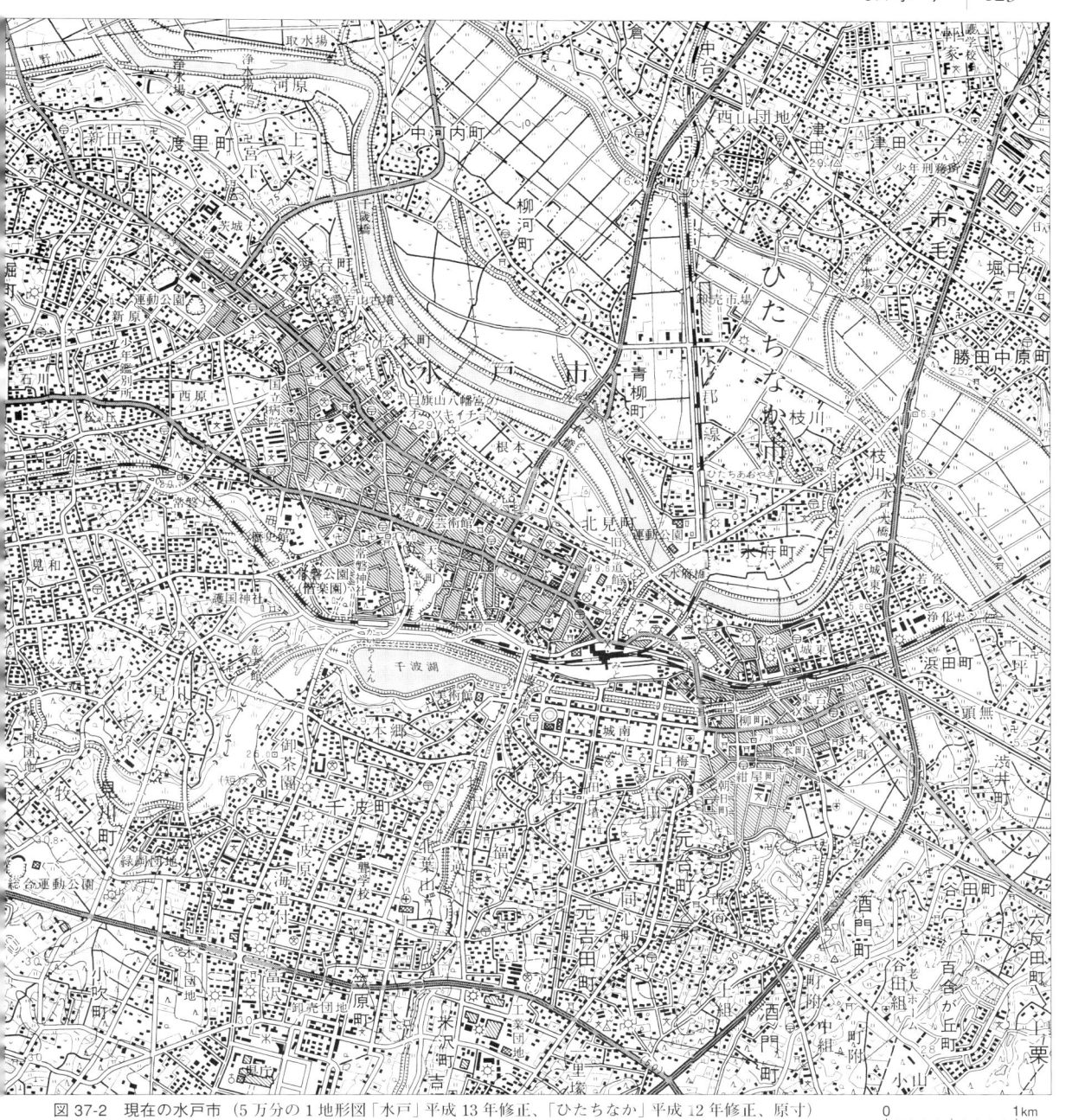

図 37-2　現在の水戸市（5万分の1地形図「水戸」平成13年修正、「ひたちなか」平成12年修正、原寸）

ての民と偕に楽しむ」を趣旨に1841年（天保12）に偕楽園を築き、同年には弘道館を設立した。

　1889年（明治22）の市制施行とともに水戸〜小山間（現 水戸線）、1896年には水戸〜上野間（現 常磐線）が開通する一方、那珂湊間には蒸気船も航行していた。1926年に磯浜間に水浜電車、1934年に水郡線が全通した。

　1945年の米軍空襲により旧市内の7割が焼失し、多くの文化財も失われた。千波湖南の台地上には水戸藩から帝室林野局に移管された国有林が広がっていたが、戦後は開拓地となる。陸軍東部37部隊跡地には茨城大学が開学した。周辺の町村を合併しつつ、1955年には人口11万を超える。高度経済成長期には水戸駅南の千波湖を埋め立て、市庁舎などを城南地区へ移転した。また、市内電車の廃止、城下町特有の街路の拡幅などにより、モータリゼーションが進行していく。市街地の卸売業者は、1971年に笠原町の卸売団地に移転した。1986年の国道50号線水戸バイパスの開通で市南部の宅地化が進み、バイパス沿いに大型商業施設が増加した。一方、中心市街地では芸術館などの文化施設が開館した。1999年、県庁舎が三の丸から笠原町に移転、衰退が懸念される中央商業地域（CBD）の南町、泉町、大工町では再開発が進行中である。（小野寺淳）

図38-1　1905年（明治38）のつくば地域　（5万分の1地形図「土浦」明治38年測図、原寸）

38. つくば

　筑波研究学園都市建設の端緒は1961年（昭和36）である。同年、東京の過密防止のために官庁等の集団移転促進が閣議決定され、1963年にその移転先として茨城県筑波地域に研究学園都市を建設することが決定した。1970年に筑波研究学園都市建設法が成立して、新都市の建設が開始された。計画された新都市は、建設法制定当時の行政区画名でいえば新治郡桜村（図38-1の時点では栄村）をはじめとする3郡6町村にまたがるものであった。この6町村は1987年以降合併してつくば市となり、人口は約20万人を数えるに至っている（2007年）。

　筑波研究学園都市の中で、多くの教育・研究機関が集中的に建設された範囲を「研究学園地区」とよぶ（建設法第2条）。図38-2において、学園東大通りと学園西大通りにはさまれた地区を中心として、その外側約500mから1,500mほどまでの区域が「研究学園地区」である。地図では、上記2本の大通り付近に大学や研究機関が立地し、域内交通のための道路が幾何学デザイン状に配置された様子が示されている。

　筑波研究学園都市が建設される以前のこの地域は、

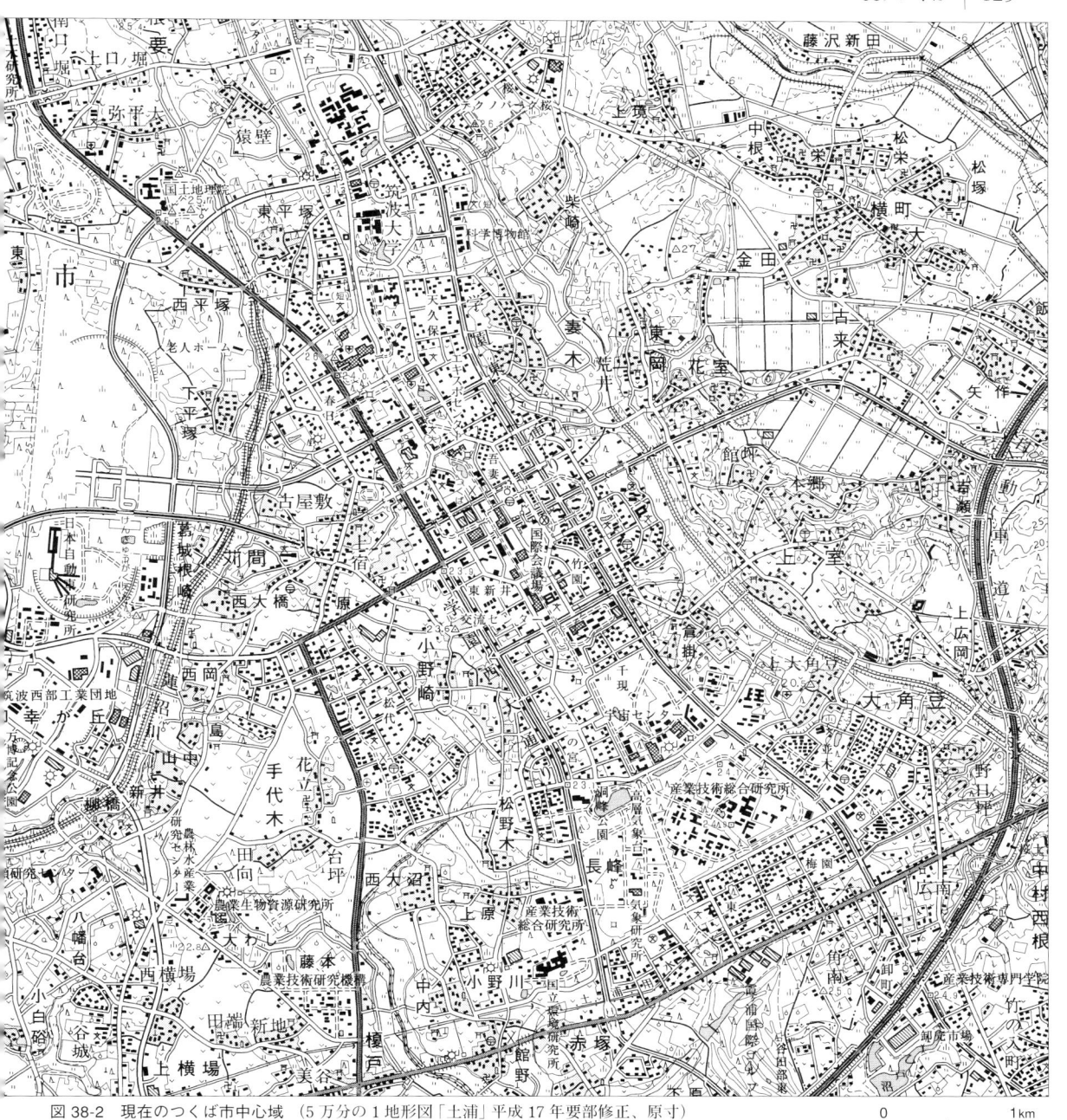

図38-2 現在のつくば市中心域（5万分の1地形図「土浦」平成17年要部修正、原寸）

純農村であった。「研究学園地区」は、筑波台地あるいは稲敷台地とよばれる標高25mから30mほどの平坦な台地上で、平地林が広がる地域に建設された。図38-1と図38-2を対比すると、「研究学園地区」はできるだけ水田を避け、かつ既存集落をも避けて設定されたことが読み取れる。

図38-1では、平地林は針葉樹が卓越するように描かれている。たしかにマツ林も多かったが、実際には記号に表れないクヌギ、ナラなどの広葉樹を含む雑木林が随所に存在していた。これらの林は薪炭林として、また堆肥用刈敷収集の場として住民に活用されていた。ところが、1960年代以降、電化製品やガスの普及により薪炭の需要が激減し、また化学肥料の普及により堆肥の利用が減少した。高度経済成長期を境とするこのような生活変化により、平地林の経済的価値が急落した。ちょうどその時期に研究学園都市開発の話が持ち上がった。そのため、住民としては所有する林地を手放す際の抵抗感が小さかったといえる。

筑波研究学園都市は域内の主要交通手段が自動車であるが、長らく域外との交通が不便であった。2005年に東京都心部と直接結ばれる鉄道（つくばエクスプレス）が開通し、交通の便が改善された。　（小口千明）

図39-1　1905年(明治38)の石岡町（5万分の1地形図「石岡」「高濱」明治36年測図、「土浦」明治38年測図、大正7年鉄道補入、「真壁」明治38年測図、原寸）

39. 石　岡

　図39-1・2は、旧石岡市の大半と旧千代田町(現かすみがうら市)の北西部の地域である。石岡は常陸国の国府が置かれた地で、その歴史の舞台は旧八郷町(現石岡市と合併)との境にある龍神山の麓から霞ヶ浦に向かって延びた細長い台地であった。図の右下には関東地方で第二の規模を誇る舟塚山古墳(前方後円墳、全長186m)や、茨城県名の起源となった「茨城」の地名がみえる。この台地が霞ヶ浦に面する高浜入り付近(国府の外港)からは、恋瀬川を眼下に、西方に美しい筑波山が望める。

　明治期の石岡周辺は、国府が置かれた旧市街地を囲むように畑地や水田が分布し、その外側には広大な平地林が残されていた。街路が東西南北にはしる旧市街中心部から四方に交通路が開け、図幅の旧千代田町西野寺と東野寺の間に旧鎌倉街道が通じ、西側には一里塚を残す近世の陸前浜街道(旧 水戸街道、現 国道6号)、東側には高浜を経由して1896年(明治29)に開通した常磐線(現 JR常磐線)が見える。

　近代石岡の産業は、酒造や味噌・醤油などの伝統的な醸造業に加え、大正期には製糸業が発展した。昭和

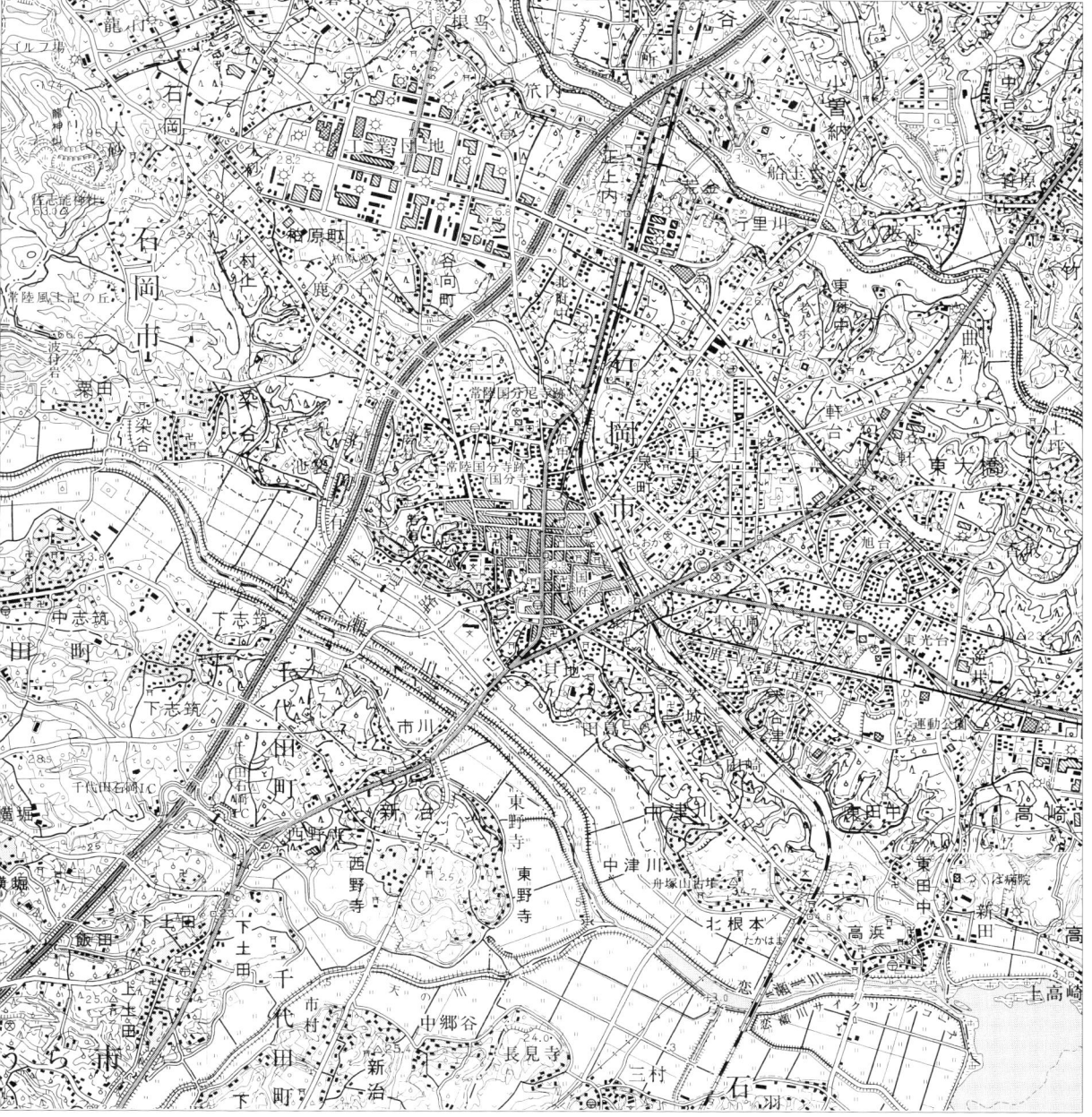

図 39-2　現在の石岡市（5万分の1地形図「石岡」平成13年修正、「玉造」平成11年修正、「土浦」平成17年要部修正、「真壁」平成8年修正、原寸）

初期の不況期には地主層を中心にクリ栽培が普及し、今日の全国一のクリの産地形成が始まった。このような産業の発展により、石岡は商都として繁栄した。常陸国総社宮の鎮守の祭りとして引き継がれてきた「石岡のおまつり」のいまの形はこの時期につくられたものである。

戦後、常磐線の電化（1961年、上野〜水戸間）、国道6号の舗装（1963年）が進み、一方では平地林を開発した柏原工業団地の造成（1972年）や住宅地化が進んだ。恋瀬川沿いの低地では河川改修と水田の圃場整備が、台地では従来の桑畑や穀類中心の土地利用からクリとナシを主とした果樹栽培が盛んになり、観光農業が進展した。1982年（昭和57）には、恋瀬川の南北に通ずる常磐自動車道が開通、旧千代田側に千代田・石岡インターチェンジができ、石岡の玄関口として期待された（図39-2）。しかし、現在の旧市街にはかつての商都の面影はなく、市域の人口は合併した旧八郷町と合わせても8万2,302人（2007年）にとどまっている。周辺農村と商都との関係は分断され、この地域全体で兼業化が進行している。ただ、歴史のロマンあふれる石岡の特性と、周辺地域には豊かな自然が残されていることから、新しい飛躍の潜在力は残している。（元木　靖）

図40-1　1906年(明治39)の日立村（5万分の1地形図「太田」明治39年測図、原寸）

40. 日　立

　日立の近代鉱山は、1905年(明治38)、久原房之助が赤沢鉱業を譲り受けてからである。1906年、日立鉱山は、宮田川上流で第1立坑を開さくし、銅品位4.4％の良質鉱を産出した。京浜市場まで常磐線(1897年開通)で約140kmの位置にあり、東北の鉱山から京浜までの中間点などの優位性を活かし、1908年には、中流の大雄院地区に買鉱を含む中央式製錬所を建設した。創業わずか7年で、鉱業から電気機械工業部門にまで触手をのばした。第一次世界大戦の好景気で、従業員は最大時、約8,100人、鉱山人口は2.5万人(1920年)を数えた。1943年(昭和18)に産銅量1.6万トンと最高を記録した。

　大雄院製錬所が自山鉱の2倍以上を製錬したため、亜硫酸ガスは周辺4町30ヵ村にわたって被害を与えた。そのため1914年(大正3)、当時東洋一の大煙突(高さ156m)を完成させ、煤煙の大気拡散を図った。これは、わが国公害対策の第1号となった。

　日立製作所は、宮田川上流の本山地区で日立鉱山工作課電気機械修理場として発祥した。しかし、小平浪平ら国産化を夢見る技術者たちは、1909年にわが国初

図40-2 現在の日立市（5万分の1地形図「日立」平成5年修正、原寸）

の電動機3台を製作し、1910年に下流域の芝内地区に山手工場を開設した。1920年（大正9）には日立製作所として独立した。1923年の関東大震災で大量の注文が舞い込み、1930年には重電機器製造の海岸工場を設立した。その結果、日立には2大企業からなる銅・電機コンビナートが形成された。1939年（昭和14）、日立は人口7.4万人で市制を施行した。

第二次世界大戦によって、日立市の工業は大打撃を受けたが、戦後、復興した。だが、1963年（昭和38）の貿易の自由化で日立鉱山は経営を悪化させ、1973年に採鉱部門、1976年に日立製錬所、1981年には子会社日立鉱山（株）を閉山し後退した。

日立市は、総合電気メーカーの工業都市へと性格を変え、人口は1985年に最大の20.6万人に達した。しかし、石油危機、IT産業への技術革新によってダメージを受け、日立製作所の主力工場は軽電機器中心の神奈川地区に移った。日立市の人口は、企業後退、従業員家族の転出、下請工場の倒産などによって、19.5万人に減少したものの、水戸市、つくば市に次いで茨城県下第3位の都市である。現在、日立駅前の再開発、都心づくりと商圏の拡大、中小企業の自立、産・学・官による共同研究などを企図している。　　（岩間英夫）

図41-1　1903年(明治36)の鹿嶋地域（5万分の1地形図「鹿嶋」明治36年測図、×0.8）

41. 鹿島臨海工業地域

　茨城県南東部に位置する鹿嶋市および神栖市は、太平洋(鹿島灘)、北浦・逆浦、利根川に三方を囲まれた水郷地帯である。国末集落を境に北部は海抜40m程度の常総台地と侵食谷、南部は砂質の沖積低地が広がる。図41-1からは、排水路として開削された堀割川(居切堀)や、現在は鹿島湾の一部となっている神之池も確認できる。

　鹿島・神栖は、古くからの水上交通の要所であり、また官幣大社である鹿島神宮が鎮座することでも知られる。しかし、鉄道交通が主流となった明治期以降、同地域は近代化から取り残される。1903年(明治36)当時の鹿島・神栖地区は、水田やマツ林の広がる農村地域であった。地引網漁も盛んであり、海岸線には粟生濱、国末濱、泉川濱などの納屋集落がみられる。

　一方、鹿嶋町鹿嶋では、鹿島神宮を中心とした計画的な地割りがみられる。神宮の大鳥居や、神宮本殿から続く門前町・大町通り、なまずの頭を押さえつけていると伝えられる要石、禊ぎに用いられる御手洗池なども、地図から確認することができる。

　図41-2は現在の鹿嶋市・神栖市を示す。1963年(昭

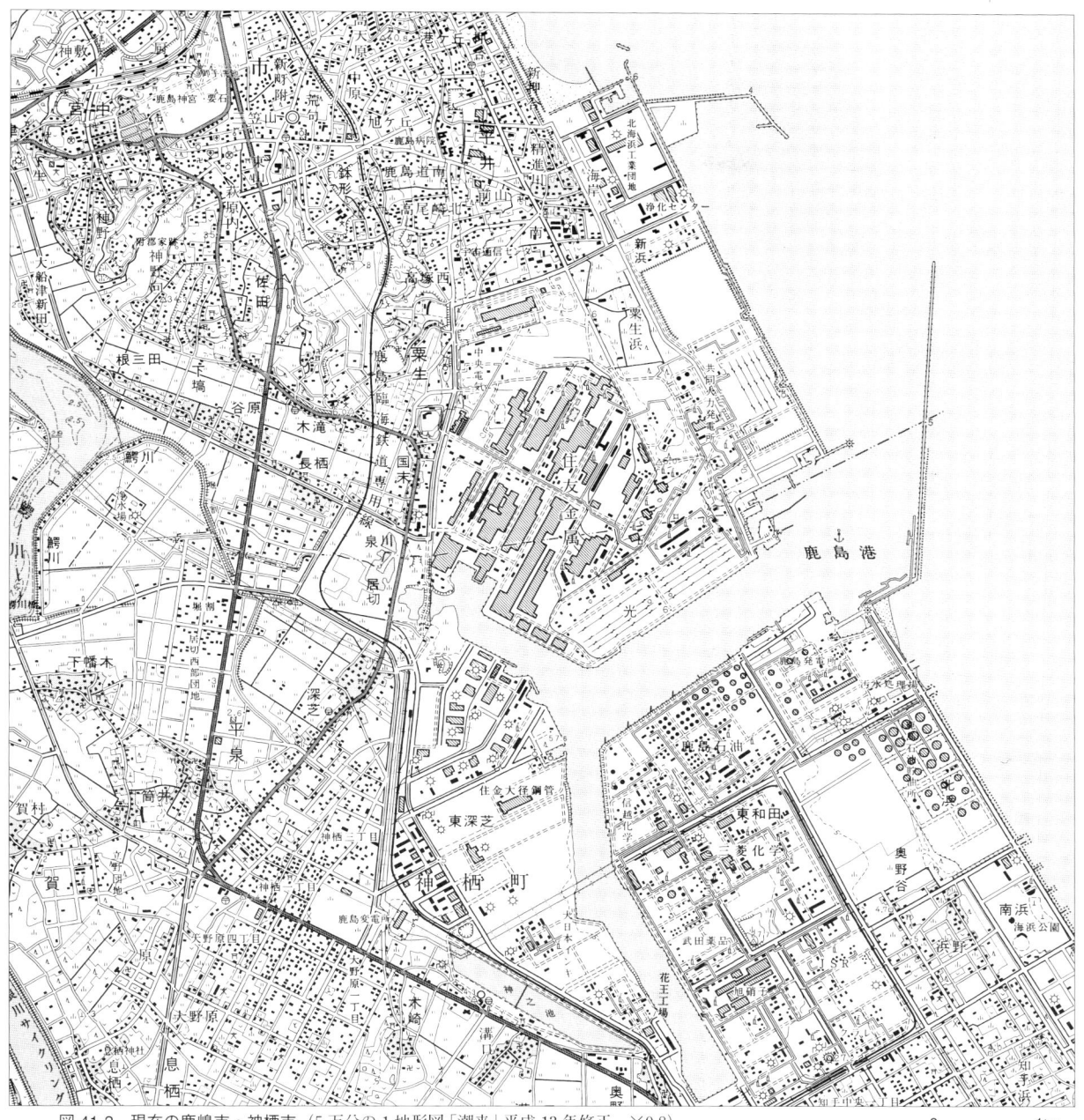

図41-2　現在の鹿嶋市・神栖市（5万分の1地形図「潮来」平成13年修正、×0.8）

和36)に全国総合開発計画の工業整備特別地域に指定されたことにより、寒村であった鹿島・神栖地区は臨海工業地帯として大きく変貌した。沿岸部にはY字型の掘り込み港が建設され、大規模な工業地区の造成が進められた。関東市場への近接性に優れた同地区には、鉄鋼の住友金属、石油化学の三菱化学(旧 三菱油化)などの大企業が相次いで進出し、茨城県下有数の工業地域を形成した。

臨海工業地域の開発により、同地区におけるインフラ整備も急速に進んだ。1970年のJR鹿島線開設を皮切りに、鹿島臨海鉄道や鹿島鉄道(2006年廃線)が次々に設置された。東関東自動車道も北浦西岸まで延びており、陸の孤島であった鹿嶋・神栖の近接性は飛躍的に向上した。さらに、地図中央を南北に走る国道124号線沿いには大型店が集積し、郊外型商業地区を形成している。

鹿嶋・神栖地区はJリーグ鹿島アントラーズの本拠地であり、サッカーを通じたスポーツ振興の先進地としても有名である。2002年にはワールドカップの会場にも選ばれた。スポーツ振興に関する両市の取り組みは、全国の地方自治体の見本ともなっている。

(岩間信之)

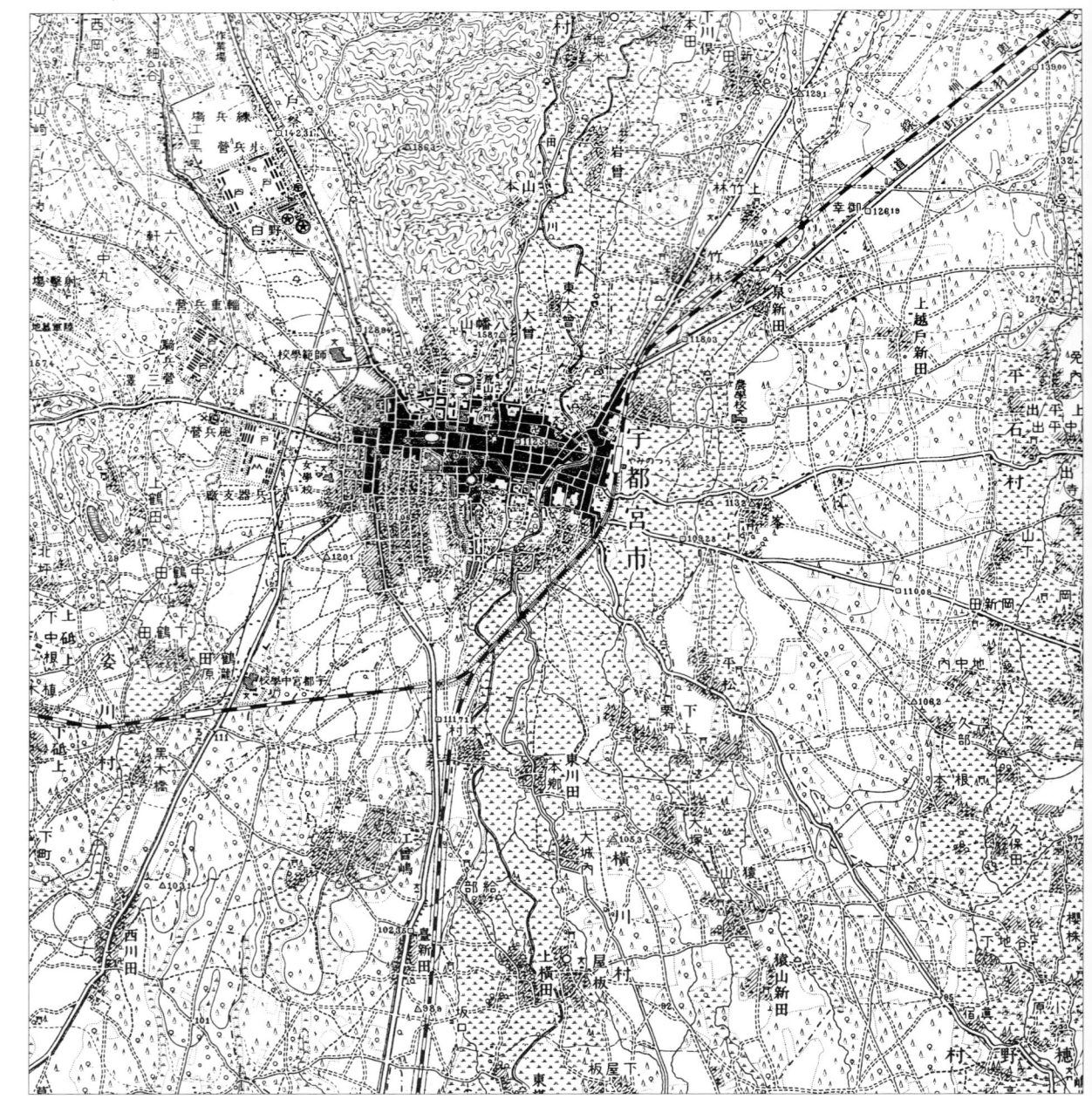

図42-1　1909年(明治42)の宇都宮市（5万分の1地形図「宇都宮」明治42年補測、×0.85）

42. 宇都宮

　宇都宮は、その名の由来となる宇都宮大明神(現 二荒山神社)の門前町を起源とする。同明神の祭祀を司り500年余り当地を支配した宇都宮氏の改易ののち、居館であった宇都宮城と城下は、17世紀前半に城主を務めた本多正純と奥平忠昌の時代に、防備と街道の通行を重視した近世的な構造に生まれ変わった。

　1884年(明治17)に栃木町からの県庁移転により人口2万人弱の県都となった宇都宮は、1896年(明治29)の市制施行を経て、1909年には第十四師団が設置され、人口4.7万人に増加した(図42-1)。都市構造は近世から大きな変化はなく、市街地は奥州街道に沿って東西に伸びているが、鉄道が大宮・宇都宮間(1885年)、宇都宮・黒磯間(1886年)、宇都宮・日光間(1890年)で短期間に開業した。陸羽街道(1888年)、砲兵営と師団司令部を結ぶ軍道(1908年)などの直線道路も建設された。また、当時の産業施設として、田川および釜川沿いに設けられた精米・製粉用水車と、大谷石を運搬するため4路線をもつ人車鉄道が注目される。

　市街地化は、1943年の中島飛行機(現 富士重工業)の進出や1950年代にかけて施行された土地区画整理事

図 42-3　現在の宇都宮市（5 万分の 1 地形図「宇都宮」平成 7 年修正、×0.85）

業、戦災復興の公営住宅建設などに規定される。まず、師団跡地を含む北西郊および東武鉄道沿線の南西郊で住宅地化が進展した。つづいて首都圏整備法のもと、東部台地上の平地林や開拓地に、1961 年以降宇都宮（平出）・瑞穂野・清原の 3 つの工業団地が造成され、東郊の住宅地化を促した。これら新市街地と北部丘陵上の大規模住宅団地は、1970 年代半ばにかけて年率 2〜3％という人口増加の受け皿となった。

今日の市街地は総延長 34.4 km の宇都宮環状道路（1996 年全線開通）の内側をほぼ満たし、これに交差する放射道路に沿って外側へ張り出している（図 42-2）。

放射環状型の道路ネットワークが郊外化を加速させた結果、市中心部では 2000 年以降百貨店の閉鎖が相次ぎ、シンガー日鋼跡地のベルモール、中心部から約 9 km 南のインターパークなど、高い集客力を誇る郊外商業地区と明暗が分かれている。

宇都宮市は 2007 年に隣接する河内町、上河内町を合併し、北関東初の 50 万都市となった。市東部および芳賀町の工業団地に向かう交通渋滞の緩和を目的として、現在宇都宮テクノポリスセンター地区までの 15 km 区間に新交通システム（LRT）を導入する計画が検討中である。

（若本啓子）

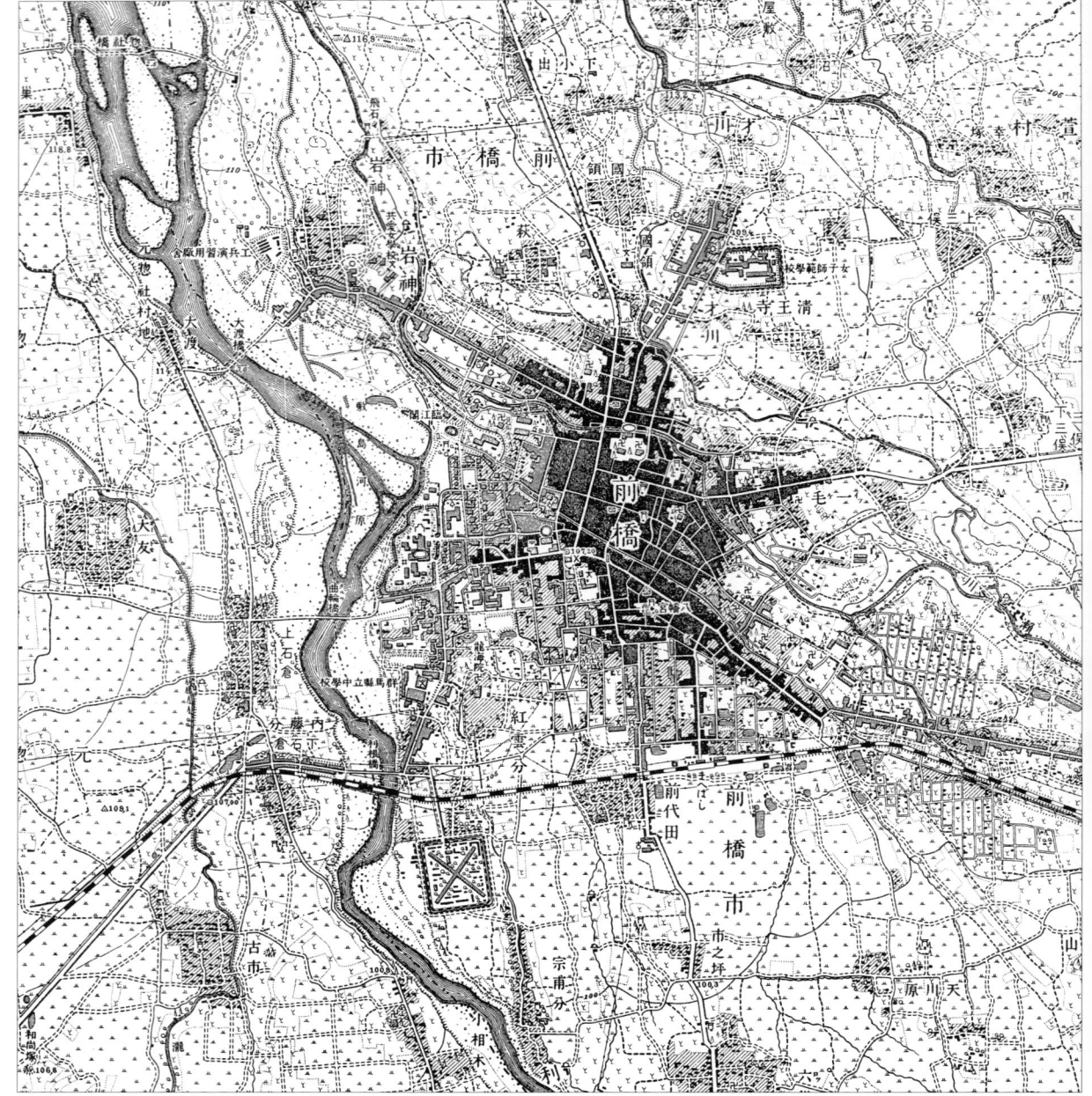

図43-1　1907年(明治40)の前橋市（2万分の1地形図「前橋」「金古」明治40年測図、×0.8）

43. 前　橋

　前橋は城下町を基盤とする都市である。15世紀後半に、厩橋城がつくられたとされ、この場所が関東の戦略上の要地にあったため、上杉、北条、武田氏らによって攻防が展開された。1601年(慶長6)から約150年は酒井氏の支配にあり、城下町として整備が進み、厩橋から前橋へと改称された。市場町としても栄え、幕末には17万石の城下町であった。

　群馬県設置後、群馬県庁は、前橋と高崎の誘致合戦で移転を繰り返した。1876年(明治9)に高崎から前橋に仮県庁が移転し、1881年になって前橋への設置が正式に決まった。図43-1では、堀と土塁に囲まれた本丸跡に県庁の建造物が描かれている。その東方に広がる旧武家屋敷地区には、前橋地方裁判所、前橋市役所などの公共施設が多い。図43-1のほぼ中央にみえる107 mの水準点付近が旧大手門のあったところで、そこから東南に向かう道に沿って連なる街並みが本町である。今日においても、この本町付近が前橋の中心業務地区となっている。

　鉄道については、上野からは1884年に利根川西岸まで到達、小山からは1889年(明治22)に前橋駅まで開

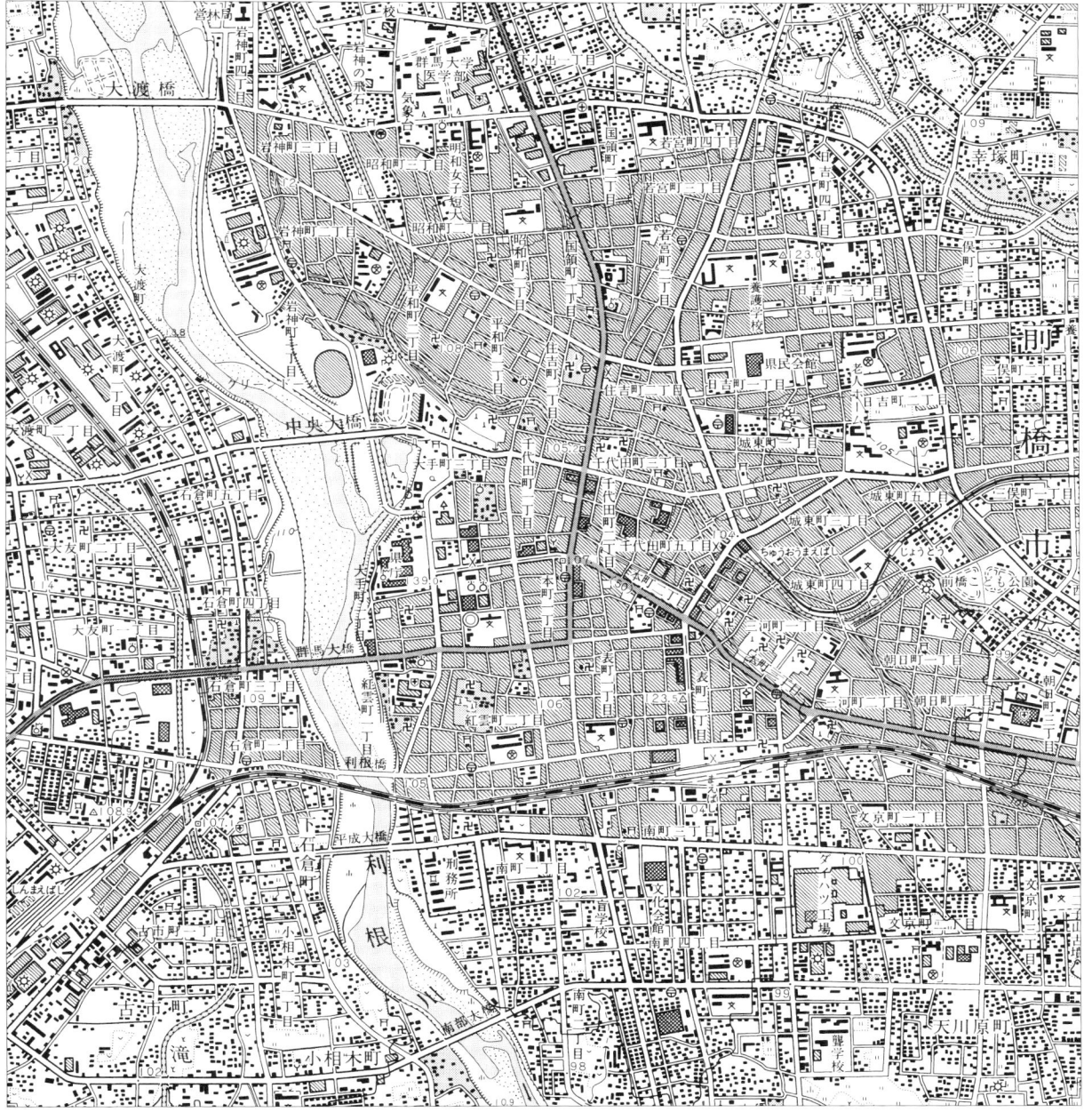

図 43-2　現在の前橋市（2万5,000分の1地形図「前橋」平成9年部分修正、原寸）

業、同年末には利根川へ架橋され、現在の高崎線・両毛線が全線開通した。これにより、周辺の機業地が結ばれ、前橋の中心産業であった製糸業もより発達した。図43-1では、市街地北部、岩神・国領地区などに工場がみえる。なお、鉄道の南、利根川東岸には前橋監獄（現在の前橋刑務所）があり、十字放射型に配された監房の形態が読み取れる。この雑居房の一部は、博物館明治村に移築・保存されている。

図43-1と図43-2を比べてみると、市街地が大きく拡大していることがわかるが、都市の基本構造は、ほぼ踏襲されているといってよい。前橋は第二次世界大戦の敗戦間際に空襲を受け、中心市街地の約8割を焼失した。戦後は、戦災復興土地区画整理事業をはじめ、積極的に土地区画整理事業が進められ、整然とした街区が形成された。

図43-2でわかるように、利根川西岸においても市街地が拡大したが、利根川に複数の橋が架けられ、道路で結ばれたことにより、新旧の市街地の一体化が進んだ。また、1999年に竣工した群馬県庁は、33階建ての高層ビルで、その北側に位置するグリーンドーム前橋（1990年竣工）とともに、街のランドマークとなっている。

（関戸明子）

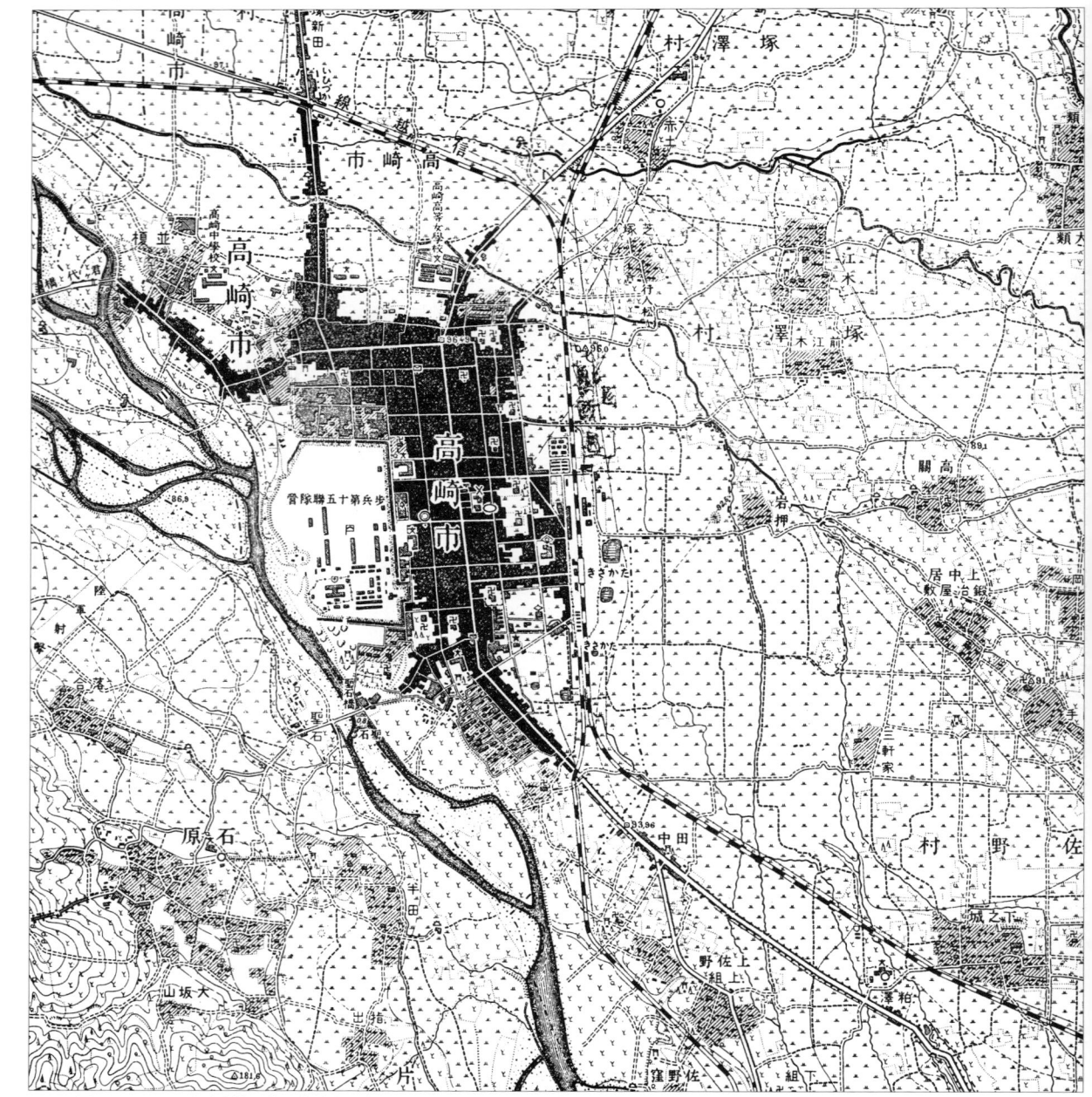

図 44-1　1907 年(明治 40)の高崎市　(2 万分の 1 地形図「高崎」「前橋」「板鼻」「安中」明治 40 年測図、×0.8)

44. 高　崎

　高崎は関東平野の北西端、東京から 100 km にある。地形的制約から古来、中山道(長野・北陸方面)・三国街道(新潟方面)などの主要交通路が通じ、関東(東京)と日本海地域を結ぶ交通の要衝として発達した。また、戦後いち早く群馬交響楽団や市立の高崎経済大学を設立し、全国的な映画祭を催す文化都市でもある。

　高崎の都市的発達は、1600 年に徳川四天王の一人井伊直政が烏川・碓井川の合流点に城を築いたことに始まる。江戸時代の高崎城下は中山道随一の商都として栄え、「お江戸見たけりゃ高崎田町」と謡われた。

　ここは明治政府の財政基盤を支えた蚕糸業の拠点地域で、高崎の南西 13 km に日本初の官営富岡製糸場、東南 11 km に官営新町紡績所が造られた。また、陸軍歩兵第 15 連隊が城跡に置かれ、明治の高崎は商都・蚕都に加え、軍都でもあった。

　日本鉄道の東京～高崎間(現 JR 高崎線)は、1884 年(明治 17)に開通し、高崎駅が城下町起源の市街地東端に設置された。また駅と旧市街地が新道により一体化を見る。その後、高崎駅には信越本線・両毛線・上越線・八高線・上信電鉄線が通じ、さらに上越新幹線

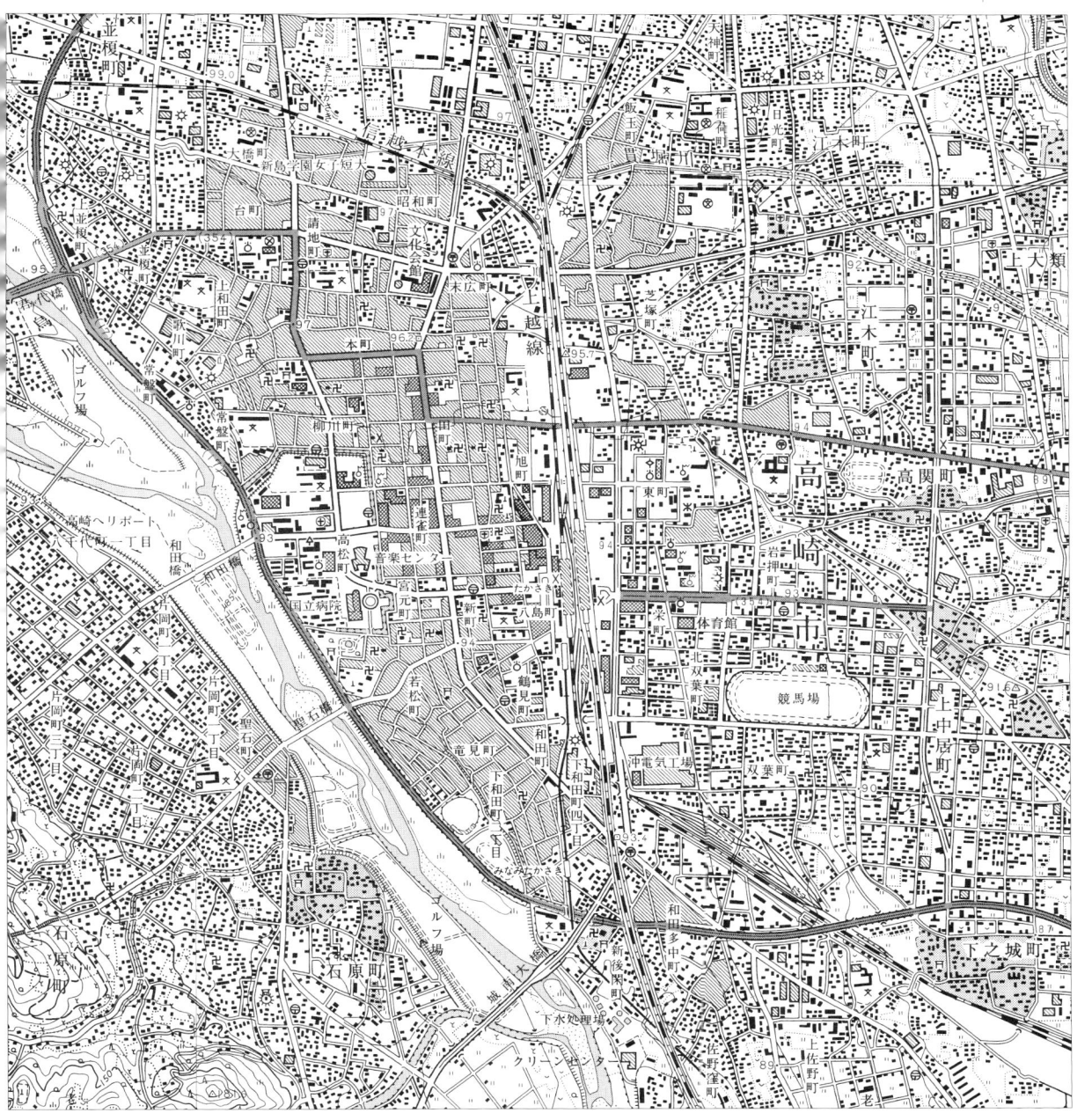

図 44-2　現在の高崎市　（2 万 5,000 分の 1 地形図「高崎」平成 13 年修正、「前橋」平成 9 年部分修正、「下室田」平成 13 年修正、「富岡」平成 13 年修正、原寸）

　(1982 年)・北陸新幹線(1997 年)の分岐駅にもなった。また、高崎から放射状に国道 17・18 号などの道路が延び、関越・上信越・北関東の 3 高速道路も繋がる。

　高崎は首都圏都市開発区域に指定され、1960 年(昭和 35)前後から都市化が進展した。その原動力は、市街地北部の大八木工業団地(図外)や南東部の倉賀野工業団地(図外)である。また、市街地北部の問屋町(図外)は、中心商業地の卸業者を集団移転させた日本最初の卸業団地で、1967 年に開設された。この団地も今日では構造転換と再開発が進展する。

　高崎は平成の合併で 34 万都市になったが、関越自動車道をほぼ境に北東部には人口 32 万の前橋市が隣接する。両市役所間の距離は 9 km で、東京・池袋〜渋谷駅間の距離に過ぎない。そのため明治期には分離独立していた両市街地は、連続一体化している。高崎・前橋を中心とする群馬県央部の連続市街地には、仙台や広島より小さな面積に 100 万人を超す人口が集中し、行政が一体化すれば政令市の誕生となる。しかし、江戸期に譜代・親藩・天領の小領国の入り乱れた地域であるため、社会経済的な一体化は進むが、文化的多様性が大同合併を妨げている。

(戸所　隆)

中部地方

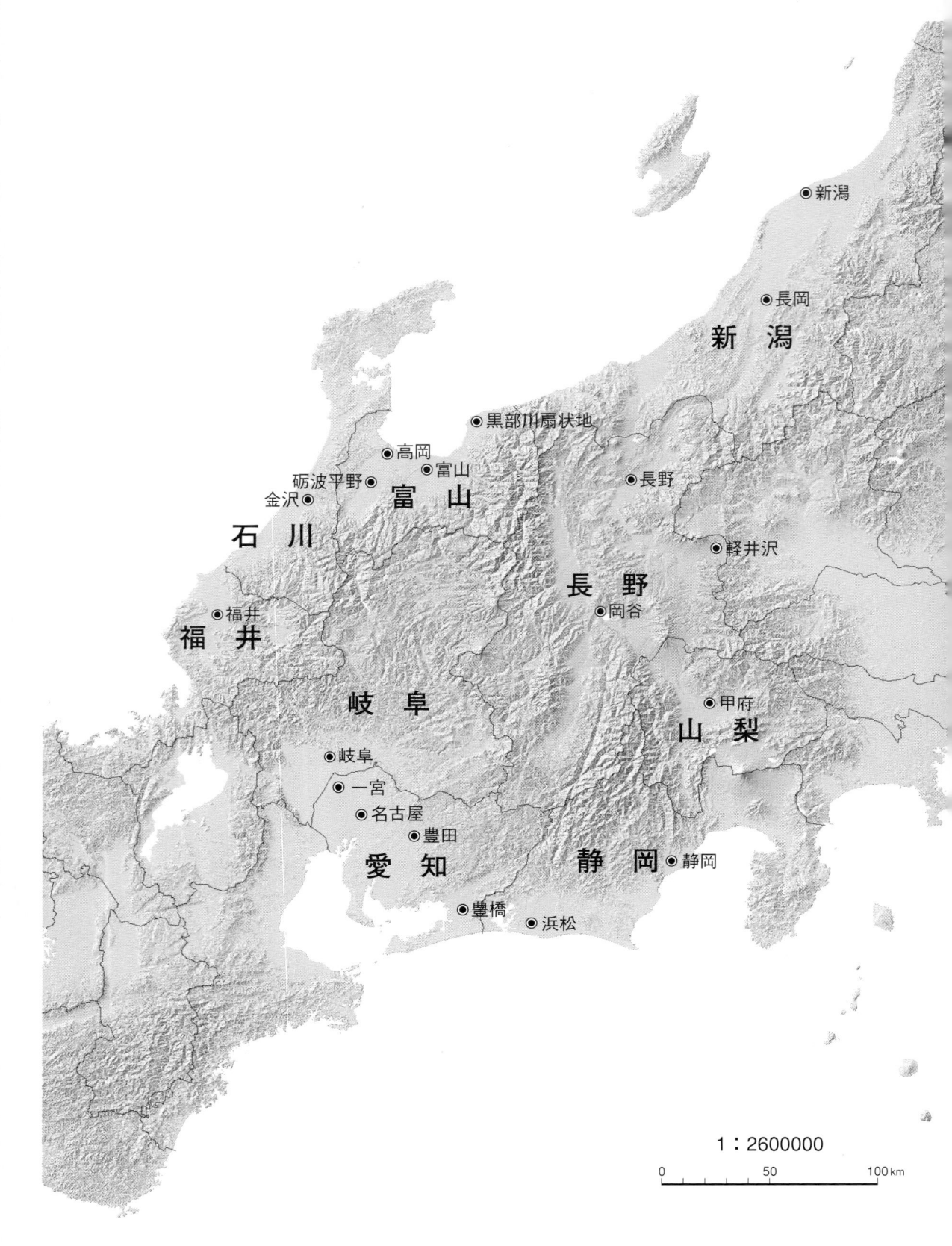

- 新潟
- 長岡
- 新潟県
- 黒部川扇状地
- 高岡
- 富山
- 砺波平野
- 金沢
- 富山県
- 石川県
- 長野
- 軽井沢
- 長野県
- 福井
- 岡谷
- 福井県
- 甲府
- 岐阜県
- 山梨県
- 岐阜
- 一宮
- 名古屋
- 豊田
- 愛知県
- 静岡県
- 静岡
- 豊橋
- 浜松

1 : 2600000
0　50　100 km

中部

45. 名古屋 140
46. 一　宮 146
47. 豊　田 148
48. 豊　橋 150
49. 岐　阜 152
50. 浜　松 154
51. 静　岡 158
52. 甲　府 160
53. 長　野 162
54. 岡　谷 164
55. 軽井沢 166
56. 新　潟 168
57. 長　岡 170
58. 富　山 172
59. 高　岡 174
60. 黒部川扇状地 176
61. 砺波平野 180
62. 金　沢 182
63. 福　井 184

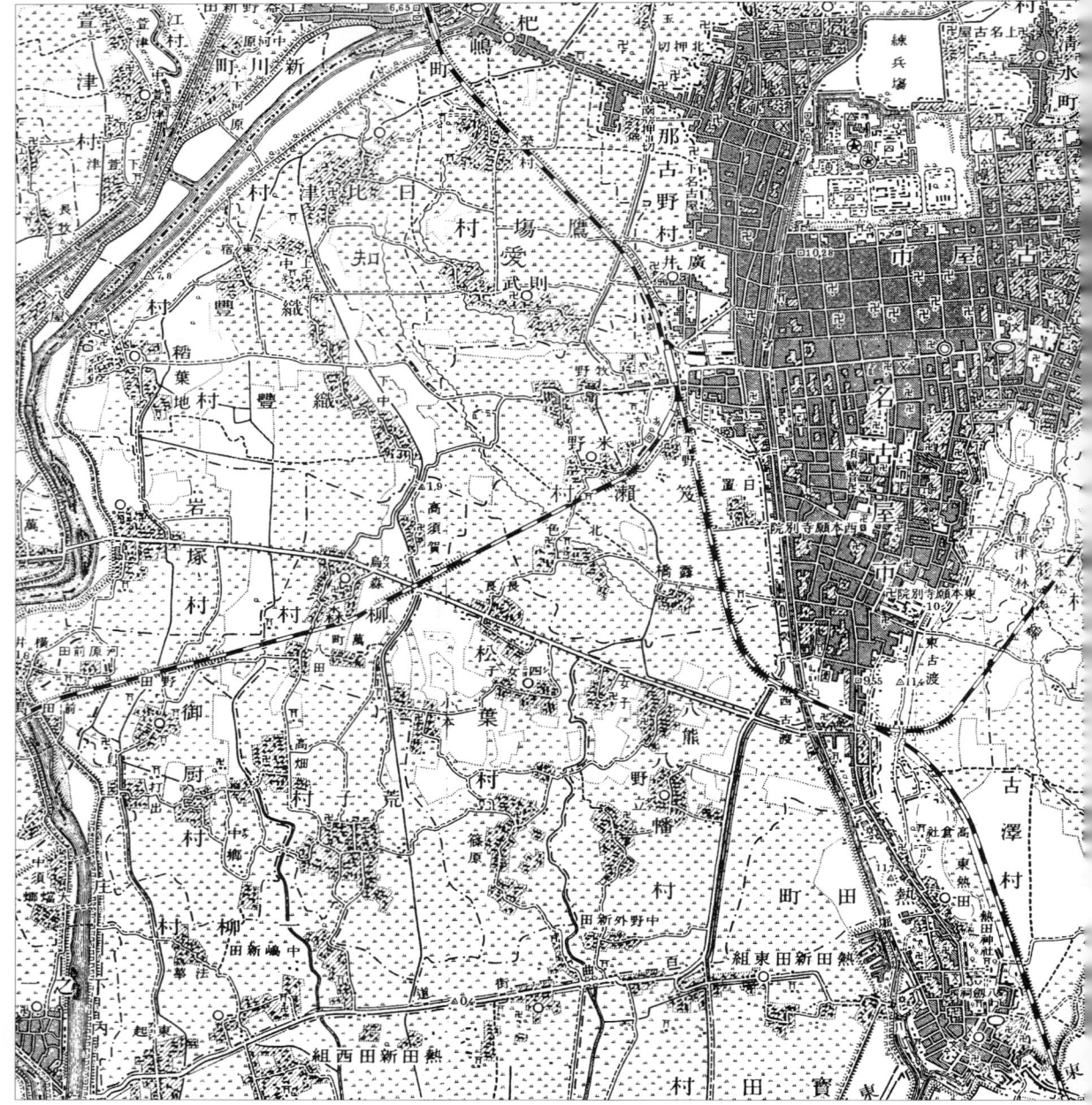

図 45-1　1891 年（明治 24）の名古屋市　（5 万分の 1 地形図「名古屋市」「熱田町」「瀬戸村」「挙母村」明治 24 年測図、原寸）

45. 名古屋

　北の名古屋城と南の熱田神宮を二つの核として、名古屋は近世、近代、現代という時代を生きてきた。それぞれの時代を代表する文化や景観は、もちろんそのつど生み出されてきたが、すべての時代を通して名古屋を形成してきたのは、城と宮である。この両者を中心に名古屋の歴史地理を語ってみたい。
　古く、平安時代末に「那古野庄」と名古屋の地が歴史に登場するが、本格的に名古屋の街が形成されるのは 1610 年（慶長 15）の清洲越しを契機としてである。

これは、徳川家康がわが子義直を尾張新領主にするために名古屋城の築城に着手し、南面に市街を開いて松平忠吉の城下清洲（現 清須市）から町人、寺社を移動させたことをいう。以来、近世を通じて徳川三家の尾張藩 61 万 9,500 石の城下町として繁栄する。その間、1660 年（万治 3）の大火は都心部を灰にしたが、木戸の増設、市境の確定などの都市計画が進められ、火災時の避難を考慮し広小路の開発も行われた。寛文年間（1661〜73 年）から元禄年間（1688〜1704 年）にかけて、街区はとくに南の熱田方面に延びた。
　1730 年（享保 15）に自由な気風の徳川宗春が藩主とな

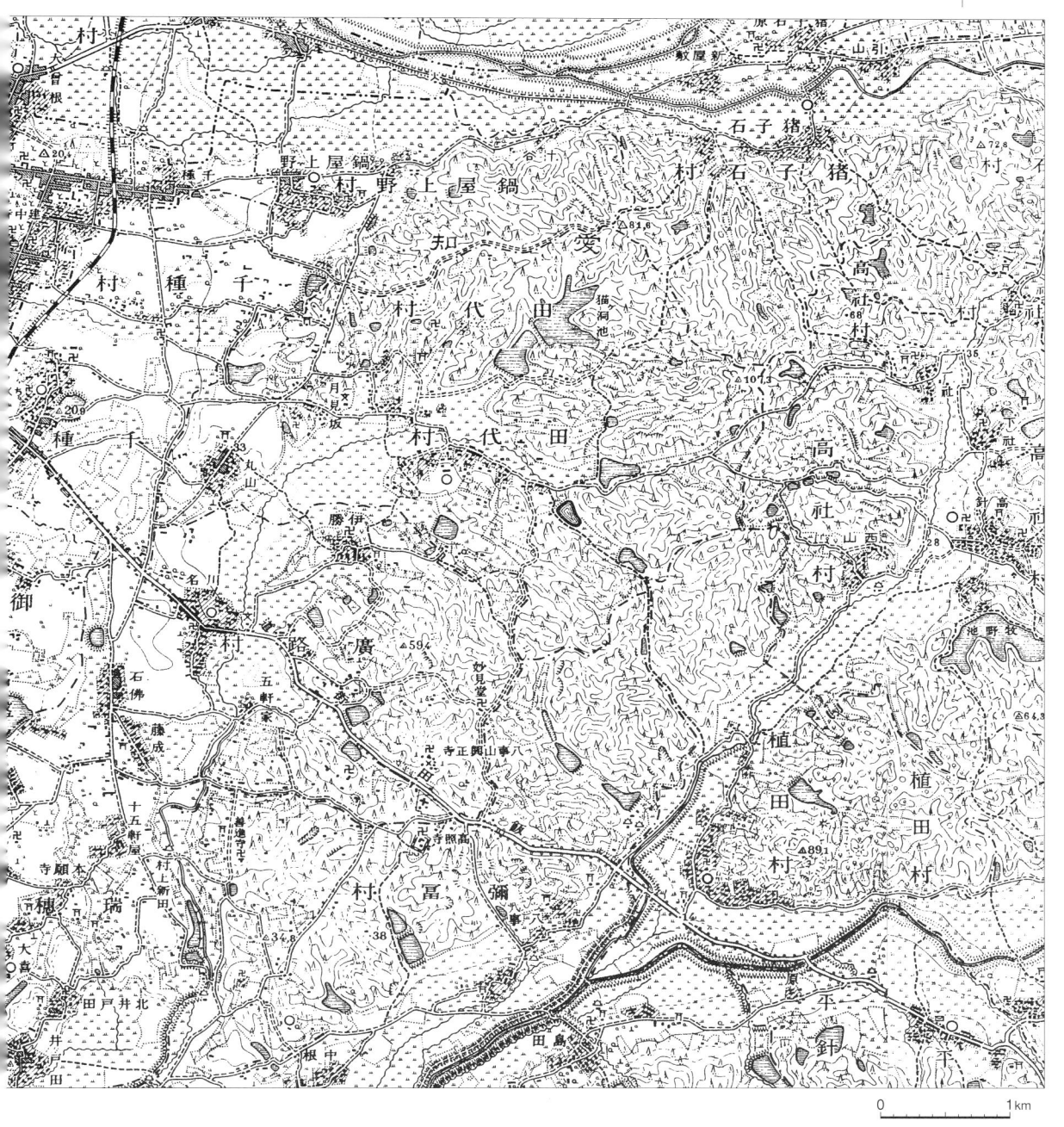

り、芝居小屋を建て、商工業を振興するなど、積極的な経済成長政策の結果、三都に次ぐ有数の大都市に発展し、芸所として知られるようになった。もっとも天明年間（1781〜89）以降不況にみまわれることが多く、米価高騰、藩札整理、長州征伐に伴う軍費支出は町民の負担を増大させ、町勢は停滞した。

町地は町中、寺社門前、町続より成り、97の町で構成された。城を発し熱田に向かう南北の幹線道路である本町筋を軸に西部と東部に分かれ、南北の道筋を縦町、東西に走るそれは横町と呼んだ。街路が碁盤目状を呈する点から碁盤割りの町、上町と呼称し、それ以外の下町と区別された。この区画が明治以降も踏襲され名古屋の市街地景観の特徴となっている。

こうした近世都市、名古屋を色でイメージすると、それは名古屋城の金の鯱と宗春のきらびやかさからくる「黄金」であり、それは名古屋城と堀川、本町筋といった水陸両ルートで結びつけられた熱田神宮の町「宮」がもたらす「黄金」でもあった。三種の神器の一つ「草薙の剣」をもつ熱田神宮そのものの威光によるところが大きいが、実質的には尾張藩領の木曽川沿いの海東・海西郡および知多半島諸村からの年貢米は舟廻しですべて熱田経由で城下に向かい、魚介類は熱田の

図 45-2　現在の名古屋市　（5万分の1地形図「名古屋北部」「豊田」平成11年要部修正、「名古屋南部」平成12年要部修正、「瀬戸」

魚市場に集荷され、東海道を伝っての情報はまず熱田「宮の宿」に寄せられた。さらには熱田西部には尾張藩主の徳川義直が1647年（正保4）に起工させた広大な熱田新田、および熱田奉行の力で1800年（寛政12）に着工した熱田前新田が広がる。まさに名古屋は熱田抜きには繁栄しなかったのである。

　1872年（明治5）愛知県第1大区、78年名古屋区となり、89年市制施行。明治20年代から40年代にかけて東海道本線、中央本線、関西本線がそれぞれ全通し（図45-1）、1907年の名古屋港開港などによって東西の結節地としての性格を強めていった。中京工業地帯の核心をなす名古屋市一帯は、江戸時代からすでに日本を代表する織物と焼物の産地であった。こうした伝統工業を基礎として、明治時代に入って紡績を主とする繊維工業、時計製造を主とする機械工業が始まり、1904年（明治37）には輸出用陶器を扱う日本陶器が生産を開始した。その後、軽工業部門はますます栄えていったが、1930年代から40年代前半の軍需産業の時代を経て、第二次世界大戦後は急速に重化学工業化の道をたどった。

　こうした工業化のなかで、異彩を放つのが軍事施設の設営と軍事工場の出現である。「名古屋熱田明細地図

45. 名古屋 | 143

平成9年修正、原寸)　　　　　　　　　　　　　0　　　　　1km

(1902)」には、名古屋城内は、図45-1の地形図に示されていた練兵場とともに、司令部、歩兵第6連隊、騎兵第3連隊、野戦砲兵第3連隊、兵器具材料庫、衛戍病院などが配備され、外堀の外、東部に陸軍臨時建築部、陸軍地方幼年学校、南部に憲兵隊本部が置かれ軍事色が強まっている。さらに市街地東部の徳川邸横に陸軍墓地、カヤバ池東に陸軍省用地がある。

その後「黒」でイメージされる軍事色はますます強まり、明治時代末年の1912年までに、熱田神宮東の広大な敷地に東京砲兵工廠名古屋兵器製造所、同熱田兵器製造所が出来上がっており、名古屋駅と名古屋港を結ぶ貨物輸送鉄道「臨港線」も敷設された。城と宮の地が軍事面でも結びつきを強化していった時代といえよう。

ここでは、名古屋駅南部のナゴヤ球場(ナゴヤドームに移る前の中日ドラゴンズの本拠地)界隈の変貌を1920年の地形図(図45-3)と1945年のそれ(図45-4)とを比較してみたい。まず明治時代の1891年(図45-1)から1920年(大正9)までの大きな変化としては、名古屋電鉄の市内線で国鉄東海道線と平行して南北に走る江川線、および下之一色電気鉄道が開通し、それに伴う市街地化が進んだこと、さらには今のナゴヤ球場の地に

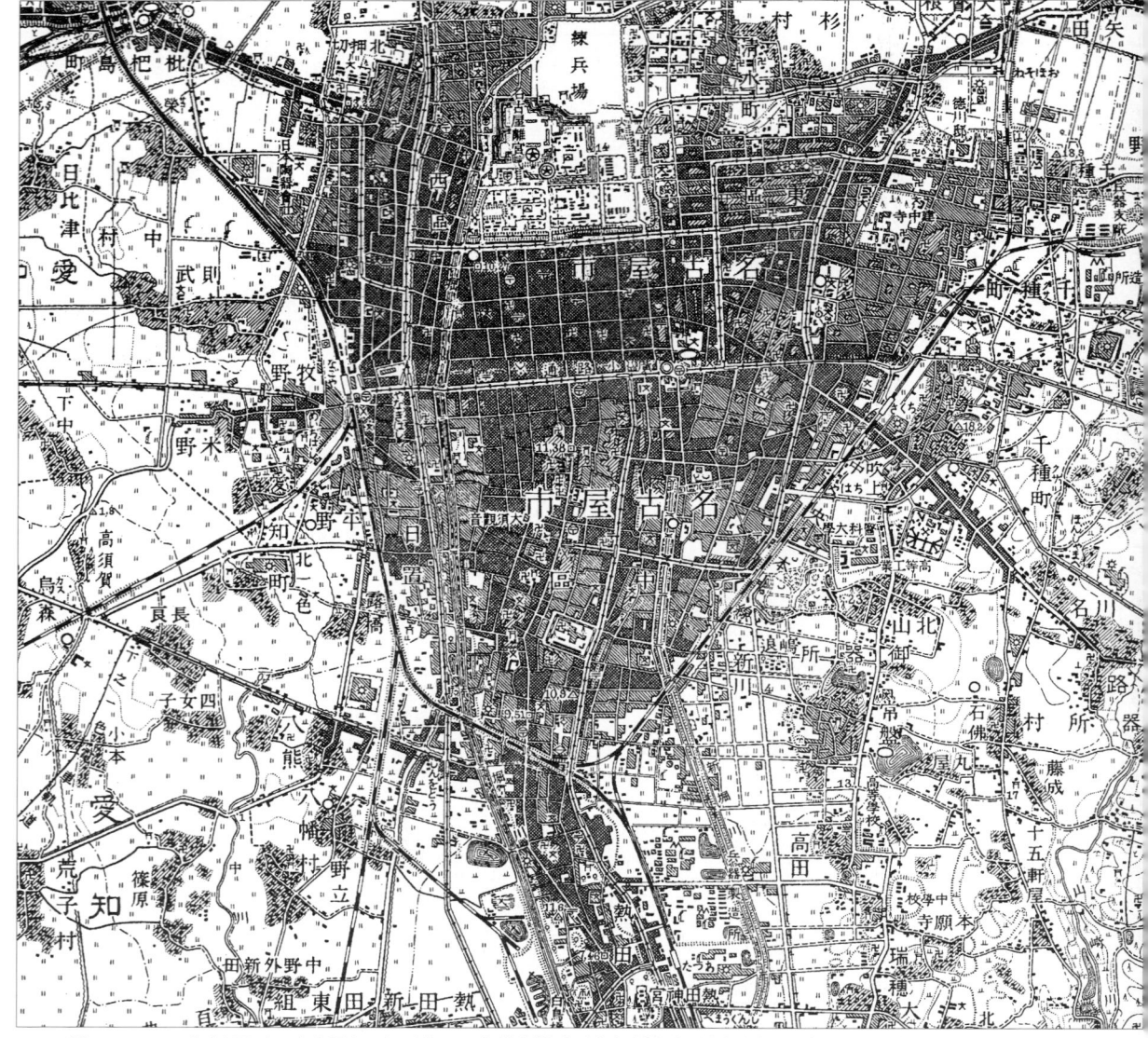

図45-3　1920年(大正9)の名古屋市　(5万分の1地形図「名古屋北部」「名古屋南部」大正9年修正、原寸)

名古屋紡績の工場ができ、西隣の北一色には菊井紡績の工場が進出するなど工業化が進んだことなどがあげられる。

その後、1945年にかけての最大の変化は中川運河の完成(1928年)である。これによって名古屋港と名古屋駅が結ばれ、工業都市名古屋が発展することとなった。1945年の地図は、その年8月に第二次世界大戦が終わったこともあって、爆撃を受けた地域が空白になっている。ナゴヤ球場の地にあった紡績工場も、東海道線、江川線界隈で順調に市街化が進んできたところも焦土と化している。

その一方で焼け残った住宅地区の道路網に注目してみると、碁盤の目状に区画されていることが分かる。これは昭和初期に各地区で耕地整理組合が結成され、それが実行された結果である。

さて、名古屋市域全体にもどってみると、1934年(昭和9)に人口100万を突破したが、第二次世界大戦の空襲により市域の4分の1に当たる約40 km²が焦土と化し、人口も50万にまで激減した。しかし、戦後の復興はめざましく、中区の矢場町(現 大須3丁目、栄3丁目)を中心に東西(若宮大通)とテレビ塔をランドマークとして南北(久屋大通)に走る100 m道路の建設、市街地にあった墓地の平和公園への移転など画期的な都市計画が実行され、人口も1950年(昭和25)には100万に回復した。まさに焦土と化し、真っ白になったキャンパスに大胆な都市プランを描いたわけである。このプランは地上のみにとどまらず地下にも活かされた。1957年に名古屋〜栄間の地下鉄が開通して以来、名古屋駅、栄駅一帯に大規模な地下商店街が形成された。現在、栄は地下鉄東山線と名城線の交点に

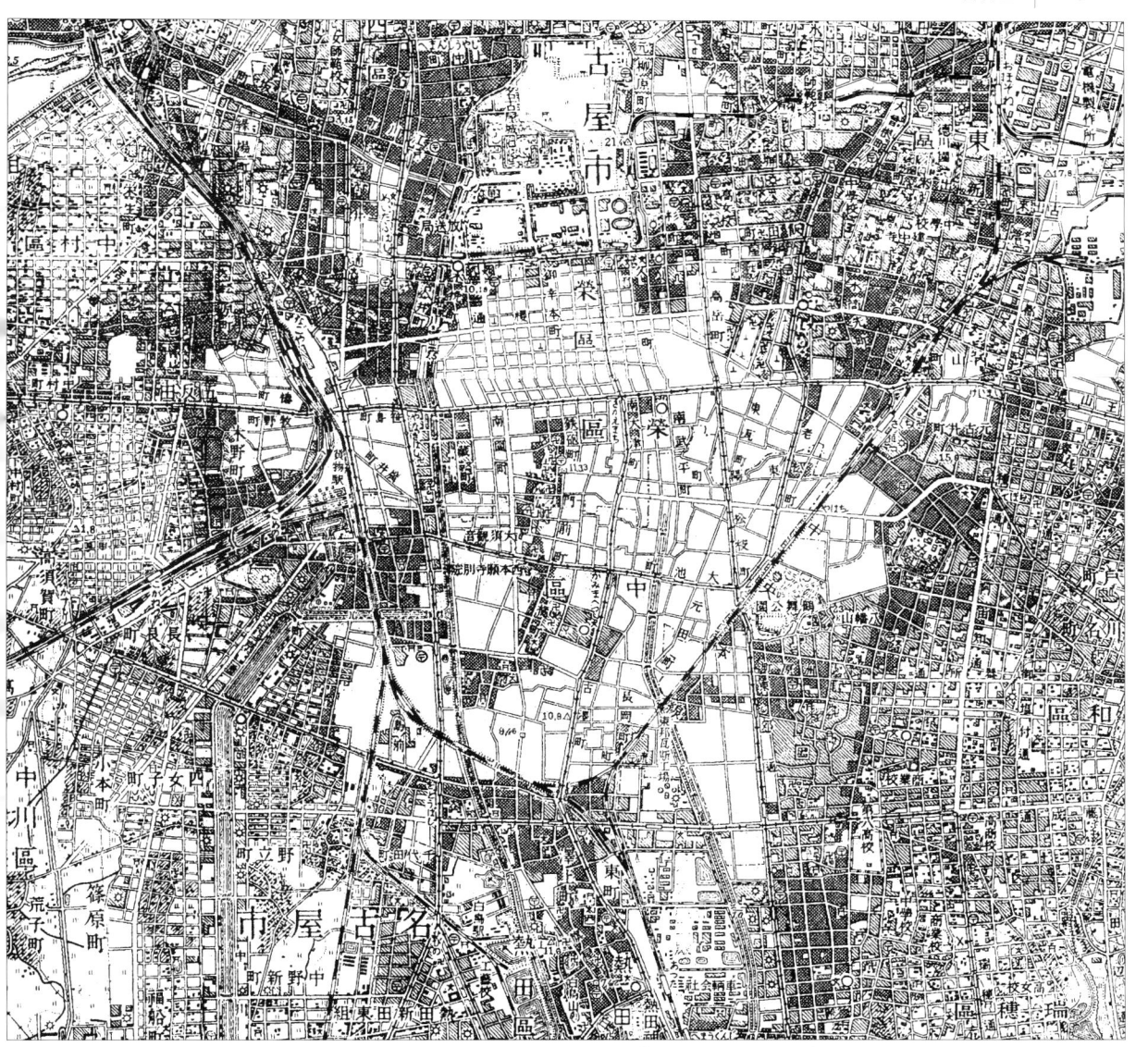

図 45-4　1945 年（昭和 20）の名古屋市　（5 万分の 1 地形図「名古屋北部」「名古屋南部」昭和 20 年部分修正、原寸）

あたり、百貨店、銀行などの集中する都心地区をなしている（図 45-2）。

1980 年代に入り、地下鉄路線の延長、新規開設が相次ぎ、地上では名古屋都市高速道路が敷設され、都市内交通の整備に力が入れられている。

広い道路と地下商店街の形成という方向性が、現在の名古屋の地上空間にゆとりをもたせている。それ故に「白」のイメージが強いわけであるが、そこにどのような色を付けていくか、若い世代の力量が問われる実験都市でもある。まずは 1989 年の世界デザイン博開催を契機に景観重視の街づくりが開始され、好調なスタートをきった。

その後 21 世紀に入り、名古屋はますます高層化と高速化の都市に変貌しつつあり、その一方で環境都市として世界にアピールしてその存在感を高めつつある。

高層化の象徴が名古屋駅前の JR セントラルタワーズ（2000 年完成）であり、ミッドランドスクエア（2007 年完成）である。前者は 54 階のホテル棟（226 m）と 51 階のオフィス棟（245 m）のツインタワーで、後者は 47 階 247 m で前者を凌ぐ高層ビルである。高速化の面では、名古屋市内に都市高速道路が 1979 年以降着々と整備され現在では名神・東名高速道路、伊勢湾道、知多中央道などと連結され国内他域の主要都市や中部国際空港との往来がスムーズになった。環境都市の色彩を強くしたのは 2005 年に名古屋市郊外で「愛・地球博」と銘打った国際博覧会が開催されたことによる。

2007 年 10 月 1 日現在、世帯数 98 万 5,322、人口 223 万 6,561 人で、この 10 年間でそれぞれ 14.3 %、3.8 % の増加である。1 世帯当たりの人数が減りつつも名古屋は成長し続けている。

（溝口常俊）

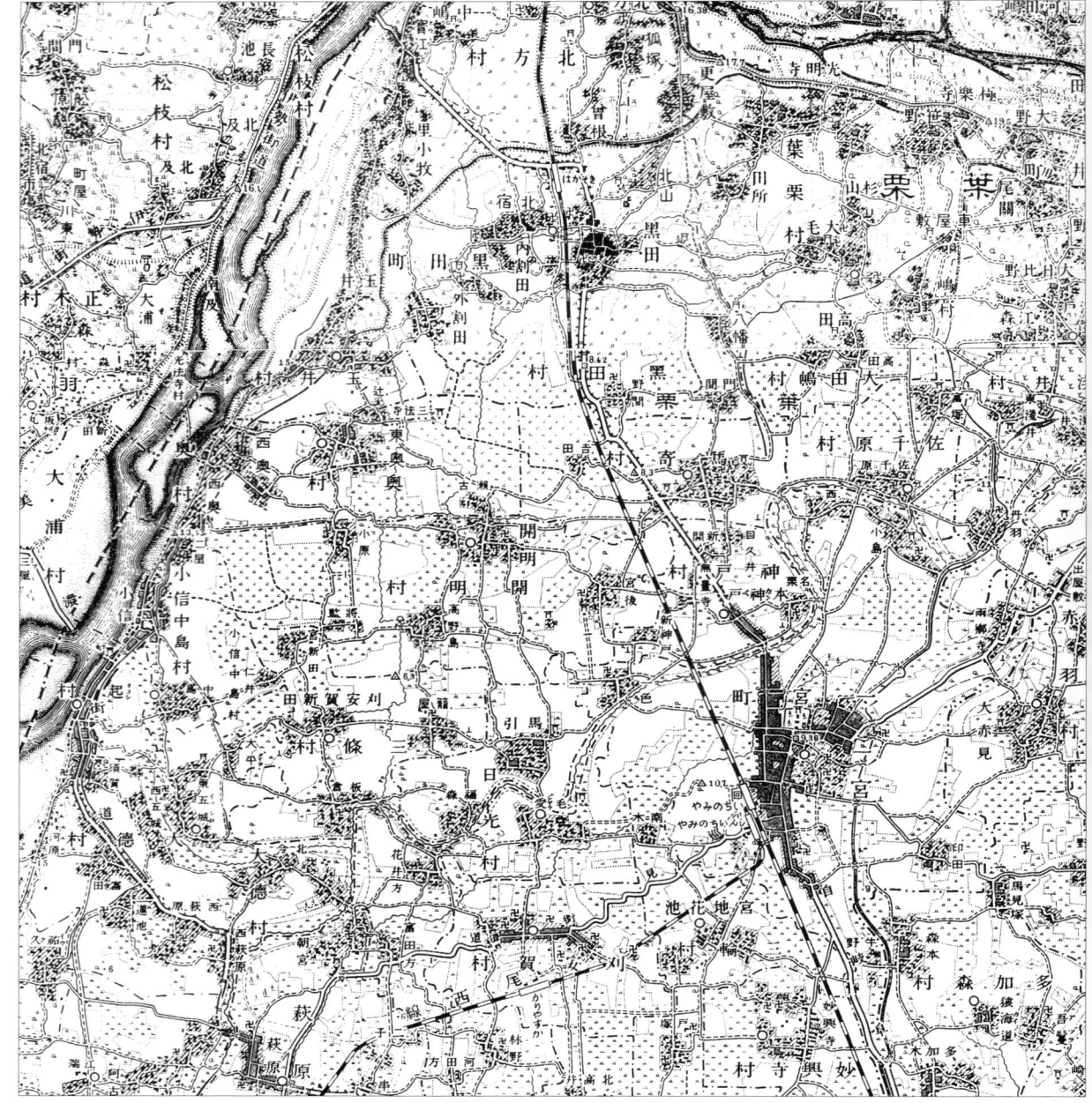

図 46-1　1906年(明治39)の起村と一宮市　(5万分の1地形図「岐阜」「大垣」明治39年測図、「津島町」「名古屋市」明治24年測図、×0.9)

46. 一宮
いちのみや

　一宮市は、「尾張一宮」とも称された真清田神社の門前での定期市、「三八市」を中心に発展してきた都市である。木曽川による扇状地の末端に位置するこの一帯では、点在する自然堤防上に集落と、名物であった大根などを栽培する畑作地が展開してきた。近世に入って普及した綿作を背景とし、京都などから織法が伝えられたことで、一宮は西側の起地区(2005年に一宮市に編入された尾西市の中心地区)と合わせて、織物の産地としても知られるようになった。さらに1886年(明治19)以降、官営鉄道をはじめとする鉄道がこの地を通った。一宮駅(後の尾張一宮駅)などが設置されたことは、起地区の木曽川水運の機能を奪う一方、織物の原料を国内外から広く集め、製品を広く出荷するのに大きく貢献することとなった。

　第一次世界大戦後の毛織物業への移行と、第二次世界大戦での大きな被害を経験したのち、この地域の織物・毛織物業は一宮市が中心となった。そして1950年代以降、一度織機を動かせば万単位の収入が得られる「ガチャ万」と呼ばれた好景気に沸いた。水田は埋め立てられて区画整理がなされ、地下水を活用した大規模

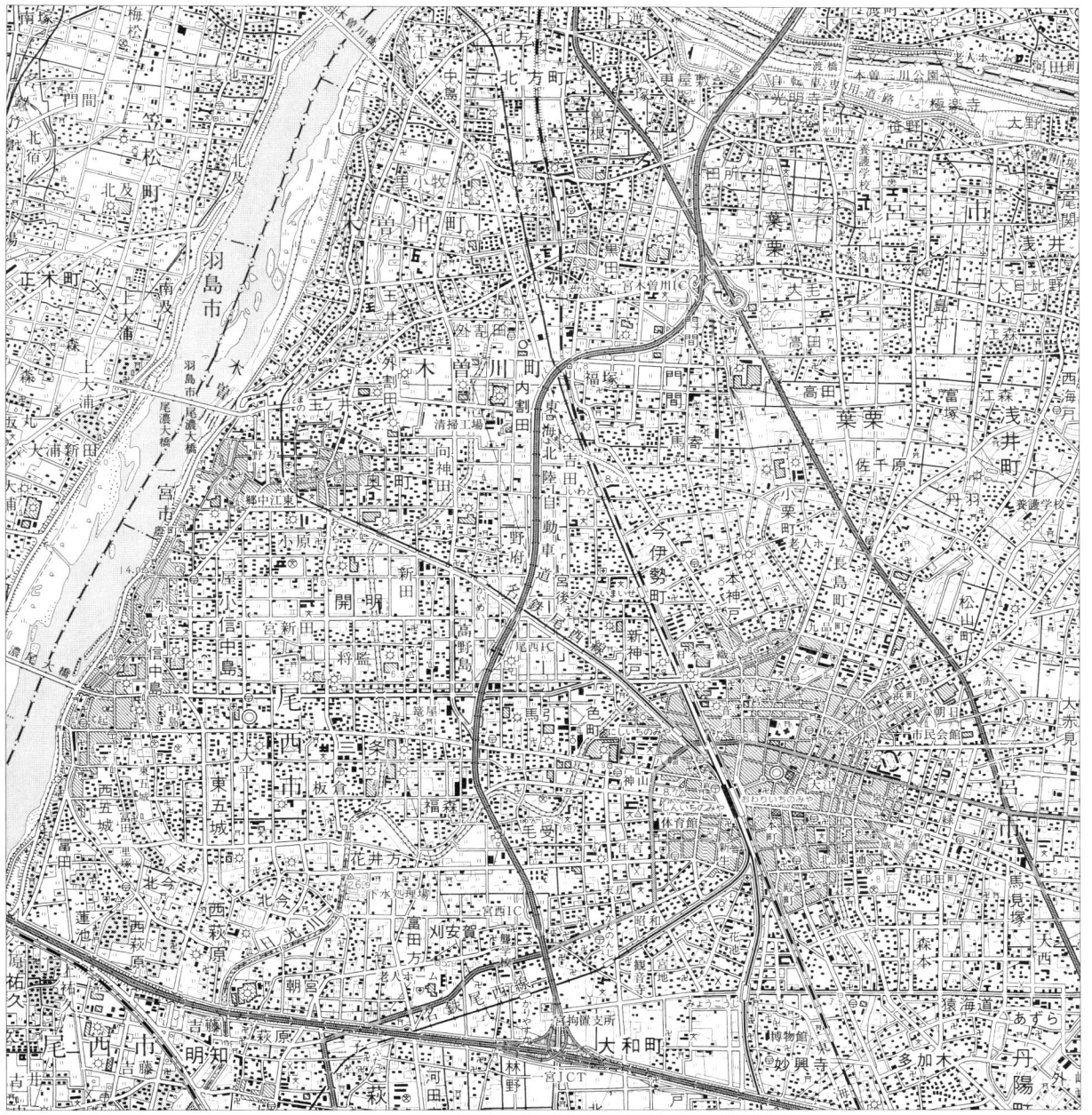

図46-2 現在の尾西市・一宮市 （5万分の1地形図「名古屋北部」平成11年要部修正、「岐阜」平成9年修正、「大垣」平成7年修正、「津島」平成11年修正、×0.9）

　な工場と、住宅群へと変貌することになる。中心市街地の東側を縦断するように新設された名岐バイパス（国道22号線）にほど近い一角（現在の地形図中右下の「大西」南西）には1971年に、工場のほか繊維問屋が集団移転した「せんい団地」も造成された。

　しかしながら、こうした華々しい変化の一方で、近年では国内の繊維業界を取り巻く状況は厳しい。一宮市でもその影響を受けて産業の多角化がはかられ、織物・毛織物業についても、アパレル産業への転換と生産機能の流出が進んだ。すでにかつての工場の一部は、大規模なものはショッピングセンターに、小規模なものはスーパー銭湯などに姿を変えてしまった。

　また、現在に高架上を都市高速道路も走る名岐バイパスの存在のほか、名古屋大都市圏の中心都市・名古屋市の名古屋駅まで、尾張一宮駅から快速利用でわずか10分という好条件は、逆に「ストロー効果」を生む結果となっている。尾張一宮駅前では百貨店が相次いで撤退し、高層マンションへと建て替えられてしまった。「平成の大合併」により人口は38万人を数えるようになったものの、残念ながら近年の発展の実態は、名古屋市のベッドタウン化といえるかもしれない。

（山元貴継）

図47-1　1891年(明治24)の挙母村　(5万分の1地形図「挙母村」明治24年測図、原寸)

47. 豊　田

　段丘上の平坦面に巨大な車両組立工場が立地し、無数の自動車関連工場がそれを取り囲む。車両工場と部品工場とは幹線道路網によって相互に直結され、それに沿って大型店舗や集合住宅が配置される。このような場所が集まって、日本最大の「クルマのまち」を形作っている。

　しかし、多くの近代工業都市と同じように、100年前には、その面影はほとんどない。発端は1938年(昭和13)に遡る。その前年に豊田自動織機製作所から独立したトヨタ自動車工業が、当時の挙母町南部に広がる通称「論地ケ原」に、本格的な自動車量産工場(挙母工場、後の本社工場)の建設用地として約58万坪の土地を取得したことに始まる。

　この場所は、現在トヨタ町と呼ばれる。世界中で1年間にグループ全体で900万台の自動車を生産し、20兆円以上を売り上げるトヨタ自動車の本拠地である。生産の拠点は他地域にも広がったが、本社・本社工場・テクニカルセンター・トヨタ会館といった管理・開発の拠点と、トヨタ自動車労働組合会館・トヨタ生活協同組合・トヨタ記念病院といった重要な生活関連

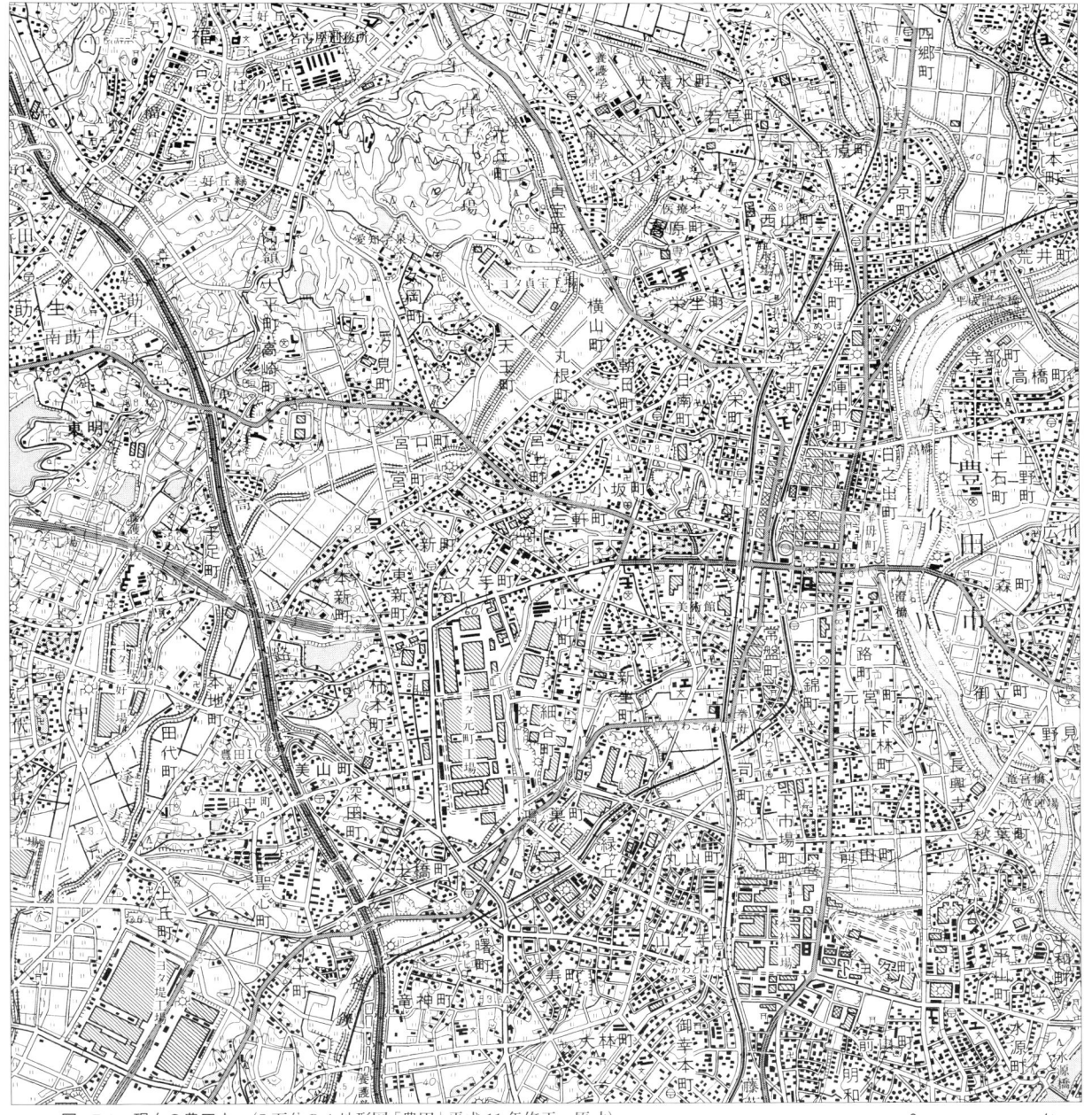

図47-2 現在の豊田市 （5万分の1地形図「豊田」平成11年修正、原寸）

施設はいまでもここに集積する。

一方、トヨタ町から3kmほど北の矢作川右岸の沖積地に、豊田市役所の位置する挙母市街地がある。ここには、舟運を背景に17世紀初頭に陣屋が設置され、18世紀半ばから幕末まで挙母藩を治めた内藤氏2万石の居城があった。明治期以降は、流域の養蚕業を背景に繭の取引業や製糸業が興ったが、昭和初期には養蚕不況で経済的な活気を失っていたという。

挙母町は、自動車産業に活路を見出し、その成長に伴って合併を繰り返しながら拡大してきた。1951年（昭和26）には市制を施行し、1959年に豊田市となった。2005年（平成17）には、大合併によって愛知県の5分の1の面積と41万の人口を抱えるようになった。この間、低地と台地の2つの中心地をめぐっては、それぞれにマチとカイシャの物語がある。

挙母市街地といえば、1970年代から80年代に、名古屋市に直通する名鉄豊田線や愛知環状鉄道が開通した。また、大規模な再開発が行われ、図書館・コンサートホール・オフィスなどを収めた複合ビルが建てられ、ホテルや百貨店が開業した。この再開発には紆余曲折が続いたが、ともかくも、新しいマチの顔を作ろうとする試みは始まった。 （高橋　誠）

図 48-1　1890年（明治23）の豊橋町　（5万分の1地形図「豊橋町」明治23年測図大正2年鉄道補入、原寸）

48. 豊　橋

　豊橋は近世には吉田と呼ばれ、城下町と港町と東海道の宿場町が接合する都市であった。豊橋に改称されたのは1869（明治2）年で、豊川に架かる豊橋に由来する。1906（明治39）年に人口3.7万人で市制を施行する。

　近代の豊橋は、軍事施設と絹糸を紡ぐ工場が立地し、三河東部の交通結節点の役割を担う都市であった。1885（明治18）年陸軍の連隊が吉田城跡に、1908年（明治41）陸軍の師団が高師原台地に設置されると、市の人口は1万人余り増加した。20世紀初頭の人口は約4万人だったので、軍関係者の人口増加は既存商店街を繁栄させるとともに、高師原台地に軍人相手の商店街ができて、南への市街地拡大の端緒になった。

　豊橋の製糸業は玉糸製糸に特徴があった。蚕は1匹で1つの繭を作るが、2匹の蚕が1つのマユを作る場合があり、これを玉繭という。玉繭は糸が絡むので製糸が困難で、真綿に使われていたが、19世紀末に豊橋の製糸業者が玉繭を糸にする技術を考案して以来、豊橋は玉糸の生産地になる。20世紀前半には豊川の河岸段丘や自然堤防上に、蚕の餌である桑の植栽地が展開

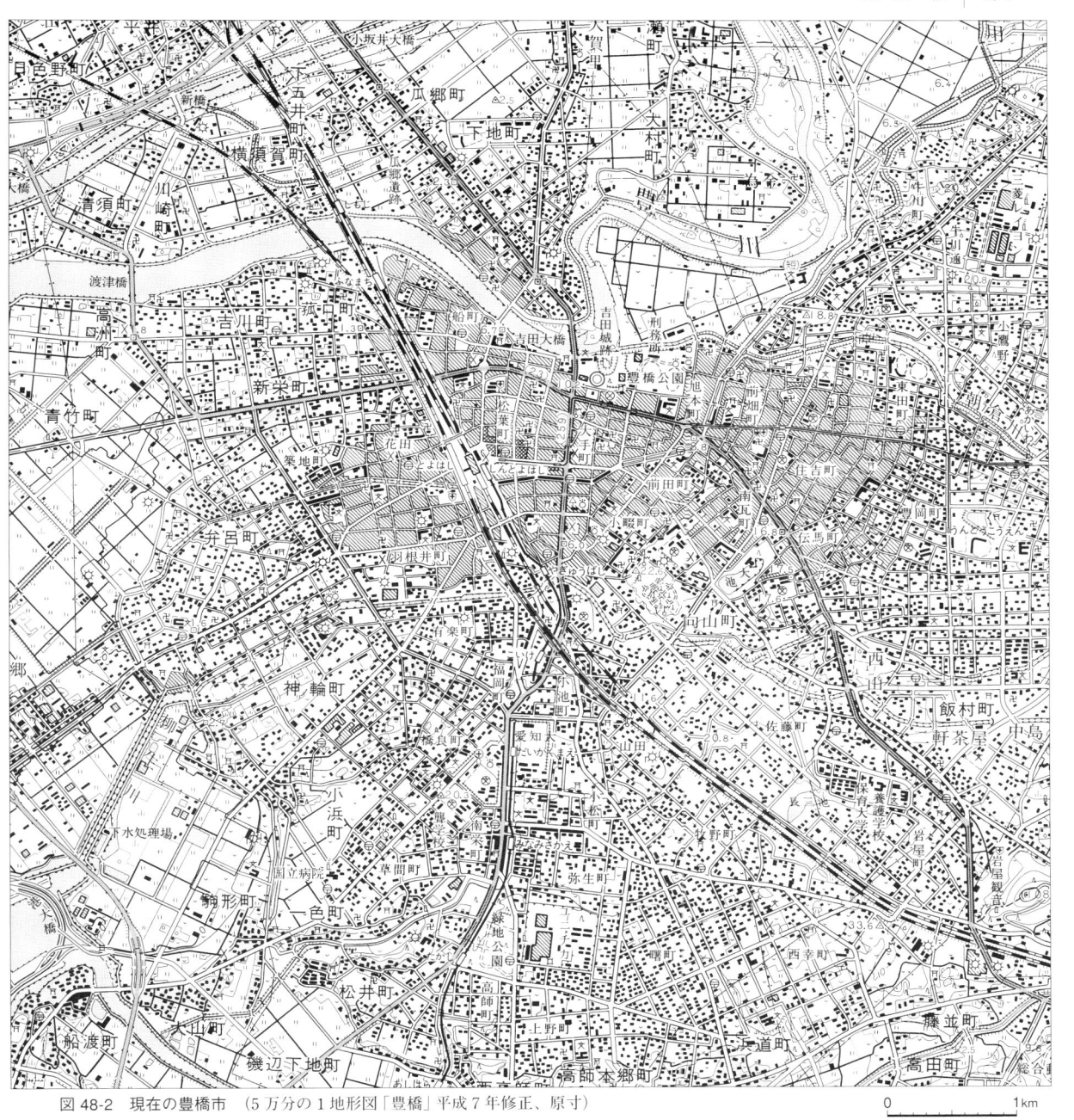

図 48-2　現在の豊橋市　（5万分の1地形図「豊橋」平成7年修正、原寸）

していた。その一端が図 48-1 から読みとれる。

　1889（明治 22）年に東海道線の豊橋駅が花田村に設置されると、市街地は駅舎に向かって拡大した。20 世紀前半に豊橋駅が長野県方面や渥美半島に向かう鉄道の乗換駅になり、駅舎の北側に商店街が形成されると、東海道筋の既存商店街は次第に衰微していく。

　豊橋の市街地は 1945（昭和 20）年 6 月 20 日の空襲で 7 割が焼けたので、古い木造建築物はほとんど残っていない。豊橋駅前の大通など、市街地の広い道路は第二次世界大戦後に作られた。また、高師原台地北部にあった陸軍敷地は、大学などの文教施設に転用され、台地南部の演習地は開墾されて畑になった。

　現在の豊橋市の面積は 259 km²、2008 年（平成 20）の人口は約 38.5 万人である。豊橋市域は、近世から近代にできた市街地、高師原台地上の住宅地、南西部の港湾と工業団地、北部と南部の農業地区からなる。市街地内（地図中の細い斜線部分）の北部には市役所などの官庁舎群が立地し、豊橋駅の北東側には東三河全域を商圏にする商店街がある。高師原台地では、1970 年代以降住宅地化が進み、主要道路沿いには駐車場を持つ店舗群が帯状に並ぶ道路沿線型商店街が形成されつつある。

（有薗正一郎）

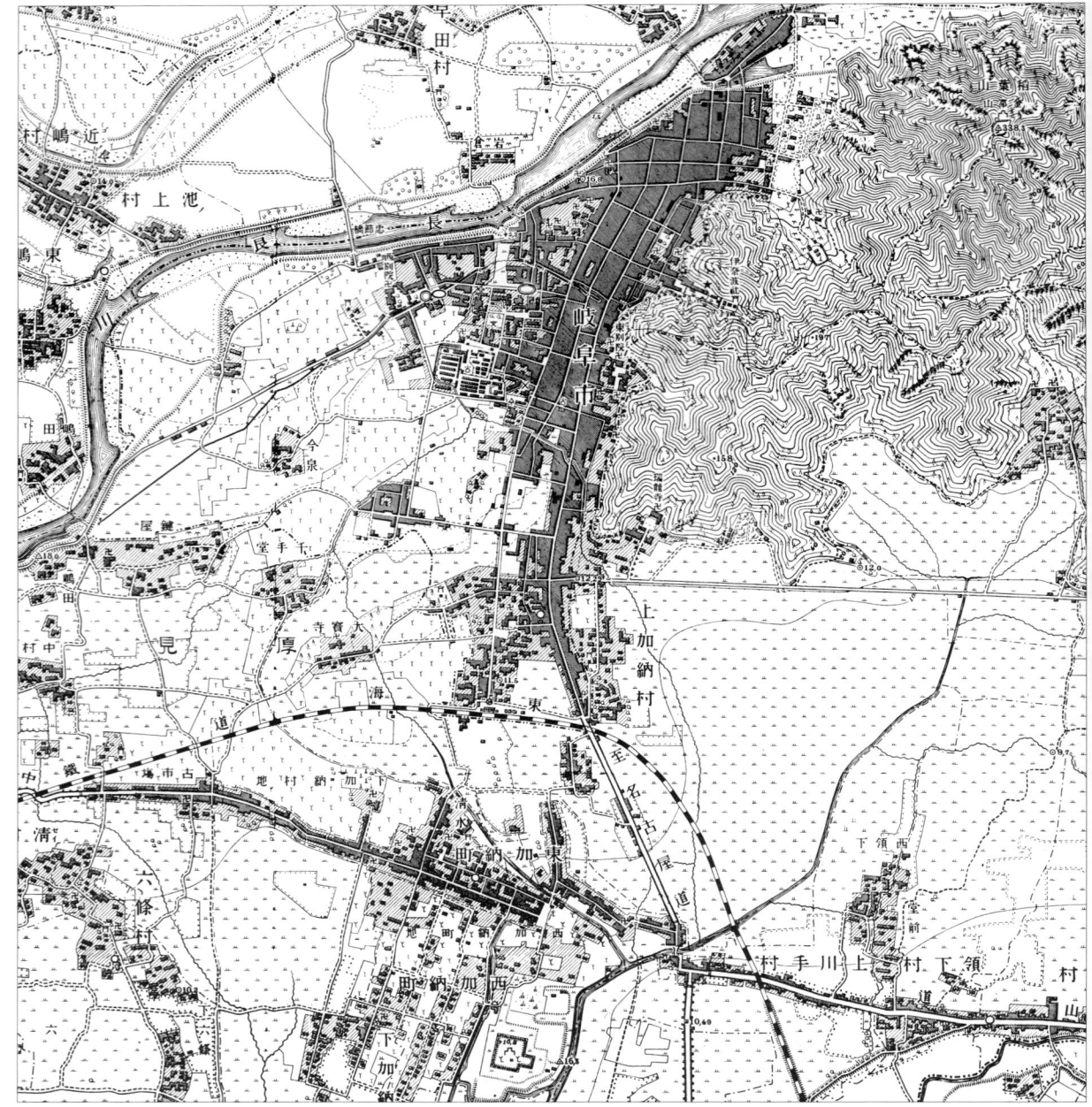

図49-1　1891年(明治24)の岐阜市　(2万分の1地形図「岐阜」「笠松町」明治24年測図、×0.76)

49. 岐阜

　1567年(永禄10)、斉藤道三の居城であった稲葉山城を攻略した織田信長は、ここを拠点として天下統一への道を歩み始めた。岐阜は険しい城山を背後に、前面には堀と土居を配した要害の地であった。信長は尾張清洲の町人に岐阜移住を命じたり、また、美江寺観音や伊奈波社を中心に、有名寺院を移築し岐阜町を整備した。

　1600年(慶長5)、東軍の総攻撃によって岐阜城は陥落した。徳川家康はそれまで美濃国経営の中心であった岐阜城を廃止し、軍事上・交通上の要衝として新たに加納城を築いた。その後、加納は城下町であるとともに、中山道の宿場町としても発展した。

　明治の初め、岐阜町は伊奈波神社を中心とした一区画にすぎなかったが、1873年(明治6)、県庁舎が岐阜町に隣接する今泉村字八ツ寺地内に新築されると、県庁を中心に官庁街が生まれた。1887年(明治20)、東海道線の加納停車場が開設されると、これが契機となり、岐阜の市街地は急速に南へと拡大し、1889年、上加納村の一部の区域を統合した岐阜市が成立した。一方、南の加納町では、加納城の跡地に岐阜県師範学

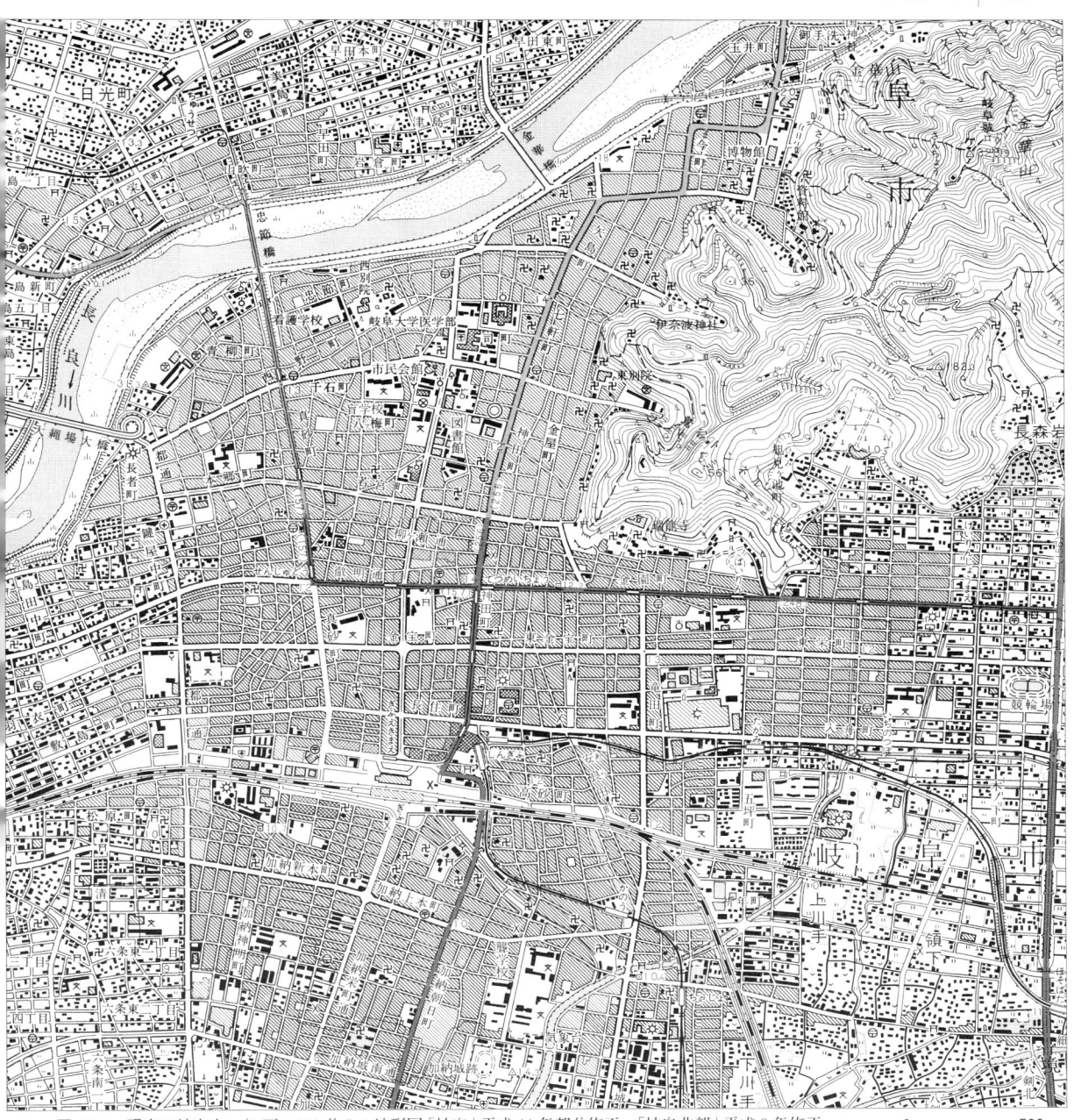

図 49-2　現在の岐阜市（2万5,000分の1地形図「岐阜」平成11年部分修正、「岐阜北部」平成9年修正、「岐阜西部」「北方」平成12年修正、×0.95）

校、岐阜農林学校などが集まり学校群を形成した。

　明治後期、岐阜市の工業は家内工業が大部分を占め、提灯と傘の生産が主であったが、1915（大正4）年以降は生糸や織物類の生産額が著しく増加して、岐阜市の中心的工業となっていった。

　1921年から、岐阜市域で網状流となっていた長良川の古川・古々川の分派口を締め切るなどの大工事が行われ、広大な旧河川敷には、その後県営総合グラウンドや学校・住宅街が生まれた。

　岐阜市は都市計画実施以来多くの村を合併してきたが、1926年（昭和1）に、加納・則武両町村が岐阜市に合併した。これが契機となって、隣接村の合併があいつぎ、現在の岐阜市の輪郭がほぼできあがった。

　戦後、岐阜駅前の焼け跡に、満州ハルピンからの引揚者たちによるヤミ市がオープンした。これが「ハルピン街」で、現在の岐阜繊維問屋街の芽生えであった。ハルピン街の拡大に対応して、昭和20年代後半から縫製加工業が盛んとなり、繊維問屋街を核に、アパレル産業が発達して、全国的にも有名な繊維産業都市に成長した。現在、それがさらに、繊維問屋街の再開発も含め、ファッションタウンづくりにまで発展しようとしている。

（安田　守）

図50-1　1909年（明治42）の浜松町　（5万分の1地形図「浜松」明治42年修正、「見付」明治23年測図、原寸）

50. 浜　松

　現在の浜松市街地は、天竜川の右岸に形成された三方原の洪積台地と沖積平野に広がっている。市街地の核は、もちろん1570年に徳川家康が城を構え、町割りを行った城下町であり、城内と宿に分けられる。城は台地の南東端に築かれ、城を中心に武家屋敷（城内）と寺院が配置された。東海道は馬込川橋馬込番所を経て城下を西進して、城（大手門）の南で直角に折れて南進し、成子番所につながっていた。浜松宿は、1843年には本陣6軒、旅籠94軒を数え、東海道では最大級の宿場町であった。浜松の城と町屋との対照的な市街地の様子は、1909年（明治42）の図50-1や1890年（明治23）の図50-3でも明瞭である。

　一方で、三方原台地は、現在では住宅や工場の適地として活用されているが、かつては不毛の地であった。図50-1をみると、台地部の集落は台地の段丘崖や開折された谷の斜面に開かれ、隣接している沖積低地部分の水田耕作に依存していたことが読み取れる。一方で、沖積平野の開発は台地と比較すると古く、平安期の神社・寺院の荘園が広く発達していたことが読み取れる。

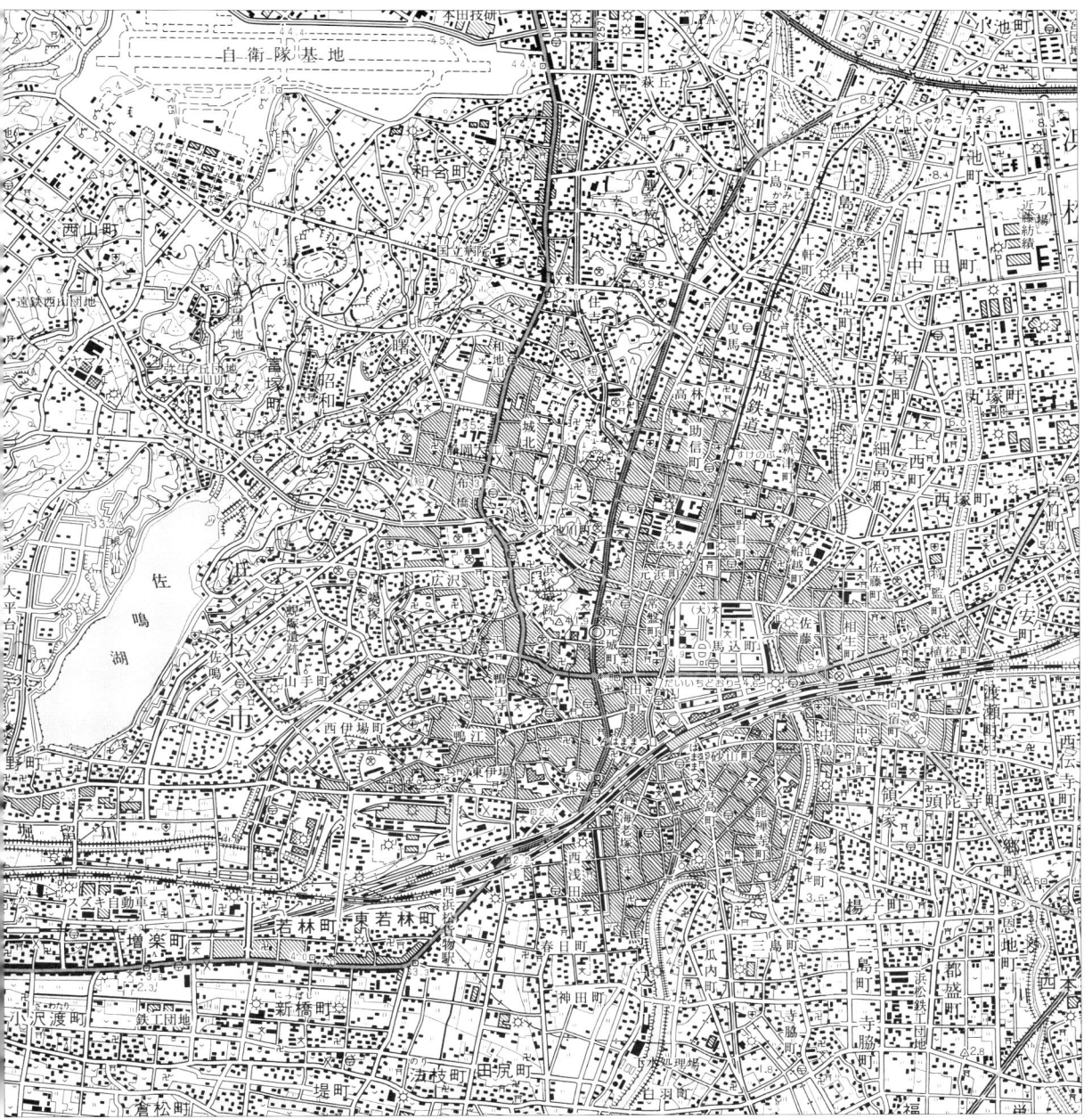

図50-2 現在の浜松市 （5万分の1地形図「浜松」平成14年要部修正、「磐田」平成4年修正、原寸）

　浜松の産業都市としての発展は明治期に始まった。一時、浜松県が置かれたが、静岡県に併合されて県域の行政機能を静岡に奪われた。1888年(明治21)に東海道線の浜松～大府(愛知県)間が開通し、浜松駅が設置された。駅は、当初の計画では現在地よりも南に予定されていたが、地元有力者の反対で現在地に変更された。図50-1からも当時の浜松市街地の南端部からルートが曲がり北上して湾曲しているのが読み取れる。浜松駅の周囲は田や蓮池が多く、駅の設置にともなってそれまでにない幅広い道路が建設された様子も読み取れる(図50-3)。1889年4月に浜松～静岡間も完成し、7月には東海道線が全通した。その結果、交通の主力が鉄道に移り、広大な平野をもつ浜松は、物資の集散地として、さらには産業発展の適地として発展することとなった。

　元々、浜松の周辺地域は江戸時代より綿作が盛んで、綿織物の商品生産が早くから始められていたが、東海道線の開通によって、綿織物の集散地が笠井から浜松へ移り、浜松の織物産業は「遠州織物」や「遠州木綿」として販路を全国に拡大し、大正後期から昭和初期には、浜松は全国の綿織物生産高の約5％～6％を占めるに至った。そして繊維産業の発展を基礎にして、

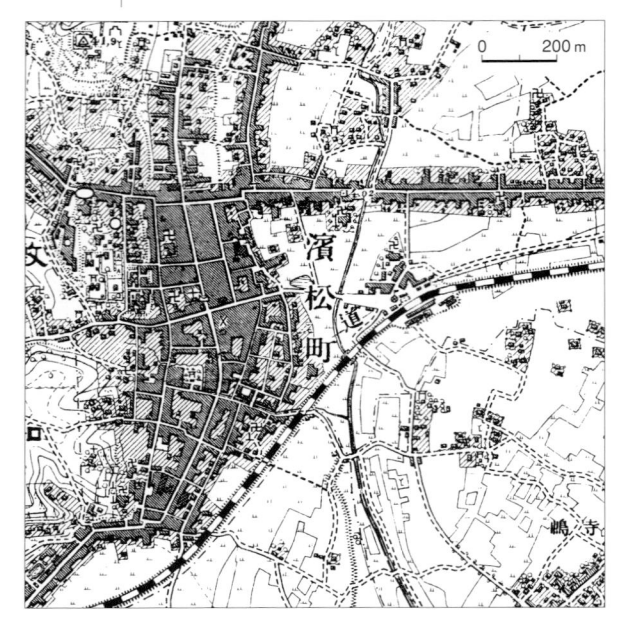

図50-3　1890年(明治23)の浜松町　(2万分の1地形図「浜松」明治23年測図、原寸)

大手の紡績工場が進出し、市街地東部の馬込川両岸に染色産業が発達した。1896年(明治29)には帝国制帽(株)が東京から浜松へ誘致され、1900年には日本形染(株)が創立された。さらに時は前後するが1888年に山葉寅楠は山葉風琴製造所(後の日本楽器、現在のヤマハ)を設立し、オルガン・ピアノ・ハーモニカなどの楽器製造に本格的に取り組み、わが国最大の楽器企業となった。この時期、浜松には近代的な大規模工場が立地し、織物業の産業組合が設立され、金融機関の設立や、動力の電気化、ガス供給の開始など、産業発展を支えるインフラも整備されていった。

さらに市街地西部の伊場に、1912年(大正1)に浜松市民の熱心な誘致によって、鉄道院(省)浜松修理工場が設置された。この修理工場は34万坪の敷地をもち、国鉄の拠点工場として当時の最新鋭の設備機械と高い技術力を有していた。また市街地の北西部に、1907年に陸軍歩兵第六十七連隊が新設された。この歩兵連隊は、兵舎4万坪、練兵場5万坪、連隊司令部350坪、衛戌病院3,500坪を有していたが、図50-1にこれらの施設を読み取ることができる。その後、軍縮によってこの歩兵連隊は閉鎖されたが、その跡地に1928年(昭和3)に高射砲第一連隊がおかれた。またこれと前後するが、1926年には市街地の北に、当時まだ開墾がほとんど進んでいなかった三方原に陸軍飛行第七連隊(現在の航空自衛隊浜松基地)が設置された。これらの陸軍の2つの連隊は浜松を軍都とするだけでなく、先述の鉄道院浜松修理工場とあいまって、浜松の機械産業を発展させる要因となった。

このように浜松における製造業の発達は、県都静岡と違って、日本のリーディング産業にいち早く体質改善し、日本の製造業を牽引するタイプの業種・規模の工場が発達した。浜松は、1889年(明治22)の町政施行時の1万4,000人、面積3.17 km^2 から、1911年の(市制施行)3万7,000人・8.66 km^2、1933年(昭和8)17万5,000人、面積47.3 km^2 に大きく拡大していったのである。この拡大した市街地と周辺地域の産業発展を支える鉄道が敷設されたのもこの頃である。

1909年(明治42)に大日本軌道(株)浜松支社が中ノ町線(中ノ町～馬込～南新町間)、鹿島線(板屋町～鹿島間)で鉄道輸送を開始し、その後路線が延長されるとともに、1914年(大正3)には笠井線(笠井～西ヶ崎間)も開業した。後に、大日本軌道浜松支社の営業は遠州軌道(株)に譲渡される。1927年(昭和2)には、遠州二俣駅から遠州浜松(旧板屋町駅)～遠州馬込を経て旭町駅(後の新浜松駅)までの西鹿島線の全線が完成した。一方、浜松軽便鉄道(株)(後に浜松鉄道(株)と改称、1947年遠州鉄道(株)に合併)は、1914年に浜松市街地内の元城から引佐郡の金指間で開業し、1923年には路線の両端が延長されて、板屋町から奥山までの全線が開通した。1951年(昭和26)の図50-4には、遠州鉄道(株)西鹿島線と奥山線が記載されている。しかし、次第に道路が整備されトラックやバスの性能がよくなると、都市中心部と郊外の農村地域を結ぶ鉄道は、これらの自動車輸送に取って代わられた。現在では、これらの民間鉄道は遠州鉄道(株)西鹿島線(現在の鉄道線)を残すばかりである。

第二次世界大戦を契機にして浜松の民間工場は軍需工場化され、戦後、オートバイと工作機械産業が発展する基礎をなした。浜松でのオートバイ生産は、1946年に本田宗一郎が、陸軍の浜松飛行連隊にあった無線用発電機を改造して、自転車に取り付けて走らせたことに始まると言われている。本田宗一郎は本田技研工業(株)を市内の山下町に設立して(1948年)、さらに、同年野口町に、1954年には市街地西北の葵町に工場を新設移転した。そして、オートバイの量産化を進め、後には自動車生産へと進んだ。

ヤマハも第二次世界大戦前より陸軍の要請によって木製プロペラ製造を始め、やがては金属製プロペラ生産へと発展し、戦後はヤマハ発動機を設立して(1955年)、浜北町中条(現在の浜松市浜北区)に工場を設立してオートバイ生産を本格化させた。スズキも、織機生産のかたわら自転車用補助エンジンの生産を始め、1954年に鈴木自動車を設立して、市街地南西の可美村高塚に工場を集めてオートバイ生産に乗り出し、やがては軽自動車生産へと拡大していった。上記の3社以外にも、この時期、浜松でオートバイ生産を開始する企業が多く、最盛期には約40社に上った。このように

浜松のオートバイ生産には、先行産業として繊維機械産業と楽器産業が大きな役割を果たした。

ところで前述のように、第二次世界大戦を契機にして浜松の製造業は軍需工場化したため、戦時中は連合軍の標的となった。その結果、連合軍の激しい艦砲射撃と爆撃を受けて、浜松市街地は焦土と化した。戦後、真っ先に取り組まれたのが、復興土地区画整理事業（事業期間：1947年度～1993年度）である。最終的には約40年という長い年月をかけて132.6 haで整理事業が行われ、江戸時代からの狭い道路の拡幅と直線化や公園・緑地などが整備された。

また、戦後の高度経済成長を支える都市の基盤整備のために、各種の区画整理事業・市街地再開発事業が行われた。特に浜松の中心地区の景観を最も大きく変貌させたのは、国鉄浜松駅周辺地区土地区画整理事業（1971～86年度）である。もともと、浜松の発展を支えた東海道本線浜松駅には貨物駅も併設されて、貨物列車の取り扱いで、多くの列車が行き来した。そのため、南北の主要道路は踏切や小さな地下道で東海道本線を横切っていたため、市街地の南北を自動車で行き来するために数時間を要したという。著しい交通障害となって、市街地南部の発展を阻害していた状況を改善するため、貨物部門を移転させて西浜松駅を開業し（1971年）、さらに東海道本線を高架にし、浜松駅舎を南に移して東海道新幹線と一体化させた。

この再開発の過程で、いったんは浜松市街地の南端を通過する予定であった東海道新幹線のルートを変更して、新幹線と在来線の駅をまとめることを当時の国鉄に請願し実現させた。明治期の東海道本線敷設とこのたびの東海道新幹線敷設の2度にわたり、浜松はルートの変更を実現させたことになるが、その痕跡を図50-2の市街地西部からかなり急カーブで浜松駅へ北上する鉄道ルートから読み取ることができる。

さらに1982年（昭和57）に新駅前広場にバスターミナル、94年以降、隣接の旧鉄道用地を利用してアクトシティ（45階建アクトタワー、大・中ホール、コングレスセンター、楽器博物館など）が相次いで完成した。また、中心市街地のコア部分では、再開発事業による商業施設・住宅施設のビルが建設されて大型小売店も誘致された。

JR浜松駅の北東部にあたる東田町地区は、戦災を受けながらも戦災復興土地区画整理事業地からはずれ、都市としての基盤整備が遅れていた。そこでは、狭く曲がりくねった街路に繊維問屋・菓子工場や倉庫が軒をつらね、さらには遠州鉄道西鹿島線が、地区内を北西端から南東端へ走り、さらにスイッチバックして西進し浜松駅北隣の新浜松駅へ至る非常に複雑な構造となっていた。これらの問題を解消するため、大規模な

図50-4　1951年（昭和26）の浜松市　（5万分の1地形図「浜松」「見付」昭和26年応急修正、原寸）

東地区土地区画整理事業が公共団体施工として、東第一地区：1987年度～2005年度、地区面積25.9 ha、総事業費672億円、平均減歩率30.4 ％、東第二地区：1992年度～2003年度、地区面積27.2 ha、総事業費485.6億円という計画で進められた。2つの地区を合わせた1 haあたりの総事業費は21.8億円と全国有数の高さである。一新された街区には、浜松地方合同庁舎（国）、浜松総合庁舎（県）、浜松市地域情報センター（市）、静岡文化芸術大学や遠州病院などの公共的施設も建設された。

また、航空自衛隊浜松基地（元の陸軍飛行連隊跡）北部の三方原では、市街地の拡大、東名高速道路浜松西インター設置（1974年）に伴い、高丘　葵土地区画整理事業が実施され（事業期間：1978～1998年）、整然とした道路網に公園が配置された。この地区は、多くが住居地域とともに工業系の用途地域に指定されていて、産業地域としても発達している。

最近の浜松は他の地方都市と同様に、中心市街地から大型商業施設が次々と撤退し、市街地の外側の郊外に大型ショッピングセンターが建設されている。それに加えて、近年では工場の海外移転や規模拡大を目指した浜松都市圏外縁への工場移転のため、浜松市街地内での工場の閉鎖・移転が目立っている。

閉鎖された大規模な紡績工場のトーメン（旧東洋棉花）跡地には浜松プラザ、近藤紡績関連地にイオン浜松市野ショッピングセンター、日清紡跡地ではアピタ浜北ショッピングセンターなど、大型ショッピングセンターが建設されている。

（西原　純）

図 51-1　1909年(明治42)の静岡市　(5万分の1地形図「静岡市」明治42年修正、原寸)

51. 静　岡

　静岡の地には、古代の国府や今川義元の戦国城下町などが築かれ、駿府(駿河国の国府)と呼ばれた。家康は隠居して1602年に天下普請として本格的に城下町を建設し、東海道府中宿も含めて駿府九十六ヵ町が生まれた。城下町は、賤機山南端付近を扇頂とする、安部川によって形成された扇状地上に位置している。城下町の南東端から大手筋を駿府城目指して歩くと、正面に駿府城天守閣、やや右手に富士山を仰ぎ見るように町割りがなされていた、という。家康は将軍職を息子の秀忠に譲ったが、ここで大御所政治を行ったので、静岡は殷賑を極めた。家康の没後は、短い期間を除くと、静岡は駿府城代が治める幕府直轄地となった。

　明治維新後、駿府が静岡と改称されて静岡県が成立すると、静岡はその県庁所在地となり、駿府城跡・城郭周辺には、官公庁・学校・軍事施設が立地して、行政・経済・文化の中心となった。交通路も整備され、1874年(明治7)に安倍川に有料の安水橋が、1902年には2代目の安倍川橋(無料橋)に掛け替えられた。これと前後して、1889年(明治22)に東海道本線が開通し、静岡駅は城下町外のしかも中心部に非常に近い位置に

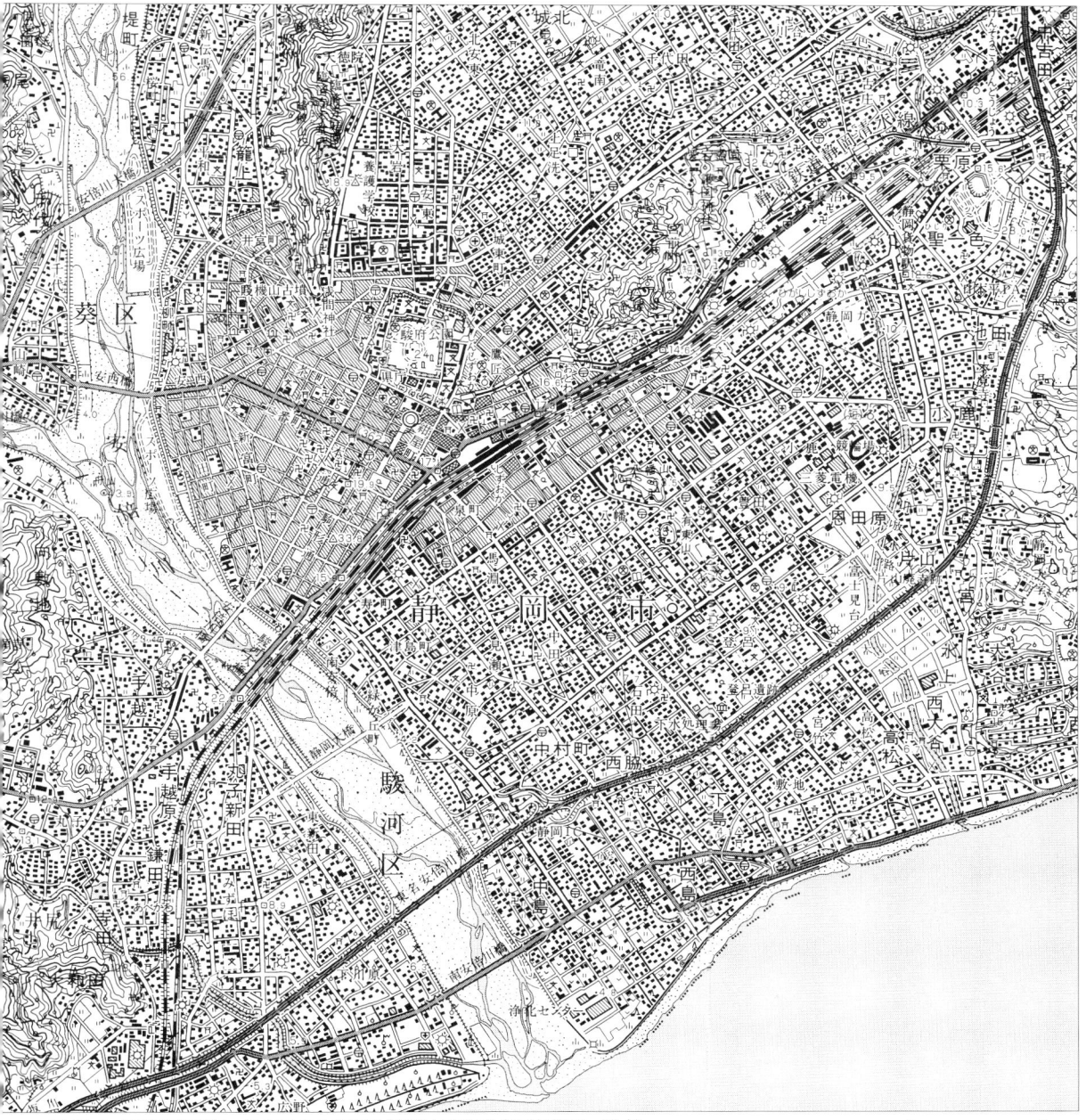

図 51-2　現在の静岡市　(5万分の1地形図「静岡」平成18年要部修正、原寸)

建設された。1908年(明治41)には、静岡鉄道(大日本軌道静岡支社)が静岡市鷹匠町から清水の辻村までの路線を開通させた。

第二次世界大戦中に静岡市は連合軍の激しい爆撃を受けたが、戦後も静岡県の行政・経済の中心として著しい発展をみせた。その過程で周辺町村と合併を繰り返し、特に1969年には大井川流域の井川村と、2003年には清水市と、2006年に蒲原町と合併して、人口70万9,510人(2007年)、面積1,389km²の広大な市域をもつ政令指定都市静岡市に至った。

1964年東海道新幹線の開通、1968年東名高速道路の開通、1979年の東海道本線の高架化事業にて、市街地が大きく変貌した。また大正期から市街地外側で水田の耕地整理が盛んに行われたので、幅広の道路がグリッド状に建設され、後の市街地発展の基盤となった。

しかし、周囲を山地・安部川・駿河湾に取り囲まれて市街地は非常に狭く、大規模な郊外型ショッピングセンターが立地する余地がなかった。そのため非3大都市圏の都市にあっては、中心商店街の繁栄は特筆される。またJR静岡駅前北口には大手の販売会社・地区販社の支店・営業所が集積して、県庁都市としては有数のオフィス街景観をなしている。　　　(西原　純)

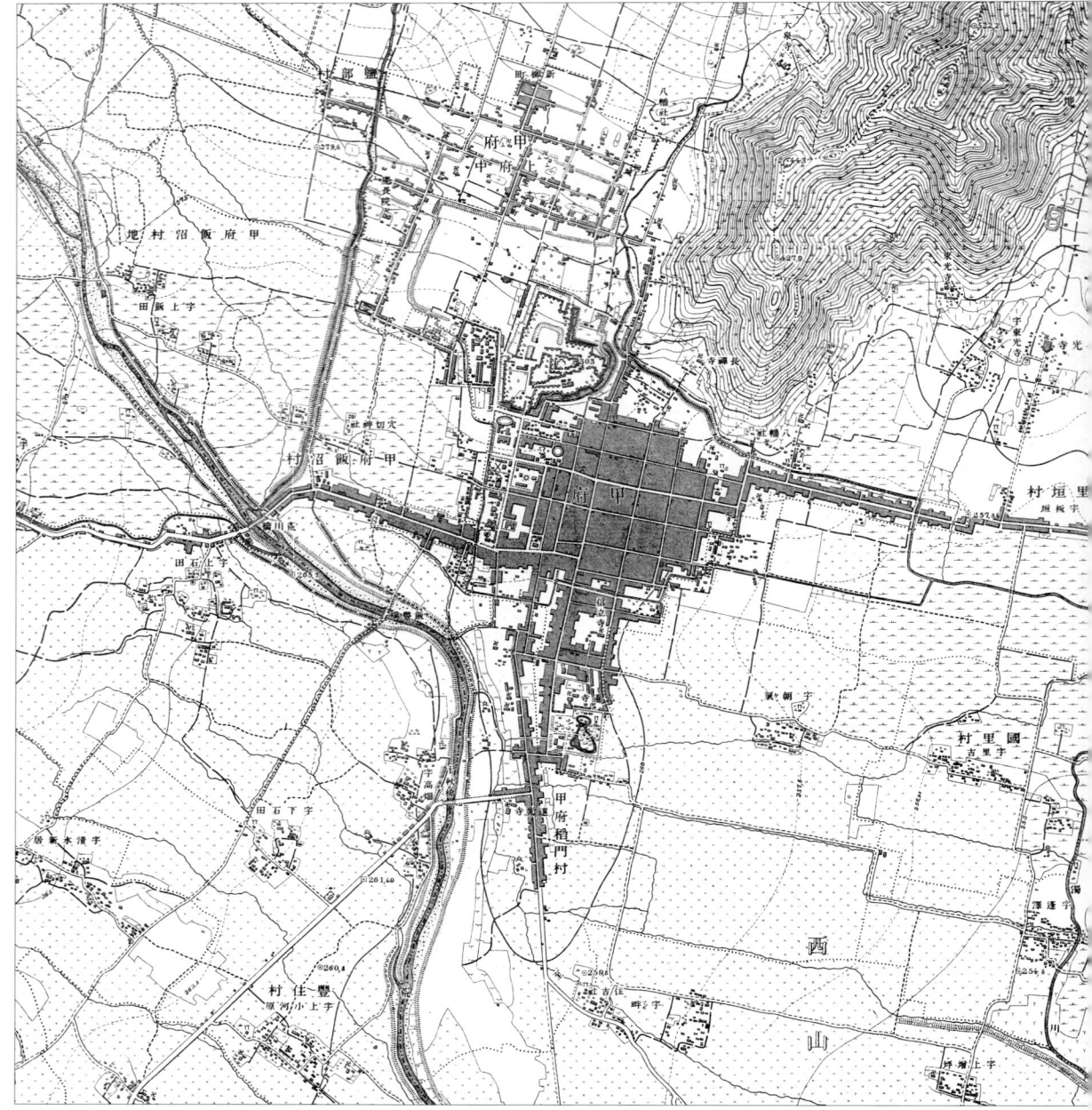

図 52-1　1888年(明治21)の甲府市　(2万分の1地形図「甲府」「松嶋村」明治21年測図、×0.72)

52. 甲　府

　これほど一人の戦国武将が現在にまで息づいている街はなかろう。武田信玄その人が、甲府駅を出た正面右手に腰をすえている。この武将を縦軸に甲府市の変遷を語ってみたい。釜無川の氾濫がいかに強烈であったかは、図52-1の地形図で、甲府市南西部の諸集落が、北西から南東へかけての微高地に立地していることからわかる。これは水流をさけて自然堤防上に住みかを求めた住民の知恵であるが、甲府の街を洪水から守らねば、と考えたのが信玄である。

　甲府は、1519年(永正16)武田信虎が躑躅ヶ崎(古府中)に居館を置いたのに始まり、江戸時代は天領もしくは親藩、譜代の城下町(新府中)として、また甲州道中の宿場町としても栄えた。町数は前期以来古府中26町、新府中23町と変化はなかったが、戸口は新府中に集中した。商業街は新府中のうちの柳、八日、三日、竪近習、上・下連雀、魚の各町が繁華で、職人町として古府中に新紺屋、細工、大工、畳の4町、新府中に工、鍛冶、桶屋の3町があった。江戸中頃からタバコ、木綿、紙、茶など周辺農村の特産物の取引も盛んになるが、幕末開港後は生糸生産の発展が目立った。

図 52-2　現在の甲府市　(2万5,000分の1地形図「甲府」「甲府北部」平成18年修正、×0.9)

　こうして信玄によって守られた甲府の街が、以後、現在までいかなる展開をみせたのか。明治になると追手門前御役所跡に山梨県庁が置かれたのをはじめ、城の南に隣接する旧武家屋敷跡に官公庁や学校が設けられた。1889年(明治22)市制施行、当時の人口は3.1万人であった。1903年に現在のJR中央線甲府駅が開業、1909年の歩兵49連隊の設置によって市街地は西部から北西部へと発展した。第二次世界大戦中の空襲により町の7割が焼失したが、戦後は周辺町村を合併、人口も増加した。近年、20万人前後で推移している。
　信玄は領国経済発展のために商工業の奨励に努めた。金山の開発の副産物としての水晶加工は宝石・研磨業として現在まで受け継がれ、2007年現在、全国のジュエリー出荷額の3分の1以上が甲府産である。
　農村部では、戦後、養蚕から果樹栽培に切り替えが行われ果樹王国に生まれ変わった。とくに葡萄酒醸造が盛んで、工場は甲府市の東部、峡東地区のブドウ産地に立地し、勝沼のワイナリーは観光名所としてもにぎわっている。図52-2の東西を走るJR中央本線からは山麓の美しい葡萄畑が眺められ、中央高速道路沿いは春になると南部の扇状地一帯が桃畑のピンクに染まる。
(溝口常俊)

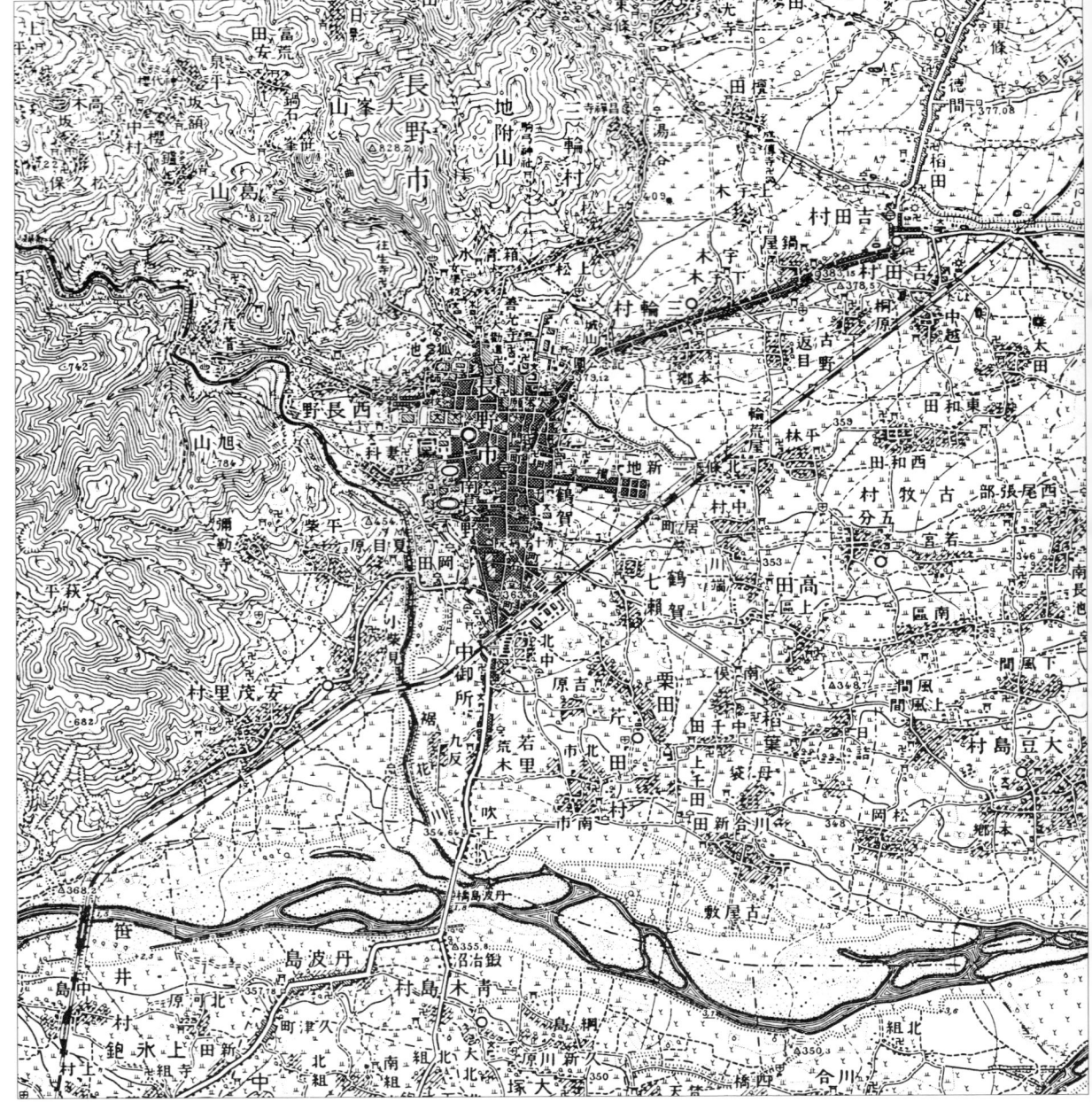

図 53-1　1912年（大正1）の長野市　（5万分の1地形図「長野」「戸隠」大正1年測図、原寸）

53. 長　野

　長野は善光寺の門前町から発展した。善光寺は長野盆地西側、裾花川扇状地の北にあり、門前町は扇状地の上に形成された。その歴史は古く、発掘では白鳳瓦が発見されている。12世紀以降には、浄土信仰の中心の1つとして栄え、信濃の国衙機構が置かれた。ただ、この都市は、近世に平野部の交通の要衝につくられた城郭を起源とする多くの県庁所在地と異なる。現在のような発展を遂げるためにはこの中世的都市に様々な機能を空間的にも複合させる必要があった。

　歴史的に見ると、門前町が現在の輪郭を整えたのは、戦乱が終わった江戸初期、集住が再開して以降のことである。17世紀初頭、裾花川は開削工事の末に南遷し、北国街道が丹波島渡を経て門前町を通るルートが確立した。善光寺は門前町の宿場、市のほか周辺の村落も含めてその支配下に置いた（善光寺領）。長野盆地には松代、須坂など中小諸藩の城下町も存在したが、門前町はこれらに劣らぬ第一の都市となった。

　さらに、明治以降、門前町は周辺地区に政治機能を備えた複合都市へ変容し、県下第一の都市へと発展を遂げた。いくつかの偶然が重なって、県庁が旧善光寺

図 53-2　現在の長野市　（5 万分の 1 地形図「長野」平成 9 年要部修正、「戸隠」平成 10 年要部修正、原寸）

領・長野村に置かれたのである（長野県の発足）。長野は周辺村落を吸収して拡大し、1897 年には市制を実施した。ただし、県庁が県の北に偏在していることには当時から現在まで批判が強い（移庁論、分県論）。

図 53-1 は大正初年の長野市である。県庁、市役所、郡役所、学校（師範学校）など公共部門が門前町西の土地に集積している。国道は旧北国街道を踏襲し、町並もこれに沿って吉田村へ続いているが、丹波島渡は橋へと替わり、中心から西へ抜ける新設県道も見られる。また、信越線・長野駅（1888 年開業）が善光寺表参道と直結し、現在の中心市街地の原型がつくられている。当時、長野市は隣接の三輪村、芹田村などと合併しておらず、人口は 4 万人程度であった。

図 53-2 は現在の長野市である。冬季五輪（1998 年）にあわせて北陸新幹線が開通し、五輪関連施設も設けられている。一番の変化は、市街地がモータリゼーションに伴って南東に拡大し、スプロール化を起こしていることである。国道が中心地を通らずに南東に移動し、上信越自動車道はさらに南東の地図の外にあり、中心地の衰退は深刻である。昭和の大合併（1966 年）などを経て、1998 年には中核市となった。2008 年現在、人口は約 38 万人である。　　　　　　　（鈴木陽一）

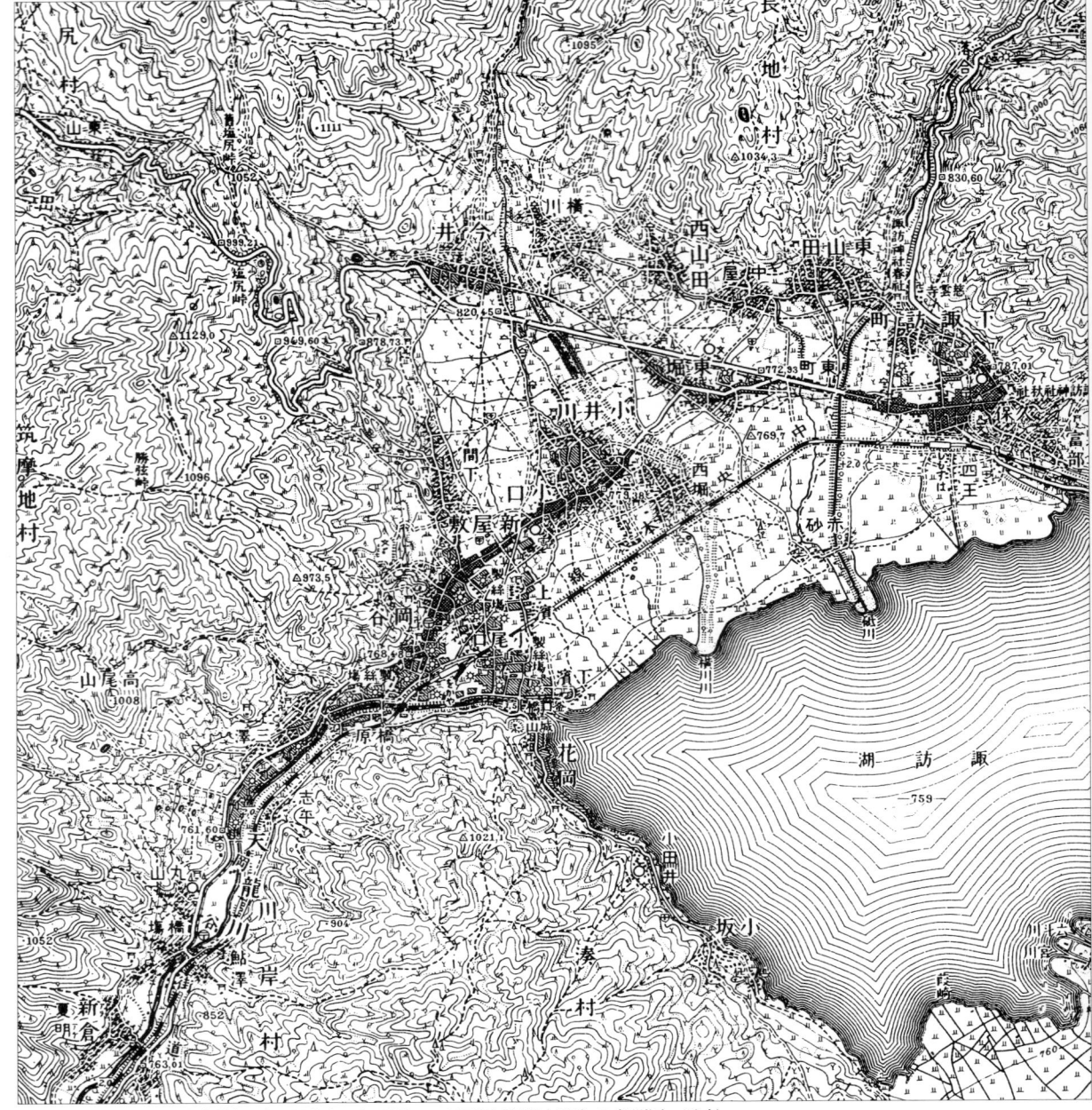

図 54-1　1910年(明治43)の岡谷市　(5万分の1地形図「岡谷」明治43年測図、原寸)

54. 岡谷
　　おかや

　戦前、わが国において生糸は長く輸出品の第1位であり、絹織物を含めた蚕糸類の輸出は、明治から昭和初期まで総輸出額の40〜50％を占め、日本の近代化に大きく貢献した。この生糸生産の中心が「生糸王国」の長野県諏訪地方であり、特に日本の生糸の3分の1を生産した「シルクのメッカ」岡谷であった。

　岡谷では、明治初期に水車動力を利用した「諏訪式製糸器械」が考案され、多くの製糸場が諏訪湖北西に広がる扇状地に立地した。その後、製糸場の規模拡大に伴い、より強力な動力を大型水車に求めたため、多くの製糸場は釜口水門から天竜川沿いに集積し、図54-1のような一大製糸工業地帯を形成した。

　人口4,000人余りの諏訪湖畔の一農村にすぎなかった岡谷(旧 平野村)は、流入人口が急増し、1920年(大正9)の第1回国勢調査では、松本市に次いで県下第2位の4.4万人で長野市の人口(3.7万人)より多かった。村の人口の半数の2万人余りが、県内や近県の農山村出身の若い女子工員で占められていた。

　1920年(大正9)1月、安価な化学繊維(レーヨン)の出現によって生糸価格が大暴落し、製糸業のメッカで

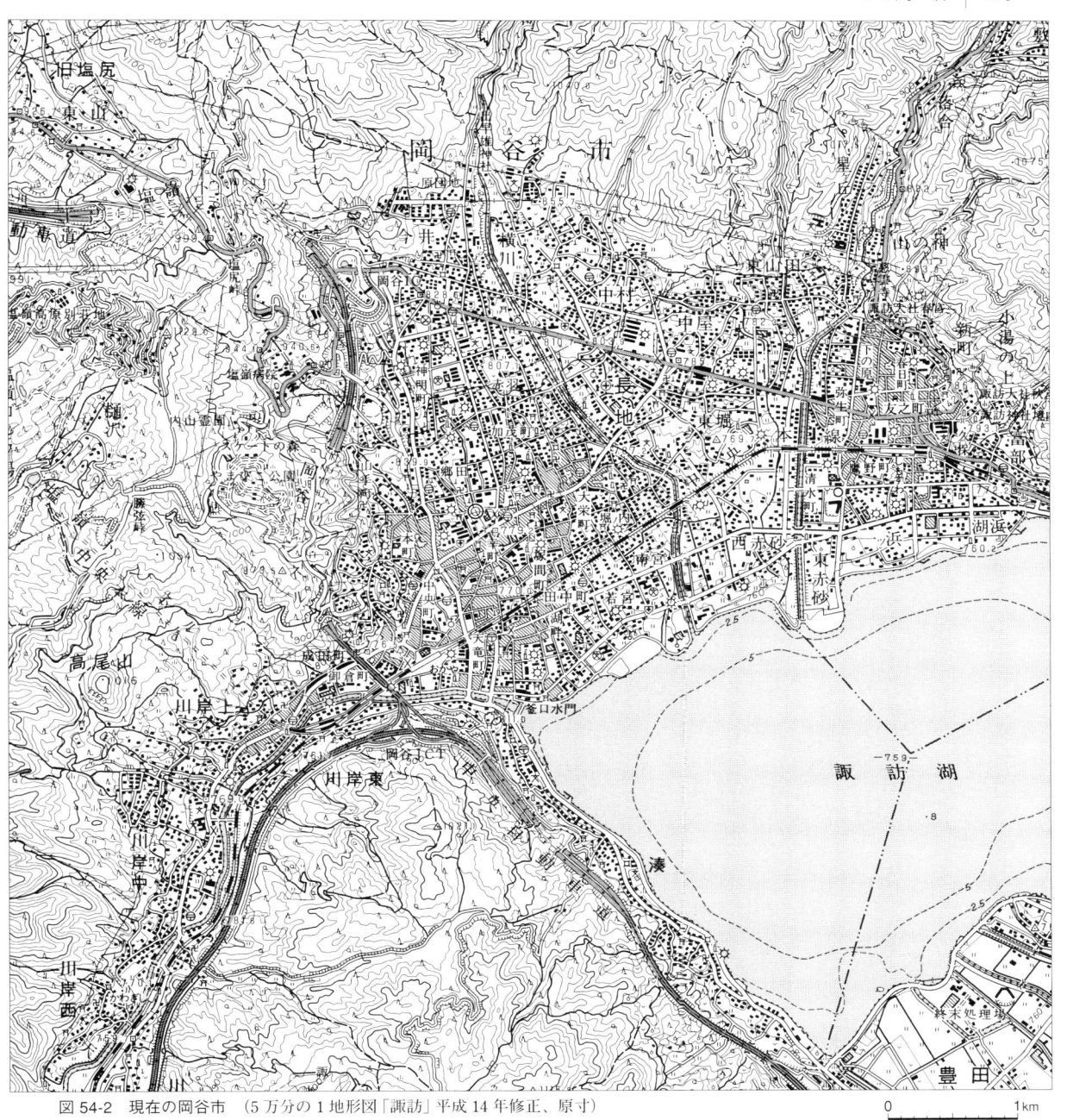

図54-2　現在の岡谷市　(5万分の1地形図「諏訪」平成14年修正、原寸)

あった岡谷では企業倒産が続出した。1936年(昭和11)に平野村は岡谷市として市制施行したが、戦争遂行のための重工業化は必然であり、製糸業の衰退は決定的であった。その後、戦争が激化し、アメリカ空軍による本土空襲が開始されると、東京から軍需関係企業が続々と岡谷に進出し、製糸工業地帯は「疎開工場」地帯へと変化した。

　第二次世界大戦後は、一時、「信州みそ」ブランドの食品工業が盛んになったが、その後、著しい発展を見たのが、疎開工場への転換を契機に始められた時計、カメラの精密工業であった。1963年(昭和38)には精密工業が工業出荷額の第1位となり、1980年には同出荷額の43％を占めるに至った。だが、その9割が零細な「納屋工場」と呼ばれる下請け企業であった。

　1980年以降、急速な円高や海外への工場移転などによって精密工業の比重は低下し、現在、事業所数では機械(25.3％)、金属(14.9％)、精密(12.7％)、電気(7.2％)となっている。製糸業時代からの遺産なのか、事業所の規模は小さく、従業者9人以下の工場が約半数を占め、中小企業が集積している。図54-2において、街の至る所に展開している工場記号の多さが、そのことを物語っている。

(平岡昭利)

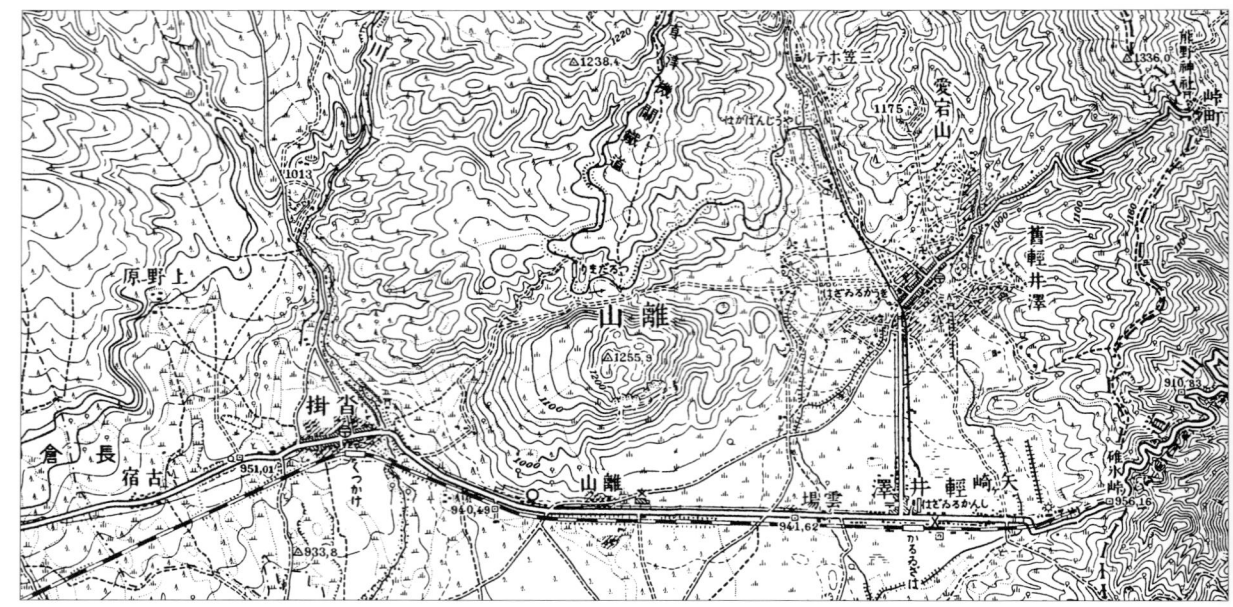

図 55-1　1912 年（大正 1）の軽井沢　（5 万分の 1 地形図「軽井沢」大正 1 年測図大正 5 年鉄道補入、×0.95）

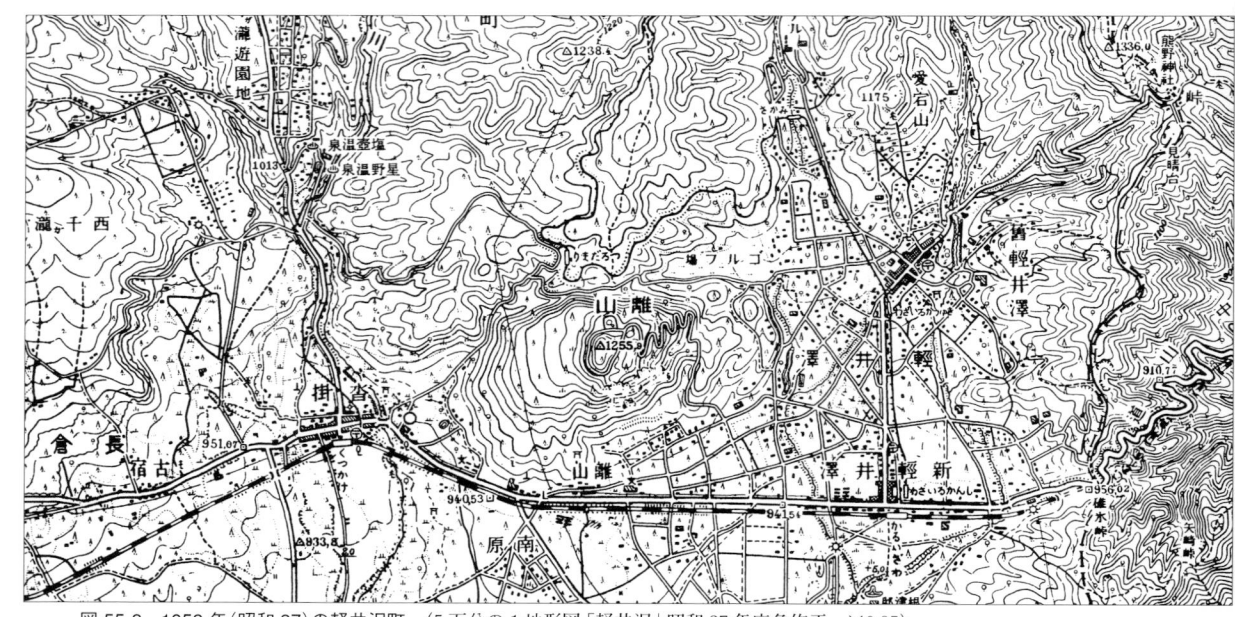

図 55-2　1952 年（昭和 27）の軽井沢町　（5 万分の 1 地形図「軽井沢」昭和 27 年応急修正、×0.95）

55. 軽井沢

藩政期の軽井沢は、中山道の難所碓氷峠（図55-1 峠町周辺）に隣接する宿場として栄えたが、明治以降、参勤交代の廃止や1884年（明治17）の碓氷新道（図55-1 鉄道沿いの道路）の開通によって著しく衰退していた。この土地を、1886年にカナダ人宣教師A・C・ショーら西欧先進諸国の人々が避暑地として発見し、大きく変貌することになった。

旧軽井沢宿周辺には次々と外国人別荘が建ち、本陣や旅館はホテルに改築され、肉や牛乳等を扱う英語の看板を掲げた店が出現した。1893年（明治26）東京〜軽井沢間の鉄道全通により避暑客はさらに増加し、1911年には1,968人（別荘数178戸、うち外国人135戸）となった。図55-1の旧軽井沢周辺には、原野に別荘やホテルが点在する別荘地初期の様子が描かれている。

1915年（大正4）以降、外部資本による日本人富裕層の別荘地開発が離山南や千ヶ滝で始まり、離山北には別荘客によりゴルフ場も建設された（図55-2）。夏季大学や芸術自由教育講習会等が開催され、知識人・芸術家・学生も多く訪れるようになった。別荘地の拡大に伴い、1923年、旧軽井沢を含む東長倉村は軽井沢町

図 55-3　現在の軽井沢町　（5万分の1地形図「軽井沢」「御代田」平成9年要部修正、×0.95）

と改称されたが、同年の町の別荘数は500戸を超え、避暑客7,500人のうち6,000人が日本人となっていた。1926年、草軽電気鉄道の軽井沢〜草津間が開通し、また多くの文学作品により「上流階級の避暑地」としての軽井沢のイメージが普及すると、昭和初期にかけて別荘地はさらに追分や軽井沢駅の南、群馬県側に拡大した。1942年、軽井沢町は西長倉村を合併し、群馬県長野原村の一部は北軽井沢と呼ばれるようになった。

戦中戦後は英米人の強制疎開地、進駐軍の保養地となり衰退したが、高度経済成長期以降、別荘地・リゾート地化が進展し、別荘や観光施設が町全体に広がった（図55-3）。別荘数は2000年には1.2万戸を超えた。周年観光が図られ、スケートセンターやスキー場の開設、宿泊施設の暖房完備・大型化がすすんだ。塩沢を中心にテニスコートを備えた農家民宿が増加し、鉄道南部では湿地や採草地に6つのゴルフ場が造成され、1991年の観光客数は850万人を超えた。

バブル経済崩壊により、観光客は漸減したものの、別荘は増え続け、1997年の長野新幹線開通後は、駅隣のショッピングプラザが新たな観光客を集めており、依然、軽井沢町は別荘地・リゾート地としての発展を続けている。

（浦山佳恵）

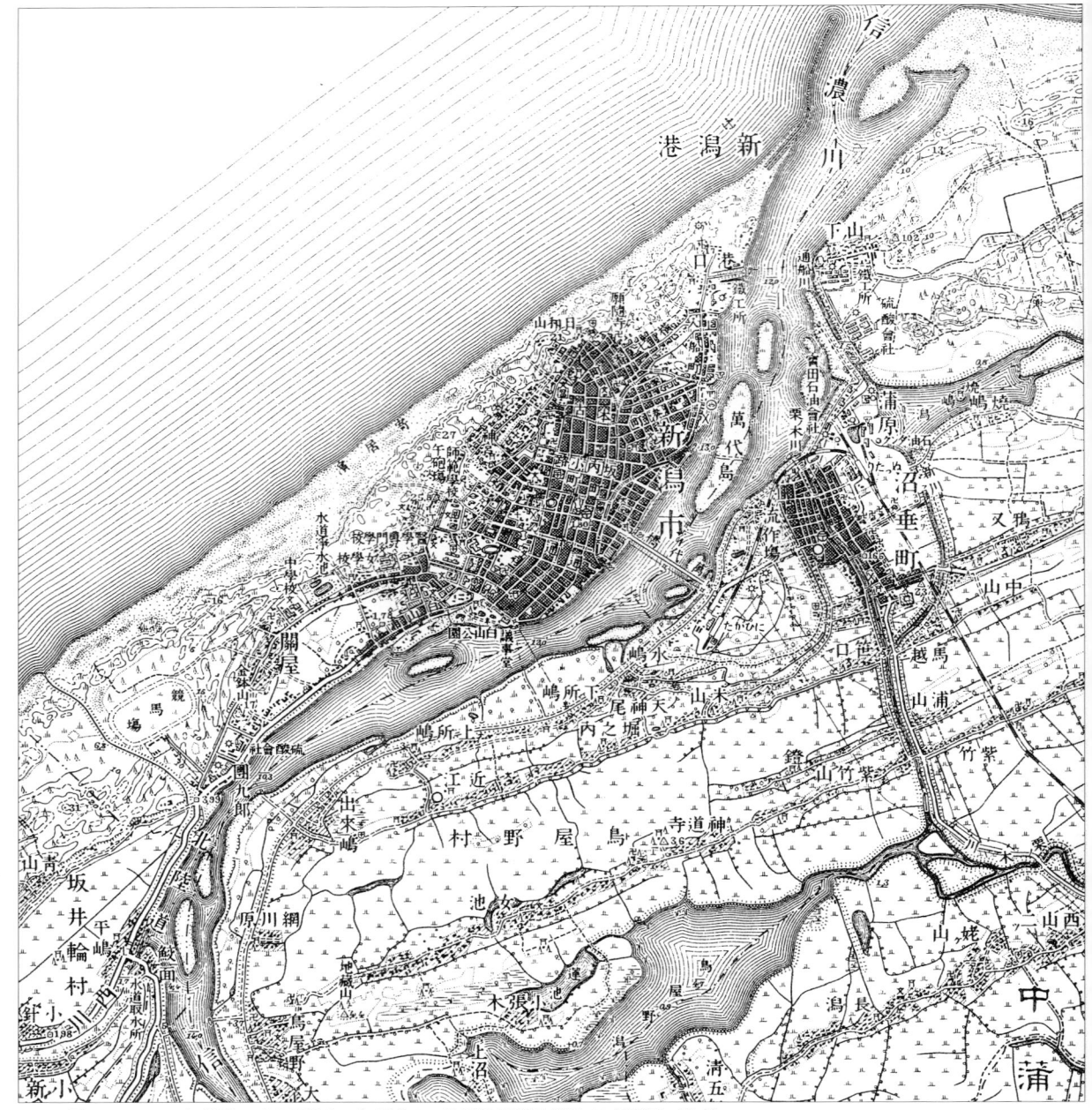

図 56-1　1911 年（明治 44）の新潟市　（5 万分の 1 地形図「新潟」明治 44 年測図、原寸）

56. 新　潟

　新潟は 1889 年（明治 22）に市政が施行され、2007 年に政令都市になった。2005 年の国勢調査による人口は 81 万人、日本海側最大の都市である。同市は信濃川と阿賀野川の河口部にあたり、蒲原津（信濃川河口右岸）、新潟津（信濃川河口左岸）、沼垂津（旧阿賀野川河口、現通船川河口付近）と呼ばれる 3 つの港が開かれ、古くから舟運の要衝として整備されてきた。3 つの港のうち蒲原津は 17 世紀中に衰退したが、新潟津と沼垂津はそれぞれ長岡藩、新発田藩の外港となって、近世期における西廻航路の隆盛とともに発達した。

　長岡藩は幕末期に幕府領となり、新潟津は 1858 年（安政 5）の米露に対する修好通商条約における開港 5 港の 1 つに挙げられたが、開港が実現しないまま幕府は倒れた。しかし、新政府も同地の重要性は認識しており、1868 年（明治 1）に新潟港を開港し、1870 年（明治 3）に新潟町を新潟県の県庁所在都市に定めた。また、同地は、国内有数の油田地帯でもあり、明治後期には新津丘陵に広がる新津油田で機械掘削による採油が本格化した。図 56-1 の 1911 年（明治 44）の地形図でも、1897 年（明治 30）に開設された信越線（開設時北越鉄道）

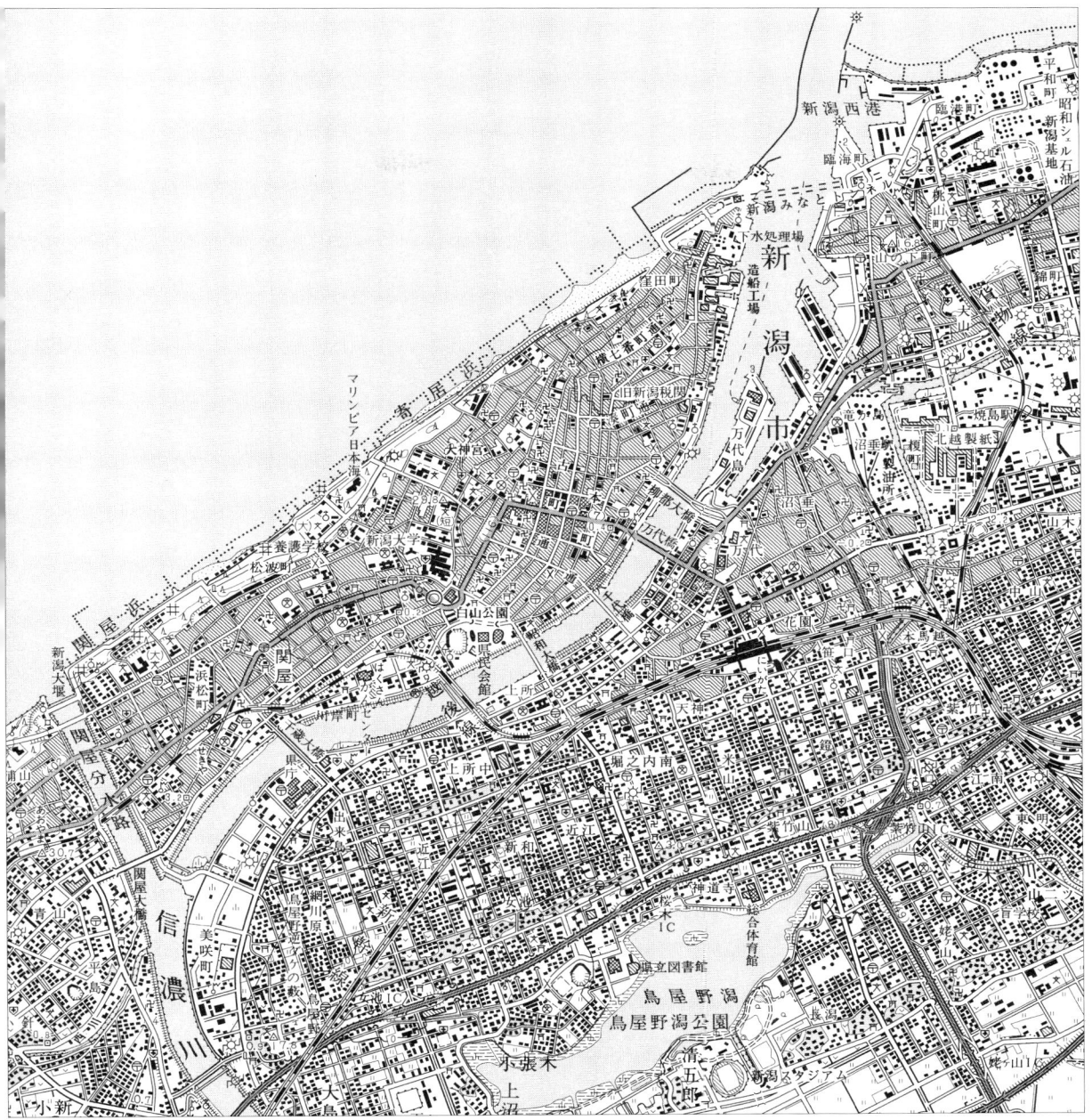

図 56-2　現在の新潟市　(5 万分の 1 地形図「新潟」平成 15 年修正、原寸)

沼垂駅周辺に石油会社や石油タンクを確認できる。産出された石油は、海路を使用したり、信越線や大正期に開通した羽越線・磐越西線・越後線によって国内に運搬された。さらに、1931 年 (昭和 6) には、上越線が全線開通し、新潟港は東京と日本海沿岸を結ぶ最短路に位置する港湾になった。近代における新潟市は、港湾と鉄道網が産業によって効果的に結びつくことによって発達したといえる。

しかし、戦後の新潟市は、国内油田の枯渇や国内産業の構造的転換から、工業都市としてよりも日本海側の最大都市として、その中心地性が成長の原動力になっていった。図 56-2 の 2003 年 (平成 15) の地形図に見られるように、1958 年 (昭和 33) には沼垂の市街地を南西に大きく迂回して新潟駅に到着するという従前の鉄道路線が廃止され、沼垂駅を貨物駅にすることで直接新潟駅に乗り入れるような鉄道路線が敷かれた。また、1982 年 (昭和 57) には上越新幹線が開業することによって新潟駅南部の開発が進み、市街地が大きく拡大した。モータリゼーションの進展に関しても、新潟市は、北陸自動車道、磐越自動車道、日本海東北自動車道が接続する高い交通利便性を有しており、今後のさらなる発展が期待される。　(山田浩久)

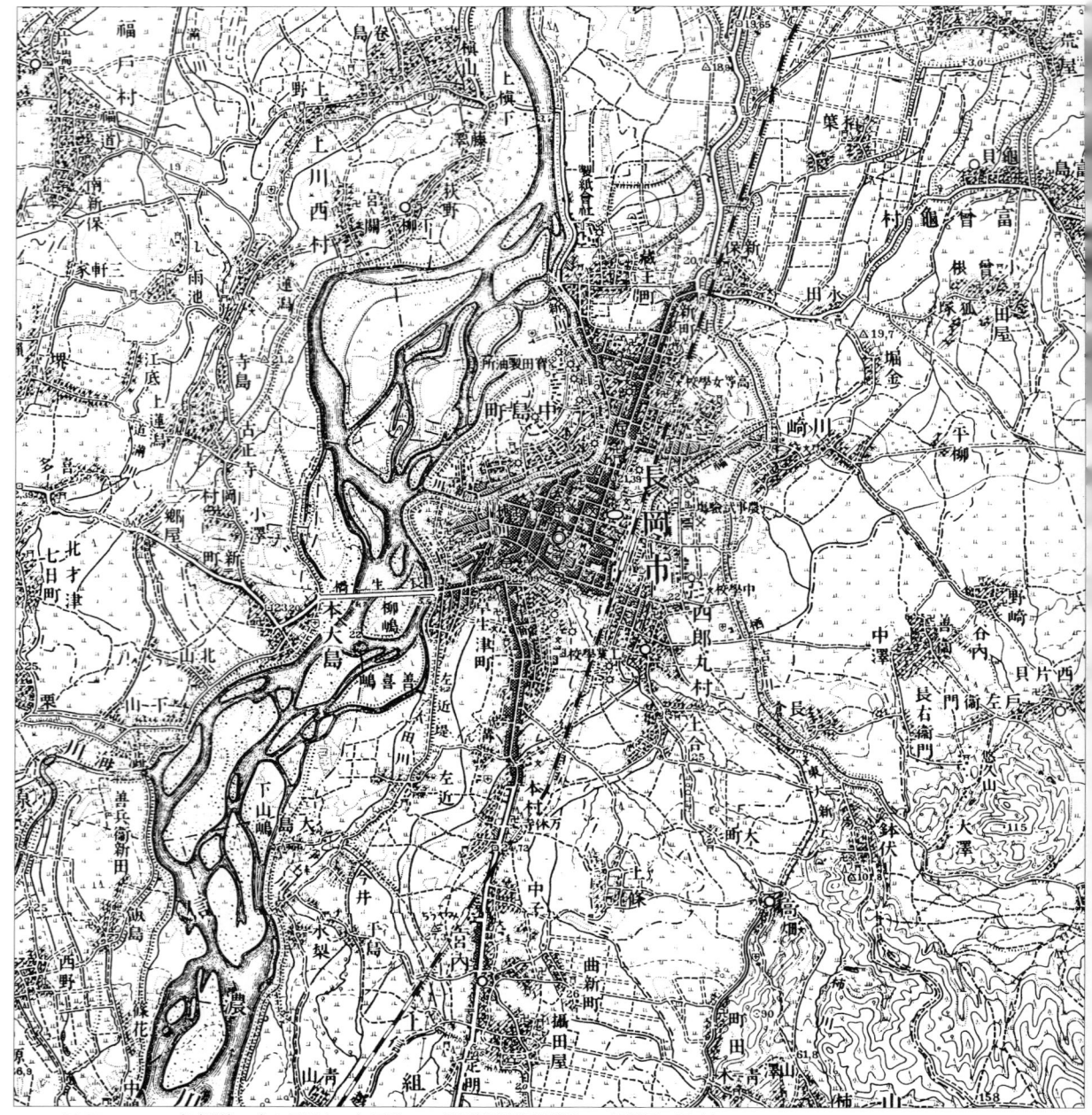

図 57-1　1911 年(明治 44)の長岡市　(5 万分の 1 地形図「長岡」明治 44 年測図、原寸)

57. 長岡

　長岡の市街地は、信濃川が新潟平野に注ぐ出口に形成された旧長岡藩(幕末期約 14.3 万石)の城下町を起源とする。旧城址は現在の長岡駅付近である。図 57-1 の流路が示すように、信濃川はしばしば洪水被害をもたらしたが、藩が 1748 年に築かせた長さ 400 m 以上の左近堤が城下の面的拡大を可能にした。

　戊辰戦争でほぼ焼け野原となった市街地は、明治期に殖産興業政策とともに復興を始めるが、それを支えたのが市東部山地の東山油田の開発である。1889 年(明治 22)から採油が始まり、市街地北西に見える地元資本による寶田製油所をはじめ、一時 300 を超える石油会社が創立された。石油関連産業の勃興は、この地に鉄道交通網の発達を促した。1898 年の北越鉄道(現信越本線)直江津〜沼垂間の全通(1907 年国有化)から、1931 年の国鉄上越線開通までの間に、長岡駅を中心とする私鉄網も整備され、石油関連産業を基盤に機械工業都市の地歩を固めていく。

　一方、図 57-1 当時の市街地周辺には水田地帯が広がり、この時期に中小河川の改修と湿田の乾田化が進む。市街地北東部の富曾亀村の新保付近などに見える

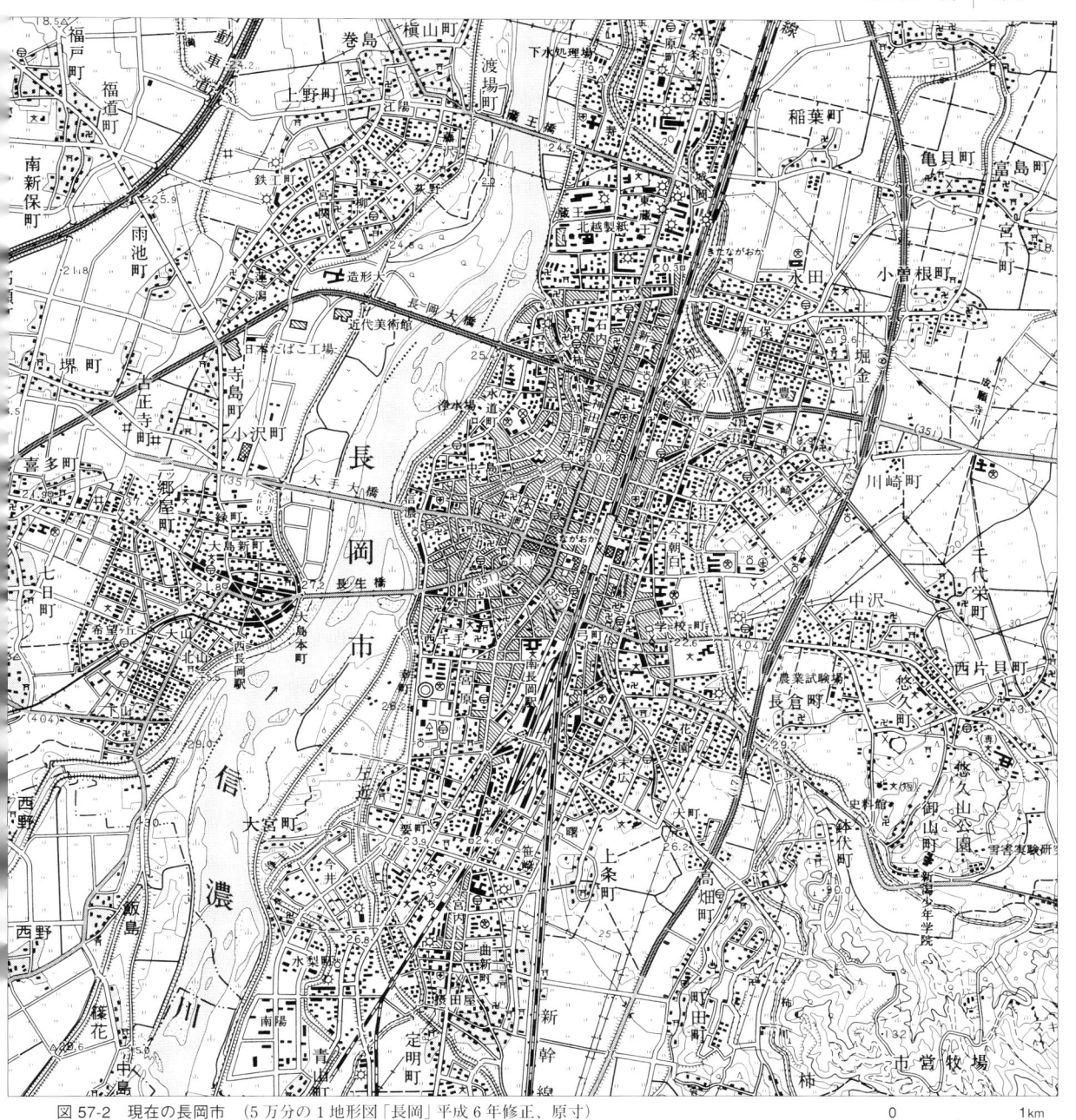

図 57-2　現在の長岡市　(5万分の1地形図「長岡」平成6年修正、原寸)

整然とした耕地割は、県内最初の耕地整理実施地区である。図 57-2 に見える県農事試験場がコシヒカリ誕生に果たした役割もよく知られている。

　市街地は第二次世界大戦末期に米軍の空襲でその約 80 % を焼失。死者約 1,500 人の大被害であった。戦後の再復興は、市街地周辺部への工場地帯移転と幹線道路の拡幅整備を柱に行われ、冬季の雪害からの脱却も図られた。1960 年代初期に導入された消雪パイプは、市内の道路約 300 km(2007 年時点)に敷設され、主要道路の積雪時通行不能化はほぼ完全に解消された。

　1980 年代には、図 57-2 に見える上越新幹線および北陸・関越自動車道、国道 8 号と 17 号のバイパスが開通し高速交通体系の整備が進んだ。都市圏の近隣市町村への拡大と、市街地西郊の丘陵部に長岡ニュータウンや信濃川テクノポリス、長岡技術科学大学、国営越後丘陵公園などの建設が進んだこともあり、現在の市街地開発の焦点は信濃川左岸部、特に長岡大橋と大手大橋とにはさまれた旧河川敷部分の千秋が原近辺において著しい。市のシンボルである信濃川をはさんだ両岸地区をいかに有機的に結びつけていくか、また市街地拡大にともなって空洞化が目立つ長岡駅前地区をどう再生するかが、今後の課題である。　　(中俣　均)

図58-1　1910年(明治43)の富山市　(2万分の1地形図「富山」「呉羽村」明治43年測図、×0.8)

58. 富　山

　富山は、神通川が大きく蛇行する右岸に形成された城下町であった。対岸には愛宕町が町立てされ、北陸線富山駅が桜谷村牛島に設置されたため、明治以降、富山市街地は神通川の両岸にまたがって広がった。神通川はこの蛇行部でしばしば洪水をおこしたため、1901年(明治34)に神通川の直線化工事が始まった。この工事では現河道部分に細い水路を設け、洪水の力を利用して川幅を徐々に広げる工法がとられた。新河道が十分に広がった1921年(大正10)には蛇行部分は完全に閉め切られた。市街地を流れる松川は旧河道の痕跡を現在も残している。

　低湿な旧河道は未利用のまま、都市の発展を阻害した。これを活用するため、富山県初の都市計画事業が1930〜35年(昭和5〜10)に実施された。この計画では富山駅以北における旧河道部から神通川河口の東岩瀬まで富岩運河を掘削し、その掘削土で市街地中心部の旧河道を埋め立て、街区を整備した。新たに造成された街区には、県庁・銀行・電力会社をはじめとする中枢管理機能が立地し、県庁所在地のCBDとなると同時に、分断されていた市街地が一体化された。

図58-2　現在の富山市　（2万5,000分の1地形図「富山」平成18年修正、原寸）

　一方、富岩運河の開通は、沿岸への重化学工業の集積をもたらし、日本海側随一の工業地域が形成された。ここに立地したアルミニウムなどの非鉄金属工業は水力発電による安価な電力を立地因子とし、化学工業は近世以来の製薬業を基盤としていた。高度経済成長期において輸送の主力が道路に移行し、運河の機能は低下すると同時に水質の悪化が問題視された。しかし1980年代以降は親水空間として、運河の整備が進んだ。また、1998年には運河に設置された中島閘門が産業遺産として国の有形文化財に指定された。

　高度経済成長期以降、郊外では大型店舗の立地や住宅地の造成がなされた一方、市街地の空洞化が進展した。市街地人口は1960年代以降半減し、10校あった小学校は5校に統廃合された。また、住宅から転用された駐車場が全面積の10.6％を占めた。富山市では市街地を良好な居住空間として再生する「まちなか居住推進計画」を2005年から推進中である。同計画は、コンパクトシティの理念に基づき、職住近接型の移動負荷の少ない市街地形成を目ざしている。そのため、市街地を走る路面電車を環状線化し、JR富山港線を引き継いだ富山ライトレールと接続し、効率的な市内交通網を形成する予定である。

（須山　聡）

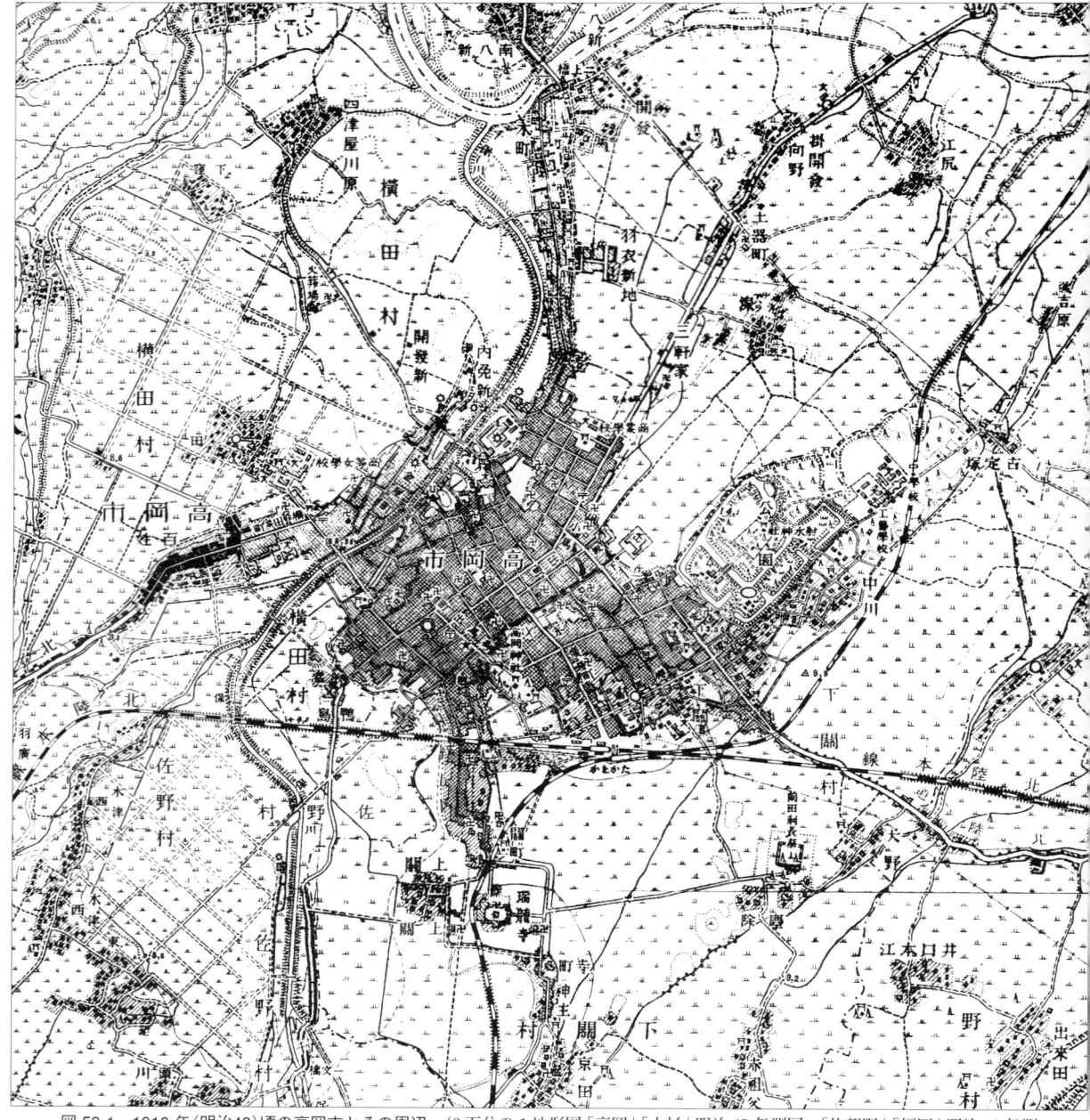

図 59-1　1910年（明治43）頃の高岡市とその周辺　（2万分の1地形図「高岡」「小杉」明治43年測図、「佐賀野」「福岡」明治42年測図、×0.8）

59. 高岡

　高岡は、前田利長の隠居城築造（1609年）を端緒とする城下町起源の都市である。僅か6年での廃城後も、前田藩による町人や職人（鋳物師ら）の優遇政策により、同地は商工都市として発展し、人口も1699年から1868年の間に1.3万人から2.2万人へ増加した。維新後の高岡は、越中米取引の権利を商人が取り戻す（1885年）等、商工業の発展を持続し、1889年（明治22）には人口2万9,202人（全国23位）で市制を施行した。

　図59-1にみる近代高岡の市街地は、概ね近世都市に重なる。城址は市街地東端の「公園」（1875年指定）で、その西側に諸官衙や諸会社・商店の集まる市街地が広がる。なかでも北陸道沿線の「通り筋三町」（守山町・木舟町・小馬出町）は、近世以来、繊維・銅器・金物・薬種等を扱う代表的問屋街で、高岡大火（1900年）後に防火建築の土蔵造りが普及した。千保川左岸には鋳物・銅器の職人町の金屋町があった。これらの地区は現在の高岡では古い町並み景観を残した観光地区となっている。近世の市街地は、西の北陸道沿線、北の木町（河港）、南の瑞龍寺（前田家菩提寺）へと線状に伸びていた。他方、新市街地は中越鉄道開通（1899年）後

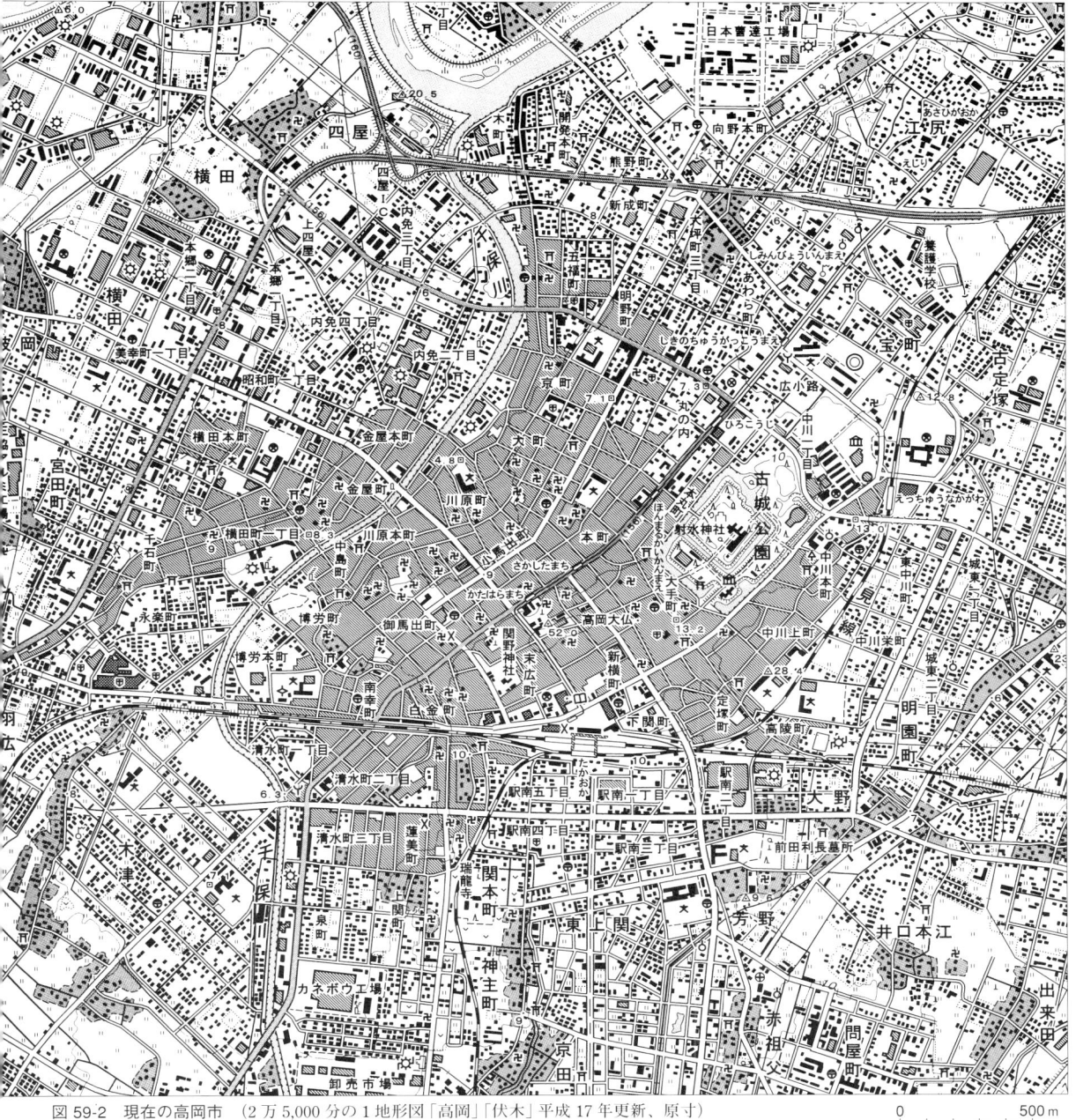

図 59-2　現在の高岡市　（2万5,000分の1地形図「高岡」「伏木」平成17年更新、原寸）

の高岡駅界隈に展開した。当時の既成市街地の縁には、高岡らしく商業・工芸等の専門学校が立地した。
　高岡地域では、早くから近代的工業が外港の伏木町（1942年合併）に集積したが、市内にも鋳物業の伝統と県下の水力電力開発を背景に戦前からアルミニウム工業が立地し、現在では地域の最有力産業に発展した。
　戦災を逃れた高岡は、戦後、宅地化・工業化により、市街地を四方へ拡大した（図59-2）。中でもアルミニウム工業の成長や新産業都市指定（1964年）等、重化学工業化政策が奏功し、1970年代に人口は17万人を突破し、ピークに達した。同時にこの頃が、中心市街地を核とする近代的都市の空間秩序が合理的に機能した最後の時期であったといえよう。
　1970年代以降、都市開発や市街化はJR北陸線の南側の地区で顕著になる。水田地帯に向かって問屋町（1971年）、商業諸施設、住宅地、大型ショッピングセンター（イオン：2002年）等が駅南から南方向へ展開し、北陸新幹線開通後の新駅もこの地区に設置の予定である。活気づく南郊と対照的に、1970年代まで活気のあった中心部や北部は、人口や商業の著しい空洞化を免れず、それら地域の再活性化が地域の課題となっている。
　　　　　　　　　　　　　　　　　（山根　拓）

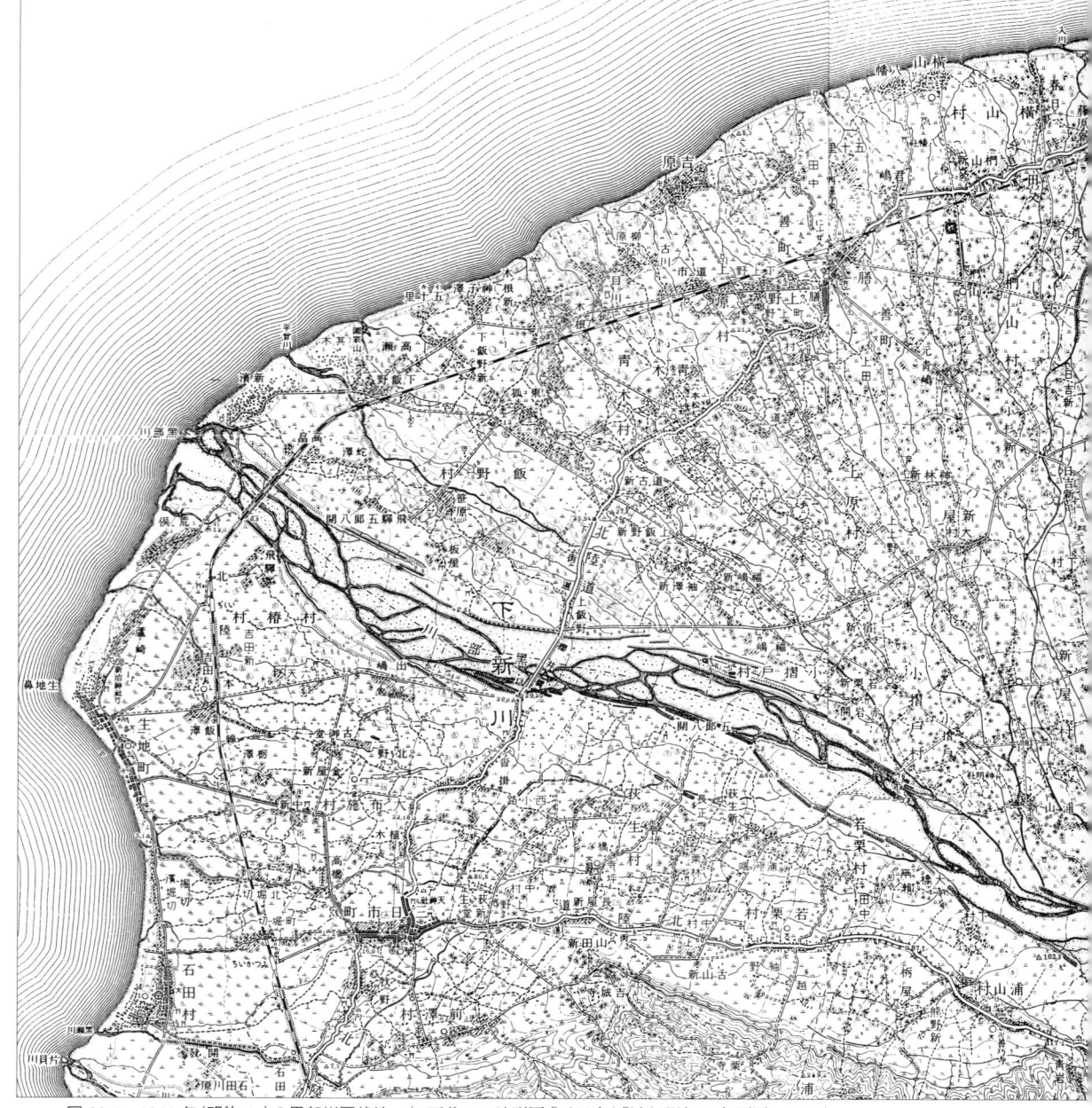

図 60-1　1910 年 (明治 43) の黒部川扇状地　(5 万分の 1 地形図「三日市」「泊」明治 43 年測図、×0.7)

60. 黒部川扇状地

富山平野の東端に位置する黒部川扇状地は、北アルプスの鷲羽岳に源を発し、幹線流路延長が 85 km の黒部川の形成によるもので、扇頂から扇端までの最大距離は 13.5 km である。新扇状地面の東と南に低位と高位の旧扇状地がある。丘陵化して開析の程度の大きい棚山と十二貫野といった高位の旧扇状地を除く面積は 131.8 km² で、地形図上の等高線が同心円状に広がる標識的な扇状地である。黒部川の山間流域では年間降水量が 1 万 mm を超えるといわれ、黒部川の豊かな水量が黒部川扇状地の産業と文化を育んできた。黒部川扇状地には黒部市と入善町、朝日町の 1 市 2 町が含まれるが、2007 年 11 月末の各市町の住民基本台帳によると、黒部川扇状地の世帯数は 2 万 6,900、人口は 8 万 1,473 であった。

黒部川扇状地の開発は、扇状地縁辺の山麓や段丘崖沿いの地域と扇端部から始まった。扇状地の全域に水田が広がったのは、1595 年 (文禄 4) に加賀藩がこの地域を支配するようになり、統一的な治水・利水工事が実施されてからである。主要な灌漑用水路の開削は、主に 16 世紀から 17 世紀にかけて進められ、19 世紀前

60. 黒部川扇状地

多い夏季には渡河に苦労した。そこで、1662年(寛文2)に扇頂の愛本村近くの狭窄部に刎橋がかけられ、山麓を通る北陸街道上街道(上筋、上往来、夏街道とも称される)がつくられ、旧来のものは下街道(下筋、下往来、冬街道とも称される)と呼ばれるようになった。上街道には浦山と舟見の宿駅が設けられ、この2つの集落は明治期以降も中心地としての機能を果たした。下街道よりも海岸側と山麓には集村が、それ以外の扇状地の中央部では散村や小村が卓越していた。

江戸期に整備された灌漑用水路網に支えられて、1910年(明治43)頃の黒部川扇状地はほぼ水田化されていたが、まだかなりの林地や原野が残っていた。特に黒部川の桜井橋より下流の両岸や、扇頂部の墓ノ木から北東の小川の川口に至る江戸初期まで黒部川の最大の河道であった地域では林地や原野が多かった。また右岸地域の旧北陸街道下街道と海岸線との間には多くの湧泉があり、そこから海岸まで延びる沢沿いに、「杉沢林」が発達していた。幅員3m以上の道路は旧北陸街道の上街道と下街道、そして扇状地を横断する上飯野と小川温泉を結ぶ道路以外はほとんどなかった。1910年には北陸本線が黒部川扇状地まで延長されており、これによって、黒部川扇状地における交通軸と経済の中心が、これまで以上に扇端部に移っていった。

黒部川扇状地の土地利用と景観は、明治期以降の農業的土地基盤整備によって大きく変化した。黒部川は水量に恵まれており、農業用水が不足することはなかった。むしろ、融雪期や梅雨期における黒部川の出水のためにおきた取水施設の破壊や流失が最も大きな問題であり、明治期までの用水組合の最大の仕事は、黒部川本流に設けられた取水堰と取水口の確保であった。1890年代より黒部川に設けられた複数の取り入れ口を1か所に統合して安定した取水を意図した合口事業が計画されたが、工事費がかさむことから実現しなかった。この合口事業は、右岸地域の旧扇状地と現扇状地を分ける急崖の中腹を通る農業用水路の落差に注目して、水力発電をしようとした電力会社によって実現された。1925年(大正14)に黒部川電力株式会社は右岸地域の6つの用水の取水口を合併し、その水力を利用して2つの発電所(出力7,760kwと6,330kw)を稼働させた。その後1929年(昭和4)にもう1つの発電所(5140kw)が建設された。それによって、発電会社が合口事業の工事費とその後の用水路の維持管理費を全額負担することになった。右岸の合口が農民にとっては極めて有利な条件で実現したことから、左岸の農民は富山県や黒部川電力株式会社に合口を働きかけ、その結果、県営事業として両岸の用水を一括して取り入れる愛本堰堤と左岸の合口用水路が1932年(昭和7)に完成した。左岸地域にも1938年までに3つの発電

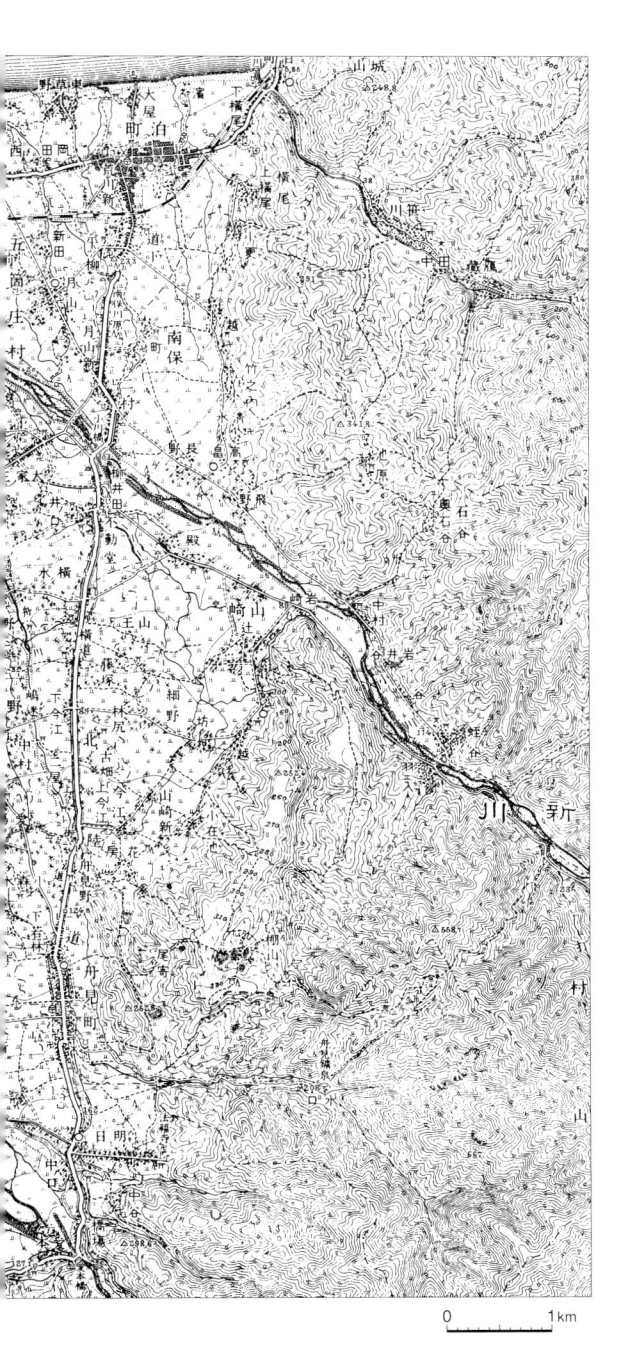

半の旧扇状地上の用水の完成で終了した。江戸期に整備された右岸の8用水と左岸の7用水は、黒部川に設けられた個々の取水口を起点に放射状に広がり、それらが直接灌漑する面積は7,134haであった。

図60-1の1910年(明治43)測図の地形図から、集落の分布をみると、海岸沿いには漁村あるいは船着場から発達したとみられる集村が分布していたことがわかる。また、海岸線と平行する旧北陸街道沿いに、三日市と入膳、泊といった大きな集落があり、いずれもかつて宿駅がおかれた中心地であった。江戸期には黒部川は扇状地上を幾筋にも分かれて流れており、水量の

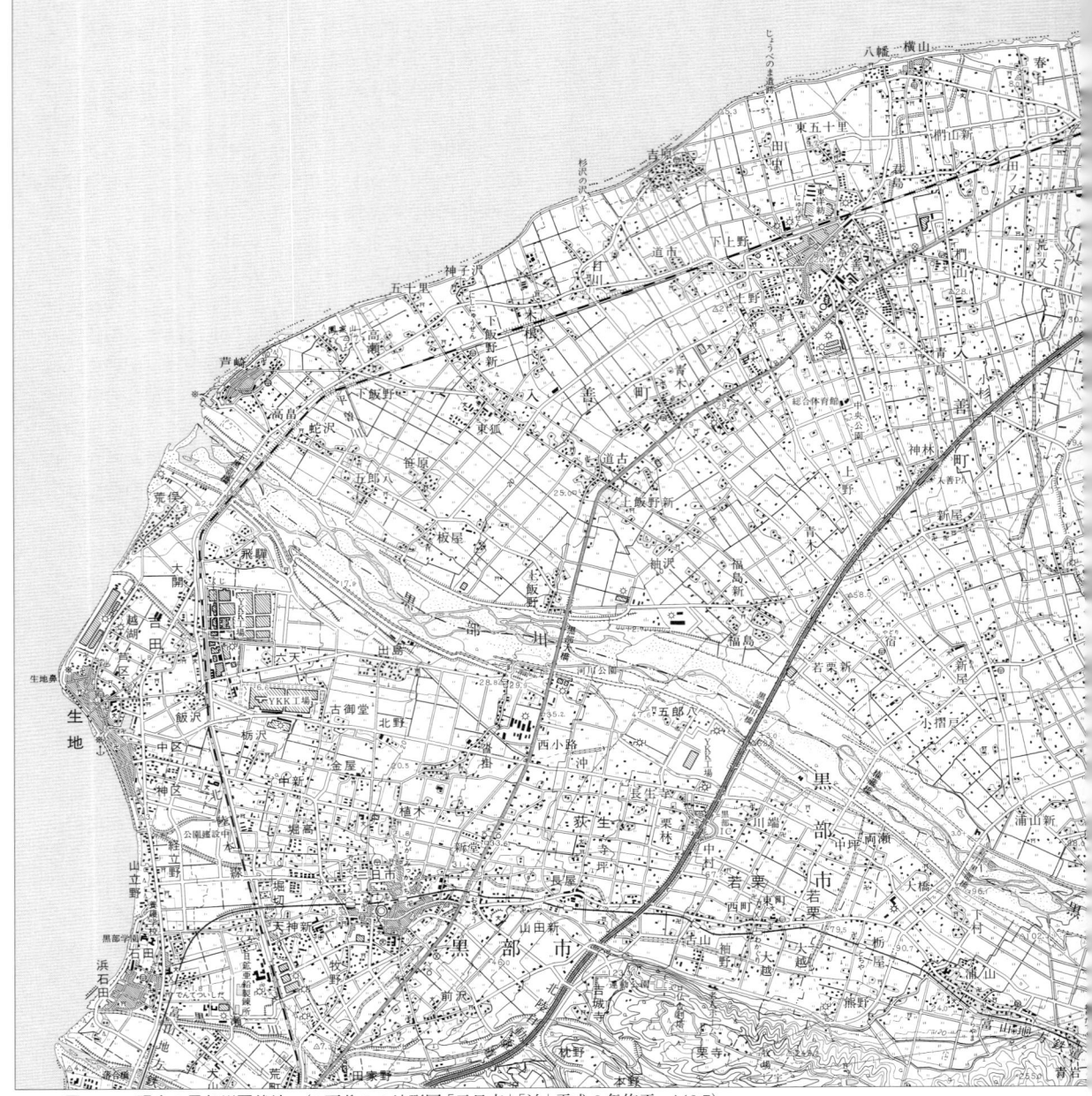

図60-2 現在の黒部川扇状地 （5万分の1地形図「三日市」「泊」平成8年修正、×0.7）

所（6,300 kw、1,490 kw、1,210 kw）がつくられた。

合口事業によって黒部川扇状地の諸用水は安定した取水が可能になったが、大量一括取水によって従来から問題になっていた冷水による被害が一層大きくなった。黒部川扇状地の水田の土壌は砂質浅耕土であり、保肥力や保水力が低く、単位面積当りの水稲収量は極めて低かった。そこで実施されたのが、1951年から始まった流水客土事業であった。これは、旧扇状地上の4カ所で採った赤土を微粒化して、汚泥水として既存の灌漑用水路に流し、水田に流送沈澱させるものであった。その効果は大きく、それまで10 a 当たり300 kg 台であった米の収量は、折からの稲作技術の進歩もあって、流水客土後には400 kg 台まで増加した。

1960年代になって狭く不整形な水田の整備や分散耕作地の統合、狭小で錯綜した用水路や農道の改善によって、機械化に対応し、省力的・合理的稲作経営を実現するために、圃場整備が進められた。1970年代末には黒部川扇状地のほぼ全域で圃場整備が完了し、水田は30 a 区画が標準となり、それまで1農家当たりの経営耕地の平均団地数は7.4、平均筆数が25.7であったものが、それぞれ3.2と4に激減した。農道の幅員も幹線で6.5 m、支線で4.5 mとされた。これに

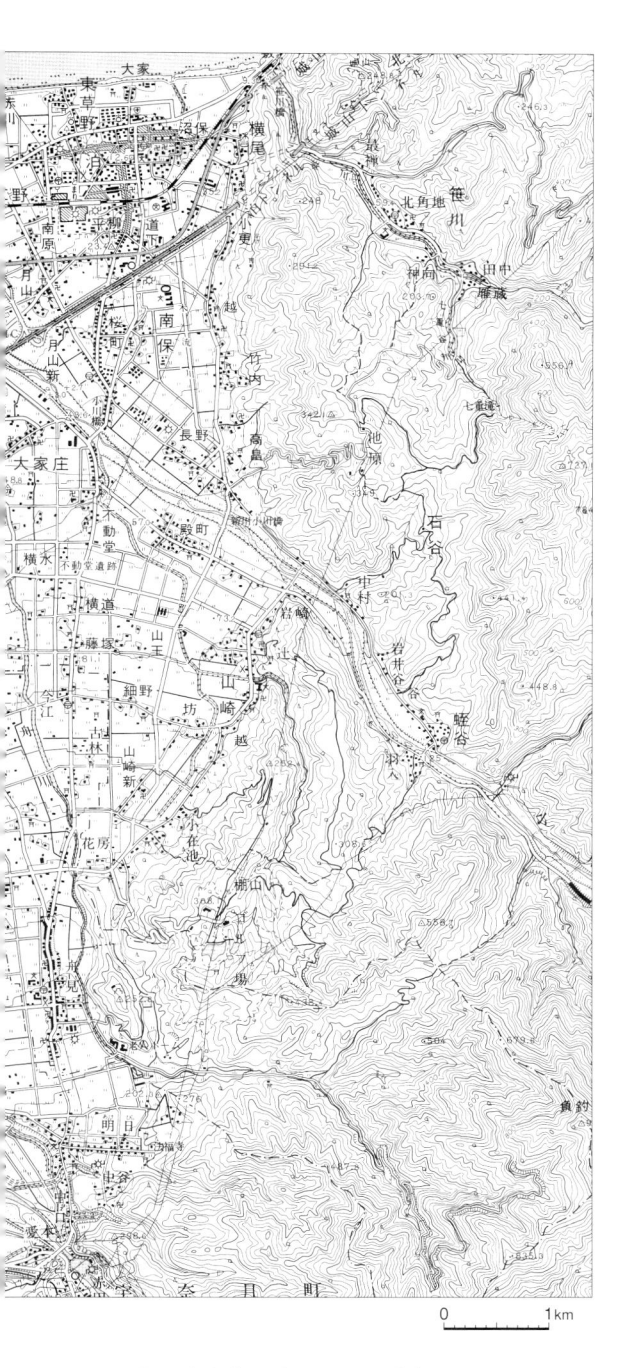

よって稲作の省力化、米の収量の増大が実現し、さらに農道の整備によってモータリゼーションが一層助長された。日本経済が高度成長したことから、圃場整備後に兼業化が急速に進んだ。

そのほかの農業的土地基盤整備としては、洪水で破壊された愛本堰堤が1973年に新たに建設されたこと、右岸地域と左岸地域の合口用水路が1984年から10年かけて全面改修されたこと、それ以外の幹線用水路も改修されたこと、農道の舗装や水田畦畔のコンクリート化が進められたこと、さらには第二次世界大戦前に耕地整理された扇端部で、圃場の50～100a区画への再整備が実施されたことがあげられる。

黒部川扇状地の農村は古くから水稲作に強く依存してきた。それでも、養豚や酪農、大根などの野菜栽培、チューリップ球根栽培など、土地資源を最大限に活かす工夫がなされていた。また、積雪によって農業が制限される冬季には、1950年代まで出稼ぎに従事する農民が多かった。ところが、すでに述べた1960年代からの圃場整備事業を契機に機械を用いた稲作体系が確立され、稲作所要労働時間は大幅に軽減されることになった。これによって、黒部川扇状地の平均的な経営規模である1.5ha前後の農家では、たとえ夫婦が他産業に従事していても、農繁期に数日の休暇さえとれば、朝夕と週末を利用して稲作を続けることができるようになった。1950年頃までは黒部川扇状地では、北陸本線泊駅前の日東紡績泊工場と入善駅前の東洋紡績入善工場などをのぞくと、食料品工業や醸造業、土石関係工場など、小規模な製造業があったにすぎなかった。しかし、1960年代後半から自動車部品や電子部品、縫製・服飾などの工場が多く立地し、さらにはファスナーとアルミサッシの吉田工業(現在のYKK)が大きく発展した。これによって黒部川扇状地の農外就業機会が格段に増加し、大部分の農家は、酪農や養豚、チューリップ球根栽培、出稼ぎなどを中止し、稲作と通勤兼業を行うようになった。ところが1990年代になると、これまで通勤兼業を行いながら農業を継続してきた世代が高齢化し農業から離脱する一方、農業を継承する後継者が極めて少なくなり、脱農化傾向が著しくなった。反面、「土地持ち非農家」の農地を受託する大規模借地稲作農家が増加している。

図60-2の1996年(平成8)修正の地形図では、三日市と入膳、泊の市街地が大きく拡大し、その周辺および国道8号線沿いに多くの工場が立地したことがわかる。北陸本線生地駅周辺のYKKは、世界的企業に成長し、黒部川扇状地にも多くの雇用機会をもたらしている。扇央部や扇頂部の農村地域にも工場や公共施設がめだつようになった。工業用地や住宅地の拡大につれて、圃場整備直後には増加した水田面積も、1980年代に入って減少し始めた。また、圃場整備によって林地や原野はほぼ全面的に消滅してしまった。新旧地形図で最も目立つのは、道路網の変化である。主要な国道と県道の整備が進むとともに、圃場整備によって1枚1枚の圃場に至るまで農業機械を搬入できるような農道がつくられた。1983年には北陸自動車道が開通し、新黒部橋が建設され、朝日と黒部にインターチェンジができた。また、1986年には権蔵橋の上流に新川黒部橋がつくられた。それでも、両岸を結ぶ橋は6本にすぎず、依然として黒部川の遮断効果は大きい。

(田林　明)

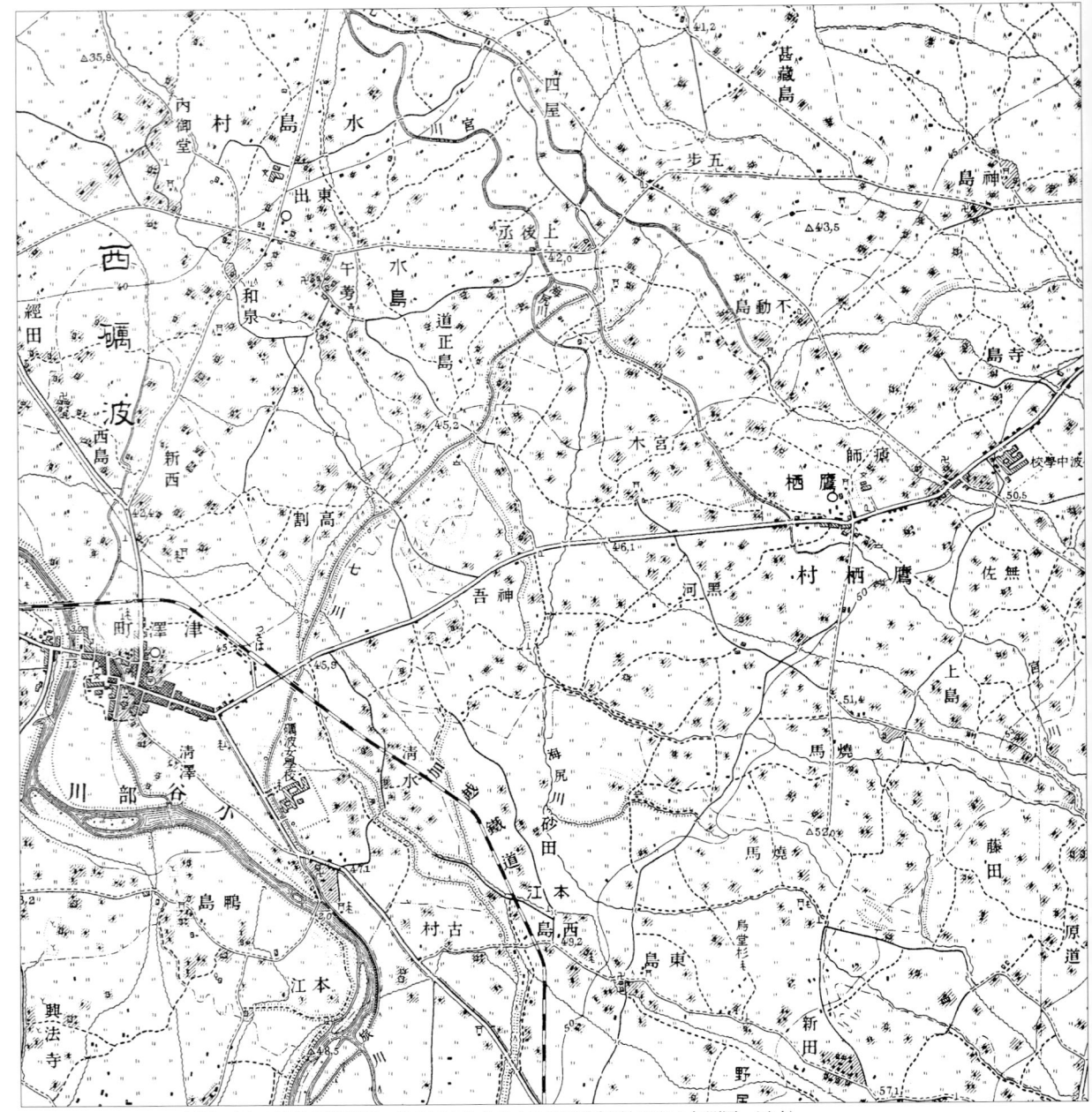

図 61-1　1930(昭和5)年の砺波平野西部　(2万5,000分の1地形図「出町」昭和5年測図、原寸)

61. 砺波平野

砺波平野西部の砺波市鷹栖地区(旧鷹栖村)、小矢部市水島地区(旧水島村)、南砺市野尻地区(旧野尻村→福野町)一帯は、水田に住居が点在する典型的な散居村であった。この一帯は第二次世界大戦後の圃場整備事業の際に、住居を移転せずに水田と農道の整備を進めた。このため「カイニョ」と呼ばれる屋敷林や「アズマダチ」と呼ばれる妻入り民家等、散居村特有の景観が大きく損なわれることはなかった。

近年、散居村の景観は「カイニョ」の伐採や「アズマダチ」の減少、新興住宅地の造成等によって変貌しつつある。しかし、水島地区は2000～2001年に砺波散村地域研究所が実施した調査で「アズマダチ」が多く残存している地域の1つとされ、散居村特有の景観が比較的よく維持されている。

この一帯における最大の地域変貌は、交通網の劇的な変化であろう。小矢部市津沢地区(旧津沢町)は江戸期には小矢部川の舟運で栄えた。明治期に入ると舟運は衰退したが、1922年(大正11)には加越鉄道(のちの加越能鉄道加越線)が全通し津沢駅が設けられた。その加越線もモータリゼーションの到来により利用客が減

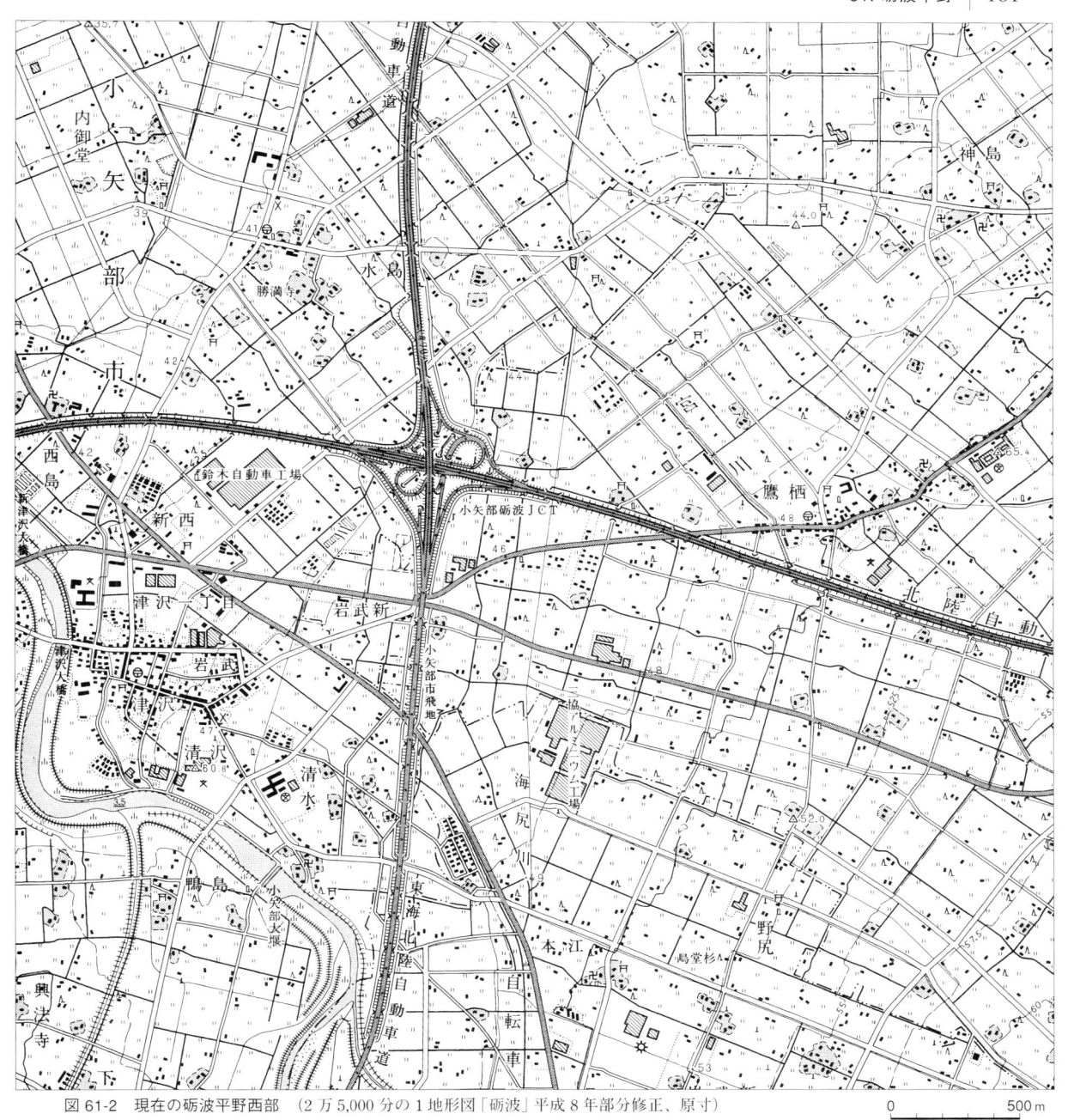

図61-2　現在の砺波平野西部　(2万5,000分の1地形図「砺波」平成8年部分修正、原寸)

少し、1972年に廃止された。

　一方、1973年(昭和48)には北陸自動車道の小杉IC〜砺波IC、1974年には砺波IC〜金沢東ICが開通した(1988年全線開通)。1992年には東海北陸自動車道の福光IC〜小矢部砺波JCT、1996年には能越自動車道(国道470号)の小矢部砺波JCT〜福岡ICも開通し、小矢部砺波JCTが3つの自動車道の結節点となった。能越自動車道は氷見IC以北が未開通であるが、東海北陸自動車道は2008年7月に全線開通し、砺波平野が三大都市圏と高速自動車道で直結された。

　小矢部砺波JCT付近には多くの工場も立地した。図61-2にみられる鈴木自動車富山工場(現 スズキ部品富山)は1969年(昭和44)に操業を開始し、主にアルミダイカスト製品を生産してきた。また三協アルミニウム(現 三協立山アルミ)福野工場は1974年に操業を開始し、ビル用規格サッシ等を生産してきた。砺波平野東部の庄川沿いには松下電器産業や北陸コカ・コーラボトリングの工場も立地した。なかでも松下電器産業は2008年1月に約940億円を投資して砺波工場に半導体工場を増設することを決め(2009年完成予定)、魚津工場とともに国内における半導体製造の一大拠点を形成しつつある。

(助重雄久)

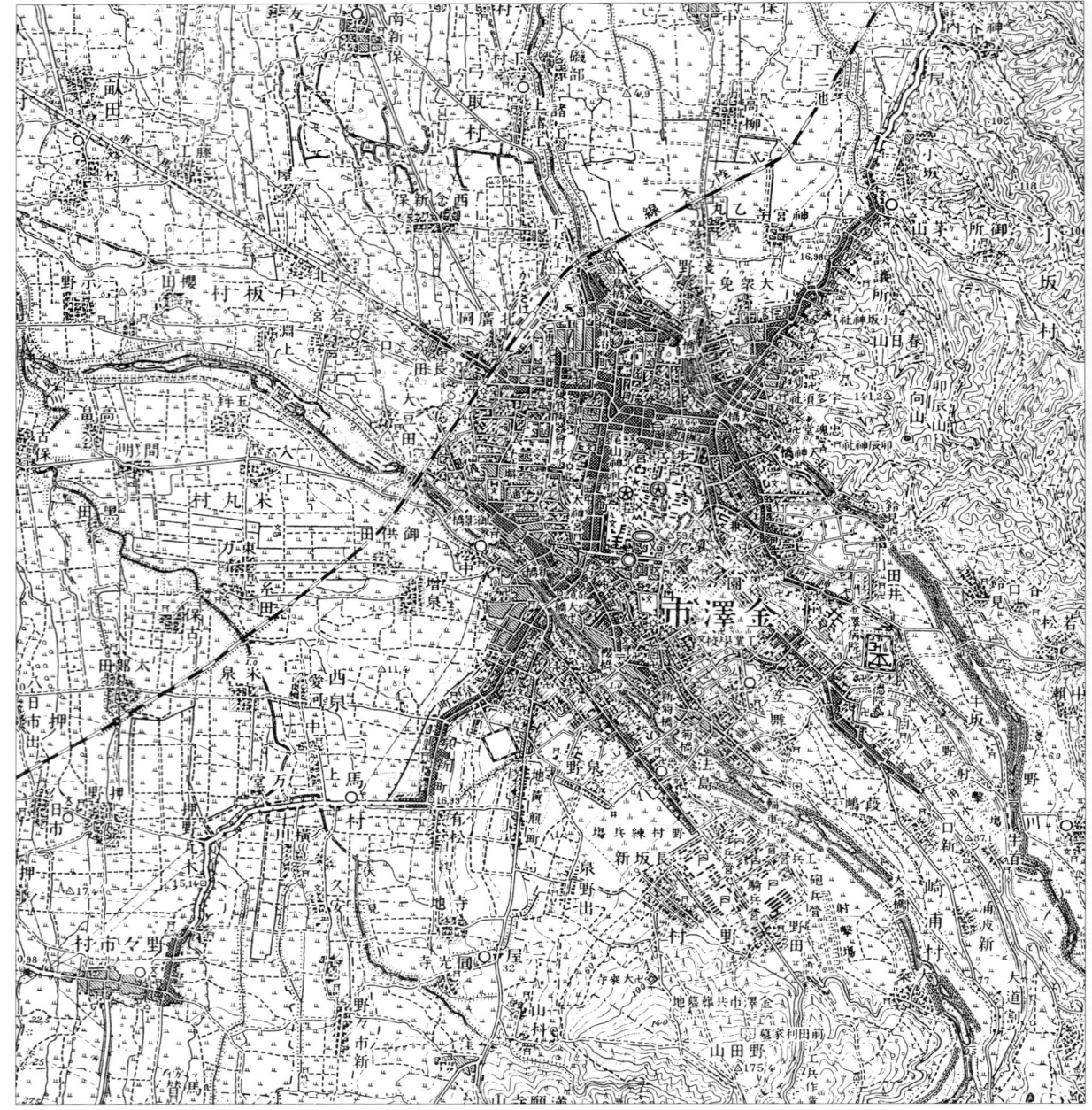

図 62-1　1909年(明治42)の金沢市　(5万分の1地形図「金沢」明治42年測図、原寸)

62. 金　沢

　金沢市は前田家百万石の城下町である。城は犀川と浅野川の河間地に広がる小立野台地北西端の段丘上に位置する。城の周囲には、八家と呼ばれる加賀藩で最高の家格をもつ上級家臣団や、人持組と呼ばれる八家に次ぐ家格の家臣団が配置され、その外側には特権商人が集積する本町や地子を徴収された地子町などの町人町が置かれた。犀川と浅野川の河間地に広がるこれら家臣団や町人の居住地を、その外側で防衛するように配置されたのが寺社地や足軽組屋敷であった。

　明治維新を迎えると、加賀百万石の城下町は極度に混乱し、人口は1871年(明治4)の12.3万人から1896年(明治29)の8.4万人にまで激減したが、明治後期から大正期にかけて都市整備を積極的に進めることで再び都市の求心力を回復し人口増加を実現した。1894年(明治27)に広坂に開校した第四高等学校は、隣接する石川県庁とともに中心街を形成した。また金沢城址には、1898年に第9師団司令部が置かれ、各地から集結した軍人らで活気づいた。こうして香林坊から片町・武蔵ヶ辻にかけて中心繁華街が形成された。さらに、北陸鉄道や七尾鉄道(1898年)などの交通網が整備さ

図 62-2　現在の金沢市　（5万分の1地形図「金沢」平成18年修正、原寸）

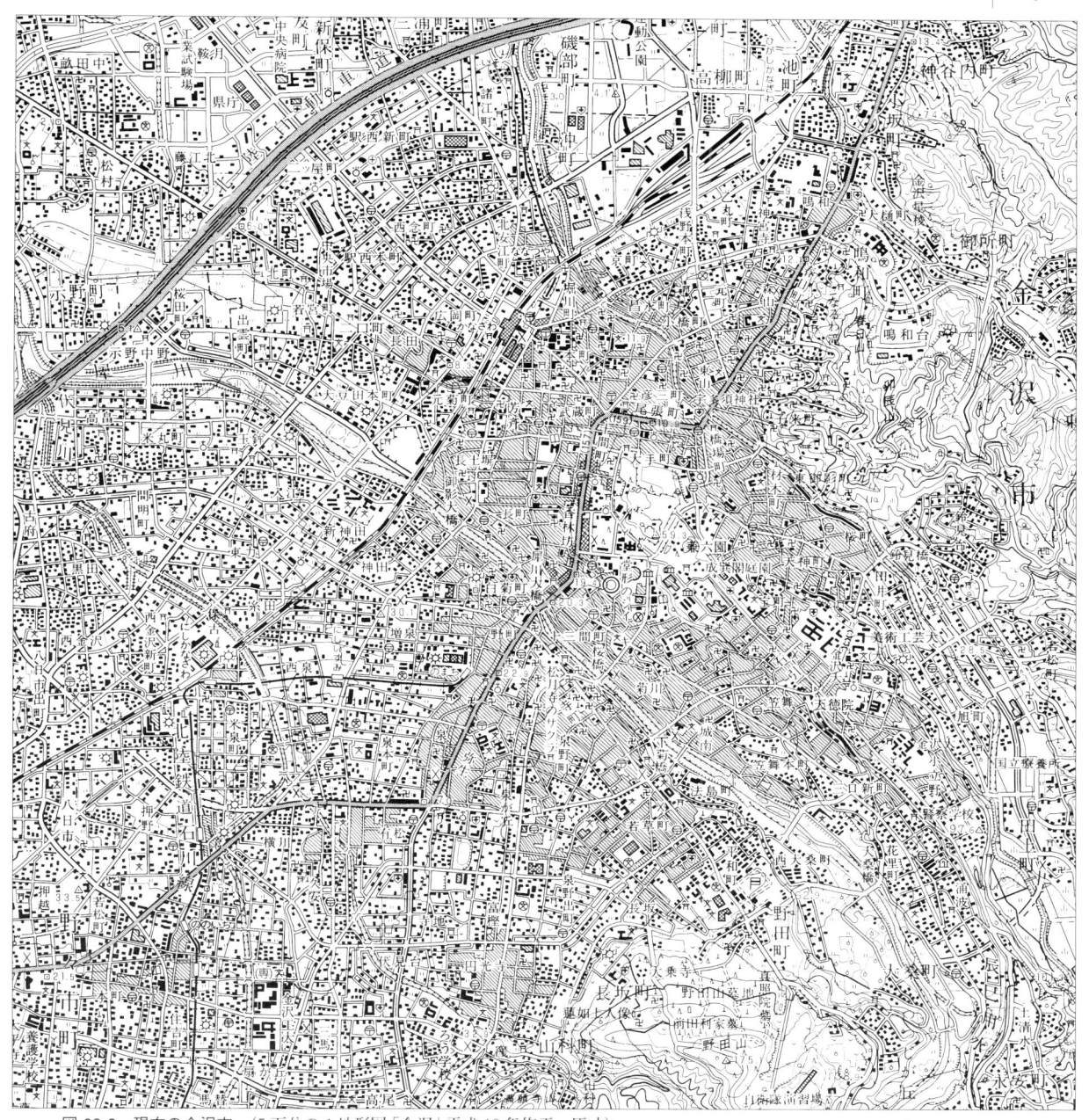

れ、金沢市の人口は1920年には20.6万人に達した。
　昭和に入ると経済恐慌やたび重なる戦争により、都市の発展は一時的に停滞する。戦時体制下では軍事施設や軍需工場が立地する軍都として発展し、空襲による町の焼失を免れたまま終戦を迎えた。戦後は第9師団跡地が金沢大学となり、軍事施設は学校や住宅にかわった。昭和30年代には土地区画整理事業や住宅団地の造成が活発化し、近隣自治体をベッドタウン化しつつ金沢都市圏が形成された。自家用車の急速な普及と相俟って、中枢管理機能が集積する都心部へは、郊外の住宅地から犀川・浅野川に架かる橋をわたり車が集結するため、通勤時を中心に深刻な交通渋滞が発生している。金沢市はパーク・アンド・ライドシステムの実施などさまざまな交通対策を打ち出してきたが、城下町特有の都市構造は交通渋滞等の解消を阻害している。そのため、近年では職住近接で広い敷地も確保しやすい郊外へと都心中枢管理機能の移転が進んでいる。1989年には金沢大学が城内より角間へ、2003年には石川県庁が広坂より鞍月へと移転し、中枢管理機能の郊外移転に伴う都心の空洞化が進んでいる。人口45.6万人(2007年)の中核市金沢は、多核心的な新しい都市のあり方を模索している。
　　　　　　　　　　　　　　　　　　（丸山浩明）

図 63-1　1909 年（明治 42）の福井市　（2 万分の 1 地形図「福井」「森田」明治 42 年測図、×0.8）

63. 福　井

　福井は旧称を北庄という。当市の都市としての歩みは、1575 年（天正 3）の柴田勝家による城下町建設に始まる。その後、1600 年（慶長 5）に、越前 68 万石を拝領した結城秀康が、北庄城本丸を北方に移し、城下町を拡張整備した。

　北庄の名は 1624 年（寛永 1）に「福居」へと改められるが、これは 3 代藩主・松平忠昌が、北庄の「北」が敗北に通じることを嫌ったことによる。「福居」はやがて「福井」と表記されるようになり、元禄年間（1688 - 1704）以降に定着した。

　さて図 63-1 には、城の周りを幾重にもとりまく堀が描かれている。福井駅付近にみえる大きな堀は、吉野川の河道を利用した「百間堀」である。吉野川は北庄城改築の際、東へ移されて新川（荒川）となり、外堀の機能を果たした。

　福井城の外堀は他に、片町通りの東側や、神明神社の北側にも存在していた。その内部は武家屋敷地区となっていたが、これらの堀が明治期に埋め立てられると、かつての郭内は市街化し、役所や学校など公共施設の立地も進んだ。

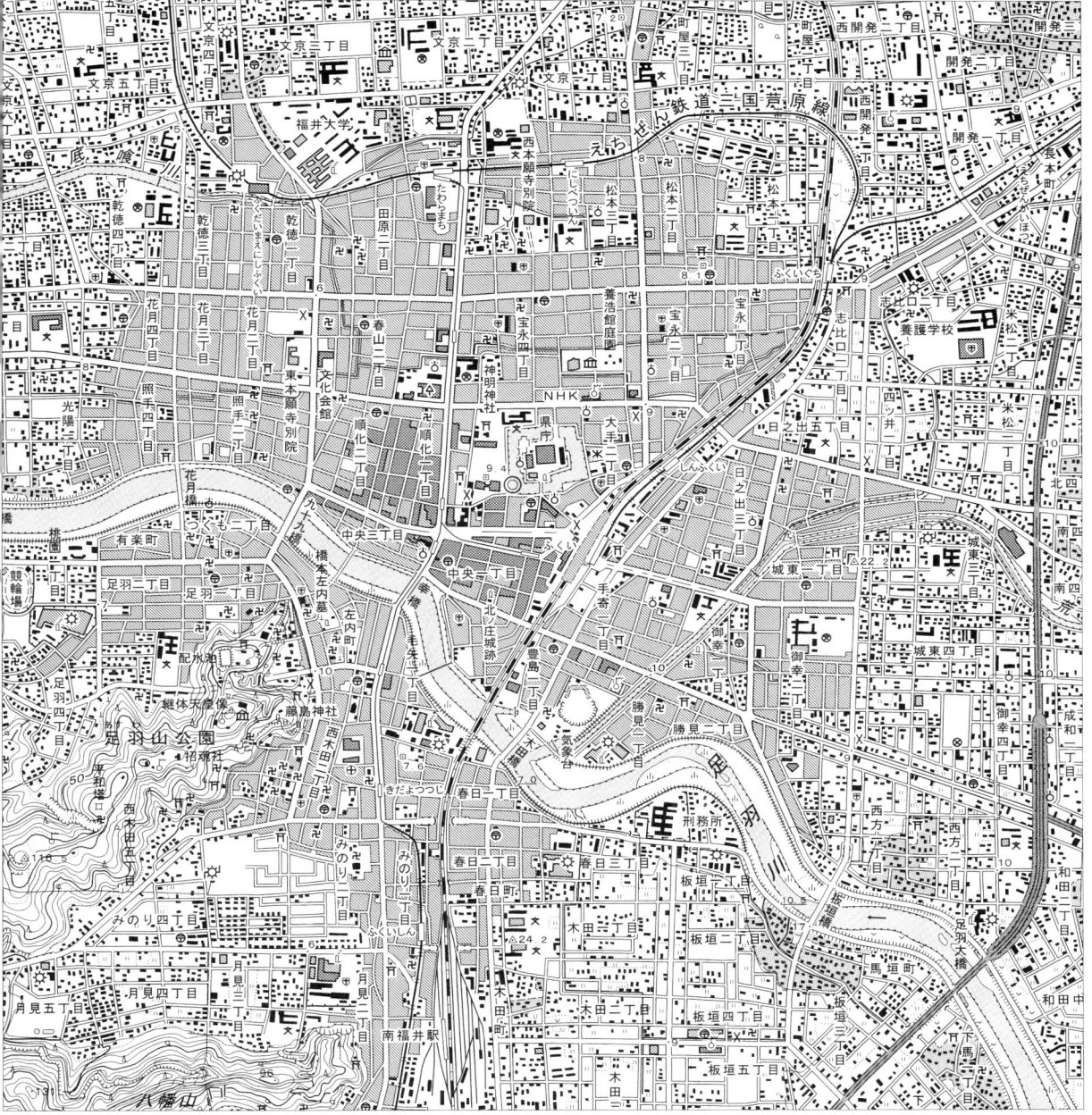

図63-2　現在の福井市　（2万5,000分の1地形図「福井」平成17年更新、原寸）

　江戸時代の町屋地区は、おもに城西および城北に展開した。市街には北陸道が貫き、とくに街道沿いの呉服町通りと九十九橋北詰で東折する本町通りは、城下一の繁華街を形成した。しかし、1896年（明治29）に北陸線が開通、その後も大正から昭和初期にかけて私鉄の開業が相次ぐと、福井駅近辺には百貨店、公設市場、劇場などが立地し、商業の中心は次第に駅前地区へと移動することとなった。

　福井は1945年（昭和20）の米軍空襲によって市街の大半を焼失し、1948年（昭和23）の福井地震により再び壊滅的損害を受けた。現在の福井市街は、その後の都市計画に基づいて作られたものである。これにより、城下町時代の屈折した道路は広々とした直線道路に改められ、街区ごとに公園・緑地が配置されるなど、福井は近代都市として大きく生まれ変わった。

　その後のモータリゼーションは、住宅地を郊外へと押し広げ、国道8号線などの幹線道路沿いには新たな商業地が形成されるに至っている（図63-2）。しかし、少子高齢化時代を迎えた今日、都市機能の集積する中心市街地の価値は見直されつつある。福井市は現在、コンパクトシティ化を目指し、既存の都市機能を効率的に活用するまちづくりを進めている。　（門井直哉）

兵庫	京都	滋賀		
	京都 ⊙	⊙ 大津		⊙ 四日市
	千里丘陵	枚方		
⊙ 姫路 西宮	⊙ 東大阪・大東			
神戸 大阪	⊙ 奈良		⊙ 津	
堺	⊙ 天理			
大 阪	大和川			
	奈 良	三 重		
⊙ 和歌山				

和歌山

1 : 2600000

0　　50　　100 km

近畿

64. 大　阪 188
65. 堺 196
66. 大和川 200
67. 東大阪・大東 202
68. 千里丘陵 204
69. 枚　方 206
   (ひら)(かた)
70. 神　戸 208
71. 西　宮 214
72. 姫　路 216
73. 京　都 220
74. 大　津 226
75. 奈　良 228
76. 天　理 230
77. 和歌山 232
78. 津 234
79. 四日市 236

図 64-1 1899年(明治32)頃の大阪 (2万分の1地形図「大阪」明治32年修正、「天保山」明治18年測量、「尼崎」「天王寺村」明治

64. 大　阪

スリムからフラットへ　大阪(近世以前を大坂、近代以後を大阪と表記)の都市的起源は、一般に豊臣秀吉の城下町建設に求めることになっている。それは、先立つ難波京の京域や石山本願寺寺内町が、上町台地上に限定した南北に細長いスリムな市街地で、現在の正方形に近く、かつフラットなそれとは趣を異にするからである。すなわち、近世前後で大坂の都市形態は大きく変化したといえる。

秀吉の城下町建設では、住吉はもちろん、堺までを町続きとし、さらに五畿内(摂津・河内・和泉・大和・山城)を外構えとする壮大な構想であったともいう。もちろん、その大構想は実現しなかったが、その足がかりとして秀吉は上町台地西部の大阪湾を埋め立て、市街地を西方へ拡大して、そこに後年の船場や島之内などの地区を生み出した。そして、豊臣秀頼時代から松平忠明時代、さらには天領期を通じて大坂はスリムな街からフラットな街へと生まれ変わった。また、拡大した西方の市街地には、商業都市へ発展するためのインフラ整備として多数の堀割がつくられた。

ところで、大坂では、人の移動する陸上の道路と、

物の移動する水路とを併せて路(みち)としてきた。そして、両者の交点に多数の橋を架け、それは「八百八橋(はっぴゃくやばし)」とよばれるほどの数におよんだ。17世紀はじめに河村瑞軒が東廻と西廻の各航路を相次いで開設したが、当時の和船(日本型帆船)は、危険のともなう外洋の太平洋を避け、距離的には長いが、安全な日本海経由の西廻航路を利用することが多かった。そこを航行したのが北前船(きたまえぶね)で、大坂には西日本のみならず、東日本の物資も集まって「天下の台所」とよばれることになった。

そして、北前船などの輸送してきた貨物をリレーし、都市内の蔵屋敷や商家に届ける上荷船や茶船とよばれる艀(はしけ)が都市内水路を盛んに往来した。そのため大坂は近世以来「水の都」と称された。

明治政府は、当初から江戸を首都と定めていたわけではなく、積極的に大坂遷都論を唱えた大久保利通のような実力者もいた。それにもかかわらず大坂が首都の座を逸したのは、前島密(ひそか)の大坂遷都反対が原因といわれている。その理由は、大坂の市街道路が非常に狭く、首都機能の維持に困難を来すことを危惧したためとされ、近世以来水路と道路を併せて「路(みち)」としてきた「水の都」が災いしたことになる。

近世大坂では、町人資本を中心に臨海部の新田開発

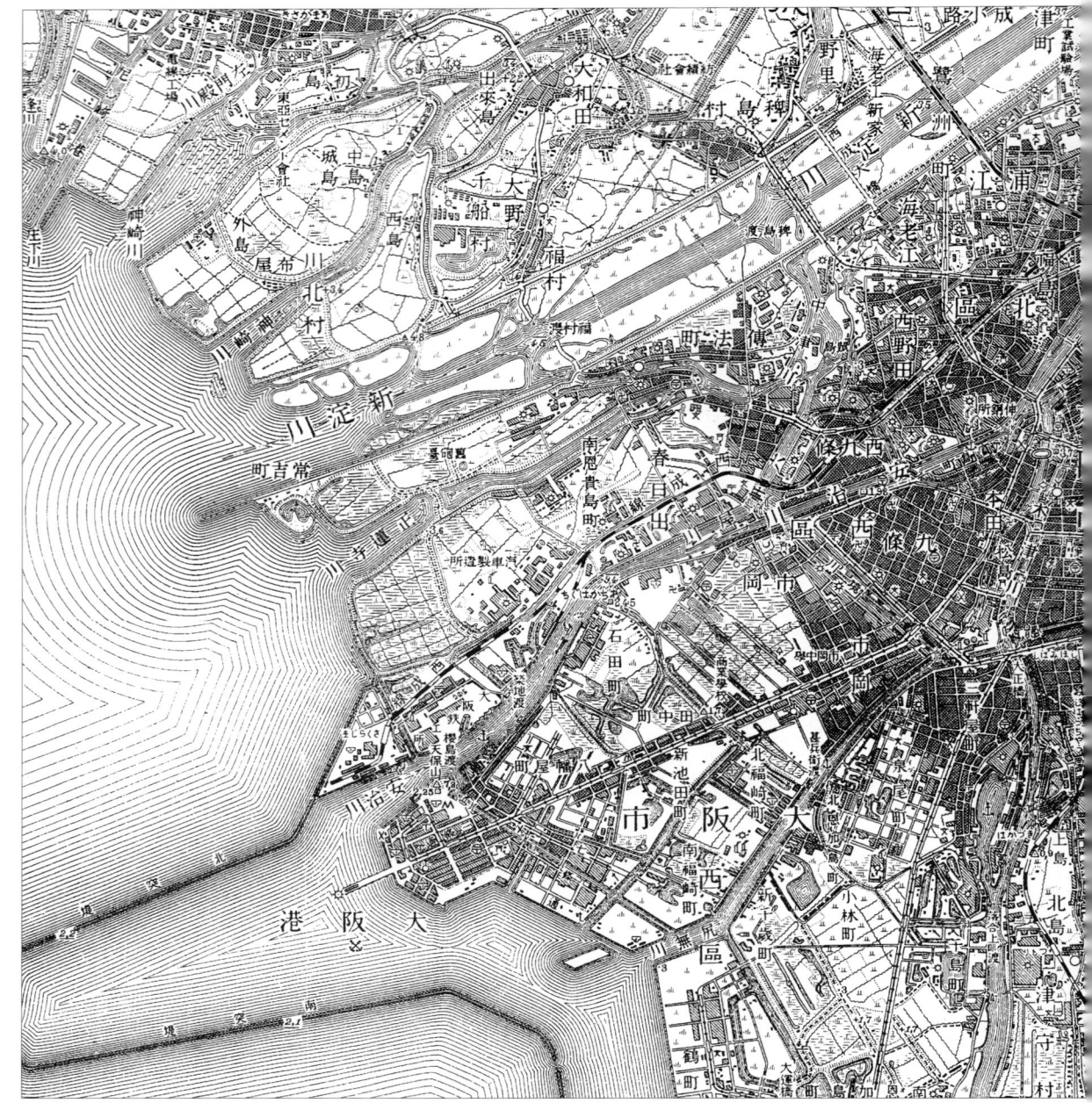

図 64-2　大正頃の大阪市中心部　（5万分の1地形図「大阪東南部」「大阪東北部」大正3年修正、「大阪西南部」大正10年修正、「大阪

が進んだ（図64-1）。その結果、「水の都」の関門である港域の中心として栄え、淀川が安治川と木津川に分岐する川口付近は、かなり内陸部に位置するようになった。そこは、開港時に外国人居留地が設けられ、府庁舎や、後には市庁舎が建ち並び、その周囲はあたかも明治期大阪の行政中心の様相を呈した。ところが、航洋船の川口付近への入港には安治川遡航が不可欠であったが、同川は流砂堆積が盛んで、たびたび浚渫を余儀なくされていた。それを避けるために、臨海部への築港工事を進言したのがオランダ人技術者ヨハネス・デ・レーケであった。彼は、築港工事と同時に、

大量の流砂と併せて度重なる洪水で大阪を悩ませてきた淀川を、市街地北東部の毛馬からほぼ直線に放水路を建設して大阪湾に流すよう進言した。大阪市では、その案を受けて内務省の補助を得つつも自力で築港と改修工事に着手し、1910年（明治43）に新淀川が完成した（図64-2）。一方、大阪港の第一次築港工事は1929年まで継続した。

「陸化」はじまる　海の玄関の改修より早く、陸上では鉄道の建設がはじまった。1874年（明治7）に大阪～神戸間、76年には大阪～向日町間（のちに京都へ）で官設鉄道（現在のJR東海道本線へ編入）が開業した。

西北部」大正12年修正、原寸)

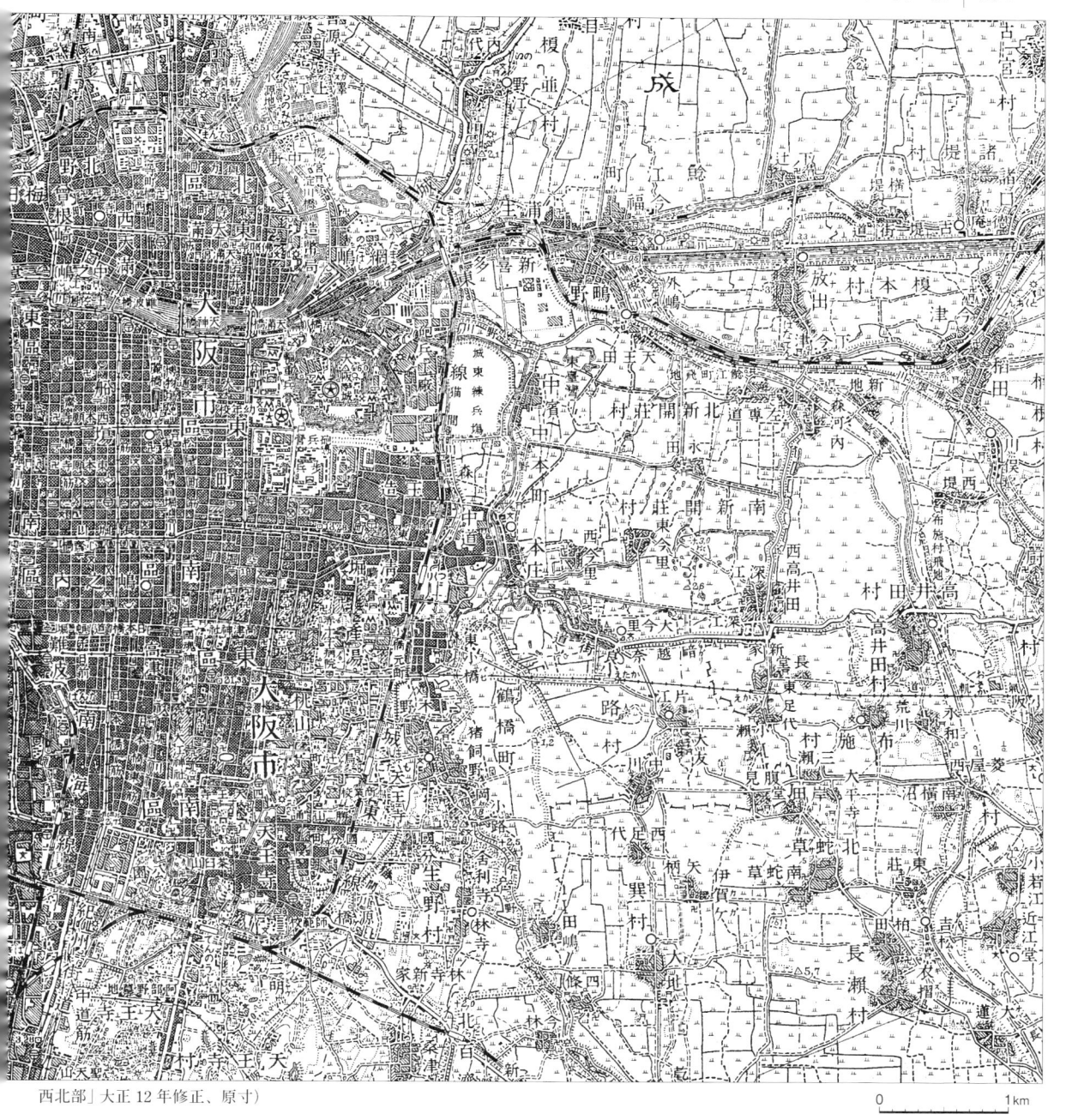

その大阪駅を市域から外れ、付近には満足な市街地すらない曽根崎村に設置した。
　一方、1885年(明治18)には大阪の商人資本を中心に設立した阪堺鉄道(現在の南海電気鉄道南海本線)が、難波〜大和川間(のちに堺へ)で開業し、難波駅を近世以来の繁華街であった道頓堀に近い難波村に設置した。その後、日清戦争後の企業勃興前後に民間資本で建設した大阪鉄道(現在のJR関西本線)、高野鉄道(現在の南海電気鉄道高野線)などは、いずれも阪堺鉄道に倣って難波付近を起点にした。大阪駅を中心としたキタと、難波駅を中心としたミナミは、奇しくも官街と民街の様相を呈し、大阪の市街地中心は二極化した。また、それら鉄道駅の都市の縁辺部立地も手伝い、大阪市の周辺部では急速に市街地化が進んだ(図64-1・64-2参照)。
　1905年大阪市(出入橋)〜神戸市(雲井通)間に阪神電気鉄道(以下、阪神)が開業した。阪神は、路面電車を都市の郊外まで延長したような交通機関で、電車の特性を生かした頻発運転で好評を得た。それに先立つ1903年には大阪市が、花園橋〜築港間で市営電気軌道(以下、市電)を開業した。狭幅の道路への市電敷設は容易でなく、大阪の「路」の一端を担ってきた水路をわ

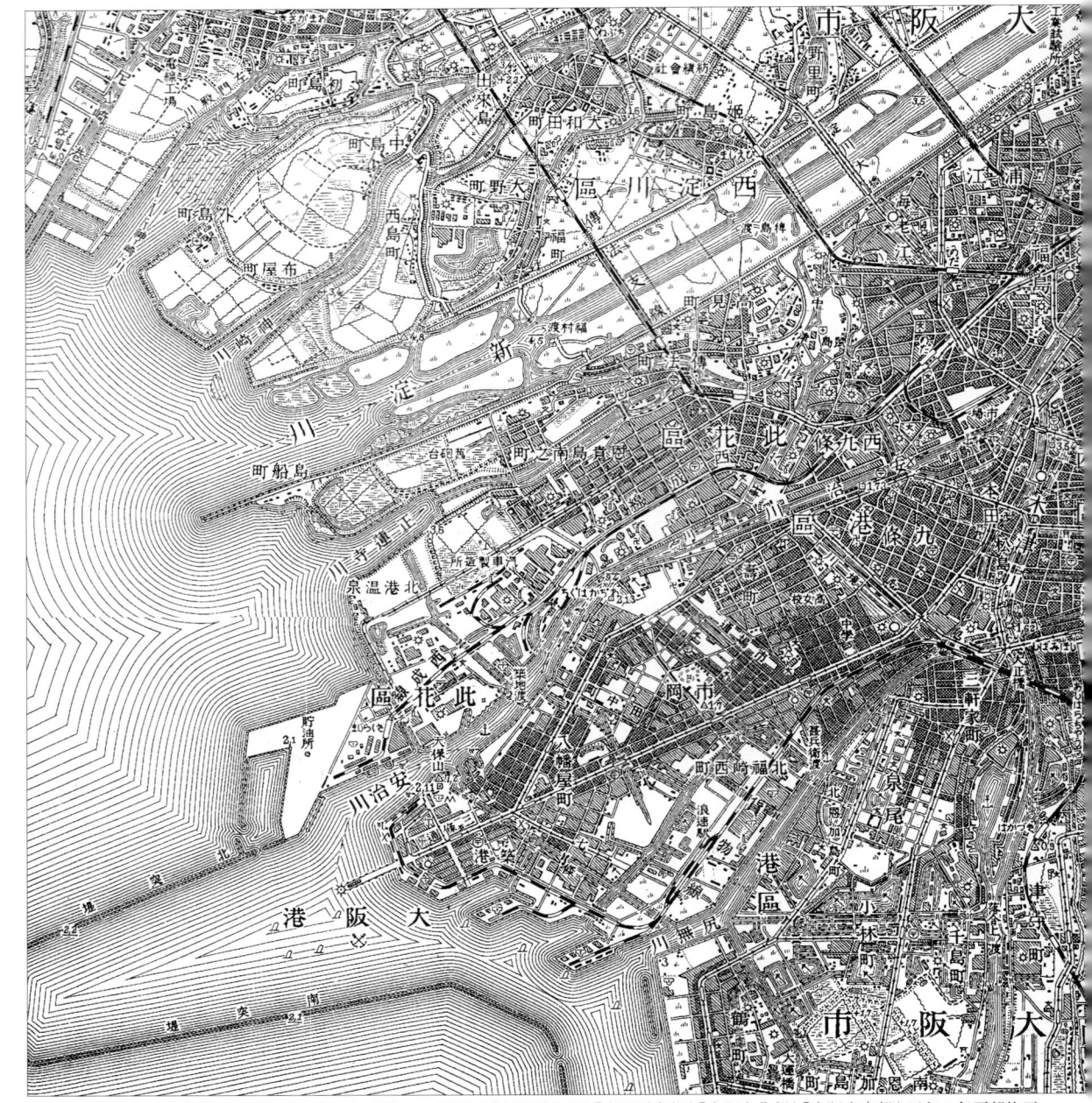

図 64-3　昭和初期の大阪市中心部　（5万分の1地形図「大阪西北部」「大阪西南部」「大阪東北部」「大阪東南部」昭和7年要部修正、

ずかずつ埋め立て、そこに鉄橋を架橋して水都を「陸都」化し、市内全体に路線網を拡大した。阪神の起点の出入橋は市電の電停と近接し、以後開業した京阪電気鉄道（1910年）、箕面有馬電気軌道（現在の阪急電鉄宝塚線、同年）、大阪電気軌道（現在の近畿日本鉄道奈良線、1914年）などの郊外電鉄も、市電とネットワークを形成した（括弧内は開業年）。さらに、私設鉄道として開業した南海鉄道（阪堺鉄道を継承）や高野鉄道も、1900～10年代に電化して郊外電鉄の一部として扱われるようになった（図64-2）。

　郊外電鉄の沿線は一般に人口が少なく、当面利用者の増加が望めなかった。そこで、小林一三の箕面有馬電気軌道に見られるように、郊外電鉄は積極的な住宅地開発、学校誘致、遊覧地開発を進め、大正中期から急増した郊外居住者は、郊外電鉄と市電のネットワークを利用して都心部へ通勤するようになった。

　さらに、大正末から昭和初期に大阪市助役、そして市長として辣腕を振るった関 一は、郊外開発を市が行うことを構想し、都市内と郊外を直結する新たな交通機関として市営地下鉄を建設した。また、1925年（大正14）に将来大阪の市街地になることの予想される市域東側を中心として、内陸部を編入する第二次市域

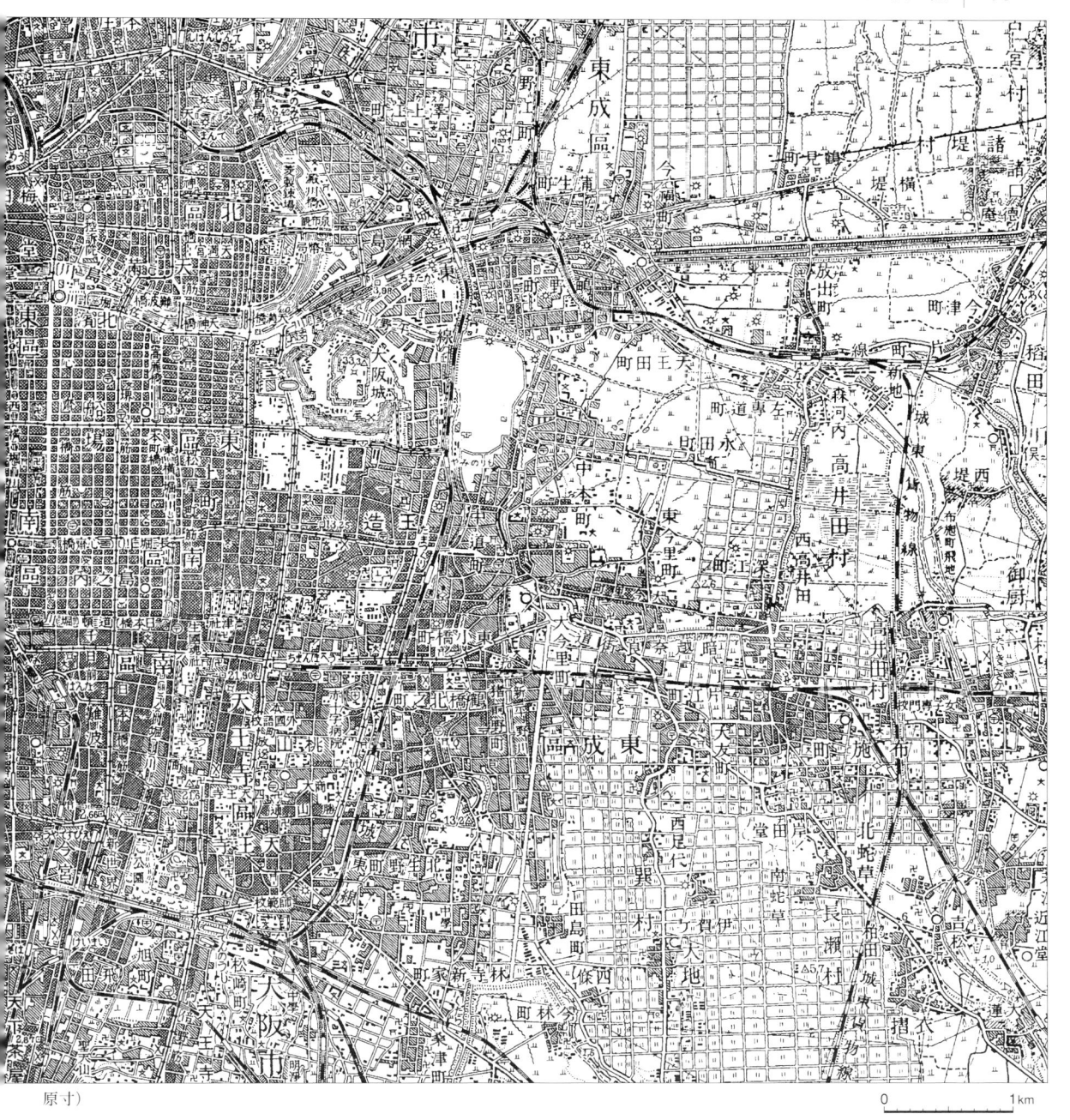

拡張を実施した。そして、その人口は東京市の人口をも超えて、大阪市は「大大阪」とよばれることになった（図64-2）。さらに編入域の一部には市営住宅地を開発し、その範囲は内陸部であったために水路が少なく、水都の「陸化」を促進する要因となった。戦前期大阪発展の到達点ともいうべき「大大阪」とは、実はその「陸都」化を含意してもいたのである。

水都復活か 大阪市には、21世紀に入った2007年でも臨海部を中心に8カ所の渡船場が残っている。また、大阪環状線西九条駅の南側に「安治川河底隧道」という珍しい川底トンネルが見られ、近年はそれらを訪れる観光客も少なくない。大坂(阪)は「八百八橋(はっぴゃくやばし)」や水都として知られてきたが、それはあくまで市中(内)のことで、逆に臨海部には古くから橋のない街であった（図64-1）。航洋船をできるだけ内陸まで遡航させるため、明治期には大阪港域として扱われてきた安治川や木津川などには、橋を架けないことを旨とした。その方針を堅持して渡船が残り、第二次世界大戦中には防空施設としても期待された川底トンネルが1944年に完成した。

第一次世界大戦後にはじまった臨海部への工場建設は、当初「東洋のマンチェスター」と呼ばれる一方で、

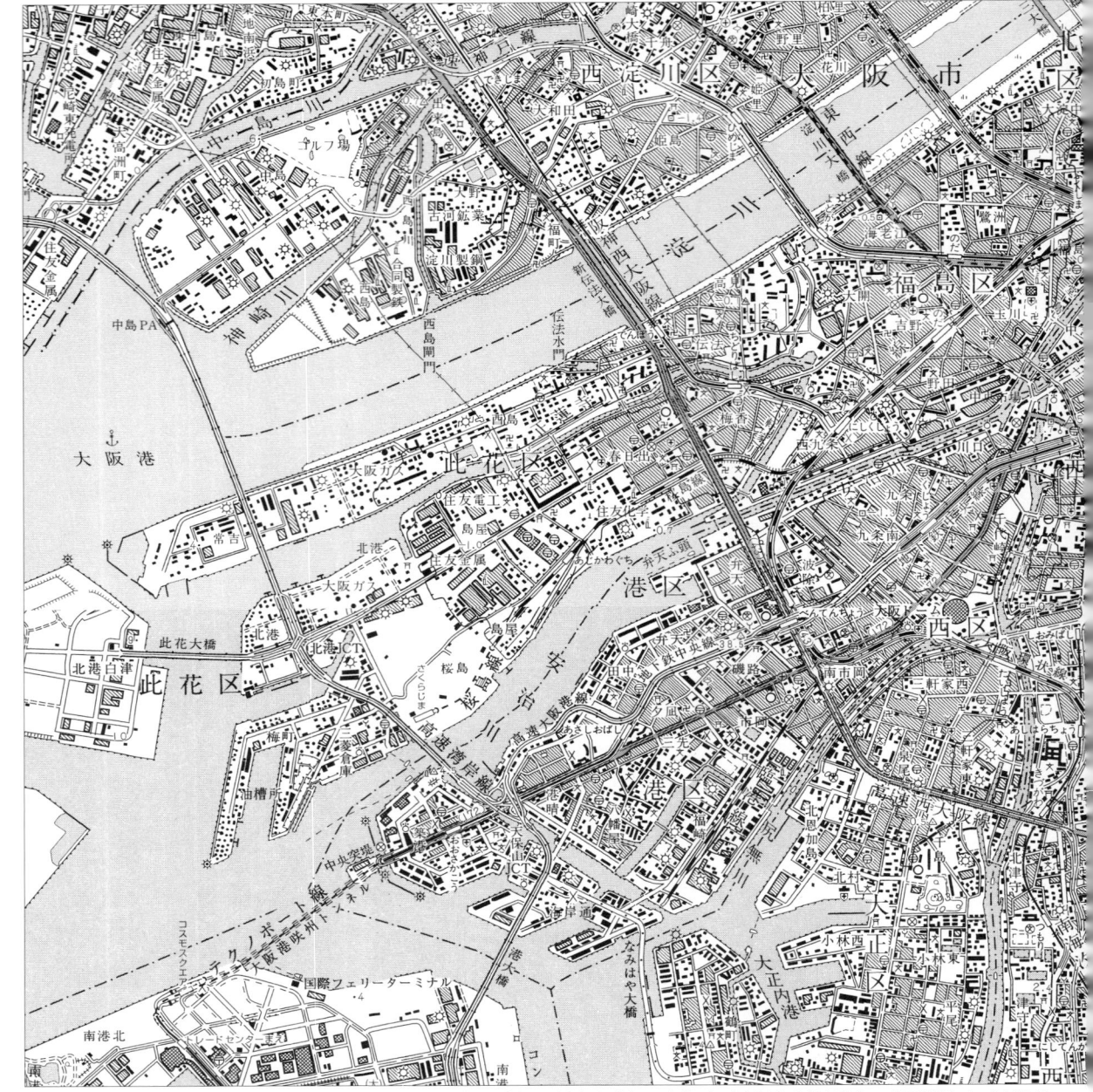

図64-4 現在の大阪市 （5万分の1地形図「大阪西北部」「大阪西南部」平成11年修正、「大阪東北部」平成10年要部修正、「大阪東

「煙の都」の異名をとるほど大規模に進行した。さらに、そうした工業化は、1960年代の高度経済成長期まで継続することになった（図64-3）。そして、それらの工場が豊富な地下水を無制限に使用したため、市内中心部に深刻な地盤沈下が発生した。その結果、大阪市内の河川に架かる橋梁も沈下して、満潮時には橋桁が水面すれすれになるところも多くなった。また、都市内物流が自動車に転換したとして、1950年（昭和25）頃から通航量の減少した河川の多くが埋め立てられ、そうでなければ人の背丈を越すような堤防で市街地と隔てられ、貨物の積み下しはもちろん、水面を眺める

ことさえ困難になった。そして、使用されない水路は廃物が浮き沈みする悪臭漂うドブ川と化し、かつての優雅な水都の印象は忘却の彼方のものとなってしまった。高度経済成長期の大阪は、「大大阪」時代にも増して水都忘却の時代であったともいえよう。

1983年（昭和58）に京阪電気鉄道が、創立70周年記念事業の1つとして、運航を開始した大阪水上バス「アクアライナー」は、大阪に水路利用の可能性の再考を促す契機の1つになった。地盤沈下によって低くなった数多くの名橋の下を、船上から眺める大阪遊覧は、大阪に新たな都市型観光を創出することになった。

2003年（平成15）から道頓堀川〜木津川〜堂島川〜東横堀川経路で大阪市内の残存水路を周航する一本松海運(株)の「なにわ探検クルーズ」も加わって、近年は、各社が競うように、そのヴァリエーションを増しつつある。また、最近になって水陸両用バスの試作もはじまっている。

　しかし、水都＝大阪の本来の意味は、遊覧利用ではなく、都市内物流を水路が分担する産業利用にあった。ところが、2001年の河川舟運制度研究会の調べによれば、都市内河川における貨物船やタンカー利用の全国平均は約10％強で、特に東京のそれは30％弱にまでおよんでいるが、大阪はほぼ0％である。四方を海に囲まれた日本では、高速道路網が全国を網羅した昨今でも、国内物流を依然内航海運に依存する部分が少なくない。そのため、都市消費物資の一定量は港湾に到着するわけで、その継送を都市内水運が担うことも可能であろう。都市内河川に乗り入れ可能な小型の貨物船1隻でも、タンクローリー約10台分と試算される輸送力は、燃料高騰やCO_2排出量に悩まされる現代に救世主となろう。今後は、本来の意味での水都の再生が、せめて全国水準にまで回復することを望みたい。

（三木理史）

図65-1　1898年(明治31)頃の堺とその周辺　(仮製2万分の1地形図「天保山」「尼崎」明治18年測量、「堺」明治31年修正、「金田村」明治20年測量、×0.4)

65. 堺

　かつて宣教師たちに東洋のベニスと呼ばれた堺は、室町時代から戦国時代にかけて日明貿易や南蛮貿易で栄えた自治都市であり、環濠都市であった。しかし現在の堺に、この歴史都市としてのイメージをみることは容易ではない。図65-1のように、明治には環濠都市の景観をとどめていた堺は、現在では図65-2のように沿岸部の堺・泉北臨海工業地帯、南部の泉北ニュータウン(ニュータウンは地図外だが、そのアクセスとなる泉北高速鉄道が図の右下に示されている)など、広域化した市街地に約84万人の人口を有する政令指定都市である。しかしながら大阪からの郊外化の結果としてかつての中心性はなく、著名な歴史的都市でありながら、中心市街地の再生という課題を抱えている。

　明治初年には県庁が置かれ大阪府と並立し、1989年(明治22)の市制開始時には県庁所在地ではないにもかかわらず、全国39市のひとつとして市制施行する。この歴史的な堺の町は、図65-1に見るように、現在の堺市域の北西端に位置する。海岸線に沿った砂州・砂堆上の微高地を利用して市街地は築かれていた。この図においてもこの微高地の畑(旧地形図の凡例では白抜

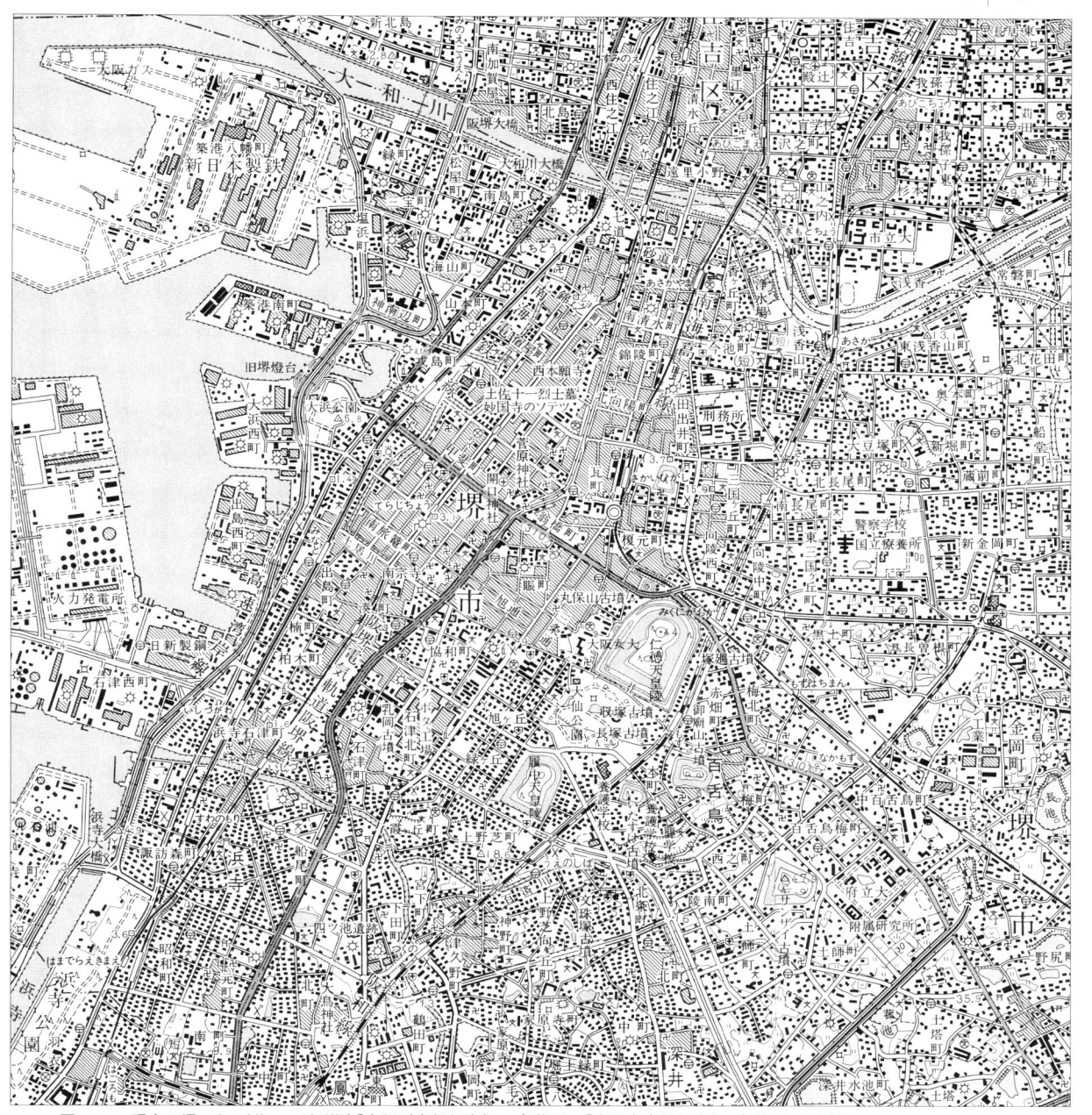

図 65-2　現在の堺　（5万分の1地形図「大阪西南部」平成11年修正、「大阪東南部」平成7年修正、原寸）

き）が海岸に沿ってみられる。現在の大和川は、1704年に付け替えられたもので、それ以降の土砂堆積によって河口にはデルタが形成され新田開発が行われている。歴史的な堺の町の西側も、江戸時代初めには直接海に面していた。近世の堺の港の埋没には、この付け替えが深く関わる。図ではまた、この旧市街地の東側に南北に等高線が集まった段丘崖がみられる。その斜面上に巨大な前方後円墳群が立地している。

近世の堺は、武家屋敷のない城下町プランといわれ、南北の大道（紀州街道）を軸に、奉行所や神社が核となり南北街路の両側町で基本的に構成された（図65-3）。町の東端には、寺町がおかれ、近代には学校に変わったところもある。寺町と土塁の間には町外に農地を持つ農民が住み、土塁の外に環濠が設けられた。一方、近代の堺の象徴は大浜海浜リゾートであった。1879年（明治12）に幕末の砲台跡に建設された公園にはじまり、1903年の内国勧業博覧会第2会場としての水族館開設、海水浴場、潮湯や少女歌劇開演、水上飛行機の定期便開設など多くの行楽客を集める地であった。

現在の図65-2では、かつての田園地帯はほぼ市街地で埋めつくされ歴史的市街地はその中に埋没している。図65-4の1954年（昭和29）の地形図では、まだ

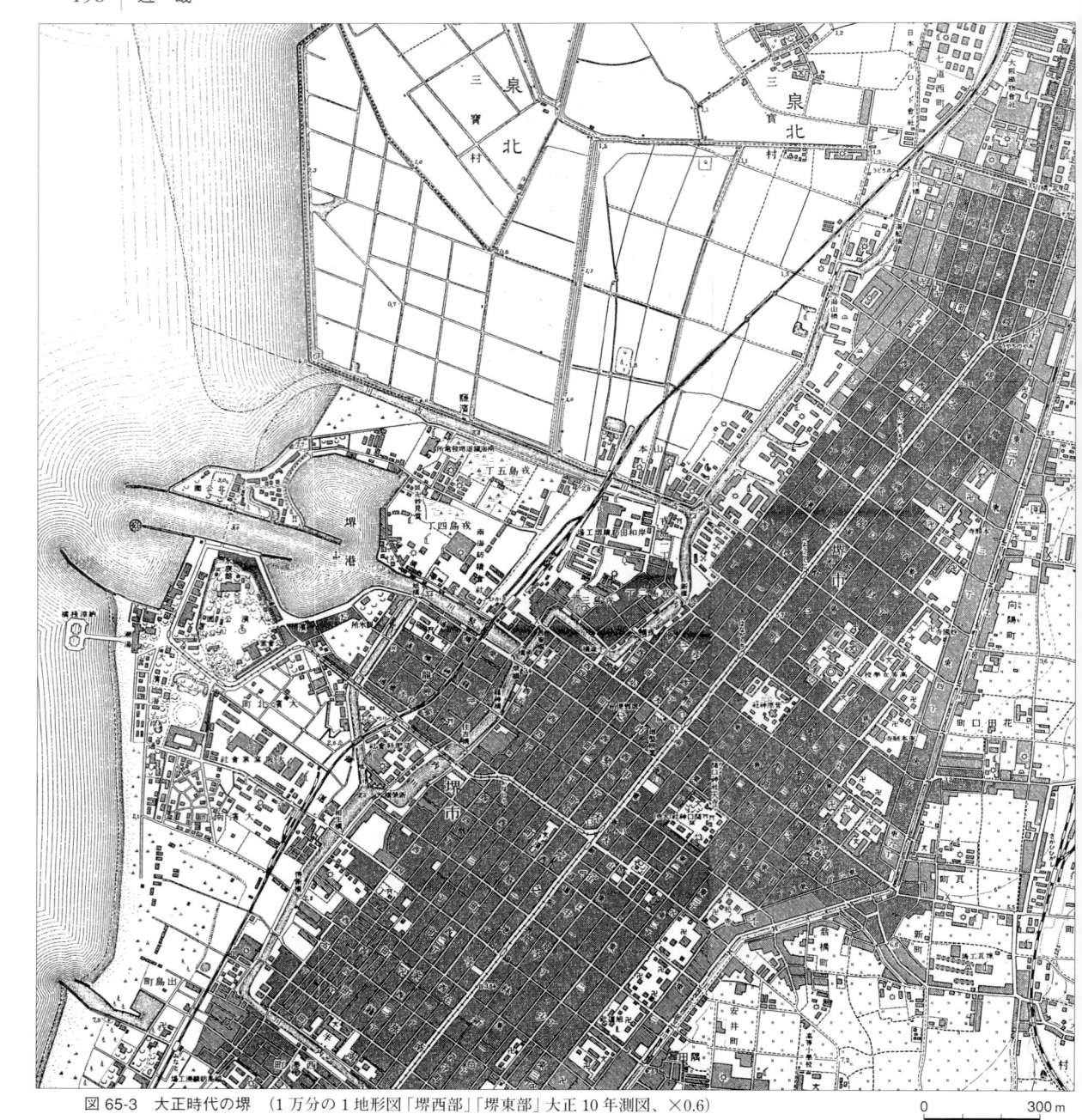

図65-3　大正時代の堺　(1万分の1地形図「堺西部」「堺東部」大正10年測図、×0.6)

市街地は古墳のあたりまでであり、その外側では都市化に備えた土地区画整理事業の方格地割りがあちこちに展開している。中心市街地の内部構造も、こうした市街地の拡大や工業地帯の造成とともに大きく変貌する。市役所や裁判所など公共施設は、第二次世界大戦中に環濠内の近世以来の町(図65-3)から堺東駅前に移転する。これは堺という都市からの郊外化による都市発展を見越した移転であったが、実際には急激な郊外化の波は大阪からのものとなり、堺は生活圏の面でも経済的にも大阪の郊外となっていく。図65-4の第二次大戦直後の図では、環濠内の旧市街地に空地が拡がっているのが、印象的である。これは戦争末期の米軍による爆撃の結果であり、こうした戦災地区では、復興区画整理事業で街路の拡幅などが行われつつある。

北と東の環濠(土居川)は、1960年代末に埋められ高速道路などとなった。また、第二次大戦までの堺が誇った一大海浜リゾート、大浜にはやはり60年代、臨海コンビナートやアクセス道路が建設された。このように、第二次世界大戦までの堺は大坂の陣の後に建設された近世都市起源とはいえ、ある程度中世の雰囲気を伝えて発展してきた町だったといえよう。しかし、高度成長期の大阪からの工業機能や居住機能の郊外化

図65-4 第二次大戦直後の堺 (2万5,000分の1地形図「堺」昭和29年資料修正、原寸)　　　0　500 m

の結果、効率的だが画一的な大阪大都市圏の一部を構成する郊外となってしまった。新しい堺の中心として期待され官庁街や商業地区が形成された堺東駅前であるが、モータリゼーションの展開とともに商業機能はロードサイドに移り、買回品の購買は、堺東を経由せず中百舌鳥（図65-2右下）から大阪に直結した大阪市営地下鉄によって大阪都心に流れることとなる。

　21世紀の現在、都市は個性的で持続可能性をもったものとなることが求められている。堺は、古代の古墳群、中世環濠都市などの傑出した歴史性を持ち、これらの要素はまた自然環境の面でも森や親水空間として今後の都市にうるおいと個性を与えるものとなる。近代には大浜まで路面電車の路線があった。現在事業化が進められているLRT（新型路面電車システム）も、21世紀の都市のシンボルとなるものである。中世堺の都市軸であったといわれる東西の大小路を通ることも、これらの個性的な堺の要素を有機的につなぐための21世紀の都市軸として意味深いものとなりうる。そのLRTの延伸計画先の重厚長大産業用地は長らく空き地であったが、その再生は大阪の郊外という性格でなく、今度こそ堺と強い連関を持ち、根付くことが期待されている。

（藤井　正）

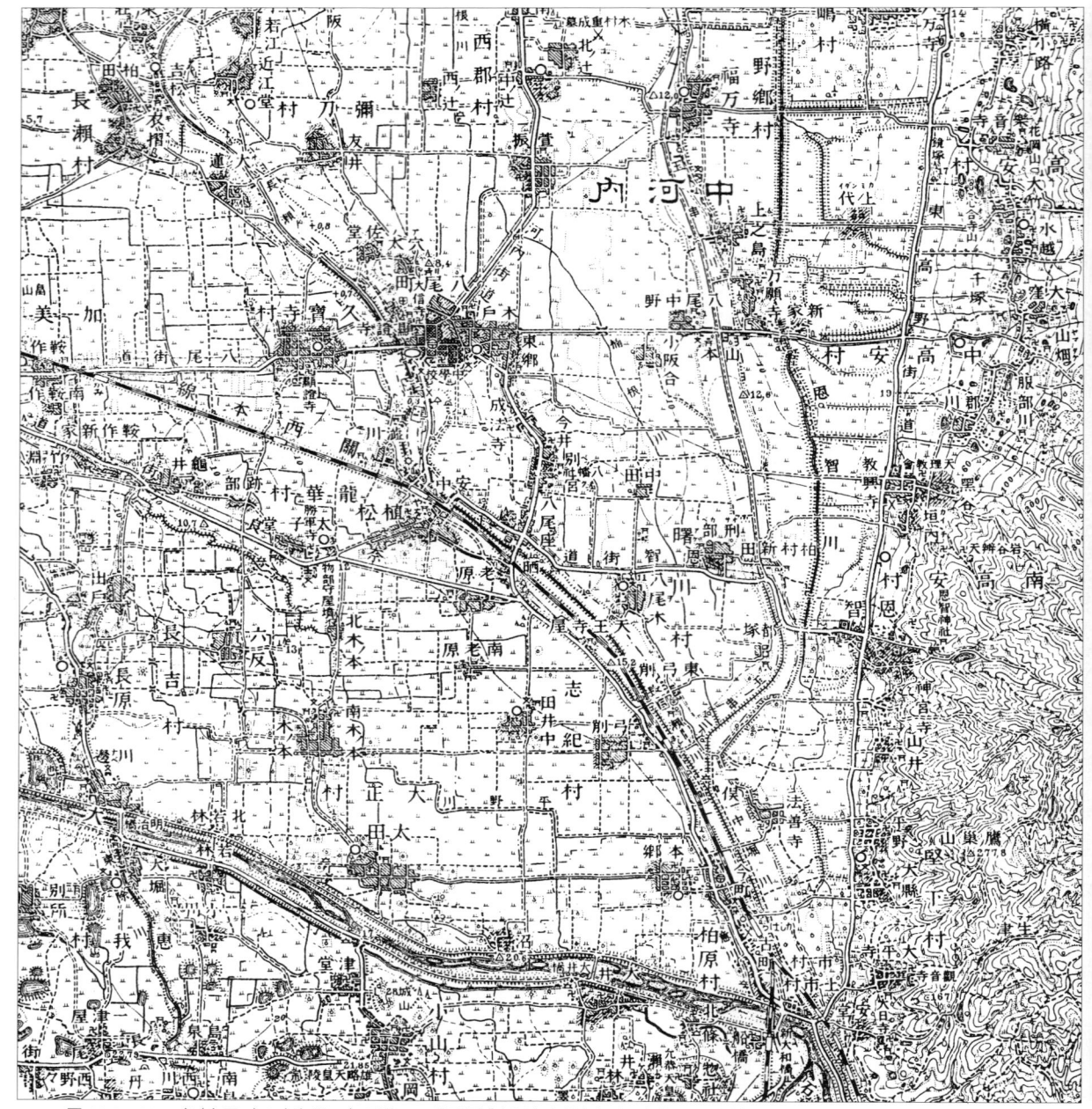

図66-1 1914年(大正3)の大和川 （5万分の1地形図「大阪東南部」大正3年修正、原寸）

66. 大和川

　1704年の大和川付け替えとその後の旧河道での新田開発などにより、このあたり一帯は、明治初期まで、有数の綿作および木綿生産地帯であった。しかし、1900年代初頭には、輸入綿増加などの影響により綿作は激減し、その後はほとんど栽培されなくなってしまう。その後、全体的には稲作や蔬菜作りへの比重を高めていくなかで、一部の地区では、新たな特産品として、ぶどう栽培が行われるようになる。図66-1で、関西本線柏原駅東方などにみられる果樹園がこれにあたる。1930年代には、戦前段階でのぶどう栽培のピークをむかえ、全国有数のぶどう産地となり、ワイン生産も行われた。戦後は、都市化の影響などにより全国的な地位は低下したが、ぶどう栽培やワイン生産は継続されている。また、1960年代からは、観光ぶどう園も開始されている。

　その他、戦前の産業としては、ブラシ毛植、貝ボタン製造などが、農家の副業として行われていた。また、旧八尾町周辺には、セルロイド歯ブラシ製造業者も進出するようになる。ちなみに、現在でも八尾市は歯ブラシの主要生産地の1つとなっている。

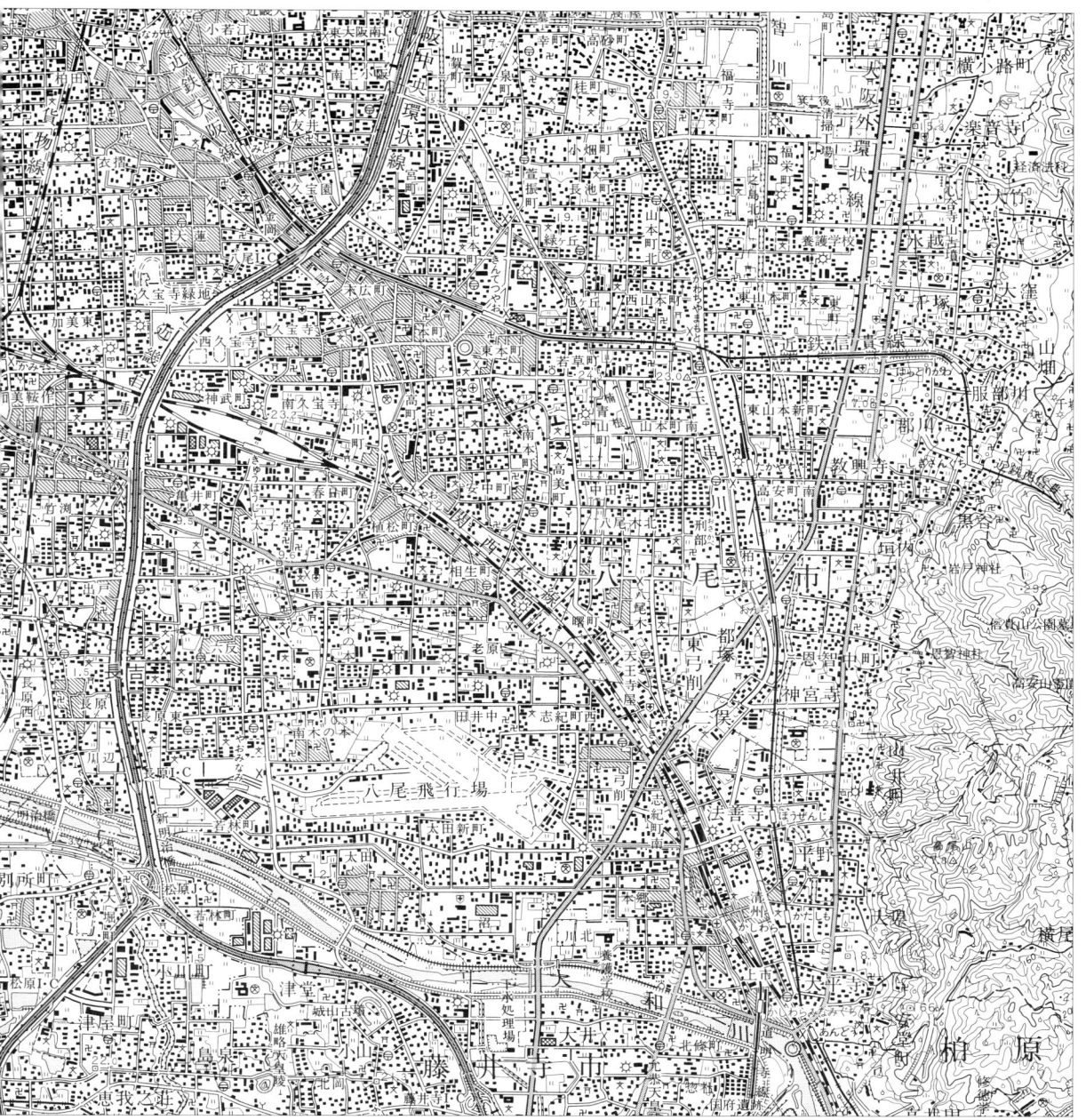

図66-2 現在の大和川 （5万分の1地形図「大阪東南部」平成7年修正、原寸）

戦後、大阪大都市圏の郊外にあたるこの地域では、住宅地や工場用地の増加と農地の減少が著しくなる。この地域での宅地開発は、1926年(昭和1)頃の大阪電気軌道線(現在の近鉄大阪線)の開通を契機に、大和川旧河道や高安山西麓において若干みられた。しかし、本格的な宅地開発は、1950年代以降にみられるようになり、多くは民間によるものであった。そして八尾・柏原両市の人口は1960年の約16万から1980年の約34万人へと急増したが、その後は横ばい状態である。

また、この地域への新たな工場進出も著しく、工場数は、1960年代70年代に急増し、その後は若干減少傾向にある。特に関西本線久宝寺駅周辺や八尾空港周辺は、工業専用地域などに指定されている。これらの地区には、電気機械、金属製品、プラスチック製品、化学製品、食料品、印刷などの大小さまざまな工場の集積がみられる。その他、関西本線柏原駅近辺の大和川旧河道にあたる地区には、現在でも豊富な地下水を利用した晒・染色関連の工場がみられる。

なお、八尾空港は1933年(昭和8)に阪神飛行場として設置され、その後、軍用の大正飛行場となった。戦後は小型機専用の空港として現在に至っている。

（山近博義）

図67-1　1914年（大正3）の中河内　（5万分の1地形図「大阪東北部」「大阪東南部」大正3年部分修正、原寸）

67. 東大阪・大東

　生駒山地西麓と上町台地の間に広がる河内平野は北から淀川、南から大和川により陸化されたが、歴史時代に入っても「草香江」などと称される入江や池沼が広がっていた。近世、大和川付替えまでは深野池、新開池が存在し、付替えにより池沼や長瀬川、恩智川などの旧河床は新田開発された。図67-1の大正期の地形図では水田が卓越するが、明治中頃までは綿作が盛んであった。集落は生駒山地西麓では東高野街道沿い、井路や横堤が走る低地では河川沿いに立地し、住道をはじめ河岸も多く、暗越奈良街道など大阪と奈良を結ぶ街道が農村地帯の集落をつないでいた。大阪市の軍事工業の拡大にともなって1895年に浪速鉄道（現 片町線）が開通し、寝屋川も一部直線化されている。

　図67-2の平成の地形図では市街地が一面に広がるが、3つの時代、様相に分けることができる。当地域に最初に市街地化をもたらしたきっかけは1914年（大正3）の大阪電気軌道（現 近鉄奈良線・大阪線）の開通であり、昭和になって小阪、瓢箪山などで住宅地建設が進んだ。現在の東大阪市西部では住宅だけでなく大阪市内から中小工場も移転し歓楽地も形成されたが、

図 67-2 現在の東大阪市・大東市 （5万分の1地形図「大阪東北部」平成10年要部修正、「大阪東南部」平成7年修正、原寸）

東部は依然として農村地帯が広がっていた。

第二次世界大戦後、近鉄線沿線を中心とした宅地化で1950年代後半から60年代にかけて人口が急増し、1967年(昭和42)には布施市、河内市、枚岡市が合併して東大阪市が誕生した。当地域はスプロールによる市街地形成の典型であり、大規模な住宅団地を欠いている。また、1970年前後に大阪市内から卸売業や工場が移転してきて、大阪機械卸業団地(東大阪市本庄)、紙・文具流通センター(長田)などが形成された。1968年には近畿自動車道と阪神高速道が交差する荒本にトラックターミナルが設けられ、大東市から門真市にかけて運送業・倉庫業地区になっているが、道路整備が不十分なため渋滞が多い。

1981年の寝屋川治水緑地(深野池跡)の開設、1990年の鶴見緑地における「世界花と緑の博覧会」の開催は、当地域に残されていた水田地帯(未市街化地)の新たな方向を示した。さらに、最近は片町線の複線電化と東西線経由東海道、福知山線への乗り入れ、近鉄東大阪線、地下鉄長堀鶴見緑地線といった交通体系の整備拡充による変化が見られる。荒本には大阪府立中央図書館、東大阪市役所が移転してきて、新しいセンターを形成しつつある。

(正木久仁)

図 68-1　1914年(大正3)頃の千里丘陵　(5万分の1地形図「大阪東北部」「京都西南部」大正3年部分修正、「広根」「大阪西北部」明治42年測図、×0.9)

68. 千里丘陵

　大阪の北部に拡がる千里丘陵は、鮮新世末から更新統に堆積された地層(大阪層群)で形成され、標高50～100m前後の地が大半を占め、北から南に向けてなだらかに傾斜している。図68-1のように、明治末期までは、丘陵上には春日村(現 茨木市)、山田村や佐井寺(現吹田市)、新田村(現吹田・豊中市)などの集落が点在し、一部が果樹園に利用されたほか、竹林、雑木林、松林などが連なる地にすぎなかった。

　この地域の開発は、1920年(大正9)にロンドン郊外の田園都市レッチワースに倣い、放射状に街区を設けた千里山住宅地の起工、翌21年に北大阪電気鉄道が十三～豊津間の路線を開業したことに端を発する。大阪の郊外住宅地として発展していく第一歩であった。

　千里丘陵が大きく変貌を遂げるのは、日本最初の大規模ニュータウン「千里ニュータウン」が開発されたことによる。吹田市と豊中市にまたがる千里ニュータウンは、大阪府企業局が計画し、開発面積は約1,160ha、計画人口は15万人におよぶものであった。1961年(昭和36)にはニュータウンが着工、翌62年には住民の入居が開始された。また63年8月には、ニュー

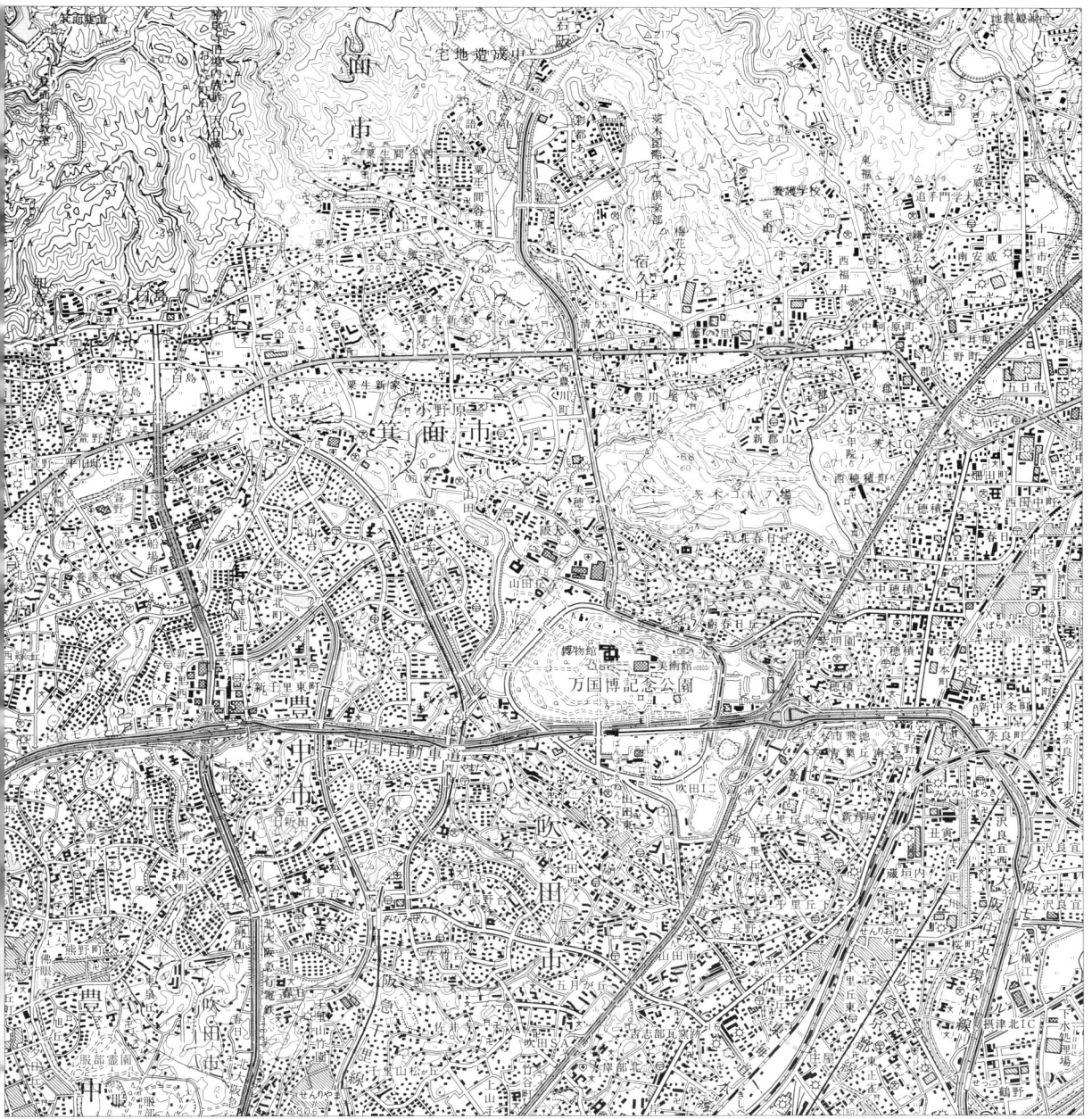

図 68-2　現在の千里丘陵　(5万分の1地形図「京都西南部」平成19年修正、「大阪東北部」平成10年要部修正、「広根」平成5年修正、「大阪西北部」平成11年要部修正、×0.9)

タウンへの交通機関として、京阪神急行(阪急)が千里山～新千里山(現 南千里駅)間を延伸させている。

大規模な住宅地の形成とともに丘陵の景観を変えたのが、約350 haを造成し1970年(昭和45)に日本で初めて開催された万国博覧会である。博覧会は約6,421万人を集客したが、そのアクセスを担ったのが、開会までに供用を開始した名神高速道路・中国自動車道・近畿自動車道で、会場の東側にはインターチェンジが設けられた。また、大阪市内からは、新御堂筋(国道423号線)の供用が開始されている。同じ1970年には、大阪市内の船場からの郊外移転を図り、物流を中心とする大阪船場繊維卸商団地が、新御堂筋沿いに形成された。

ニュータウン内部は、時の経過に従って住民構成の変化が進み、産業機能の再編もみられる。また周辺地域へも都市化がおよんだ。なお、博覧会場跡地は、万国博記念公園となっている(図68-2)。近年、大阪市の衛星都市を結ぶ大阪モノレール線が、門真市～大阪空港間で全線開業し(1997年8月)、さらに2007年3月には、箕面市と茨木市の丘陵地に開発された約743 ha、計画人口5万人の「国際文化公園都市・彩都」に通じる彩都線が延伸している。

(小野田一幸)

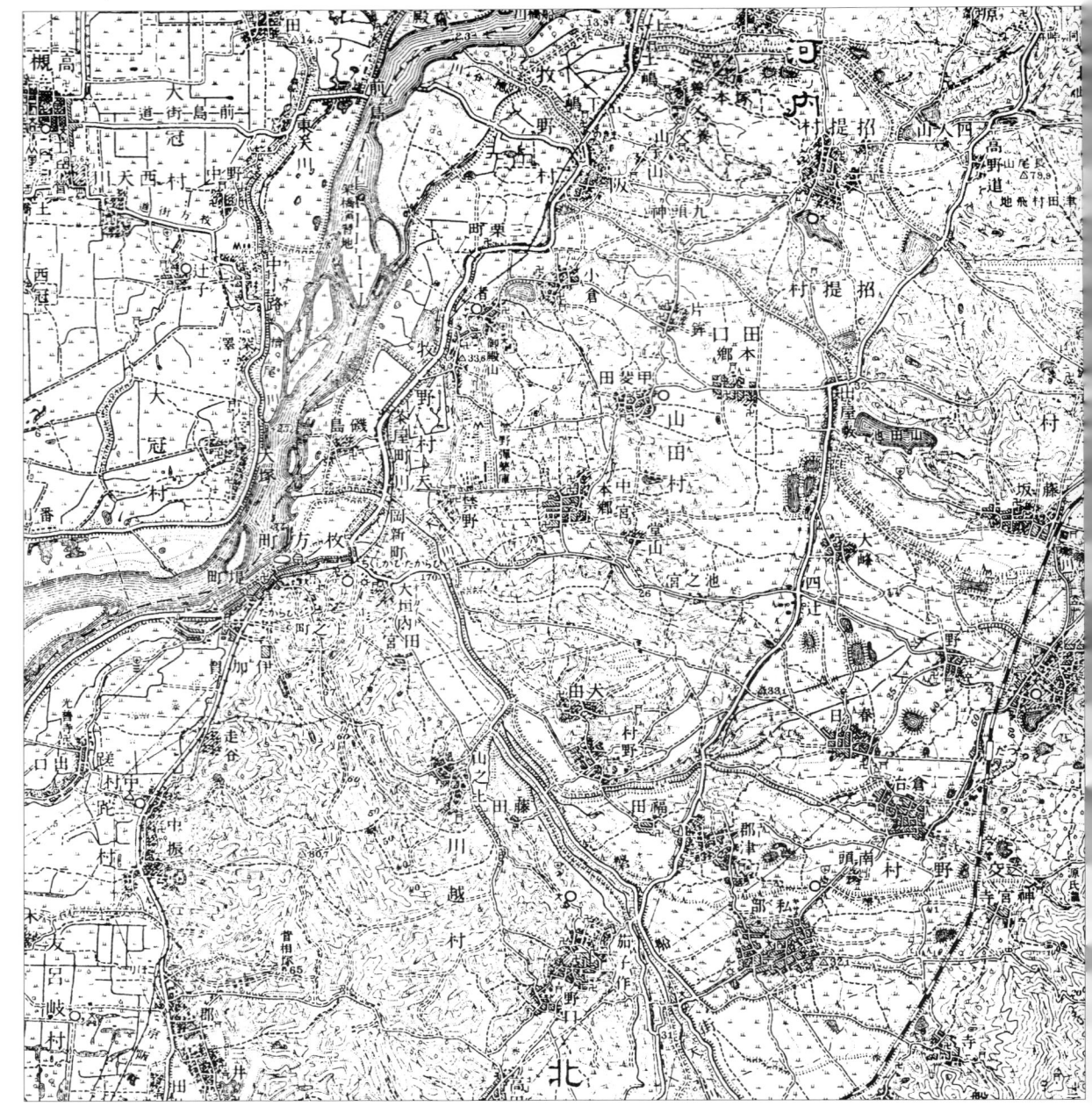

図 69-1　1914年(大正3)の枚方町とその周辺　(5万分の1地形図「大阪東北部」「京都西南部」大正3年修正、原寸)

69. 枚方
　　ひらかた

　1596年(文禄5)、豊臣秀吉は淀川の治水を兼ねて左岸に「文禄堤」を築き、そこに京都～大坂を結ぶ京街道を通した。東海道の延長にあたるこの街道の宿場町の1つとして、枚方宿は置かれた。4カ村から成る当宿では、大坂側(西側)の2カ村に本陣・脇本陣や船着場などが集中していた。図69-1には、遠見遮断の形態を残す旧宿場の本陣跡に北河内郡役所が確認される。また、同宿から河内街道と磐船街道が分岐するほか、東方には東高野街道が縦断している。このように、近世の枚方は京阪間の陸上・河川交通の結節点であった。

　1910年(明治43)、大阪・天満橋～京都・五条間に京阪電気鉄道が開通した。「ひらかた」駅は旧宿場町の大阪側、京都側には「ひらかたひがしぐち」駅がそれぞれ京街道の南側に開業した。1916年、後者の北口に日本メリヤス(後の倉敷紡績枚方工場、現在は関西医科大学枚方病院など)が開設され、南口にも町役場や裁判所などの行政機関が集積した。1929年(昭和4)には、信貴生駒電鉄交野電気鉄道(現在は京阪電鉄交野線)が「ひがしぐち」駅を起点にしたこともあり、枚方の中心地は東側に移動した。それにともない、1949年に両駅は

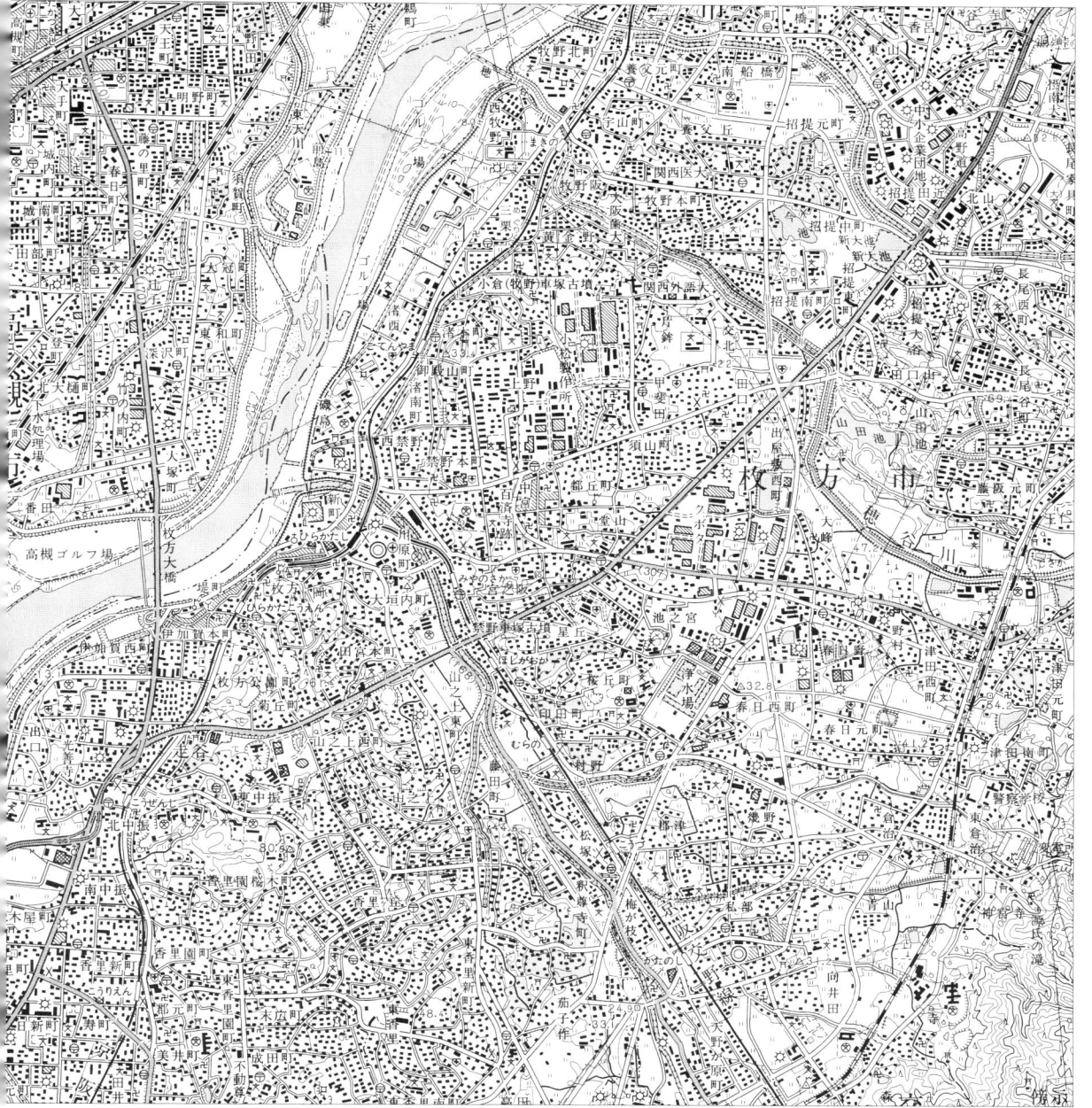

図 69-2　現在の枚方市　（5 万分の 1 地形図「大阪東北部」平成 10 年要部修正、「京都西南部」平成 11 年修正、原寸）

図 69-2 にある現在の駅名に改称された。

　近代の枚方は、軍事都市としても重要であった。1937 年（昭和 12）に陸軍禁野火薬庫、42 年にはその東側に陸軍造兵廠大阪工廠枚方製造所、39 年には南方に宇治火薬製造所香里工場（42 年に陸軍造兵廠香里製造所）も置かれた。そして、東方の丘陵部に立地したこれらの施設群への輸送手段として、鉄道の敷設が目指された。浪速鉄道・関西鉄道を経て国有化された片町線（現在の JR 学研都市線）の津田駅からは 1936 年、41 年には星田駅からの専用線の開通によって、大阪城東側の大阪砲兵工場への鉄道連絡が完結した。さらには、1909 年に対岸の高槻城跡に工兵第四連隊が置かれたため、淀川には架橋演習地が設けられていたことも図 69-1 から判読できる。

　戦後、これらの軍事施設は民間に払い下げられた。1952 年（昭和 27）、枚方製造所跡に小松製作所（現在では一部が関西外国語大学）、1956 年に禁野火薬庫跡には中宮住宅、香里製造所跡には 58 年から香里団地が開設された。図 69-2 において、小松製作所・中宮住宅の南方から東方へと弧を描く道路と、その延長にあたる国道 307 号線は、1954 年に廃止されたかつての専用線跡である。

（河原典史）

図 70-1　1898 年（明治 31）頃の神戸　（2 万分の 1 地形図「神戸」明治 18 年測図、「須磨村」明治 31 年修正、「兵庫」明治 19 年測図、×0.7）

70. 神戸

神戸の発展　日本各地の主要都市のほとんどは、その前身が江戸時代の城下町を基盤としている。しかし、神戸の場合は例外で、外国貿易をおこなうための開港場という特殊事情が絡んでいる。もともとは、近世以前の重要港として、古代よりの兵庫津が南部の和田岬（現 神戸市兵庫区）に存在していたが、新たに外国貿易港を建設したのである。現在は 150 万人（2007 年）の人口を抱える神戸市だが、その発展は 1868 年 1 月 1 日（慶応 3 年 12 月 7 日）に開港場となった神戸港と、そこに設けられた外国人居留地から始まる。

開港場に設けられた外国人居留地は、1899 年（明治 32）に返還された後も外国貿易の中心地であり、現在に至るまで神戸市最大のビジネス街を形成している。なお、その街区全体が地番地名と共に当時のままの姿を今に残していることは、他の開港場に設けられた居留地と比較して、特筆すべき点といえよう。

図 70-1 の明治時代の地形図を見ると、神戸港沿岸の東端に外国人居留地があり、西の神戸駅そして湊川を越え兵庫までの間に市街地が形成されている。居留地のすぐ東には生田川が流れていたが（現在は神戸市役所

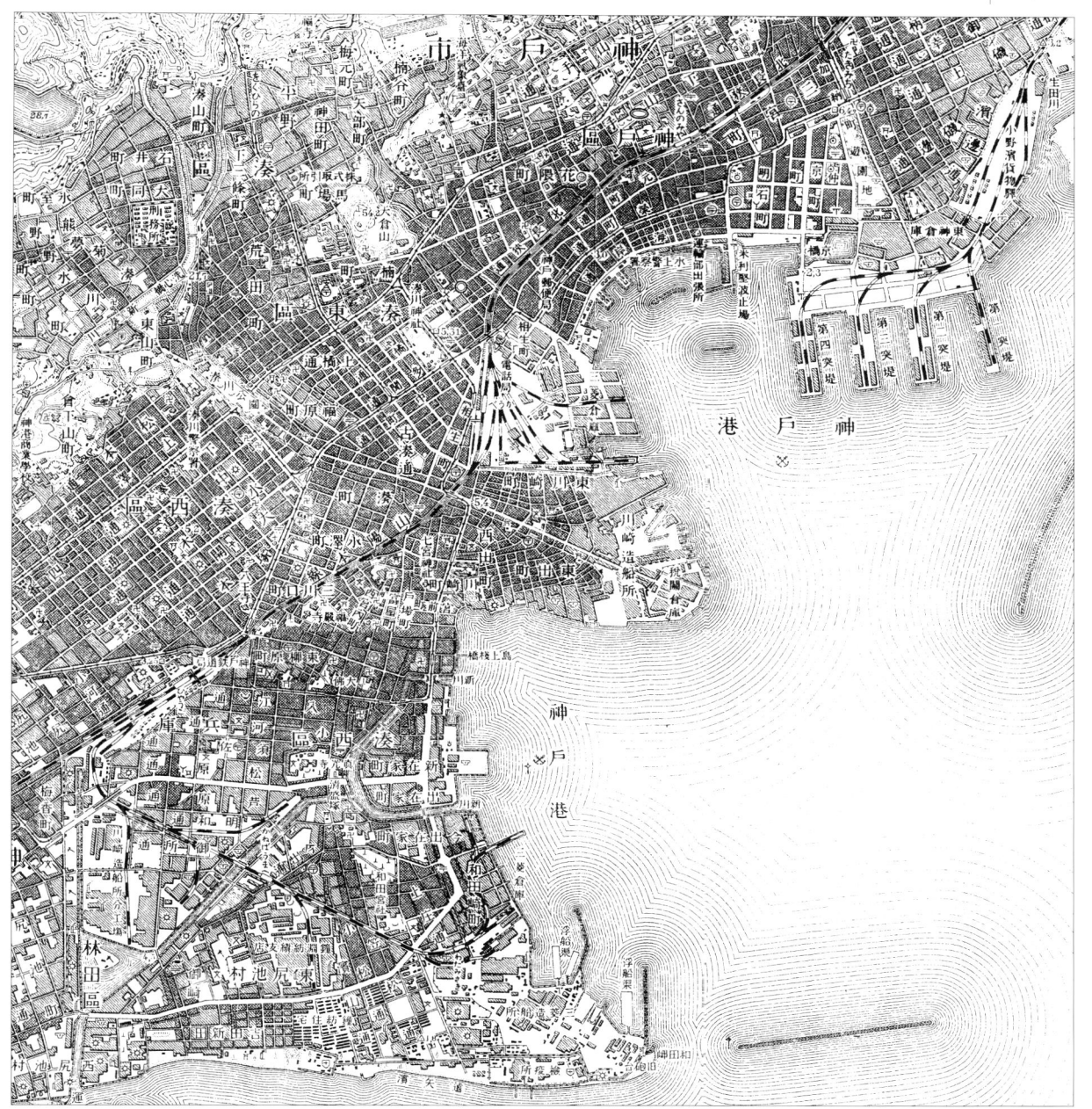

図70-2 1923年（大正12）の神戸市　（2万5,000分の1地形図「神戸首部」「神戸南部」大正12年測図、×0.88）

東のフラワーロードとなっている）、居留地への治水対策として1871年にさらに東側へ流路の付け替えが行われた（図70-2）。

図70-1の明治時代の地形図には、兵庫港と神戸港の新旧二港の名が併記されているが、1892年（明治25）には勅命により神戸港の名で一括された。ここにおいて古代より続く兵庫の港は、神戸港の一部に含まれることになった。また、2007年12月からは大阪港と統合されたスーパー中枢港湾「阪神港」に指定された。

図70-1では、湊川河口部には両港を区分するように三角州が形成されているが、1886年（明治19）に神戸の造船業を代表する川崎造船所が、その南の和田岬には神戸三菱造船所が1905年に設立され、現在に至っている。天井川の湊川は、兵庫地区と神戸地区の東西交通を分断する、大きな障害であったことが見て取れる。これを解消するため、1897年に湊川をさらに東へ付け替える工事が着工され、1901年に新流路の「新湊川（苅藻川）」が完成した。その結果、湊川の旧河道は「湊川公園」となり、神戸市街を行き来する道路も東西方向が通じた。あわせて、1912年に完成する劇場「聚楽館」を中心に、その付近一帯は新開地と呼ばれ、大正時代から1950年代にかけて神戸市内最大の歓楽街と

図 70-3　1935 年（昭和 10）頃の神戸市　（5 万分の 1 地形図「神戸」昭和 10 年第 2 回修正、「須磨」昭和 9 年修正、「大阪西南部」昭和 7 年

なってゆく。図70-2の大正時代の地形図には、市街地の拡大と東西に走る道路網の発展を見ることができる。

次に神戸市域の面的な拡大について見る。1889年(明治22)に神戸区が東西に隣接する葺合村と荒田村を合併し神戸市が発足した。当時の人口は3万人、面積は21 km²余で、1896年には西側の湊村、林田村、池田村を合併した。1920年にはさらに西方に隣接する須磨を、また1929年には東部の西灘、六甲、西郷といった周辺地域を合併していった。1931年には区制を実施し、1939年(昭和14)には人口100万人を超える大都市となる。図70-3の1935年(昭和10)の地形図を見ると、西の須磨から東の灘、そして灘に隣接する御影町・住吉村(東の魚崎村と合わせて1950年に編入)まで、六甲山地南側に細長く形成されている市街地がよく判る。この旧来の市街地が、1995年1月17日に発生した阪神・淡路大震災で最も甚大な被害を受けた。

その後も周辺地域を編入しつつ(1958年の淡河村編入が最後)、さらには1955年(昭和30)頃から海面の埋め立てを大規模に実施していったのである。現在では、神戸市発足当時の26倍という市域面積(552 km²余)になっている。

港湾の発展　神戸市を支える港湾の様子を地図でたどろう。神戸港と兵庫港の本格的な整備として、第1期修築工事(1907～22年、第1～4突堤)と第2期修築工事(1919～39年、第5・6突堤)が行われ、神戸は日本を代表する貿易港となった。図70-2の大正と図70-3の昭和前期の地形図に見られるとおり、突堤の構築と臨港鉄道の引き込みなどがみられ、臨海部の工業地化が特に神戸市東部において著しく進展する。そして、第二次世界大戦後にはさらに東へと第8突堤まで建造されていった。

図70-2と図70-3の地形図を比較すると、神戸港の第1～4突堤の起算順序が逆になっている。これは東部地域の新築港計画を見越して、それまでの東からの起算ではなく、西から順に第1、第2と改称したためで、1932年(昭和7)からその起算順序となっている。

第二次世界大戦後には、摩耶埠頭(1967年)やポートアイランド(1981年、443 ha)、同第2期(390 ha)、六甲アイランド(1992年、595 ha)など大規模な埋め立て工事が神戸港東部海域で進められた。さらには、臨港線旧国鉄の湊川貨物駅跡地が商業機能地神戸ハーバーランド(1992年)になったことをはじめ、ウォーターフロントの再開発事業が着工され、旧来の港湾の姿は大きく変貌していった(図70-4)。

1995年(平成7)の阪神・淡路大震災は神戸港にも甚大な被害をもたらしたが、およそ2年間をかけて港湾施設を復旧させ、近代的埠頭として再出発することとなった。摩耶埠頭などは、大震災によって発生した瓦

要部修正、原寸）　　0　　　1km

図 70-4　現在の神戸市中心部　（5 万分の 1 地形図「神戸」平成 18 年要部修正、「須磨」平成 18 年修正、「大阪西北部」平成 11 年要部修

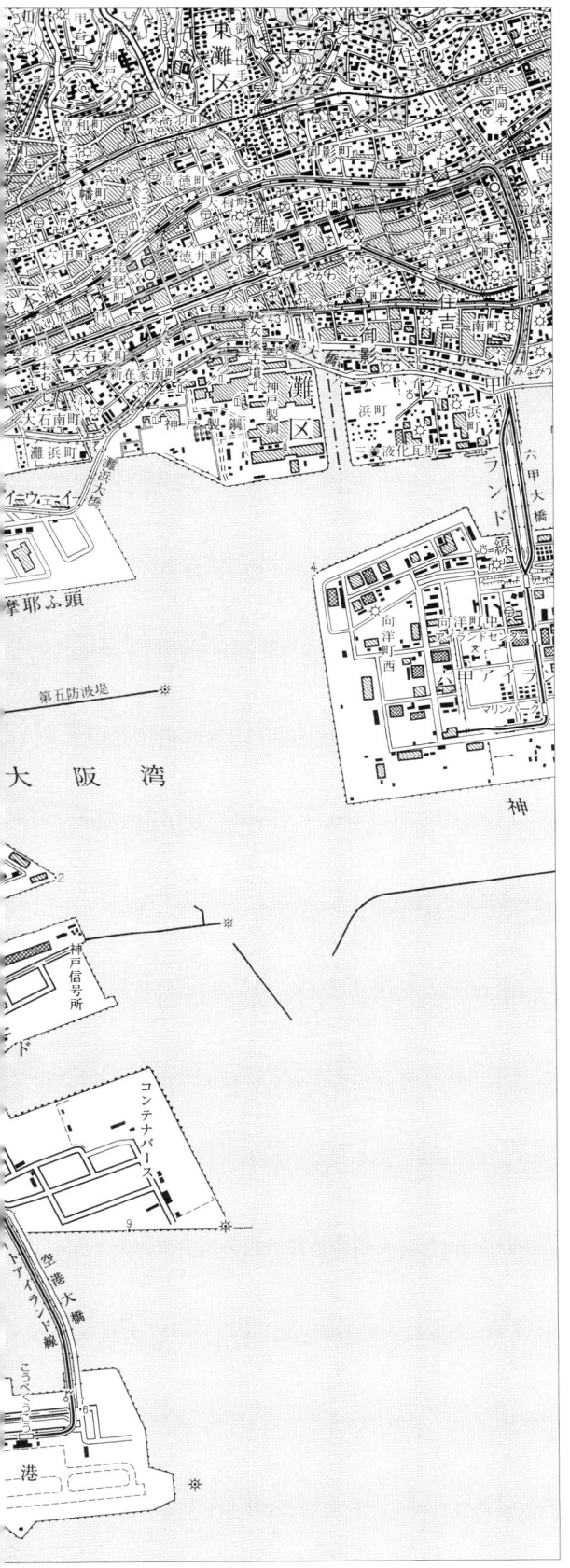

礫をもって突堤間を埋め立てたうえで再開発され（103 ha）、同じく東部第5～8突堤もその間が埋め立てられて、名称も新港東埠頭となった。2006年にはポートアイランド第2期の南の海上に神戸空港が開港している（図70-4）。

鉄道網の発達　大阪と神戸を結ぶ鉄道は1874年（明治7）に開通したが、開業時の中間駅は西宮と三ノ宮（場所は現在の元町駅）の2駅であった。1888年には兵庫から明石までの山陽鉄道（現 山陽本線）が開通し、さらに姫路まで延長し、翌1889年には兵庫～神戸間が接続した。この年に神戸市制が実施されたわけだが、東京新橋～神戸間の東海道線も全通し、神戸市は港湾（船舶）と鉄道の両方で、国内外に通じる交通の要地となり、産業と人口の集積地となっていった。なお、図70-1の明治時代の地形図では山陽鉄道が兵庫和田岬まで延びている（1890年開通）が、「須磨村」図幅を1898年修正図を用い合成しているためである。

神戸市街を走る鉄道においては、1926年（昭和1）から灘～鷹取間11.2kmの高架線工事が着手され、1931年に完了した。高架線の下を公道に解放する方式で、市内交通の利便性を確保している。神戸、三ノ宮、兵庫、鷹取の4駅を高架駅にして、あわせて三ノ宮駅が現在地へと移動されたが、駅の移動後の1934年には、請願駅として新たに元町駅が旧三ノ宮駅跡に開業し、現JR駅と同じ状況になっている。また、私鉄に関しては、大阪と神戸を結ぶ阪神電気鉄道（阪神）は、1905年に大阪～神戸間が通じ、1933年には灘区岩屋から地下線で三宮へ、1936年には元町まで乗り入れた。阪神急行電鉄（阪急）も1920年に神戸市東部まで開通し終点（現 中央区上筒井）としていたが、1936年には高架線で三宮まで乗り入れている。図70-3の昭和10年の地形図をみると、鉄道高架の様子はともかく、その他の情報を読み取ることができる。

交通網の発達に伴い、南北に狭い神戸市街地に多くの路線が平行して走り、大正～昭和時代にかけて都市施設の重心は兵庫・神戸地区から三宮地区へと移り、現在に至っている。1972年には山陽新幹線の新大阪～岡山間が開通し、生田川が市街地に流れ出る布引の地に新神戸駅が誕生している（図70-4）。

地形図では読み取れないが、明治時代末期より市街地を縦横に走っていた神戸市電は1971年に廃止された。1977年には市営地下鉄が西神線名谷～新長田間で開通し、現在は三宮を拠点として西神・山手線と海岸線が市の西方へ延びている。新たな海上都市ポートアイランドは神戸大橋（1970年）と新交通システムのポートアイランド線（1981年）で、六甲アイランドは六甲大橋（1976年）と六甲アイランド線（1990年）で市街地と結びついた。

（三好唯義）

図 71-1　1914 年（大正 3）の西宮・芦屋　（5 万分の 1 地形図「大阪西北部」大正 3 年修正、原寸）

71. 西宮

　武庫平野には広く条里遺構が分布し、古代山陽道が北東から南西に走る。津門・広田・芦屋などは古代郷名の、武庫は古代の務古水門の遺称である。西宮の町場は、えべっさんで親しまれる西宮神社の門前町、あるいは港湾都市として中世後半以降に発達し、山陽道（近世西国街道に踏襲）が通過するようになって中国街道との交点となり、近世には本陣が置かれ、海陸交通の要衝として発展した。御前ノ浜の西宮砲台は勝海舟の指揮下に建設されたもので国の史跡となっている。

　西宮の酒造業は 17 世紀前半に江戸積酒造業により発展し、18 世紀前半にピークを迎えた後、幕府の酒造政策や新興の今津や灘目の台頭により停滞したが、1840 年（天保 11）の宮水の発見と酒造技術の進歩によりその地位を確立した。また、台地上や武庫川沿岸では 17 世紀に新田開発が進展し、18 世紀以降には武庫川デルタから海岸線へと新田開発が進められた。

　近世以来盛んであった綿花栽培と交通の便のよさから、1896 年（明治 29）に日本紡織株式会社が開業し、西宮の近代工業の嚆矢となった。近代工業の導入は当初、製油やビールをはじめ食品・紡織関係が主で、今

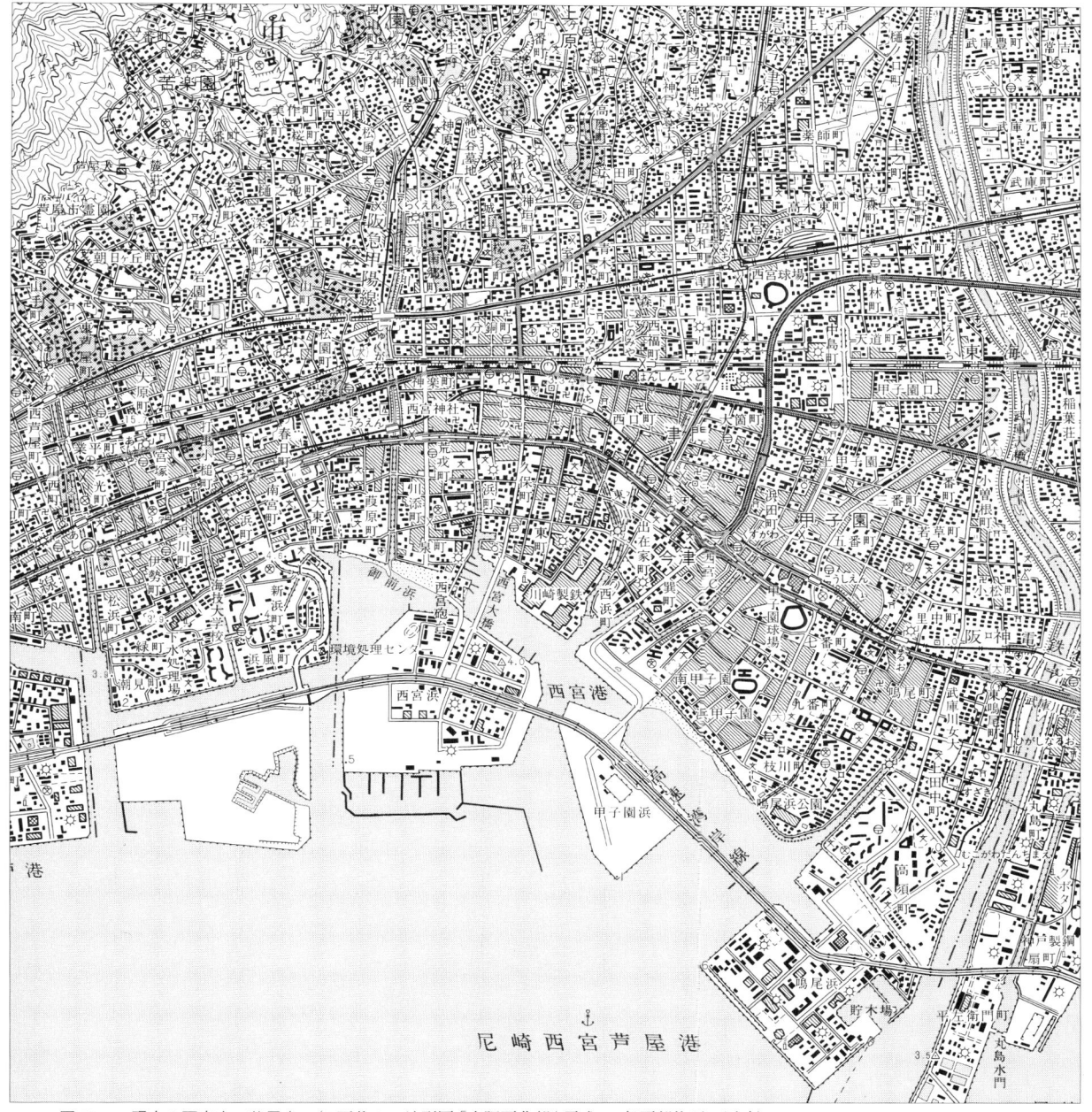

図71-2 現在の西宮市・芦屋市 （5万分の1地形図「大阪西北部」平成11年要部修正、原寸）

津・鳴尾の臨海部を中心に戦時体制下に航空機部品や兵器関連の工場進出が相次ぎ、重化学工業化も進展した。現在でも製造品出荷額等のうち飲食料品関係が約4分の3を占め、うち清酒製造業がその約4分の1を占めるという特異な工業構造を示している。

1874年（明治7）、神戸～大阪間の鉄道（現JR東海道線）が開通し、続いて1905年（明治38）に阪神電気鉄道が、1920年（大正9）に阪神急行電鉄が開通し、沿線で大きな変化が現れた。鳴尾浜周辺には明治末期に遊園地「百花園」や関西競馬場などが開設された。また、夙川沿いの香櫨園や苦楽園、甲陽園、上ヶ原などでは昭和初期にかけて住宅地開発が進展し、当時日本一の高級住宅街と称された芦屋の六麓荘も建設された。

一方、1923年の武庫川改修完成に伴い、その支流枝川の廃川敷には甲子園球場（1920年）のほか遊園地（1929年、後の阪神パーク、2003年廃園、現在は商業施設「ららぽーと甲子園」）などが設けられ、昭和初期には住宅地が形成された。

第二次世界大戦後は、平野部及び丘陵地で一層住宅地が広がった。現在では、海岸部に埋め立てにより工場用地や住宅地が造成され、それらを連ねて阪神高速道路湾岸線が通っている。

（出田和久）

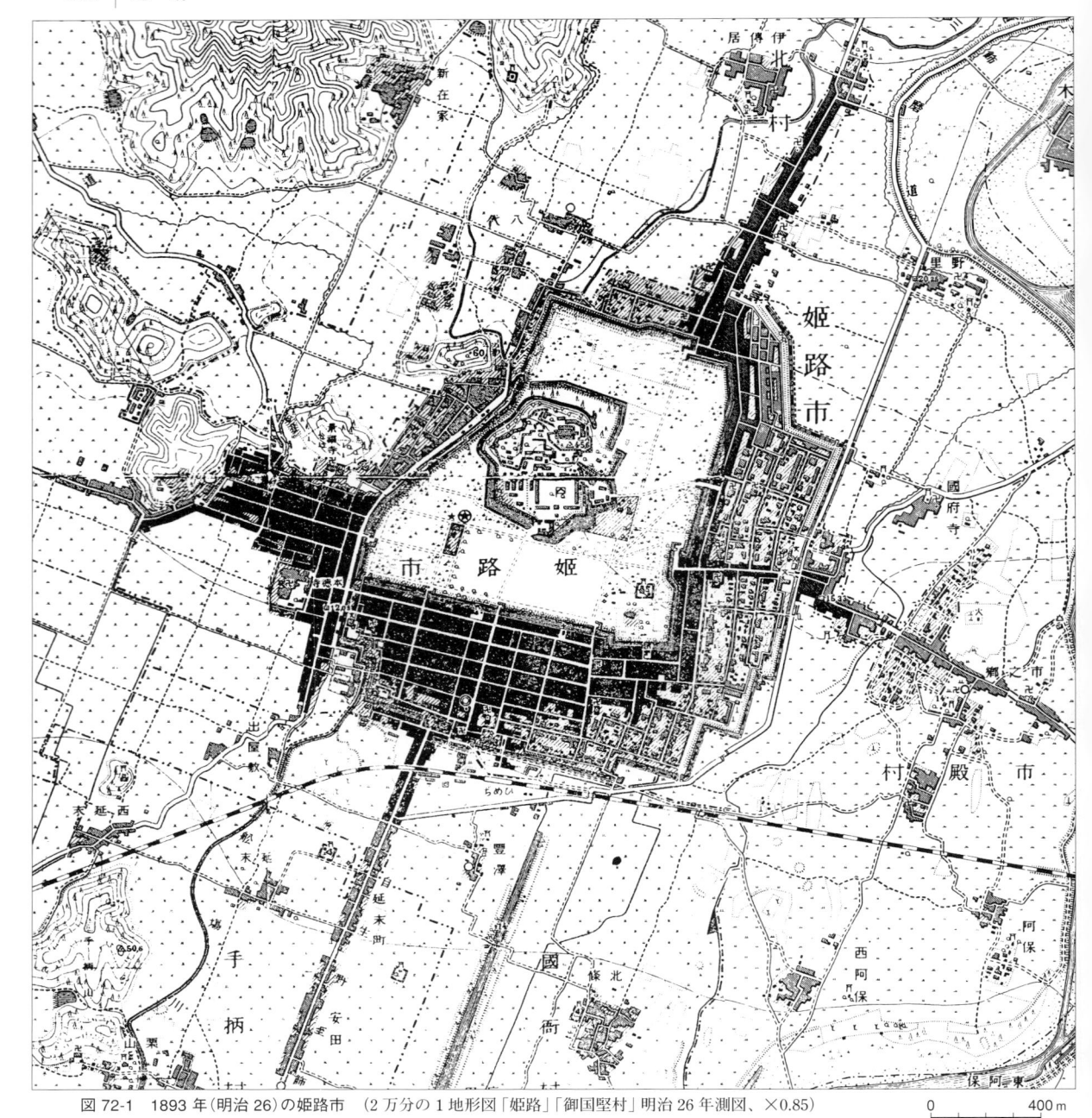

図 72-1　1893 年(明治 26)の姫路市　(2 万分の 1 地形図「姫路」「御国堅村」明治 26 年測図、×0.85)

72. 姫　路

　播州平野を南北に貫く夢前川と市川に挟まれた地域に形成された姫路は、1889 年(明治 22)に市制を施行し、現在は播磨地域の中心都市(中核市)となっている。市域の面積は 534.27 km²、2007 年の人口は 53 万人を数える。兵庫県下では、神戸市に次ぐ第二の人口規模を誇る都市である。

　世界遺産に登録(1993 年)された国宝姫路城を核とする都市の系譜は、1581 年(天正 9)羽柴(豊臣)秀吉による姫山(標高 45.6 m)への築城にはじまるが、さらなる発展を遂げたのは、池田輝政が 1600 年(慶長 5)に入封してからの城下改修(五層六階の天守を有する姫路城の完成は 1609 年)と、1617 年(元和 3)に松平忠政が伊勢桑名から入封して以降の整備によっている。断片的ではあるが、江戸時代の姫路城下における町数と人口を掲げれば、1668 年(寛文 8)には町数 78、人口 2 万 3,431 人、1742 年(寛保 2)町数 78、2 万 949 人、1760 年(宝暦 10)町数 79、1 万 7,034 人である。

　市制施行時の姫路市は、城下町とその外縁部を市域としたが、面積は 3.03 km²、人口 2 万 5,487 人にとどまり、旧城下町の規模と変化はみられなかった(図 72-1)。

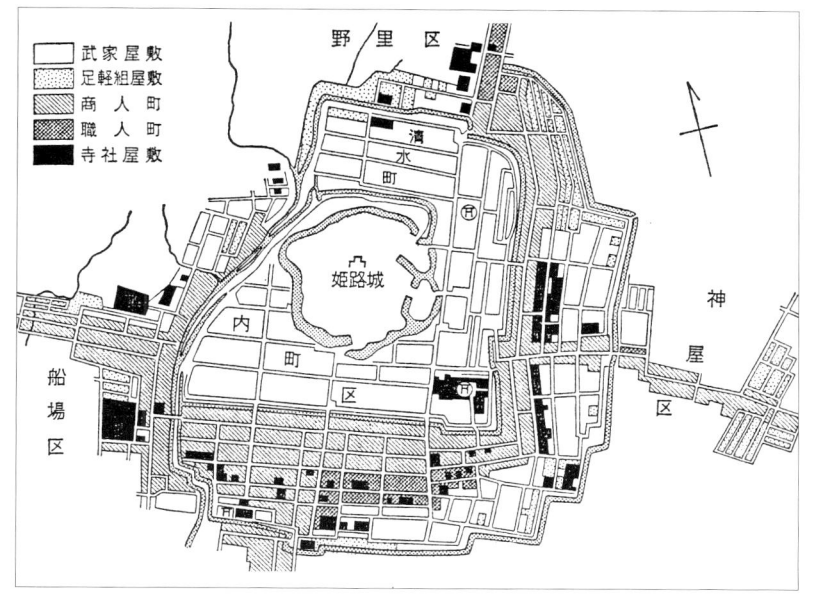

図 72-2 姫路城下町の町割 (青野壽郎・尾留川正平編『日本地誌第 14 巻 京都府・兵庫県』、二宮書店、1973、p. 487 より)

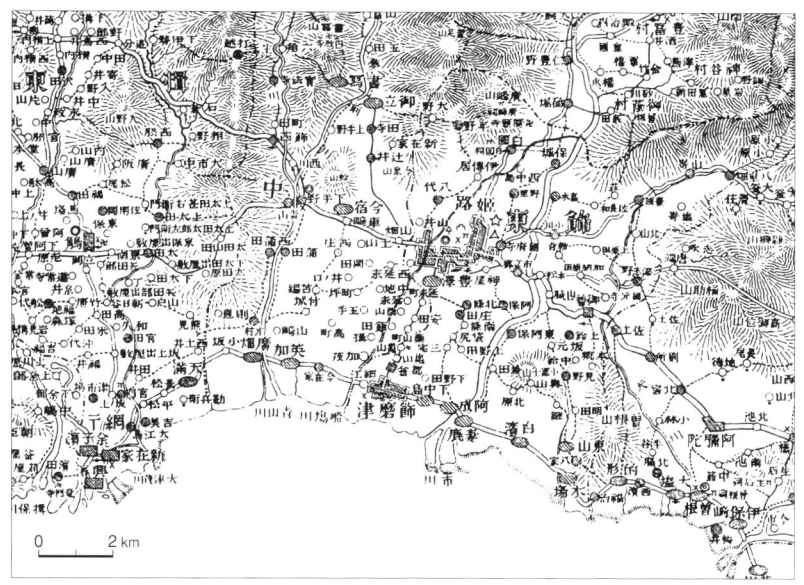

図 72-3 明治中期の姫路と周辺 (20万分の1輯製図「姫路」明治21年輯製、原寸)

ただ、都市内部には大きな変化もうかがえる。図72-2のように、城下町として発展した都市プランは、明治以降も少なからず影響を与えているが、中曲輪内にあった武家屋敷地は軍用地として各種施設の整備が進み、公用地化が図られた。これは、姫路が軍都として歩む第一歩でもあった。陸軍関係の施設としては、1874年(明治7)に歩兵第十連隊を設置、翌75年には姫路城内三の丸に兵舎が新築され、兵舎の南には桜町練兵場が設けられる。さらに日清戦争後の軍備拡張「師団倍増計画」により、1898年10月には第十師団司令部が置かれた。また、同年5月には姫路陸軍衛戍病院が創設されている(図72-4)。その一方、池田輝政が城下に引き入れた逆L字型の西国街道沿いの旧町人地は、住宅地として引き続き利用がなされた。

地域の変貌に影響を与えた近代工業の形成は、まず軽工業から興った。県営姫路紡績所をはじめ姫路織物稽古場、播磨紡績(1898年操業、のち福島紡績)など、繊維関係の産業である。また、姫路製革所(1906年)、そして山陽皮革(1911年)も設立された。これらは、軍需・民需に応じたもので、江戸時代から続く姫路周辺の産業を生かした展開であった。大正期にも、姫路メリヤス(1916年)、片倉製糸(1917年)が設立されるが、これらは旧城下町に隣接した村落に立地している。なお同時期には、マッチの生産も盛んとなり、飾磨郡域に多くの工場が展開した。

交通体系としての鉄道の敷設は、山陽鉄道が1888年(明治21)6月に起工、同年11月に兵庫～明石間、12月には明石～姫路間が開通して関西圏とつながった。また南北を縦断する播但鉄道の敷設申請は1887年6月に遡るが、その後紆余曲折を経て、1895年4月に飾磨～生野間が開業した。これによって市街地が南北に伸張した。1923年8月には、神戸姫路電鉄(現 山陽電鉄(株))が姫路～明石間を開通させた。この東西と南北の路線に沿って、市街地は旧姫路城下から山陽本線、山陽電鉄を挟んで飾磨町の間に拡がりをみせた。

臨海部に目を転じてみよう(図72-4)。この地域は、江戸時代から開発が進められた水田や塩田が拡がり、飾磨津には姫路藩の外港としての御蔵が設けられ町場が形成されていた。明治時代も引き続き、水田と塩田はその役割を担ったが、地域の景観を一変させたのが、日中戦争勃発(1937年)を挟む時期の重化学工業を中心とした工場の立地であった。紡績業では早く1913年に敷島紡績(現 シキボウ(株))、合成樹脂製造の大日本セルロイド(現 ダイセル化学工業(株):1919年開設)などが操業を開始していたが、山陽製鋼(現 山陽特殊

図72-4　1903年(明治36)の姫路市と周辺　(5万分の1地形図「姫路」「龍野」明治36年修正、×0.78)

製鋼(株)、1933年開設:飾磨区)、日本砂鐵鋼業飾磨工場(1934年操業、現 合同製鉄(株)姫路工場)、日本製鉄広畑工場(1939年開設、現 新日本製鐵(株)広畑製作所)、東京芝浦電気網干工場(1942年操業、現 西芝電機(株))などが続々と立地し、重工業地域が形成された。これらの工場は、昭和恐慌後に兵庫県の積極的な誘致の結果もたらされたものも少なくない。

これらの工場の立地は、この地域の人口急増をもたらし、多くの重化学工場が建ち並んだ飾磨町は、1940年(昭和15)に市制を施行している。

第二次世界大戦の空襲(1945年7月3日)によって、姫路の市街地は焦土と化し、大きなダメージを被った。しかし、1946年3月には隣接する飾磨市など周辺7市町村と合併(ラモート合併)するとともに、市街地の復興が進められている。復興に際しては、区画整理事業とともに、姫路城から山陽本線姫路駅までの約1kmにわたって道路が拡幅され、幅員約50mの大手前通りが設けられた(完成は1955年)。この通りに並行する街区には、ヤマトヤシキ、山陽百貨店といった大型店舗と都市銀行や地方銀行などの金融機関が建ち並び、商業地域が形成されている。

戦前に陸軍用地として用途が図られた中曲輪内は、

図72-5 現在の姫路市（5万分の1地形図「姫路」平成3年修正、「龍野」平成17年要部修正、×0.78）

日本城郭研究センター、兵庫県立歴史博物館、姫路市立美術館、県立姫路東高、淳心学院高・中、賢明女子学院短大、姫路市立白鷺中、同城南小、県立姫路聴覚特別支援学校などが並び、文教ゾーンが形成されている。同地域には、独立行政法人国立病院機構姫路医療センター、姫路警察署などの官公署もみられる。城北にあった第十師団練兵場（城北練兵場）の跡地は1949年に競馬場が、さらにその北側の砲兵十連隊などの施設跡地は陸上自衛隊姫路駐屯地（1951年）となった。駐屯地は軍都姫路の名残ともいえよう。

戦後は、図72-5のように臨海部の埋め立てがさらに進み、市川左岸には大阪ガス（株）や出光興産（株）（2003年4月製油所機能停止）のタンクが建ち並んだ。また、網干区には、（株）日本触媒姫路製造所が開設（1960年）されるなど、前記の工場群とともに臨海部の工業地帯を形成している。これらの地帯と市街地の間には、グリーンベルトとして浜手緑地が東西に横切っている。

近年、敷島紡績の跡地には関西最大級の延床面積を誇る姫路リバーシティ（1993年）、広畑区にはイトーヨーカドー（株）広畑店（2000年）など、大型ショッピングセンターが進出し、地域が大きく変化している。

（小野田一幸）

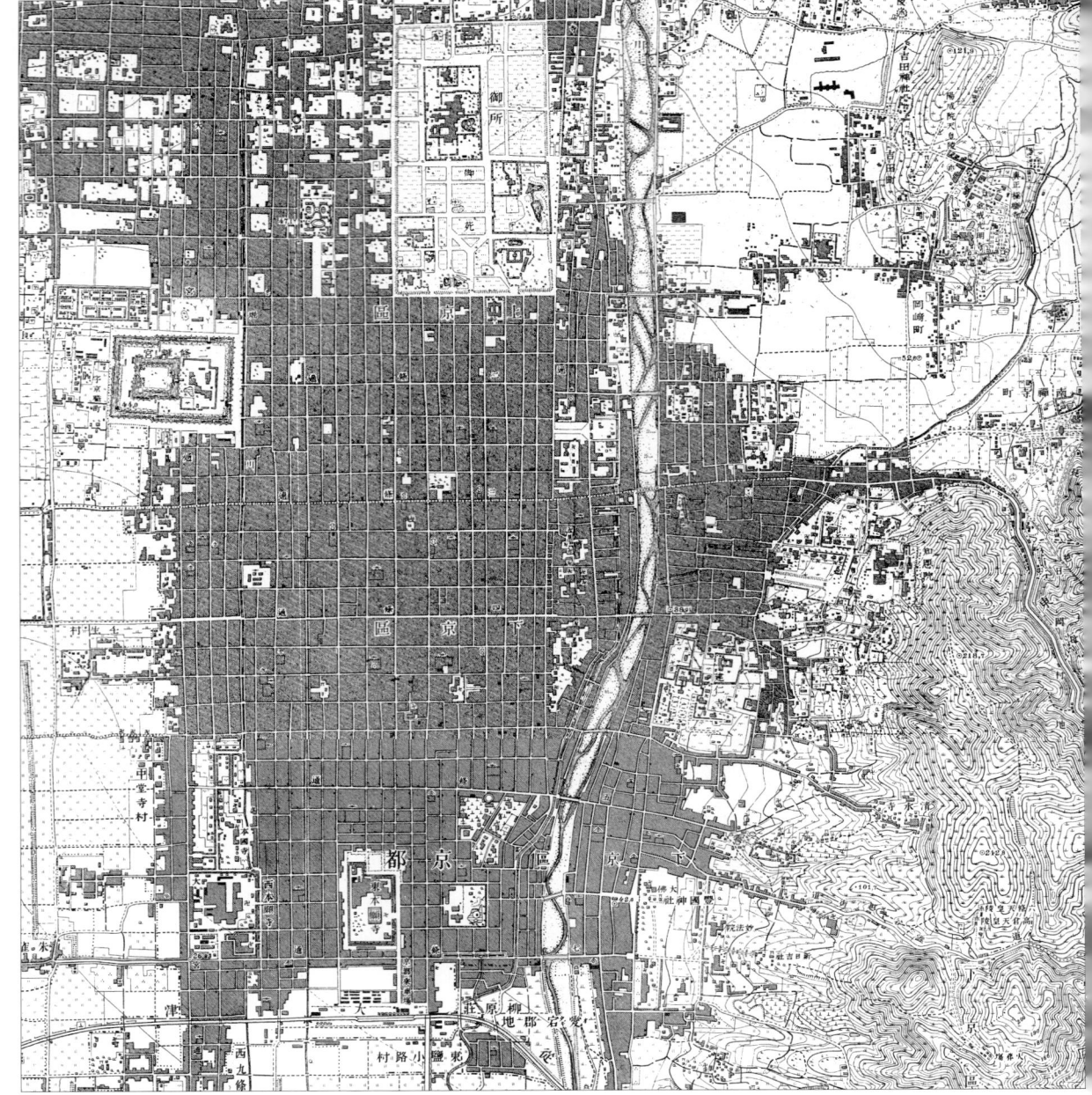

図 73-1　1897年(明治30)頃の京都　(2万分の1仮製地形図「京都」「大津」「伏見」「醍醐村」明治22年測量、×0.67)

73. 京都

　明治中期から2005年に至る4つ(明治・大正・昭和・平成からそれぞれ1つ)の時期の2万〜2万5,000分の1地形図を資料として、それらから読み取れることがらを中心に、千年の都京都の近現代の歩みを概観したい。ただし、なるべく広い範囲を示すことができるよう、そして相互の比較が容易になるよう、ここではいずれの図についても3万分の1に縮小したものを掲載してある。

　最初に注意しておきたいのは、使用する地図の縮尺の関係から、大正期以降とりわけ昭和期以降については、市街地の範囲のすべてを掲載図に収めきれていないという事実である。そのため本章では、京都の都心部およびそのごく周辺の部分に焦点を絞り、伏見、山科、嵐山といった地域は対象外とする。

　ここで掲げる4種類の地形図の選定に当たっては、それらの作成時期がなるべく等間隔になるよう配慮したが、地形図の修正・刊行の頻度の都合上、必ずしも完全な等間隔にはなっていない。また、これら4種類の図は、地図表現の方法(図式)がすべて異なっており、そのため相互の比較を行うのにやや困難な場合が

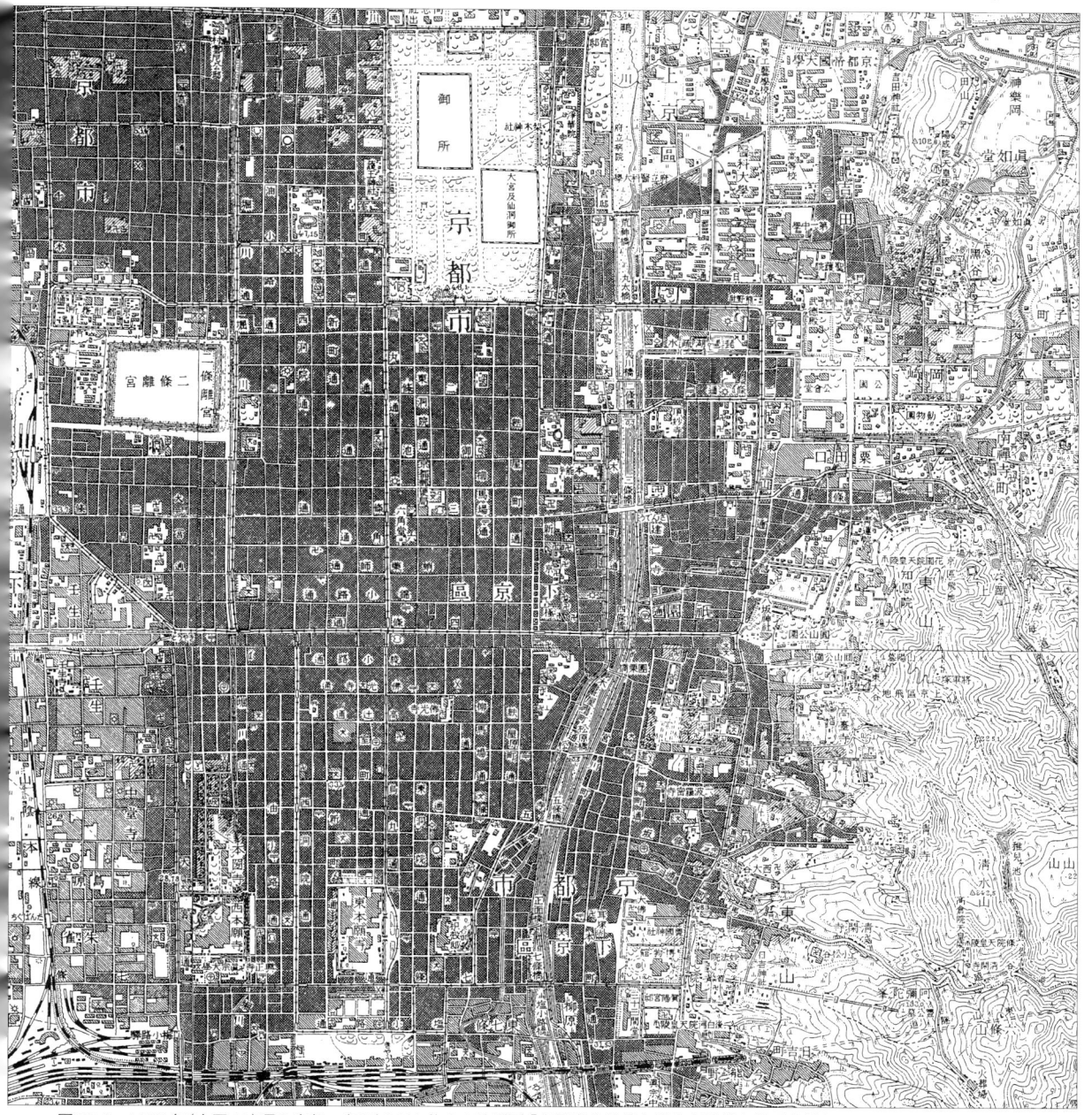

図73-2　1922年（大正11）頃の京都　（2万5,000分の1地形図「京都東北部」「京都東南部」「京都西北部」「京都西南部」大正11年測図、×0.84）

明治中期　図73-1の周辺部分にはまだ農地が見られ、当時の京都の市街地の範囲がほぼ明らかとなる。「ほぼ」と付け加えたのは、市街地北西部（西陣地区）の一部が範囲外となっているからである。

図73-1は明治維新から20～30年後の時期のものであり、その間の変化の多くは、この図以外の諸資料から変化の生じた時期などを知ることが可能である。たとえば鉄道は、東海道本線がすでに開通しているが、京都駅以西はすでに1876年（明治9）に、以東（大津まで）も1880年に完成していたことが文献資料から知られる。ただし京都駅以東のルートは、図73-1からも知られるように、現在のものとは異なっていた。京都駅を出るとすぐに南にカーブし、今日のJR奈良線のルートをとっていたのが、開業当時の東海道本線である。そこからは図の範囲外になるが、伏見稲荷神社の南方で進路を東に変え、おおむね今日の名神高速道路のルートで山科盆地に至った。かなり遠回りになるが、当時の土木技術上の制約によるものである。

つぎに京都御苑については、すでに現況と大きくは変わらない状況として表現されている。しかし、実はそうなったのは、この図のための測量のわずか10年ほ

図 73-3　1961年(昭和36)頃の京都　(2万5,000分の1地形図「京都東北部」「京都西北部」昭和36年修正、「京都東南部」「京都西南部」昭和39年資料修正、×0.84)

ど前になされた事業の結果であった。すなわち、もともと京都御所の回りに集積していた公家屋敷が、明治維新以後の公家の東京への転居に伴って軒並み空き家と化したのを、主として治安上の理由から取り払い、それらの跡地を緑地として整備したのである。

京都の近代化に果たした琵琶湖疏水の役割については、よく知られている。琵琶湖疏水の完成は1890年(明治23)であり、本図の測量が行われた1889年にはまだ工事中であった。そうした状況をストレートに表現しているのであろうか、この図には琵琶湖疏水の一部が示されている(疏水の流路に沿って「琵」と「琶」の2文字が見える)が、琵琶湖疏水の最重要施設とも言える蹴上発電所やそこから余水を鴨川に流す部分は描かれていない。

図の右上(北東)の部分、現在の京都大学本部構内の場所に、かなり大きな建造物が描かれている。名称も記号も記されていないが、これは、この図の測量年である1889年夏に大阪から京都に移転した第三高等中学校(後の第三高等学校)の新校舎である。

これら、明治維新後に生じた変化ももちろん存在するが、この図にみられる京都の町並の多くは、江戸時代からのものであった。たしかに幕末の1864年(元治

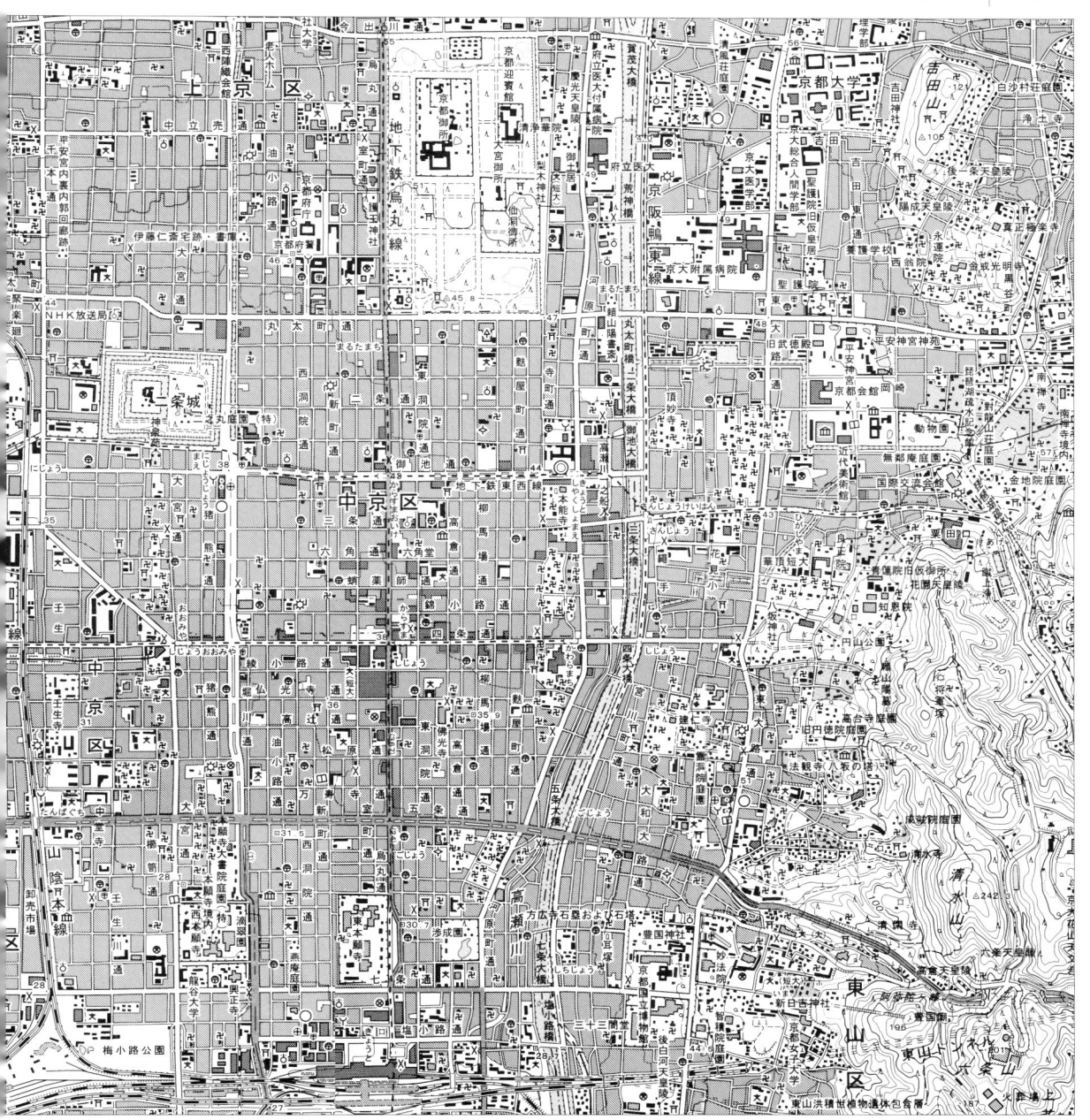

図73-4　現在の京都　（2万5,000分の1地形図「京都東北部」「京都東南部」「京都西北部」「京都西南部」平成17年更新、×0.84）

1)に起こった禁門の変（蛤御門の変）の際に、京都の市街地の約半分は焼失した。しかし、その復興過程で新しい道路ができたり、耐火建造物ができたりするようなことは少なく、以前とあまり変わらない町並が数年間で再現したものと考えられている。

　近畿地方中部で100面近く作製された仮製地形図は、発行年次の早い、遅いにかかわらず1889年（明治22）の市制・町村制に基づく地名が記されていない。上京区、下京区の記載はあるが、京都市ではなく「京都」とあるのみである。実際には、京都市は1889年4月に成立している（当時の人口は28.4万人）。ただし東京、大阪、京都の三大都市については、その後10年近くにわたって府の権限が強く、市は有名無実の存在であった。

　大正末期　図73-1と比べて顕著なことがらとして、市街地が平野部のほぼ全域にまで拡大していることが指摘できる。北東部では、京都帝国大学のキャンパスや岡崎公園がかなり広い面積を占めているほか、かなり大きな規模をもつ工場も散見される。また南西部では中規模の工場が多数新設されているのが目立つ。

　これらの内、京都帝国大学は1897年（明治30）にそれまでの第三高等学校の土地建物を利用する形で発足

し、その後医学部（当時は「○学部」ではなく「○科大学」と称したので、図73-2の医科大学という表記はこれで正しい）と附属病院の広大な施設が南西方に設けられた。また京都帝大に土地建物を譲った第三高等学校は、旧キャンパスの南隣りに新たなキャンパスを得た。

岡崎公園は、平安遷都1,100年を記念する第4回内国勧業博覧会が1895年に開かれた後に、その跡地を利用して整備が進められたものである。平安神宮、武徳殿、動物園、公会堂等が図73-2に示されている。

この図の範囲内には、名称が注記されるほどの大規模工場は存在していない。しかし、工場の記号が煙突の記号を伴って記入され、工場建築の形も表現されている程度の、かなりの規模の工場はいくつかみられる。それらの分布を見ると、図73-1ではまだ都市化が進んでいなかった図右上（北東）と左下（南西）の2地区に集中している。まとまった土地が得やすかったことが基本的要因であるが、ほかに北東部については、琵琶湖疏水の建設に伴って建設された蹴上発電所の当初の送電区域とも関係していた。また南西部（図73-2で、壬生、中堂寺、島原、朱雀といった地名が記されているあたり）については、ここには掲載していない図73-1と図73-2の中間の時期の図（明治末発行の2万分の1正式地形図）を併用すると、工業化が進んだのは大正期に入ってからであったことがわかる。

鉄道・軌道関係では、東海道本線の京都駅以東の路線が図73-1とは変わっていること、山陰本線や京阪電鉄（本線および京津線）が建設されていること、路面電車が市街地のかなり多くの道路上を走っていることなどが指摘できる。道路の新設は、新たに市街化した地区を除いてはあまりみられないが、路面電車のための軌道の敷設に当たっては、道路拡幅が必要とされたことはいうまでもない。道路拡幅と市電の敷設は、明治末期における京都市のいわゆる「三大事業」に含まれるものであった。

すでに図73-1でも部分的に見えていた琵琶湖疏水に続いて、図73-2までの間（正確には1890年代前半）に、鴨川の東隣りを平行して走る鴨東運河が建設された。しかし、図上に鴨東運河という文字が記されていないことに加えて、鴨川と鴨東運河の間の土手の上を、明治末期以後京阪電鉄本線が通ることとなったため、この図では鴨東運河の存在がややわかりにくい。

図73-2で注意されるもう1つの点は、京都御所、大宮及び仙洞御所、二条離宮（二条城）といった、皇室関係の施設について、本来なら表示されるはずの建物の輪郭が省かれていることである。図73-1や、上述の2万分の1正式地形図ではこうした秘匿がなされていないことからすると、地形図の表現に関するかぎり、天皇の神格化が大正期に進行していったと解釈すべきなのであろうか。

昭和30年代後半　図73-3は、太平洋戦争の敗戦から20年近くが経過し、高度経済成長が始まったころのものである。前2図が黒1色であったのに対して、この図（と次の図）では藍とセピアを加えた3色が用いられている（本書ではすべて黒1色で印刷）。

この図には、他の時期の図にはない図式上の特色がいくつかある。まず第一に、この図では道路の舗装・非舗装の別が明示されていることがあげられる。道路面をアミカケで描いているのが舗装道路であるが、この表現法は後の図では国道を意味する。1960年代には道路舗装がまだ幹線道路に限られ、いわゆる生活道路にはまだ及んでいなかったという事実が知られる。

道路について付言すると、図73-2の時代と比べていくつかの道路が拡幅されていることがわかる。その上に路面電車が走っている河原町通については拡幅の事実がやや読みとりにくいが、堀川通、御池通、五条通の3路線については容易に判読可能であろう。これらの道路拡幅の時期と理由は、河原町通については昭和初期に市電敷設がなされたことに伴うものであり、他の3路線は敗戦直前に行われた建物疎開（強制疎開ともいう）の跡地を戦後になって道路拡幅用地としたものである。これら3路線の整備は、この図の作成時以後もなお継続して行われた。そのため図73-3には、後掲の図73-4には記されている五条通の東大路通以東の部分が工事中として表示されているし、御池通の東への延長である御池大橋も、まだ記されていない。

この時期の2万5,000分の1地形図の図式上の特色としてもう1点、商店街が交差する斜線で明示されていることがあげられる。こうした空中写真からは判読困難な事項については、後の2万5,000分の1地形図では表示されなくなった（現行の1万分の1地形図では、市役所などが作成している建物用途現況図の情報に基づいて、商店街が表示される）が、この時期には地域の性格をよく示すものとして、商店街が一般の密集市街地とは区別して表現されていたのである。その分布状況を文章で表現するのは困難で、図を見ていただくしかない。ただ実感としては、商店街を含む街区全体を商店街として表示しているようで、商店街が実際よりやや広めに表現されているように思われる。

鉄道・軌道についてはどうであろうか。図73-2には見られなかったもので、新たに図73-3に描かれているものとしては、阪急京都線（1928年開業）、東海道新幹線、河原町通や東大路通以東（丸太町通・白川通など）その他の市電がある。これらの内、東海道新幹線は1964年（昭和39）開業で、ここで用いた地形図はこれを表現することを主目的として修正・発行されたので

はないかと推測できる。というのは、本来ならこの図では削除されていてもよいはずの、市電北野線(1961年廃止)がまだ表現されているからである。

平成10年代後半　図73-4を図73-3と比べると、一見してかなりすっきりした印象を受ける。それは、図73-3で商店街を意味していた表現が、図73-4では「大規模な中高層建物」に対して与えられ、同じく舗装道路を意味した表現が国道に変わっているのであるが、それらの分布範囲が、図73-3での類似表現の分布範囲と比べてずいぶん限られていることによるものであろう。また図中の文字の書体がすべてゴチックとされていることも、印象の変化につながっているように思われる。

図の表現内容についていえば、図73-3では市街地内部を縦横に走っていた路面電車が、図73-4では完全に姿を消していることが、まず指摘できる。モータリゼーションの進行の結果、自動車交通を阻害するとして1960年代から70年代後半にかけて市電が廃止された(京阪電鉄京津線の一部廃止は1997年)が、市電廃止への強い反対運動もその当時から存在し、また今日では環境への配慮からも路面電車を復活すべきではとの動きも一部にみられる。

図73-4には、市電に代わって登場した市営地下鉄(烏丸線・東西線)に加えて、すでに1963年に実現していた現阪急電鉄の地下延伸(大宮から河原町まで；新幹線の開業よりも早いのだから、73-3にも記されていてよかったはずのもの)や、京阪本線の地下化と三条以北への延伸(鴨東線)についても表現されている。なお、京阪本線の地下化工事との関連で鴨東運河が暗渠化され、それらの上に新たな幹線道路としての川端通が開通している。

交通関係でもう1点付け加えると、図73-2に明示され、図73-3でもほぼ同様に表現されている梅小路駅(貨物専用駅)が、図73-4では廃止されて跡地に公園ができている。貨物輸送における鉄道の役割が低下したことの影響であろう。

図73-2について解説した箇所で、明治以降に新たに市街化した地区においていくつかの中〜大規模工場が立地したことにふれた。それらの工場は図73-3の時期にもある程度残存していたが、図73-4では全体として激減しており、とりわけ北東部(左京区域)については、地形図上に記号として表示されるものに限っては完全に消滅した。

1960年代以降約40年間採用されてきた、大都市既成市街地への(大中規模工場に加えて)大学の新規立地や規模拡大の規制政策の結果、京都でもいくつかの大学が郊外移転し、本図の範囲内から姿を消した。京都御苑の東隣りにあった立命館大学(図73-3で、府立医大の西と南にそれぞれ記号で表示)や、東山区今熊野地区の美術大(現京都市立芸術大学美術学部)が、その例である。郊外への大学の立地展開の事例は、龍谷大学、同志社大学、同志社女子大学、京都大学など他にもあるが、それらは旧来のキャンパスを維持したままでの郊外展開であり、本章で掲げた一連の図から、その事実を読みとることはできない。

日本の地形図では小中学校の名称は表示されず、また両者の別もわからないが、図73-3に記されていた学校の記号で図73-4には見られなくなっている箇所がいくつかある。これは、都心部の人口減少に対応した小中学校の統廃合が行われたことを示している。もっとも、バブル崩壊後の地価下落の結果、京都でも都心部やその周辺部でのマンション建設が活発化しており、学校統廃合が裏目に出ているケースもあるという。

最後に図73-4で顕著に見られる事実として、史跡・名勝等の所在、名称が多数表示されていることが指摘できる。おそらく新たに指定されたということではなく、図式(表示の基準)の変更によるものであろう。

変わる京都、変わらない京都　以上、明治中期から平成10年代に至る4つの時点の大縮尺地形図を用いて、京都の中心市街地における変化の一端を見てきた。しかし、近代から現代にかけての京都には、あまり変わらなかった側面もいくつか存在している。

まず京都府庁の位置は、図73-1から図73-4までの約120年間まったく変化していない。市役所についても、それがまだ存在していなかった図73-1は別として、他の3図では位置は共通している。

また京都御苑や二条城についても、名称や内部構造に若干の変化は生じているものの、基本的には120年間大きくは変わっていない。東西本願寺を初めとする大規模寺社も同様である。数少ない大規模寺院の郊外移転の例として、図73-1から図73-3のすべてに名称が記されている本圀寺(1971年に西本願寺の北隣りから現山科区御陵に移転)があるが、図73-4のその跡地の位置には、南隣りにある西本願寺大書院庭園を表示する文字が記されているために、残念ながら寺院移転の事実を新旧地形図の比較を通じて読みとることはできない。

これらのいくつかの事実を総合的に検討すると、明治期から平成期までの京都、とりわけその都心部にはかなりの持続性が指摘できるように思われる。ただあくまでもこれは、2万分の1ないし2万5,000分の1の縮尺の新旧地形図を資料とした場合、という条件の下で言えることであり、より大縮尺の地図や写真、あるいは統計などの資料をも併用すれば、より大きな変化の側面を指摘することもできるであろう。

(山田　誠)

図74-1　1909年(明治42)頃の大津市、膳所町　(2万分の1地形図「大津」「膳所」明治42年測図、×0.73)

74. 大　津

　滋賀県南西部に位置する大津市は、南北45 kmに及ぶ細長い市域を有しており、複数の中心地を擁する複核的都市といえる。2006年に志賀町と合併して、人口33.2万人、面積374 km²のさらに広大な市となった。

　天智天皇の近江大津宮に遡る歴史を持つが、市内の各地域にはそれぞれ固有の歴史的背景があり、市域は大別して北部・中央部・南部の3つに区分される。今日、官庁街や商店街として大津の中心市街となっているのは、中央部に当たる旧大津町や膳所地区であり、この一帯は近世の宿場町、城下町、港町にルーツを持つ。また北部の坂本や堅田地区は、比叡山延暦寺の門前町、あるいは琵琶湖水運の中心であった港町に起源を持ち、古代・中世から繁栄してきた地域である。一方、南部の石山・瀬田地区は、古代には国府の地であったものの、近代の人絹工場進出以降に都市化が本格化した地域といえる。このように、大津は各々異なった基盤を有する分散型の都市となっている。

　大津の地域変貌を考える上で最も注目されるのは、地形図にみるような市域中央部の湖岸埋立地の拡大過程であろう。山地と琵琶湖に挟まれた大津旧市街で

図74-2 現在の大津市 （2万5,000分の1地形図「京都東北部」「京都東南部」平成17年更新、「草津」平成10年部分修正、「瀬田」平成20年更新、×0.91）

は、都市機能の増大につれて必要となる施設用地を、湖岸の埋め立てによってまかなってきた。特に高度経済成長期以降の埋立面積は膨大なものであり、「近江八景」にも詠われた琵琶湖岸の風景は激変している。この湖岸の埋め立てには、市街地背後の山手の宅地開発や名神高速道路の建設の際に出た土砂が使われており、都市域の拡張は山側と湖側とで連動していたことが注目される。これら山手の住宅地は京都・大阪への通勤者のベッドタウンとなっており、市内にはこの他、瀬田丘陵上にかけて大規模なニュータウンが多数建設されている。

北部地域では、比叡山・比良山や雄琴温泉をはじめとする観光地が知られていたが、1974年の湖西線開業以来、ニュータウンの開発が進んでいる。湖西線は大津中央部を経ずに京都に直結していることから、大津市の北部と南部との乖離現象にますます拍車がかかっているのが現状である。

大津は「湖都」とも呼ばれるように琵琶湖と共に発展してきた都市である。しかし近年、湖岸には高層マンションが立ち並ぶようになり、琵琶湖岸の景観保全と都市開発との調和が新たな課題となっている。

（佐野静代）

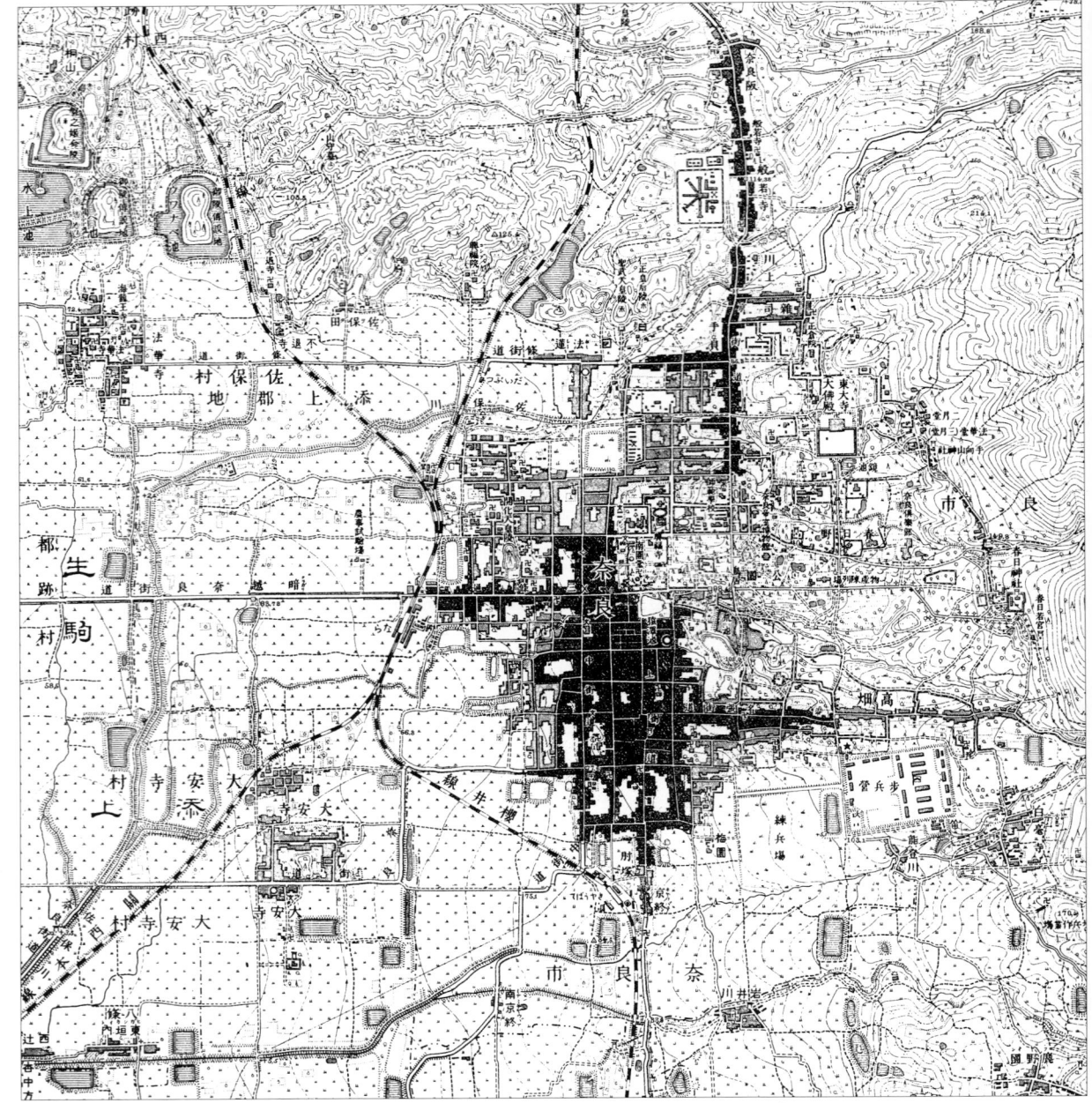

図75-1 1908年(明治41)の奈良市 (2万分の1地形図「奈良」「櫟本」明治41年測図、×0.68)

75. 奈 良

　8世紀、奈良は日本の都であった。平城京の時代である。このころの人口は約10万人と推定されている。長岡京や平安京への遷都以降、首都としての機能は失ったが、多くの寺院は奈良の地に残されて南都の名で呼ばれることになり、特別な都市としての命脈を保つことになった。特に東大寺と興福寺・春日神社は、以前にもまして勢力を拡大し、その後の奈良の歴史はこれらの寺社を中心として展開していった。

　中世には、各種の商工業や芸能が発展して、古代の平城京の外京地区に、いわゆる奈良町が成立した。徳川幕府の成立後、奈良町は奈良奉行が設置されて、町としてのいっそうの発展をとげていった。1698年の史料によれば奈良町の人口は約3.5万人であったとされる。特に元禄年間に東大寺大仏が再建されたことをきっかけとして、奈良は産業の町から、観光の町へと変質していった。

　ところが明治維新後の神仏分離令と廃仏毀釈の嵐によって、観光都市としての奈良は重大な危機に陥ることになった。このような閉塞的な状況を打開するために、奈良博覧会の開催や奈良公園の指定が実施され、

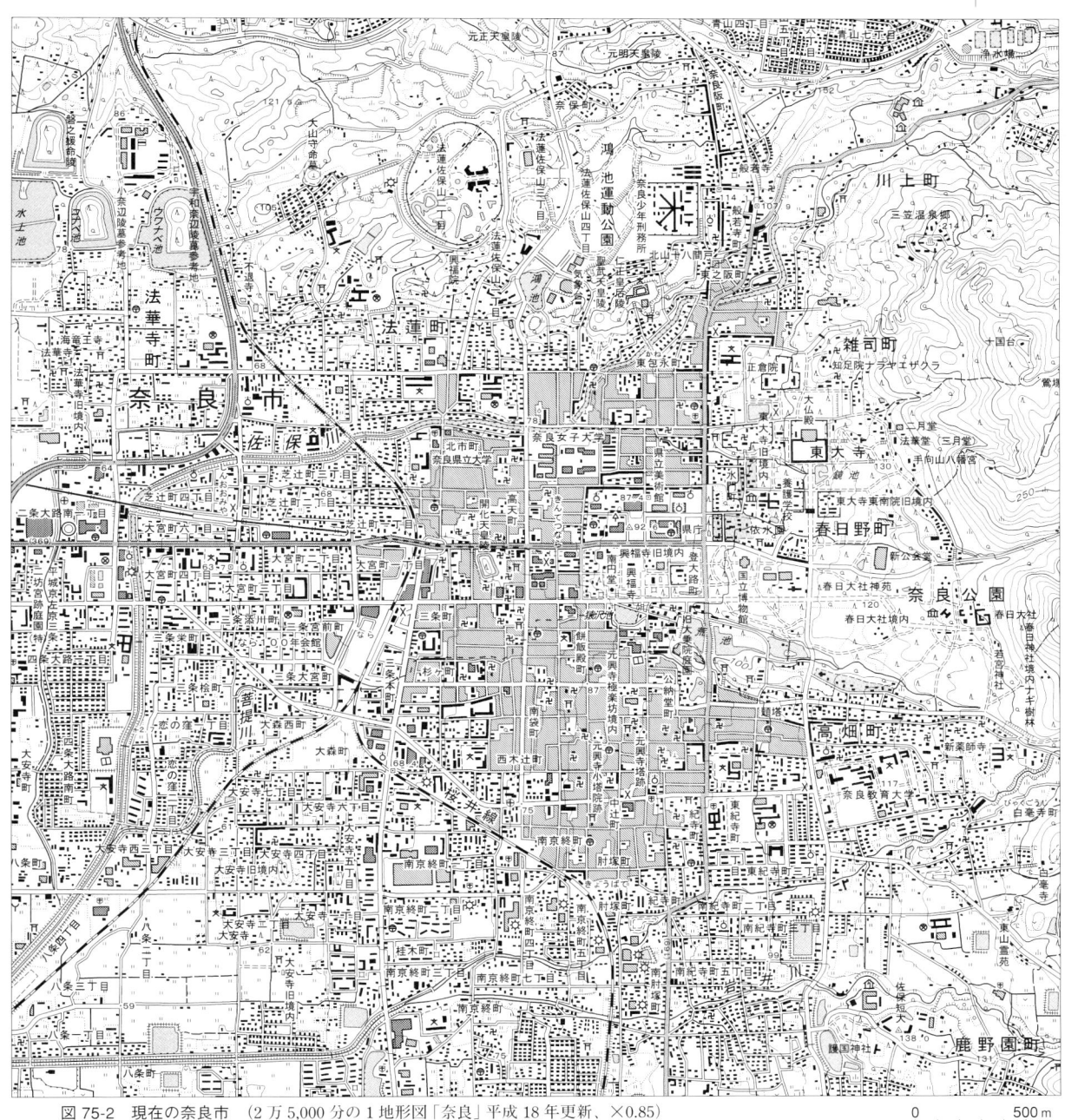

図 75-2　現在の奈良市（2万5,000分の1地形図「奈良」平成18年更新、×0.85）

鉄道の開通などもあって、奈良は全国でも有数の観光地として息を吹き返すことになった。とはいえ人口の点では依然として江戸時代を上回ることはなかった。1898年（明治31）に奈良町が市制を施行した当時の人口は約3万人に過ぎず、周辺の町村を編入して面積や人口も拡大していったとはいえ、収録した明治期の地形図に表現されている市街地は、基本的には近世的な色合いを残したままであった。

このような停滞が画期的に変化したのは、1960年代の著しい住宅地化であった。1950年（昭和25）に7.7万人であった奈良市の人口は、1965年には16万人と急増し、1960年代の末に20万人を超え、2007年では約37万人にも達している。この間の激しい人口増加の主たる舞台は、収録図の枠外の奈良市西郊の丘陵地であった。現在、市の人口の3分の1以上が近鉄学園前駅を中心とする市役所西部出張所管区に居住しており、さらに北郊の高の原地区などでも活発な住宅地化が見られる。

特別史跡として保存されている平城宮跡の緑の空間を挟んで、その東には歴史的景観をとどめた奈良町、西には新しい住宅地という、東西に分かれた複核的な都市構造となっているのである。　　　　　（高橋誠一）

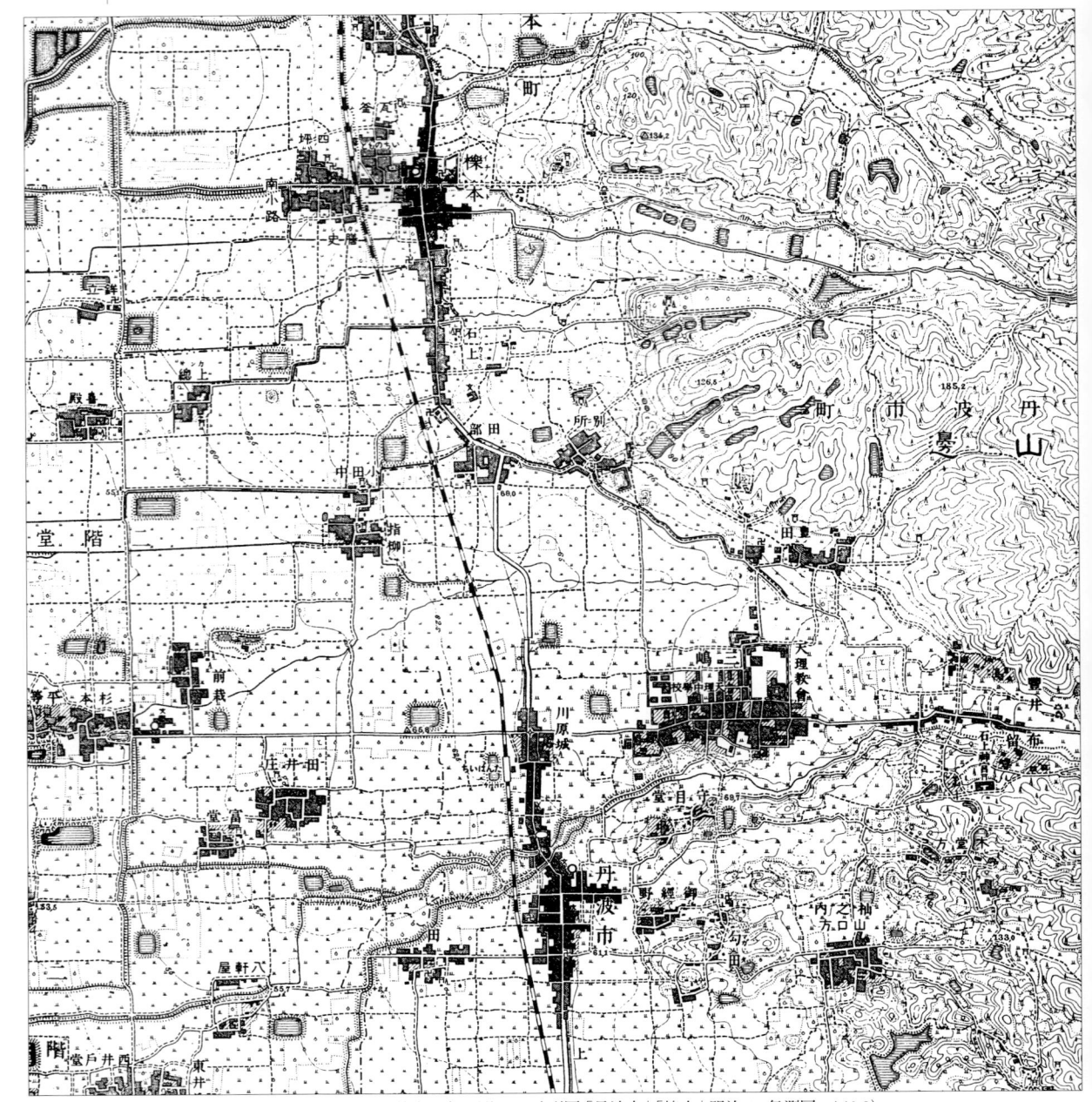

図76-1　1908年(明治41)の丹波市と天理教会　(2万分の1地形図「丹波市」「櫟本」明治41年測図、×0.8)

76. 天　理

　天理市は奈良盆地の東端部、大和高原に接する断層崖に平行して走る古代以来の南北の交通路である「山辺の道」や「上ツ道」(「上街道」)に沿う回廊地域として、古くから発達したところである。伊勢詣での道として利用された上街道沿いの丹波市は、近世には近郷農村で生産された綿花・菜種の集散地、六斎市が開設された市場町・宿場町として繁栄した。明治期には郡役所、警察署が立地したほか、1895年(明治28)には丹波市銀行が創設されるなど、旧山辺郡の中心として発展をみたところである。

　丹波市や櫟本を除いては純農村地域といってよいこの地が変貌を遂げることとなるのは、1838年(天保9)庄屋三嶋村の庄屋の妻であった中山みきの立教に始まる天理教の発展によるものである。天理教は明治20年代後半以降から急速に教勢を伸ばし、三島に「ぢば」と呼ばれる神殿・教会本部が設置され、また三島と川原城を結ぶ布留街道に沿って信者向け詰所(「母屋」)や信者向けの店舗が軒を連ねるようになった。1899年(明治32)開通の奈良鉄道、1915年(大正4)開通の天理軽便鉄道の両駅＝丹波市駅が川原城の西端に設けられ

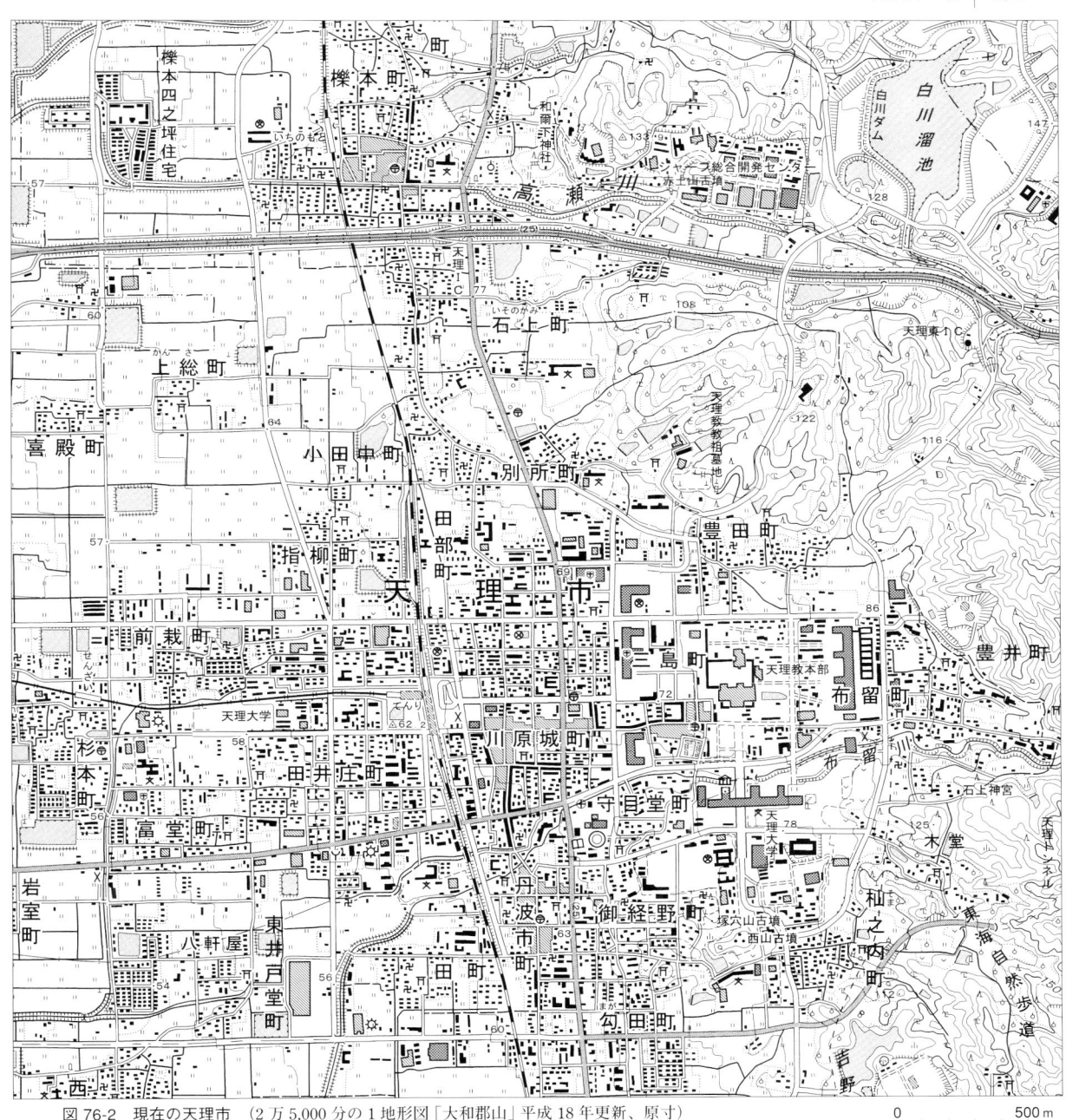

図76-2 現在の天理市（2万5,000分の1地形図「大和郡山」平成18年更新、原寸）

て、布留街道および中心商店街となった「天理本通り」の東西軸を中心とする現在の天理市の中心市街地が形成され、さらに教団によって1900年の天理中学を皮切りに、大正年間には天理女学校、天理外国語学校（現天理大学）が開校され、天理は宗教都市・文教都市として確立をみた。

1954年（昭和29）に3町3村が合併して天理市となり、同年には「ぢば」を中心に、八町四方の線上に神の館「おやさとやかた」で囲む構想が教団によって立案され、国道169号線沿線には各種の天理教関連施設が作られてきた。また、昭和40年代以降、国鉄・近鉄の総合新駅が開設され、名阪国道・西名阪自動車道などの自動車交通網の整備と市の積極的な工業誘致政策によって、シャープ総合開発センター・積水化成天理工場などの進出をみてきた。さらに、幹線道路沿線には電気機械などの工業や流通関連業が進出し、現在では県下で工業出荷額が第2位の都市となるなど、天理市の産業の多角化が進んだ。そのほか、市西部の水田地帯を中心として、マンションや小規模住宅団地の建設が進み、住宅都市としての発展もみられてきたが、近年では人口の増加の勢いは鈍化してきている。

（伊東　理）

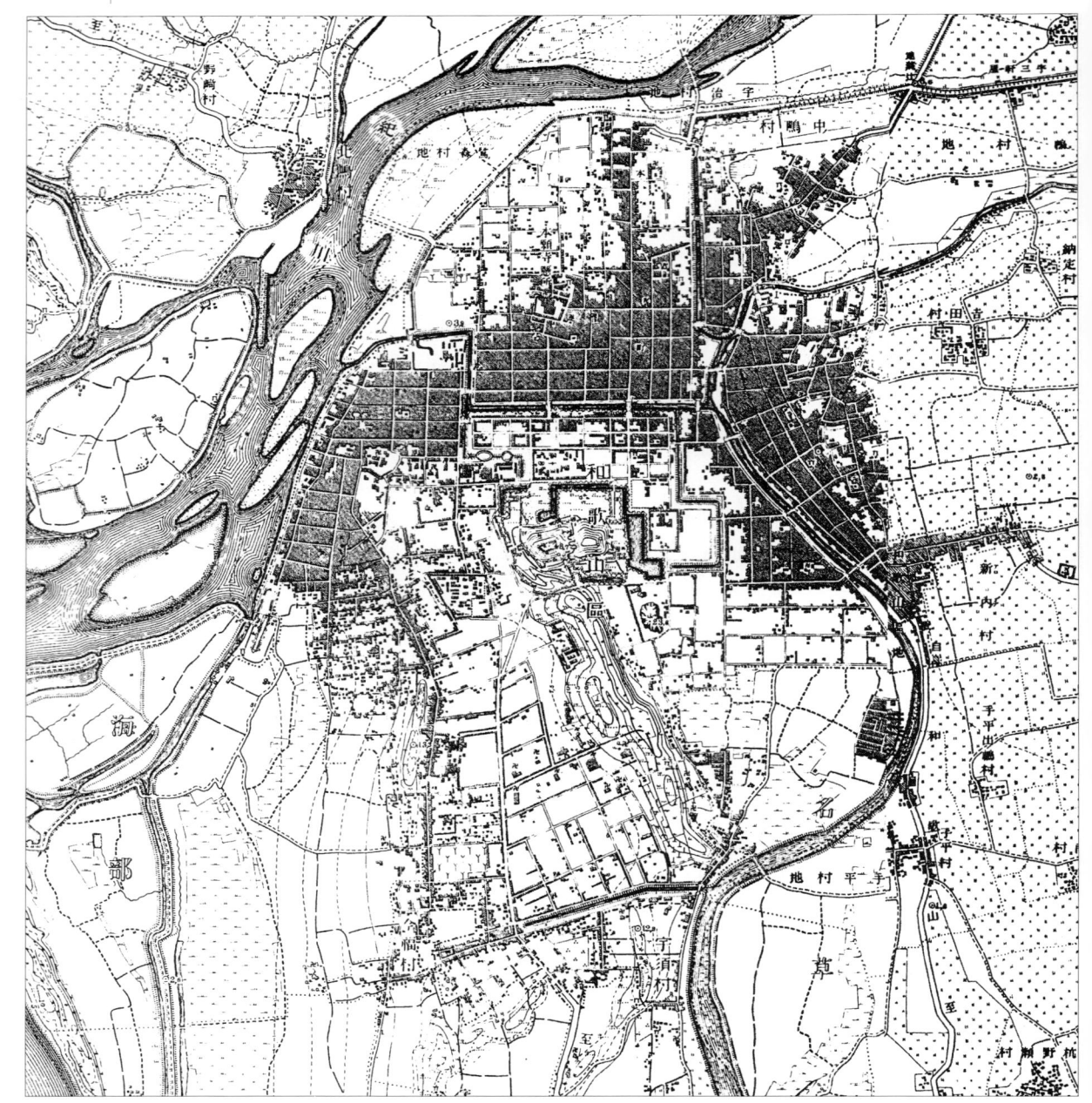

図 77-1　1886 年（明治 19）の和歌山　（2 万分の 1 仮製図「和歌山」「秋月村」明治 19 年測図、×0.8）

77. 和歌山

　和歌山は、1585 年に羽柴秀吉が築城した、和歌山城を中心とする城下町を起源として発展してきた。それ以前、この地域は雑賀(さいか)と呼ばれ、岡・宇治などの集落があったが、はっきりしたことはよくわかっていない。秀吉は、名所「和歌浦」と築城した「岡山」の地名を合成して、この地を「和歌山」と名付けた。関ヶ原の役後、1600 年に浅野幸長が入国して城下町を整備し、1619 年に徳川頼宣(よりのぶ)が入国して御三家紀州藩に相応しく城下町を拡張した。その人口は 1728 年に約 9 万人と推計され、全国で 8 番目の都市であったといわれる。

　明治になって、旧城下町は 1871 年（明治 4）の戸籍法で 29 小区に分割され、翌年の大区小区制で 5 つの小区、1888 年の郡区町村制で和歌山区となった。図 77-1 は、その時期の和歌山の様子を表している。同図では、江戸時代に町人町であった内町・湊・広瀬北部・新町・北新町に家屋が密集し、武家屋敷地であった三の丸・吹上・宇治・広瀬南部には、士族が周辺農村等へ移住したため、畑地や空き地が目立っている。また、和歌山城の外堀と土塁の一部が残っていたことが同図から読み取れる。土塁は明治期に崩して均され、

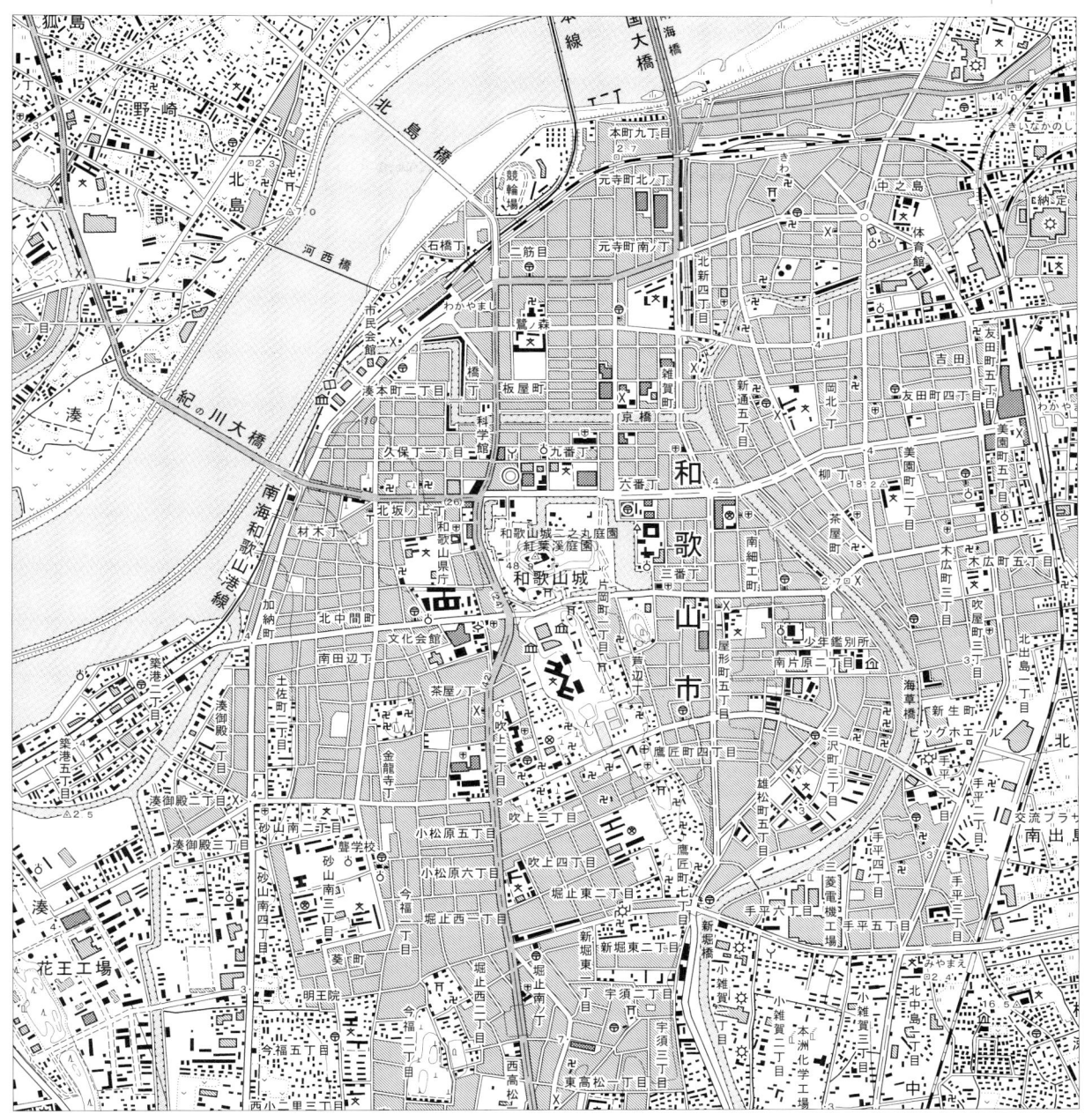

図77-2 現在の和歌山市 （2万5,000分の1地形図「和歌山」平成18年修正、原寸）

外堀は大正から昭和初期に埋め立てられた。堀跡には、商工会議所をはじめ公共施設が多く建っている。

和歌山区は、1889年(明治22)に宇治村・鷺ノ森村・湊村の一部を合わせて市制を施行し、和歌山市となった。その面積は5.51 km²、人口は江戸時代よりも減少して5万人余であった。その後、和歌山市は紡績工業・化学工業の発展とともに人口が増加した。住宅地は、和歌山城を中心として放射状に広がり、特に城南の吹上から和歌浦まで繋がった(図77-2)。海岸の砂丘には1942年に扶桑製鋼所(現 住友金属工業)、日本有機工業(現 花王)が進出し臨海工業地域を形成する。一時は住友金属和歌山製鋼所だけで市の工業出荷額の約半分を占めたため、和歌山市は住金城下町と呼ばれた。

1945年、米軍の空襲で市域の大半を焼失し、戦前の建物はほとんど残らない。しかし、和歌山市駅や本願寺鷺ノ森別院周辺などを除いて、街区は元どおり復興されたため、城下町の町割が今もよく残っている。

市町村合併は、1922年～1959年の間に12回行われた。その後の合併はないが、海面の埋め立てによって、面積は若干増加し210.25 km²、人口は一時40万人を越えていたが、鉄鋼不況のため減少し約38万人(2008年)となっている。 （額田雅裕）

図78-1　1898年(明治31)の津市　(2万分の1地形図「津」「久居町」明治31年修正、×0.64)

78. 津

　伊勢安濃郡の港津として安濃川の河口に生まれた安濃津は、すでに室町時代に「日本三津」の1つにまで成長した。織田信長の支配下で城下町となり、江戸時代には藤堂氏32万石の城下町として発展した。当時は、参宮街道が安濃川と岩田川を渡る西側に二重の堀を廻らせて郭内とし、その西に侍屋敷・組屋敷が、南北走する参宮街道沿いに主要な町屋が、西に向かう伊賀街道沿いにも町屋が、東側の堀川の外に寺町が、それぞれ配された。参宮街道も、城下町の中を何度も屈曲しつつ通過するように改められ、大門町に本陣・宿場問屋が置かれた。この大門町とその南に続く中之番町・宿屋町の3町が城下町の中心をなしたが、郭内北東方(鬼門)に位置する観音寺の門前町も兼ねていた。

　明治になって廃藩置県で現在の三重県が1876年(明治9)に誕生すると、その県庁所在地となり、1889年に安濃郡から独立して県内最初に市制を施行した(人口2.7万人、面積7.9 km^2)。その後、1904年・1934年・1936年・1939年・1943年・1952年・1954年・1973年と、旧城下町を中心として同心円状に、旧郡境を越えて周辺の町村を合併し、面積も102 km^{2}に達した。

図78-2　現在の津市　(2万5,000分の1地形図「津東部」「津西部」平成19年更新、×0.8)

この間、参宮街道の後身たる国道23号線などの整備・改良や鉄道の開業(現在のJR紀勢線や近鉄名古屋線)、戦災復興事業や近年の土地区画整備事業による市街地再開発などにより、商業的にも発展した。さらに、伊勢湾岸の大規模工業開発の一環として日本鋼管津造船所が埋立地につくられ、四日市から新たに鉄道(現在の伊勢鉄道)が建設されるなど、工業的にも進展が見られた。

最近では、中京圏における名古屋の衛星都市として宅地開発が進み、中勢サイエンスシティや豊里ネオポリスなどの大規模宅地開発が湾岸の台地・丘陵の各地で進んでいて、伊勢自動車道も旧城下町の西側を迂回するように伸びている。

しかし県の中部に位置する県庁所在地という有利さをもちながらも、工業都市四日市をはじめ、桑名・鈴鹿・松坂・伊勢といった県内の他の伊勢湾岸都市に対して、商業サービス面で勢力圏が拮抗状態を抜け出るまでにいたっていない。2006年に久居市をはじめとする周辺6町・2村と合併して人口28.3万人(2007年)の新「津市」となり、雲出川源流部で奈良県と接する県内最大面積(710 km²)を有することになった現在も、その状況に大きな変化はない。

(戸祭由美夫)

図79-1　1890年(明治23)の四日町　(5万分の1地形図「四日市町」明治23年測図、原寸)

79. 四日市

　毎月4・14・24日に定期市が開かれたのが四日市の名の由来とされ、江戸時代には東海道の43番目、四日市宿があった。図79-1で東海道は北東〜南西方向(羽津〜濱一色〜四日市〜濱田〜日永〜追分)に横切っている。追分で右の東海道と、左の伊勢街道が分岐し伊勢詣でも賑わった。同時に四日市は伊勢湾の港町でもある。

　「本能寺の変」直後、堺を脱出した徳川家康は、大和〜伊賀を経由し四日市に到着し、ここから地元漁民の援助で伊勢湾を横断し対岸の三河国に上陸、無事浜松へ帰城した。後日、家康はこれに感謝し、四日市の廻船25艘に税の一部を免除する特権を与えた。そのおかげで四日市の廻船方はピークの1713年には36軒、水主方(櫓方)も30軒にまで増え、四日市〜熱田(十里の渡し)として飛躍的に発展した。交通要衝地の四日市は幕府直轄領(天領)とされ代官所が設置された。この結果、歴史の古い桑名〜熱田(七里の渡し)は新たなライバルの出現で衰退することになった。

　こうして賑わった四日市港も、海岸が遠浅で大型船入港が困難となり、さらに安政の大地震(1854年)で堤

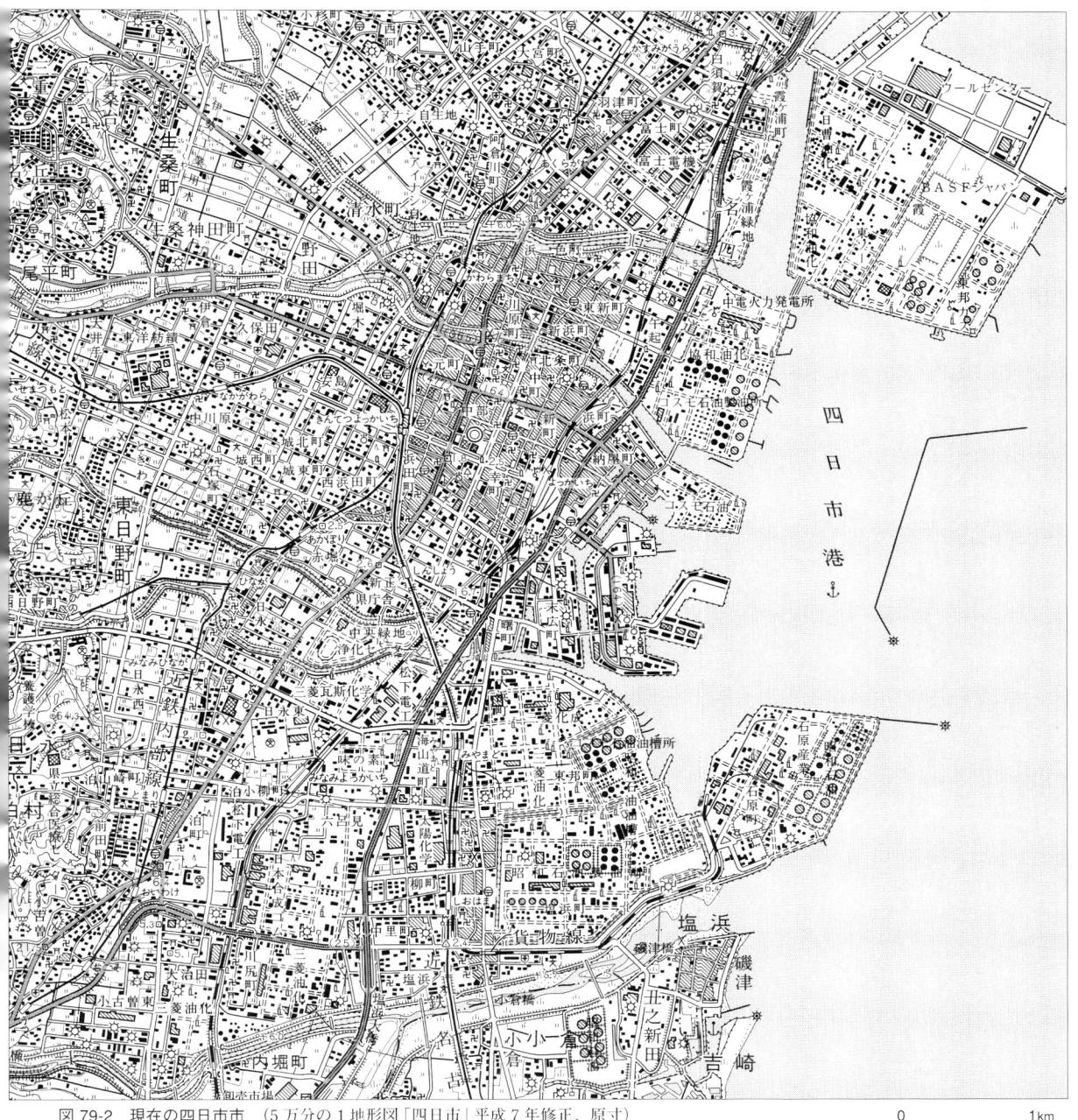

図 79-2　現在の四日市市　（5万分の1地形図「四日市」平成7年修正、原寸）

防が決壊し土砂が港口を塞いだ。この時、地元の廻船問屋（稲葉三右衛門ら）が私財をなげうって改修工事（1884年完成）を行った。この快挙で東京との定期航路や海外貿易で再び栄え、1921年（大正10）までは伊勢湾第一の貿易額を維持した。

明治維新後も度会県支所（1869年）、安濃県支庁（1871年）、三重県庁（1872〜74年）と行政の中心が置かれた。しかし、東海道線鉄道ルートが関ヶ原・米原経由となり、名古屋以西の東海道沿線は取り残された。以後伊勢湾の第一港の地位は名古屋港に奪われていった。

明治期以降は、繊維産業（綿紡績・タオル）・漁網・窯業（万古焼）・菜種油・製茶・手延素麺（大矢地）・団扇（日野）など地場産業を母体に発展した。特に水産業では干鰯（肥料）の集散地となった。やがて南部の塩浜村に第二海軍燃料工廠ができ軍需都市となる。戦後この燃料工廠跡を中心に、わが国初の石油コンビナートが建設されたが、同時に深刻な公害問題が発生した。

この反省から、近年はリニヤ中央新幹線計画や、対岸の中部国際空港とのアクセスを生かした、「環境に優しい街」をめざした都市づくりがされている。

（西岡尚也）

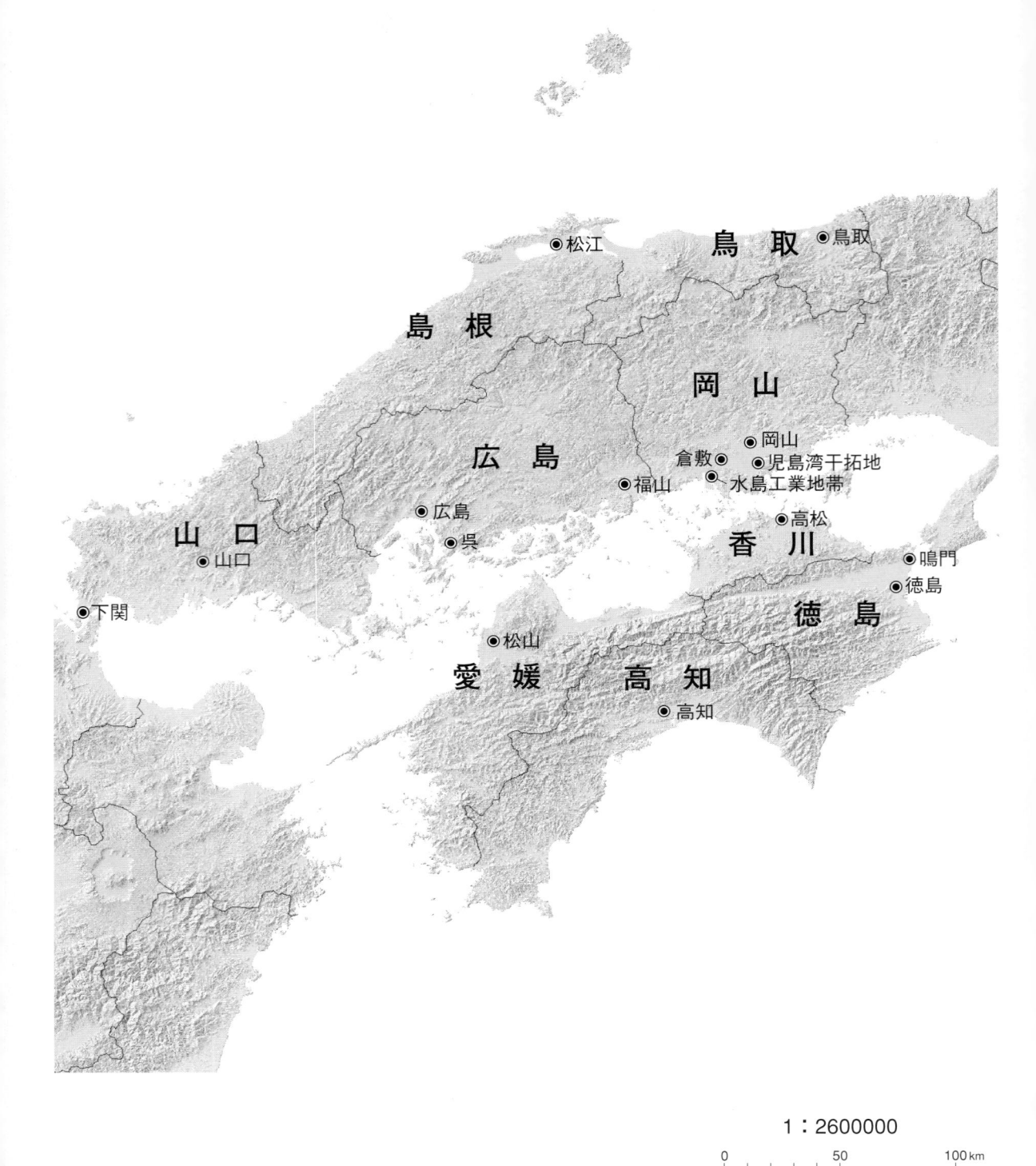

地域	都市
島根	松江
鳥取	鳥取
岡山	岡山・倉敷・児島湾干拓地・水島工業地帯・福山
広島	広島・呉
山口	山口・下関
香川	高松
徳島	鳴門・徳島
愛媛	松山
高知	高知

1：2600000　0　50　100 km

中国・四国

- 80. 広　島 240
- 81. 呉 246
- 82. 福　山 248
- 83. 岡　山 250
- 84. 児島湾干拓地 254
- 85. 倉　敷 260
- 86. 水島工業地帯 262
- 87. 山　口 266
- 88. 下　関 268
- 89. 鳥　取 270
- 90. 松　江 272
- 91. 高　松 274
- 92. 徳　島 276
- 93. 鳴　門 278
- 94. 松　山 280
- 95. 高　知 282

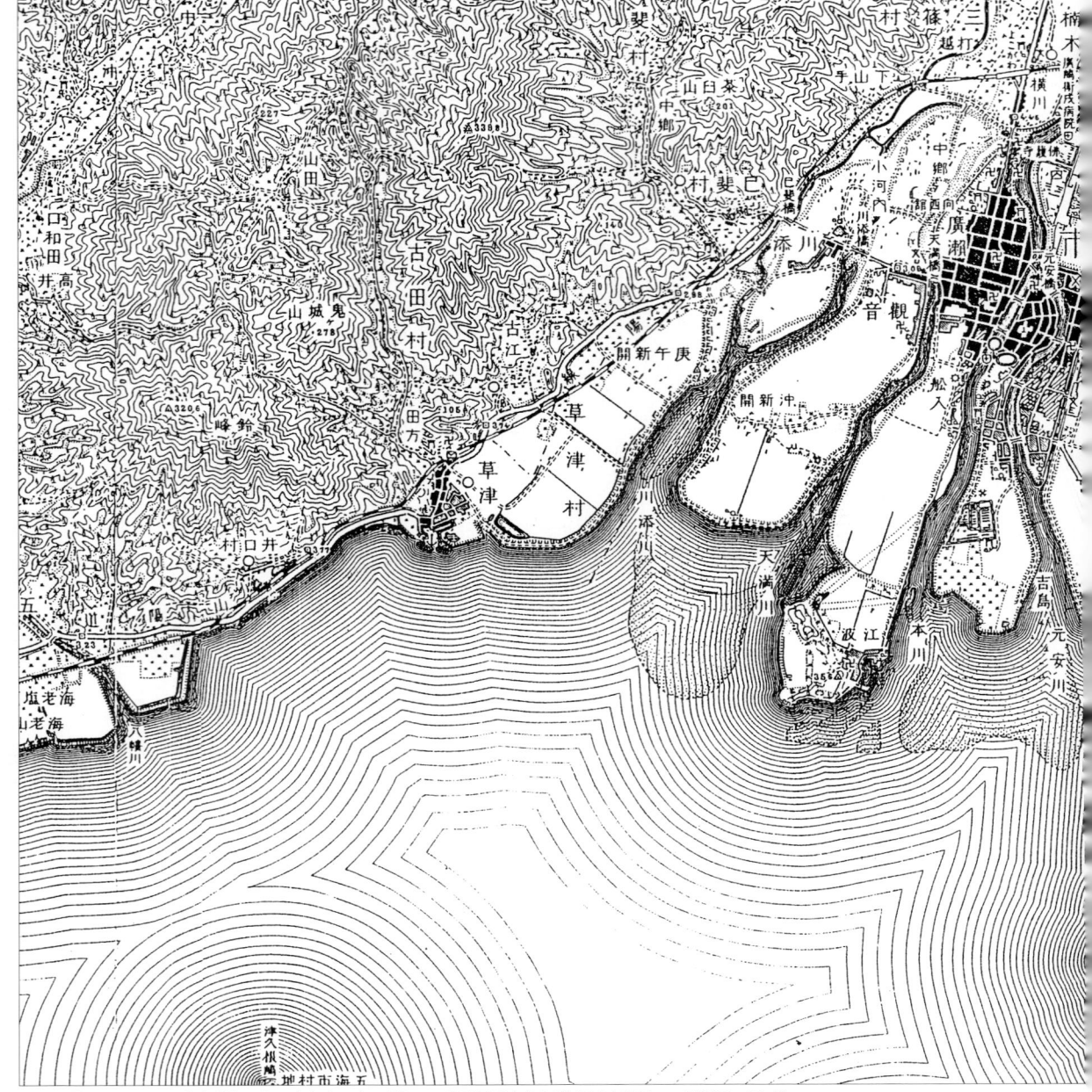

図80-1　1898年（明治31）の広島市　（5万分の1地形図「広島」「海田市」明治31年測図、原寸）

80. 広島

デルタの街・広島　広島市は、太田川が形成したデルタ（三角州）を中心に発達した街である。太田川の供給する土砂と干拓・埋立事業により、ここ400年くらいの間にデルタは大きく前進した。広島が城下町として発達し始めた16世紀末には、海岸線は現在の平和大通り付近にあったと言われる。大通りに面した白神社（しらがみしゃ）には、現在も当時の状況を物語る岩礁が残されている。

浅野藩の時代には新田開発のために干拓地の造成が盛んに行われた。明治以降もデルタの土地造成は継続したが、地図上で確かめられるように、1897年（明治30）頃には、干拓地は現在の宇品港や江波山（えばやま）にまで達しており、それらは新開（しんがい）と称されていた。戦前期には観音（おんのん）と江波の地先が工場用地として埋め立てられ、デルタは、ほぼ現在の形になった。第二次世界大戦後の埋め立ては、デルタの先端部ではなく、周辺部の海岸で機械力を駆使して大規模に行われるようになった。背後の山を削りその土砂で埋め立てを行った西部開発事業（1982年完成）はその代表例であるが、その結果、自然海岸は失われてしまい、かつての面影は井口明神付

近などにわずかに残るにすぎない。

　デルタは常に洪水の危険性をはらんでいる。太田川もその例外ではなく、明治から昭和初期にかけては4〜5年おきに洪水が繰り返されていた。その克服のために昭和初年に太田川放水路工事が着手され、戦中・戦後の長い中断を経て1965年にようやく完成をみた。この放水路により、広島市は度重なる洪水の脅威からようやく解放されるようになった。

　城下町から軍都へ　広島は海に開けた街である。そのことはこの地域の発展に大きな影響を与えてきた。

　町としての出発点は、1589年(天正17)に毛利輝元がこのデルタの上に築城した時に遡る。その時「広島」と名付けられたこの地は、その後、福島氏、浅野氏と領主の交替を経験したが、城下町として、すなわち封建体制下の政治的支配の拠点として機能し続けた。それと同時に、瀬戸内海に面し、内海航路沿いの最大都市であったことから、交易・流通の拠点としての繁栄がもたらされた。

　明治に入り、1889年(明治22)に広島市は日本で最初の市(32市)の1つとして市制を施行した。その時の人口は8万3,387人で、金沢に次ぎ全国8位の都市であっ

図80-2　現在の広島市　（5万分の1地形図「広島」平成19年修正、「海田市」平成5年修正、原寸）

たが、周辺農村部は未だ独立した行政村をなし、市域は旧城下町の範囲をあまり出ない狭いものであった。この1889年には、近代的港湾としての宇品港の完成をみたが、さらに1894年には山陽鉄道が広島まで開通し、近代的な経済発展に不可欠な海陸交通網の整備が進んだ。その結果、広島市は全国的にも交通の要衝としての地位を獲得した。

しかし、広島市の場合、こうした交通網の発展は産業の発展よりも軍都としての発展に寄与するものであった。それを象徴的に示すのが、日清戦争の開戦にあわせ軍用鉄道として建設された広島駅と宇品港を結ぶ宇品線である。これによって海陸の交通が直結され、軍需物資や兵員の輸送が容易となって、その後の軍都としての発展を支えることになった。広島に軍の拠点機能が置かれたのは明治の初めの広島鎮台に遡るが、1886年（明治19）には第5師団と改称され、その後、戦争の度に拡充をみて、日に日に軍都の色彩が濃くなっていった。

地図でもわかるように、1897年（明治30）頃には、城郭内を中心に都心部が各種軍事施設で占拠される特異な都市景観を作り上げていた。軍都としての発展は、明治後期には兵器工廠、被服工廠、糧秣支廠が設置さ

れるなど、軍需工業の集積をもたらした。さらに昭和期になると自動車生産の東洋工業、造船の三菱重工など軍需に関わる重工業化も進行した。

　大正、昭和へと進むにつれて、軍都としてだけでなく商業都市としても急速な発展がみられた。繁華街の成長や公園・街路等の都市的整備により、中国地方の拠点都市にふさわしい都心部の景観が形成されるようになった。特に相生橋近辺には、現原爆ドームの県物産陳列館、商工会議所などの新様式の建物が建ち並び、風格ある景観が出現した。現在は平和公園となり跡形をとどめないが、大正屋呉服店(現在のレストハウ

ス)のあった中島地区が大いに栄えた時期でもあった。

　文教都市としての発展もめざましく、1902年(明治35)設置の広島高等師範学校をはじめ、広島高等工業学校、広島高等学校、広島文理科大学(1929年設置)は多くの人材を世に送りだした。これらは戦後新制の広島大学に受け継がれたが、1980年代初めから同大学は郊外の東広島市への統合移転を開始し、1995年に完了した。現在広島市内に残るのは、医、歯、薬の3学部、法学部・経済学部の夜間主コースに過ぎない。

　原爆からの復興　軍都として発展した広島は、1945年8月6日に投下された原子爆弾により中心市

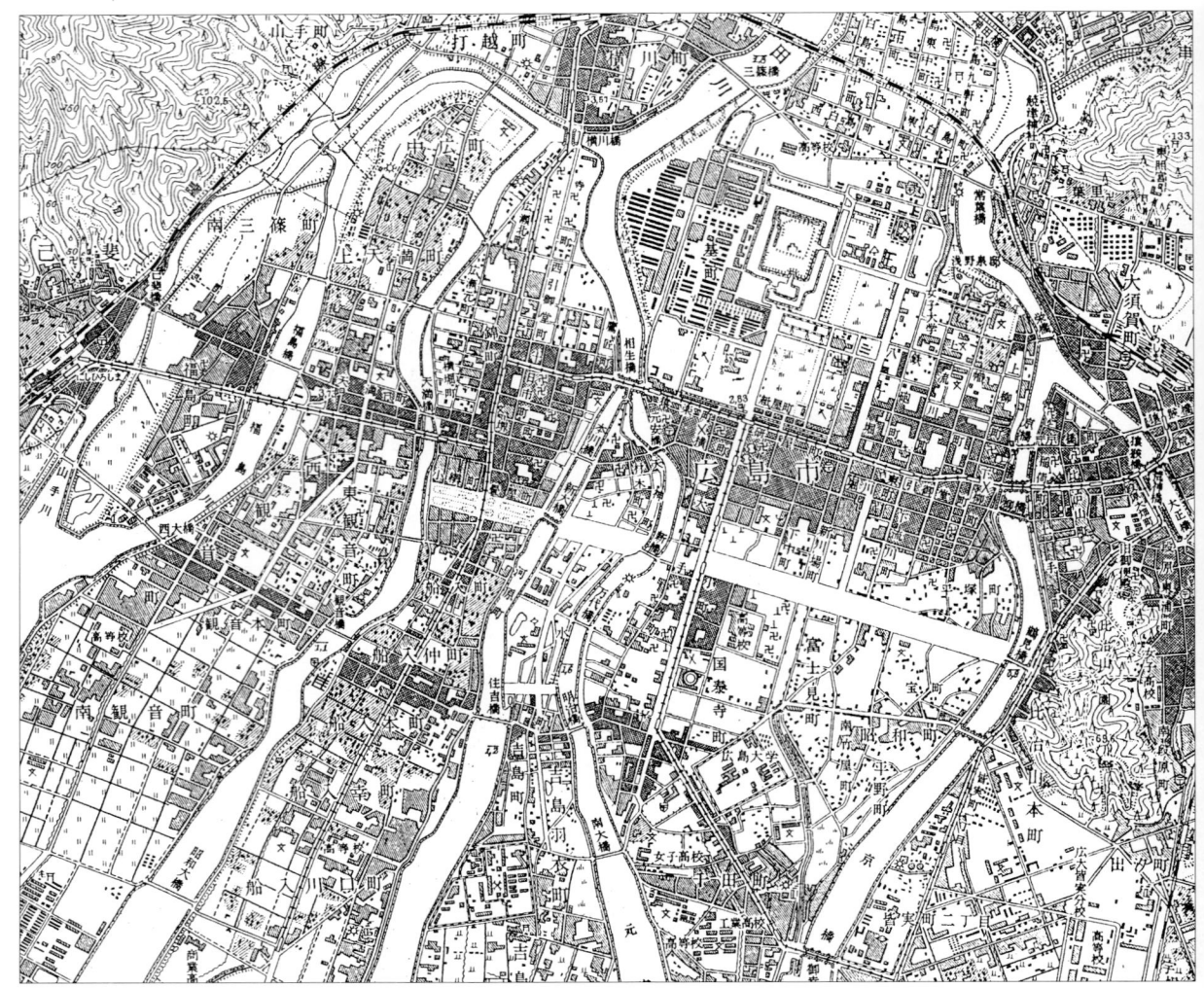

図80-3 1950年(昭和25)の広島市中心部 (2万5,000分の1地形図「広島」昭和25年修正、×0.85)

街地の大部分が一瞬にして灰燼に帰した。長い歴史の中で築き上げられてきた町並みはもちろん、そこに住んでいた人々の社会や文化までもが根こそぎ破壊された。大量殺戮の上に、1つの地域社会までをも崩壊させたという点で人類史上に比類のない出来事であった。しかし、75年は草木も生えぬと言われたこの地はやがてフェニックスのごとく蘇る。

1949年(昭和24)には都市復興のために「広島平和記念都市建設法」が公布され、街路や公園の計画的整備により今日につながる都市構造の骨格が作られた。その整備が始まった直後の図80-3の地図には、既に都心を東西に貫通する幅約100mの平和大通りが姿を現している。その後この大通りは緑化が進み、平和記念公園とともに新生広島の景観を代表するようになった。春にはこの大通りを舞台にフラワーフェスティバルが開かれるなど、多くの市民に親しまれている。かつての都心部の広大な軍用地は官公庁、公園、住宅などに転用され、その南側の企業の本社・支店・営業所、百貨店が立ち並ぶ紙屋町・八丁堀地区、さらに本通り商店街と一体化して、現在の都心が形成されていった。

工業都市・地方中枢都市としての発展 1960年代から始まる高度経済成長期に広島市は大きく発展した。軍都時代に蓄積した技術と施設をベースに、造船(三菱重工業)や自動車(東洋工業、現マツダ)などの機械工業が急速な発展をみせた。特に、戦後日本の経済成長を主導した自動車産業の発展はめざましいものがあった。

高度経済成長期に日本の国内市場は急速に拡大するが、商品を販売する企業にとっては広域化する市場地域をより効率的に維持管理するための拠点が必要となってきた。そのため、支店・営業所が全国的に配置されるようになり、特に札幌、仙台、広島、福岡といった地方ブロックの拠点には都道府県を越えた広い範囲を管轄する事業所が多数集積することになった。支店都市、広域中心都市としての発展である。広島市では、このような拡大する業務機能を受け入れる空間

として、西部地区に大規模な埋め立てにより商工センターを設けた。これらの経済機能に加え、大学などの文化社会機能、従来からの行政機能を合わせることで、広島市の都市機能は中国・四国地方で傑出した存在となった。

このような都市発展に伴い、広島市の都市圏も拡大の一途をたどり、生活圏として一体化した周辺町村を含めた行政の必要性が高まってきた。そのため、1971年(昭和46)から徐々に13町村との合併を進め、人口約90万に達した1980年に全国で第10番目の政令指定都市となった。しかし、その後、西部の五日市町の合併は実現したものの、東部の府中町や海田町は合併に至らず、市域の一体性には問題が残されている。

人口の急増に伴い、郊外での住宅開発は著しい勢いで進んだ。広島市は低平な平野が限られているため、住宅の多くは山地斜面に上っていった。その結果、災害面での危険性が増大することになり、1999年6月の集中豪雨の際には特に山麓や斜面に造成された新興住宅団地で土砂災害が頻発して多くの被害をもたらした。また、郊外と中心部を結ぶ交通の整備が追い付かないため、激しい交通渋滞が日常化したが、それは特に北西部の安川流域で著しかった。この地域で事態の緩和をみるのは軌道系の新交通システム(アストラムライン)が開通する1994年以後のことである。

郊外人口の増加は郊外市場の拡大をもたらし、北部の緑井、西部の五日市、新井の口などに新たな商業集積を生み出した。高速道路のインターチェンジ設置の影響も大きく、特に山陽自動車道・広島インターに近い緑井周辺にはデパート、専門店が集積し、県外客も対象にした新たなタイプの郊外商業中心が形成されつつある。

新たな発展への胎動　広島市では、1980年代から90年代にかけて、西部の丘陵地区を舞台に大規模な開発が進められた。「西風新都」と称されるこの地区は、都心に比較的近く副都心的な位置づけがなされている。他方、東部の東広島市も広島大学の移転が進むにつれ、全国でも有数の人口増加を示した。このように郊外へと都市機能が分散していったが、都心の市街地再開発は思うように進まなかった。特に広島駅周辺には老朽建物の密集地区や低・未利用の公有地があり、早くから再開発の必要が認識されていたにもかかわらず、進捗状況はかんばしくなかった。駅南口再開発として一部地区が1999年に完成した以外に、これまで目に見える成果はあがっていない。しかし、ようやく最近になって、駅周辺で合わせて20 haに及ぶ大規模な再開発事業が動き始めた。順調に進めば、2010年頃には駅周辺の都市景観が大きく変わることになろう。また集客力の大きい広島市民球場も、2009年春の完成を

図80-4　広島駅周辺で進行中の市街地再開発事業　(広島市役所都市活性化局)

めざして駅の東側の貨物ヤード跡に建設中で、これもこの地区の機能アップに大きく寄与するはずである。これらの新プロジェクトから、広島市の都心部活性化の新たな胎動がうかがわれる。

経済面でも、90年代の広島市は必ずしも好調とは言えなかった。工業への依存度が高い広島市にとって、特にマツダをはじめとする自動車関連産業の不振が地域経済に大きな影を落とした。しかし、2000年代に入るとマツダの国内生産は急速に回復し、2007年の国内生産は約100万台に達している。

他方、これからの都市経済を支えると言われるサービス業の発展は、札幌、仙台、福岡の3市と比べ見劣りがする。さらに、その他の業種も含めた第3次産業の伸びの低さも目立つ。特に、急成長をとげる福岡との差は明らかである。それゆえ、広島市が、今後、札幌、仙台、福岡と比肩する地位を保てるかどうか、楽観を許さない。

国際的認知度が高いのは広島市の大きな特徴であり、他都市に比べ有利な点である。この点で、1998年、世界的な平和研究機関として広島市が広島平和研究所を設置した意義は大きい。国際平和文化都市を掲げる広島市が世界平和への積極的発言の姿勢を国内外に示したものと言えよう。しかし、21世紀に広島が世界的な都市として発展するには、このような対応だけでは十分ではない。世界的な都市ネットワークの一角に入るために、航空機等の交通網の整備や都市基盤のグレードアップが不可欠である。その上で、いよいよ強まる国際交流、地域間交流、都市間競争といった課題に応えるためには、都市の個性を伸ばす努力も必要とされよう。自然、風土、歴史、文化などを活かした個性的で美しい街こそ、国際的な交流の場になり、国際平和文化都市の名にふさわしい貢献をなしうるはずである。

(岡橋秀典)

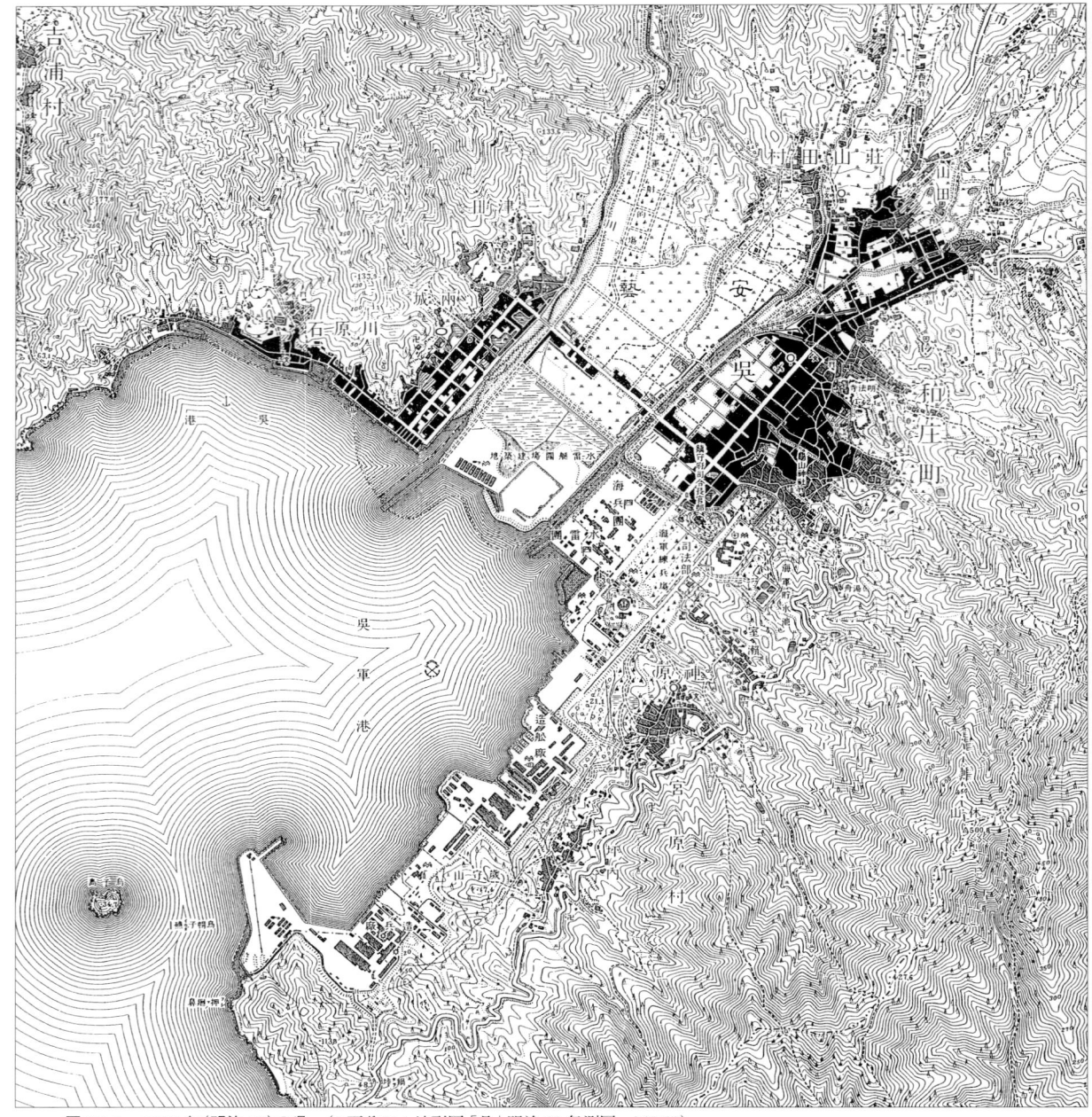

図80-1　1899年(明治32)の呉　(2万分の1地形図「呉」明治32年測図、×0.68)

81. 呉

1886年(明治19)、第1海軍区の横須賀鎮守府に続き、第2海軍区鎮守府が呉港に決定され、これを契機として呉は軍港・軍事工業都市の道を歩むことになる。それ以前の呉は、宮原村、和庄村、荘山田村の3カ村を合わせても人口1.1万人の農漁村にすぎず、宮原村のうち比較的商業が盛んな港のある町方を呉町と称した。1889年に呉海軍鎮守府が開庁し、その造船部は、1903年には呉海軍工廠となり、鉄鋼の生産から鋳造、造機、砲弾製造まで一貫生産ができる日本最大の艦船建造基地を形成した。

周辺地域からの流入人口は増加し、図80-1の地形図には、基軸となる眼鏡橋(海軍第1門)から北東に伸びる「本通」と、四ツ道路から北西に伸びる道路が描かれている。1902年(明治35)に市制施行、当時の人口は6万人であった。1920年(大正9)には13万人と増加し、6大都市に続く、長崎、広島についで全国9位となり、市街地は平地を埋め尽くし斜面へと拡大した。軍需工場もまた市外へと展開し、広村には航空機製造を目的とした支廠が開設され、1923年に広海軍工廠となった。市は周辺町村に合併を働きかけ、1928年に阿

図 80-2　現在の呉市　（2万5,000分の1地形図「呉」平成19年更新、「吉浦」平成11年部分修正、×0.85）

賀・警固屋・吉浦の3町、さらに1941年には広村、仁方町を編入し、人口は30万人を超え、1943年には40万人を突破した。呉工廠で10万人、広工廠で5万人という「職工」を抱える巨大軍事工業都市となり、戦艦「大和」などの主要艦船、潜水艦などを建造した。

しかし、1945年、アメリカ空軍による断続的な空襲で軍事施設や市街地の大半を焼失し、壊滅的な被害を受けて敗戦、軍事都市の歴史に終止符を打った。海軍を失った呉市の人口は15万人に激減し、失業者が街にあふれた。1950年、旧軍用地の転用を促進させるための「旧軍港市転換法」が施行され、さらに朝鮮戦争の勃発による特需ブームを背景に海軍工廠跡に現石川島播磨重工業、日新製鋼、淀川製鋼などが進出し、造船と鉄鋼を中心とした重工業都市として復興した。

だが、1973年の石油危機から続く円高によって、輸出依存の造船と鉄鋼が二大基幹産業である呉の工業は、打撃を受け深刻な不況に陥り、市全体の工業出荷額も停滞を続けた。2000年代に入り、中国など新興国の経済成長の影響で再び工業出荷額は大きく伸びているが、戦前の工業空間に、戦前と同種の企業が立地しており、依然として工業の質的転換への模索は続いている。

（平岡昭利）

図 82-1　1898 年(明治 31)の福山町　（5 万分の 1 地形図「福山」「井原」明治 31 年測図、×0.9）

82. 福　山

　明治維新の廃藩置県によって、福山藩は当初単独で県となったが、その後の見直しで 1876 年に広島県に編入された。市制は 1916 年の施行と県内でも 4 番目の比較的遅い方であった。図 82-1 にも福山町と表記されている。この図では城郭の南部と西部にあった武家屋敷が農地と化し、市街地は東部の旧町人町地区のみに形成されていることが読みとれる。地方行政の中心としての地位を失った結果、人口や戸数が減少し、衰退傾向にあったことが土地利用にも投影されている。

　1891 年(明治 24)の山陽鉄道開通を契機に、福山では近代産業の立地条件が整い始め、紡績、ゴム、染料などの工場の立地がみられた。大正期には、鞆軽便鉄道や両備軽便鉄道、国道 2 号線の開通があり、交通の結節地としての地位が高まった。このような交通の整備に伴い、金融機関や教育機関、また軍施設の進出がみられ、昭和初期には地方中心都市としての機能が整った。しかし、1945 年の大空襲によって全戸数の 79 ％ が焼失し都市機能は壊滅した。戦後は、いち早く復興都市計画が実施され、市街地の整備が進められた。

　戦後の福山の都市成長において、日本鋼管福山製鉄

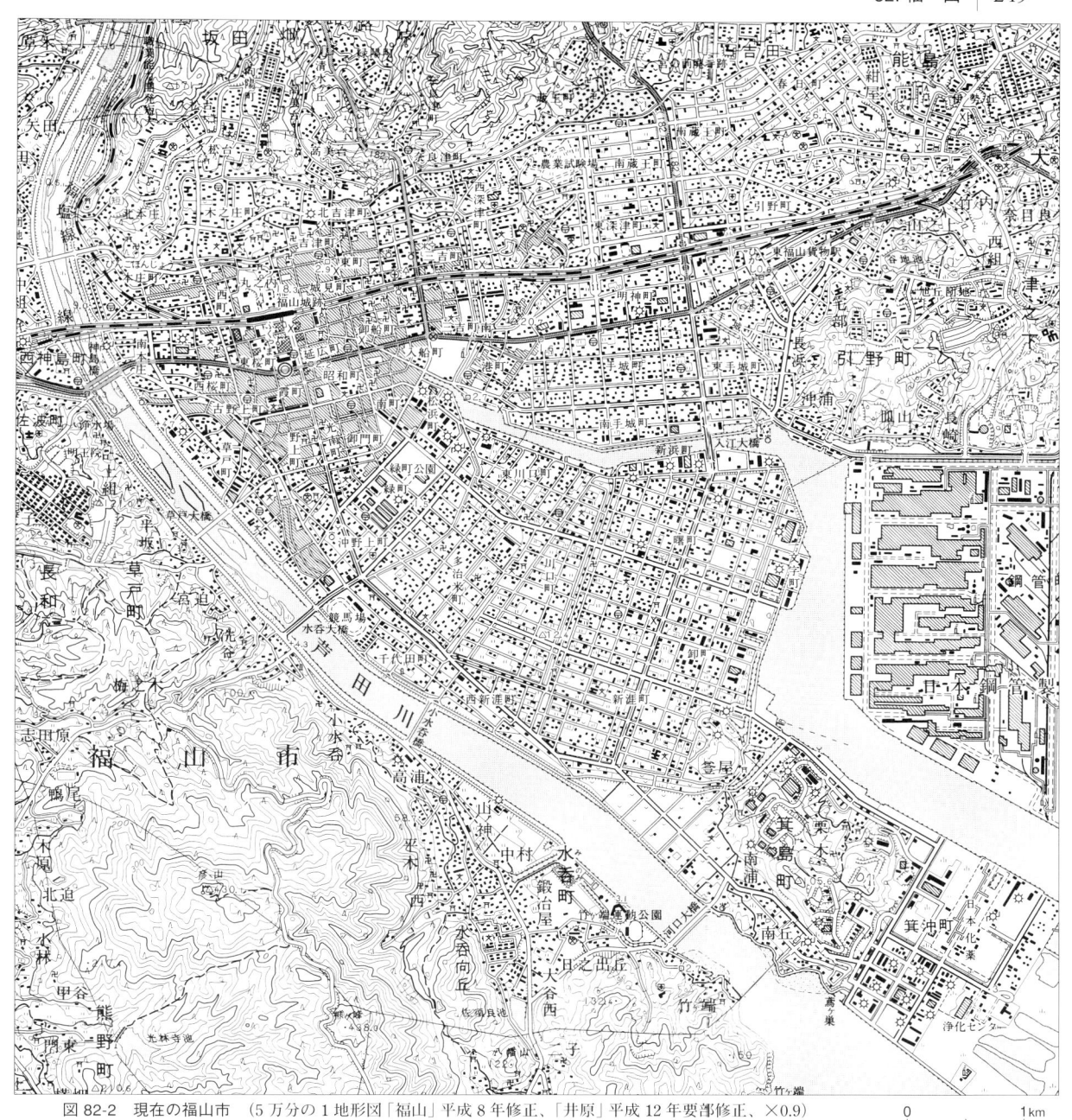

図 82-2　現在の福山市　（5万分の1地形図「福山」平成8年修正、「井原」平成12年要部修正、×0.9）

所（現 JFE スチール西日本製鉄所）が果たした役割は大きい。同製鉄所は 1966 年に本格操業をはじめ、1973 年頃には年間粗鋼生産能力 1,600 万トンに達し、世界最大級の規模となった。生産のピークは 1974 年であり、その後はオイル・ショックの影響で減少した。市内には、シャープの LSI 工場等の先端技術産業のほか、アパレルなどの地場産業、各種のオンリーワン企業が所在しており、工業集積の裾野は広い。

1972 年（昭和 47）の新幹線開通は福山の拠点性を高め、福山駅周辺における大型小売店の立地を促進した。近年では都心周辺部や郊外にも大型店が進出しており、福山の商圏は備後地方から岡山県西部に及ぶ。かつての干拓地では、市街化が顕著に認められる。都心に隣接する旧野上新田から東方の多治米や新涯にかけては水田・畑地の宅地化が急激に進み（図 82-2）、現在では人口集中地区となった。大門町から都心部にかけての国道 2 号に沿った地域には、各種事業所や宅地が密集し、往時の農村景観は完全に失われた。

福山は 1998 年に中核市に昇格し、2003 年以降の「平成の大合併」により近隣の 4 町を合併した。現在の人口規模は 46 万人であり、広島県第 2 の都市として重要性をさらに高めている。

（友澤和夫）

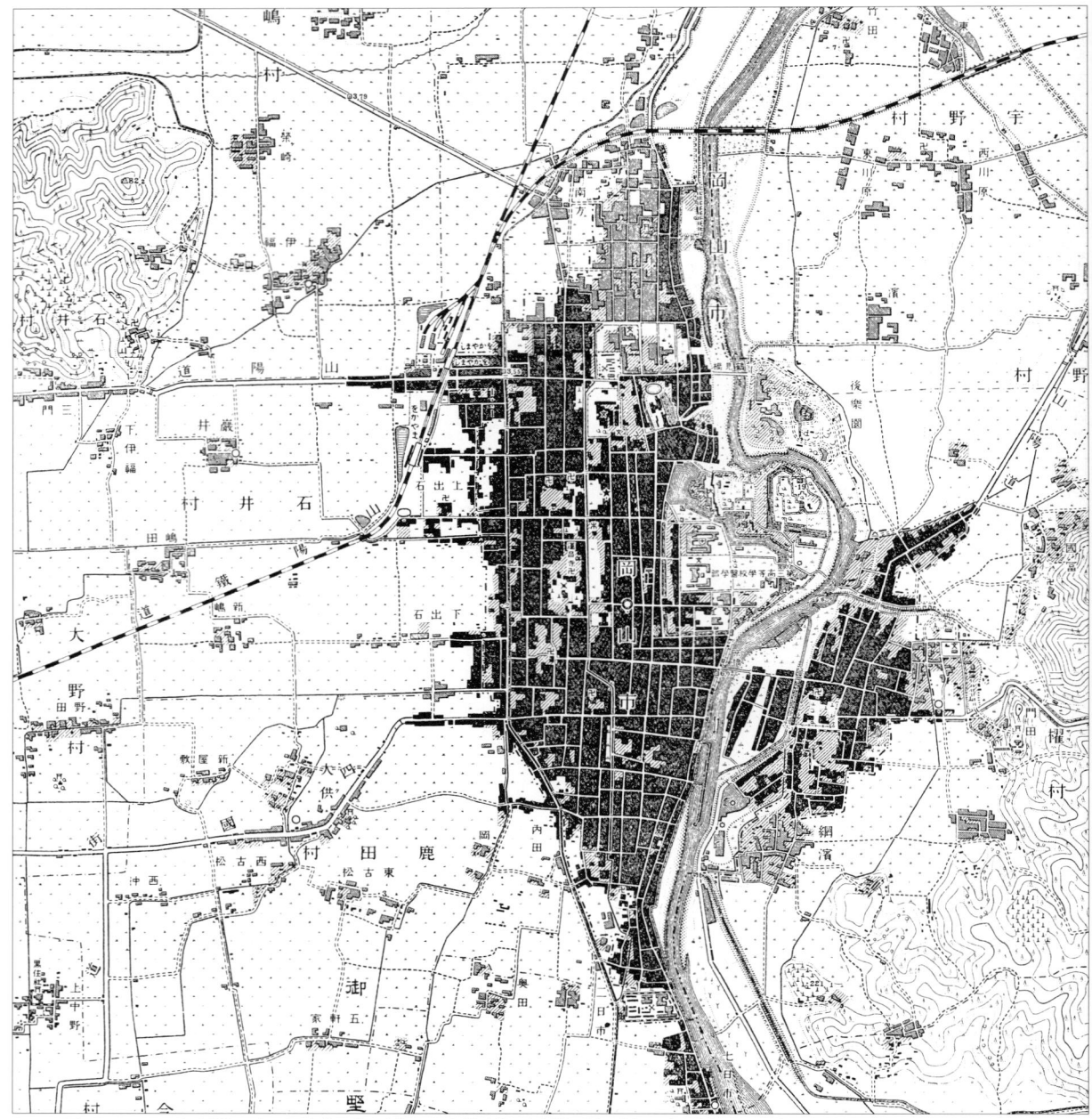

図83-1　1895年（明治28）の岡山市　（2万分の1地形図「岡山」「御野」明治28年測図、×0.72）

83. 岡　山

城下町としての岡山　岡山市は県下の三大河川、とくに旭川を中心に形成された沖積平野の主要部に位置し、この地域の中心的機能を担ってきた。もともと岡山はその地名が示すように、海中の3山つまり岡山、石山および天神山を中心に形成された市街地で、城下町としての骨格が現在も重要な意味をもっている。後楽園、岡山城および表町の中心商店街などはそれに当たる。戦国大名の宇喜多氏が岡山城を大改修し、城下町の形成に努め、旭川も防御を強化するために流路が変更された。侍屋敷、町屋などの町割りが行われ、山陽道も城下を通過するようコースが変えられた。商人を城下に集住させ、福岡町、西大寺町、児島町など前住地の地名をもつ町屋も形成された。また1686年（貞享3）には、百間川（図83-2の北東部の旭川から山陽新幹線・山陽本線の下をくぐり南東に流れる）が、城下を洪水から守る旭川の放水路としてつくられた。図83-2の地形図からも、図の中央部を南流する旭川が、岡山城下で東に大きく湾曲し、旭川右岸と左岸に岡山城と後楽園が面し、城の防御としての役割を担っていたことがわかる。また天守閣の南には第三高

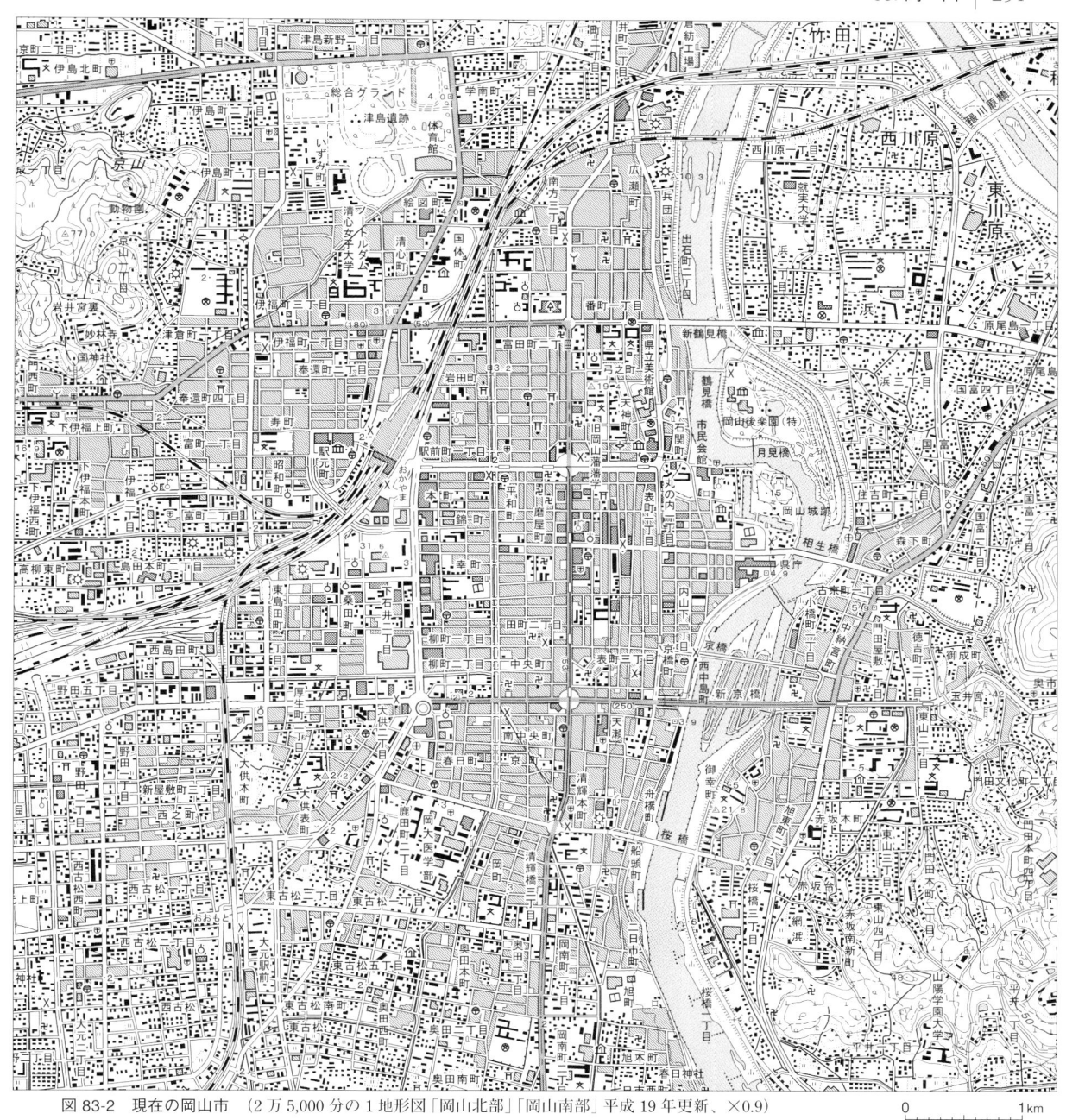

図83-2　現在の岡山市　（2万5,000分の1地形図「岡山北部」「岡山南部」平成19年更新、×0.9）

等学校医学部が位置している。

　現在、市中心部のメインストリートの1つをなす柳川筋は、城下町の外堀に当たる。城下町の周辺部地域には、寺町が形成されていた。墓地は、市街地に近い山地に目立つ。また、市街地とくに旧城下町の周辺地域にも墓地や寺院が展開していた。山陽道が旭川（京橋）を越え城下に入る市街地南東部や市街地の中央西部地域、侍屋敷やさらに外堀の外側の寺町がこれに当たる。現在の柳川沿いの岡山寺、蓮昌寺などにその状況がみられる。

　江戸期には岡山の港は、旭川の遡航限界である京橋下流にあり、ここには船着場やそれに関わる町屋が形成され、町の重要な地点であった。旭川河口左岸に位置する三蟠（江並）地区も、岡山の外港として重要な役割を担ってきた。実際、明治時代には汽船の出入りが県下最大となった（高松との間に定期航路が展開）。ここは後に新岡山港となり、対岸の児島半島（玉野・児島方面）に児島湾大橋（1983年開通）が架かっている。なお、明治の状況を図83-1の地形図からみると、郊外はまったくの農村地域といえる。

交通の結節点としての岡山　　岡山は、古代以来、東西および南北路（陰陽、本四）の交通の要衝として、

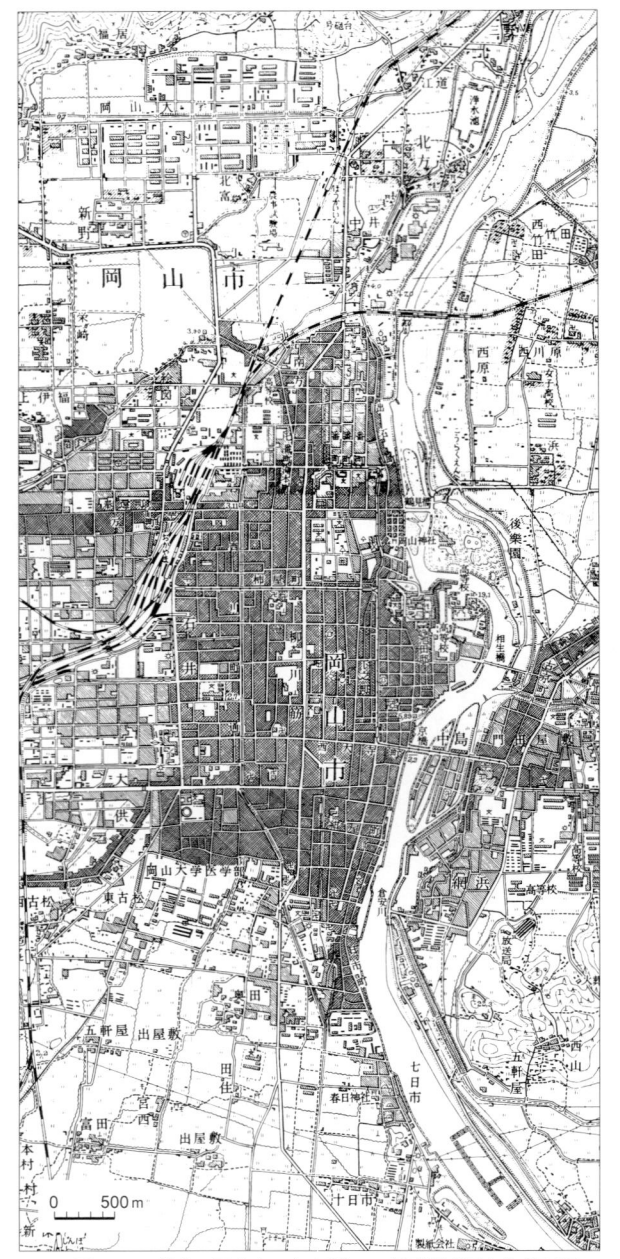

図 83-3　戦後の岡山市（5万分の1地形図「岡山北部」「岡山南部」昭和25年修正、×0.8）

いたといえる。駅前は駅の東側方面、つまり従来からの城下町の中心地方面に向かってのみ、旅館や飲食店など商店街の芽生えがみられる。

四国街道は、市街地から南西方向に展開してきた。近世以降の岡山から妹尾、早島を経て下津井に至る金比羅往来はこれに当たるが、明治以降ルートと役割が変容した。1919年に岡山〜宇野間に宇野線が開通したし、ルートも後には岡山〜宇野間の国道22号線（後の国道30号線）、さらに都・錦・高崎地区の潮止め堤防上を走る新30号線に変更された。

鉄道に関しては、1891年（明治24）に山陽鉄道岡山〜笠岡間が開通（後の山陽本線）して以来、北の津山方面へは1898年に岡山〜津山間に中国鉄道（津山線）が、西の総社方面へは吉備線が1904年に、南西の四国方面へは宇野線が、東方面へは西大寺軽便鉄道が1911年（明治44）に岡山〜西大寺間に、また北西の高梁・新見・松江方面へは伯備線が1928年（昭和3）に岡山〜米子間全線が、赤穂市方面へは赤穂線が1962年に開通し、乗り入れ支線数は全国一となった。山陽新幹線が1972年（昭和47）に岡山〜新大阪間、さらに1975年には岡山〜博多間で開業した。

道路に関しては、市の中央部を国道2号線が東西に、玉野方面へは国道30号線が南西方向へ、国道53号線が北の津山方面へ、180号線が北西の総社・高梁方面へ、429号が北西方面へと展開している。1988年に瀬戸大橋が、1993年に山陽自動車道が県内全線で、1997年に岡山自動車道も全線開通した。主要地方道についても、岡山〜西大寺線、岡山〜児島線、岡山〜美作線をはじめとし交通量は多く、交通ラッシュや渋滞が課題である。鉄道（山陽新幹線、山陽本線、津山線、瀬戸大橋線、宇野線など）や河川（旭川など）が市街地を南北に縦走し、とくに重要な東西交通の渋滞が激しい。乗り換え・通過交通としての性格が、とくに東西交通に顕著で、南北交通の整備は重要な課題である。

政令指定都市 岡山　1889年（明治22）に誕生した岡山市は、1899年（明治32）には面積が9.7 km²、人口が7.4万人とわずかであったが、その後周辺市町村と積極的に合併し、1965年には面積が159 km²、人口が29万人に、さらに1969年に西大寺市を、1975年には藤田村を編入し、面積および人口は510 km²、52万人となった。その後とくに近年も市町村合併推進政策のもとで、2005年に御津町、灘崎町を、2007年には建部町、瀬戸町を合併し、789 km²、69万人へと面積も人口も増加した。これを受け、2009年には政令指定都市に移行することとなった。これは、岡山市が、県内のみならず東瀬戸圏また中・四国の、県域を越えた行政、経済、文化の中心的機能を担ってきたためである。

近畿、四国や山陰に通じる交通の結節地域をなし、とくに山陽道と瀬戸内海航路は重要であった。山陽道が東から市街地中心部を西に抜け、城下に入る旭川の中州中之島は、近世の宿場として重要な役割を果たした。明治期には、他地域と同様、新しい交通体系である鉄道は発展の要になるとは認識されていなかった。実際、図83-1地形図をみると、山陽鉄道が岡山の市街地を避け、市街地北西部をかすめるように迂回し、石井村新嶋方面へと展開するのがわかる。現在岡山の玄関である岡山駅は、明治期には田園のなかに立地して

岡山には県都として県庁や市役所はもちろん、中国四国農政局、広島高等裁判所岡山支部、岡山地方法務局、岡山鉄道管理局など行政的機能、都銀の支店のみならず中国銀行やトマト銀行、天満屋、林原、ベネッセコーポレーションなどの企業の本社や本店機能、美術館などの文化的機能、また郊外分散化もしているとはいえ表町商店街や駅前を中心とした商店街等を中心に商業的機能も展開している。医療面でも、岡山大学付属、国立岡山、岡山労災、岡山市民、岡山赤十字、済生会、川崎などをはじめとして国公立および民間病院が数多く立地している。2000年の従業地別就業者をみると、岡山市が岡山県95.6万人中30.5万人で31.9％を占めている。製造業では、岡山県就業者数の20.5％を占めるのに対し、公務では32.2％、サービス業では36.5％、小売・卸売業、飲食店では39.7％、金融保険業では43.0％、不動産業では53.9％と高いものとなっている。

文化教育面でも岡山の機能は大きく、高等教育機関は、岡山大、ノートルダム清心女子大、岡山理科大、岡山商科大、就実大、山陽学園大、中国学園大の7大学の他、就実短期大学をはじめとする短大も展開している。とくに岡山大、岡山商科大、ノートルダム清心女子大が立地する市街地北部の津島や清心地区等は人気のある文教・住宅地区となっている。岡山県立図書館、市立図書館、県立博物館、県立美術館、また民間のオリエンタル美術館なども立地する。これらは、岡山城、吉備津神社など観光資源に事欠かない岡山の観光施設としても重要である。このほか藩主の宴遊、藩士の演武の場であった後楽園は、まさに城下町の歴史的遺産である。

商業的機能にも大きなものがある。城下町の系譜を引き、大正末に下之町(しものちょう)に建設された天満屋(てんまや)百貨店も展開する表町商店街と、近年整備が進む岡山駅を中心とする商店街との二大中心地が重要である。表町の中心商店街付近には、市内および郊外からのバス（岡山電気軌道、両備、宇野、中鉄、下電）のターミナルや中国銀行本店等金融機関も展開する。

一方、岡山駅前地区の商業的機能は、従来の駅前商店街、高島屋百貨店、地下一番街に加え、とくに近年の岡山駅西口地区（全日空ホテル等）、またJR駅や駅ナカの整備も展開し、バスターミナルやターミナルビルと大型地下駐車場も備えたショッピングセンターとしてその重要性が強まっている。ここには金融機関も展開し地価が最も高い地域でもある。

また岡山駅の西に位置する奉還町商店街は、駅西部に展開する住宅地への日用品の供給商店街であるが、近年変容・再編成を迫られている。このように商店街や商業機能が、表町から駅前へと、また郊外地域へと

表83-1 岡山市の人口、面積および人口密度の推移

年 次	人 口（万人）	面 積（km²）	人口密度（人／km²）
1889年（明治22）	4.8	5.8	8,243
1909年（明治42）	9.5	9.7	9,779
1925年（大正14）	12.2	23.5	5,166
1935年（昭和10）	16.4	47.5	3,451
1945年（昭和20）	9.3	47.5	1,955
1955年（昭和30）	24.4	153.4	1,589
1965年（昭和40）	31.0	159.0	1,948
1975年（昭和50）	51.9	510.5	1,016
1985年（昭和60）	56.7	510.7	1,110
1995年（平成7）	60.6	513.3	1,218
2008年（平成20）	69.7	—	877

展開し、そことの競合、さらに他の都市や大都市地域との競合も重要な課題となっている。

県庁、市役所、政府の出先機関、金融機関などの中心地機能は、ほぼ北は新鶴見橋と国道53号線を結ぶ線、東は旭川、南は国道2号線、西は市役所と駅前を結ぶ線に囲まれた地域に展開している。

住宅地やその他の施設や機能の郊外化にも著しいものがある。北長瀬地区の再開発、岡山県卸センターの中仙道地区問屋街への移転、トラックターミナルも岡山・児島線に移転した。また宅地化に関しては、市の西部では庭瀬地区、北部では山陽インターチェンジに近い津高や横井地区で、北東部では原や玉柏地区に、東部では東山南麓や原尾島さらには藤原や高島地区に、また南部および南西部では築港栄町やあけぼの町、奥田地区、さらに妹尾、興除東部、藤田地区に展開した。とくに南部では、人口増加に伴い、青江地区は、青果物の卸売市場から、流通センター、さらにショッピングセンター的機能が展開している。また旭川東部の原尾島地区に天満屋ショッピングセンターが進出したのは市東部地区の、また津高地区にイズミヤをはじめとするスーパー等の商業施設が展開したのは、津高など地域の人口増加に対応するものである。

このような郊外への人口や商業機能の移動は、旧市街化地域での諸機能とくに商業的機能の衰退や人口の減少化に対応するものである。例えば都心市街地である内山下地区では、小学校児童数が1965年の386人から1995年には144人へと激減した。市街地中心部の4小学校が2校に統合されたゆえんである。

中核都市から政令指定都市に変貌しようとしている岡山市が、国際社会において、国際的に、中国・四国地域で、また岡山県で新たな役割や機能を果たすための新たなまちづくりが、岡山駅前地区に代表される都心部の再開発をはじめとして、緊急の課題となっているのは間違いない。　　　　　　　　　（北村修二）

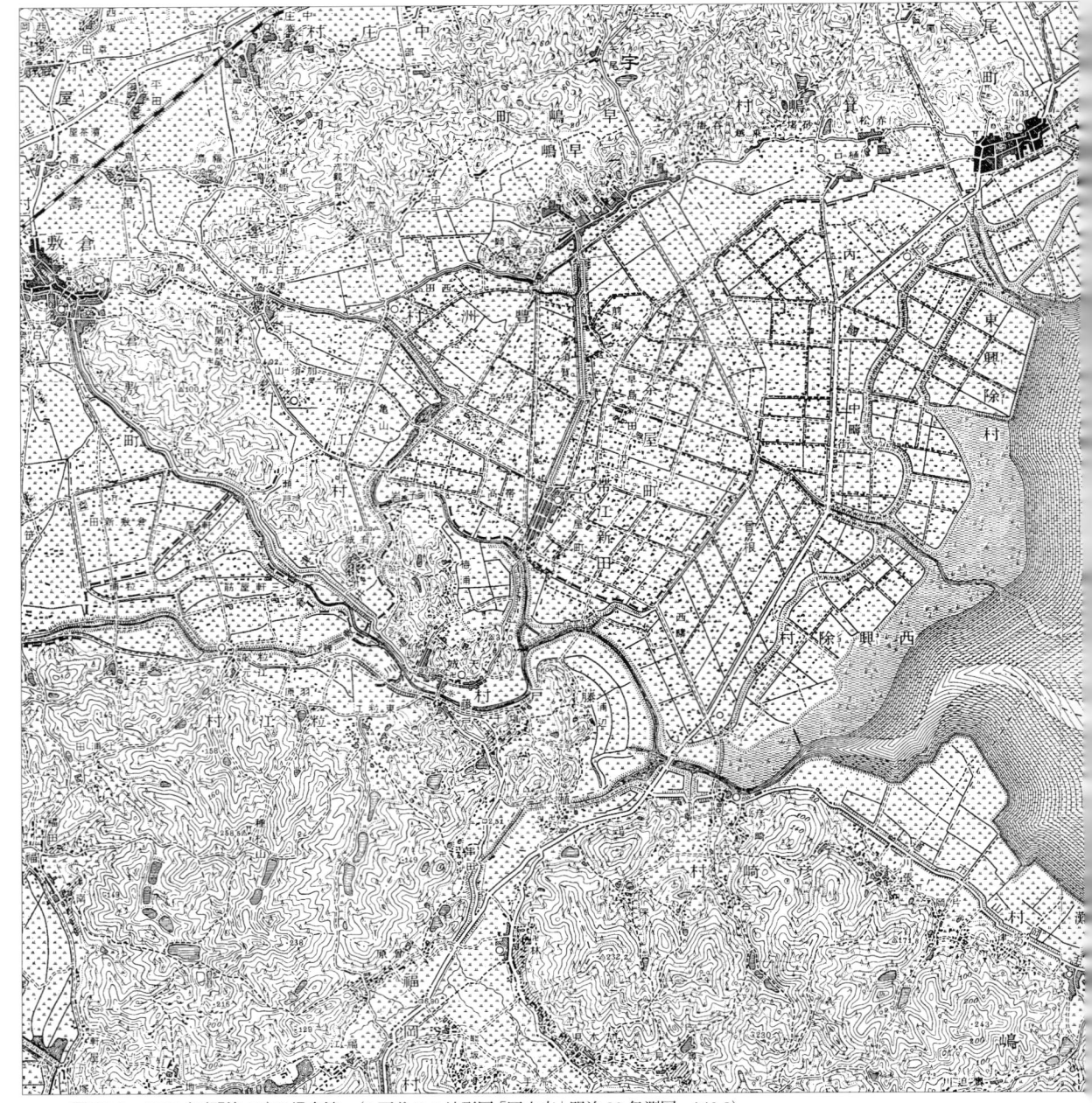

図 84-1　1897年(明治30)の児島湾　(5万分の1地形図「岡山市」明治30年測図、×0.8)

84. 児島湾干拓地

島から半島へ——児島湾干拓の歴史　児島湾干拓地は、旭川、笹が瀬川および倉敷川の沖積平野をなし、岡山平野の主要部を構成している。もちろん児島は、干拓の前進とともに、文字通り半島・陸地化が顕著になったものである。これを歴史的にみると、古代の開発は国道2号線以北であり、干拓は戦国時代末期以降進展し、江戸期に本格化したといえる。事実12世紀末には、倉敷市藤戸町天城と藤戸間はきわめて狭い海峡「藤戸の瀬戸」となり、謡曲藤戸に謳われる源平藤戸合戦では、馬の背が立たないところはわずか2町程という状況を呈していた。倉敷川沿いの藤戸の経が島源平古戦場跡に、当時の状況をしのぶことができる。

もちろん児島が陸繋化するまでは、児島の北側が瀬戸内の東西航路であった。14世紀には内海化し、瀬戸内海航路は児島の南部に移動し、16世紀初頭には児島は陸繋島として半島化した。以上の歴史は、塩津、梅ノ浦(本図幅の西部中央地域)の地名に、また瀬戸内海航路の要所郡(本図幅の南東部に当たる児島湖締切堤防南端の集落)地区の歴史などにみることができる。

このように、児島湾は、吉井川、旭川および高梁川

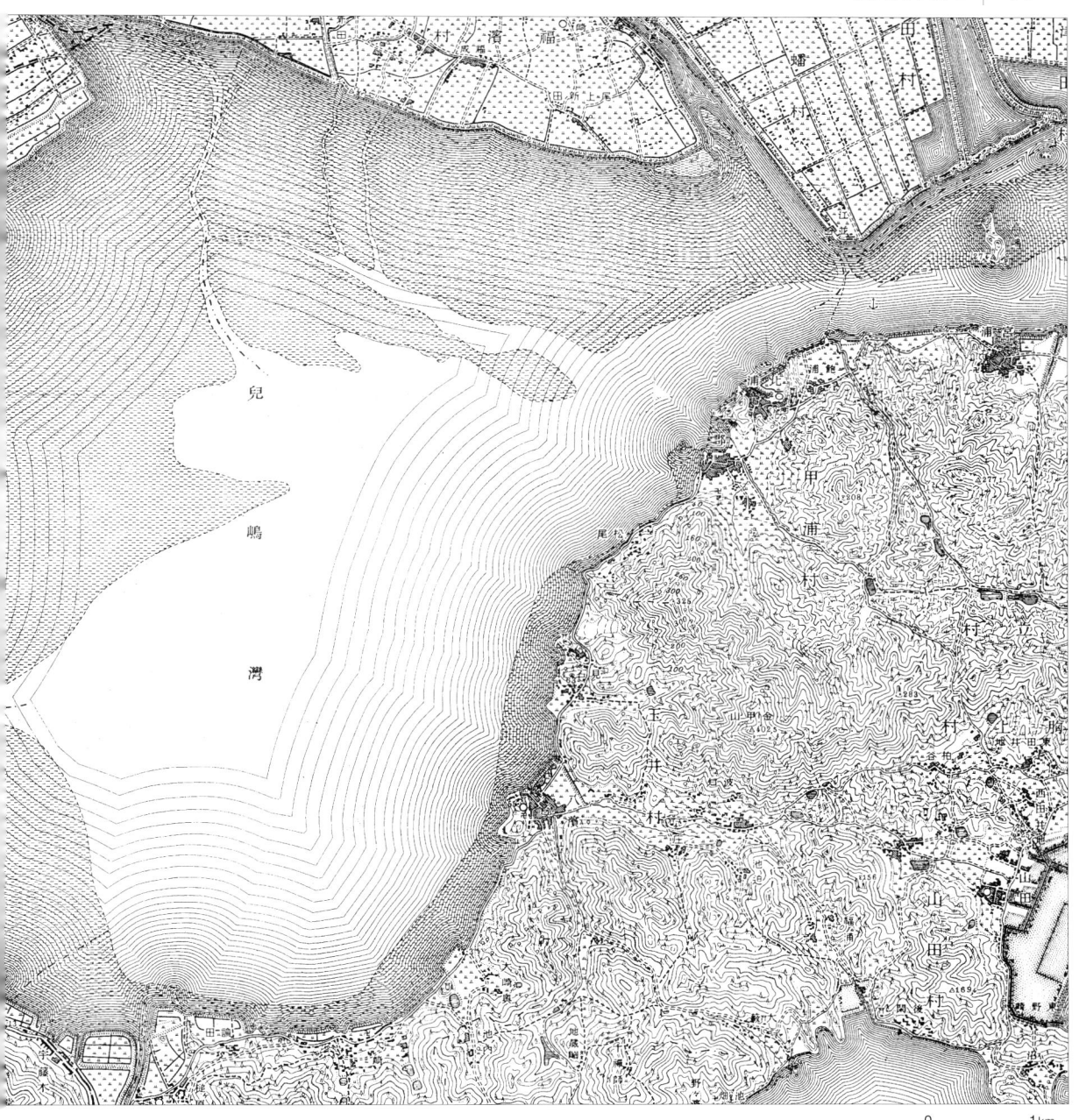

の県下三大河川により堆積が進展し、吉備の穴海と呼ばれていたが、それは、とりわけ鉄穴流しによる砂鉄の採取、干拓事業などをはじめとする人間の活動により、陸化に拍車がかかったものといえよう。

児島湾干拓の最盛期は17世紀で、規模も1件当たり80町と大規模であった。これは、1679年（延宝7）に完成をみた倉田（329町）、1686年（貞享3）の幸島（561町）、1692年（元禄5）の備前沖（1539町）などの大規模な藩営新田が展開されたためである。17世紀前半に土豪が開発した福浜、米倉、新福の新田、また17世紀後半に庄屋などによる町人請負新田として、西田、備中沖新田が開発された。そこでは、正条規格と溝渠、集落は密居式分散形態が一般的であった。

19世紀に第二の隆盛をみたが、その規模は、1823年（文政6）に完成した840町の興除新田や児島福田新田を除けば、1件当たり約10町程度と零細なものであった。これは、切添新田や村請新田が中心であったためである。川張、片岡、宗津新田は、この好例である。一方、興除新田や福田新田は、岩崎や矢崎などの新興の町人層を開発の担い手とし、散居制が一般的であった。そこには換金性の高い稲作と綿作が主として栽培されていた。

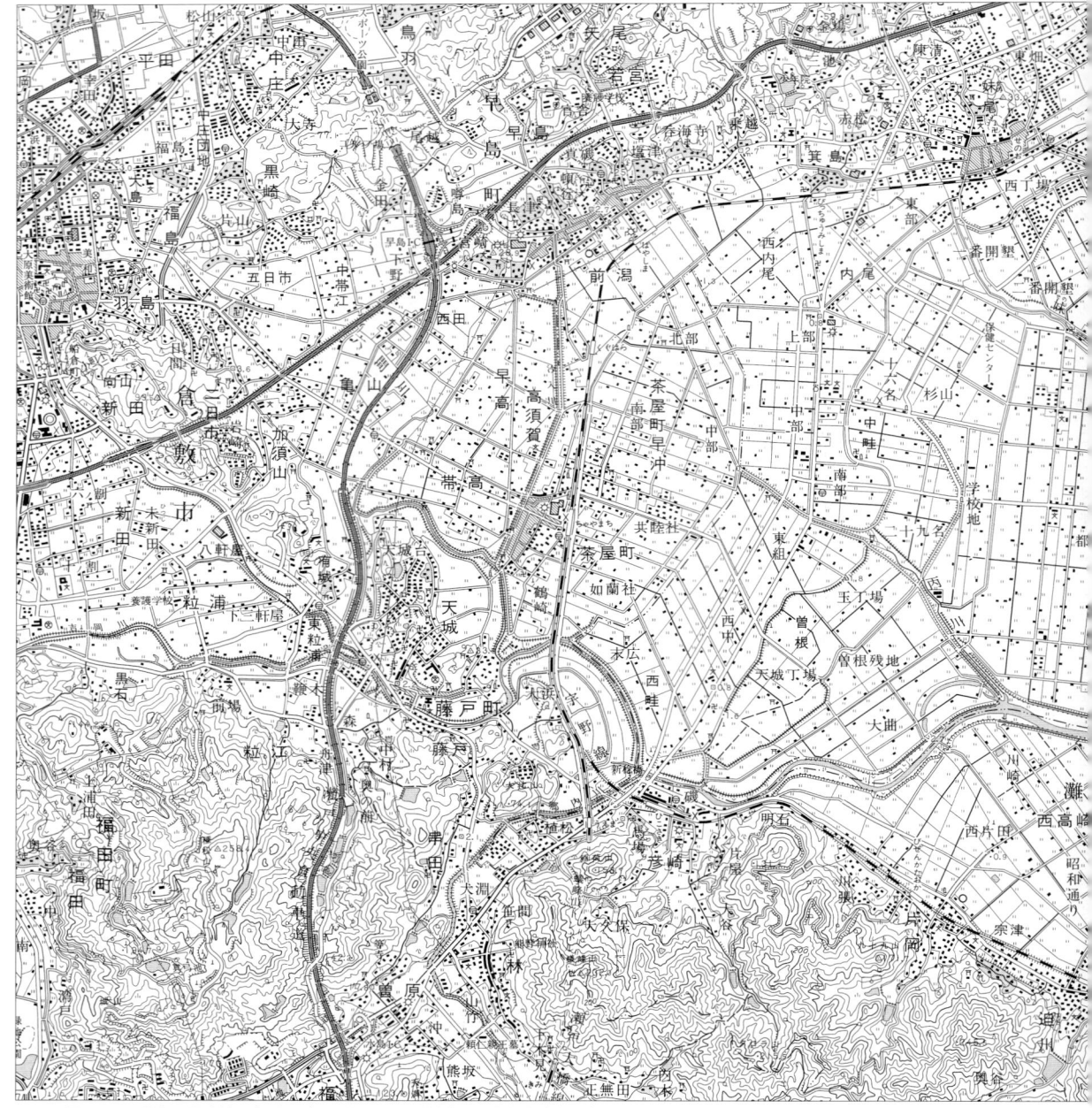

図 84-2　現在の児島湾干拓地　（5万分の1地形図「岡山南部」平成6年修正、×0.8）

　明治期に入ると、干拓事業は士族授産事業の一翼を担い、士族授産地など約340町の干拓が興除新田の沖合に開発された。一番開墾地はこれに当たる。しかし、そのほとんどは岩崎家に買収された。明治10年代には、倉敷の大原家や味野の野崎家などの寄生地主の手に移った。また2番開墾地は、大原や三菱会社によって開発された。1905年（明治38）および1912年（大正1）には、政商藤田組の手により、1,750町の干拓すなわち1区（高崎農区）および2区の大曲農区、都農区、錦農区が完成した。資本主義的経営の藤田農場が4農区1,200町歩（直営地767町、小作地394町）で展開された。さらに3区と5区の干拓地1,290町（現 岡山市浦安地区）が1941年に完成した。6区と7区の干拓は、藤田組から農林省の手に渡った干拓事業で、1953年と1965年に完成した。

　児島湾干拓地では、一般に疎居式農場形態がみられるが、その多くは開発当初微高地に集村形態をとっていたものが、二次的な分散をしながら展開したもので、明治期にはその形態が確立していた。干拓地では、用水確保が重要であった。用水供給のため、八ヶ郷用水が1581～85年（天正9～13）に開削されたり、江戸時代に開発された沖新田、倉田新田への灌漑用水路

として倉安川（高瀬舟も就航）が、また幸田新田では吉井川の坂根井堰から坂根用水が引かれた。干拓地では、用水に対する権利の弱さから、絶えず水不足に悩まされた。とくに干ばつ時の取水は困難で、干害による農業被害は激甚であった。村の長の務めはもっぱら余り水もらいで、酒瓶片手に挨拶廻りが重要な仕事でもあった。1959年（昭和34）の児島湾締切堤防による児島湖の淡水湖化が、待たれたゆえんである。

全国の先駆けとなった機械化に関しては、1924年（大正13）の大干ばつ時のバーチカルポンプの導入を契機として進展し、昭和初期には自動耕耘機の普及が、児島湾干拓地の興除村を中心に展開した。このような機械化と労働生産性、水稲・小麦・藺草を組み合わせた集約化により、全国的にもきわめて高い生産性農業がこの地域には展開していた。

先進的農業地域としての干拓地とその変容　戦前以来、児島湾干拓地は、経営耕地規模にみられるように干拓地という恵まれた地域的条件を背景として、自動耕耘機に象徴される機械化の進展のもとで、米麦二毛作プラス藺草栽培により高位生産性農業を展開し、西日本で最も発展的側面を秘めた先進的農業地域として注目されてきた。実際1960年の1農家当たり耕耘

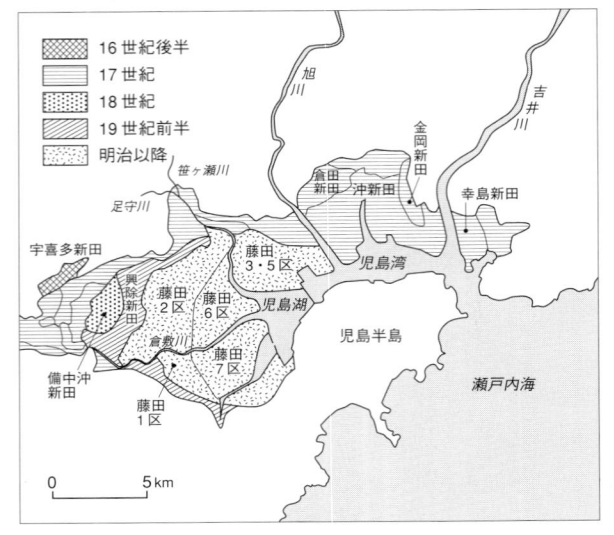

図84-3 児島湾干拓地の形成

機・トラクター所有台数および農産物販売金額は、都道府県平均が0.09台および11.6万円に対し、興除村、藤田村ならびに七区干拓地の場合、0.82台および36.5万円、0.91台および41.8万円、ならびに0.97台および52.8万円ときわめて高い水準にあった。興除村および藤田村は、機械化農村としてなお名高かったわけである。農家1戸当たり農業粗生産額は、藤田村の場合全都府県の全市町村中第7位、興除村でも第40位と、全国のトップ水準に位置していた。したがって豊かな専業農家を輩出し、専業農家率は藤田村では75.9％、七区干拓地では88.0％と、きわめて高い水準を誇っていた。

このような状況は、高度成長期以降大きく変容した。もちろんこれ以降も、わが国で初めて稲作機械化一貫体系を確立するなど機械化・省力化を、また藺草や野菜などの部門を中心に一層の集約化を図るなど高位生産性農業の模索が続けられた。しかしそれも、新産業都市（1964年制定）の開発が、岡山市および倉敷市を中心に展開し、工業化・都市化が進展するとともに急速に崩壊した。

干拓地の栽培作物のなかで、最も一般的な集約化の方向性を示していた藺草の作付け面積をみると、岡山県は1965年（昭和40）においても全国の41.9％を占めていた。それは、岡山県南部地域に集中していたが、倉敷市水島地区を中心とする岡山県南部地域に雇用機会の増大と賃金の高騰化が進展し、また藺草の先枯れや根腐れ病に象徴されるような公害問題までが進展するなかで、新興産地である熊本県などと、また、近年は海外からの輸入増大とそことの産地間競争に伴い、岡山県の作付け面積の対全国比は、1975年には6.8％、2000年には0.5％へと激減した。一方、熊本県のそれは、1965年の29.5％が2001年には90.7％となってい

る。また藺草・藺製品は、1970年代までは輸出品（とくに花莚は輸出品として重要）であったが、これ以降は輸入品に転じた。輸出入動向をみると、輸出量および輸出額は、1960年および1970年の5,834トン、6.6億円および2,371トン、8.0億円が、1980年には16トン、1,200万円、1990年には4トン、400万円へと激減した。一方、輸入量および輸入額は、1970年の19トン、100万円が、2003年には5.6万トン、157億円へと増大した。

このような集約化は、野菜部門でも大きく展開するには至らず、一部施設なす（千両なす栽培）など施設園芸部門が七区干拓地に展開するにとどまっている。したがって児島湾干拓地農業は、その発展的側面を展開し得ず、大きな変貌を余儀なくされた。実際専業農家率は、2000年には最も経営条件に恵まれた旧藤田村および七区干拓地でも12％および25％（岡山県平均は19％）と、低位なものにとどまっている。工業化・宅地化・さらに商業地化が、また農業のサービス業化への転換（第3次産業化）が急速に展開したわけである。このように農業、農村地域の展望が十分見出せないなか、例えば灘崎町片岡地区の干拓地にファーマーズ・マーケット・サウスビレッジが設立（1997年完成、事業費約90億円、施設面積約10 ha）されたように、サービス産業部門への転換が、行政面からも行われたわけである。

岡山県南部地域、とくに岡山市西部から倉敷市東部は、同時に藺草製品の加工（畳表、ゴザさらに花莚）ならびに流通部門を担う地域でもあった。それは図幅の西部および北西部に当たる早島、妹尾、中庄、茶屋町などの地域を中心に展開してきた。全国に先駆けて展開したこの地域の農業の機械化については、戦後の農業機械工業やそれに関連する産業（畳表、花莚製造業への機械供給や藺草製品の流通業部門など）の展開へとつながっていった。岡山市においては、かつてのクボタの系列下に入った富士耕耘機、またヤンマーのもとで多元化をはかり農業機械や建設機械部門で一層活躍しているセイレイ工業などはこれに当たる。これまで岡山県がわが国の農業機械生産の約1割をあげてきたわけでもある。

児島湾干拓地の現状と課題 近年、この地域には、工業化・宅地化さらに商業地域化が著しい。これは、この地域が東西交通路、また南北とくに四国に通じる交通路、またそれらのクロスポイント、さらに岡山市などの市街地が展開する郊外地域であるからに他ならない。例えば岡山県総合流通センターが、東西の山陽自動車道と南北の岡山自動車道および瀬戸中央自動車道がクロスする図84-2の北西部に展開している。これは、事業費290億円で、吉備地区および早島地区

84. 児島湾干拓地 | 259

図84-4　1886年(明治19)の児島半島と児島湾　(20万分の1輯製図「丸亀」「徳島」明治19年輯製、原寸)

の2地区に形成されたもので、物流と情報の受発信基地としての機能を担うことが期待されている。地元をはじめ関西、関東に本社が立地する卸売業、運輸業および倉庫業の111社が入居した。またこの地域には、児島湾干拓地の北部地域を東西に国道2号線(バイパス)が、また図84-2の中央部を国道30号線が南北に走っている。このような主要幹線道路沿いには、工場や工業団地の展開が、また宅地化、さらに商業地域化の展開が著しい。児島湖締切堤防付近の木材工業団地、また岡山市藤田地区および妹尾地区、倉敷市早島地区などの住宅団地化はこれに当たる。

それらの宅地化のなかには、灘崎町の東高崎および西高崎地区の西紅陽台および東紅陽台のように、遊水池的機能をもった低湿地域が埋め立てられて形成されたものもある。とりわけ優良農地の改廃を回避する、また地価が安価などのメリットのもとで展開されるがゆえに、宅地としての地盤面、とくに地盤沈下や地震などの災害面(ハザードマップにも顕著にみられるように)では大きな課題があるのも事実である。青江地区や

さらに南部の国道30号線沿いにみられるように、流通機能さらにショッピングセンター的機能の展開にも著しいものがある。

近年このような状況のもとで、公害・環境問題も大きな課題となっている。倉敷および岡山の市街地地区、またその郊外の工業地区および宅地地域を貫流し、干拓地の排水をも集める笹が瀬川および倉敷川が流入する児島湖が、締切堤防の完成に伴い閉塞湖化するとともに富栄養化が深刻化するなどの公害問題はまさにこれに当たる。図84-4の南東部に、敷地面積53 haの児島湖流域下水道浄化センター(計画面積および人口は1.88万haおよび84万人)が展開しているし、また近年児島湖の底泥(ヘドロ)を除去する浚渫事業(児島湖沿岸農地防災事業を1992〜2003度に総事業費327億円で実施)が実施されたゆえんである。

他にもこの図幅とその変遷、また地名からも多くのことが読み取れる。倉敷川の遡航上限の港をなしていた倉敷とその後の歴史などは、まさにその好例である。

(北村修二)

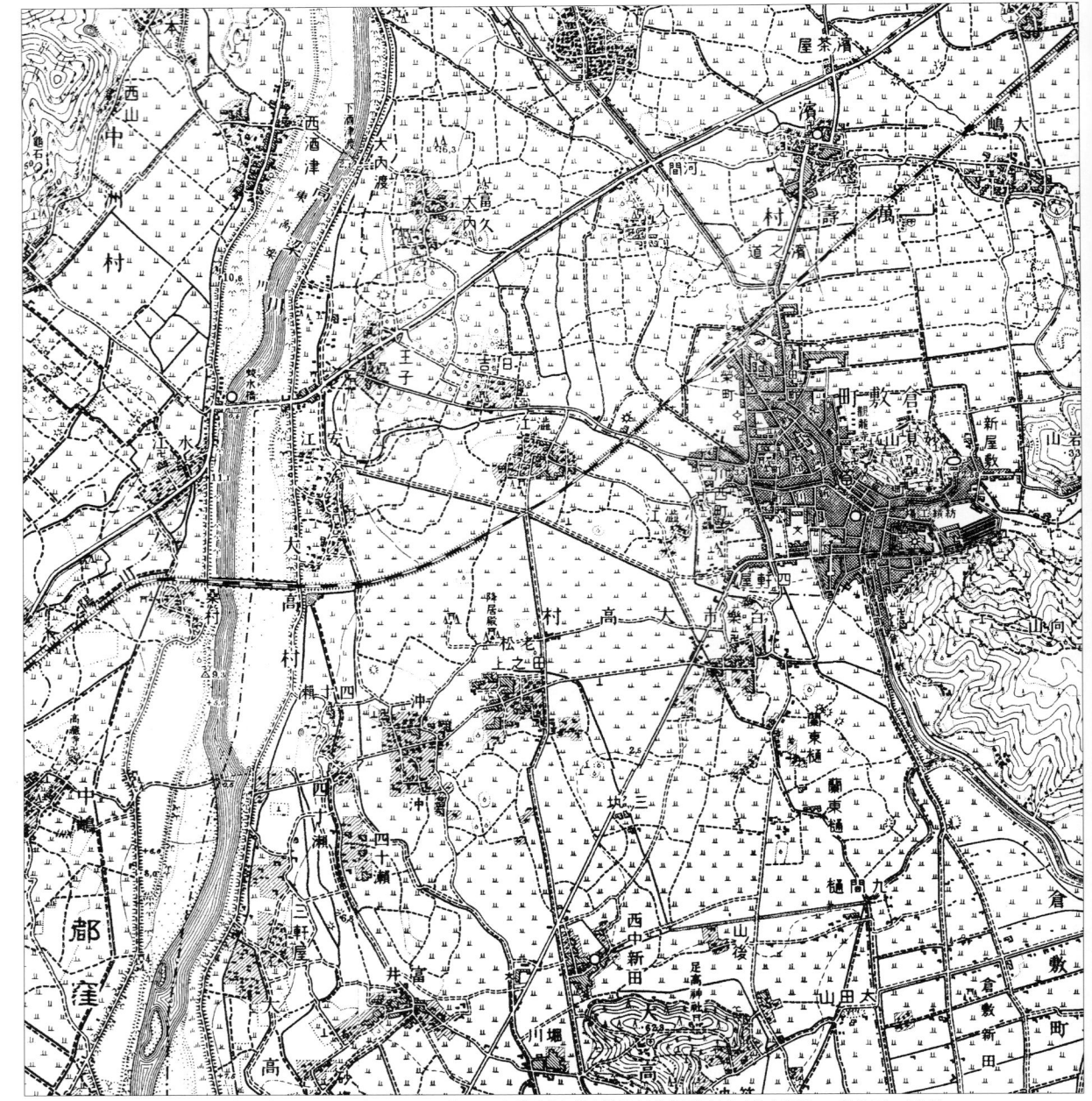

図85-1　1910年(明治43)の倉敷町　(2万5,000分の1地形図「倉敷」「箭田」「茶屋町」「玉島」明治43年修正、原寸)

85. 倉　敷

　倉敷周辺の地域は高梁川河口の氾濫原であったが、1584年(天正12)に宇喜多秀家が早島から高梁川河口に至る汐止め堤防を築いた後、新田開発が始まり、農村地帯へと変貌した。江戸時代には、代官所が1642年(寛永19)に妙見山の南側に置かれたことから天領となり、倉敷川の遡航上限であった倉敷は舟運を利用した米や物資の集散地として発展してきた。明治期にも商業の中心地として維持されてきたが、当時の主要道であった山陽道から外れていたことと、河口や沿岸部の諸都市に集散地機能を奪われたことにより、次第に商業中心としての役割を失いつつあった。しかしながら、1889(明治22)年の倉敷紡績所の操業と、1891年の山陽鉄道(現在のJR山陽本線)の開通は倉敷の発展に大いに寄与し、1911年には人口が1万人を超過している。

　図85-1を見ると、新田開発による水田地帯の中に、倉敷の中心市街地が妙見山を北西から南東に囲むように形成されており、市街地の南東部には倉敷紡績所の紡績工場(代官所跡、現在のアイビースクエア)が描かれている。また、図85-1の左端の川は改修以前の東高梁川であり、改修工事は1925年に完成をみた。

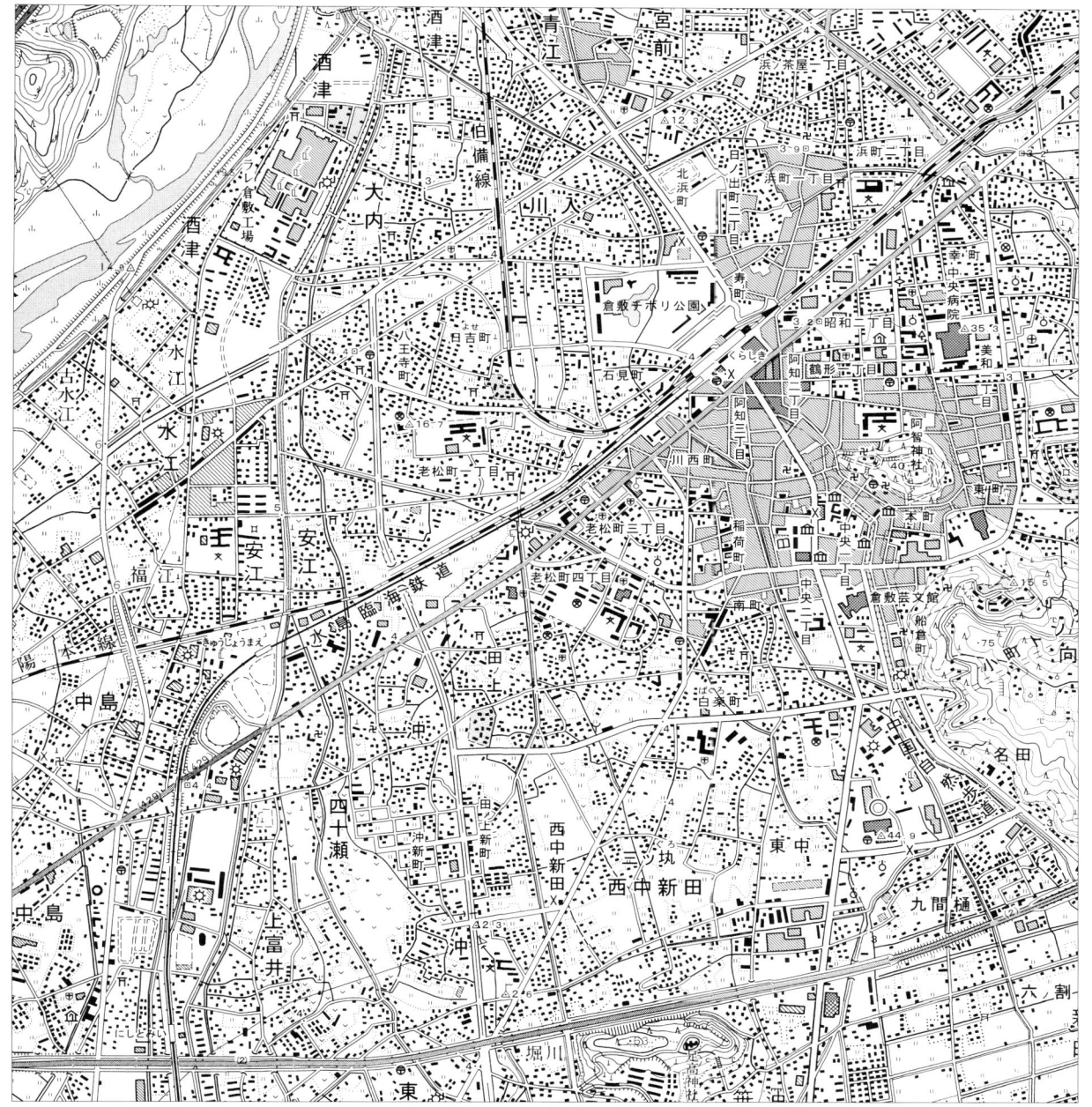

図 85-2　現在の倉敷市　（2万5,000分の1地形図「倉敷」平成19年更新、「箭田」平成13年部分修正、「玉島」平成18年更新、「茶屋町」平成9年修正、原寸）

　倉敷の中心市街地は倉敷駅南東部一帯に発達し、その後、倉敷駅北側にも拡大した。妙見山南側の美観地区には博物館が集中し、現在では倉敷観光の中心となっている。市街地南部は、新田開発による水田が広がっていたが、現在では都市化が進み、農業的土地利用は縮小している。西中新田付近も国道2号線バイパスが整備され、隣接する笹沖地区には郊外型の商業施設が集積した。図85-2左上部の酒津付近から南に向かう道路の形状から東高梁川の旧河道が確認できるが、改修後、旧河床は工業用地などに利用された。図中のクラレ倉敷工場は都市化の影響を受け一部を残して玉島地区に製造機能を移管し、現在では大型ショッピングセンターへと変化している。また、倉敷駅北側には倉敷チボリ公園がみられるが、かつてはこの場所にもクラボウの倉敷工場が立地しており、繊維工業が倉敷の発展する基礎となっていたことが伺える。

　倉敷は周辺市町村との合併による市域の拡大や水島地区の工業立地により、高度経済成長期を通して観光都市のみならず工業都市としても発展し、人口47万人を数える中核市となった。図85-2からは都市化の著しい倉敷の姿とともに、美観地区を中心とした観光都市としての姿も読み取れる。

（北川博史）

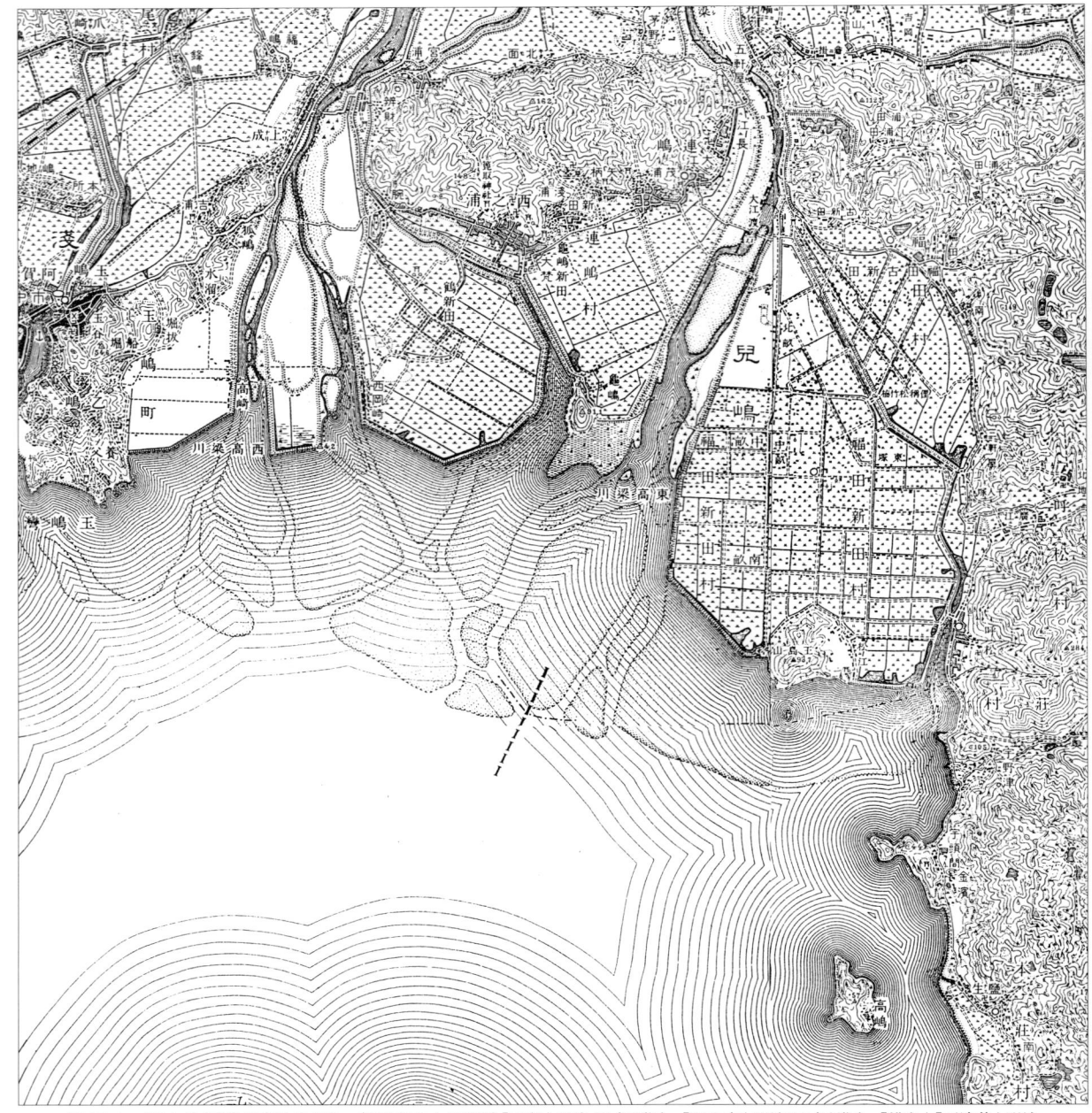

図86-1　1904年(明治37)頃の水島　(5万分の1地形図「玉島」明治37年測図、「岡山市」明治30年測図、「横島」「下津井」明治35年測図、×0.75)

86. 水島工業地帯

　水島は岡山県の高梁川河口に位置し、一般的には臨海工業地帯の名称として知られている。この地域の歴史は、江戸期から明治期の干拓事業による新田開発、昭和期の海面埋め立てによる大規模な工業・港湾開発に特徴づけられる。

　当地において干拓が始められるのは1584年の酒津堤防築堤以降である。この堤防は、新田開発のための河水統制と汐止めを目的として、戦国期の当地の大名・宇喜多氏が建築したものであった。酒津堤防の築堤は、戦史上も稀有な備中高松城水攻めと関連しており、そこで用いられた築堤技術が導入された。この方式が当地で普及・発達し、干拓事業を支える技術的基礎となった。江戸期に入ると、大名・旗本、有力地主、そして町人の出資によって干拓事業が推進された。連島以北の干拓は17世紀前半までに完了し、連島以南は17世紀後半から19世紀にかけて開発された。

　主要な干拓地は、図86-1において新田地名としても認めることができる。これらの新開地では、米のほか、木綿が栽培され当地の特産品となった。明治期に

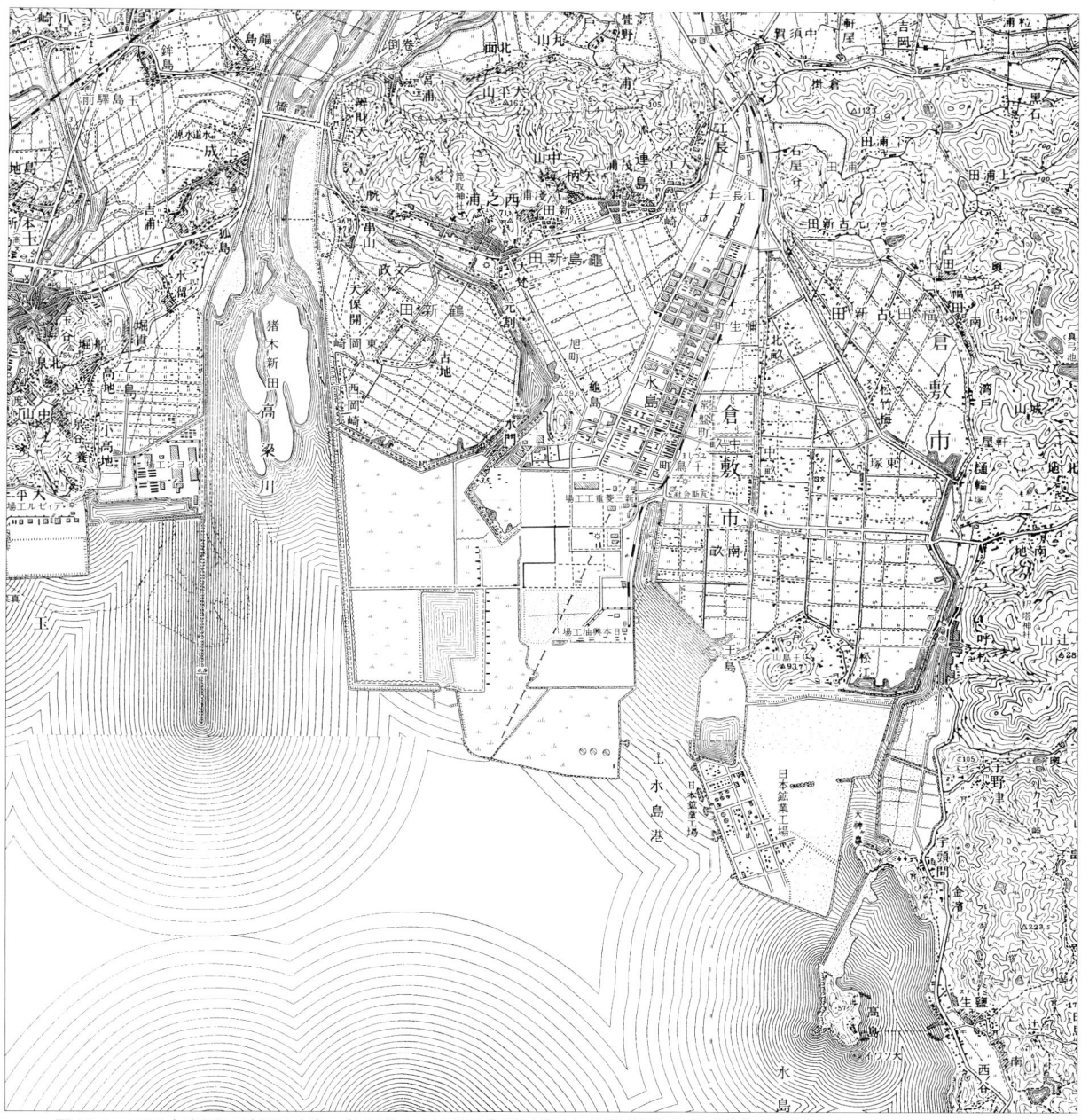

図 86-3　1960 年(昭和 35)頃の水島　(5 万分の 1 地形図「玉島」「岡山南部」昭和 34 年部分修正、「寄島」「下津井」昭和 35 年修正、×0.75)

は、木綿に代わって藺草が普及した。また、干拓地ごとに地割りの方向が異なっており、これは今日の道路網にも受け継がれている。以上の過程を経て、第二次世界大戦前までに 1 万数千 ha の土地が造成され、海岸線は著しく後退した。その結果、連島をはじめとする水島灘の島々が陸封され、亀島、王島などの往時の呼称が小山の名称として現在にも残されている(図 86-3)。

　大正期の特筆すべき土木事業は、天井川と化していた高梁川の改修である。高梁川は酒津以南で東西に分かれていたが、東高梁川を酒津で締め切って、それ以南を廃川とする代わりに、西高梁川を拡幅し堤防を増強するというものであった。工事は内務省直轄事業として行われ、1,000 万円以上の経費と 14 年の年月をかけて 1925 年(大正 14)に竣工した。旧東高梁川廃地は総面積約 450 ha であり、うち 320 ha は西高梁川の川幅を拡張するために土地を買収された農民に優先的に払い下げられた。払い下げを受けた土地は、大部分が農地として開墾された。入植は大正末から昭和初期にかけて行われた。1940 年(昭和 15)頃には、民家が 30 戸程度あり、サトウキビや大豆、落花生、イモ類などが栽培されていた。

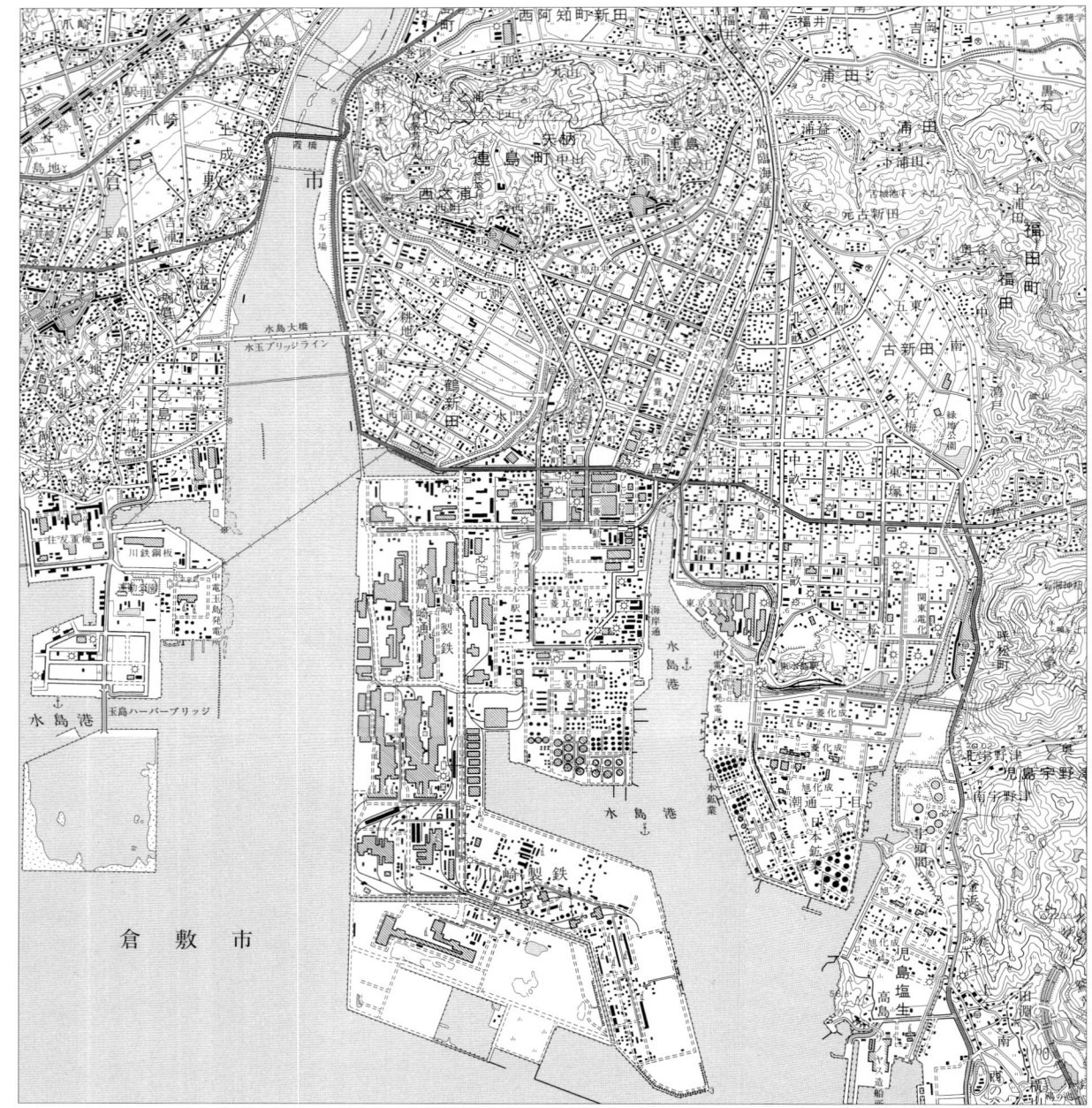

図 86-3　現在の倉敷市水島　（5万分の1地形図「玉島」平成12年要部修正、「寄島」平成7年修正、「岡山南部」平成6年修正、「玉野」平成4年修正、×0.75）

水島の工業化の先駆けは、1941年（昭和16）の三菱重工業航空機製作所の立地である。同社は、軍部から軍用機増産の要請を受けていたが、既存の名古屋工場の生産能力がすでに限界に達しており、また国防上、工場分散の必要性もあったことから、新工場の設立を計画していた。その立地場所として、旧東高梁川河口の地先海面を埋め立てて造成した土地に白羽の矢が立った。従業員総数が3万人に達する規模であったので、福利厚生施設も相当のものが必要であり、その建設用地は農地化されていた廃川跡地を強制買収することによってまかなわれた。1943年倉敷方面から労働者を運ぶ専用鉄道が運転を開始した。軍用機製造工場は、第1号機が完成した1944年からわずか1年後の1945年に、アメリカ軍による相次ぐ空襲によって破壊された。戦後は、なべや弁当箱などの民需品生産を行う三菱重工業水島機器製作所として新発足した。図86-2には、その頃の状態がよく示されており、新工場の名称や社宅群の存在を確認できる。同工場は、スクーターやオート三輪を生産する新三菱重工業に転じた後、三菱自動車工業水島製作所となって現在に至っている。

戦後の水島の工業化　「農業県から工業県への脱皮」を目標とした1952年策定の「水島臨海工業地帯造

表 86-1 水島における主要工場の概要

企業名	操業開始年	敷地面積 (m²)	従業者数（人）2001年	従業者数（人）2006年	製造品目
日本ゼオン	1939	346,007	374	324	石油化学製品
三菱自動車工業	1943	1,245,700	4,861	4,600	乗用車
住友重機械工業	1948	425,000	210	171	精密加工機械
クラレ	1956	365,000	150	190	化学製品
三菱ガス化学	1960	509,877	480	419	有機化学工業製品
ジャパンエナジー	1961	1,647,800	410	390	石油精製品
新日本石油精製	1961	1,527,873	524	527	石油精製品
東京製鐵	1962	462,825	537	482	鉄鋼
萩原工業	1962	46,000	304	324	化学繊維
三菱化学	1964	1,927,717	1,138	748	有機化学工業製品
旭化成ケミカルズ	1965	1,249,360	1,160	945	石油化学製品
JFEスチール西日本製鉄所	1965	10,894,846	3,689	3,087	鉄鋼
サノヤス・ヒシノ明昌	1974	287,011	470	450	船舶
ジヤトコ	2003	7,798	—	154	自動車部品

（資料：岡山県産業労働部『水島工業地帯の現状』各年より作成）

成計画」に沿って進められた。この計画は、大型船舶の入港を可能とするために航路泊地を浚渫し、発生する浚渫土砂で海面を埋め立て、工業用地を造成し、優遇措置を講じて大企業を誘致することにあった。当時の県知事、三木行治が県財政を傾注して実施した大事業であり、計画規模も年を追って拡大された。高度経済成長期という時代背景や熱心な誘致活動、また当地のめぐまれた立地条件も手伝って、水島には素材型企業が相次いで進出を決定した。

1960年代前半の三菱石油（現 新日本石油）と日本鉱業（現 ジャパンエナジー）の製油所、東京製鐵と川崎製鉄（現 JFEスチール西日本製鉄所倉敷地区）の立地操業によって、巨大な石油化学・鉄鋼コンビナートが形成された。また、岡山県南部は新産業都市の指定を受け、水島はその中核的な役割を担うものと位置づけられた。1975年（昭和50）頃までには、主要企業の進出を完了した（表86-1）。

2005年において水島には249工場が立地する。工業出荷額等は3.6兆円（岡山県の約49%）であり、瀬戸内工業地域を代表する規模といえる。その内訳は、石油製品34%、鉄鋼24%、化学19%、輸送用機器17%であり、これら4業種で全体の96%を構成する。水島は、コンビナートを軸とした素材型工業の集積に特徴があるが、オイル・ショックによる同工業の低成長・成熟産業化、そしてバブル経済後の不況に対応して、各工場では種々の合理化や再編成がなされ、工業地帯としての相対的な地位は下降気味であった。それは従業者数の推移に端的に示され、1975年の3.9万人をピークに以降一貫して減少し、2005年には2.1万人とほぼ半減した。工業出荷額等については、アジアの工業化と結びつきを深めた結果、2000年の2.7兆円を底に急速な回復をみせ、2005年には過去最高値を記録した。水島は、「新産業都市の優等生」と称されるように、大企業の誘致に成功し、地域経済の発展を導いてきたという点で高い評価を受けている。その反面、大気汚染や水質汚濁などの公害や工場災害の発生により、藺草の先枯れや魚の大量死といった、地域社会に対してマイナスの影響ももたらした。図86-3から判読できるように、かつては農地主体であった干拓地の土地利用も今日では住宅地が支配的となり市街地化が進んでいる。産業と居住環境の調和したまちづくりが望まれる。

水島工業地帯の発展は、水島港の機能拡充にも負っている。水島港は岡山県による臨海部の埋め立てと併せて段階的に整備された。その経過を記すと、1960年の玉島港の併合による港域拡大と「重要港湾」指定、1962年の関税法上の「開港」指定、1974年の「特定港」指定を経て、2003年には「特定重要港湾」に認められた。また、1980年には水島港内航路の水深−16m・幅員450m浚渫が完了し、20万トンクラスの大型船の着岸が可能となった。2005年における水島港の取扱貨物量をみると約1億トンであり、全国第5位の地位にある。その内訳は、輸出7.7%、輸入51.9%、移出28.0%、移入12.4%であり、重量ベースでは輸入が圧倒的に多い。しかし、貿易額について金額ベースで示すと、輸入額が7,876億円に対して、輸出額は1兆1,963億円と逆転する。これは輸入品が原油、鉄鉱石といった原材料中心であるのに対して、輸出品は自動車、鉄鋼、石油製品などの工業製品が主体であることが関係している。背後に控える工業地帯の特性が水島港の貿易状況に表れている。

（友澤和夫）

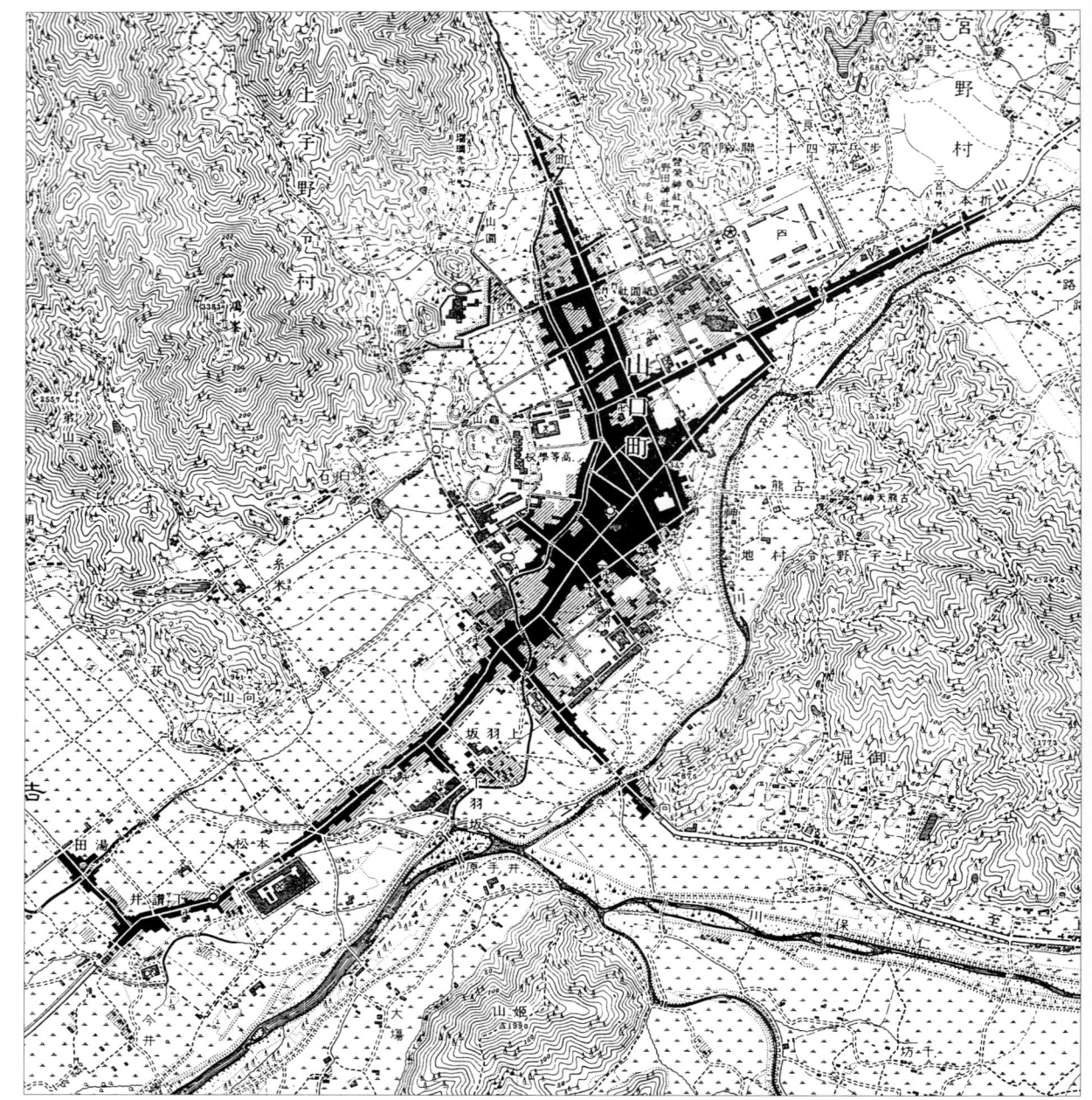

図87-1　1899年（明治32）の山口町　（2万分の1地形図「山口」明治32年測図、×0.8）

87. 山　口

　地形図に示される山口は、中世に大内氏が本拠を置き、西の京とも謳われた地である。図87-2に大内氏館跡、大内氏遺跡（高嶺城跡）などの記載が見られるように、今も各所にその旧跡が残されている。しかし、大内氏の滅亡後の山口は衰退し、江戸時代には萩と三田尻（防府）を結ぶ街道（萩往還）沿いの集落であった。その後、幕末に藩主の毛利氏が萩からこの地へ藩庁を移したことを1つの契機とし、山口は政治の中心として復活する。さらに明治維新を担った多くの長州藩士がこの地を舞台として活動したように、国家レベルの影響も少なくない。なお、当時の藩庁門は今でも図87-2に見える県庁に残されている。また、1871年（明治4）に県庁の東、祇園社（図87-1）と示されている地で開業した料亭「菜香亭」には、井上馨、伊藤博文、木戸孝允、山縣有朋ら多くの明治の元勲が集ったといわれる。その後も「菜香亭」は県内外の政財界人や文化人に利用され、昭和期には田中義一、岸信介、佐藤栄作ら県出身の政治家が地元での活動拠点とした場所でもある。このように山口は、明治以降一貫して政治や行政機能に特化した都市といえるが、それは県内他都市に

図 87-2　現在の山口市（2万5,000分の1地形図「山口」「小郡」平成17年更新、原寸）

比べ有力企業の進出が少ないことの裏返しでもある。

　その県庁の脇を一の坂川に沿って南北に延びるのが旧萩往還で、竪小路をすぎて西に折れ、山陰道と重なる。北東へ進めば石州街道、南西に進めば湯田を経て小郡へと至るが、萩往還は再度南東へ折れ、仁保川に沿って東へと伸びる。図87-1からは当時の市街地がこれらの街道沿いに拡大しつつあることがうかがえ、その骨格は今日もかわらない。特に山陰道と萩往還の重なるあたりは古くから商業機能の集積した地で、現在もアーケードを有する商店街となっている。図87-2で、中市、道場門前と示される一帯である。現在の市街地は旧街道に沿ってさらに南西方向へと伸び、図87-1では水田記号の中の湯田温泉にも今ではホテルが建ち並んでいる。また、図幅南東の二保川沿いにも近年は住宅開発が進むとともに郊外型の商業施設が多く立地している。

　一方、県庁と商店街に挟まれた亀山周辺には教育機関が置かれ、図87-1には旧制山口高等学校（後の山口高商）が確認できる。一帯は今でも博物館や美術館、図書館などの文教施設が建ち並び、近在の瑠璃光寺や香山公園など毛利氏や大内氏の歴史遺構とあわせて、落ち着いたたたずまいを見せている。　　　　（荒木一視）

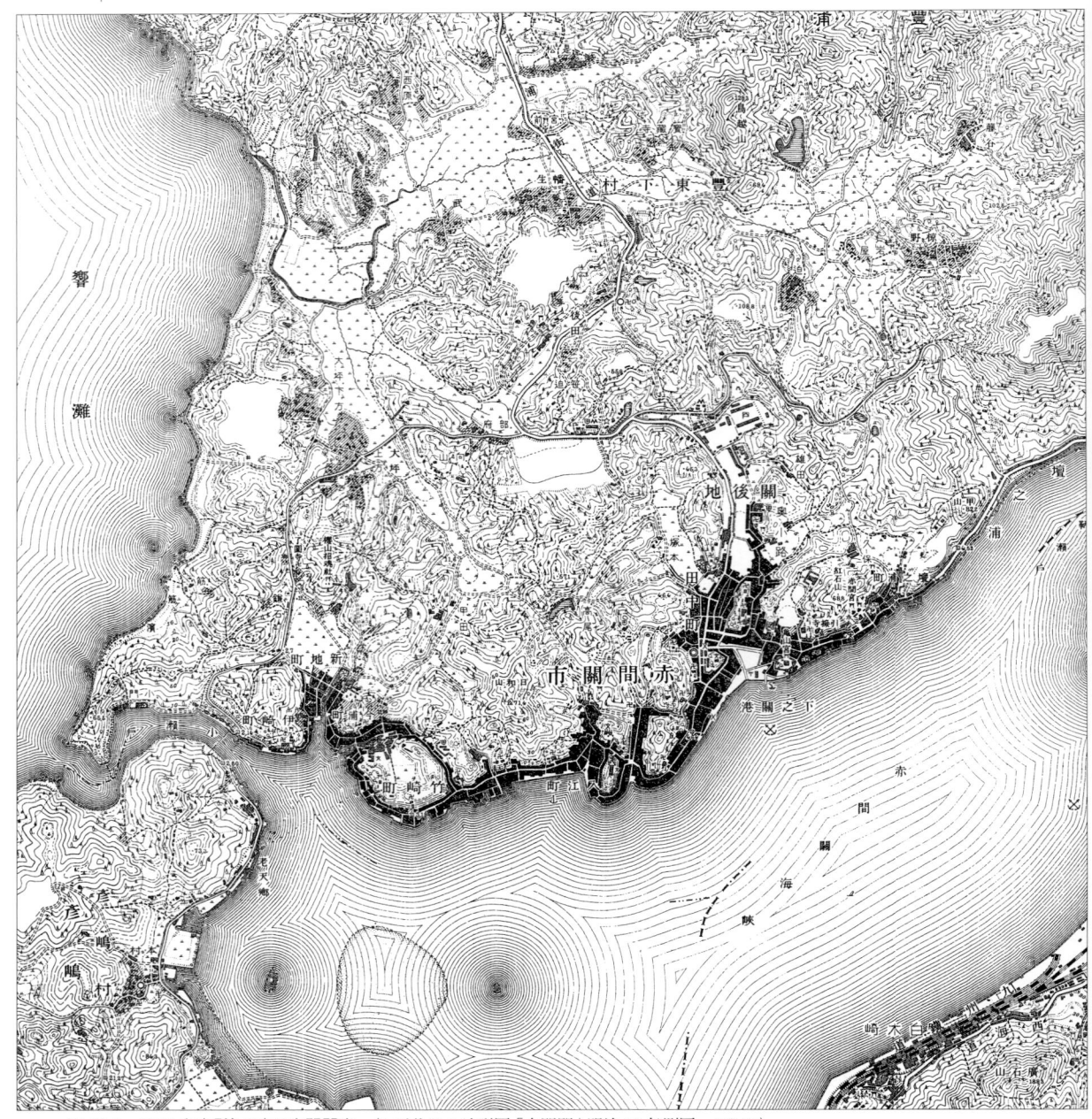

図88-1　1899年(明治32)の赤間関市　(2万分の1地形図「赤間関」明治32年測図、×0.61)

88. 下　関

　本州最西端に位置する下関は、日本海と瀬戸内海を結ぶ海峡部分に面していることから、古来より軍事的のみならず経済的にも重要な意味を持ってきた。中世の壇ノ浦の合戦、近世の西廻り航路の最大の寄港地、幕末の下関戦争、近代の日清講和条約締結等、歴史の節目に何度も登場してきた都市である。

　海峡部にあるため平地に乏しく、市街地は次第に背後の丘陵地に伸び、坂の多い斜面都市を形成、また、下関の中心は、時代とともに東から西へと移動した。

西廻り航路で栄えた港は図88-1の下之関港付近(唐戸)であった。1820年代には400余軒もの問屋が軒を並べ下関は「西の浪華(なにわ)」とまで称されたが、汽船の登場、鉄道の敷設等により明治中期にはその役割を終えた。その後、下関は貿易港として再び活気を呈するが、これに拍車をかけたのが山陽鉄道(現 山陽本線)の京都・下関間の開通である。唐戸と伊崎町の中間地点の入江町付近に馬関(ばかん)駅(1902年に下関駅と改称)が置かれ、さらに1905年には関釜(かんぷ)連絡船が就航し、下関は鉄道、航路のターミナルとして繁栄する。この状況が大きく変わるのは関門鉄道トンネルの建設(1944年)に伴う下関駅

図 88-2　現在の下関市　(2万5,000分の1地形図「下関」平成18年更新、×0.76)

の移転である。関門トンネルの路線が竹崎〜彦島間を通過することとなり竹崎〜彦島間が埋め立てられた。下関駅はこの埋立地に移転し、下関駅の西側には東洋一とまで言われた新たな下関漁港も建設された。1977年には駅に隣接して総店舗面積5.1万m²のショッピングセンター「シーモール下関」が建設され、市街地の中心は完全に下関駅付近となった。

　かつての繁栄に比べ近年の下関の衰退は著しい。衰退の最大の原因は、水産業の衰退と交通条件の変化である。魚市場取扱量はピークであった1966年の28.5万トンから2006年には3万トンへと激減している。

　交通条件の変化はさらに著しい。関門鉄道トンネル、関門国道トンネル、関門橋、新関門トンネルと次々と海峡間に新たな交通路が建設され、下関はかつての交通ターミナルから通過都市となってしまった。人口も1985年の26.9万人をピークに減少が続き、2005年には25万人(合併前)を切るに至っている。かくて、下関市は独立性の強い都市から100万都市・北九州市の影響を強く受ける周辺都市へと変化しつつあるが、歴史の古い都市であるだけにウォーターフロントを中心に新たな展開を求めての再開発事業が多数進行中である。

（吉津直樹）

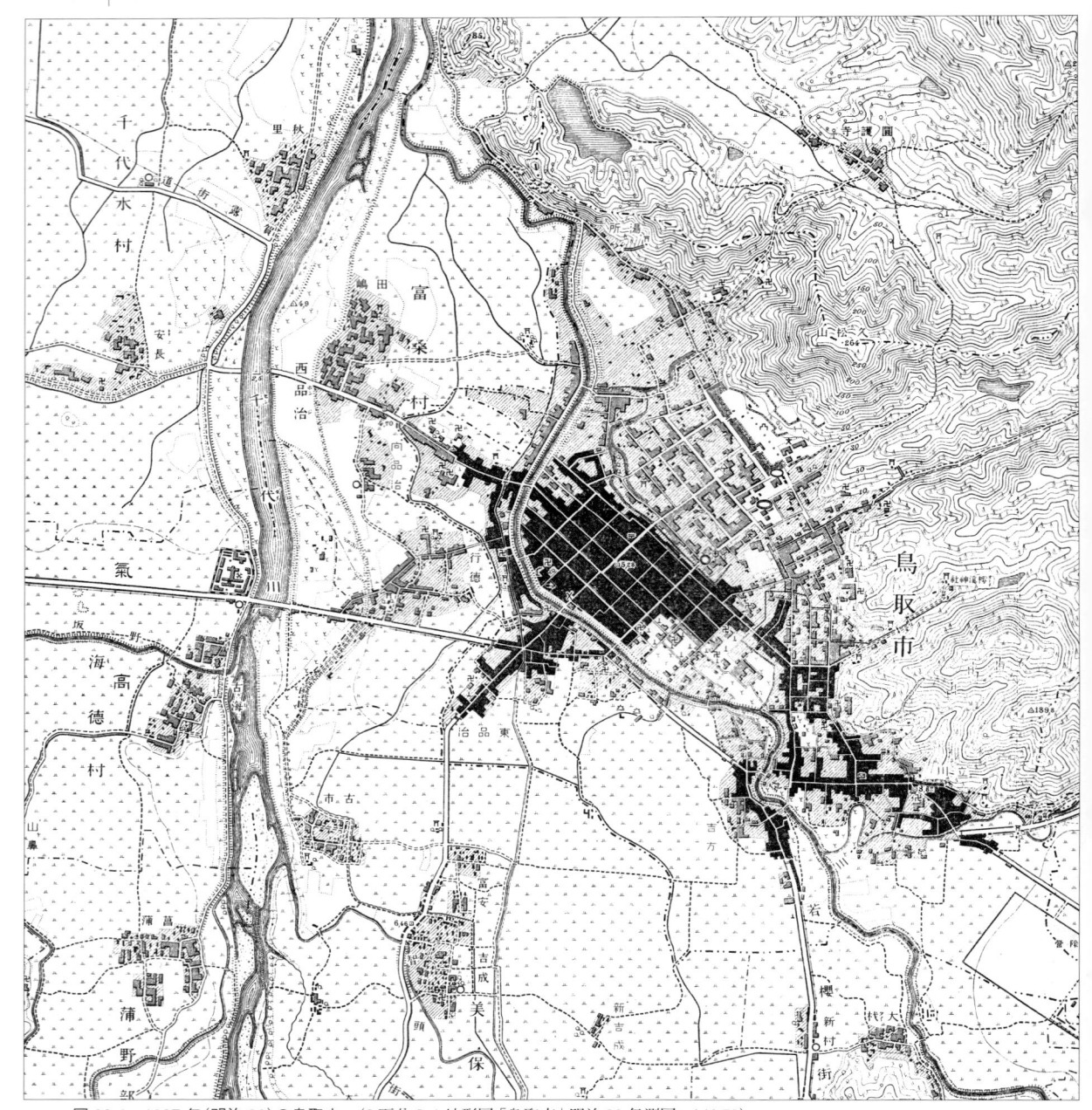

図89-1　1897年（明治30）の鳥取市　（2万分の1地形図「鳥取市」明治30年測図、×0.72）

89. 鳥　取

　鳥取の起源といってよい近世の鳥取城下町（32万石）は、袋川の流路を固定してそれを外堀とした城下町で、山麓から市役所付近の南を通る内堀間が郭内に、内堀と外堀の間が町屋および寺町（南東端）にあてられた。明治期に入り、士族離散、官有地化が進んだ郭内では、その中心部に鳥取師範学校、鳥取中学校などの文教施設や地方裁判所、税務署、県庁関係機関などの近代的行政施設、病院などが集積し、湯所などのその周辺部分では空洞化（荒地・空地化）ないし農地化が進んだ。一方、町屋地区では、城下町時代の商業中心としての役割が継承されるところとなった。鳥取は1889年（明治22）に市制施行されたものの、明治期を通して人口は3万人前後で推移し、また市街地の拡大もわずかなものに留まった。1912年（明治45）の山陰本線（京都〜出雲今市間）全通を皮切りにした鉄道網の発達や近代工業の発展、吉方、末広温泉の発見による温泉街の形成などによって、市街地は次第に駅方向に拡大してきた。さらに、大正期以降の製糸業などの工場進出や戦中の疎開工場の立地によって、駅南地区の工業化も進展するところとなった。

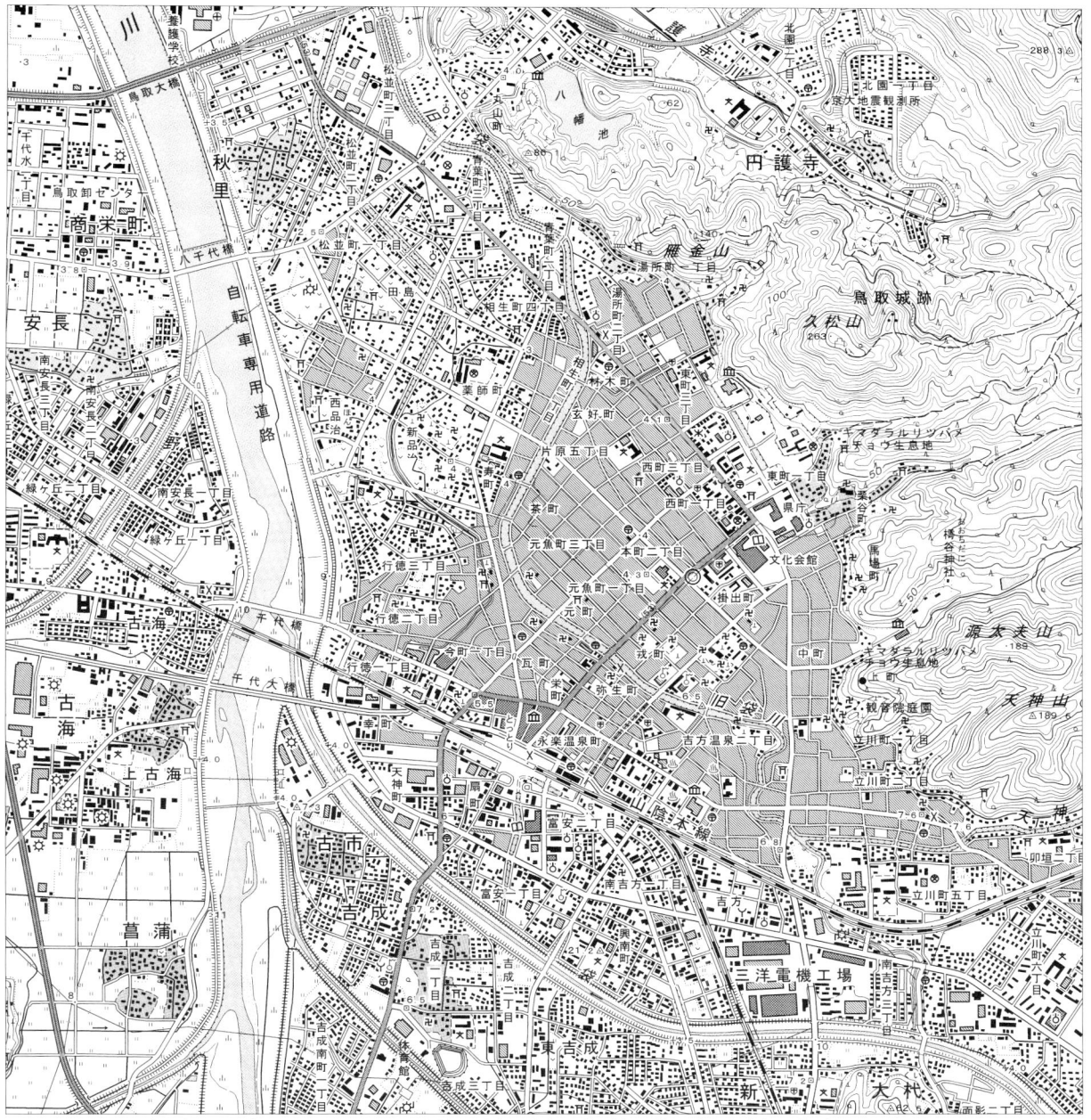

図89-2　現在の鳥取市　（2万5,000分の1地形図「鳥取北部」平成17年更新、「鳥取南部」平成16年更新、×0.9）

　鳥取市街地は1943年(昭和18)の鳥取大震災と1952年(昭和27)の鳥取大火によって壊滅的な被害を受けたが、「耐震不燃都市づくり」をスローガンとする復興策によって甦った。1970年代中葉からは人口の郊外流出や居住者の高齢化が始まり、また、鳥取駅前市街地再開発事業の進展によって、商業機能や中央郵便局、地方銀行本店などが鳥取駅周辺に移転や集積することになり、鳥取の商業中心が駅前地区に移動し、伝統的な中心市街地の衰退や空洞化は進んだ。

　周辺部についてみると、住宅地化は市北部の浜坂地区や西部の湖山地区の砂丘地帯を中心に展開し、その後の開発は南部や西部の水田地帯に及ぶこととなった。また、産業活動では、1966年の鳥取三洋電気の吉方地区への工場誘致や同関連工場の進出を手始めに、さらに1970～80年代の市南部の津ノ井工業団地や市西部の千代水流通・工業団地の造成などによる積極的な工場誘致が図られてきた。1980年代後半以降、鳥取南バイパス等の周辺道路網の整備、鳥取新都市の建設、大型ショッピングセンターの開設などによって、中心市街地の疲弊は一層顕著なものとなった。過剰ぎみな郊外化を制御し、鳥取市街地と郊外との適切な役割分担と調和を図ることが課題となっている。　(伊東　理)

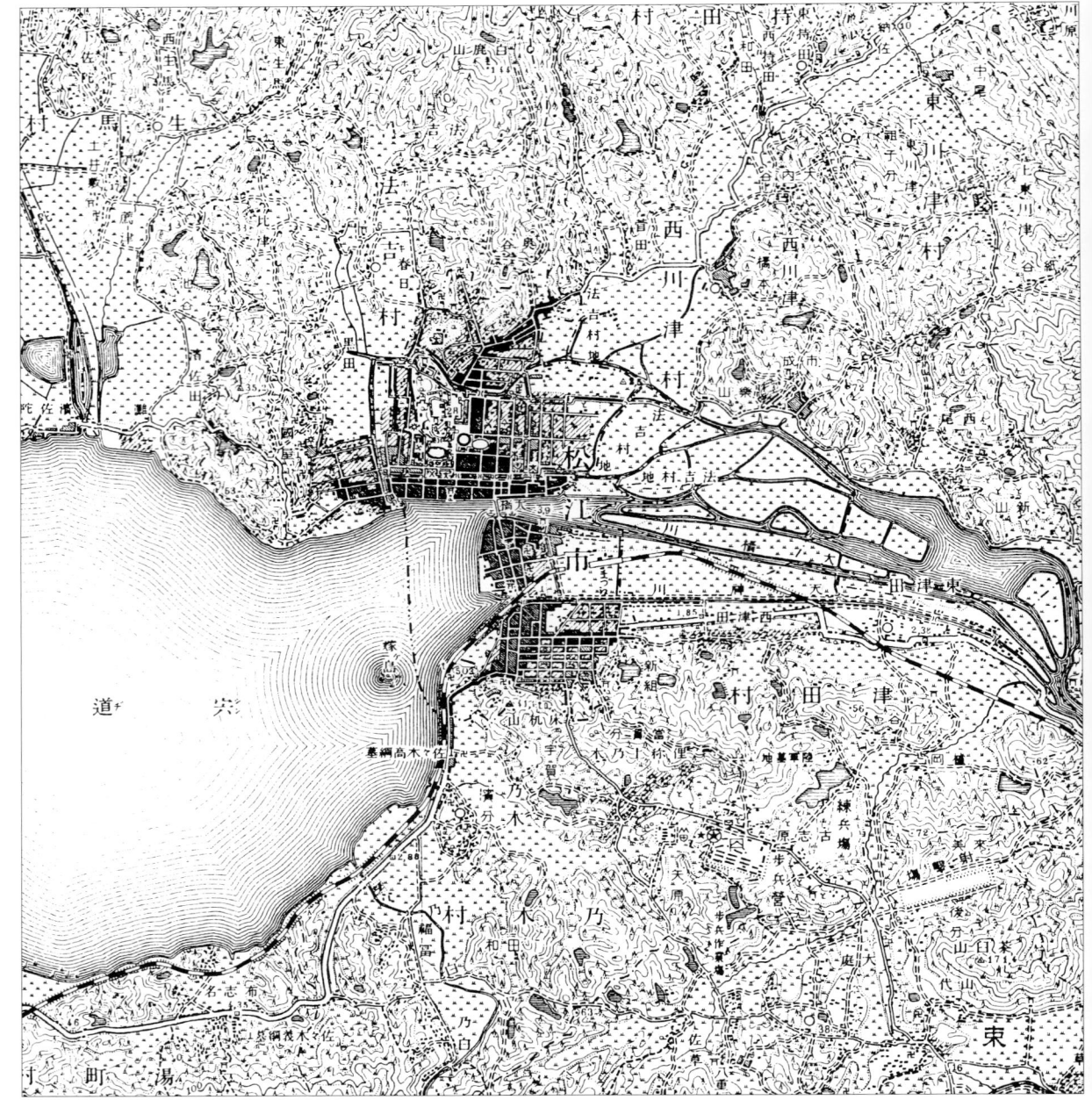

図90-1 1909年（明治42）の松江市 （5万分の1地形図「松江」明治42年修正、原寸）

90. 松　江

　松江市南郊の意宇(いう)平野には出雲(いずも)国庁跡や出雲国分寺跡などがあり、松江は古代よりこの地域の中心地であった。現在の市街地が形成されたのは1607年に堀尾吉晴氏が城下町を建設したことに由来している。大橋川を挟んで北側の橋北に城郭、侍屋敷、町屋を、南側の橋南には足軽屋敷、寺社、町屋を配置した。その後、松江市では洪水や火災に見舞われたものの、震災や戦災の被害は受けておらず、今日の都市構造は近世期の城下町構造に大きく規定されている。

　明治に入ると出雲・石見(いわみ)・隠岐(おき)三国をもって島根県が設置され、松江に県庁が置かれた。1873年（明治6）当時の松江市の人口は約3.8万人と推定されており、中国地方では広島(7.4万人)、萩(4.5万人)に次いで3番目の規模で、岡山(3.7万人)と同規模であった。その後、1876年に島根師範学校、1908年に歩兵第63聯隊が設置され、同年には米子・松江間に鉄道が開通した。松江駅が開設された当時の地形図(図90-1)をみると、周辺一帯は水田であり、市街地は江戸時代の城下町とほぼ一致していることがわかる。今日ではベッドタウンとなっている橋北の法吉(ほっき)や川津、橋南の乃木や

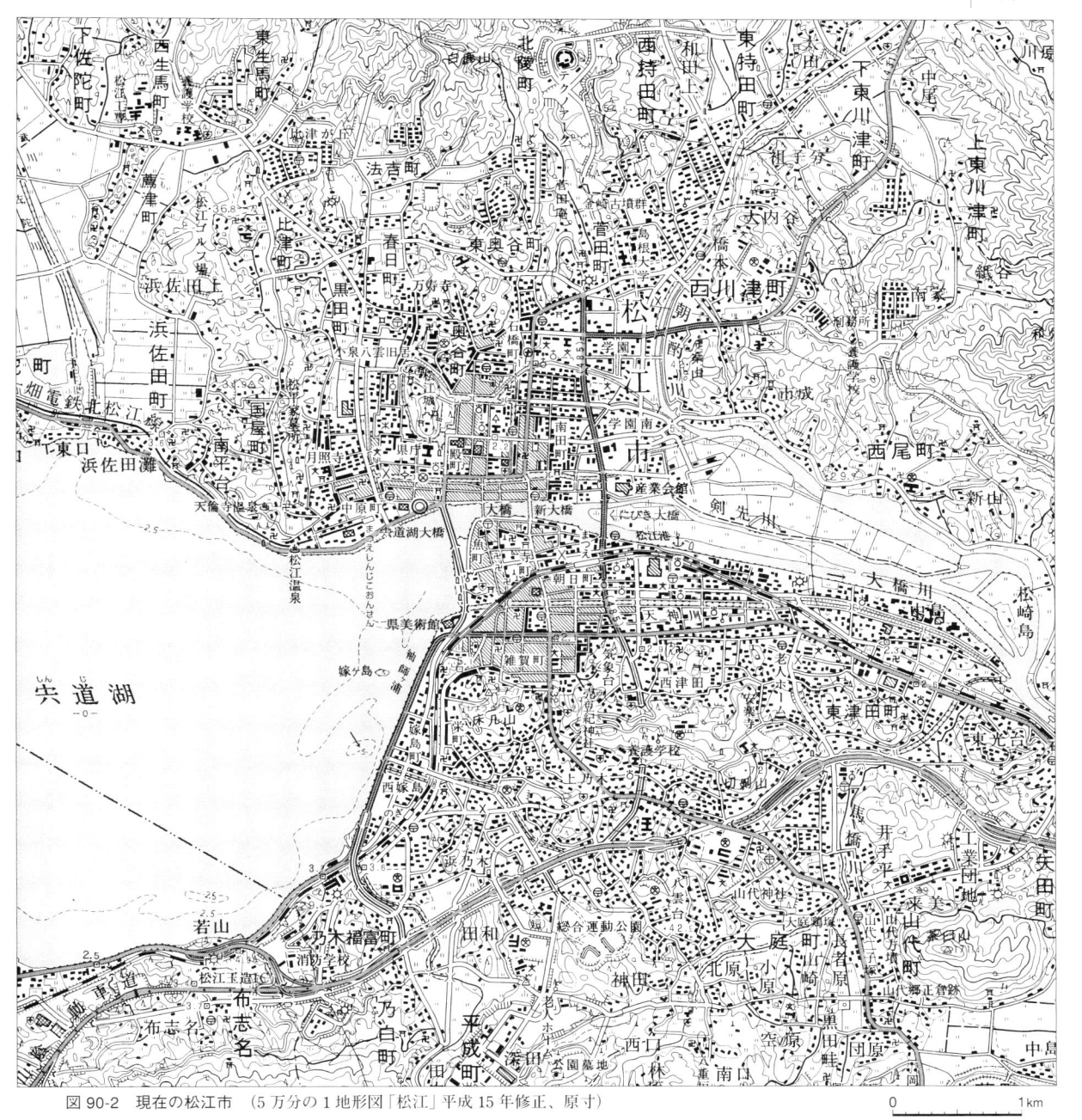

図90-2　現在の松江市（5万分の1地形図「松江」平成15年修正、原寸）

津田は農村的土地利用が卓越している。宍道湖の湖岸線は現在よりもかなり内陸寄りにあり、山陰本線は宍道湖岸を縁取るようにして設置されていることがわかる。当時は鉄道やトラックなどによる陸上輸送よりも、水上輸送が重視された時代であり、宍道湖や大橋川に隣接した中心市街地は流通の拠点としても機能していた。また、市街地の東側には広大な水田が広がっているが、これは江戸時代からの湿田であり、調整池の役割も有していた。

松江市において市街地が外縁的拡大をみせるのは昭和30年代以降である。この時期から、市街地に隣接する農村地域がスプロール的に都市化していった。また、宍道湖沿岸では埋め立てや干拓が行われ、橋北では旅館団地（千鳥町）、橋南では卸団地（嫁島町）が形成されるなど都市機能も次第に分化していった。また、1982年（昭和57）に開催されたくにびき国体は都市構造を変革させる契機となり、この頃、同年前後に市街地を南北に貫く通称くにびき道路が完成し、東西を貫通する国道9号線のバイパスも松江市南郊に開通した。こうした急速な郊外化により、川津や浜乃木といった郊外拠点が成立した一方で、中心市街地は空洞化し、今日では深刻な問題となっている。（作野広和）

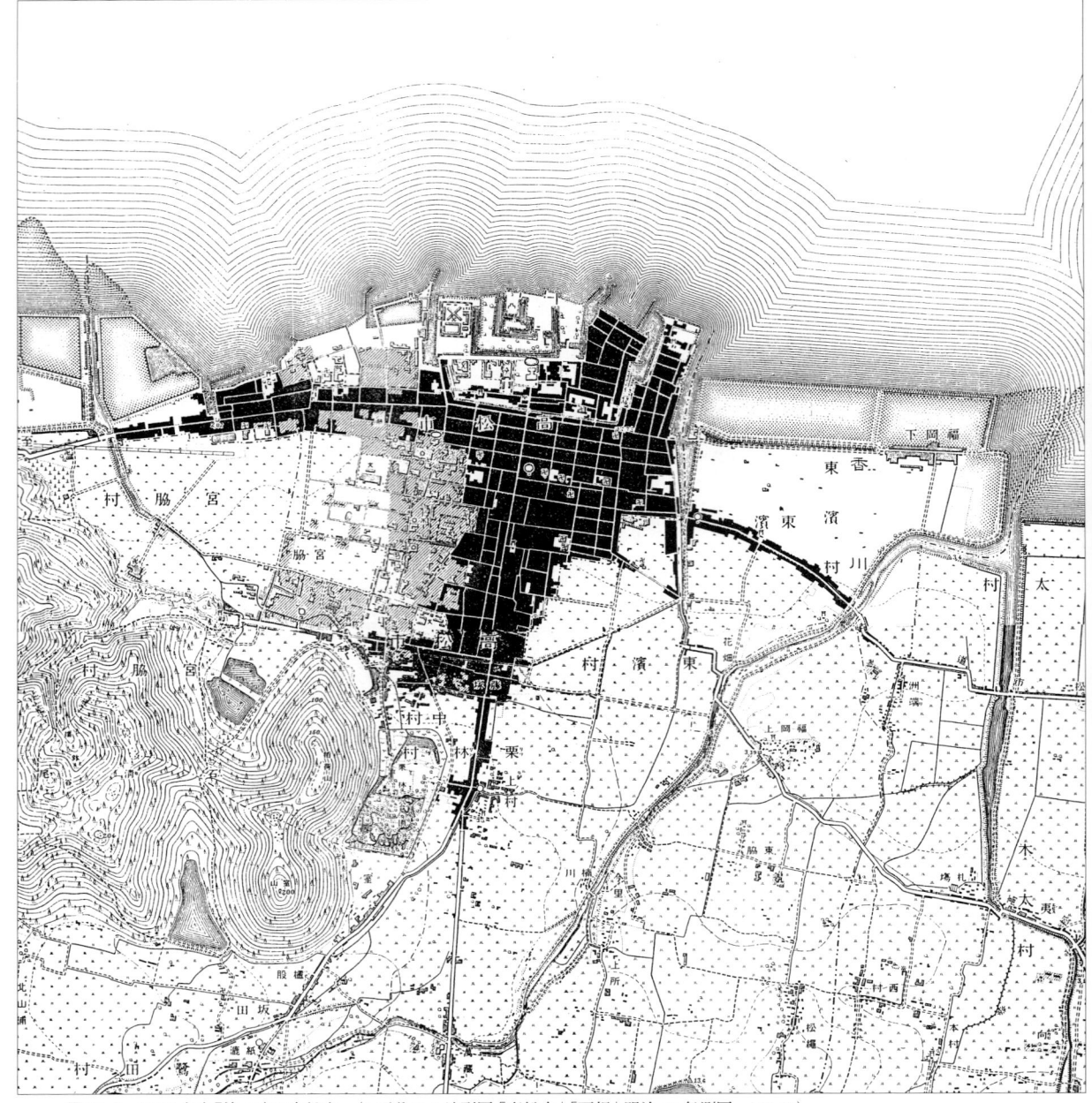

図91-1 1896年(明治29)の高松市 (2万分の1地形図「高松市」「百相」明治29年測図、×0.64)

91. 高　松

　高松は明治以降、長年にわたり四国の玄関口としての機能を果たしてきた。讃岐平野のほぼ中央部に位置し、江戸時代には高松藩12万石の城下町として栄えた。高松城(玉藻城)は、安土桃山時代、生駒親正によって築城された。直接海に面し、海水を堀に引き入れるという全国でも珍しい水城であった。その後、江戸時代に入り生駒氏に次いで高松を治めた松平頼重は、まず城下町を整備した。生活基盤の充実を目指して上下水道を敷設するとともに、侍屋敷を拡充し支配階級の空間整備を進めた。高松城の東西側には干潟が広がっていたため、市街地は南方向へ拡大した。享保年間には町数は42となり、この頃城下町がほぼ完成した。

　明治維新後は1890年(明治23)の市制施行まで、高松の発展はあまりみられず、市制時の人口も3.4万人に過ぎなかった(図91-1)。

　高松が四国の玄関口としての機能をもち始めたのは、瀬戸内海の対岸に位置する岡山県の宇野と高松を結ぶ連絡船が運行を始めた1910年(明治43)以降である。その後、昭和初期にかけて、四国内の各方面への鉄道が高松を起点として徐々に整備されていった。

図91-2　現在の高松市　（2万5,000分の1地形図「高松北部」平成16年更新、「高松南部」平成18年更新、×0.8）

　第二次世界大戦末期、高松は米軍の空襲を受け、市街地の大半を消失し、多くの人命を失った。しかし、敗戦翌年の1946年には復興事業が開始され、高松駅前から南に延びる中央通り新設をはじめとして都市基盤の整備が図られた。中央通り沿いには、地元企業のほか大手・中堅企業が次々と支店を開設し、一帯は今日に至るまで市中心部の業務地区として機能している。行政機能では、四国経済産業局、四国運輸局など国の出先機関の多くが市中心部に立地し、高松は戦後、四国の中枢都市としての機能を高めた（図91-2）。

　高松は、1988年（昭和63）の瀬戸大橋開通後も四国の玄関口としての機能を一応維持している。しかし、バブル崩壊後の社会経済情勢により、支店経済の町とも呼ばれてきた高松は今自立的な発展戦略を必要としている。高松市は、2005～6年の周辺町の合併により人口が42万人となった。四国を代表する都市に変わりはないが、都市圏人口は伸び悩んでいる。一方で、JR高松駅前の港湾地区は、当初計画の縮小を余儀なくされたものの再開発で景観が一新された。中心商店街の一部では、商店主らによる主体的な再開発事業が行われて全国的に注目されるなど、未来に向けた事業が進行中である。

（平　篤志）

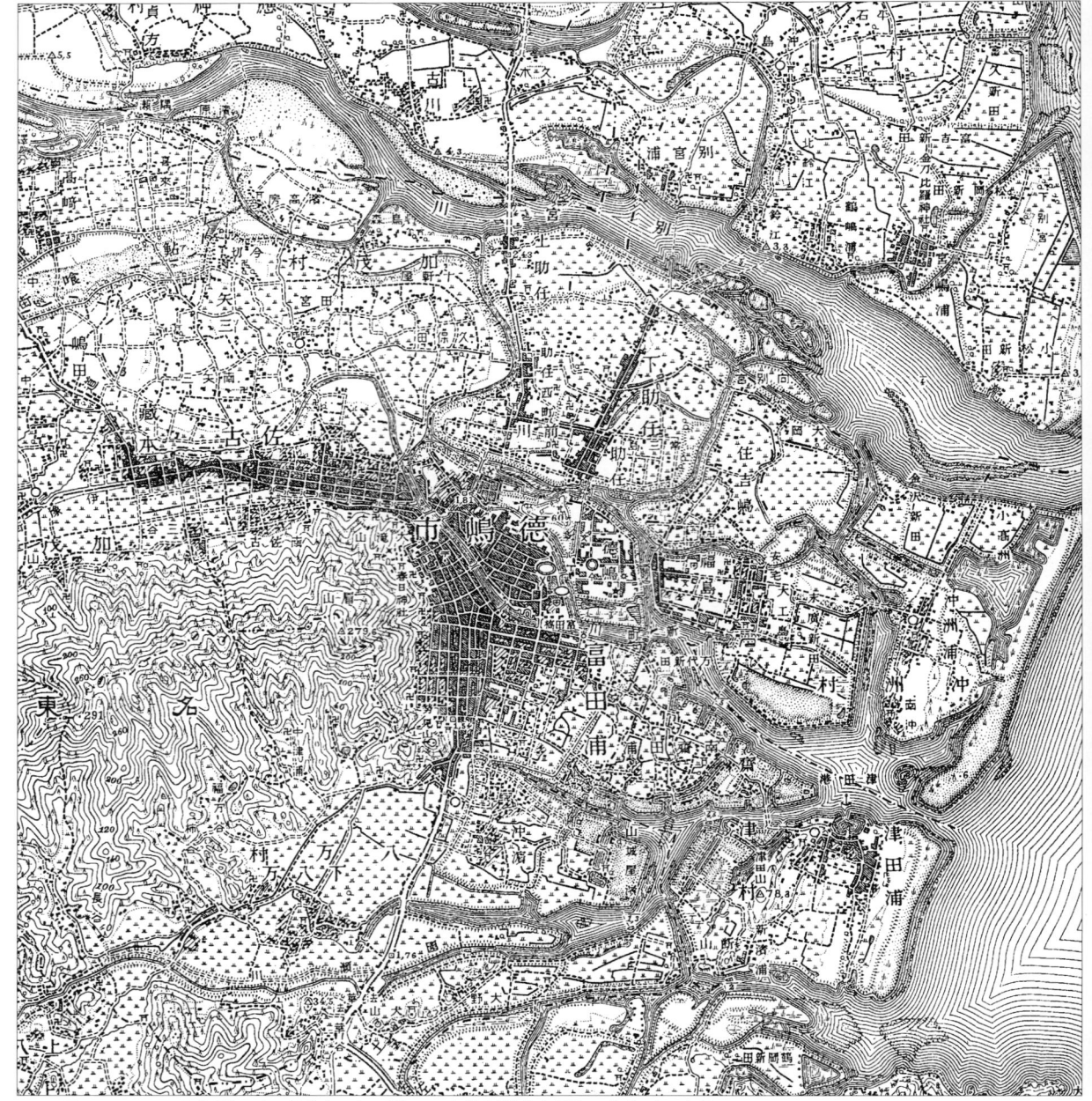

図 92-1　1909 年(明治 42)の徳島市　(5 万分の 1 地形図「徳島」明治 42 年修正、原寸)

92. 徳　島

　徳島市も、近世城下町に起源をもつ県庁所在都市の1つである。1585 年(天正 13)に阿波国に入部した蜂須賀家政は、吉野川河口右岸に位置する猪ノ山(現 城山)に城を築き、城下町を建設した。徳島城下町の特徴は、助任川や新町川、寺島川などの吉野川の分流を水濠として利用した島普請にあり、中州であった徳島・福島・寺島・出来島・常三島・住吉島などに侍屋敷、新町川を挟んで内町と新町地区に町屋、城下への入口にあたる佐古・富田地区に足軽組屋敷が配され

た。図 92-1 には、そうした往時の町割が反映されている。藩政後期には染料となる阿波藍の生産が飛躍的に拡大し、城下町は藍の大市で賑わった。

　明治期に入っても、わが国の綿紡績の発展を背景に阿波藍の生産は伸び続け、全国生産量の 3～4 割を占めた。1889 年(明治 22)の市制施行時に徳島市の人口は全国第 10 位にあたる 6.3 万人を数えたが、化学染料の普及による阿波藍の凋落とともに、徳島市の発展は低迷する。1945 年(昭和 20)7 月の空襲により市街地の約 7 割が焦土と化し、かつての城下町の面影も失われてしまった。1964 年(昭和 39)には、徳島市を含む県

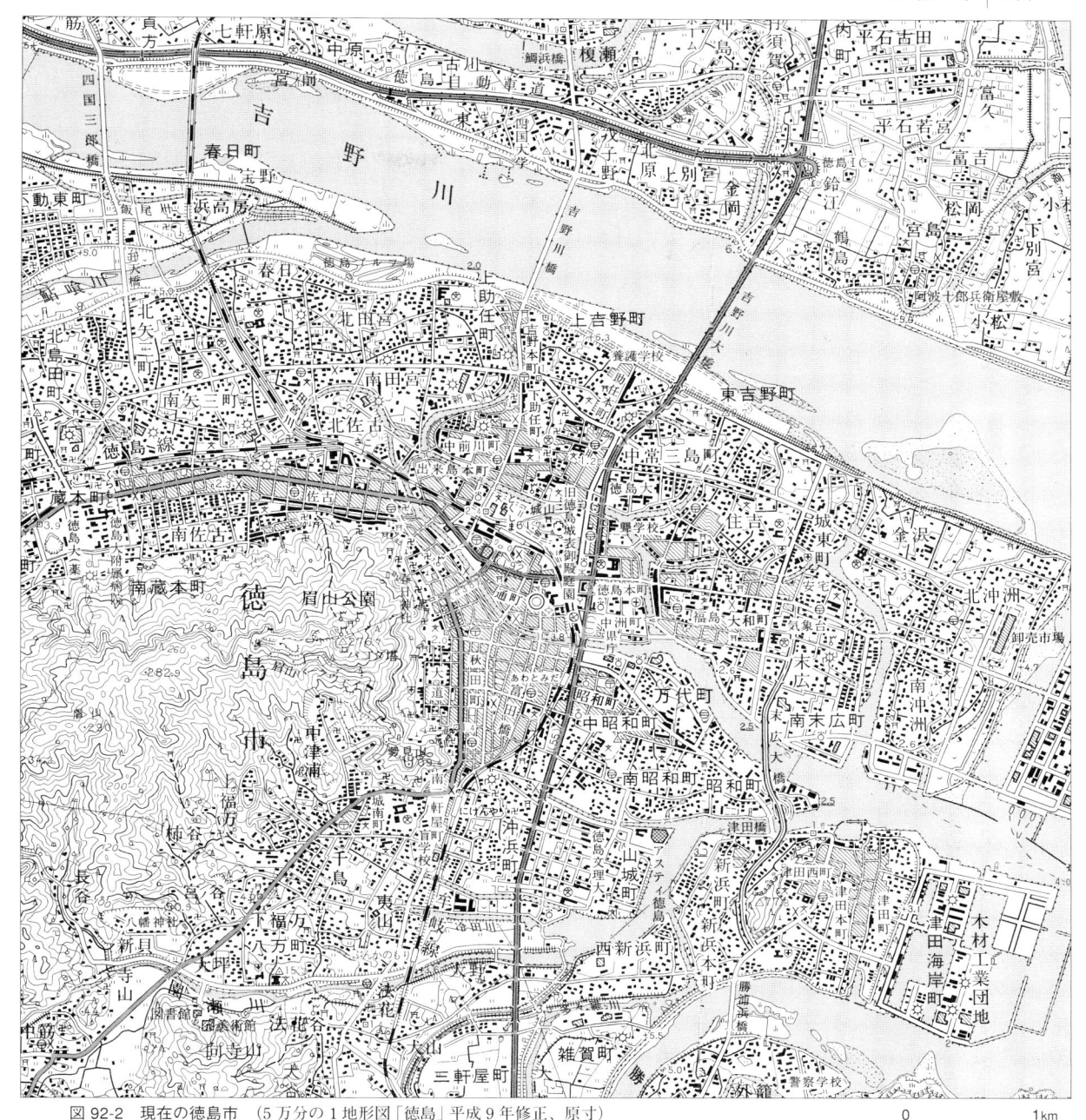

図92-2 現在の徳島市 （5万分の1地形図「徳島」平成9年修正、原寸）

東部4市8町村が新産業都市地域に指定されたが、都市再編に結びつくほどの産業振興には至らなかった。

そうした中で1980年代以降、木材工業団地（津田地区）・総合流通センター（川内地区）への木工業や卸売業事業所の移転にともなう工住混在（渭東地区）・商住混在（船場町・佐古地区）の改善、徳島市駅前西地区再開発事業や新町川・助任川周辺の親水公園化事業、都市計画道路や環状道路の建設などが徐々に進捗し、徳島市を取り巻く都市環境は整備されつつある。

他方、徳島は歴史的に大阪との結び付きが強く、明治期には新町川沿いの津田港や中洲港を起点とする定期航路が開設された。大正期以降、港湾機能は小松島港にとって代わられたが、1960年（昭和35）以降、新町川河口部を埋め立てた南末広・南沖洲地区にフェリーや高速船の発着場、トラックターミナルなどを建設し、徳島港が整備された。しかし、1998年の明石海峡大橋開通によって海上ルートは大幅に縮小し、徳島〜阪神間の人の移動や物流は陸上路にとって変わった。郊外への大型ショッピングセンターの進出や駅前地区への商業機能の集積と合わせ、このような社会変化が中心商店街（新町地区）の衰退化にいっそうの拍車をかけている。

（平井松午）

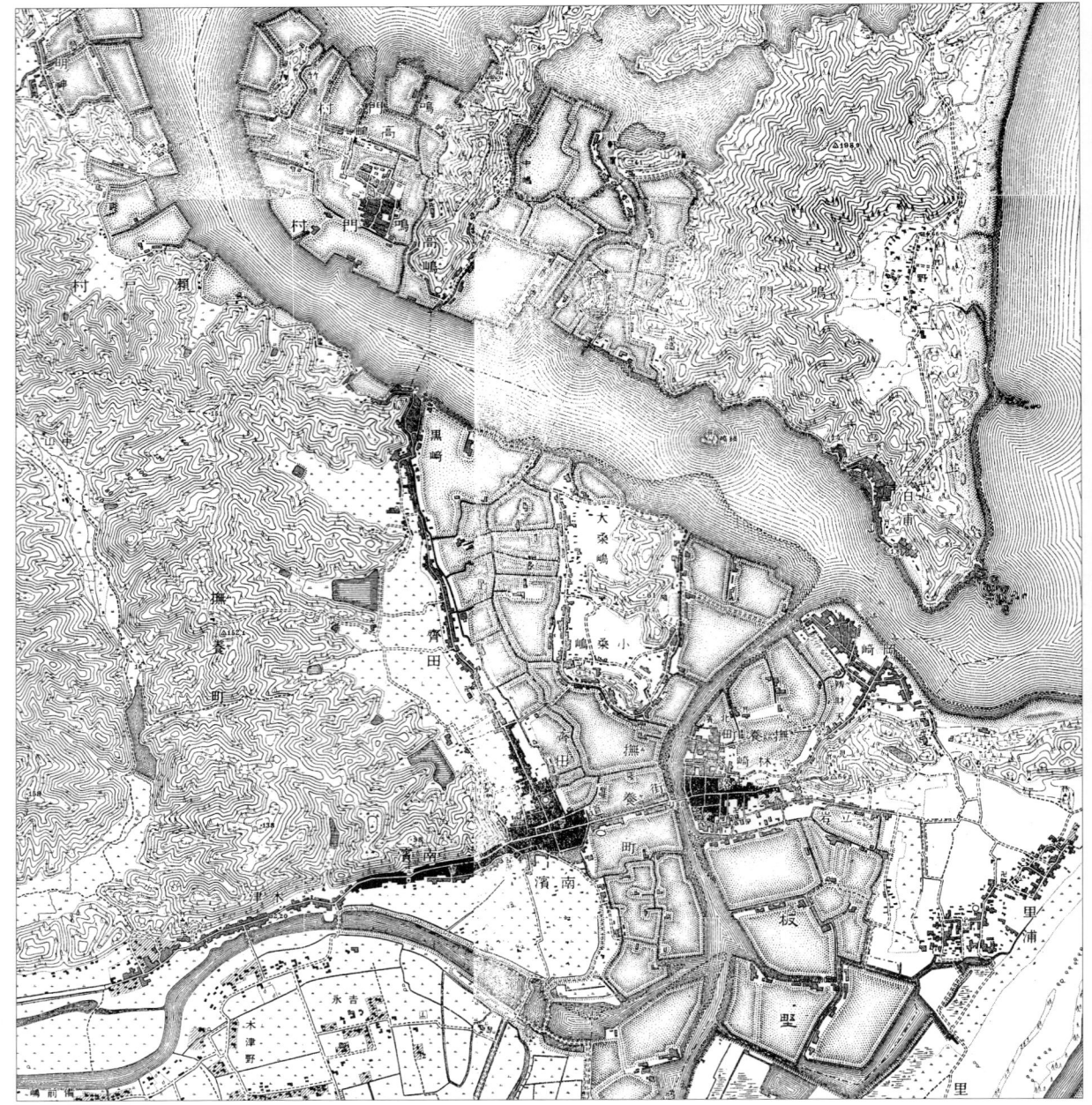

図93-1　1896年(明治29)の撫養町　(2万分の1地形図「鳴門海峡」「撫養町」「堂浦」「板東」明治29年測図、×0.64)

93. 鳴　門

　渦潮で知られる鳴門市は、1947年(昭和22)に4町村が合併して成立、その後2町1村を加えた。2008年の人口は6.2万人である。四国の北東端に位置するため、その門戸となってきた。古代の南海道は淡路国の福良から海峡を渡って撫養に入り、讃岐国へ通じていた。また、大毛島土佐泊の名は、紀貫之の『土佐日記』にも見える。同市南東部には四国霊場八十八カ所の一番札所・霊山寺(図外)があり、巡礼者にとって遍路の入り口となっている。撫養は元来港町であるが、阿波国を得た蜂須賀家正は、1585年(天正15)妙見山に岡崎城を築く。しかし、城はその後約50年で破却された。

　図93-1には、高島、黒崎、斎田、大桑島、小桑島、弁財天、立岩などに塩田が広がっている様子がわかる。鳴門の製塩業は、家正が播州から技術者を招いたのが始まりとされる。品質に優れた斎田塩は、藍やタバコと並ぶ徳島藩の主要産物として江戸方面へ多く出荷された。18世紀後半の塩田面積は288町歩に上ったという。高島には、鹹水溜、釜屋、塩納屋などを備えた塩田屋敷が保存されている。

　製塩の過程で副産物として生じる苦汁を用いて、大

図 93-3　現在の鳴門市（2万5,000分の1地形図「撫養」平成17年更新、×0.8）

正期には製薬業が成立する。撫養町立岩に本社を置く大塚製薬工場は、戦後清涼飲料やレトルト食品などにも進出し、グループは急成長を遂げた。1998年には鳴門公園内に国内最大級の大塚国際美術館を建設し（図外）、世界の名画を陶板に焼き付け展示している。

製塩技術の進歩により塩田は1972年に全面廃止されたが、生産は黒崎海岸に立地する鳴門塩業によって続けられている。塩田跡地では区画整理事業が始まり、道路の整備や宅地造成が行われ、1998年に完了した。その対象面積は440 haに及び、市街化区域は一挙に拡大した。立岩南部は県営鳴門総合運動公園として整備された（1971年）ほか、鳴門町には鳴門教育大学が開学した（1984年）。一方、JR鳴門駅南西の商業地区など中心部では近年空洞化が目立つようになった。

大毛島と四国本島を隔てる小鳴門海峡には、小鳴門橋（1961年）と撫養橋（1987年）が架けられ、大鳴門橋（1985年）と明石海峡大橋（1998年）の開通によって阪神方面と直結した。撫養橋南詰には高速バスの乗降所が設けられ、連絡船やフェリー中心の交通体系は大きく変化した。鳴門市では、区画整理された広い市街地を活用しつつ、四国の東玄関としていかに拠点性を高めていくかが今日の課題と言える。　　　　（豊田哲也）

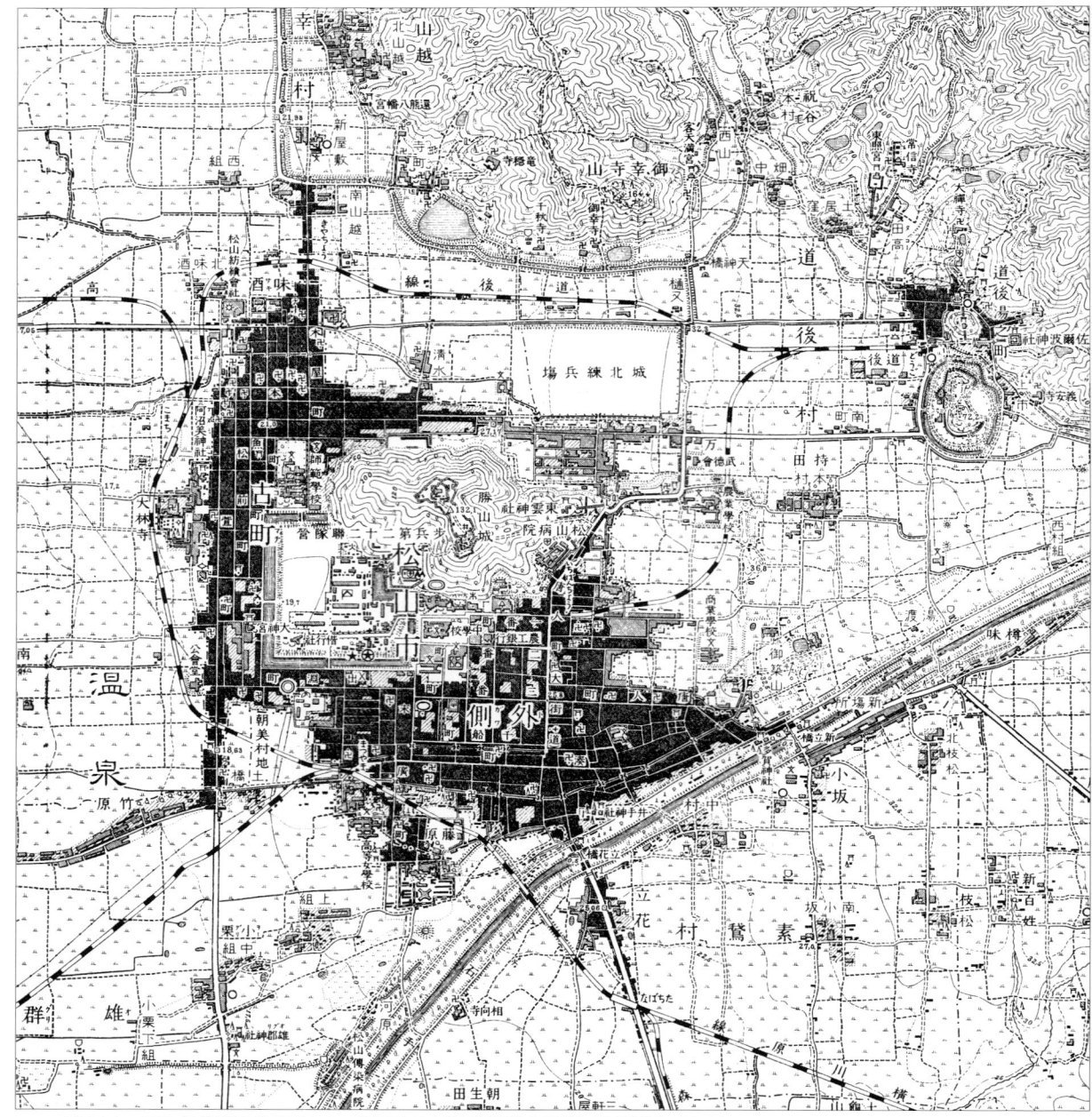

図94-1　1903年(明治36)の松山市　(2万分の1地形図「松山」明治36年測図、×0.8)

94. 松　山

　松山市は、賤ヶ岳七本槍の一人である加藤嘉明により築かれた城下町起源の都市である。城下町プランは勝山の南麓の石手川の流路を南に移し南の防御線とし、勝山を囲む形で武家屋敷、町屋、さらには、城南地区(外側)には上中級の家臣団の屋敷、城西の古町には商人町を配置するものであった。

　松山市は1889年(明治22)に市制を施行し、県の中心都市としての発展が始まった。高級士族が離散した後の外側には、県庁や市役所などの中心業務機能が集中し、商業機能の中心も古町からこの地区に移り始めた。この傾向に拍車をかけたのが、1888年の外側(松山市駅)・三津間の伊予鉄道、いわゆる「坊ちゃん列車」の開通である。これに対して国鉄予讃線の松山開通は全国的にみてもきわめて遅く(1927年)、伊予鉄道に比べ市街地形成に及ぼした影響はわずかであった。

　松山市の市街地は大戦の空襲で灰燼に帰したが、復興にあたっては基本的に戦前の街区が踏襲され、それゆえ城下町の町割が現代まで生きることとなった。現在の城山を循環する路線と国鉄駅(現JR駅)から堀端を経由し松山市駅に至る路線はこの時に整備され、松

図 94-2　現在の松山市　（2 万 5,000 分の 1 地形図「松山北部」「松山南部」平成 16 年更新、原寸）

山市の重要な幹線街路となった。

　中心業務機能は、戦後に面的拡大と土地利用の純化を見たが、戦前同様に外側地区に集中し、商業機能もL字型の中心商店街（大街道・湊町）に一層の集積をみた。堀ノ内と城北の練兵場跡地は、それぞれ、スポーツ・文化施設、愛媛大学などの文教施設が立地する地区となった。松山市は平成の大合併で四国初の 50 万都市となったが、市街地も戦後一貫して拡大し、DID は 1965 年の 15 km^2 が 2007 年には 63.7 km^2 に拡大し、この中に市の人口の 78 ％が住んでいる。

　松山市は地方都市のなかでは鉄道交通がよく整備されており、伊予鉄道は松山市駅から放射状に 3 本の郊外線と市内線（路面電車）を運行し、これに JR 予讃本線が加わる。道路は都心から放射状に 5 本の国道とこれを連結する環状線、さらに松山自動車道が市街地南部を走っており、それゆえ松山市は交通都市とも呼べる都市である。

　日本最古の歴史を持つ道後温泉は、1997 年に温泉本館が重要文化財に指定された。年間入湯客は約 135 万人、宿泊客は約 100 万人を数え、松山城とともに観光温泉文化都市・松山の中心的な観光施設になっている。

（藤目節夫）

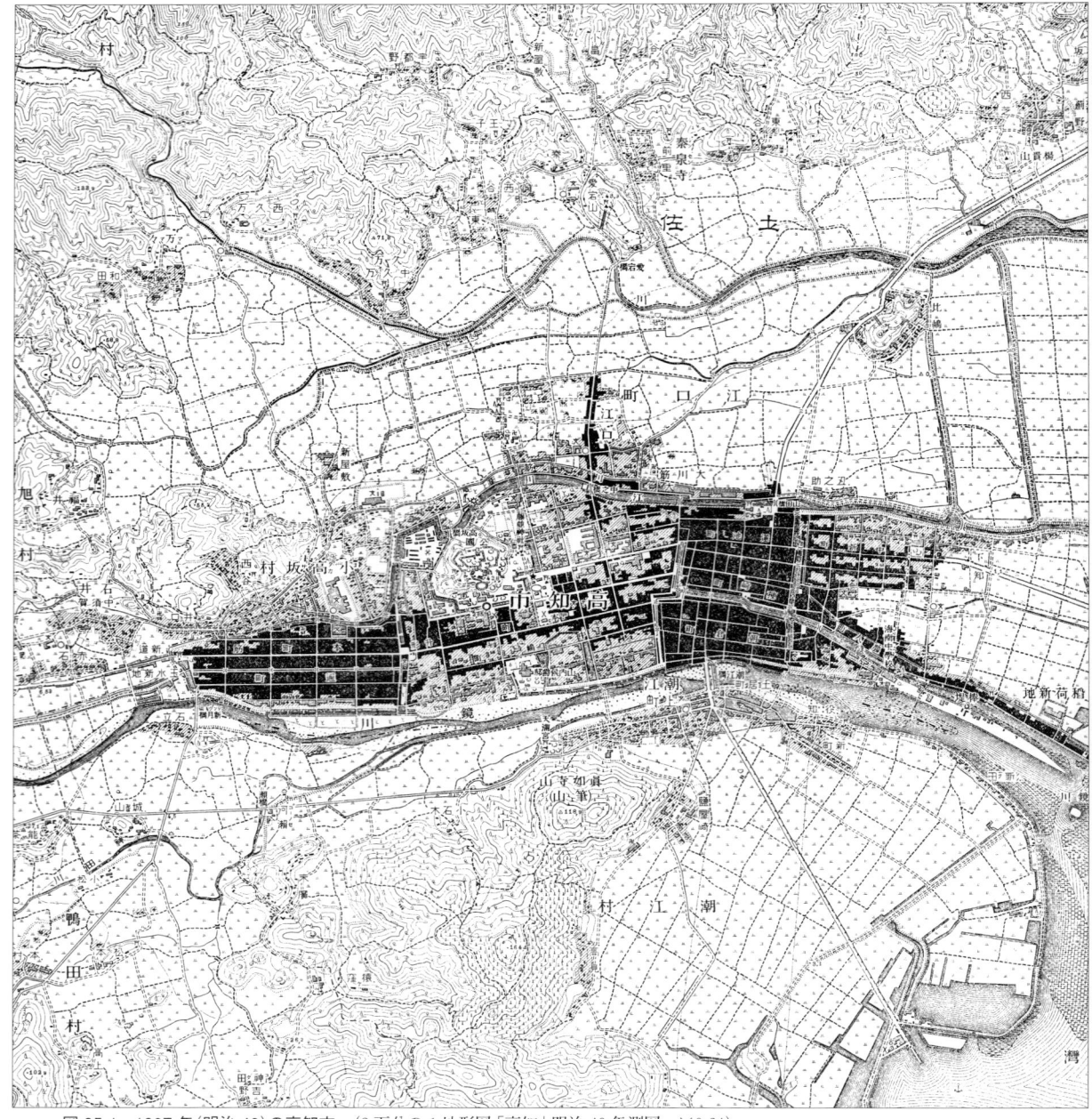

図 95-1　1907 年（明治 40）の高知市　（2 万分の 1 地形図「高知」明治 40 年測図、×0.64）

95. 高　知

　1603 年に山内氏は、江ノ口川と鏡川（当時は潮江）の間に位置する河中山に城を築き、城下町を建設した。しかし、度重なる水害に悩まされ、河中山の文字を忌み、1610 年に高智山と改めた。これが、その後高知という地名になった。1907 年（明治 40）の図 95-1 からは、市街地形成への城下町の影響が読みとれる。中心部の旧高知城は公園となっており、近くに役所や裁判所、学校があり、周辺は密度の高くない市街地である。ここは郭中武家屋敷町であったため、明治維新以降には封建的な身分的地域制がなくなり、土地利用が大きく変化した。その東と西の稠密な市街地は藩政期の町人町であり、街路の方向は郭中とは異なっている。中心部の升形には郭中の、北東部の山田橋付近には城下町の入り口に広場が設けられた。江ノ口川は公園の北西で流路の方向を変えており、ここから城の外堀へ水を供給した。鏡川より南は、潮江村の一部に市街地が広がるほかは田であり、鏡川の増水時には遊水池の役割を果たし、旧城下町側への浸水を防いだのである。1904 年開業の土佐電気鉄道は、市街地の東西と潮江村の南北に路線があり、後の市街地化に影響を与えた。

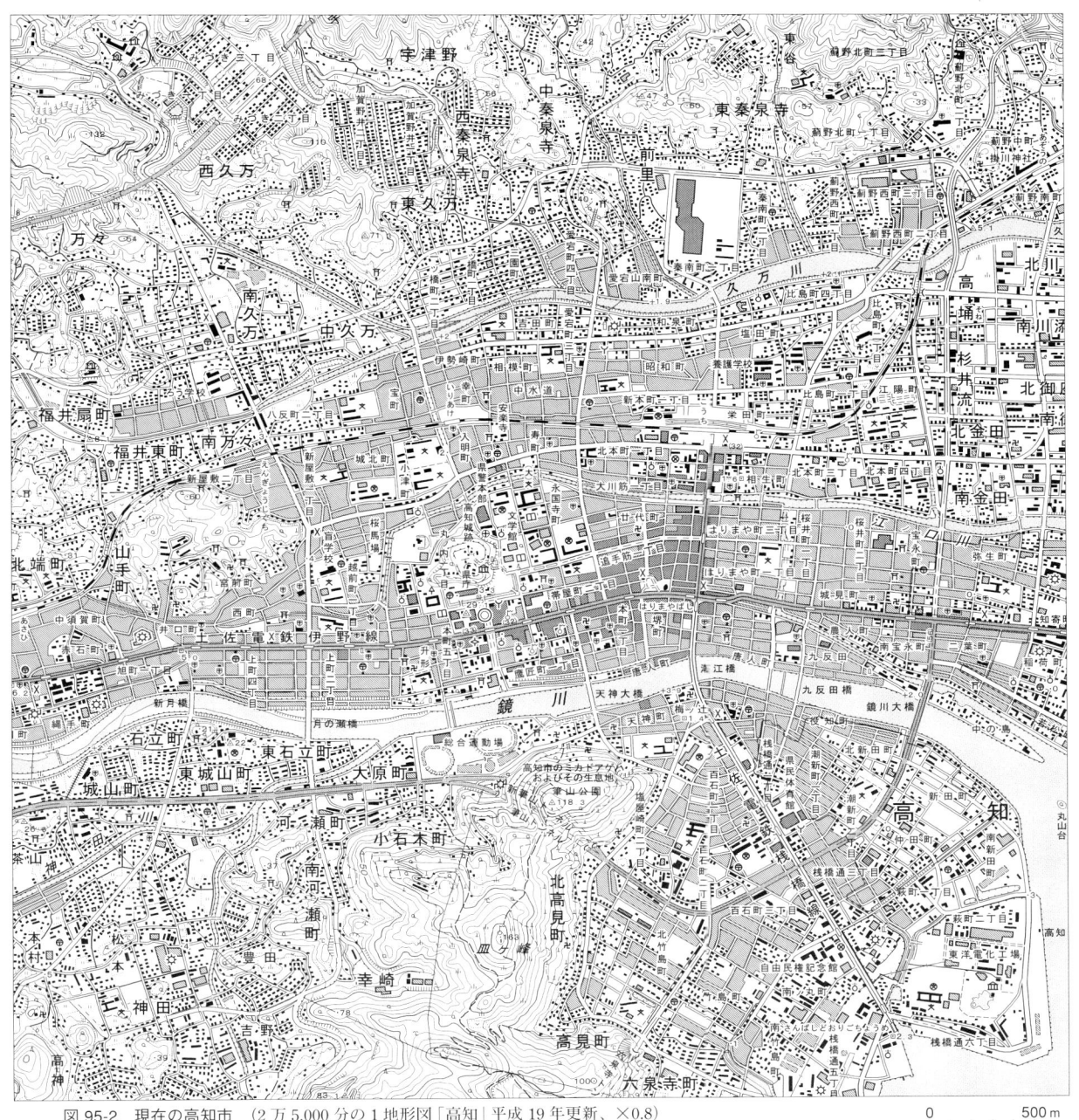

図 95-2　現在の高知市（2万5,000分の1地形図「高知」平成19年更新、×0.8）

　第二次世界大戦で高知市中心部は、空襲により広範囲にわたり焼失した。図西部の旭町は戦災を被らなかった地域であり、戦後には工場が集中した。1907年の図95-1と比べて市街地化したのは、旧城下町外の地域である。図南東部では土佐電鉄桟橋線沿いに宅地化が進むとともに、高知港が近く、工場が立地した。図南西部では、1975年と1976年の台風による浸水被害が大きかったが、鏡川の護岸工事が進められ宅地化は進んだ。中心部の交通渋滞緩和のため、城山町から筆山トンネルを経て桟橋通への幹線道路が建設された。江ノ口川より北の地域では、市街地化が進行した。

　図95-2では、高知駅周辺は空閑地であるが、これはJR線の高架化に伴う駅周辺の土地区画整理事業のためである。久万川より北にある大きな区画と建物は、紡績工場跡地に建設された大型小売店舗である。規模がきわめて大きいため、図中央のはりまや橋から帯屋町二丁目に至る中心商店街に負の影響を与えている。図北部では薊野から福井に至る幹線道路が建設され宅地化が進んだ。現在、人口34.5万人の高知市は、市街地の無秩序な拡大を防ぐために、2003年にコンパクトなまちづくりを目標とする都市計画マスタープランを策定した。

（藤塚吉浩）

北九州

- 福岡
  - ◎福岡
  - ◎北九州
  - ◎久留米
- 佐賀
  - ◎佐賀
- 長崎
  - ◎佐世保
  - ◎長崎
- 大分
  - ◎大分
- 熊本
  - ◎熊本
  - 有明海
- 宮崎
  - ◎宮崎
- 鹿児島
  - ◎鹿児島
  - ◎桜島
- 沖縄
  - ◎沖縄
  - ◎与勝諸島
  - ◎那覇

1 : 2600000

0　50　100 km

九　州

- 96. 福　岡 286
- 97. 北九州 292
- 98. 久留米 298
- 99. 佐　賀 300
- 100. 有明海 302
- 101. 長　崎 304
- 102. 佐世保 308
- 103. 大　分 310
- 104. 熊　本 314
- 105. 宮　崎 318
- 106. 鹿児島 320
- 107. 桜　島 322
- 108. 那　覇 326
- 109. 沖　縄 328
- 110. 与勝諸島 330
- 111. 南大東島 332

◉ 南大東島

図 96-1　1900 年（明治 33）の福岡市　（5 万分の 1 地形図「福岡」明治 33 年測図、原寸）

96. 福　岡

双子都市の記憶　都市とは、人間が自らの属する共同体を離れて物や情報を交換する場である。この点で福岡市は、大陸との関係において、福岡と博多という独自の歴史的背景を有する 2 つの場所を核にして、発展を遂げてきた都市であると言えるだろう。

鴻臚館(こうろかん)（現 福岡城跡）は、古代の迎賓館として大陸や朝鮮半島との貿易の拠点であった。一方、砂丘上に形成された博多津は 11 世紀半ば以降、日宋・日元貿易の拠点として大いに繁栄した。文永の役後、モンゴル襲来に備えて築かれた石築地（元寇防塁）の遺構は、当時の国際情勢における博多湾の位置を物語っている。博多は中世末の戦乱で廃墟と化したが、それを復興したのが豊臣秀吉であり、「太閤町割(たいこう)」と呼ばれるその街区割と「流(ながれ)」と呼ばれる町の集合体は、現在でも博多の物的かつ社会的骨格を構成している。

近世期には黒田藩の城下町として、福岡は武家地、博多は町人地となった。明治維新後も、それぞれの場所に根付いていた社会関係は容易に融合せず、1889 年（明治 22）の市制施行時に市会で市名をめぐって、「福岡市」派と「博多市」派が激しく対立し、福博分離の動

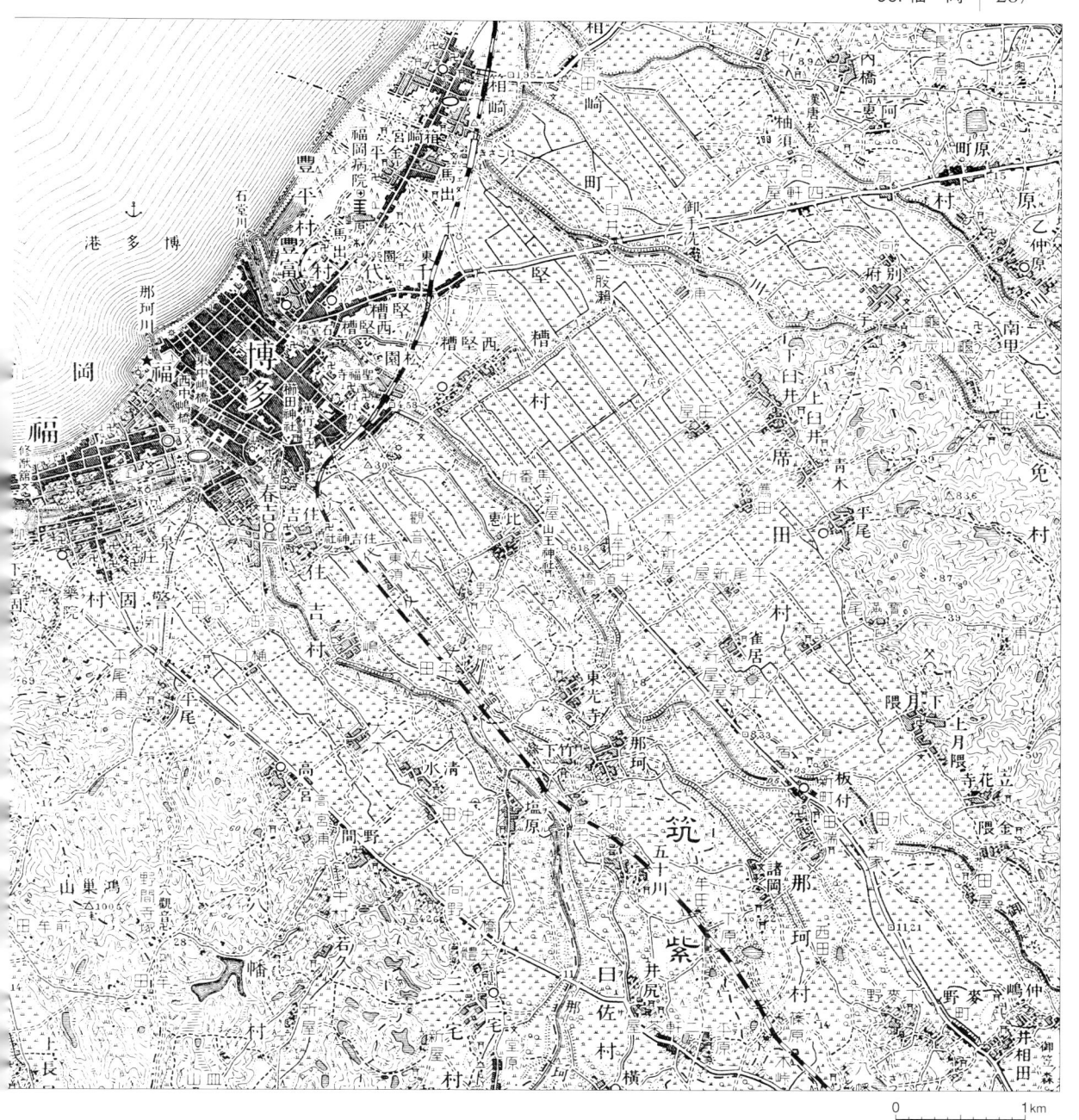

きが生じるほどであった。市の基幹となる目ぼしい産業に乏しく、また歴史的背景に起因する対立もあってか、福岡市が本格的に近代都市への歩みを進めることになるのは、1910年代に入ってからである。

　近代都市への模索　城下町に起源を有する都市の多くは明治維新後、発展の基盤をどこに求めるかを模索する時期が続いており、福岡市もその例外ではなかった。港湾都市の門司、重工業と鉱業を基盤とする八幡や大牟田など、県内の諸都市の急激な成長をにらみながら、福岡市は県都として中央政府の出先機関や教育機関を誘致すると同時に、自然環境や博多織など

の資源と博覧会などを生かした「遊覧都市」として、外部者を引きつけることに発展の方向性を見出していったように思われる。たとえば、九州における帝国大学の設置をめぐって、福岡は長崎や熊本と激しい誘致競争を展開しており、福岡県が敷地の寄付などを申し出たほか、福岡市も大学設置期成会を組織して誘致運動を行った結果、1903年（明治36）千代村馬出に京都帝国大学福岡医科大学が開設され、さらに1911年箱崎町に九州帝国大学工科大学が設置され、福岡は「学都」としての性格を備えるようになった。

　この誘致の成功と同時に、福岡市が新たな飛躍を迎

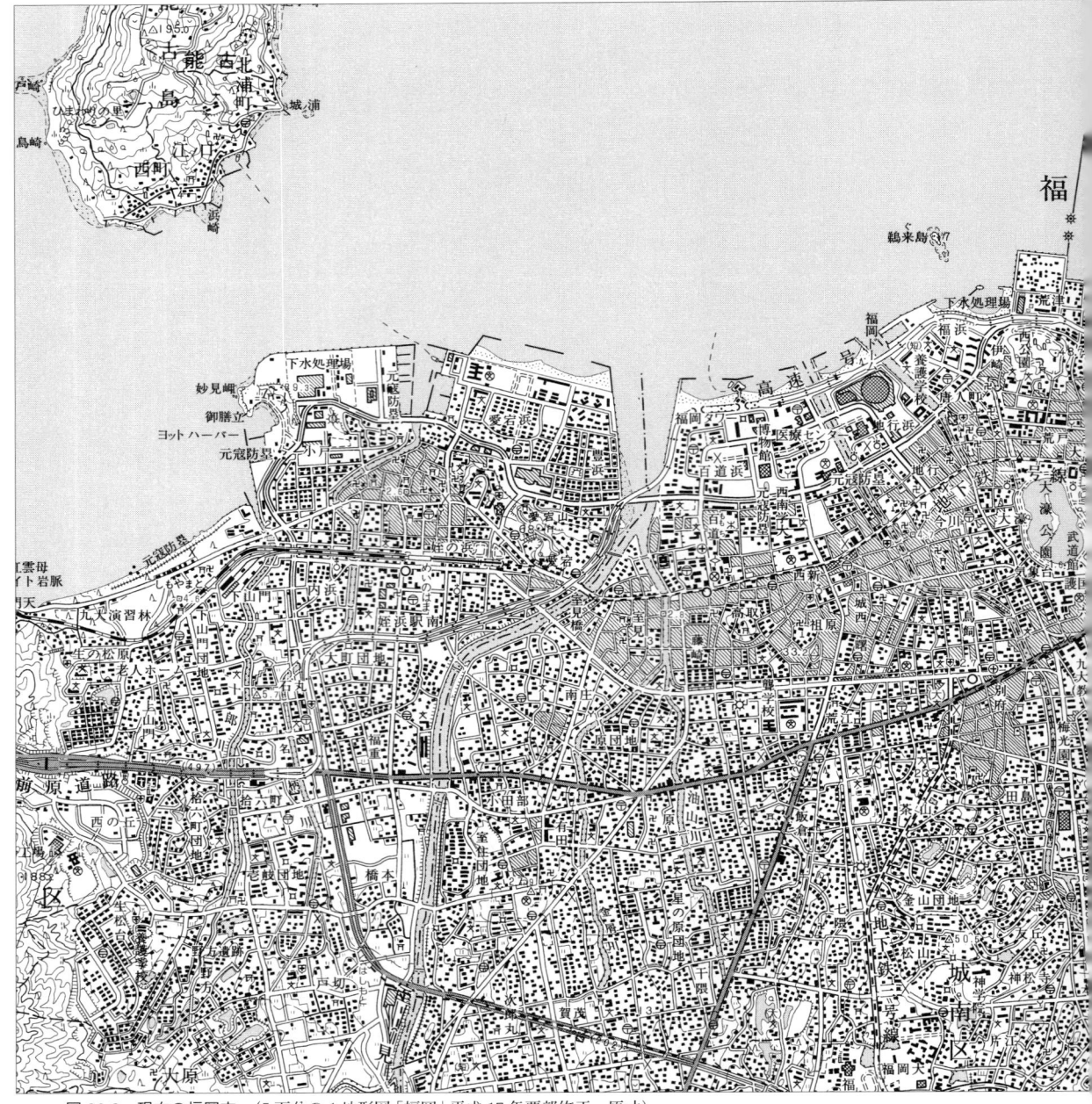

図96-2　現在の福岡市（5万分の1地形図「福岡」平成17年要部修正、原寸）

えるきっかけとなったのが、1910年の九州沖縄八県連合共進会の開催であった。福岡城から東側に延びていた佐賀堀が埋め立てられて共進会会場に利用されたほか、市の東西を結ぶ電車通り（現明治通）が新たに開削されるなど道路網の基盤整備が進められた。そして、福澤桃助や松永安左衛門らによる福博電気軌道（株）が大学前・西公園間と駅前・呉服町間で路面電車を開通させ、翌年には地元資本家の渡辺与八郎らによる博多電気軌道（株）が駅前・大浜・天神・駅前の環状線を敷設して、福岡は路面電車の時代を迎えた。電車の運行によって人の流れが変化し、旧城下町に隣接する薬院（警固村）や春吉（住吉村）方面、および西新町や箱崎町でも家屋の新築が急増している。住吉村、千代村、堅粕村、箱崎町は、とりわけ九州鉄道の開通後、蔬菜の生産量を伸ばしていた地域で、出荷先は市内のみならず、北九州や筑豊地方、朝鮮半島や中国東北部に及んでいた。交通機関の発達による空間スケールの再編成と複数の都市圏の折り重なる影響が、農村の生業と生活を複雑な仕方で変えていったのである。

開通当初の電車通は、地元商人が出店することもなく閑散としていたようだが、1920年代に入ると銀行その他の金融機関、丸善や明治屋といった域外資本の店

舗が立地し、福岡市のオフィス街として近代化を象徴する街へと変貌していった。その一方で、路面電車が開通すると、地元有力者たちは博多の夏祭りである博多祇園山笠の廃止を唱えた。共同体の結集力が国民国家の形成にとって脅威に感じられていたのに加えて、電車に象徴される速度と効率性の時代に入って、酒を飲んだ大勢の人々が半裸で走り回る振舞は、「野蛮」、「不衛生」、「不経済」の極みと見なされたのである。これに対して民衆は、祭りの形態を一部変更するなど妥協しながら、その継続に成功するが、その過程で祭りを「伝統」あるいは観光資源として客体化し、その担い手として自らを規律化していくようにもなった。街の近代化は、その場に生きる人々の日常的振舞、社会的結合、集合的心性に変化を強いたが、民衆はそれに独自の仕方で応じたのであった。

かつて大陸への玄関口であった福岡市の有力者たちにとって、近代的港湾の整備は悲願であり、また夢でもあった。しかし、1890年代後半から始まった福岡港の整備と博多築港会社による博多港船溜りの築造は、小規模なものにとどまっていた。こうした停滞状況を打破するために立ち上がったのが杉山茂丸である。彼は1916年(大正5)、中村精七郎ら地元有力者の賛同を

図96-3 1936年(昭和11)の福岡市 (5万分の1地形図「福岡」昭和11年第2回修正、×0.9)

得て博多湾築港株式会社を設立し、御笠川河口から多々良川河口までの博多湾東部一帯を埋め立て、大規模な港湾施設の築造と工場用地の造成を目指した。同時期に門司や若松も修築計画を進めており、大築港構想の背景には筑豊の石炭をめぐる都市間競争も作用していたと思われる。しかし、この事業は不況と資金不足のため中断を余儀なくされ、1935年市に埋立免許権を譲渡して、会社はその活動を未完のまま終えることになった。

1920年代に入ると、西新町、住吉町、八幡村など周辺町村との合併もあって市の人口は急増し、1925年(大正14)には14.6万人で全国12位となった。郊外化の進展も目覚しく、1924年に九鉄急行線(現 西鉄大牟田線)が全通すると、沿線の野間や高宮といった農村地帯に相次いで「文化村」の建設が進み、サラリーマンなど新中間層の郊外居住と通勤という新たな生活スタイルが社会に定着していくことになる。天神が地価等級で博多地区と肩を並べるようになったのもこの時期で、さらに1936年(昭和11)ターミナルデパートの岩田屋百貨店が開店したことによって、県内における天神地区の中心性が高まった。また従来開発の進まなかった博多駅東南部の比恵、竹下、東光寺でも住宅や工場の増加が見られるようになった。

郊外化の進展に合わせて、旧市街地に隣接する地区では耕地整理事業と土地区画整理事業が積極的に施行されている。このうち1923年に起工された西南部耕地整理組合の事業は、実質的に福岡市で最初の都市計画であったと言われており、城南線の開削と路面電車の開通は、薬院から六本松、鳥飼、西新方面の宅地化を促進した。土地区画整理事業では、1927年から姪浜町第一、南部、西部、庄、野間、南部第二、東部などが施行されたが、一部の事業では離耕料などをめぐって小作人と農民組合による激しい反対運動も発生している。

ふたたびアジアへ 1945年6月アメリカ軍の空襲によって、市の中心部は壊滅的な被害を受けた。敗戦後の混乱のなかで博多港は、大陸から日本へ、そして日本から朝鮮半島への引き揚げの窓口となり、さらに朝鮮戦争ではアメリカ軍に接収されていた板付空港(福岡空港)が最前線基地となるなど、福岡は戦後も部分的に戦争状態に置かれていたと言えるかもしれない。

高度経済成長期に入ると、九州地方を統括する大手企業の支店・支社や官公庁の出先機関の集積が進んだ。1963年(昭和38)、博多駅が現在の位置に移転して、その周辺に新たなオフィス街が整備された一方、その前年に大正初期に創業を開始した姪浜炭坑が閉山するという出来事に象徴されるように、都市経済における管理事務機能や消費機能の比重が高まり、福岡市は「広域中心都市」あるいは「支店経済都市」としての性格を強めていく。1972年(昭和47)県内では北九州市に次いで政令都市に指定され、その通勤圏は隣接する春日市や大野城市などにも拡大しているが、都心部

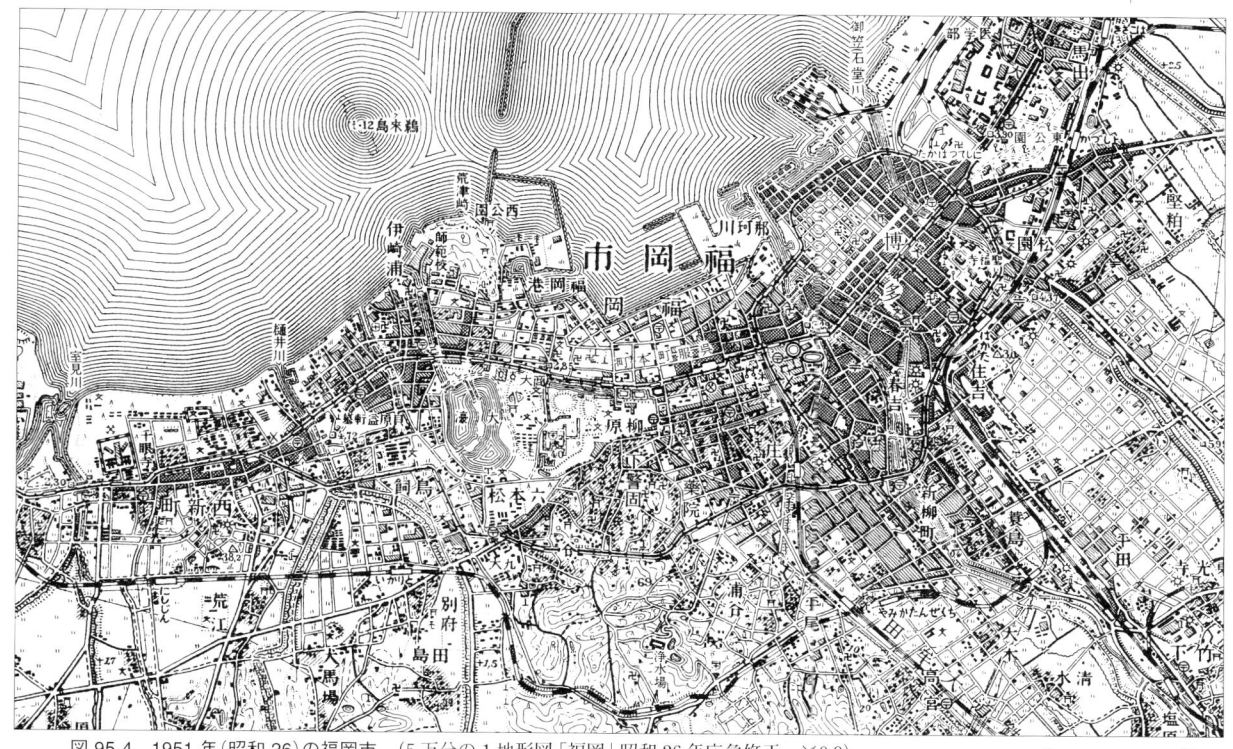

図95-4　1951年(昭和26)の福岡市　(5万分の1地形図「福岡」昭和26年応急修正、×0.9)

では人口流出と建築物の老朽化が目立つようになった。

1980年代以降、バブル経済期の地価暴騰や都市間競争の圧力によって、多くの自治体は都市政策の方向性を転換していった。従来の管理主義や再配分重視から「都市企業家主義」への転換であり、福岡市でそれを主導したのが1986年に初当選した桑原敬一市長(元労働事務次官)であった。桑原市長は、1989年、埋立地の百地浜地区(シーサイドももち)で市制100周年を記念したアジア太平洋博覧会を開催して以降、アジアとのつながりや「海」を意識した開発と各種イベントを市政の中心に据えた。その手法は第三セクターを活用し、民間企業と積極的に協力して大規模施設を建設するというもので、博覧会跡地にダイエーが建設した福岡ドームとホテルは、そうした官と民の関係を象徴する風景となった。

こうした政策の効果に加えて、アジア各国の急速な経済成長も追い風となって、東アジアからの観光客が着実に増加するなど、バブル経済の崩壊後も福岡市への資本と人の流入は続いている。天神地区では大型商業施設の進出と増床が相次ぎ、数度の「流通戦争」が勃発する一方、隣接する大名や今泉地区では古いアパートや民家などを利用した個性的な店舗が常に入れ替わり、博多地区ではキャナルシティ博多や博多座といった文化・情報発信機能を備えた時間消費型の施設が建設されるなど、新たな商品や情報を提供し、他都市では味わえない雰囲気を体験できる空間が、間断なく再生産されてきた。こうした空間を求め、高速バスやJRを利用して週末に福岡を訪れる行動パターン(「週末福岡人」)は、九州各地の若者たちにとって日常生活の一部となっている。

1990年代後半以降、都心地区ではオフィスの再開発だけではなく、高層マンションの建設も活発となり、人口の都心回帰現象が見られるようになった。九州における福岡一極集中の現象は、九州新幹線鹿児島ルート(2011年全通予定)など高速交通機関の一層の整備が進むことで、今後も続くことが予想される。

しかし、桑原市政で着手された巨大プロジェクトには、見通しの甘さから大きな負債を抱える事業も少なくない。和白干潟沖に造成された人工島(アイランドシティ)は、計画段階から環境破壊が懸念されていたのに加えて、土地売却が進まず事業の大幅な見直しが避けられない状況にある。また中心市街地再開発の博多下川端地区のリバレイン博多も、多額の借金を抱えたことで民間企業に売却された。さらに2005年に開通した地下鉄3号線(天神南・橋本(早良区)間)は、乗降客数が当初の見込みを大幅に下回る状況が続いている。

資本の流動性と固定性によって絶えず不均等に変動する都市空間に、我々はどのように向き合えばいいのだろうか。異なった立場にいる誰でもが議論に参加でき、そこでの体験から自らを変容させるような「公共性」の場を立ち上げていくことが、その基本条件であるように思われる。

(遠城明雄)

図97-1　1900年（明治33）の小倉市・戸畑村・八幡村・若松町・黒崎町　（5万分の1地形図「小倉」「蘆屋」明治33年測図、原寸）

97. 北九州

小漁村から大製鉄所、そしてテーマパーク　図97-2の現在の地形図では、JR鹿児島本線の八幡(やはた)駅北側には新日本製鐵の大規模な工場敷地が広がっているが、その東端にスペースワールドがある。これは新日鐵が1990年（平成2）に開設したテーマパークで、新日鐵は八幡地区の施設について、老朽化や合理化によって大幅な縮小や廃止を行ってきた。その工場跡地の有効活用と新たな経営展開を目指して、わが国初めての宇宙をテーマとしたテーマパークを開設した。当初はNASAの協力による宇宙訓練の模擬体験などの学習要素を前面に出して営業していたが、入園者が減少したこともあって近年では経営主体も変わり、乗り物を重視した遊園地的性格を強めてきている。

図97-1の明治の地形図では、そこは1897年（明治30）に立地が決定して、1901年に操業を開始した官営八幡製鉄所が建設されつつあった場所で、製鉄所官舎も見られる。現在鉄道沿いに「1901」のプレートが付いた古い溶鉱炉が建っているが、わが国最古の近代的溶鉱炉ということで産業遺跡としての価値が高く、1995年秋に北九州市に寄付されて保存されることになり、

一帯は東田高炉記念公園として整備されている。
　製鉄所が立地するまでは小漁村だった八幡は、製鉄所の発展に伴ってその前面に発展し、小倉とともに市の中心市街地になった。しかし、その後の八幡製鉄の他地区への移転とそれに伴う人口の流出、皿倉山と工場用地に挟まれた後背地の狭さ、近接する黒崎の商業機能の充実などにより、昔日の面影はない。
　図 97-1 の地形図では、1891 年 (明治 24) に開通した九州鉄道の軌道は内陸部の大蔵を経由して小倉に向かっているが、洞海湾口に位置する戸畑の発展に伴い、1902 年に戸畑を経由する海岸線に付け替えられ、

大蔵経由線は 1911 年に廃止されることになった。その後には西鉄北九州線が路面電車として開業し、市民の足として長く機能していたが、1993 年に黒崎〜折尾間を除いて廃止され、2000 年にはその役割を終えたとして全廃されてしまった。また鹿児島本線は枝光〜戸畑間が牧山トンネルにより直線化されたが、更にカーブを解消するために最近になってスペースワールドの北側を通るルートに付け替えられ、スペースワールド駅が 1999 年に新設された。
　八幡の西に位置する黒崎は、江戸時代には宿場町として栄えていたが、その面影は街道跡にわずかに残る

図97-2　現在の北九州市　（5万分の1地形図「小倉」「折尾」平成8年修正、原寸）

松並木ぐらいである。駅の北側は埋立地を含む臨海部の工業用地で、三菱化成や安川電機、黒崎窯業など北九州を代表する大企業の工場が建ち並んでいる。一方、駅の南側は1979年(昭和54)にオープンしたそごうデパートを含む巨大な黒崎駅再開発ビルを軸に八幡に変わる市西部の商業中心として発展を始めたが、2000年のそごうの撤退と翌年の井筒屋の移転もあり、市勢と同様に順調に発展が続いているわけではない。駅前の市街地は、都市計画に基づき1930年にはわが国ではめずらしい放射状に形成され、図97-2の現在の地形図でもその特徴は確認できる。近くには、国際的な会議もできる大型の北九州プリンスホテルとともにスケートやスイミング、テニスなどのスポーツができる施設を配置した曲里スポーツゾーンの整備が進んでおり、新しいシティリゾートとして注目されている。

その西方に位置する折尾は住宅地として開発が進んでいるが、北部には産業医科大、九州共立大、九州女子大が立地して学園都市的様相も呈しており、1996年には隣接する若松区に学術研究都市の建設も始まって大学や研究所が立地を始め、北九州の新しい学術研究の中心になりつつある。

運河のような洞海湾　洞海湾の対岸に位置する若

松と戸畑をむすぶ巨大な若戸大橋は、1962年(昭和37)の開設当時は東洋一といわれたつり橋であるが、1990年(平成2)に都市高速道路2号線と直結して、若松から市中心部への交通事情は大きく改善されることになった。橋の下には、洞海湾の最短部をむすんで明治から続いている渡船が、現在でも市営で運航され市民の足となっている。
　そこから奥に広がる洞海湾は、現在では両側が工業用地として埋め立てられて幅500m余りの運河のようになっているが、明治期は洞海(くきのうみ)と呼ばれて3倍以上の広さがあり、沿岸には水田や塩田が広が

る自然の葦浜が続いていた。湾内には中島(河伯島)や葛島(資波島)などがあったが、湾口の中島は増加する船舶の航行に支障がでるということで1940年に爆破される一方で、埋め立てなどにより陸化し、姿を消してしまった。1950年代の北九州工業地帯の全盛期には工場廃水などで汚染されて魚も見られなくなり、死の海といわれた洞海湾は、近年では市や企業、市民などの努力によって浄化が進み、再び魚の住む海として生き返ってきている。
　戸畑は洞海湾口という位置の有利性によって、早くから船舶修理や石炭関連の工業が展開して発展を始め

図97-3　1951年（昭和26）の北九州市　（5万分の1地形図「小倉」昭和26年応急修正、原寸）

たが、下関から1929年（昭和4）に進出してきたトロール漁業の基地として水産加工品の生産を始めた水産業や、輸入型工業としてかつて操業していた製糖業に結びついて成立した製菓業などの食品工業が、戸畑の工業を特徴づけている。しかし、戸畑で最も重要な工業は鉄鋼業で、区面積の過半を占める新日鐵の工場敷地では、現在も鉄鋼生産が続けられている。その敷地の大部分は鹿児島本線以北の地先を埋め立てたものであるが、その大規模な埋め立てによって明治期には響(ひびき)灘に突きだしていた名護屋岬は、完全に姿を消してしまった。九州工大前駅前には、国際技術情報都市を目指す市がテクノパークを建設し、1993年の北九州テクノセンターに引き続いてゼンリンなどの企業が立地し、最先端技術の開発を目指す活動が開始されている。

江戸時代から石炭の積出港として栄えてきた対岸の若松は、1890年（明治23）に若松築港会社が設立され、翌年には筑豊鉱業鉄道が石炭輸送のために開通し、近代的な港湾都市として成長を始めることになった。しかし、戦後は石炭産業の衰退に併せてその活力を失い、1973年以降、北九州市と新日鐵、三菱化成などの出資による第3セクター方式のひびき灘開発が、若松

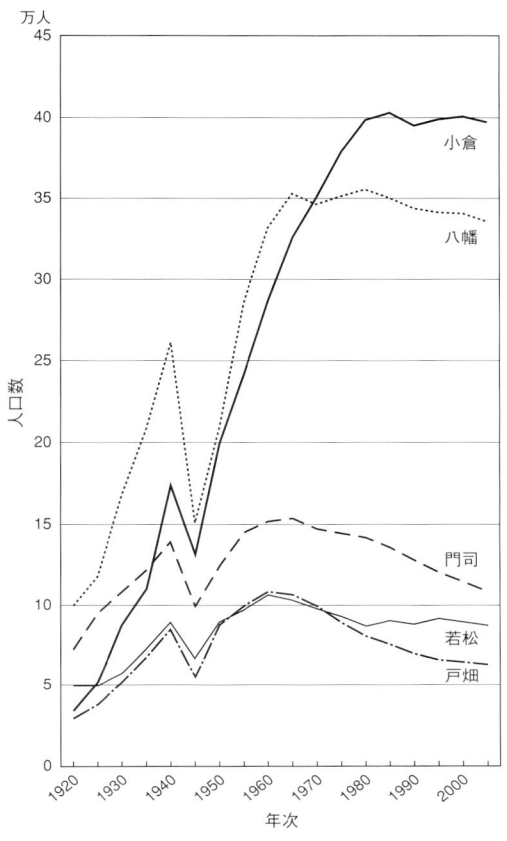

図 97-4 地区別の人口推移

表 97-1 北九州市関連年表

年	事　項
1899年（明治32）	門司市制施行
1900年（明治33）	小倉市制施行
1901年（明治34）	官営八幡製鉄所操業開始
1914年（大正 3）	若松市制施行
1917年（大正 6）	八幡市制施行
1924年（大正13）	戸畑市制施行
1962年（昭和37）	若戸大橋開通
1963年（昭和38）	五市合併、北九州市となる
1974年（昭和49）	小倉区を小倉南区と北区に分区
	八幡区を八幡東区と西区に分区
1990年（平成 2）	スペースワールド開業
2000年（平成12）	小倉そごう、黒崎そごう閉店
2003年（平成15）	リバーウォーク北九州開業

北部の響灘を新たに工業用地として埋め立てることになった。その後の企業進出は市勢の衰退もあってあまり進んでいないが、近年エコタウン事業の促進に伴うリサイクルなどの環境産業施設の立地があり、北九州の新しい産業としてその成長が期待されている。

コンベンションシティへの脱皮　紫川の右岸に小笠原氏15万石の城下町として発展していた小倉は、北九州では最も古くから栄えていた町の1つであり、明治期に入り、一時、小倉県が置かれて県庁所在地になったこともある。1900年（明治33）に門司に次いで市制が施行されたが、図97-1の明治の地形図には碁盤目状の市街地が示されており、城下町発生の都市特徴を確認することができる。

1888年（明治21）に北九州最初の近代工場である千寿製紙（後の十条製紙）が進出して、小倉は近代工業都市としてスタートする一方、陸軍の配置によって軍都の性格を帯びることになり、1933年（昭和8）に陸軍造兵廠が東京から移転して兵器生産都市として戦前は活況を呈し、戦時中は米軍の原爆投下予定地にもなった。当時の小倉駅は現在の駅より西の紫川左岸にあり、鉄道開設当時、鉄道及びその駅があまり都市の中心部に置かれなかった状況が読みとれる。その後1958年に駅は現在の位置に移動して九州の玄関口として発展を始め、旧駅は後に日豊本線との分岐駅となる西小倉駅として再開されたが、駅前発展の違いは比べるまでもない。図97-3には、現 小倉駅は豊楽園駅と記載されている。さらに1975年に開業した山陽新幹線によって、小倉は九州の玄関口としての性格を一層強めることになったが、ルートが既成市街地を通過することから、市内の主要部分については騒音などの問題に配慮して新関門トンネルと北九州トンネルになっている。

小倉駅前は、南西部に位置する魚町や京町を中心に、北九州最大の商業中心地として繁栄しているが、駅前から南に延びていた西鉄北方線が1980年に廃止されたのに伴い、1985年に開業した都市モノレールは、客の足が遠のくことを恐れた地元商店街の反対によって小倉駅に直結できていなかったが、駅ビルの改築に伴い、1998年（平成10）に駅ビル乗り入れが実現した。

また駅周辺では、1993年に東西の市電が廃止されるなどの再開発が進行し、駅前南東部の再開発によって西日本最大規模級の売り場面積を有する小倉そごうが1993年に開店するとともに、複合商業施設であるリバーウォーク北九州が2003年に立地し、商業機能の充実が進行した。しかし、一方で2000年末にそごうが閉店し、その後小倉伊勢丹が開業したが、更に2008年には井筒屋になるなど、黒崎と同様に安定した商業環境が維持されていない。一方、モノレール沿線は住宅地としての開発がめざましく、小倉南部の田園地域は急速に市街地に変化してきている。

市は工業都市から国際技術情報都市への脱皮を進め、都市の活性化を図るために策定した「ルネサンス構想」に基づく「コンベンションシティ」へのイメージチェンジを実現するために、駅北側の再開発に着手した。1990年に開業した国際会議場は、開設以来多くの国際会議に利用されており、その独特な外観と併せて北九州の新しい顔として注目されている。（石黒正紀）

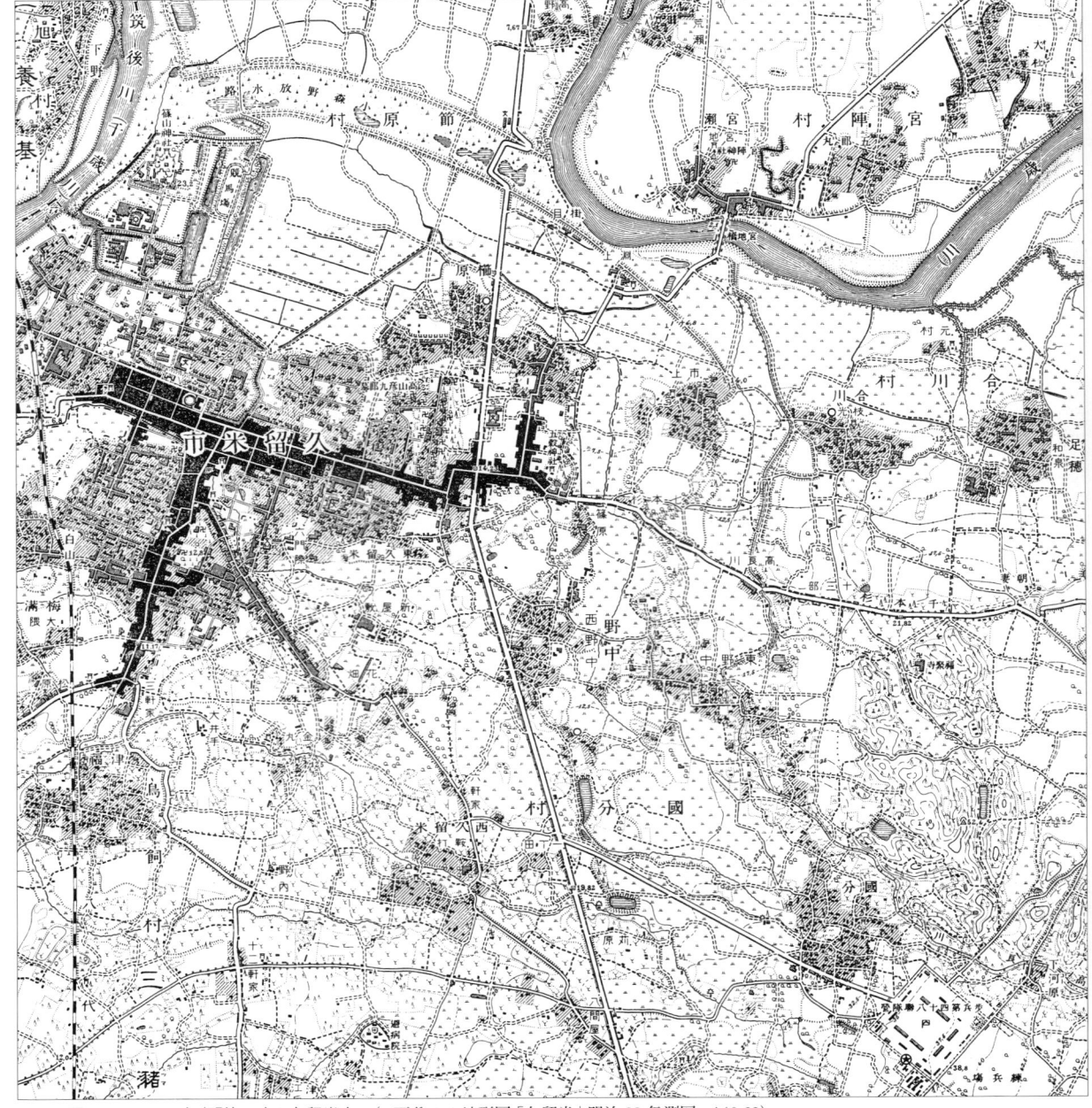

図 98-1　1900 年(明治 33)の久留米市　(2 万分の 1 地形図「久留米」明治 33 年測図、×0.68)

98. 久留米

　久留米市は、人口約 30 万人、福岡県第 3 の都市である。古く律令時代においては、市街地東方(現在の合川町ほか)に国府が、市街地南東方(現在の国分町)に国分寺がおかれた。また、江戸時代においては、久留米藩(有馬藩)21 万石の城下町であった。また、城下町久留米の東方に位置する「府中」(現在の御井町)は、宿場町となっており、そこから坊ノ津街道(薩摩街道)、豊後街道などがのびている。

　1889 年(明治 22)に初めて市制施行された全国 39 市のうちの 1 つであり、当時すでに人口 2 万 4,750 人を数えていた。1900 年の地形図(図 98-1)においては、久留米市がまだ、江戸時代の城下町久留米の骨格をそのまま引き継いでいることがわかる。また、近代以前大きく蛇行していた筑後川のショートカットが行われていることが読みとれる。

　明治以降の久留米市は、筑後地域の中心商業都市として発展したが、その後、1922 年(大正 11)における地下足袋の生産と 1931 年におけるタイヤの生産の開始に伴って、ゴム工業都市として発展するようになった。また、市街地南東方には第 18(のち第 12)師団司令

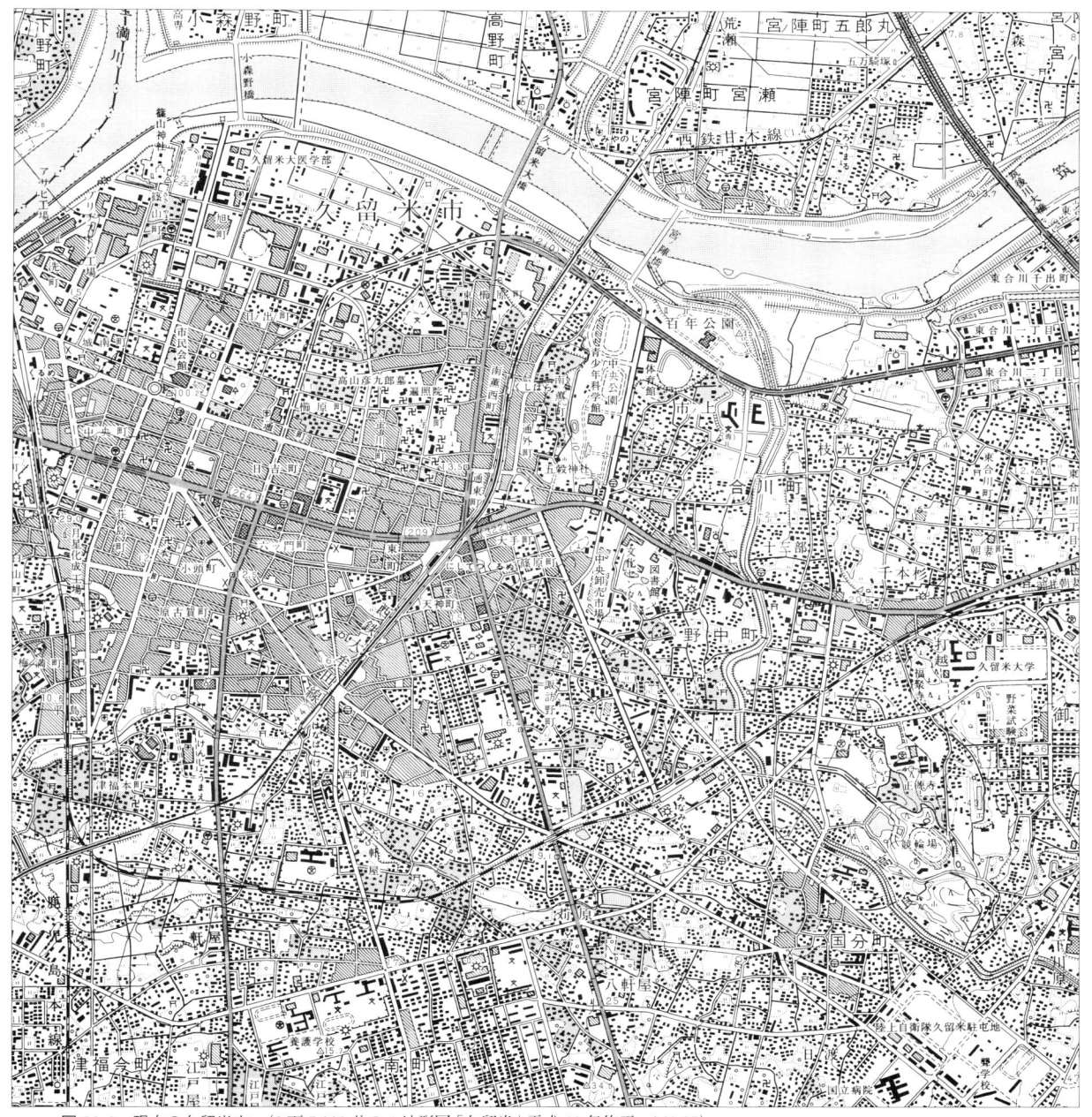

図 98-2　現在の久留米市　(2万5,000分の1地形図「久留米」平成10年修正、×0.85)

部などが置かれ、軍都として発展した。

　第二次世界大戦後は、久留米市は、ゴム工業都市および筑後地域の中心都市としての役割を持つようになる。「ゴム三社」の工場が、現在のJR久留米駅周辺に分布し、また、周辺市町村にも多くの分工場が立地した。

　しかし、1970年代以降は、久留米市は、筑後地域の中心商業都市としての性格を強めていき、1969年における西鉄大牟田線久留米駅の高架化や駅付近における百貨店の開業などをきっかけとして、久留米市の商業中心は西鉄久留米駅前へと移動していった。

　1973年における九州縦貫自動車道の開通などを契機として、郊外における商工業機能が展開しはじめた。1990年代に入ると大型ショッピングセンターが郊外に立地しはじめ(図98-2)、特に2003年の「ゆめタウン久留米」(売場面積4万7,303 m^2)の開店と都心における大型スーパーマーケットの閉店に伴って、都心の商業機能は急速に衰退の方向に向かった。

　久留米市は、周辺町との合併によって、2008年4月に中核市に移行したが、現在中心市街地の活性化を模索しており、また、2011年に開通予定である九州新幹線をその起爆剤として期待している。　　　(浅見良露)

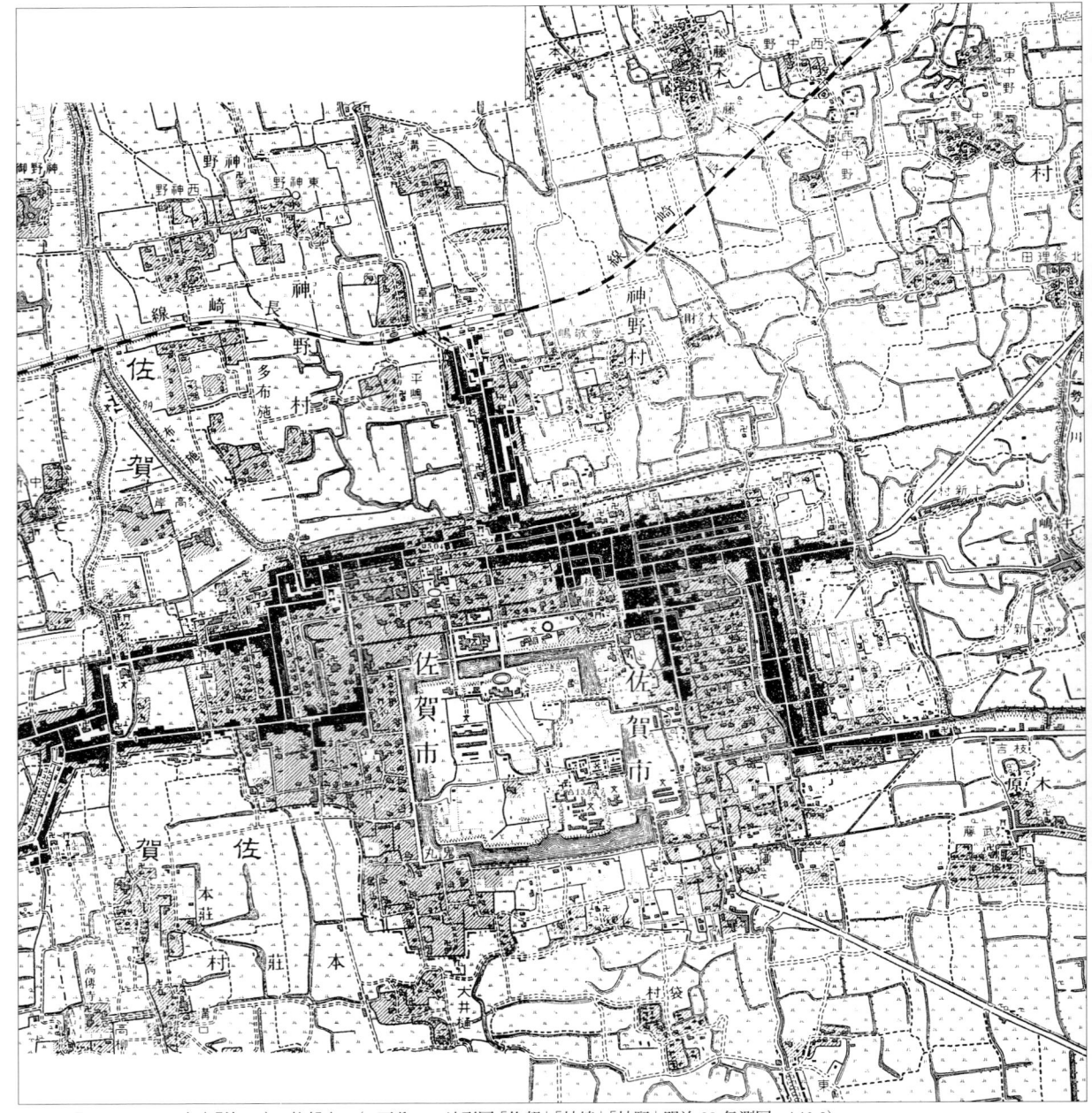

図99-1　1900年(明治33)の佐賀市　(2万分の1地形図「佐賀」「神崎」「神埼」明治33年測図、×0.8)

99. 佐　賀

　佐賀は、中世、龍造寺氏の拠点であったが、豊臣秀吉の全国統一後は鍋島氏の支配するところとなり、近世、鍋島藩35.7万石の城下町として栄えた。佐賀市街地の基盤が形作られたのはこの時期で、現在でも町割りの中にその名残を留めている。佐賀城下の北には十間掘川が開削され、外堀をなし、そのすぐ南側には長崎街道が通り、呉服町や白山町などの商人町が形成された。これらは第二次世界大戦後も商店街として賑わった。さらに1891年(明治24)には、九州鉄道鳥栖～佐賀間が開通し、佐賀駅と旧城下町を結ぶ唐人町には新たな商業集積地が形成された。旧佐賀城内とその周辺には県庁や市役所、警察署、裁判所、師範学校などの行政・教育機関が設置された(図99-1)。

　第二次世界大戦後も、旧佐賀城内には県立の博物館や図書館、病院、NHK佐賀放送局等が建設されるとともに、唐人町には銀行等の金融機関が立地し、県都佐賀市の中枢をなしていた。市街地は、こうした中枢地域から佐賀駅の北側へと拡大していった。その後の高度経済成長期以降、国道207号線、208号線、264号線等の幹線道路が敷設・整備され、市街地は新たに南

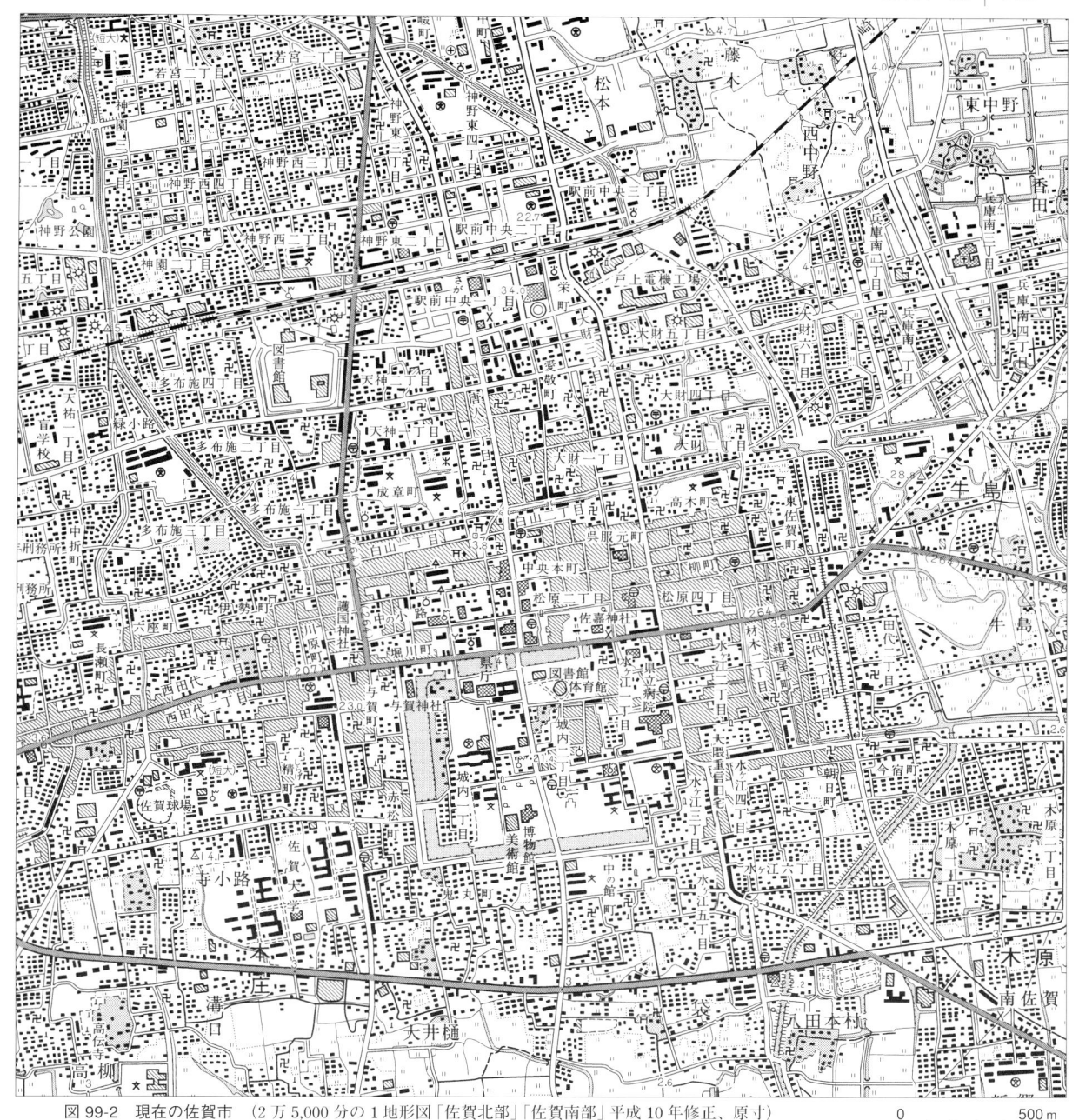

図 99-2　現在の佐賀市　（2万5,000分の1地形図「佐賀北部」「佐賀南部」平成10年修正、原寸）

側へと広がっていった（図99-2）。現在では、1985年（昭和60）の九州横断自動車道佐賀大和 I.C. の開通、1998年の佐賀空港の開港によって、佐賀市街地は南北方向を軸にさらなる拡大を続けている。郊外に延びる幹線道路沿いには、広い駐車場を併設したロードサイド型の商業施設が次々と進出し、旧来の中心商店街の著しい衰退を招いている。

また、佐賀平野は、国内有数の稲作地帯として知られるが、それを支えたのがクリークである。クリークは、「堀（ほい）」と称され、小河川と「江湖（えご）」と呼ばれる有明海から内陸に延びる「みお」を結んだ灌漑用の水路で、佐賀平野の中を縦横無尽に流れていた（図99-1）。冬季には、クリークの水を抜き、底の泥を肥料として水田に引き上げる「掘干し」・「泥揚げ」などと称される共同作業が行われていた。その際、フナ等の小魚を捕り、天日で干し、貴重な蛋白源として保存していた。ほとんどの農家の敷地はクリークに接しており、そこには「カフジ」・「タナジ」と呼ばれる水汲み場が設けられるなど、佐賀平野のクリークは農業用水だけでなく、生活の様々な場面で利用されていた。しかし、現在では、宅地化や圃場整備の進展のために、クリークはその姿を消しつつある（図99-2）。（藤永　豪）

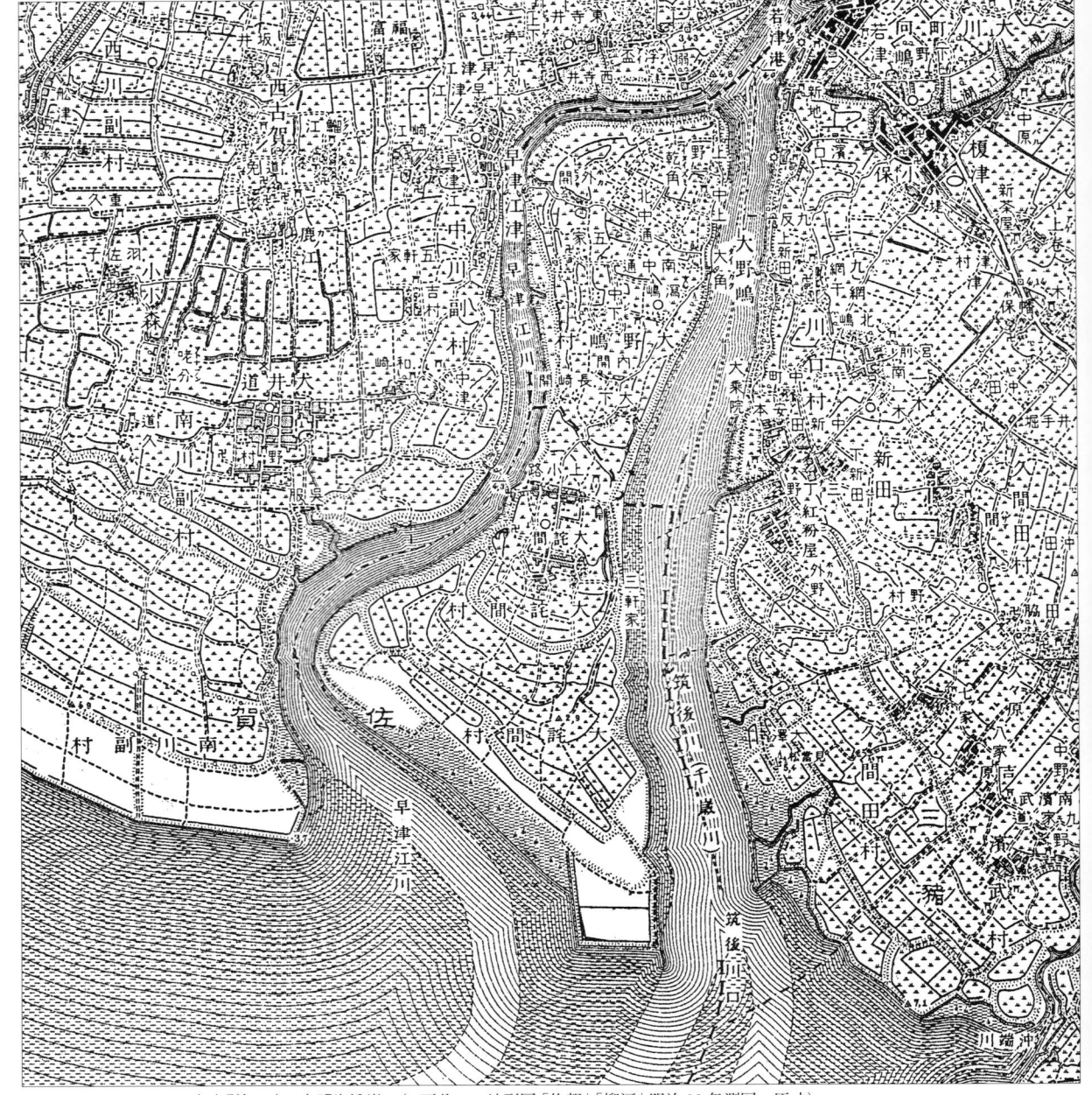

図 100-1　1900 年（明治 33）の有明海沿岸　（5 万分の 1 地形図「佐賀」「柳河」明治 33 年測図、原寸）

100. 有明海

　有明海は、福岡・佐賀・熊本・長崎の 4 県に囲まれた内湾で、長さ約 96 キロ、平均幅約 18 キロの南北に細長い湾で約 1,700 平方キロの水面積を有する。図 100-1 の有明海北岸域では、明治期には「筑紫海」「筑紫潟（つくしがた）」などとも称され、地元の住民は「前海（まえうみ）」とも呼ぶ。北岸の福岡・佐賀県域では九州一の大河、筑後川をはじめ、嘉瀬川・六角川、東岸の熊本県では菊池川・白川・緑川、西岸の長崎県では本明川などの諸河川が流入する。六角川河口付近で大潮差が約 6 メートルにも達する日本最大の潮汐干満差を有する。沿岸域は水深 10 メートル以下の浅海が広く分布し、広大な干潟が形成され、干潟の堆積による自然陸化と戦国期以降の海面干拓による人工陸化が進展した。筑後川は、大川市付近で、本流（千歳川）と早津江川に分流し、川中島は、筑前（福岡県）の大野島（おおのしま）と肥前（佐賀県）の大託間（おおだくま）に二分される。海面の干拓は、篭（籠（こもり））・搦（からみ）・開（ひらき）などの呼称を持つ地先干拓地で、アオ（淡水）取水と呼ばれる潮汐灌漑による水を溝渠（クリーク・堀）に貯留して、灌漑用水として利用してきた。有明海の沿岸域では、干拓地農業と干潟漁撈・浅海漁業の半農半漁の生業が一

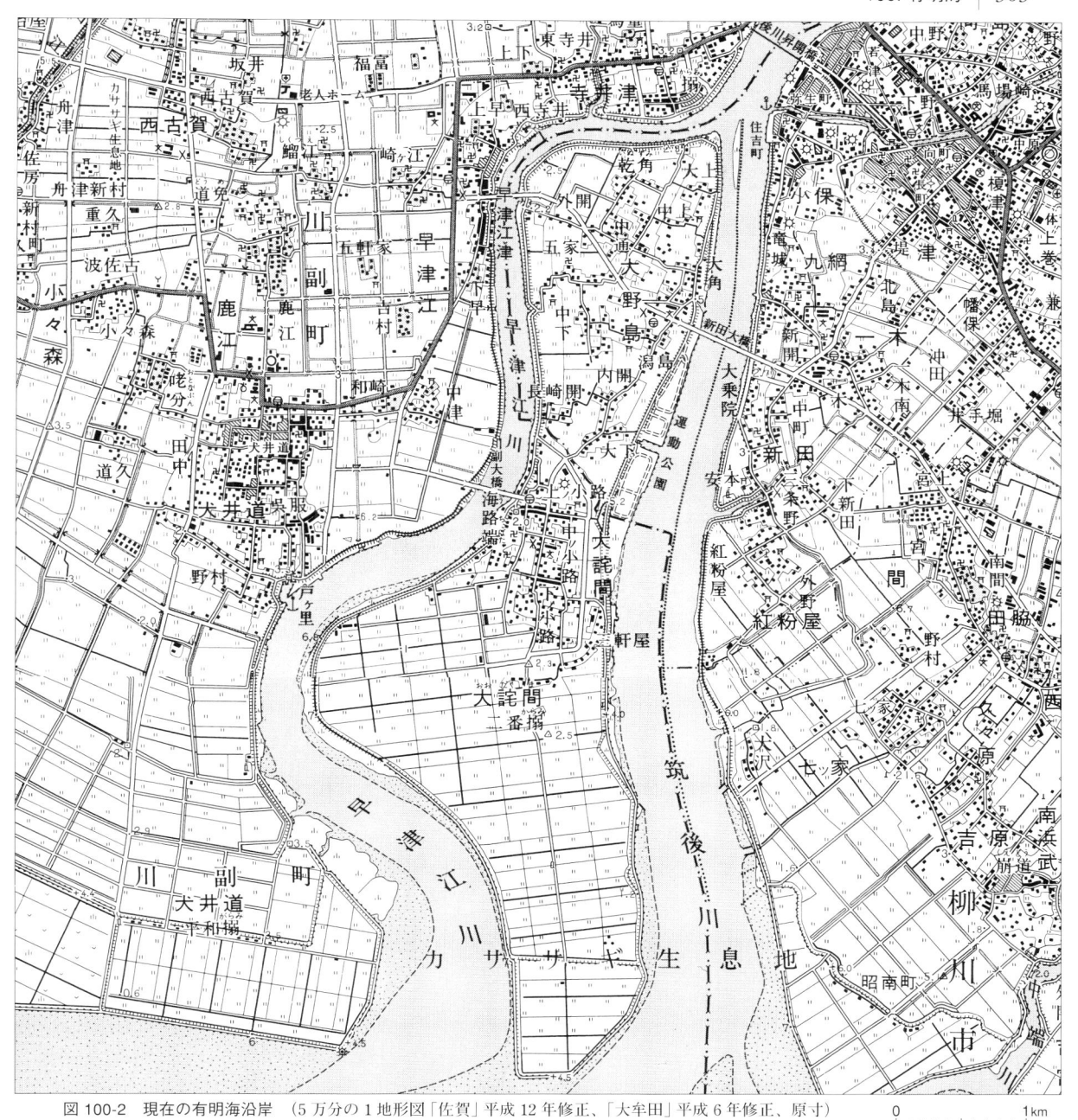

図 100-2　現在の有明海沿岸　（5万分の1地形図「佐賀」平成12年修正、「大牟田」平成6年修正、原寸）

般的で、干潟域ではアゲマキ・ムツゴロウ・ワラスボなどの有明海特有の魚介類の自給的な採浦活動が行われてきたが、明治以降のカキ・アサリ・モガイ等の養殖や源式網（流し網）によるエビ・スズキ・タイなどの沖合い漁業から、戦後は海苔養殖業へと特化し、有明海漁業の基幹産業として発展してきた。しかしながら、2000年に養殖海苔が広い範囲で大規模な不作に見舞われ、アゲマキを始めとする二枚貝が激減するなど、今日まで有明海の環境異変が続いている。

　干拓地を含む農地は、米麦二毛作を中心とする生産性の高い農業地域となっているが、米の生産調整に伴う大豆等の集団転作、裏作としてのタマネギやイチゴを中心とする施設園芸の発達や、国営筑後川下流土地改良事業（1998年完成）による農業の近代化が推し進められてきた。しかしながら、米価の価格低迷と海苔の不作など半農半漁を取り巻く状況は厳しく、兼業に依存する第2種農家が増加した。筑後川下流部ではかつては船運が盛んで、大川の榎津や若津港は、筑後川上流の日田杉を始めとする木材の集積地で、建具・指物など家具工業発達の基盤を形成した。現在、有明海沿岸道路の建設が始まり、今後の経済発展が期待されている。

（五十嵐勉）

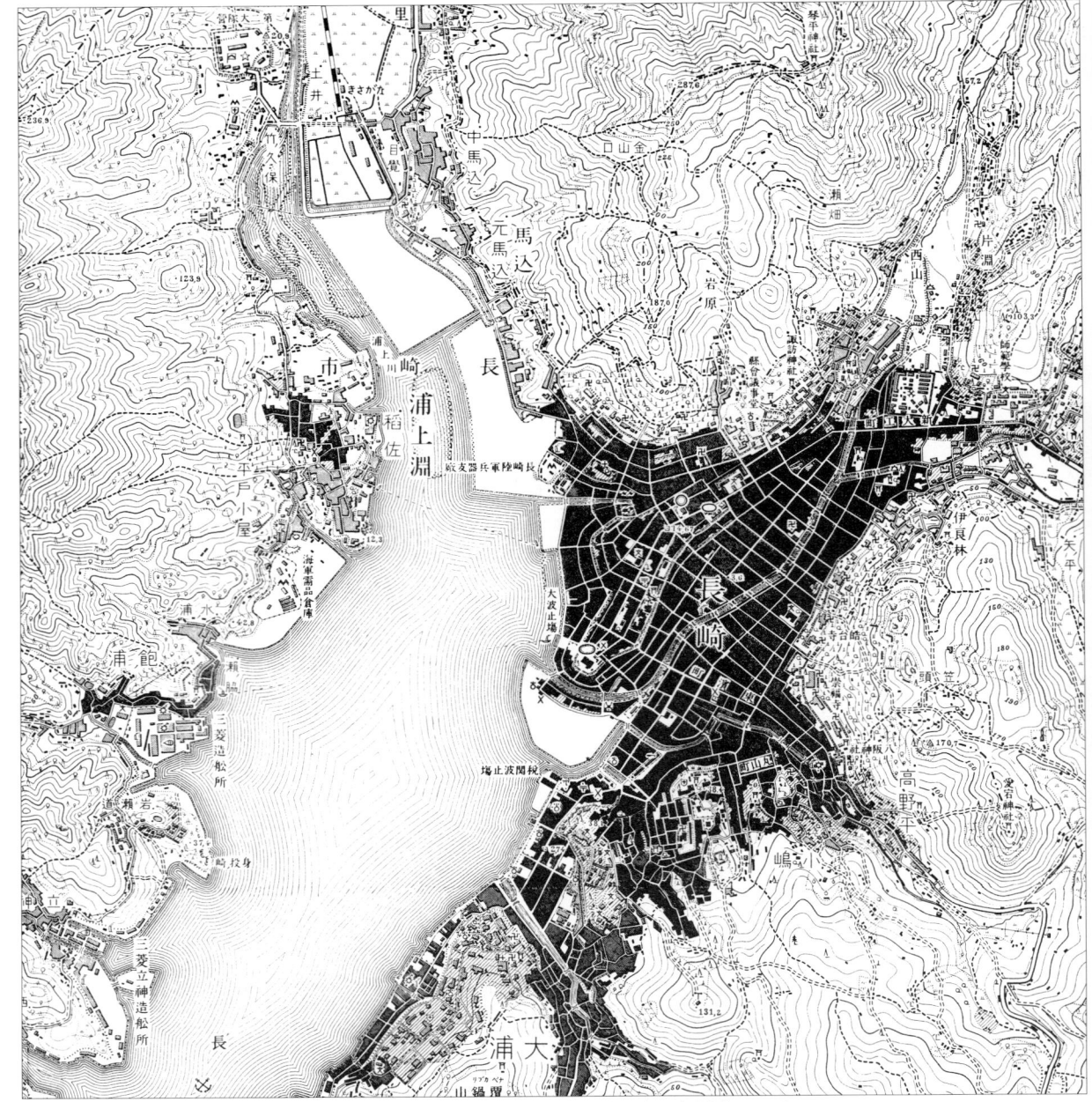

図101-1　1901年（明治34）の長崎市　（2万分の1地形図「長崎」「深堀」明治34年測図、×0.8）

101. 長　崎

　長崎は「長崎港」とともに発展した。湾奥に位置するこの天然の良港は1570年（元亀1）にポルトガルとの貿易を開始し、寒村にすぎなかった長崎は開港以降、急激な変貌を遂げることになる。長崎県庁付近に新市街地「6ヵ町」の地割りがなされ、長崎6ヵ町は、1580年（天正8）からの7年間はイエズス会の領地として「小さなローマ」と呼ばれた。やがて中国船（唐船）による交易も開始され、長崎は、わが国最初の国際貿易都市として機能するようになる。幕府はポルトガル人によるキリスト教の布教を禁止するため、1636年（寛永13）にその隔離・収容地としての人工島の出島を中島川右岸の河口に造成した。しかし、1639年（寛永16）にはポルトガル貿易は禁止され、代わって1641年（寛永18）にはオランダ商館が平戸から出島へ移転し、オランダが出島を舞台に貿易を行うことになった。それ以降、1859年（安政6）の安政の開国まで出島は西洋に開かれたわが国唯一の窓口として、日本の近代化に大きな役割を果たした。同時に出島を窓口としてわが国の文物や情報がオランダ経由で西洋に伝えられた。出島は国際交流の場として機能したのである。

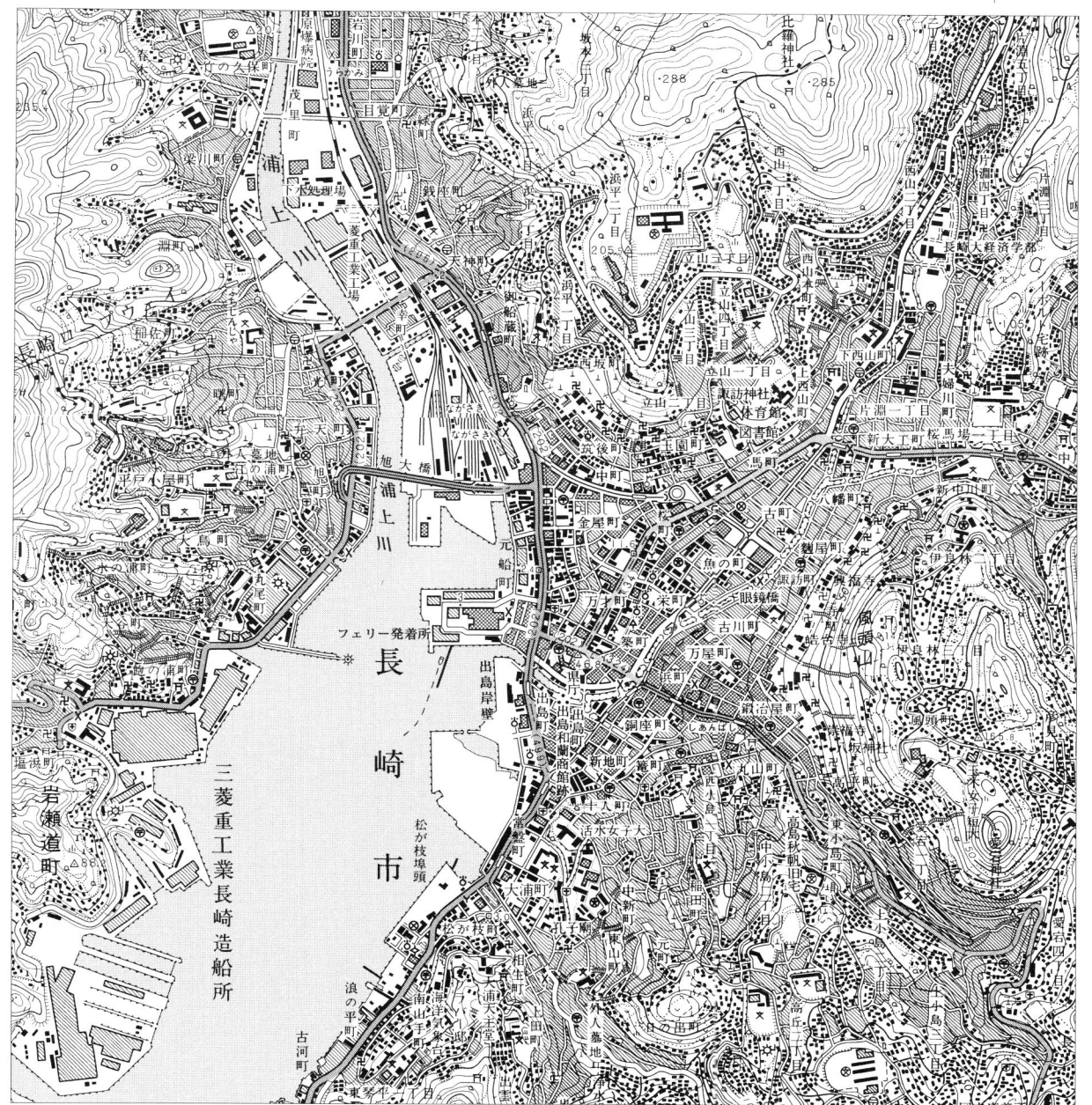

図 101-2　現在の長崎市　（2万5,000分の1地形図「長崎西北部」平成8年修正、「長崎東北部」「長崎西南部」「長崎東南部」平成11年部分修正、原寸）

　オランダとともに多くの唐船が来航して大きな唐人社会が当時の長崎に形成されつつあった。最盛期には人口約6万のうち1万人を中国人が占めたとされる。幕府は出島に次いで唐人屋敷を造成して中国人を収容した。また「末次の大火」（1698年（元禄11））により大量の唐人物資が消失し、これを契機として人工島が造成され、中国貿易品を保管する新地蔵所が銅座川河口に出現した。明治維新後にこれら唐人屋敷や新地蔵所は廃止され、在留中国人はこの蔵所跡に移住して現在の新地中華街を形づくった。現在では新地中華街は横浜・神戸と並ぶ日本の三大中華街の1つとして多くの観光客で賑わっている。

　これら開港以降の町割りの様子は図101-1および図101-3に見てとれる。長崎湾には北からは浦上川が、東からは中島川が流入している。長崎は平地が少なく起伏に富んだ斜面都市として知られるが、初期の市街地の大部分は専ら後者の中島川下流域の低地に形成された。標高約30メートル以下の地域に高密度な市街地が張り付き、海岸部の低地から徐々に標高の高い地域へと斜面を登りながら市街化が進んで行った。長崎県庁の地先には扇型の出島を明瞭に判読でき、また南東には大きな4つのブロックからなる新地中華街が、そ

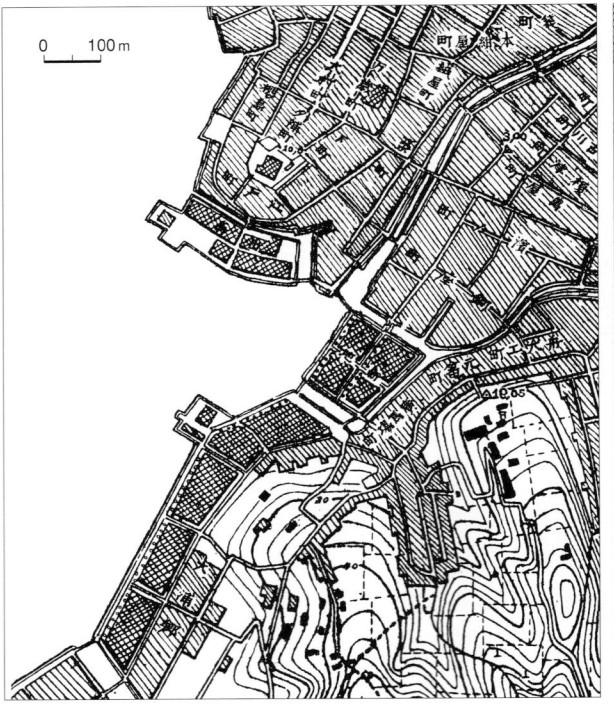

図 101-3　1884年（明治17）の市制施行前の長崎　（1万分の1地形図「長崎」明治17年測図，×0.75）

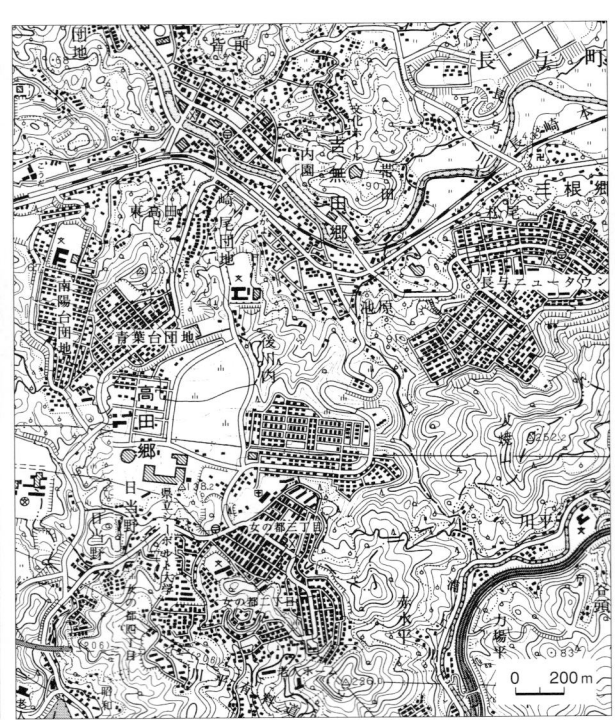

図 101-4　現在の長崎市・長与町における郊外開発　（2万5,000分の1地形図「長崎東北部」平成11年修正，×0.8）

の姿を浮かび上がらせている。しかしながら出島の前面では埋め立てが進んでいる様子も伺え、1904年（明治37）の港湾改良工事により内陸に取り込まれてその姿を消している。

　安政の開国（1859年）にともない、長崎在留のオランダ人や中国人は出島や唐人屋敷から開放され、斜面地や海岸沿いの埋立地に外国人居留地を造った。大波止場や税関波止場のある大浦海岸沿いは、長崎税関をはじめとする港湾・貿易関連施設、旧長崎英国領事館、洋館建ての貿易商社やホテル、長崎市旧香港上海銀行長崎支店などが建ち並ぶ異国情緒あふれる居留地になった。図101-1の長崎湾の東岸に多くの官公署を確認できる。

　ところで湾奥部の浦上川河口付近でも埋め立てが進展しているが、顕著な市街化はまだ生じていない。長崎湾の西側でも山が海に迫り、稲佐山の麓および飽の浦に小規模な集落がみられるに過ぎない。一方で、長崎陸軍兵器支廠や稲佐の海軍軍需品倉庫といった軍事施設が海岸沿いに立地し、飽の浦と立神には三菱に払い下げられた大規模な造船所も確認できる。

　北部の浦上川流域は、1901年当時は農村の風情を色濃く残し、低地では水田が広がり、斜面上では樹木が生い茂っている。浦上川左岸の水田の中に長崎駅が確認できるが、これは現在の浦上駅の位置である。長崎線が延長され、長崎駅が現在地に移転されたのは1905年（明治38）のことである。

　上記のように長崎は、南蛮時代・鎖国時代・居留地貿易時代と大きな変貌を遂げるが、明治以降はわが国の近代化に歩調を合わせて数次の戦争を経験した。とりわけ1945年（昭和20）8月9日午前11時2分に投下された原爆により、約7万人の尊い犠牲を強いられた。戦後は廃墟からの復興を果たし、今日の長崎が築かれた。

　現在の市街化の様子（図101-2）は、20世紀初頭のものとは大きく異にしている。高密度の市街地は、2つの流域の低地のみならず、地形的制約により長崎湾を取り囲む斜面地にびっしりと張り付き、坂の街（斜面都市）長崎を形づくっている。とりわけ1960年代の高度経済成長期における急激な人口増加により、街は山手へと登ることになった。

　一方の海岸沿いでは埋め立てが進行し、湾の西側には三菱重工業長崎造船所が規模を拡大させている。造船業は現在もなお長崎の重要な産業の一角を占めており、LNG・LPG船や大型のコンテナ船に代表される高付加価値船への特化を図っている。また長崎の観光業は、造船業以外に期待される重要な成長産業分野であり、異国情緒を醸し出す観光都市としてのまちづくりを推し進めている。

　異国情緒あふれる長崎の町並みに大きく寄与しているのが、東山手地区の外国人居留地の存在である。図101-3は1884年（明治17）の地図であるが、南端の海岸通り居留地の東側斜面にいくつかの建物を散見でき

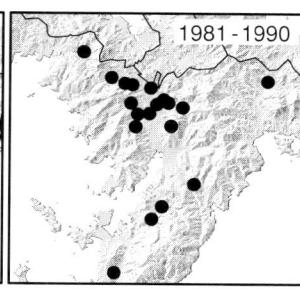

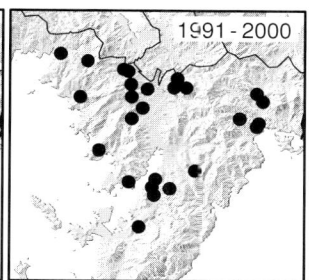

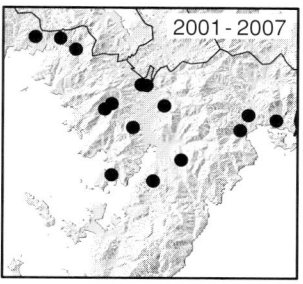

図 101-5　長崎市における 1 ha 以上の大規模宅地開発の分布（1974〜2007 年）　長崎市資料により作成

る。東山手地区は外国人居留地のなかで最初に許可された地区であり、ここにはロシア領事館やアメリカ合衆国領事館、そしてメゾジスト派の宣教師住宅として使用された東山手十二番館、1879 年（明治 12）設立の日本の女学校の草分けである活水学院や海星学園、日本初のプロテスタント教会である英国聖公会会堂跡、外国人向けの洋風賃貸住宅である東山手洋風住宅群、そして孔子廟（1893 年（明治 26）創建）といった施設が混在している。

これらに加えて石畳のオランダ坂が居留地時代の雰囲気を醸し出している。東山手地区の南には南山手居留地が位置し、ここは主に外国人居住地として利用された。港を見下ろす眺望の効く斜面地に大浦天主堂やわが国最古の木造洋館である旧グラバー邸があり、居留地時代の面影を色濃く残す観光名所となっている。東山手・南山手地区には数多くの歴史的環境が残されているため、現在ではそれぞれ伝統的建造物群保存地区に指定されている。

長崎市とその周辺の市街化は、住宅が市街地に接した斜面を登ると同時に、山林を宅地造成することによって大規模な戸建て住宅団地が相次いで郊外開発されたことによって進展した。その結果、長崎市の北隣に位置する長与町ではスプロール化が著しい（図 101-4）。また図 101-5 は 1974 年以降の長崎市における 1 ha 以上の宅地開発の推移を追ったものである。1980 年以前の宅地開発は 9 つの地点で開発がなされ、それらの平均開発面積は 22,552 m²、平均計画戸数も 63.9 戸といった小規模なものであった。それらの開発地は地図上では、長崎市中心部から約 10 km 北に位置する滑石町や鳴見町などにおいて確認できる。

その後、宅地開発は 1984 年と 1989 年、1990 年にピークを迎えた。以前の開発に比べて、件数・面積・戸数とも大幅に拡大し、しかも長崎市中心部に近い地点において開発がなされた。大規模なものとしては、南長崎ダイヤランド（小ヶ倉町、礫道町など、開発面積：91 万 1,800 m²、計画戸数：1,960 戸）や光風台（鳴見町、開発面積：49 万 7,665 m²、計画戸数：1,264 戸）、小江原ニュータウン（小江原町・小江町、開発面積：46 万 8,800 m²、計画戸数：1,309 戸）、そして女の都団地とその周辺があげられる。南長崎ダイヤランドを除けば、全般に宅地開発の多くは長崎市北部と隣接する長与町に集中する傾向にある。

1991 年以降の 10 年間の開発は一戸建てを主体とした大規模なニュータウン開発から山麓斜面を利用したマンション開発へと軸足を移している。とくに 1994 年の建築基準法の改正にともない、マンションの斜面地立地は大幅に伸びた。これは建築物の高さは地盤面からの高さに基づくため、地盤面より下の部分は高さの対象にならない。このため住宅地下室の容積率不算入措置を活用すれば、容積率の限度一杯まで地階に住宅を造ることができる。これを利用して、勾配が急な斜面地では、地下階を何層も有した垂直に近い形態の「地下室マンション」や「階段状マンション」の建設が可能となったのである。長崎市のような斜面都市においてはこの建築基準法の改正はマンション開発を促す契機となり、長崎市では中心部の東側においてこのようなケースを数多く観察できる。

2001 年以降、長崎市縁辺部において再び大規模な住宅開発がなされるようになった。パークコミュニティ桜の里（京泊町、三京町など、開発面積：49 万 8,548 m²、計画戸数：1,036 戸）やポートウェストみなと坂（木鉢町、大浜町など、開発面積：49 万 4,789 m²、計画戸数：976 戸）、サンコート豊洋台（畝刈町、多以良町など、開発面積：42 万 9,172 m²、計画戸数：886 戸）である。これら分譲住宅団地が、長崎市中心部から遠郊に位置しているのに対して、近年では、旧市街地の低地においても都心型分譲マンション開発が活発である。それらは浦上駅周辺に残されていたバス会社の広大な車庫といった低未利用地を活用した都心再開発にともなうマンション開発である。居住環境が必ずしもよいとはいえない斜面地の住宅から、これらマンションへの高齢者の住み替えも増えているといわれる。斜面都市長崎は人口が漸減傾向にあり、少子高齢社会の到来を見据えながらこのような形で都心部の再生を図っている。

（山下宗利）

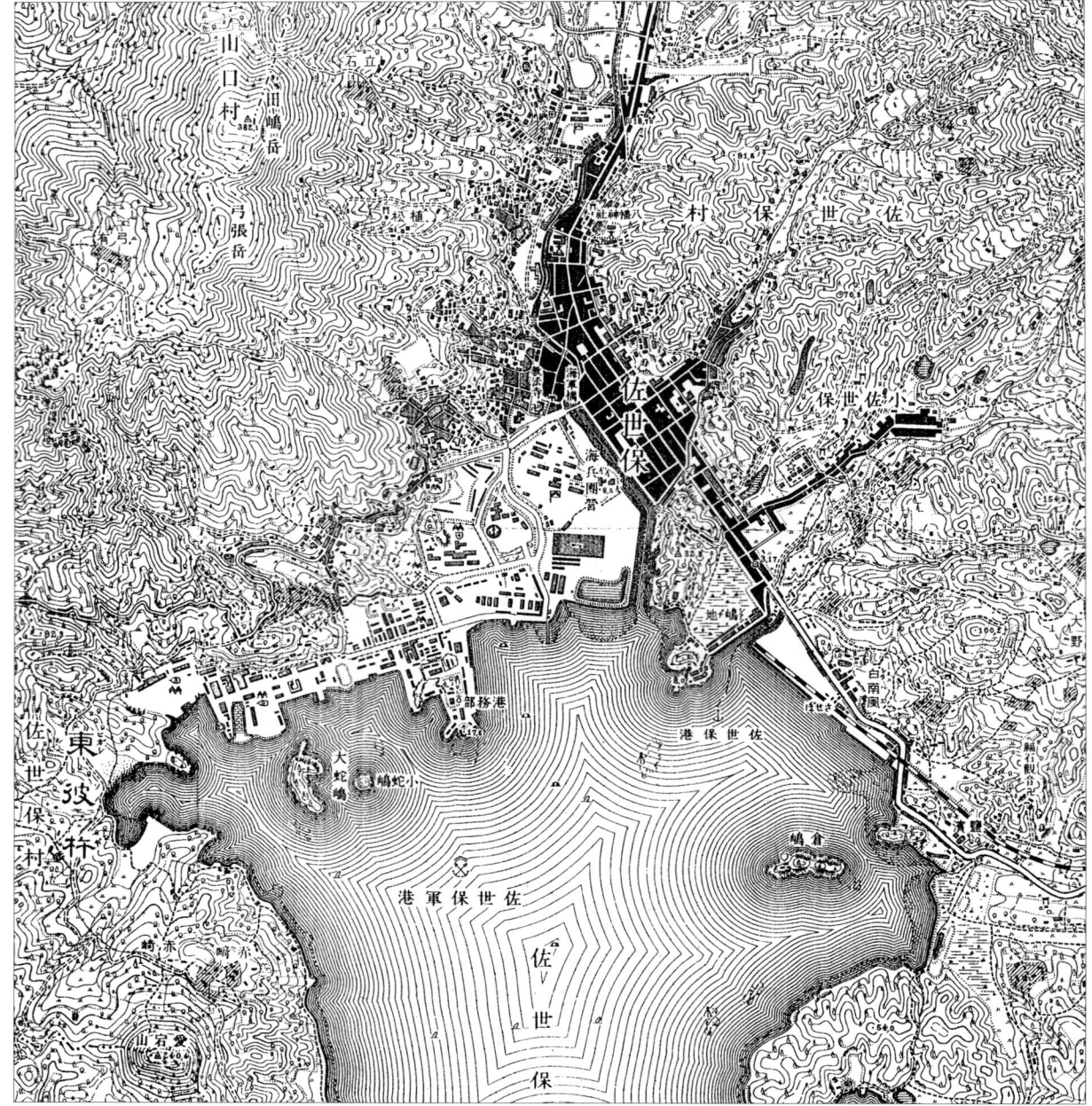

図 102-1　1901年(明治34)の佐世保村　(2万分の1地形図「佐世保」「相浦」明治34年測図、×0.80)

102. 佐世保

　明治初期までの佐世保は、人口3,675人(1884年)の西海に臨む一寒村に過ぎなかったが、第1海軍区の横須賀に続き、1886年(明治19)に第2海軍区の呉とともに「第三海軍区鎮守府ヲ肥前国彼杵郡佐世保港ニ置ク」という勅令を受け、大きく変貌することになった。海軍省は、直ちに佐世保湾北部を海軍用地として買収し、鎮守府庁舎や海兵団本部を建設、1889年、佐世保鎮守府が開庁した。図95-1には鎮守府、海兵団、病院、造船所など軍港初期の軍事施設が描かれている。

　軍港建設に並行して市街地の建設も進められ、計画された長方形ブロックの街区が完成するとともに市街地にも要塞司令部、砲兵大隊などの軍事施設が置かれた。また、市街地から東に少し離れた小佐世保(勝富町)には遊郭が建設された。空前の建設ラッシュによって流入人口は急増し、1895年(明治28)には佐世保村の人口は1.7万人、さらに九州鉄道佐世保線の開通(1898年)により人口増加に拍車がかかり、1900年には4.4万人と全国最大の村になった。1902年、町を経ずして、一躍、市制を施行、同年の人口5.1万人は九州第5位であり、1915年には10万人を突破した。

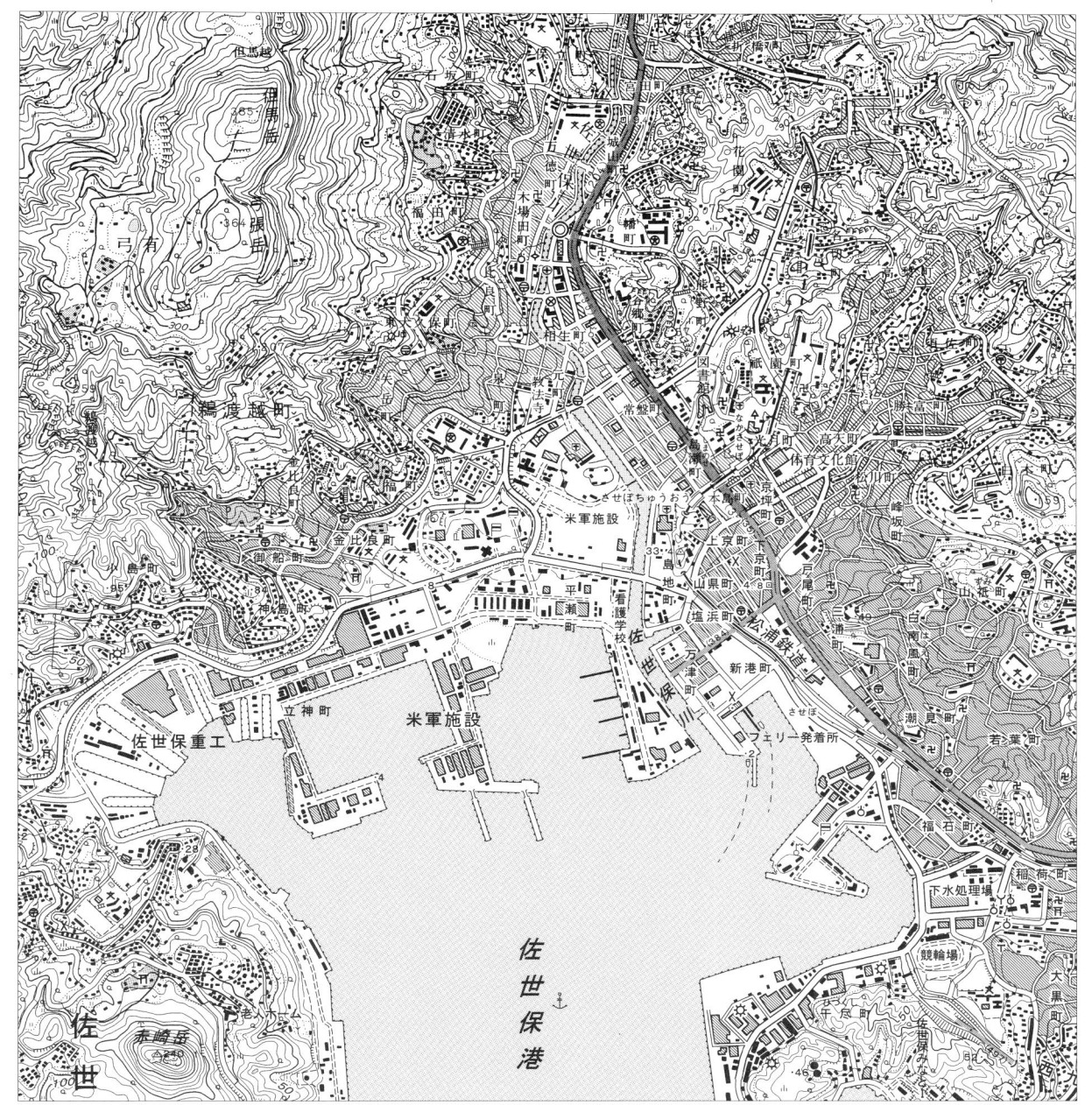

図 102-2　現在の佐世保市　(2万5,000分の1地形図「佐世保北部」平成10年部分修正、「佐世保南部」平成17年更新、原寸)

　住宅地は、平地から谷筋に沿って山の斜面へと拡大し、図102-2のような斜面都市を形成した。一方、佐世保湾岸は、海軍によって立神や大蛇島、小蛇島を利用した巨大な係船池や佐世保川河口を埋め立てた埠頭が次々と建設され、湾域の要塞化が進められた。1940年の人口は、相浦町を編入したこともあり、20万人を超え、全国で第16位、九州で第4位の都市に膨張した。

　1945年(昭和20)、アメリカ軍による空襲で市街地の大半を焼失して敗戦、鎮守府や海軍工廠などの軍事施設はアメリカ軍が接収し、海軍を失った佐世保市は人口が半減した。産業も壊滅的な打撃を受けたが、1950年からの朝鮮戦争の特需によって造船業が復興した。1955年以降、海軍工廠の伝統を引き継ぐ佐世保重工業は、巨大タンカーを続々と建造し、造船景気に沸いた。しかし、1970年代に入ると一転して円高による造船不況で事業規模を縮小、人員整理を余儀なくされた。

　今日、佐世保市は造船、基地の街という色彩は薄れ、市南東部(図外)にあるテーマパーク、ハウステンボスのある都市というイメージが強いものの、図102-2から佐世保湾岸は、依然として米軍、海上自衛隊関係施設が集積する軍港都市であることを読み取ることができる。

(平岡昭利)

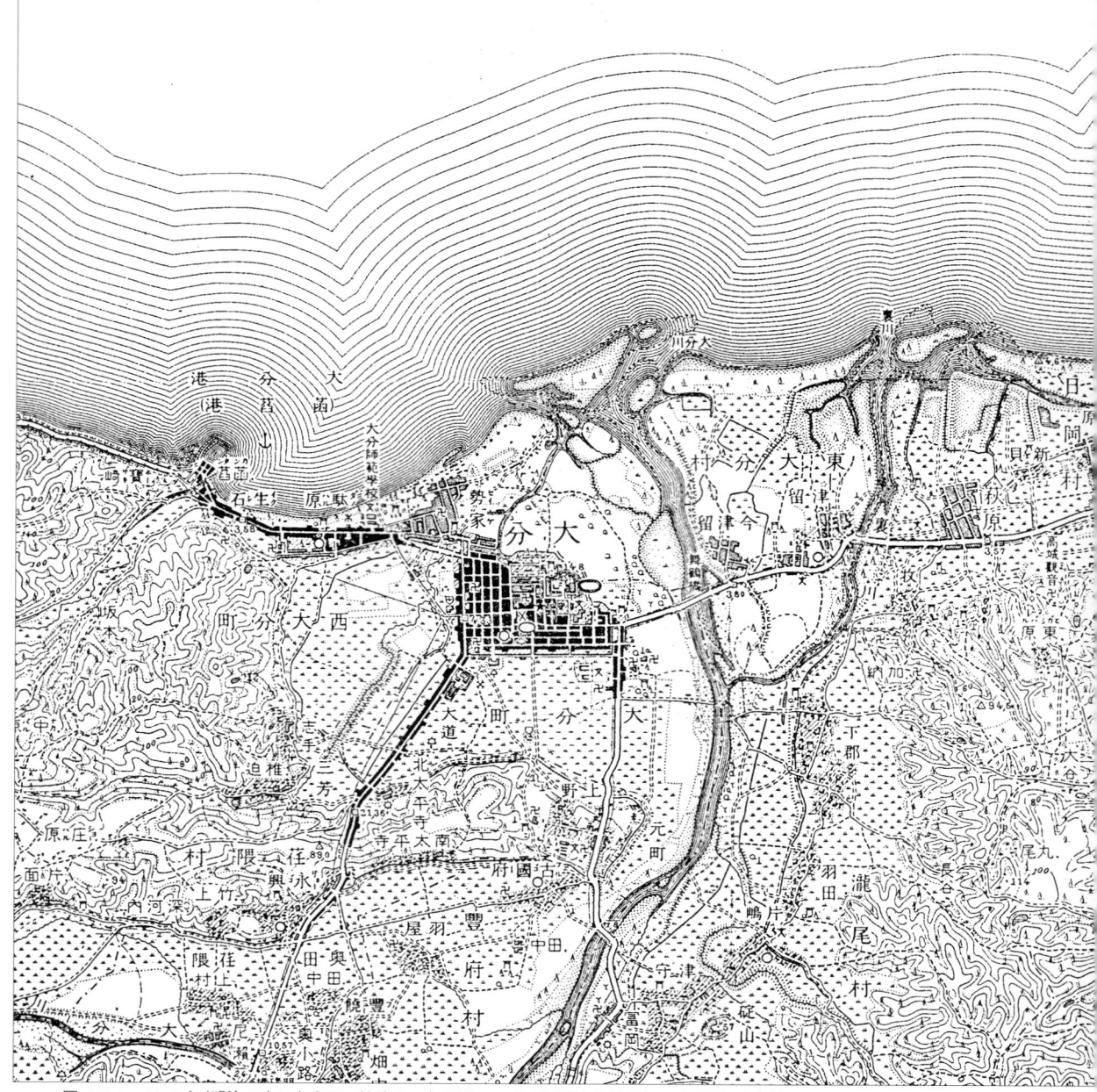

図 103-1　1903年（明治36）の大分町・鶴崎町　（5万分の1地形図「大分」明治36年測量、原寸）

103. 大　分

　近世の豊後は小藩が分立し、現在の大分市域は府内藩以外に、肥後藩の鶴崎や竹田藩の三佐など、飛び地や天領も存在していた。大分城（荷揚城）が築かれたのは1597年（慶長2）である。図103-1左ページに示された大分町の市街地はほぼ近世城下町の拡がりを示している。

　1871年（明治4）の廃藩置県で成立した大分県の県庁所在地が置かれた大分町には、銀行や師範学校、中学校などの教育機関が整備されたが、1889年（明治22）の人口はわずか1万804人であった。

　明治末期から大正期にかけて、大分市を中心とする鉄道整備が進展した。1900年（明治33）に豊州電鉄によって別府と結ばれ（通称、別大電車）、国鉄豊州線（現JR日豊線）が1911年（明治44）に大分まで延長され、大分駅は市街地の南側に設置された。同年、市制施行、人口3.1万人であった。

　大分市の市街地の別府湾海岸部への拡張が始まるのもこの時期である。1884年（明治17）に西大分に完成したかんたん港は、大型船の入港が不可能であったので、大正期にその東側に春日浦や弁天島の埋め立てに

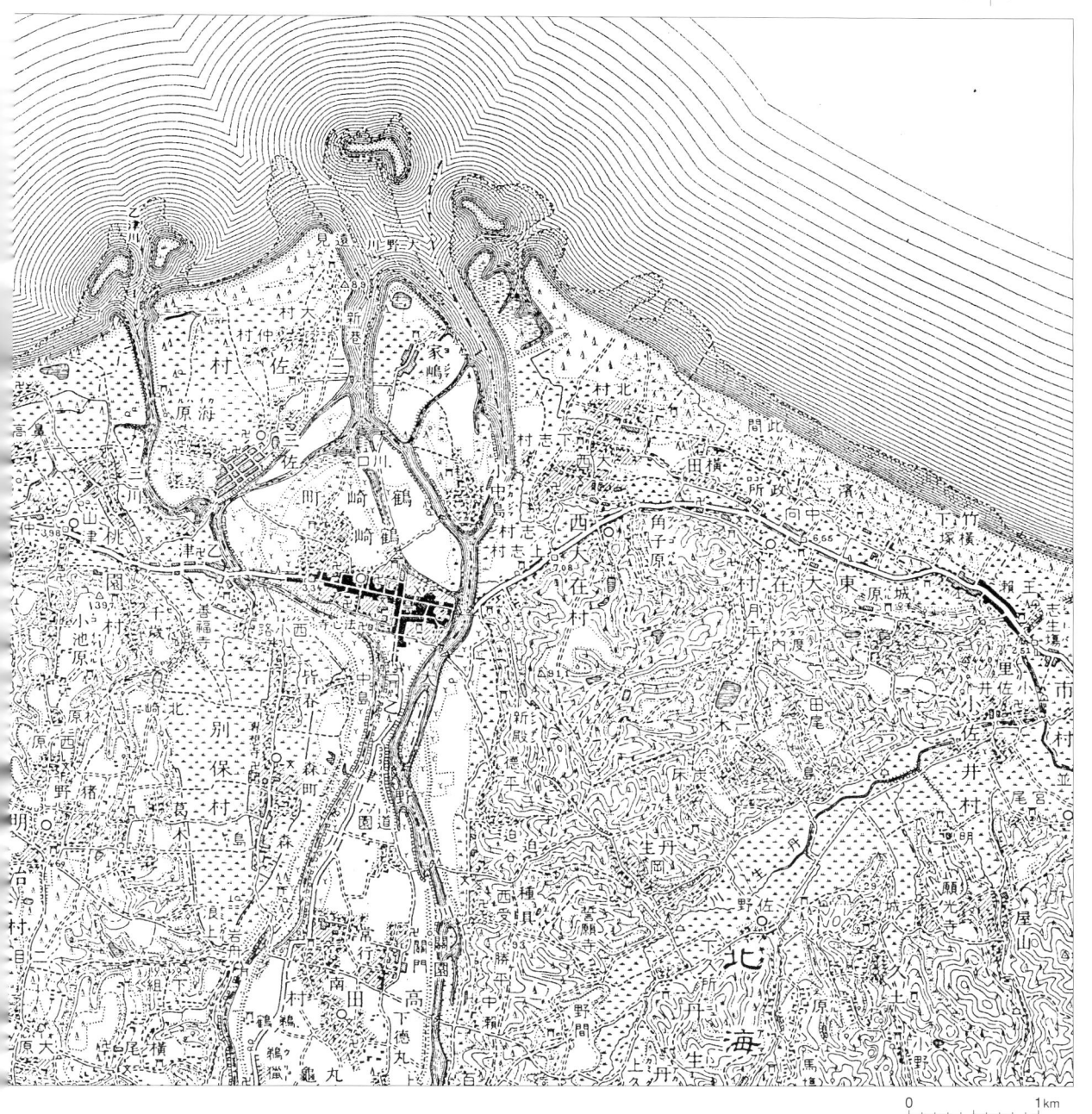

よって大分港が完成した。また、それまで湿地帯であった大分城北東の中島裏も1937〜8年に耕地整理事業が実施され、住宅地としての市街化が進むことになった。

大分市の都市構造の変容において軍事施設の立地は大きな意味を持っている。1908年(明治41)に陸軍歩兵第72連隊が駄ノ原に置かれ、1939年(昭和14)には大分川右岸の津留三角州に海軍航空廠が開設されたほか、市内各地に軍事施設が立地した。大分市は1945年(昭和20)にアメリカ軍による空襲を受け、135万m^2を消失し壊滅的な被害を被った。第二次世界大戦後、旧軍用地に大分大学学芸学部などの教育施設や大分空港、工場などが立地して、戦後の復興において重要な役割を果たした。

1963年(昭和38)、大分市は新全国総合開発計画に基づく、新産業都市の指定を受けることで大きく変貌することになる。大分市は指定基準を満たすために、鶴崎市および周辺4町を合併し、人口は21万人となった。しかし、このとき鶴崎市は既に臨海部に工場立地が進んでおり、税収が見込めることから合併には反対意見も多かった。

大分新産都計画の第1期計画では、大野川から大分

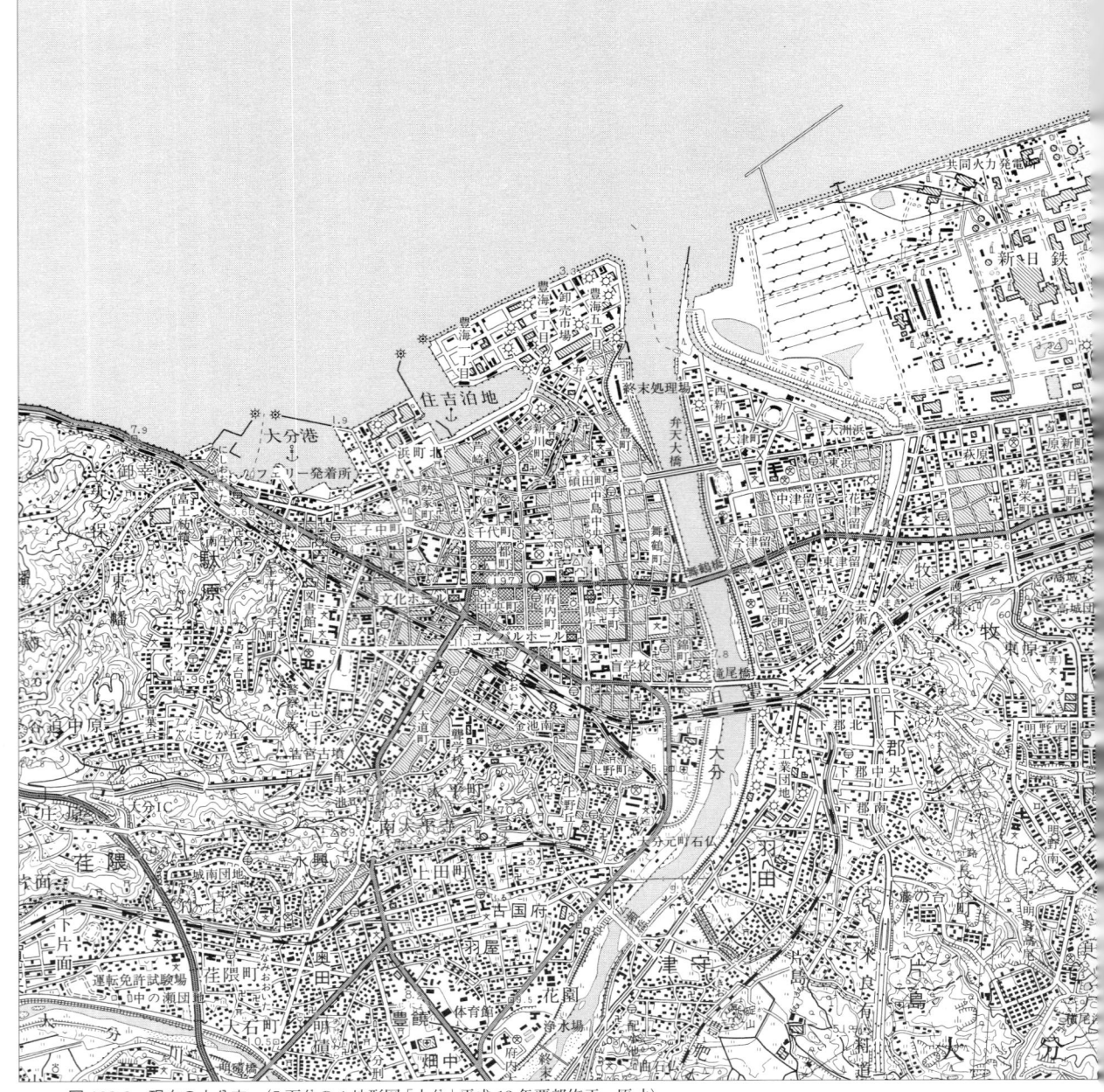

図 103-2　現在の大分市　（5万分の1地形図「大分」平成12年要部修正、原寸）

川左岸の海岸線を埋め立て、広大な工業用地が創り出された。埋立地は、大分川や大野川の河口部に位置するため遠浅で、埋め立てが容易であり、そこから先の別府湾は急激に水深が深くなり、大型船が接岸可能な港湾施設を建設することができた。埋立地は東から1号地から5号地と名付けられ、九州石油（1963年）や昭和電工（1968年）、新日鐵（1971年）など次々と進出企業が決定していった。

このような工業開発にあわせて、大分川に架かる舞鶴橋や大道トンネルが完成し、海岸部を貫通する臨海産業道路が建設されるなど、道路整備が進み、自動車交通に対応する基盤が作られていった。

また、進出企業の社員住宅地として、大分県は計画戸数6,500戸の明野団地を1965年（昭和40）から整備した。人口急増に対応して、公営や民間企業の住宅団地建設が宗方や敷戸、寒田などの丘陵地を中心に展開していった。また、海岸部の埋立地と明野台地に挟まれ、水田地帯であった鶴崎地区、津留地区では、土地区画整理事業が実施され、昭和50年代前半までに住宅地へと変貌した。一方、このような海岸部の工業化によって、1957年（昭和32）に航空廠跡地に開港した大分空港は、1971年に国東半島に移転した。

このように産業的基盤が脆弱であった大分市は、わが国の高度経済成長を支える基幹的産業部門が立地することによって産業構造が一変し、「新産都の優等生」とまで呼ばれるほどの経済成長を達成した。

　新産業都市第2期計画では大野川以東の海岸部の埋め立てと工業誘致を計画したが、全国的な景気変動や住民の反対運動などの影響により途中で中止され、入居企業が決まらず荒地化している造成地も見られる。

　近年は郊外に大規模ショッピングセンターが相次いで立地しているほか、2002年(平成14)のサッカーワールドカップの会場として、スポーツ公園が整備され、現在はプロサッカーチームのホームスタジアムとして利用されている。さらに大野川右岸の丘陵地では大分県による流通業務団地の整備や、図103-2には示されていないが、2005年にはキヤノンのデジタルカメラなど製造工場が立地している。このように大分市は県庁所在都市としての機能に加えて、時代の先端的製造業の立地が進んでいる。人口増加の受け皿として郊外の住宅団地の開発や、近年は都心周辺の分譲マンション開発も著しい。また、JR日豊線の高架化と連動して、2014年度(平成26)完成を目標に、大分駅南の市街地再開発事業も進められている。

（土居晴洋）

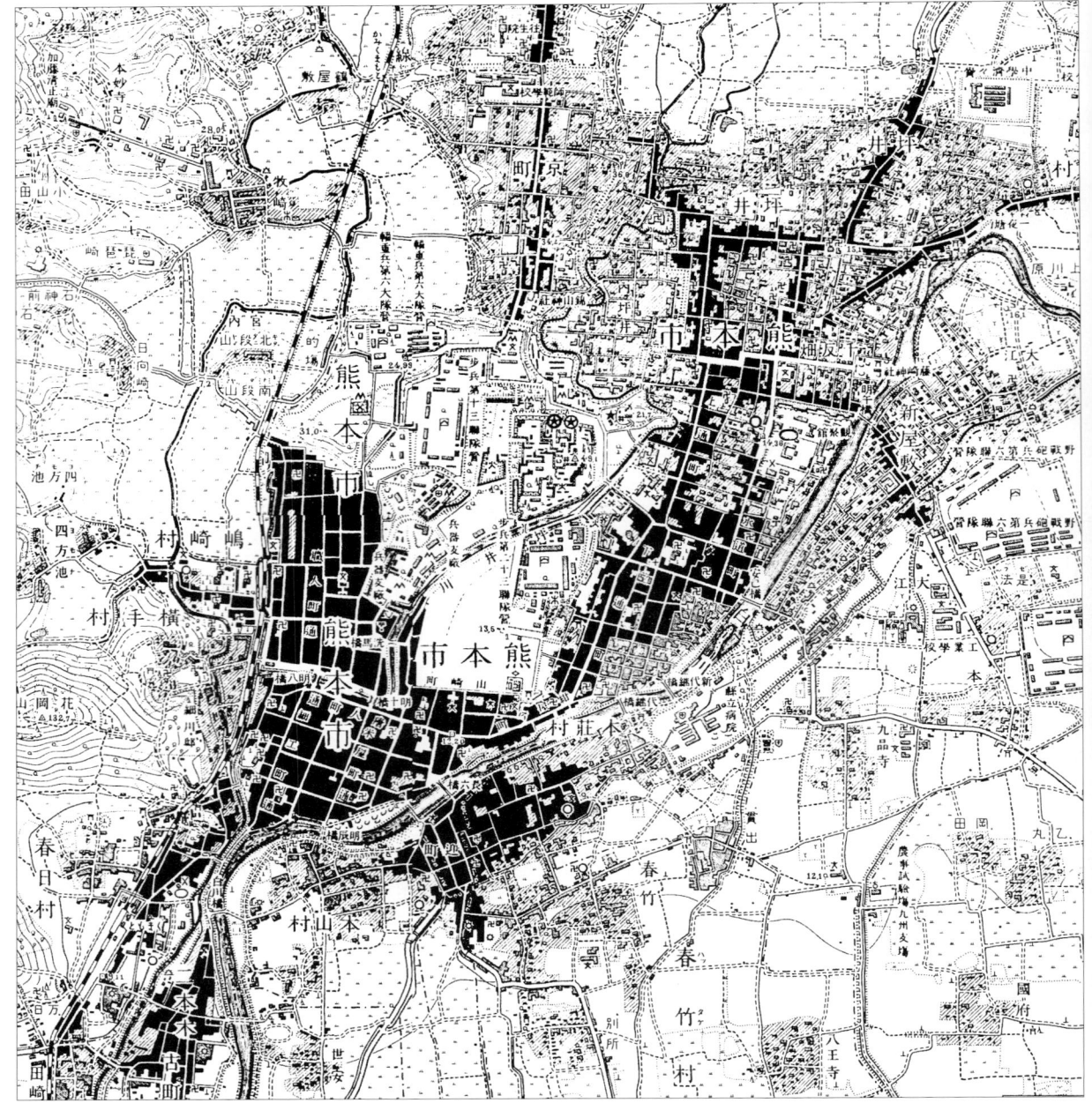

図104-1　1901年(明治34)の熊本市　(2万分の1地形図「金峯山」「熊本」「砂取」「川尻」明治34年測図、×0.8)

104. 熊　本

　京町台地の南端に、加藤清正が熊本城を築いてから、2007年で400年を迎えた。図104-1の南に二本木という地名がみえるが、清正はここにあった商家や寺院を、白川と坪井川の間の地に移し、町づくりを始めた。この地は「古町」と称され、地図には唐人町通、細工町通、米屋町通、紺屋今町などの町名がみられる。古町は熊本城下特有の、方1町(60間)の区画に寺院を置く町割り(一町一寺制)が施されている。また、現在の古城町の西側にも、職人町通りの名がついた新たな町屋が見られるが、ここは「新町」と呼ばれ、いずれも、城下の重要な商いや取引、物づくりなどを生業とする人たちの住む町であった。

　細川氏入国後、54万石の城下町熊本は武家の数も増え、北部の京町や出町、北東部の坪井にも新たな町屋がつくられた。侍町は城内の二の丸のほか、城周辺の京町、内坪井、寺原、子飼、千反畑、高田原(現下通2丁目付近)、山崎、新町の一部など、城を囲むように配され、藩主邸は坪井川左岸の御花畑に置かれた。熊本城の東、白川対岸の新屋敷は、幕末に新しく形成された町並みである。

図 104-2　現在の熊本市　（2万5,000分の1地形図「熊本」平成10年修正、原寸）

城下町熊本は、1871年（明治4）に鎮西鎮台（本営は旧花畑藩邸）が設置されたことで、都市の機能や景観も軍都へと一変していく。1873年に鎮西鎮台は熊本鎮台と改められ、その翌年には本営を熊本城の本丸に移している。また、1875年に歩兵が聯隊制をとると、歩兵第13聯隊が二の丸に、1876年には千葉城町に工兵第6小隊、桜馬場に砲兵第6大隊、二の丸に予備砲兵第3大隊、花畑町には歩兵第13聯隊が配置され、山崎町の旧武家屋敷地の大部分も練兵場に変わっていった。

西南戦争（1877年）で城下の大半を焼失したが、翌年の「三新法」の制定で、従来の大区・小区制が廃止され、これにともない1879年1月20日に市街地の南、白川左岸の迎町と新屋敷町を加え、人口4.4万人の熊本区が誕生した。このとき、今日の中心市街地の輪郭が、ほぼ出来上がったといえよう。

1889年（明治22）4月1日に熊本市（人口4.9万人）が誕生するが、熊本はこの後も軍都としての性格を強めていく。この前年に熊本鎮台は第6師団に改編され、城内と都心部の山崎町一帯は、軍の施設に占拠されることになった。当時の地元紙を見ると、「全市の中央、最も繁盛の見込みある地に於いて、広漠の練兵場をもうけ」と、これを皮肉り移転を促している。この1年

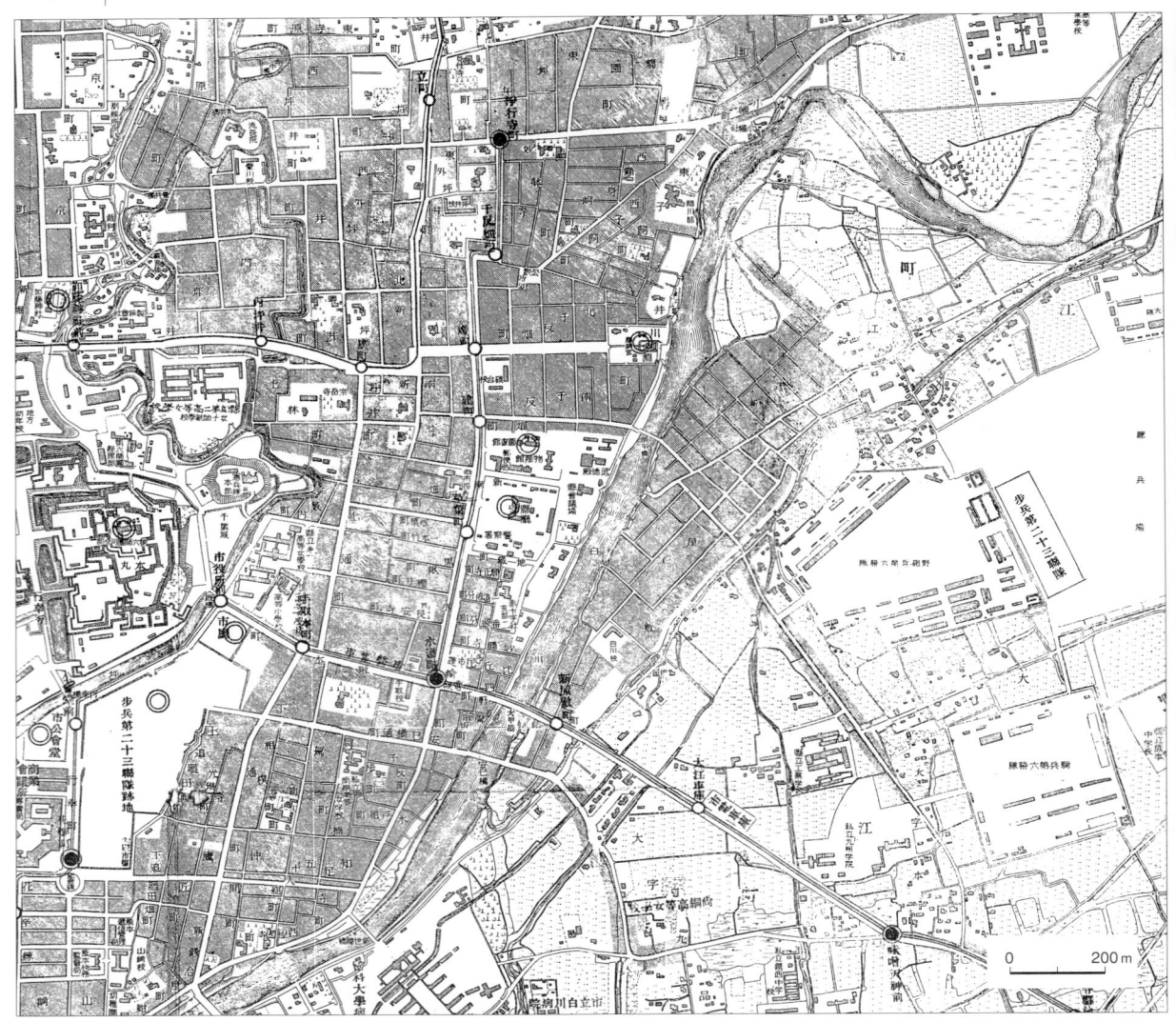

図 104-3　1924年(大正13)の熊本市　(9,000分の1地図「大正13年熊本市及附近実測図」熊本市歴史文書資料室所蔵、×0.6)

前、古城にあった県庁と警察署が南千反畑に移転している。

　周辺に目を移してみると、九州鉄道が1891年(明治24)に熊本まで開通し、池田(現 上熊本)と春日(現 熊本)の両駅が営業を始めている。教育施設では、1889年に古城の第五高等中学校が、市街地北東端の飽田郡黒髪村に移転している。同校は1894年に第五高等学校となり、現在は熊本大学となっている。

　当時の市長、辛島格が市街地の東郊、大江村渡鹿（とろく）に換地を取得し、批判の的となっていた練兵場の移転を完了したのは1900年(明治33)のことであった。この後、練兵場跡地の開発が進み、辛島市長の功績を讃えた辛島町をはじめ、練兵町、桜町、花畑町など、新しい町名も生まれている。しかし、山崎町の北側には、まだ市の財政の都合で移転させることができなかった、歩兵第23聯隊が、広い面積を占有していた。なお、大江・渡鹿方面への兵営の移転は、1889年の千葉

城町にあった工兵隊が最初で、以後、砲兵聯隊、騎兵第6聯隊と続いた。図104-1から、当時の状況が読み取れる。

　熊本市が近代都市として歩み出すのは、1921年の飽託（ほうたく）郡11ヵ町村(黒髪・池田・花園・島崎・横手・古町・本山・本荘・春竹・大江村と春日町)との合併以後のことである。合併時の人口は12.5万人で、長崎市の人口17.7万人に次いで、九州第2の都市となった。さらに、4年後には出水村を編入し、人口も約13.9万人を数えた。熊本市は都市近代化の「三大事業」として、第23聯隊の移転と上水道の敷設、市電の開通を掲げ、新たな都市づくりに取り組んだ。1924年(大正13)には聯隊の渡鹿への移転が実現し、同年に市電も熊本駅〜浄行寺間、水道町〜水前寺間が開通、上水道の給水も始まった。軍の施設は、熊本城内を除けば市街地から姿を消し、都心部の整備が急速に進捗していった。この1年前、市役所の庁舎も旧監獄署跡に新しく

建設されている。図104-3は、当時の状況を示したものである。

昭和初期、託麻原台地が広がる熊本市の東部、とりわけ、市電の開通をみた水前寺方面への都市化は著しかった。郊外の発展にあわせるように、1931年〜36年には白坪、画津、健軍、清水、力合、日吉、川尻などとの合併・編入で、さらに市域を拡張している。

第二次世界大戦後、都市的土地利用の大きな変化に、軍施設跡地の転用がある。大江・渡鹿方面に広大な面積を有していた軍の跡地は、引き揚げ者や戦災者用の住宅地、熊本学園、日本たばこ産業の工場（当時）、警察学校、それに国立電波高等学校（現 熊本大学大江総合運動場）に、また、広大な練兵場は開拓団の入植や公務員宿舎、県・市営の住宅団地などに転用されていった（図104-4）。1953年6月26日の「熊本大水害」を契機に、健軍から水前寺にかけて住宅地化が一段と進み、熊本市の東部地区の変化は著しかった。

1950年代半ば以降、日本が高度経済成長の時代を迎えると、東部地区の景観は大きく変貌していく。図104-2図幅の範囲外ではあるが、1965年には国道57号線東バイパスの工事が始まったり、67年には蚕糸試験場の跡地に県の新しい庁舎の完成をみている。1980年代半ば以降の変化も著しく、1985年には出水2丁目に県立図書館が開設され、都心の千葉城町から移転している。翌年には、この隣接地に熊本総合体育館・熊本市総合青年会館（日本酒類工場跡地）も建設され、さらに周辺の住宅地化も進んでいった。

市街地周辺部の発展だけでなく、都心地区の変化も目を見張るものがあった。1965年には、県庁跡に熊本交通センターがオープンし、バスターミナルのほか、地下商店街の熊本交通センタープラザやホテル、大型店舗の進出など、高次な商業・サービス機能の集積が著しかった。また、新市街から下通、手取本町、上通など、都心商店街の形成も格段に進んだ。県都熊本の成長は、熊本城内や周辺の整備にも及び、熊本合同庁舎、市民会館、県立美術館、市立博物館、県立総合体育館など、都心地区の構造的な骨格ができあがっていった。1977年には50万都市に成長し、81年には現在の市庁舎の完成をみている。都心商業地では、県外大型店の進出で、一時、地場資本との間で激しい抗争もみられたが、新市街から下通、手取本町、上通など、都心商店街の形成が一段と進んだ時期でもあった（図104-2）。

1990年代以降、熊本都市圏（通勤・通学率が15％以上の市町村）も拡大の一途をたどっていった。郊外地域が発展する一方で、都心地区では人口の流出が続き、かつての商人・職人の町であった古町・新町では、空き地や駐車場、マンションなどが増え、空洞化

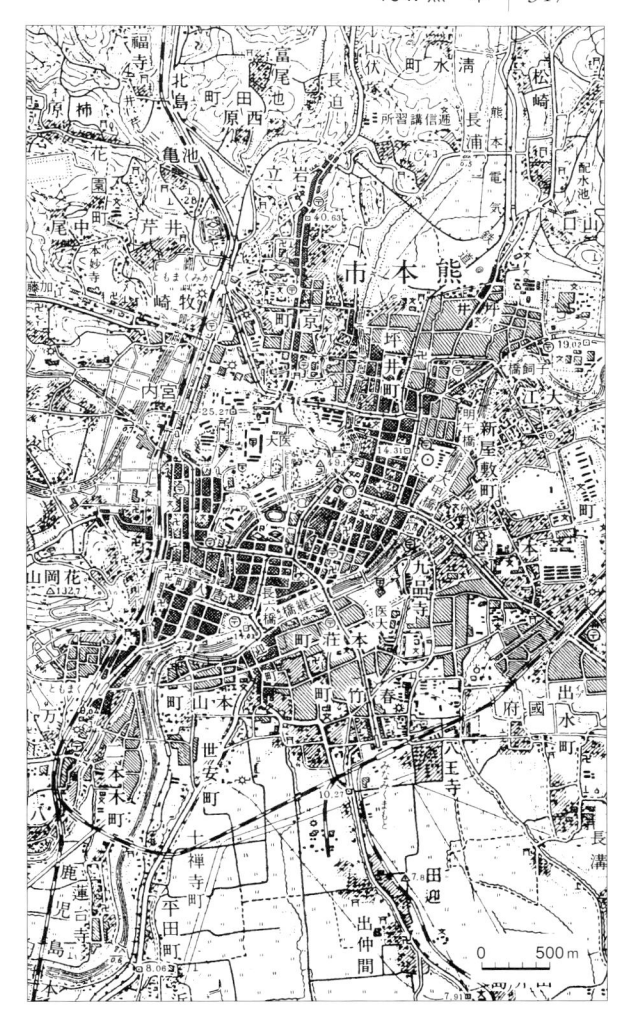

図104-4　1951年（昭和26）の熊本市　（5万分の1地形図「熊本」昭和26年修正、×0.9）

が進むなかで歴史的な町並みも大きく変わりつつある。都心商業地は郊外化の影響を受け安泰とはいえないが、一方で、郊外のショッピングセンターにはない、アメニティや活力を持った場所である。熊本の都心商業地に目を向けると、1992年に駕町通りのアーケードが完成し、翌年、鶴屋ウイング館が開店している。シャワー通りはオシャレを演出し、個性的な上乃裏通りは多くのタウン情報を発信する。98年には上通商店街の新アーケードが完成をみ、2002年には、びぷれす熊日会館もオープンした。

現在、熊本市の人口67.0万、熊本都市圏（2市12町1村、2007年10月）人口は105.7万人である。2011年春開通予定の九州新幹線が運行を開始すると、博多・熊本間が35分、熊本・鹿児島間が45分となり、南北の時間軸が一気に短縮する。新幹線の開業に備え、熊本駅周辺の整備が着々と進められるなか、政令市や道州制を睨んだ州都論議も活気づいてきた。

（山中　進）

図 105-1　1902年(明治35)の宮崎町　(5万分の1地形図「宮崎」明治35年測図、原寸)

105. 宮　崎

　宮崎という地名は、もともと郡地名であり、宮崎荘、宮崎城(池内城)の勢力範囲をさす地名でもあった。近世においては、幕府領の他、延岡藩、佐土原藩、高鍋藩、鹿児島藩、飫肥藩の諸藩領が錯綜しており、しかもそれぞれが城下から最も遠い僻遠の地や飛び領地であった。そのため、都市的景観に乏しい政治・経済的な空白地帯であった。

　1871年(明治4)の廃藩置県後の紆余曲折を経て、1873年(明治6)には宮崎県が新設され、県庁が大淀川沿いの一寒村であった上別府村の戸長役場に置かれた。1889年(明治22)町村制施行に伴い、5町1村が合併して宮崎町が誕生した。この2年前の町域換算人口は、2,618人であったが、1891年には7,153人、1905年には1万1,163人と急速に人口集積が進んだ。

　明治後期における市街地の主要な建物は、県庁、郡役所、町役場、裁判所、警察署、郵便電信局、税務署、連隊警備区司令部などの官公庁が目立っており、まとまった市街地としては、大淀川左岸の中心部と右岸の中村町、かつて港町としてにぎわった城ヶ崎の3地域がみとめられる。

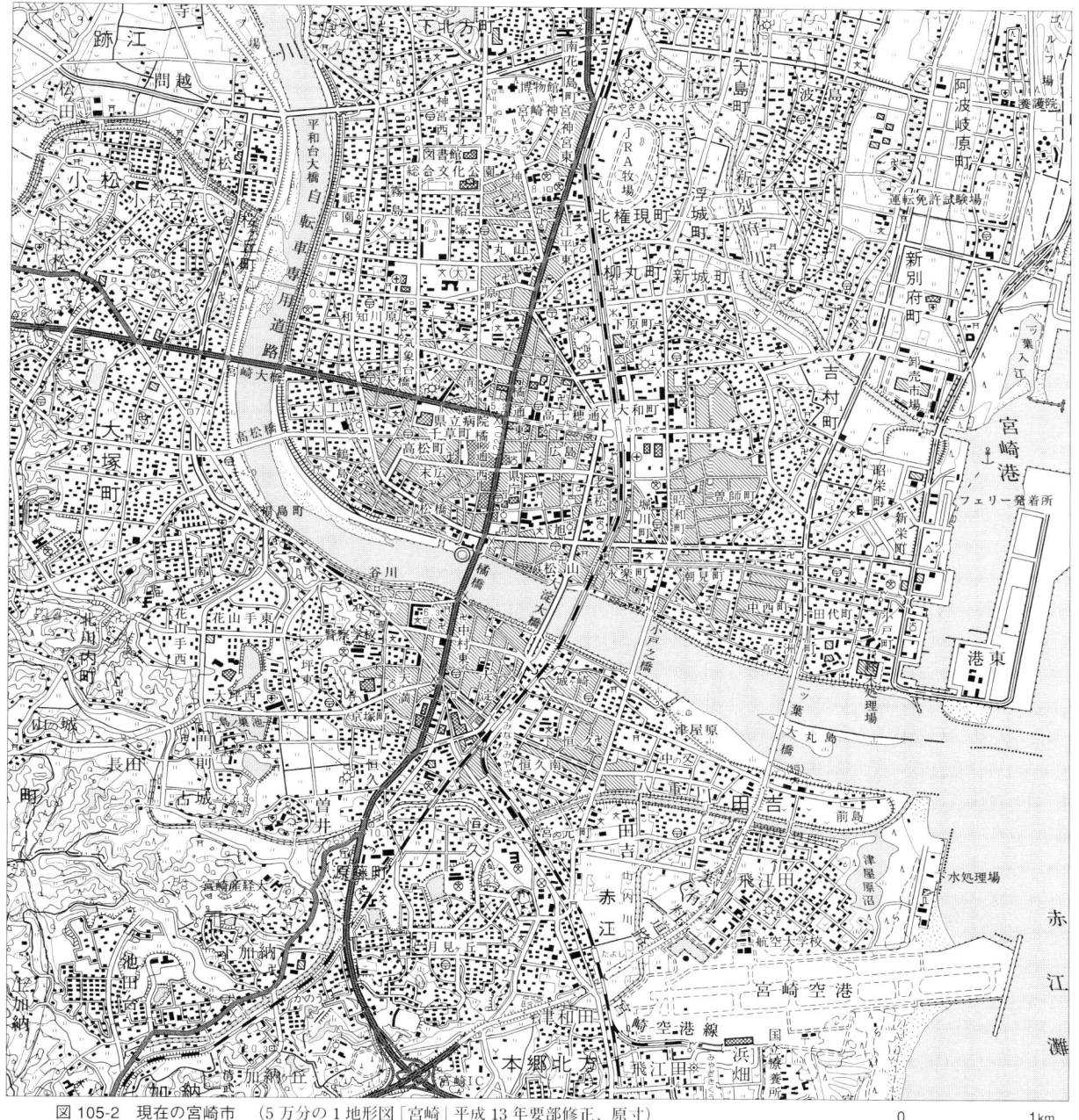

図 105-2 現在の宮崎市 （5万分の1地形図「宮崎」平成13年要部修正、原寸）

　1923年(大正12)に日豊本線が開通し、同年、宮崎町、大淀村、大宮村が合併して市制施行、人口4万3,000人となった。その後も周辺町村との合併を繰り返して市域を拡大すると同時に、市街地も拡大して1970年に人口20万人を超え、さらに今日、37万人の中核都市へと変貌した。

　市街地は、国道10号線と220号線の分岐する橘交差点から東西南北に伸びているが、主軸は南北の橘通りである。その中心も戦前の県庁付近から北へ移動し、橘交差点付近に商業中心地を形成した。中心市街地はこの他、橘通り南部の政治中枢や市街地北部の文教地区、大淀川左岸のホテル街、宮崎駅、南宮崎駅、宮崎港、宮崎空港といった交通中心が立地するなど機能の地域分化が見られる。

　さらに都市機能は郊外へと拡大し、大淀川右岸丘陵地の開発を中心とした大型住宅団地、市域南部から清武町にまたがる学園都市、工業機能、図幅外であるが、1994年阿波岐原森林公園の北に、大型リゾートとして建設されたフェニックスリゾートシーガイアなどが立地展開している。商業機能も中心商店街から郊外大型店への流れがあり、橘通りの繁栄にもかげりが生じている。

（中村周作）

図 106-1　1902 年(明治 35)の鹿児島市　(5 万分の 1 地形図「鹿児島」明治 35 年測図、原寸)

106. 鹿児島

　鹿児島の都市としての発展は南北朝時代の 1342 年、島津氏が現在の市街地の北東部、多賀山の東福寺城(山城)に入ったことに始まる。1387 年にはその西方、清水城(山城と麓に居館)へ移り、中世の城下町を上町地区(稲荷川下流域)に形成、さらに 1550 年には、その南方の内城(平城)へ、そして 1602 年鶴丸城へ移り近世の城下町を形成した。上町六町、下町十五町、西田三町が成立し、1826 年には 5.8 万人の城下人口を擁した。
　鹿児島城下は、周辺が 100 m 前後のシラス台地と、この侵食で諸河川が形成した狭い沖積低地、つまりシラス低地から成っている。近世の城下町成立期、東流する甲突川や清滝川の河道を変え、海を埋め立てて城下町が建設された。幕末期には城下は甲突川左岸から、右岸隣接地まで拡大した。また、日本初の工場群を形成した集成館事業が 1857 年より磯で進められたが、1863 年の薩英戦争で集成館や上町等を消失、1868 年(明治 1)頃の廃仏毀釈でも多くの寺院を、1877 年の西南戦争の決戦では多大な人命と家屋等が失われた。1889 年(明治 22)市制施行時は、5.8 万人と近世期と変わらず、城内に県庁、市役所、裁判所等が置かれ、政治的

図 106-2　2005年(平成17)の鹿児島市　(5万分の1地形図「鹿児島」平成17年修正，原寸)

中心は変わらなかった。1901年、鹿児島駅が開業した。
　1945年には大空襲を受け、市街地の93％が焦土と化したが、戦災復興のため都市計画が進められ、交通網・防火帯として現在の鹿児島中央駅(武駅から西鹿児島駅と駅名を変更し、さらに2004年の新幹線開業時に改称)前の大通り等が整備された。1960年代には、天保年間に甲突川浚渫の土砂を積み上げた天保山から、その南の10km以上に及ぶ遠浅の海岸線が次々に埋め立てられた。この埋め立てにはシラス台地上の住宅団地造成の際の土砂が利用され、観光・運動公園・港湾施設や工業用地・卸売商業団地が次々に形成された。

　現在、工業の衰退と産業構造の転換に伴い、大型商業施設の立地も進み、3地区に新商業中心地が生まれた。また、南頁部の鴨池新町は、1972年(昭和47)鹿児島空港の霧島市溝辺移転に伴い、その跡地が高層住宅群と新業務地区として整備され、1997年には県庁・議会・県警本部棟が移転し名実共に新業務地区となった。さらに鹿児島本港区も北・南埠頭を埋め立て、航路の集約化・ウォーターフロントの整備が進み、水族館や商業施設も集積し、憩いの場となった。2008年、人口も60万人に達し南九州の拠点「南の玄関口」として発展している。

(矢野正浩)

107. 桜　島

　桜島は北岳・中岳・南岳からなる成層火山で、周囲は湯之平・引ノ平・権現山等の溶岩ドームや鍋山のホマーテ等寄生火山からなる。『続日本紀』に「麑島(げいとう)」が見え、桜島の古名は鹿児島であるとの説があり、薩摩の語源としての幸島(さつしま)も桜島をさすともされるが、古くから「向島」と呼ばれたものが後に桜島と改称された。

　有史以来の火山活動の中でも、特に文明溶岩(1468年に活動開始)は、東部の浦之前・大燃崎と南西部の燃崎付近に流出した。また、安永溶岩(1779年に活動開始)は、北東部の西迫鼻、南部の辰崎付近に流出した。また、火山島や海底隆起による陸化で北西部の猪ノ子島・硫黄島・新島(燃島・安永島)等6つ(7つの説も)の島が誕生した。

　そして1914(大正3)年1月12日、3日前から地震等の前兆現象が見られ、鹿児島測候所の爆発否定の回答に対して島民が避難を始める中で大爆発が始まった。西の引ノ平付近と東の鍋山付近の両噴火口から火炎と噴石が噴出し、噴煙は7〜8,000 mに達し、東北地方南部にまで及んだ。噴出物総量は約32億t(東京ドーム1600個分)ともされ、膨大な溶岩は東西両方向に流出した。西側では横山や赤水の集落と、その沖の烏島(からす)を飲み込んだ。一方、東側では有村や瀬戸の集落と瀬戸海峡(幅360 m、深さ80 m)を埋め尽くし、大隅半島と陸続きになった。溶岩の覆った面積(陸上・海上・海中あわせて)は23.7 km²に達し、当時の桜島の面積の3分の1近くになった。3,116戸2.1万人いた島民の内、焼失家屋は62％にもなり、2,000戸以上が県内外各地に移住し人口も9,000人を切った。

　昭和溶岩は、1946年南西部の鍋山西方から東の黒神方面と南の有村方面へと流れ、海に達した。黒神の沖の濱島は埋没し、黒神町の西側の等高線が緩やかな砂礫地は地獄河原と呼ばれ、溶岩堤防によって土石流が大正溶岩の表面を埋めたものである。

　野尻川・持木川・鍋山川などは砂礫地で通常地表水を見ない涸れ川であるが、一度雨が降ると土石流が起こるため、各地で砂防工事が進められた。土石流で発生する大量の土砂は、対岸の大型観光船寄港地マリンポート鹿児島の埋め立て等に使用された。

　その後、火山活動は1985年をピーク(年474回爆発、年降灰量16 kg/m²)に爆発・降灰は減少傾向にある。また、1997年には大隅半島と桜島を結ぶ早崎に崖崩れ等の防災目的で早咲大橋、さらに2008年、牛根大橋が開通した。2007年の人口は5,761人で、現在、小みかんやびわ、桜島大根等の農産物やかんぱち等の養殖、それに鹿児島のシンボルとしての観光業が主な産業である。

（矢野正浩）

図107-1　1902年(明治35)の桜島　（5万分の1地形図「鹿児島」

107. 桜島

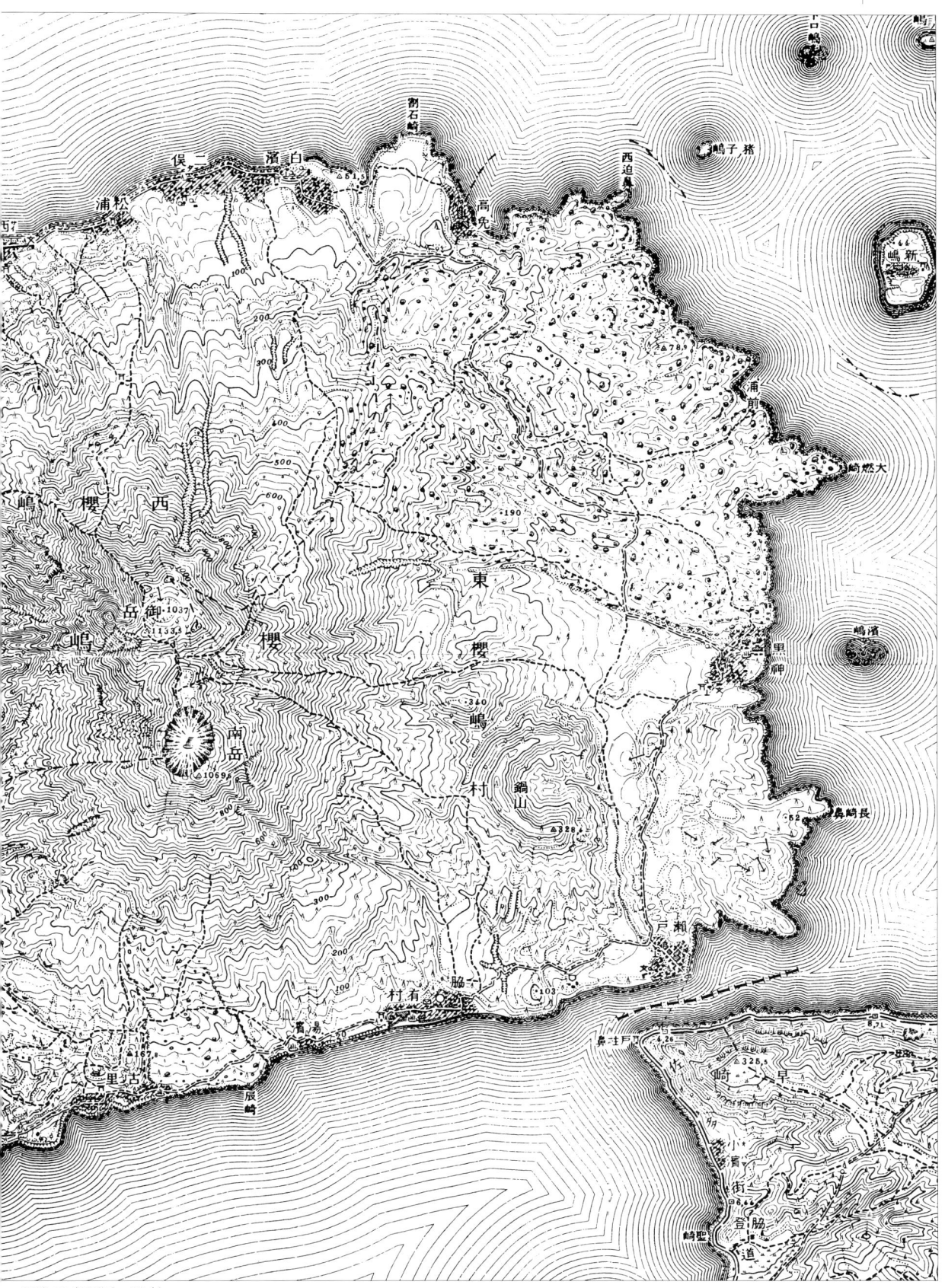

(明治35年測図、原寸)

324 | 九州

図 107-3　桜島の地質分類
（鹿児島県教育地質調査団『かごしま茶の間の地球科学』南郷出版を元に作成）

凡例：
- 昭和溶岩
- 大正溶岩
- 大正噴出物
- 安永溶岩
- 文明溶岩
- 火山灰層がいすいたい積層
- 南岳・中岳溶岩および砕せつ岩
- 寄生火山溶岩山腹噴出物
- 北岳砕せつ岩
- 北岳溶岩
- 蛤良火山たい積物

2008年（平成20）に開通した牛根大橋

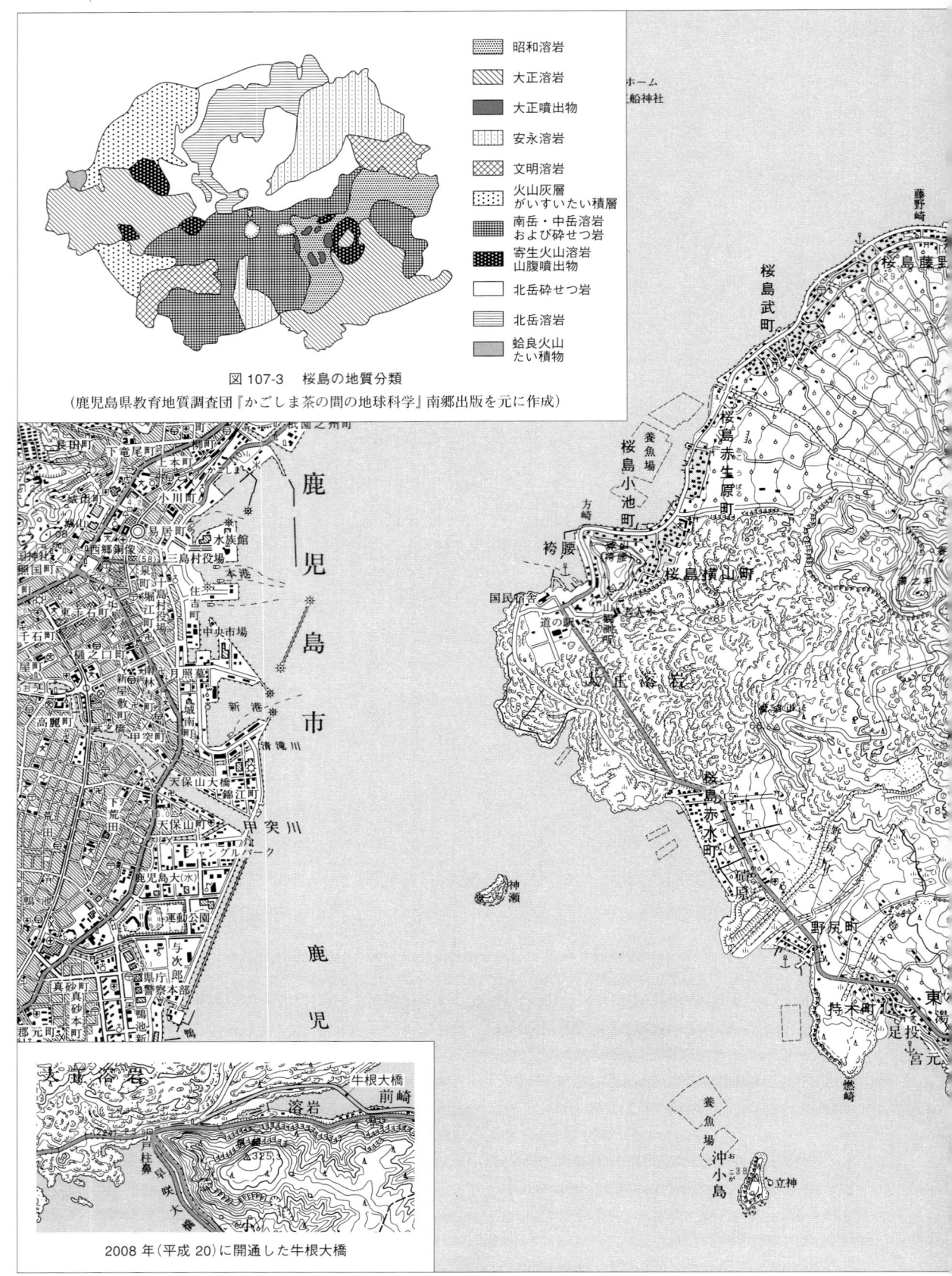

図 107-2　現在の桜島　（5万分の1地形図「鹿児島」平成17年修正、原寸）

107. 桜島 | 325

図108-1　1921年（大正10）の那覇区と首里区　（5万分の1地形図「那覇」大正10年測図、原寸）

108. 那　覇

　現在の那覇市は、基本的には琉球王国の城下町であった首里と、その外港であった那覇の町から形成されている。首里が政治の中心となるのは、15世紀の初めに三山（沖縄）を統一した尚巴志が、政治の拠点を浦添から首里に移したことに始まるとされる。一方、琉球王国時代の那覇は、日本、中国、朝鮮および東南アジアとの交易の港町として繁栄していた。

　1879年（明治12）の廃藩置県によって沖縄県となり、約500年にわたる琉球王国は幕を閉じた。これを契機として政治の中心が、首里から那覇に移り県庁所在都市となった。第二次世界大戦前、那覇の東町一帯は、東町市場に加え、沖縄県外から移住した商人が店を構えて、一大商業地区を形成していた。また那覇は交通の拠点として、沖縄の離島、日本本土、台湾への航路が開かれていたほか、鉄道も大正時代に那覇から県営鉄道の与那原線、嘉手納線、糸満線が開通していた。なお、首里区と那覇区に市制が施行されたのは、1921年（大正10）のことである。1935年（昭和10）の沖縄県の総人口約59万人のうち、那覇市は6.5万人、首里市は1.9万人であった。

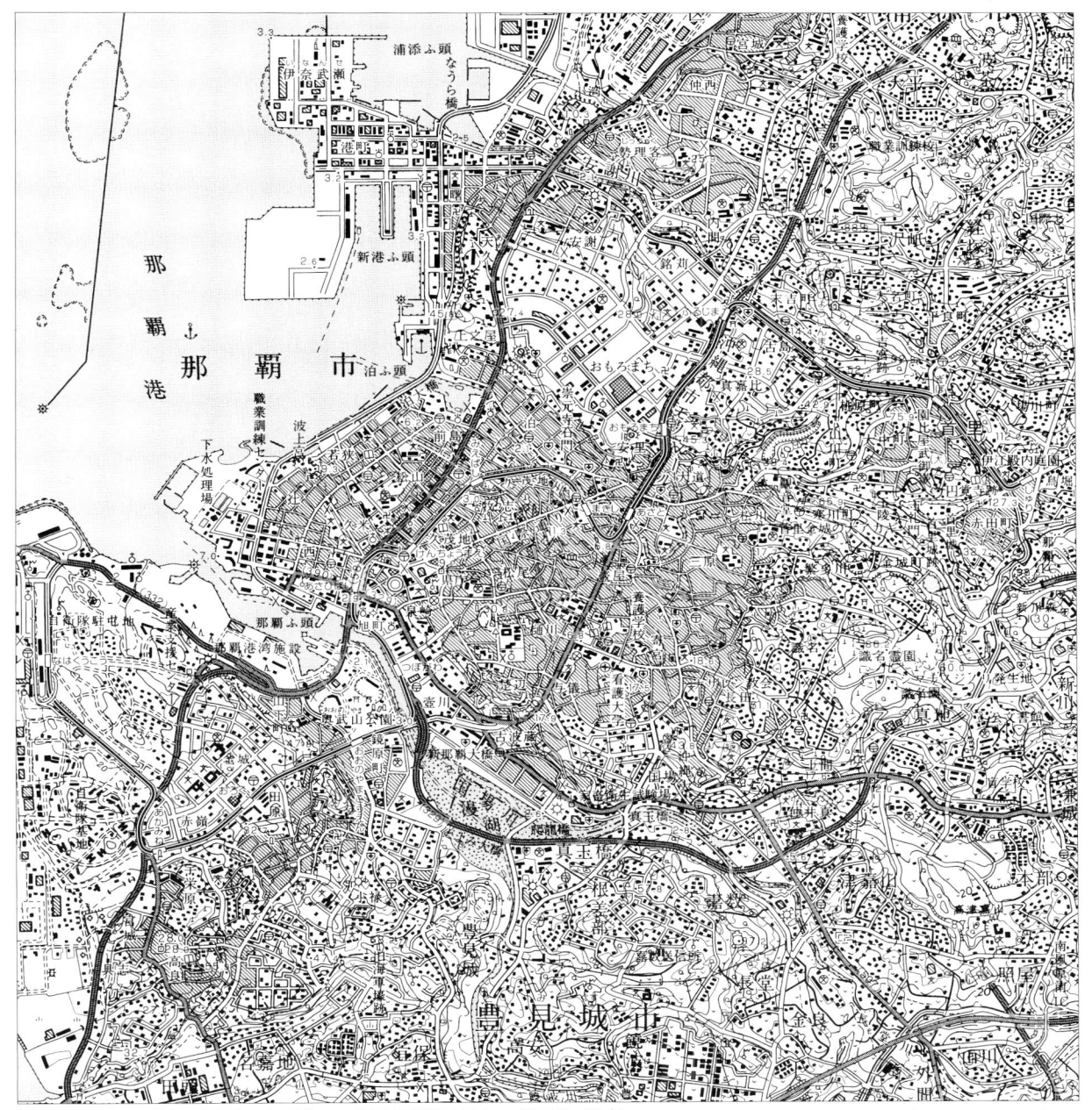

図108-2　現在の那覇市（5万分の1地形図「那覇」平成18年修正、原寸）

　首里・旧那覇は第二次世界大戦末期の沖縄戦によって、灰燼に帰してしまった。人々は各地の避難民収容所に収容され、市街地は米軍に接収された。収容所から旧那覇の開放地区に最初に人々が入ったのは、1945年11月のことで、103人が戦前の那覇の郊外であった壺屋へ陶器製造を目的として入域した。ここから戦後の那覇の復興が始まった。開放地に収容所から人々が移ってくると、自然発生的に闇市場ができ、その後闇市場は市営の公設市場に移され、これが核となって商業地域が形成された。国際通りも、この公設市場に近接して整備された道路であるが、急速に中心商店街として成長していった。人口の流入は、那覇と首里との間を埋めつくすようになり、そのため、1954年に首里市と小禄村を、1957年に真和志市を合併した。

　本土復帰（1972年）後、那覇市には国の出先機関や県外企業の進出に加え、沖縄観光の拠点として観光関連施設も増加し、都市発展には著しいものがある。2007年の那覇市の人口は31.3万人である。図108-2中の「おもろまち」は、米軍牧港住宅地区が1987年に返還されたところで、那覇新都心として建設が進められてきた。また、2003年に沖縄都市モノレールが那覇空港と首里間に開業した。

(堂前亮平)

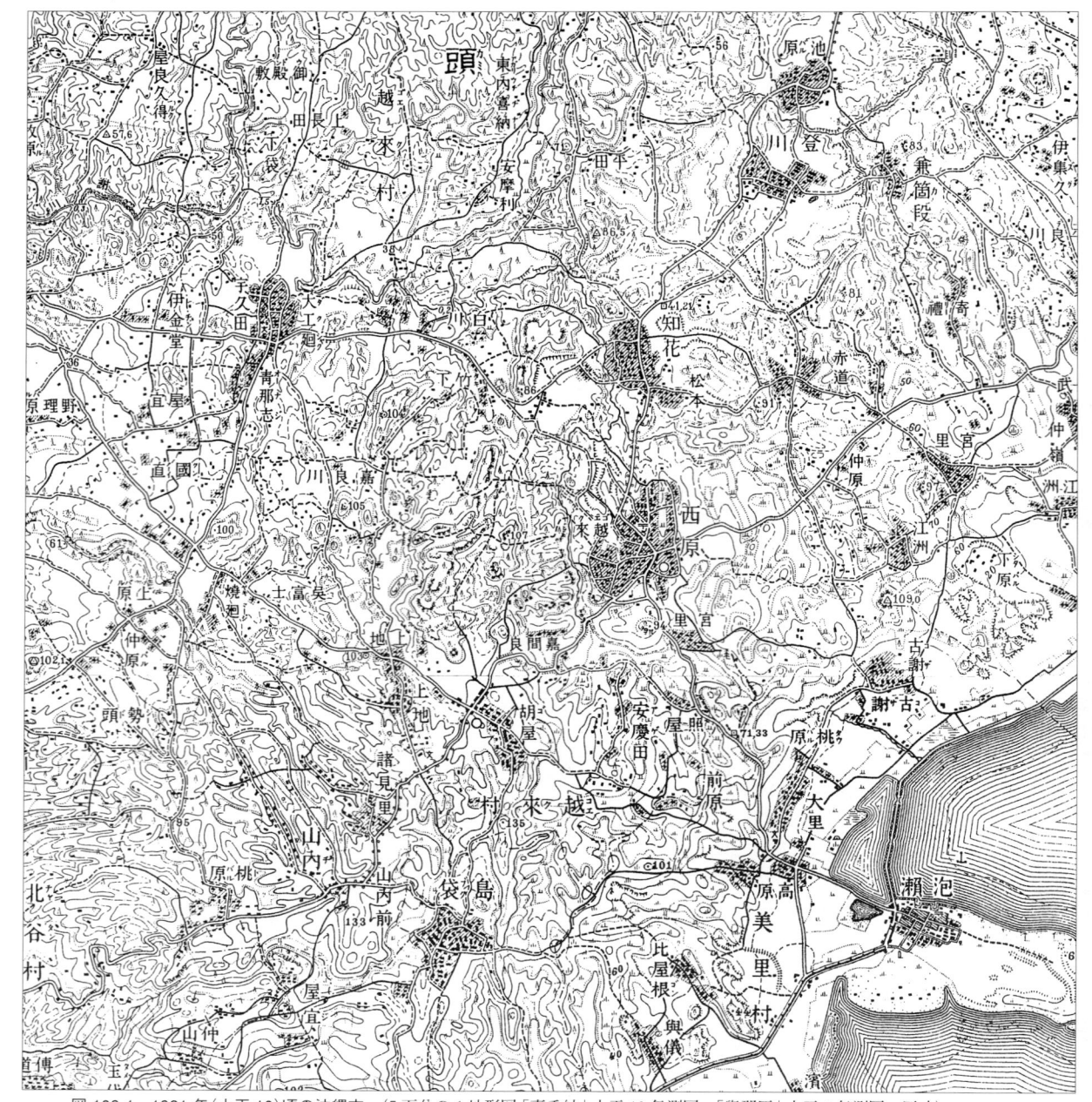

図109-1　1921年(大正10)頃の沖縄市　(5万分の1地形図「嘉手納」大正10年測図、「興那原」大正8年測図、原寸)

109. 沖　縄

　沖縄市は沖縄本島中部に位置し、その市域は1908年に成立した越来村と美里村(うるま市石川地区を除く)に相応する。近代期を通して、この地域の地形図として唯一発行された図109-1によると、両村の役場はそれぞれ胡屋と西原に所在していたことが読みとれる。
　琉球石灰岩や国頭礫層でできた丘陵上には、2つのタイプの集落形態がみられる。知花、大工廻など集村形態の集落は、18世紀初頭までに成立した古い集落である。一方、御殿敷、東内喜納、嘉間良など散村形態の集落は、18世紀以降に首里や那覇から移住した士族が帰農により成立した新しい集落で、宿取集落とも呼ばれる。どちらも農業を経済基盤としており、谷沿いに水田、尾根上に畑(イモ、サトウキビ)の土地利用となっている。近代期には経済的貧困のため、この地域はハワイや南米などへ多くの移民を輩出した。
　中城湾に面して砂洲上に位置する泡瀬は、干潟を利用した塩田による製塩業のほか、沖縄本島中北部と与那原を結ぶ山原船の寄港地として栄え、市街地を形成した。1916年には沖縄馬車軌道が泡瀬まで延長され、泡瀬は交通の要所としての地位をさらに高めた。

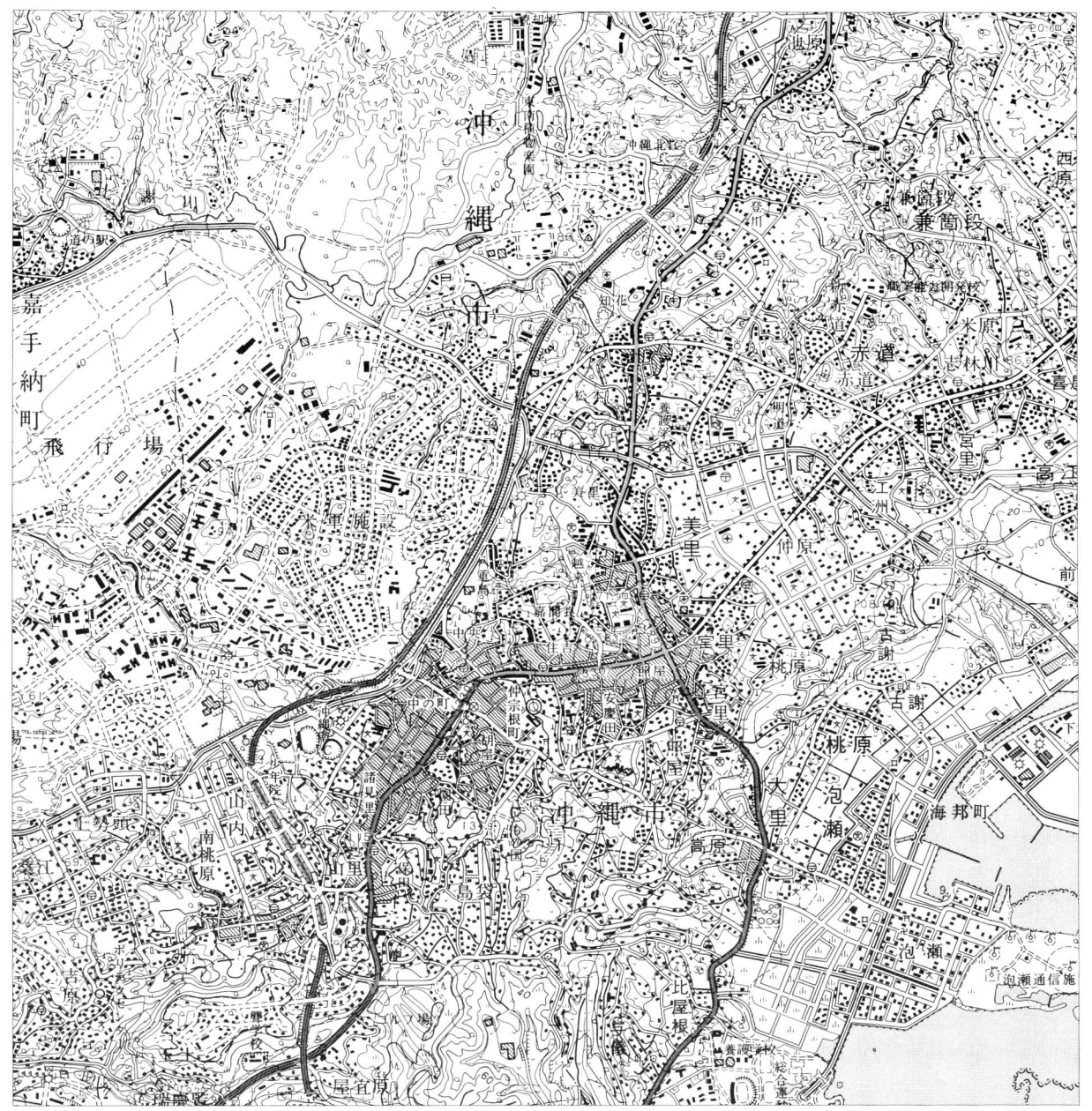

図109-2 現在の沖縄市 （5万分の1地形図「沖縄市北部」平成19年修正、「沖縄市南部」平成9年修正、原寸）

　1945年の沖縄戦では、この地域は地上戦に巻き込まれ、多数の人命を失うと同時に、家屋や道路、農地などに壊滅的な被害を受けた。沖縄戦終結後、1972年まで続いた米軍統治の下で、地域は大きな変貌を遂げた。

　1951年から米軍は本格的な基地建設に着手する。特に嘉手納飛行場は、3,689 mの滑走路を2本有する国内最大面積の空港である。この地域は冬季に北東から新北風、夏季には南西から真南風と呼ばれる強い季節風が吹くため、滑走路は卓越風に平行な方向で建設されたことが、図109-2から読み取れる。また、飛行場に隣接して北に嘉手納弾薬庫地区、東に居住地区が配置された。これらは現在に至るまで米軍が使用しており、大工廻や御殿敷などの集落は接収されたままである。

　一方、米軍に"KOZA"と地名認識を間違えられた胡屋では、基地建設のために労働者が沖縄各地や奄美から流入して人口が増え、第2ゲート前を中心に小売飲食店が立ち並ぶ、いわゆる「基地の街」が形成された。

　1956年に越来村はコザ市となり、1974年には美里村と合併して沖縄市が誕生した。同市の人口は、現在13.2万人を数え県内第2位である。今日、沖縄市の経済に占める基地の比重は低下しており、同市は国際観光文化都市を目指して模索している。

（宮内久光）

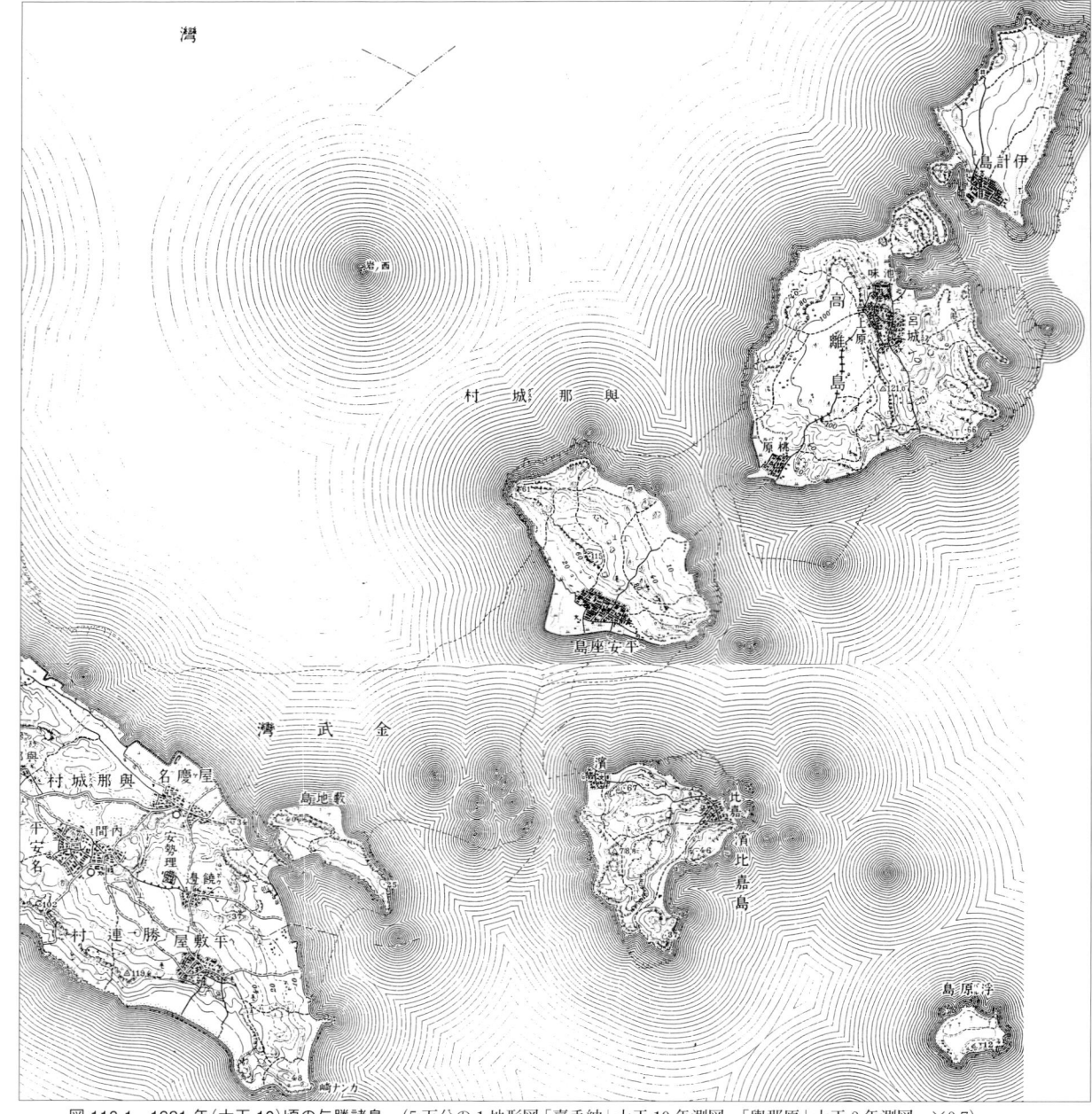

図110-1　1921年(大正10)頃の与勝諸島　(5万分の1地形図「嘉手納」大正10年測図、「輿那原」大正8年測図、×0.7)

110. 与勝諸島

沖縄本島中部の東海岸から太平洋に突出した与勝半島の周辺には、大小の島々があり与勝諸島と称される。そのうち、図110-1の範囲には平安座島、宮城島(高離島と表記)、伊計島、浜比嘉島といった有人島がみられる。いずれの島々も石灰岩で覆われた台地状の地形をしており、沖積平野あるいは段丘斜面上に立地している集落は、古くから半農半漁村であった。

大正期から昭和10年代にかけて、沖縄本島中北部の各集落と南部の与那原とを結んだ山原船による物資の移送が盛んになる。その航路上に位置する平安座島は、山原船の寄港地として大いに栄えた。また、周辺の島々も平安座島や沖縄本島各地と交易を行っており、独自の海運ネットワークを構築していた。

戦後になると、沖縄本島内の道路整備により、物流は海上輸送から陸上輸送に転換する。そのため、与勝諸島は交通のメインルートから外れ、もとの半農半漁の寒村となる。そして、就業や教育の機会を求めて多くの人々が島を離れていくようになり、島は著しく過疎化が進行した。さらに、医療や流通など離島特有の問題が人々に強く意識されるようになってきた。

図110-2　現在の与勝諸島　（5万分の1地形図「金武」平成6年修正、「沖縄市南部」平成9年修正、×0.7）

　このような状況を打開するために、島の人々は架橋による沖縄本島との一体化を目指すようになる。図110-2からそれを確認してみる。まず、1971年にガルフ石油が平安座島での巨大石油備蓄基地の建設と引き換えに、平安座島・屋慶名間に4.8 kmの海中道路を建設して、地元に無償譲渡した。さらに1974年には平安座島と宮城島の間が埋め立てられ、石油タンクが立ち並ぶようになった。1982年には伊計大橋が、1997年には浜比嘉大橋が完成し、沖縄本島から地図中の有人島までは、すべて道路により結合されるに至った。

　架橋により、島々は交通の制約から解放され、医療や流通の問題も一部を除き解消した。また、海中道路を経由して沖縄本島の人々が与勝諸島を気軽に訪れることができ、交流人口は増加した。しかしその一方で、海中道路や埋め立てにより金武湾は閉鎖湾に近い状況となり、海流の変化や土砂堆積などの環境問題が起こった。また、架橋しても島は半島化したに過ぎず、架橋後に一時的な人口流入や観光化がみられても、それが継続しない場合が多い。島内では車を所有する者と所有しない者の格差や、港を結節点とした島のコミュニティーの弱体化などが指摘されており、架橋が地域に与えるインパクトは大きい。　（宮内久光）

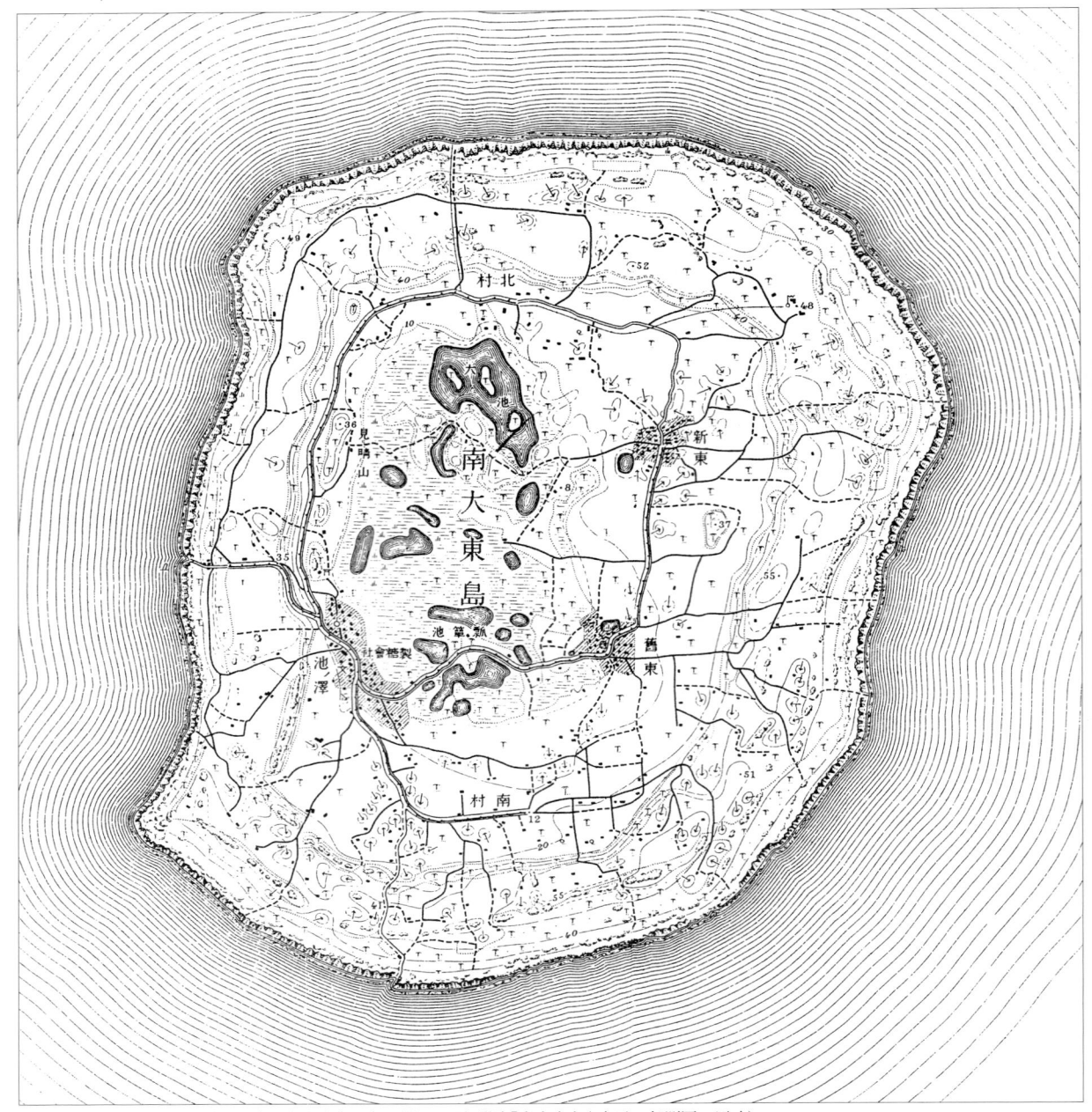

図 111-1　1917年（大正6）の南大東島　（5万分の1地形図「南大東島」大正6年測図、原寸）

111. 南大東島

　大東諸島は、南大東島（30.6 km²）、北大東島（11.9 km²）、沖大東島（1.2 km²）の散在する3つの隆起環礁からなる。いずれの島も中央部が低く、南北大東島では池や沼が発達しているのに対し、島の周囲は高い断崖によって囲まれ、この地形的制約もあって長く無人島であった。1885年（明治18）、明治政府の命を受け沖縄県が南北大東島を調査し、国標を建て、わが国の版図に編入した。開拓計画が作成され、最初に志願したのは、後に尖閣諸島を開拓した古賀辰四郎であった

が、高い断崖に阻まれ南大東島に上陸できないまま開拓を断念した。その後も開拓の失敗が続くなかで、鳥島でアホウドリ撲殺事業を行っていた八丈島の玉置半右衛門が、1900年（明治33）に南大東島に開拓団を派遣し開拓に着手させた。1905年にはサトウキビなどを含めた作物栽培面積は223町歩となり、さらに1915年にはサトウキビ作付面積は950町歩、開墾総面積1,585町歩に達した。図111-1の地形図は開拓終了時期を示し、伐採など共同作業の必要から開拓時代は集村であった集落形態が、北村や南村では労働効率化を図った散村形態となっているのが興味深い。島の東側の旧

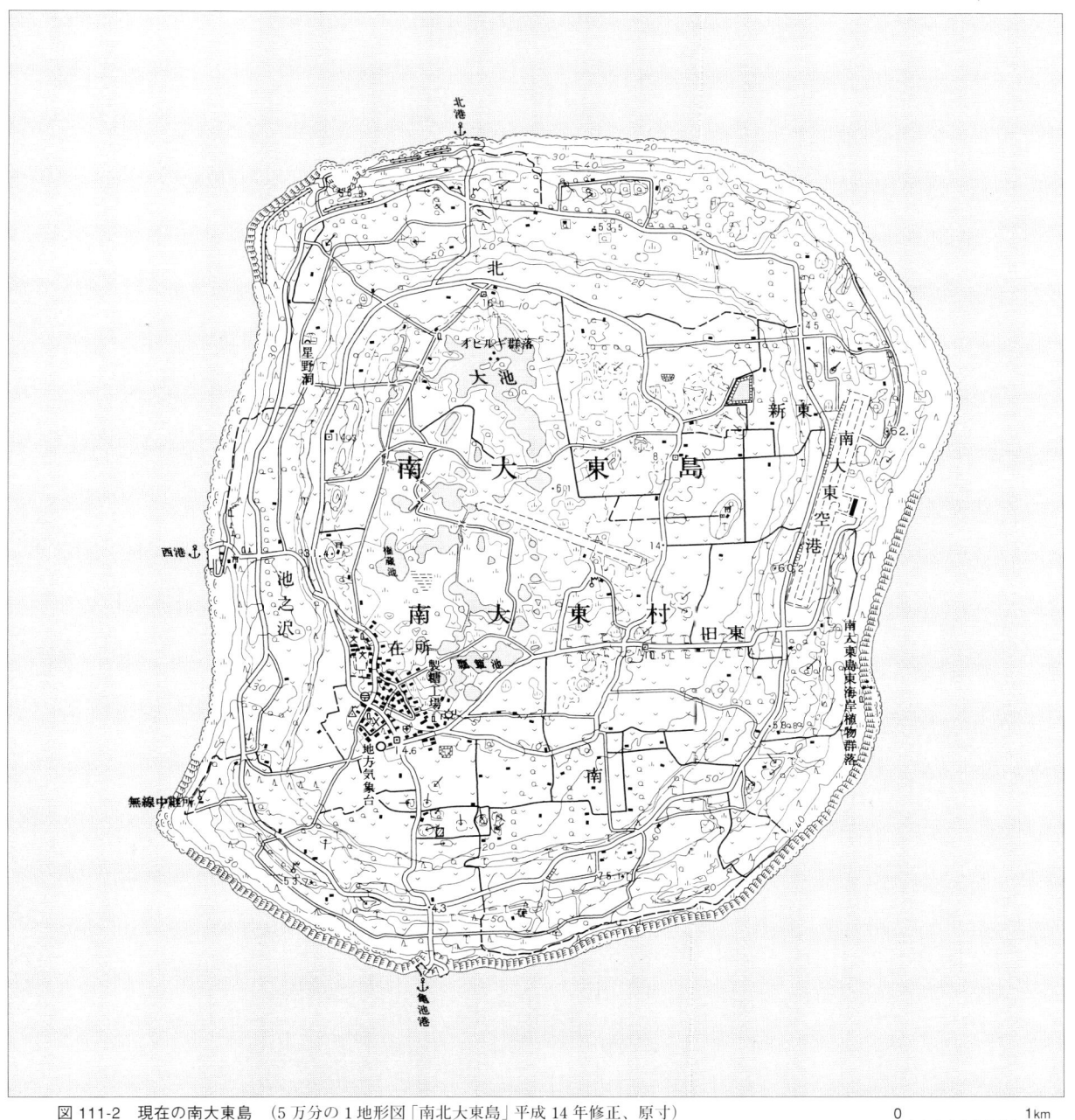

図111-2 現在の南大東島 （5万分の1地形図「南北大東島」平成14年修正、原寸）

東や新東集落は、依然、集村形態を示しているが、その後、散村へと展開する。

1900年に八丈島から23人が上陸して以降、人口は急増し、1920年（大正9）には南大東島で4,000人を突破した。開拓当初は八丈島出身者ばかりだったが、沖縄からの出稼ぎ労働者が増加し、島の社会階層は会社（社員）―親方（八丈島出身者）―仲間（沖縄からの労働者）の3つに区分された。1916年、それまで開拓を進めてきた玉置商会は、突如、鈴木商店斡旋によって東洋製糖に合併された。玉置商会は南北大東島を島ごと東洋製糖に売却したのである。上陸以降、苦難の開拓を進めてきた農民は、合併反対を表明したものの会社の小作人と規定されたのである。当時、南北大東島は村制が施行されておらず、単一企業（製糖会社）が経営するサトウキビのプランテーションの島であった。

戦後になって村政が施行され、南大東村、北大東村が誕生した。地元資本の製糖会社も設立され、砂糖生産が再開したが、土地所有権をめぐる戦前の製糖会社との紛争は長く続いたが、1964年になって解決し、やっと自作農になれたのである。現在も南北大東島とも砂糖生産が盛んであり、人口は南大東村1,428人、北大東村は573人となっている。

（平岡昭利）

英文タイトル
Geographical Changes in Regions of Japan

<ruby>地図<rt>ちずで</rt></ruby>で<ruby>読み解く<rt>よみとく</rt></ruby> **<ruby>日本の地域変貌<rt>にほんのちいきへんぼう</rt></ruby>**

発 行 日	2008 年 11 月 15 日　初版第 1 刷
	2014 年 10 月 1 日　初版第 2 刷
定　価	カバーに表示してあります
編　者	平　岡　昭　利 ©
発 行 者	宮　内　　　久

海青社　Kaiseisha Press
〒520-0112　大津市日吉台 2 丁目 16-4
Tel. (077)577-2677　Fax. (077)577-2688
http://www.kaiseisha-press.ne.jp
郵便振替　01090-1-17991

● Copyright © 2008　A. Hiraoka　● ISBN978-4-86099-2=1-5 C0025
● 乱丁落丁はお取り替えいたします　● Printed in JAPAN

本書に掲載の地図は、国土地理院長の承認を得て、同院発行の 20 万分の 1 地勢図、20 万分の 1 輯製図、5 万分の 1 地形図、2 万 5 千分の 1 地形図、2 万分の 1 仮製図、2 万分の 1 正式図及び 1 万分の 1 地形図を複製したものである。
（承認番号　平 20 業複、第 493 号）*

＊本書に掲載されている地図をさらに複製する場合には、国土地理院長の承認を得る必要があります。

海青社の本　好評発売中

離島研究 I
平岡昭利 編著

離島の研究に新風を吹き込む話題の書。第1集。多様性をもつ島々の姿を地理学的アプローチにより明らかにする。島嶼の特性と結びつき／農業・牧畜の島々／漁業・養殖の島々
〔ISBN978-4-86099-201-9／B5判／218頁／本体2,800円〕

離島研究 II
平岡昭利 編著

離島の研究に新風を吹き込む話題の書。第2集。多様性をもつ島々の姿を地理学的アプローチにより明らかにする。島嶼の特性と移動と結びつき／島嶼の産業構造とその展開／島嶼の集落と生活行動
〔ISBN978-4-86099-212-5／B5判／224頁／本体2,800円〕

離島研究 III
平岡昭利 編著

離島の研究に新風を吹き込む話題の書。第3集。多様性をもつ島々の姿を地理学的アプローチにより明らかにする。島嶼への進出と移動と結びつき／島嶼の産業とその新しい動向／島嶼の集落・景観・社会
〔ISBN978-4-86099-232-3／B5判／220頁／本体3,500円〕

離島研究 IV
平岡昭利 編著

離島の研究に新風を吹き込む論集「離島研究」第4集。多様性をもつ島々の姿を地理学的アプローチにより明らかにする。島嶼の近代歴史地理／島嶼の人口増加とツーリズム／島嶼の産業・文化・教育の変容
〔ISBN978-4-86099-242-2／B5判／211頁／本体3,500円〕

離島研究 V
平岡昭利・須山　聡・宮内久光 編著

離島の研究に新風を吹き込む論集「離島研究」第5集。多様性をもつ島々の姿を地理学的アプローチにより明らかにする。島へのまなざし／島の環境と暮らし／島をめぐる人口移動／島の産業ーその盛衰ー
〔ISBN978-4-86099-292-7／B5判／2014年11月刊行予定〕

離島に吹くあたらしい風
平岡昭利 編

グリーン・ツーリズム、エコ・ツーリズム、Iターンなど、離島に吹く新しい時代の風にスポットを当て、離島を取り巻く社会状況の逆風にたちむかう島々の新しい試みを紹介する。
〔ISBN978-4-86099-240-8／A5判／111頁／本体1,667円〕

奄美大島の地域性　大学生が見た島／シマの素顔
須山　聡 編著

共同体としての「シマ」のあり方、伝統芸能への取り組み、祭祀や食生活、生活空間の変容、地域の景観、あるいはツーリズムなど、大学生の多面的なフィールドワークから奄美大島の地域性を描き出す。
〔ISBN978-4-86099-299-6／A5判／359頁／本体3,400円〕

近代日本の地域形成　歴史地理学からのアプローチ
山根　拓・中西僚太郎 編著

近年、戦後日本の在り方を見直す声・動きが活発化してきている。本書は、多元的なアプローチから近代日本における地域の成立過程を解明し、読者に新たな視座を提供する。
〔ISBN978-4-86099-233-0／B5判／262頁／本体5,200円〕

ジオ・パルNEO　地理学・地域調査便利帖
野間晴雄・香川貴志・土平　博・河角龍典・小原丈明 編著

地理学テキスト「ジオ・パル21」の全面改訂版。大学、高校、義務教育を取り巻く地理学教育環境の変化、IT分野の格段の進歩などを考慮した大幅な改訂・増補版。地図や衛星画像などのカラー16ページ付。
〔ISBN978-4-86099-265-1／B5判／263頁／本体2,500円〕

よみがえる神戸　危機と復興契機の地理的不均衡
D.W.エジントン著／香川貴志・久保倫子 訳

神戸が歩んだ長期的復興の軌跡を、海外研究者が詳細なフィールド調査をもとに検証する。2015年に20年の節目を迎える阪神大震災からの復興の過程は、東日本大震災からの復興の指針として活用できる。
〔ISBN978-4-86099-293-4／A5判／349頁／本体3,600円〕

自然災害地研究
池田　碩 著

日本は「自然災害」多国一大国であり、そこに住まう我々は様々な自然現象やその猛威と共に生活して行かねばならない宿命にある。自然の猛威に対する準備と被害の軽減を綿密な調査をもとに考察する。
〔ISBN978-4-86099-290-3／B5判／238頁／本体3,400円〕

日本文化の源流を探る
佐々木高明 著

ヒマラヤから日本にいたるアジアを視野に入れた壮大な農耕文化論。『稲作以前』に始まり、焼畑研究、照葉樹林文化研究から、日本の基層文化研究に至る自身の研究史を振り返る。原著論文・著作目録付。
〔ISBN978-4-86099-282-8／A5判／580頁／本体6,000円〕

日本のため池　防災と環境保全
内田和子 著

阪神・淡路大震災はため池の防災面よりみた研究への転換点でもあった。また、近年の社会情勢の変化は、ため池の環境保全研究の必要性を生んだ。本書はこれらの課題に応える新たなため池研究書である。
〔ISBN978-4-86099-209-5／B5判／270頁／本体4,667円〕

近世庶民の日常食　百姓は米を食べられなかったか
有薗正一郎 著

近世に生きた我々の先祖たちは、土地で穫れる食材群をうまく組み合わせた「地産地消」の賢い暮らしをしていた。近世の史資料からごく普通の人々の日常食を考証し、各地域の持つ固有の性格を明らかにする。
〔ISBN978-4-86099-231-6／A5判／219頁／本体1,800円〕

ヒガンバナが日本に来た道
有薗正一郎 著

ヒガンバナは、水田稲作農耕文化を構成する要素の一つとして、縄文晩期に中国の長江下流域から日本に渡来した。従来の諸説を検討しつつ、ヒガンバナの自生面積の計測調査を実施し渡来説を論証する。
〔ISBN978-4-906165-78-0／A5判／103頁／本体1,715円〕

地域変貌誌
山崎謹哉 編

地域は一定ではなく、産業構造の変革、社会機構の改変、それに伴う人口動向等により、複雑化し変容する。砺波平野の孤立荘宅・濃尾平野の輪中・九十九里浜の納屋集落など地域変貌の多くの事例を解説。
〔ISBN978-4-906165-15-5／B6判／208頁／本体1,700円〕

地理学と読図
藤岡謙二郎 編

地形図を通じて、地理学の教養的理解を深めることに主眼をおいた、読図集。また、地理学全般の研究に関する基本的解説と参考文献を付した。教養地理学のためのテキストとして好評。
〔ISBN978-4-906165-02-5／B5判／57頁／本体600円〕

* 表示価格は本体価格(税別)です。